마르스의 두 얼굴

마르스의 두 얼굴

-정당한 전쟁 · 부당한 전쟁-

마이클 월저 지음

권영근 · 김덕현 · 이석구 옮김

연경문화사

마이클 월저(Michael Walzer)

프린스턴대학교와 하버드대학교에서 교수를 역임했으며, 현재 프린스턴고등연구원에서 사회과학 교수로 재직 중이다. 또한 정치 · 문화 계간지인 *Dissent*의 편집자, 격주간지인 *The New Republic*의 객원 편집자로 활동하고 있다. 정당한 전쟁과 부당한 전쟁, 민족주의, 경제 정의, 근본주의 등 다양한 분야에 걸쳐 글을 발표하였고, 27권의 저서를 저술했다. 미국철학학회 회원이기도 하다.

마르스의 두 얼굴-정당한 전쟁 · 부당한 전쟁-

초판 3쇄 발행 | 2022년 7월 29일

지은이 | 마이클 월저
옮긴이 | 권영근 · 김덕현 · 이석구
펴낸이 | 이정수
펴낸곳 | 연경문화사

출판등록 제1-995호
서울시 강서구 양천로 551-24 한화비즈메트로 2차 807호
전화 : (02)332-3923/4 팩스 : (02)332-3928
이메일 : ykmedia@naver.com

정가 20,000원
ISBN 978-89-8298-096-1 (93300)

추천사

‘정당한 전쟁(Just war)’에 관한 고전적인 서적인 이 책은 정보화시대의 국방력 건설에 매진하고 있는 한국군에 커다란 의미가 있다고 생각됩니다.

‘정당한 전쟁’은 ‘전쟁의 정당성(Justice of war)’과 ‘전쟁에서의 정당성(Justice in war)’이란 두 부류로 구분됩니다. ‘전쟁의 정당성’이란 전쟁이 도덕적 측면에서 정당한 경우를 의미합니다. 대표적인 경우에 외세의 침략에 대항해 싸우는 자위(自衛) 차원의 전쟁이 있습니다. 반면에 침략전쟁은 부당한 전쟁으로 분류됩니다. ‘전쟁에서의 정당성’은 전쟁을 정당한 수단과 방법을 이용해 수행하는 것을 의미합니다.

‘정당한 전쟁’을 부당한 방식으로 수행할 수 있는 반면, ‘부당한 전쟁’을 정당한 방식으로 수행할 수 있습니다. 예를 들면, 침략전쟁은 부당한 형태이지만 이 같은 침략전쟁을 전쟁규칙을 준수하며 정당한 방식으로 수행할 수 있을 것입니다. 반면에 자위 차원의 전쟁은 ‘정당한 전쟁’이지만 이 같은 전쟁을 전쟁규칙을 무시한 채 부당한 방식으로 수행할 수도 있습니다. 일반적으로 ‘전쟁의 정당성’과 관련된 책임은 정치가들의 몫입니다. 예를 들면, 침략전쟁의 도발과 관련된 책임은 정치가들이 감당하게 됩니다. 반면에 전쟁을 정당한 방식으로 수행하는 문제와 관련된 책임은 군인들의 몫입니다.

이 책은 국가안보 측면에서 중요한 의미가 있습니다. 전쟁에서의 선전(善戰 : 정당한 전투행위)의 문제를 다루고 있는 이 책은 특히 우리 군에 많은 의미가 있다고 생각됩니다.

국어사전에는 선전을 "잘 싸운다"로 정의하고 있는데, 이는 상대방과 비교해 우수한 방식으로 싸워서 이긴다는 의미일 것입니다. 여기에는 수단과 방법을 가리지 않고 싸운다는 점이 암시돼 있습니다. 한편 우리는 일반적으로 전쟁에서는 수단과 방법을 가리지 않고 싸워야 한다는 잘못된 생각을 갖고 있습니다. 이 같은 생각을 대변하는 말로 "사랑과 전쟁에서는 모든 것이 허용된다"는 격언이 있습니다. 이 같은 생각에 근거해 전쟁을 수행하는 경우 법이 의미를 상실하게 됩니다.

언론매체가 발달돼 있지 않던 시절에는 이처럼 해도 어느 정도 문제가 되지 않았을 것입니다. 한국전쟁을 포함해 1970년대의 월남전 당시만 해도 무수히 많은 인명이 살상되는 가운데, 전쟁이 수행됐습니다. 그 과정에서 많은 무고한 사람들이 부질없이 죽었을 것으로 생각됩니다. 그러나 지구상에서 벌어지는 사건이 순식간에 모든 지구인에게 전파되는 오늘날에도 이 같은 방식으로 전쟁을 수행할 수 있겠습니까?

오늘날에는 컴퓨터 및 데이터통신 관련 정보기술의 비약적인 발전으로 인해 의도하는 표적을 정확히 공격할 수 있게 됐습니다. 소위 말해, 무고한 민간인 내지는 부수적 피해를 줄이면서 전쟁을 수행할 수 있게 됐습니다. 오늘날 한국군이 추구하는 국방개혁은 이처럼 부수적 피해를 줄이며 의도하는 목표를 달성하는 방식으로 전쟁을 수행한다는 개념에 근거하고 있습니다.

한편 정보화시대에 출현한 CNN 같은 실시간 언론매체뿐만 아니라 지구상 모든 사람이 정보를 공유할 수 있도록 해주는 인터넷으로 인해 오늘날 우리는 온갖 사건을 실시간에 동영상으로 받아볼 수 있게 됐습니다. 그런데 이는 전쟁 수행과 관련해 지대한 의미를 내포하고 있습니다. 예를 들면, 전시에는 잔혹한 형태로 사람이 살해될 수 있으며, 살해될 것으로 가정할 수 있는데, 이는 예나 지금이나 마찬가지입니다. 그러나 처참하게 살해된 모습을 보도 통제로 인해 국민들이 알 수 없던 시대와 이 같은 모습을 전 세계 사람들이 지켜볼 수 있게 된 오늘날의 시대는 가능한 전쟁 수행 측면에서 엄청날 정도의 차이가 있을 것입니다.

세계 시민들이 전쟁 상황을 제대로 알 수 없던 시절에는 정치가와 군의 지휘관들이 비교적 수단과 방법을 크게 고려하지 않은 채 전쟁계획을 수립하고 이 같은 계획을 수행할 수 있었을 것입니다. 그러나 오늘날의 시대에는 이 같은 방식으로 더 이상 전쟁을 수행할 수 없습니다. 예를 들면, 1991년의 걸프전은 전쟁 상황이 실시간 전파되는 가운데, 최소한의 인명 피해로 전쟁이 수행됐습니다. 1999년도의 코소보 공습 당시에는 중국대사관에 대한 오폭으로 인해 나토군의 전쟁 수행이 많은 지장을 받은 바 있습니다.

이 같은 점에서 보면, 오늘날에는 정당한 전쟁에 못지않게 정당한 전투행위의 중요성이 증대됐다고 할 수 있을 것입니다. 우리들 모두가 잘 알고 있는 바처럼, 우리는 향후 한반도 방위를 위한 전쟁계획을 주도적으로 작성해야 하는 입장입니다. 계획수립 과정에서 우리는 정당한 전투행위의 중요성을 명심하지 않으면 안 될 것입니다.

이러한 관점에서 이 책은 각군 사관생도들을 포함한 우리 군의 장교들뿐만 아니라 국가안보에 관심이 있는 민간의 안보전문가들에게 매우 중요한 의미가 있다고 생각됩니다. 이처럼 중요한 책을 번역하는 과정에서 수고해준 역자들의 노고에 진심으로 경의를 표하는 바입니다.

국방대학교 총장

육군중장 정동한

역자 서문

이 책은『정당한 전쟁과 부당한 전쟁 : 역사적 예증에 근거한 도덕적 논거(*Just and Unjust Wars: A Moral Argument with Historical Illustrations*)』란 제목의 책을 번역한 것이다. 1977년에 최초 발간됐으며, 2006년 12월에 4판이 발간된 이 책은 미국의 각군 사관학교뿐만 아니라 하버드대학교 등 유수한 대학에서 널리 사용되고 있다. 이 책의 명성에 관해서는 이미 국내에도 오래전부터 잘 알려져 있다.

이 책에서 저자는 멜로스(Melos)에 대한 아테네의 공격, 1870년의 보불전쟁, 제1·2차 세계대전, 한국전쟁, 베트남전쟁 당시의 미라이 양민학살사건, 제1·2차 걸프전 등 다양한 전쟁에서의 도덕의 문제, 특히 전쟁의 정당성과 부당성 측면을 고찰하고 있다.

이 책에서 저자는 침략전쟁과 자위 차원의 전쟁, 국제사회에서의 국가의 권리, 정치적 공동체의 자결권, 간섭과 불간섭의 원칙, '예방전쟁'과 선제공격, 중립, 유용성(Utility) 및 비례성(Proportionality)의 원칙, 군사적 행위의 '필연성', 전시(戰時)에서의 민간인과 비전투원의 권리, 부당한 행위에 따른 책임의 문제 등을 다루고 있다. 개개 주제와 관련해 저자는 두 개 이상의 역사적 사례를 들어 이론적인 논거에 대한 이해를 돕고 있다.

엄밀한 의미에서 보면 국내사회와 국제사회는 다르다. 그러나 '정당한 전쟁' 이론은 '국내법 유추(Domestic analogy)'에 기반을 두고 있다. 이처럼 '국내법 유추'에 근거해 기본 원칙을 도출하고, 여기서 도출된 원칙을 상황에 따라 수정해 적용하고 있다.

국내사회의 경우를 보면 개개인은 공격받는 경우 자신을 방어할 수 있다. 마찬가지로 국제사회에서 국가는 자국을 침입하는 국가에 대항해 자위 차원에서 전쟁을 수행할 수 있다. 특정인이 살인 또는 강도 행위를 구상하고 있다는 증거가 포착되는 경우 경찰과 같은 국가 내부의 기관은 실제로 범죄 행위를 자행하는 순간까지 기다렸다가 상황에 개입할 필요가 없다. 어느 정도 증거가 확보되는 경우 상황에 개입해 이 같은 사람을 제압할 수 있다. 국제사회에서도 동일한 원칙이 적용된다. 즉 상대방 국가가 아측에 위협적인 존재로 인식되는 경우 예방 차원에서의 공격도 가능하다고 저자는 주장한다. 이 같은 관점에서 저자는 2003년의 걸프전 등 최근의 전쟁들을 정당성의 측면에서 살펴보고 있다.

우리 옮긴이들이 이 책에 관심을 갖게 된 것은 군의 교리에 빈번히 등장하는 개념인 '비례성'과 '유용성'이란 두 원칙에 기인한다. 이 원칙들과 관련해 연구하는 과정에서 이 책이 대단한 의미가 있음을 발견하게 됐다. 더욱이 이 문제와 관련해 미군 장교들과 논의하는 과정에서 우리는 이 책이 미국의 각군 사관학교 생도 교육뿐만 아니라 하버드대학교와 같은 유수한 민간 대학교에서 매우 비중 있게 다뤄지고 있음을 알게 됐다. 미군 장교들의 경우 이 책의 내용을 숙지해야 한다. 전승과 무관하게 부당한 방식으로 전쟁을 수행한 경우, 전후(戰後)

전쟁 수행과 관련해 책임 문제가 따르기 때문이라고 한다. 아울러 미군 장교들은 이 책의 내용이 매우 어려워 여타 국가의 언어로 번역하기가 거의 불가능할 것이라고 말했다. 실제로 이 책의 번역은 쉽지 않았다. 그럼에도 불구하고 우리 옮긴이들은 이 책의 번역을 결심했는데, 이는 다음과 같은 몇몇 이유 때문이다.

첫째, 정보화시대의 국가안보와 관련해 필수적인 책이기 때문이다.

정보화시대가 되면서 미국의 세계전략이 테러와의 전쟁과 같은 지구적 차원의 전쟁을 중요시하는 방향으로 전환되고 있다. 더욱이 지휘통제체계와 같은 오늘날의 정보기술에 기반을 둔 체계들이 중요해지면서 우리 군 또한 전시 군사력 기획의 문제를 놓고 보다 많이 고민하지 않을 수 없는 상황이 됐다.

전쟁은 정치, 경제, 외교, 정보 등 국력의 제반 수단을 이용해 해결하지 못하는 경우 사용하게 되는 '최후의 수단'이다. 이 경우 대통령을 중심으로 한 국가통수기구에서는 정치적 목표를 결정하게 된다. 이 같은 정치적 목표와 육군, 해군 및 공군이 보유하고 있는 군사력을 상호 연계시킬 목적에서 합참 및 각군 작전사령부와 같은 곳에서는 전역계획(戰役計劃 : Campaign Plan)을 작성하게 된다. 이처럼 전역계획을 작성할 때에는 전쟁 수행이 정당한 형태가 되도록 해야 한다. 소위 말해 전쟁에서 승리하는 문제와 더불어 올바로 전쟁을 수행하는 문제를 고려해야 한다. 전시작전통제권이 전환되는 2012년 이후에는 한국군이 주도적으로 전역계획을 작성해야 한다는 점에서 우리는 올바로 싸우는 문제를 놓고 심도 깊게 고민하지 않을 수 없는 실정이다.

둘째, 국가안보에 관한 올바른 인식을 고양시킬 목적에서다.

국가안보는 모든 국민이 관심을 기울여야 하는 분야인데, 우리에게는 국가안보에 관한 전문가들이 충분하지 않다고 옮긴이들은 생각하고 있다. 예를 들면, 지난 몇 년 동안에는 한국전쟁이 내전이라고 주장하는 학자도 없지 않았다. 이 같은 문제와 관련해 신문 지상에서 많은 논란이 있었지만 대부분의 국민은 이에 대한 시비를 명쾌하게 식별할 수 없었다고 본다. '간섭'의 문제를 다루고 있는 이 책의 6장을 읽게 되면 한국전쟁이 내전이란 주장의 오류를 분명히 알 수 있게 될 것이다.

또한 2005년에는 북한의 핵무기 개발이 한반도 안보에 또 다른 변수로 등장했는데, 이 문제는 이 책의 17장인 '핵 억제'에서 상세히 다루고 있다. 한편 독도 및 간도 문제 등 우리의 주요 관심 사안들에 대한 이론적인 지식을 '국제사회의 법과 질서'란 제목의 이 책의 4장을 통해 얻을 수 있을 것으로 생각된다. 이외에도 전쟁 법, 규칙 및 규약의 문제를 다루고 있는 이 책은 각군 사관생도를 포함해 전문 직업 장교단이 전쟁관을 형성하는 데 큰 도움이 될 것으로 생각된다.

이 책을 번역하는 과정에서 미비한 점이 있다면 그것은 전적으로 옮긴이들의 잘못에 기인하는 것이다. 강호제현(江湖諸賢)의 질책과 좋은 의견을 접하게 되면 이를 겸허하게 수용해 고쳐 나갈 것을 약속드린다. 이 책이 출간되는 과정에서 도움을 주신 국방대학교의 이상영 육군대령, 김병렬 육군대령, 이경수 해병대령, 공군사관학교의 유순형 박사, 합동참모본부의 윤기철 공군중령, 상업성이 없음에도 불구하고 본 책자의 출간에 기꺼이 동의해준 연경문화사의 이정수 사장님께 심심한 감사를 드린다.

옮긴이 일동

차례 Contents

4부 전쟁의 딜레마 · 449

제4판 서문

타의에 의한 정권교체와 정당한 전쟁

1

2005년은 제2차 세계대전이 종료됐을 뿐만 아니라 독일의 정권이 교체되고 민주화가 시작된 지 60년이 되는 해이다. 1945년 7월의 포츠담에서 연합국들은 민주주의에 대한 결의를 재차 다짐했다. 포츠담에서 영국은 민주주의의 의미에 관한 경이적인 사례를 보여주었다. 포츠담회담 당시 영국에서는 선거가 진행되고 있었다. 선거에서 패배하자 회담 도중, 전시(戰時) 영국의 위대한 지도자였던 윈스턴 처칠(Winston Churchill)을 노동당 당수인 클레멘트 애틀리(Clement Atlee)가 곧바로 대체했다. 이 같은 모습을 보며 스탈린이 크게 놀랐을 것이다. 당시는 민주주의의 발전사에서 매우 중요한 순간이었다. 즉 당시는 견해를 달리하는 사람들이 강력한 지도자에게 도전해, 그 지도자를 패배시킬 수도 있음을 명확히 보여주었다. 분명히 말하지만 이는 헌법이 민주적인 것인지를 검증해주는 가장 중요한 요소다.

당시 정치적 측면에서의 독일의 개조(改造)는 독일 국민들도 이 같은 순간을 맞볼 수 있도록 해야 한다는 노력과 다름이 없었다. 적어도 서방국가들이 점령하고 있던 지역에서는 그러했다. 당시 서방세계가 계획하고 있던 것은 무(無)에서 유(有)를 창조하는 것이 아니라 민주주의를 복원하는 것이었음을 주목할 필요가 있다. 그 이전의 경우를 보면 바이마르공화국[1])이 불과 12년 전에 존재해 있었다. 또한 기독민주당 및 사회민주당과 같은 구시대의 정당들이 즉각 복원됐다. 종종 주장되고 있는 바와 달리, 이 같은 이유와 여타의 몇몇 이유로 인해 독일의 사례는 이라크에서 최근 미국이 추진하고 있는 부분에 관한 훌륭한 전례(前例)라고는 할 수 없다. 독일의 경우는 무력을 통한 민주주의의 복원, 즉 군사적 승리와 점령의 결과였다. 따라서 독일의 경우로 인해 강압을 통한 민주화가 정당성이 있게 되는 시점과 정당성이 있는지의 여부에 관한 나름의 질문이 제기된다. 또는 오늘날의 논쟁에서 등장하고 있는 용어를 이용해 표현하면, 정권교체가 전쟁의 정당한 이유가 될 수 있는가란 질문이 제기된다. 그런데 이는 『정당한 전쟁과 부당한 전쟁』의 이전 판에서는 오직 간접적으로만 다뤄졌던 질문이다. 이제 이 같은 질문을 본격적으로 다룰 필요가 있는 듯 보인다.

나치의 경우를 보면 정권교체는 연합국이 수행한 전쟁의 이유가 아니고, 전쟁의 산물이었다. 독일에 대항해 전쟁을 선포한 1939년 당시 폴란드, 프랑스 및 영국이 추구한 목표는 독일이란 국가의 개조가 아니었다. 그와는 달리 이들이 수행한 전쟁은 '정당한 전쟁'의 가장 모범적인 사례였다. 이들이 추구한 대의가 무력 침략에 대한 저항이었기 때문이다. 또한 '정당한 전쟁'의 패러다임에 따르면 침략에

1) 1918년부터 1933까지 존재(옮긴이)

대항한 저항은 침략자가 군사적으로 패배하는 순간 종료된다. 그 후 협상을 통한 평화가 있게 될 가능성이 높다. 협상 도중 피(被) 침략 국가와 이 국가의 동맹국들이 물리적 보상뿐만 아니라 향후의 모든 공격에 대비한 정치적 보장을 추구할 수 있는데, 이는 합당한 것이었다. 그러나 정권교체는 이 같은 패러다임의 일부가 아니다. 고전적 의미의 '정당한 전쟁' 이론에서는 침략을 특정 정부의 범죄적 시스템 또는 범죄적 정부의 정책 때문이 아니고 특정 정부의 범죄적 정책 때문으로 간주했다. 전후(戰後) 해당 정부의 지도자들이 법정에 서기도 했지만 해당 정부의 시스템은 문제시되지 않았다. 그러나 나치의 전쟁 수행 시스템과 관련해 우리가 이해하고 있는 바처럼 침략이 해당 정부 시스템의 특성에 직접 기인하는 행위로 생각되는 경우에는 전후 처리 과정에서 정권교체가 필요한 듯 보일 수도 있다.

물론 독일에 대항해 연합국들이 무조건 항복을 요구하고 정치체제를 개조토록 한 것이 정당화될 수 있었던 것은 나치 정권이 수행한 침략전쟁뿐만 아니라 이들이 추구한 계획적인 민족말살정책 때문이었다. 내부로부터 붕괴되지 않았더라면 제1차 세계대전 당시의 독일의 카이저(Kaiser) 정권과는 협상을 통한 평화를 상상해볼 수도 있다. 그러나 도덕적 측면의 이유로 인해 히틀러 및 그의 추종 세력들과는 협상을 통한 평화를 상상해볼 수 없다. 독일 내부의 나치의 정적(政敵)들이 나치 독일과 공존할 능력이 있었는가와 무관하게 나치 독일은 역사에서 사라져야만 했다. 나치 독일과 관련해서는 '인도적 간섭'에 가장 분명히 적용되는 일반적인 논거가 있다. 특정 정부가 자국 국민 내지는 자국 국민 내부의 일부 집단을 대량학살하는 경우, 이 같은 학살을 방지할 목적으로 국경 너머로 군대를 파견한 모든 국가 또는 국가 연합은 해당 정부를 교체하거나 적어도 교체 과정을 시작해야 할 것이다. 침략뿐만 아니라 살육행위 역시 특정 정권을 강제적으로 변화시켜야 하는 이유가 될 수 있다. 아직도 이 같은 간섭의 주요 목적은 살육의 방지다. 이 같은 목적을 수행하다보면 자연히 정권교체가 있게 된다. 물론 대량학살 능력이 있는 반면 대량학살에 가담하지 않는 권위주의적 정권은 군사적 공격과 정치적 개조(改造)의 대상이 아니다.

당연히 개입했어야 했음에도 하지 않았던 1994년의 르완다 사태 당시 특정 아프리카 국가나 유럽 또는 유엔이 개입했다고 가정해보자. 군사적 행위를 통해 이들이 추구한 최초의 목적은 투치(Tutsi) 종족에 대한 대량학살의 중단뿐만 아니라, 후투(Hutu) 종족 중에서 투치 종족에 동조했던 자들에 대한 대량학살의 중단이었을 것이다. 그러나 대량학살 행위를 중단시키고, 생존자들을 보호하기 위해 이들은 후투 정권의 전복이 필요하게 됐을 것이다. 아울러 이 같은 전복과 관련이 있는 사람은 누구나 신생 정부의 탄생과 관련해 어느 정도 책임이 있었을 것이다. 이 같은 책임을 지역의 정치 세력뿐만 아니라 국제사회의 기관들과 공유하는 것이 보다 현명했을 것이다. 그러나 이 같은 책임에서 전적으로 벗어나기 위한 방법은 없었을 뿐만 아니라 있었다고 할지라도 정당한 방법이 아니었을 것이다.

상황에 개입할 목적의 군사력이 정치적 개조에 착수하게 되면, 이 군사력이 민주주의를 목표로 하거나 적어도 민주적 관행의 길을 열어놓아야 할 충분한 이유가 있다. 이는 진정한 의미에서의 자결권을 통해 설립되며, 상대적으로 관대한 자세를 견지하고 있는 민주주의 정권의 합법성과 관련이 있다. 진정한 의미에서의 민주주의 정권은 외국과의 관계가 만족스럽지 않은 경우에서조차 자국 국민들을 대량학살하지는 않는다. 그러나 종교 지도자들의 주도적인 역할처럼 피(被)

침략 국가 내부에 전통적으로 합법성을 인정받고 있는 여타 인물이 있는 경우는 어떤가? 민주주의에서 요구하는 법적 평등과 관련해, 그리고 가장 두드러진 경우이지만 여성의 평등과 관련해 전통주의자들이 강력히 반대하는 경우는 어떤가? 민주화를 점진적으로 추진해야 하거나 민주주의 원칙들을 일부 변형할 필요가 있는 경우들을 생각해 볼 수 있다. 인도적 차원의 위기로 인해 간섭이 정당화되는 경우에서조차 외국의 사상과 이념의 강제적인 주입을 최소화하는 것을 생각해 볼 수 있다. 간섭을 행하고 있는 군사력은 정치적 체제를 변화시키라는 명령은 받고 있지만 문화까지도 바꾸라는 명령을 받고 있는 것은 아니다. 한시적으로 통치하고 있는 주민들의 관습과 신념을 어떻게 쉽게 바꿀 수 있는지 의문이다. 그 과정에서 강압이 필요할 수도 있겠지만 그보다는 협상과 타협이 보다 나을 것이다.

'정당한 전쟁'과 '인도적 간섭'을 통해 강압적이기는 하지만 정당한 형태의 민주화 과정이 추진되는 경우도 없지 않은데, 그 과정에서 전통적인 계급제도와 관행들에 대한 부정이 필요한 경우도 종종 있을 수 있다. 여성이 정치에 참여하지 못하도록 하는 것 등이 이러한 관행 중 하나다. 여기서 제2차 세계대전 이후의 정권교체에 관한 또 다른 사례, 즉 미국이 일본을 점령한 경우를 생각해보자. 점령군이 강요한 헌법에서는 남녀 관계에 관한 모든 법이 "개인의 존엄성과 남녀평등의 관점에서 제정돼야 한다"고 규정하고 있었다. 그 후 60여 년 뒤, 이 법조문을 폐기해야 한다고 우파들이 큰 소리로 말하고 있다. 이들은 전통적인 일본의 가치관의 방어란 측면에서 이 법조문의 폐기가 필요하다고 주장하고 있는 것이다. 이처럼 법조문의 폐기가 논의되고 있다는 점 자체가 법조문이 제정되는 과정에서 미국의 강압이 있었음을 입증하고 있다고 혹자는 말할 수도 있을 것이다. 오늘날 일본은 자국 사회에서의 남녀 관계의 구조에 관한 논쟁을 벌일 필요가 있다. 그러면 일본은 자국 국민의 대다수가 지지하고자 하는 남녀 관계 구조를 갖게 될 것이다. 여타 정권교체에 비해 일본의 경우처럼 평화적인 변화가 가능할 수도 있다는 측면에서 보면 강요된 민주주의 또한 옹호할 만하다.

2

우리는 정당한 방식의 정권교체에 관한 제2차 세계대전 당시의 사례로 생각될 수 있는 경우들과 정권교체가 실현되지 않은 르완다의 경우를 살펴보았다. 그러면 이라크와 같은 경우가 현재 또는 과거에 있었는가?

우리는 1991년의 제1차 걸프전 당시 미국과 동맹국들이 '정당한 전쟁'에 관한 고전적인 패러다임을 철저히 준수했음에 주목할 필요가 있다. 이라크의 쿠웨이트 침공을 결정적인 방식으로 격퇴한 즉시 미국과 동맹국들은 전투를 멈추었다. 이들은 바그다드로 진격해 들어가지 않았으며, 바스 체제(Baathist regime)의 붕괴와 교체를 추구하지도 않았다. 사담을 이라크 국민들이 몰아내도록 하기 위한 어떠한 조치도 강구하지 않았다. 오히려 이들은 사담의 통치에 대항한 반란을 촉구하기는 했지만 반군을 원조하지도 구출하지도 않았으며 오히려 그 반대였다. 미국의 관리들이 사담을 히틀러에 비유하기는 했지만 동맹국들은 이 같은 비유에 근거해 행동하지 않았다. 그저 선전책동에 불과할 뿐이었다. 이들은 바스 체제의 향후 행동을 규제하고자 노력했는데, 이 규제는 바스 체제에 관한 매우 부정적인 관점에 근거하고 있었다. 아직도 이라크란 국가의 헌정(憲政)의 성격으로서 우리가 생각할 수 있는 부분들(독재주의 또는 민주주의, 종교 국가 또는 비종교 국가, 인권을 존중 또는 위배하고 있는지의 여부, 이라크 행정부가 임의적으로 행동하고 있는지 또는 법을 준수하며 행동하고 있는지의 여부)은 미국을 중심으로 하는 다국적군이 당시의 '전쟁과 평화'에 관해 내린 결심과는 무관하게 심판을 받았다.

2003년경 미국과 미국의 동맹국들(제1차 걸프전과 비교해 그 숫자가 크게 줄어들었다)의 입장에 일대 변화가 있었다. 분명히 말하지만 2기 부시 행정부는 전쟁 돌입과 관련해 다양한 이유를 제시했다. 시점에 따라 전쟁의 이유가 변했다. 그러나 이 모든 이유에는 바그다드로 진격해 바스 체제를 교체할 필요가 있다고 암시돼 있었다. 가장 중요한 이유는 이라크가 대량살상무기를 보유하고 있거나 조만간 이 같은 무기를 생산할 능력이 있다는 것이었다. 하지만 프랑스의 경우를 보면 대량살상무기를 보유하고 있다는 점 자체가 프랑스에 대항해 주변국들이 전쟁을 수행해야만 하는 이유가 되지는 않았다. 즉 이라크가 위험해지도록 만든 것은 이라크 정권의 성격이었다. 사담 정권은 본질적으로 공격적이며 살육을 자행하는 형태라고 미국 정부는 주장했다. 과거에 주변국을 침공했던 것처럼 이라크는 과거에 자국 국민을 대량학살한 적이 있었다. 이라크와 관련해 말하자면 과거가 미래를 보여주는 전주곡이라고 미국의 지도자들은 주장했다. 사담 정권을 교체하지 않으면 과거에 있었던 일이 재차 발생할 것이란 주장이었다.

따라서 이라크는 독일, 일본 또는 르완다의 경우와 달랐다. 이라크에 대항한 전쟁은 침략에 대항한 반응도, 인도적 간섭도 아니었다. 당시 전쟁의 대의는 1991년과 달리 이라크가 주변국을 침공했다는 것이 아니었으며, 침공 징후가 임박했다는 것도 아니었다. 또한 당시 전쟁의 대의가 실질적으로 진행 도중에 있던 대량학살도 아니었다. 당시의 대의는 정권교체였다. 이는 미국 정부가 '전쟁의 정당성(*Jus ad bellum*)'이란 교리의 일대 확대를 주장하고 있었음을 의미한다. 침공 내지는 대량학살 행위를 자행하고 있지 않은 경우에서조차 공격적이고도 살육을 일삼는 정권이 존재하고 있다는 점 자체만으로도 전쟁의 합법적인 이유가 된다고 미국은 주장하고 있었다. 보다 친숙한 용어로 표현해보면, 이는 '예방전쟁(Preventive war)'에 대한 옹호와 다르지 않다. 그러나 이라크에 대항한 '예방전쟁'과 관련해 제기된 이유는 위험스런 형태의 세력균형의 이동으로 인해 곧바로 미국이 무력해질 가능성이 있다는 '예방전쟁'에 관한 일반적인 개념과는 달랐다. 당시의 전쟁은 악당 정권에 대한 전적으로 새로운 관념의 결과였다.

20세기의 정치를 경험해보았거나 사고해본 사람 중에 불량 정권의 존재에 의문을 제기할 수 있는 사람은 없을 것이다. 이 불량 정권들에 대응하기 위한 정치/군사적 반응을 구상할 필요가 있다는 점에 어느 누구도 이의를 제기할 수 없을 것이다. 하지만 이 경우에서조차 정권교체 자체가 전쟁의 정당한 대의가 될 수 있다고는 생각하지 않는다. 오늘날의 세계에서 행동할 때, 특히 군사적으로 행동할 때 우리의 행동은 상대방이 미래에 할 수 있거나 과거에 자행한 사악한 행위가 아니라 현재 하고 있는 사악한 행위에 반응하는 형태가 돼야 한다. 침략과 대량살상은 전쟁 수행의 합법적인 이유다. 이들 개개와 관련해 우리는 적시에 강압적으로 대응하는 방법을 배워야 하는데, 이것을 아직 제대로 배우지 못했다. 그러나 실제로 침략이나 대량살상을 하고 있는 것이 아니고, 이 능력을 구비하고만 있는 정권에 대해서는 다른 대응이 요구된다.

제1차 걸프전 이후 이라크에 강요한 혹독한 봉쇄 체제는 다른 형태의 대응을 보여준 경우였다. 당시의 봉쇄에는 세 가지 요소가 포함돼 있었다. 그 중 첫째는 무기 수입을 막을 목적의 수출입 금지(보다 현명한 형태의 제재를 강구하지 못함으로써 당시의 수출입 금지로 인해 식량과 의료품 공급 또한 지장을 받았다)였다. 두 번째는 이라크가 자국 내부에서 대량살상무기를 개발할 수 없도록 유엔이 조직한 감시체계였다. 세 번째는 항공력을 이용해 이라크가 자국 국민들을 공격하지 못하도록 이라크의 북부지역과 남부지역에 비행금지구역을 설정했다는 점이었다. 오늘날 우리가 알고 있듯이 당시의 봉쇄 체제는 매우 효과적이었다. 적어도 무기 개발과 대량살상을 방지해 2003년의 제2차 걸프전이 불필요해지도록 만들었다는 의미에서 보면 당시의 봉쇄는 효과적이었다. 그러나 제2차 걸프전의 발발을 막지 못했다는 점에서 보면 당시의 봉쇄는 실패작이다.

분명히 말하지만 당시의 봉쇄가 실패로 끝난 주요 이유는 처음부터 봉쇄보다는 정권교체와 전쟁을 선호했던 부시 행정부의 이념 주도형 정책 때문이었다. 그러나 비교적 분명치 않지만 강조될 필요가 있는 또 다른 이유가 있다. 봉쇄가 효과적이란 이유에 근거해 제2차 걸프전에 반대했던 국가들은 이 같은 봉쇄 체제가 효과적이도록 하는 과정에서 전혀 기여하지 않았다. 이들은 당시의 봉쇄 체제에 참여하지 않았으며, 이것을 지원하지도 않았다. 사담 정권에 대항한 봉쇄는 다국적 차원의 노력으로 시작됐다. 그러나 결국 봉쇄와 관련된 대부분의 일을 수행한 국가는 미국이었다. 수출입 금지를 강요하고, 이라크 내부의 무기 개발을 사찰하며, 북부 및 남부지역에서의 비행을 감시하는 등의 일에 많은 국가들이 동참했더라면 또는 몇몇 국가만이라도 동참했더라면 당시의 봉쇄 체제를 미국이 일방적으로 파기할 수 없었을 것이다. 적어도 그처럼 쉽게 파기할 수 없었을 것이다. 당시의 봉쇄가 국제사회가 동참하는 형태였더라면 미국 또한 이 같은 체계 내부에서 봉쇄돼 함부로 행동하지 못했을 가능성이 있다.

이라크의 경우에서 우리는 집단안보의 의미에 관한 간단한 교훈을 얻을 수 있다. '전쟁에 못 미치는 형태의 수단(Measures short of war)'들이 사악하거나 위험스런 정권에 효과가 있으려면 이 수단들은 단일 국가가 아니고 몇몇 국가들로 구성된 공동체가 공동으로 수행하는 형태가 돼야 한다. 이 수단들은 다국적 차원의 노력이 될 필요가 있다. 집단안보는 집단 차원의 노력이 돼야 한다. 여타 국가들이 일상적인 일에 전념하고 있는 반면 소요되는 비용을 단일 국가가 부담하는 경우, 집단안보는 성공을 거두지 못할 것이다. 이 같은 비용을 특정 국가가 무한정 부담할 것으로 기대할 수 없을 것이다. 봉쇄가 아닌 신속하고도 급진적인 방안에 일부 정치가들이 현혹될 수도 있다. 분명히 말하지만 정권교체는 봉쇄를 대신하는 나름의 대안이다.

나는 봉쇄 체제에 포함될 수 있는 방안을 '전쟁에 못 미치는 형태의 수단'으로 묘사했다. 사실 이 모든 방안은 무력의 사용이 요구되거나 무기개발 사찰의 경우처럼 무력의 위협이 요구되는 형태다. 일상적인 일에 전념하고자 했던 여타 국가들이 이라크에 대항한 봉쇄 체제에 참여하고자 하지 않았던 이유는 이 같은 점 때문이었다. 국제법에 따르면 수출입 금지 행위(공해상에서 상대방 국가의 함정을 정선시키는 행위)뿐만 아니라 비행금지구역 강요(아측 항공기를 겨냥하고 있는 시설과 레이더에 대한 공격)는 전쟁 행위다. 그러나 이들이 실제 전쟁과 매우 다른 형태란 점은 일반적인 상식만 있어도 알 수 있다. 제2차 걸프전이 발발했던 2003년 3월 이전과 이후의 이라크를 비교해보기 바란다. 분명히 말하지만 전면 공격과 비교해 봉쇄는 훨씬 쉽게 정당화될 수 있다. 이 책에서 점검한 '예방전쟁'에 반대하는 형태의 논거들은 '전쟁까지 가지 않는 무력(Force-short-of-war)'의 예방 차원의 사용에는 적용되지 않는 듯 보인다. 왜냐하면 '전쟁까지 가지 않는'이란 표현은 전쟁에서 목격되는 예측불허의 결과와 일대 재앙 성격의 결과가 없음을 의미하기 때문이다. 사담 후세인 당시의 이라크 정권과 같은 정권에 따른 위험을 합리적으로 생각해보면 강압적인 봉쇄가 정당화될 수 있을 것이다.

그러나 봉쇄만으로는 정권이 붕괴되지 않으며, 이라크의 경우는 붕괴되지 않았다. 그러면 정권교체를 가져오는 단기전과 비교해 봉쇄가 보다 바람직한 것은 무슨 이유 때문인가? 이는 나름의 어려운 질문인데, 결과적으로 제2차 걸프전이 단기전이 아님이 판명된 이후에서조차 그렇다. 그러나 제2차 걸프전과 관련해 말하면, 더 인내하는 편이 보다 좋았다고 생각된다. 사담 정권이 주변국에 피해를 주지 못하게 됐다는 점에서 보면 봉쇄로 인해 이라크 정권은 약화됐다. 한편 이처럼 약화된 정권은 오랫동안 지속적으로 유지될 수 없을 것이다. 그러나 이 같은 봉쇄에 따른 효과를 완벽히 실감하려면 적지 않은 기간이 소요됐다. 단기적으로 보면 사담 정권은 봉쇄에도 불구하고 붕괴되지 않았다. 따라서 전쟁 돌입에 관한 가장 그럴듯한 논거에 당시의 봉쇄 체제 유지에 적지 않은 비용이 소요됐으며, 이 같은 체제 유지에 나름의 모험이 수반됐을 뿐만 아니라 무한정 봉쇄 체제를 유지할 수 없다는 점, 전쟁 수행 결심이 실리적으로 타산이 있어 보인다는 점이 있었을 수도 있다. 그러나 전쟁 비용을 낙관적으로 생각할 때에만 이 같은 계산에 타당성이 있다는 점에서 보면 이 같은 논거는 바람직하지 않다. 이라크 국민에게 강요한 위기의 성격을 고려하면 이처럼 낙관할 수 없는 듯 보이는데, 적어도 도덕적으로는 낙관할 수 없는 듯 보인다.

따라서 이라크의 경우로 인해 우리는 '전쟁까지 가지 않는 무력'의 사용에 관해 생각해보게 된다. 즉 1991~2003년 당시 유엔이 서명했으며 미국이 강요한 형태의 봉쇄는 이 같은 무력의 사용과 관련해 가능한 하나의 사례에 불과하다. 2002년과 2003년의 유엔에서 프랑스는 무력을 항상 '최후의 수단'으로 사용해야 한다고 주장했다. 이 같은 주장에도 불구하고 '전쟁까지 가지 않는 무력'은 분명히 말해 전쟁 이전에 존재하게 된다. 따라서 '전쟁의 정당성(*Jus ad bellum*)'에 관한 논거는 '무력의 정당성(*Jus ad vim*)'으로 확대될 필요가 있다. 따라서 우리에게는 무력의 정당한 사용과 부당한 사용에 관한 이론이 절실히 요구된다. 이것이 지나칠 정도로 관용적이거나 허용적인 이론이 돼서는 안 된다. 그러나 분명히 말하지만 이는 '정당한 전쟁' 및 '부당한 전쟁' 이론과 비교해 보다 허용적일 것이다. 이 같은 허용적인 이론으로 인해 정권교체와 민주화가 있게 될 것인가란 질문이 즉각 제기된다. 이미 암시한 것처럼 이는 '예방전쟁'에 관한 몇몇 질문과 긴밀히 연계돼 있다. '예방전쟁'은 일반적인 '정당한 전쟁' 이론 내지는 국제법 측면에서 보면 정당하지 않다. 그러나 침략적이거나 살인적인 방식으로 행동한 바 있으며, 재차 이처럼 할 것으로 생각되는 포악한 정권을 다룰 때에는 소위 말하는 '예방 차원의 무력 사용(Preventive force)'이 정당화될 수 있다. 이 경우 우리는 봉쇄를 겨냥하고 있지만 정권교체를 희망하고 있을 것이다. 또한 가능한 모든 경우에서 이 같은 목적을 보다 진전시킬 수 있는 봉쇄 정책을 합법적으로 구상할 수 있을 것인데, 이는 신생 정권을 창조할 목적(신생 정권의 경우 민주주의 정권을 창조할 목적)에서 제한적이나마 무력을 사용할 수 있음을 의미한다.

추후 이 같은 무력의 사용을 어느 정도까지 제한해야 할 것인가란 문제를 다루게 될 것이다. 그러나 그 이전에 나는 어떤 국가의 역사, 문화, 정치는 그 어떤 다른 나라로부터도 영향을 받아서는 안 된다는 고전적인 불간섭원칙에 대해서 분석할 것이다. 존 스튜어트 밀(John Stuart Mill)이 주장한 바처럼 자유주의 정권의 경우는 자유를 방어하는 과정에서 자신의 목숨을 바칠 정도로 자유를 소중히 여기는 사람들이 요구된다. 그러나 '전쟁에 못 미치는 형태의 정권교체'는 지역 주민들이 이 같은 정권교체를 어떻게 평가하고 있는지, 정권교체 과정에서 어느 정도 모험을 감수하고자 하는지와 많은 관련이 있다. 이 같은 형태의 정권교체는 1945년 당시의 일본과 관련해 내가 제기한 바 있는 문제들이 제기되지 않을 정도로 간접적인 성격의 것이다. 북부 이라크에서의 비행금지구역 설정이란 문제를 재차 생각해보자. 남부 이라크 지역의 시아파들을 대량학살한 이후 후세인이 쿠르드족을 대량학살할 충분한 이유가 있었다. 분명히 말하지만 북부 이라크에서의 비행금지구역 설정은 쿠르드족의 대량학살을 방지했다는 점에서 인도적 간섭이었다. 이처럼 훌륭한 이유가 당시 진행됐던 예방 차원의 간섭을 정당화해줄 정도로 충분했다고 보인다. 당시의 비행금지구역 설정으로 인해 쿠르드족 자치구역이 가능해졌다는 점에서 보면 이 같은 설정으로 인해 일종의 정권교체가 또한 있었다. 이것 또한 정당화될 수 있는가? 당시의 봉쇄 체제로 인해 쿠르드족 자치구역이 가능해진 것은 사실이지만 쿠르드족 자치구역은 외부로부터 강요된 정권이 아니었다. 이 같은 새로운 정권을 처음에 쿠르드족 자신이 요구했으며, 탄생시켜 유지했다. 당시의 봉쇄는 쿠르드족 주민들의 자결권 요구에 반응한 형태라기보다 이 같은 요구를 예견한 형태일 수 있다. 그러나 당시의 봉쇄를 조직했던 국가들이 구(舊) 정권을 붕괴시키지 않았으며, 새로운 정권을 설립하지 않았다는 점에서 보면 이것이 부당한 형태의 예견은 아니다. 이들은 불간섭의 원칙을 위배한 것이 아니라, 그 테두리 안에서 일하고 있었다. 침략과 대량학살을 방지하기 위한 행위가 정당화된다면 정권교체를 염두에 둔 이 같은 간접적인 방안 또한 정당화될 수 있을 것이다.

그러나 '전쟁까지 가지 않는 무력'이 사용될 수 있는 경우와 사용될 수 있는 방식에 한계가 있는데, 이는 '전쟁의 정당성(*Jus ad bellum*)'과 '전쟁에서의 정당성(*Jus in bello*)'에 해당하는 형태의 한계다. 나는 이미 이 두 경우를 논의한 바 있는데, 이들은 침략 내지는 대량학살의 위협과 관련이 있다. 그러나 도덕적 차원에서 이 같은 위협을 인지해 봉쇄 체제를 조직할 권한이 있는 국가 또는 일군(一群)의 국가들은 누군가? 집단안보는 집단 인식에 기초하고 있다. 그러나 오늘날 침략이나 대량학살에 대처하기 위한 국제기구와 지역적인 기구는 실제 침략이나 대량학살의 위협에 대처할 수 있을 정도로 능력을 완벽히 갖추고 있지 못하다. 따라서 두 경우 모두에서 일방적인(단독) 행위가 합법적일 수 있음을 인정해야 할 것이다. 그러나 일방적인 행위는 두 번째 경우(실제 침략과 대량학살이 있는 경우)와 비교해 첫 번째 경우에는 제대로 기능하지 않는다. '전쟁까지 가지 않는 무력'(특히 그 과정에서 무역 제재 내지는 무기 금수가 개입되는 경우)이 나름의 효과가 있으려면 다수 국가의 협조가 요구된다. 이미 이 점을 언급한 바 있지만 재차 언급할 필요가 있을 것이다. 전쟁과 대량학살을 모면하려면 무력 사용도 불사하고자 하는 확고한 집단 의지가 요구된다. 오늘날의 유럽 국가들은 이 같은 의지를 보이지 않고 있는데, 이는 불행한 일이다. 또한 유럽과 미국이 공동으로 무력을 사용하고자 하는 의지를 보이지 않고 있는 실정이다. 지난 몇 년을 살펴보면 미국만이 자제된 형태의 정치적 방식으로의 무력 사용이 아니라 전쟁도 불사하고자 하는 자세가 돼 있는 듯 보인다.

민간인을 보호하기 위해 전쟁 수행방식이 제한되는 바와 마찬가지로 '전쟁까지 가지 않는 무력'은 제한돼야 한다. 이는 주민이 아니고 특정 정부가 봉쇄의 주요 표적인 경우에서조차 민간인이 위험에 처할 수밖에 없는 경제적 봉쇄의 경우 특히 중요한 의미가 있다. 콜린 파월(Colin Powell)이 '현명한 형태의 제재'(정치적으로 뿐만 아니라 도덕적으로도 현명한)라고 지칭한 정책은 이 같은 위험을 줄이고자 하는 목적의 것이다. 분명히 말하지만 이것을 다음번의 정당한 경우에서 시도해봐야 할 것이다. 민간인들로부터 식량과 의료품을 무조건적으로 박탈하는 유형의 봉쇄는 정당한 형태가 아니다. 그러나 상대방 국가의 봉쇄 행위를 비난할 목적으로 1990년대의 사담 정권과 같은 야만스런 정권이 자국 국민들이 느끼는 궁핍의 정도를 고의적으로 높이는 경우는 어떻게 할 것인가? 당시 유엔은 석유식량프로그램(Oil-for-food Program)[2]으로 대응했다. 어떻게 하면 보다 잘 대처할 수 있는가와 관련해 당시의 노력으로부터 배울 부분이 있다고 생각된다. 분명히 말하지만, 봉쇄로 인한 기아와 질병이 실제로는 봉쇄를 통해 교체하고자 하는 정권 때문인 경우 이러한 대처(현명한 제재)는 더욱 필요하다.

---

2) 식량과 의약품 구입을 위한 최소비용 선에서만 석유수출을 허용하는 유엔의 대이라크 제재 방안. 1990년의 걸프전 이후, '유엔안전보장이사회 결의안 제986호'에 따라 이라크는 석유수출을 전면 금지 당했다. 그러나 1996년의 석유식량프로그램에 따라 UN의 통제 아래 식량, 의약품, 그리고 기타 인권 관련 목적으로 사용한다는 조건에서 제한적이나마 석유수출이 허용됐다. 이는 석유수출을 통해 이라크가 군비를 확충하지 못하도록 하기 위한 것이었다.(옮긴이)

'전쟁까지 가지 않는 무력'으로는 직접적이고도 강압적인 민주화가 가능치 않다. 독일과 일본의 경우는 이것과 다르다. 그다지 효과적이지는 않지만 강제적으로 민주화가 진행되고 있는 지금 이 순간의 이라크도 관련이 없다. 나는 2003년에 부당하게 거부됐지만 재차 부각될 것이 분명한 또 다른 방안을 옹호한 바 있다. 이라크를 봉쇄하는 과정에서 새로운 방법에 대해 눈을 뜨게 됐는데, 그것은 잔혹한 후세인 정권을 국제사회가 비난하고, 배척하며, 억제하고자 한다는 점을 이용해 지역적인 기구가 나서서 민주화에 관한 실제 과업을 수행하는 것이다. 하지만 이 제안에는 추가적으로 논의해야 할 부분이 있다. 전쟁으로는 정치적 체제의 변화를 직접적으로 가져올 수 있지만 '전쟁까지 가지 않는 무력'만으로는 오로지 간접적으로만 가능할 뿐이다. 그러나 소위 말하는 '폭력을 사용하지 않는 정책(Politics short of force)', 비강압적인 형태의 정책, 그리고 인권감시(Human Rights Watch) 또는 국제사면위원회(Amnesty International)와 같은 비정부기구가 개입되는 또 다른 형태의 직접적인 행위가 있는데, 이들 또한 나름의 방식으로 정권교체를 의도하고 있다.

이 같은 집단이 수행하는 가장 중요한 일은 민주주의에서 요구되는 종류의 시민사회, 즉 이익집단, 노동조합, 전문가집단, 사회운동 그리고 정당 등의 육성이다. 억압과 검열에 대응하는 방식으로 이들은 해당 국가와 무관하게 독자적인 조직이 기능할 수 있는 공간을 마련해주며, 정치적 행위를 가능케 해주는 조직 관련 기술을 이들 조직의 구성원들이 지역 주민들에게 훈련시키게 된다. 이들 조직과 그 구성원들은 적어도 민주적 정치과정에 기여할 능력이 있는 집단이다. 그러나 진정 야만스럽고도 위험한 정부와 관련해 말하면, 이들은 보다 강압적인 정치적 간섭을 지원하는 방식으로 기여할 수 있다.

'무력을 사용하지 않는 정책'이 '전쟁까지 가지 않는 무력'에 의존할 수도 있다. 우리는 이 같은 상호작용을 지원해야 하는데, 이것들이 전쟁 자체를 회피하는 과정에서 도움이 될 수 있기 때문이다.

제2차 세계대전이 종료될 당시 연합국의 정책은 '정당한 전쟁'의 결과로 인해 정권교체가 정당화될 수 있음을 상기시켜 주고 있다. 전쟁 이전에 그리고 전쟁 대신에 정권교체를 염두에 둔 보다 간접적인 접근 방안이 정당화될 수 있다고 나는 주장한 바 있다. 사실 이 같은 접근 방안이 성공을 거두게 되면 전쟁이 불필요해지고 결과적으로 부당한 형태가 될 것이다. 이 같은 간접접근 방안에 전념하거나, 야만스런 정권에 대항한 강압적인 봉쇄에 전념하는 경우, 집단안보에 진력하는 경우, 전쟁의 가공할 파괴를 겪지 않으면서 정당성에 도달할 수 있음을 발견할 수도 있을 것이다.

마이클 월저

|제2판 서문|

제1차 걸프전(1991년) 이후

1

정치이론은 정치적 사건들에 의해 검증되는 반면, 과학이론은 자연계의 사건들에 의해 검증된다. 그러나 정치이론은 과학이론의 경우와 동일한 방식으로 검증되지 않는다. 정치적 사건들은 감정을 배제한 상태에서 냉정하게 관찰할 수 없으며, 정확히 관찰할 수도 없다. 이 사건들을 실험실에서 모의 실험해볼 수도 없다. 분배의 정의, 처벌의 목적 또는 정치적 책임에 관한 이론의 잘못을 입증하기 위한 방법 또한 파악이 쉽지 않다. 그러나 정치이론은 평가 절하될 수 있으며, 수정될 수 있다. 정치와 대자연 간에 존재하는 형태의 극단적인 차이는 어디서도 찾아볼 수 없다. 정치이론이 정치적 사건들을 설명 또는 해명해줄 수 있는가? 정치이론으로 인해 올바른 문제들이 부각되는가? 우리의 도덕적 반응과 판단을 조성하고, 정당화하며 설명하는 과정에서 정치이론이 도움이 되는가?

『정당한 전쟁과 부당한 전쟁』이란 제목의 이 책이 처음 출간된

1977년 이후 많은 사람들이 '정당한 전쟁' 이론을 연구했다. 이 책과 마찬가지로 이 같은 연구는 베트남전쟁의 경험에 주로 기인했다. 미국의 인문사회계열 대학교뿐만 아니라 각군 사관학교에서는 '정당한 전쟁'에 관한 많은 서적과 논문을 발간했으며, 학생들에게 많은 과목을 가르쳤다. '정당한 전쟁'이란 용어가 점차 대중 토론에 등장했다. 처음에 이는 핵 억제에 관한 논쟁에 등장했고, 그 후 1991년의 제1차 걸프전 이전의 논쟁에 등장했다. 미국의 정치 및 군사 지도자들이 이 용어를 사용했다. 예를 들면, 미국은 1989년의 파나마 침공을 '정당한 대의(Just cause)' 작전이라 불렀는데, 당시의 전쟁은 정당하지 않았을 것이다. 분명히 말하지만 이론가들은 자신이 만든 용어가 사용되기를 열망하고 있다. 그러나 이는 모든 이론에서 위험한 순간이다. 신성(神聖 : Holiness)이란 용어를 정치가들이 사용하는 순간 종교 분야가 입게 될 해악을 생각해볼 필요가 있다. 정치와 전쟁은 종종 또는 어느 정도 정당할 수 있지만 결코 신성하지 않다(신성에 관해 내가 알고 있는 한 이들은 결코 신성하지 않다). 이에 대한 보다 포괄적인 정당성을 주장하는 경우 '정당한 전쟁' 이론에 의혹이 제기된다. '정당한 전쟁' 이론이 '부당'을 방어할 목적으로 사용될 수 있다면, 이 이론이 사용돼야 될 이유가 있는가?

'정당한 전쟁'에 관한 특정 용어를 특정인이 사용하고 있는지와 무관하게 '정당한 전쟁' 이론은 전쟁에 관한 공식적인 논쟁에서 항상 나름의 역할을 하고 있다. 자신들이 추구하는 대의가 정당한 반면 상대방이 추구하는 대의가 부당하다는 점을 확신시키지 않은 상태에서 전투에 돌입해 목숨 걸고 상대방을 사살하라고 군인들에게 명령할 수 있는 정치 지도자는 없을 것이다. '정당한 전쟁' 이론이 사용된다면 이는 또한 잘못 사용될 수도 있다. 우리의 지도자들이 하는 거짓말, 이들의 위선에 관한 복잡한 구조 그리고 선을 가장한 악을 판단하는 과정에서만 종종 '정당한 전쟁' 이론이 도움이 되고 있다. 그러나 '정당한 전쟁' 이론은 또 다른 목적으로 사용 가능하다. 이는 보다 명예로운 의무인 전쟁에서 요구되는 부분의 기초를 다지고 구체화하는 등 중요한 역할을 할 수 있다. 우정이 잘못된 친구들에 의해 교묘히 이용될 수 있음에도 불구하고 우리는 우정이란 개념을 버리지 않는다. 마찬가지로 '정당한 전쟁' 이론이 잘못 사용되는 경우가 있다고 할지라도 이 이론을 포기하지 않는 것이 중요한 의미가 있다.

'정당한 전쟁' 이론이 올바로 또는 잘못 사용되고 있다는 점은 대중적이고도 보편적인 이론으로서의 이 이론의 위상을 말해주고 있다. '정당한 전쟁' 이론은 우리의 행위는 아닐지라도 우리가 말하는 것은 통제해준다. 즉 적어도 우리는 '정당한 전쟁' 이론에 입각해 말하고 있다. '정당한 전쟁'과 관련된 언행이 끊임없이 일치되지 않고 있음을 보면, 이 이론에도 비판의 여지는 있다. 사회적 관행 측면에서 보면 이 같은 유형의 비판은 전형적인 경우다. 이는 일반적으로 수용되고 있는 원칙들을 기대에 부응하지 못하는 정책과 제도에 적용하는 경우, 있게 되는 형태의 비판이다. 재차 말하지만 이들 정책과 제도가 항상 기대에 부응하지 못하는 것도 아니며 전적으로 부응하지 못하는 것도 아니다. 이 책에서 주장하고 있는 바이지만 대부분의 전쟁은 한 편(자위 차원에서 싸우는 편)에서 보면 '정당한 전쟁'이다. 이 경우 전쟁의 몇몇 행위들이 정당화돼야만 한다. '정당한 전쟁' 이론의 요지는 사리를 분별하고, 정치적으로 의사를 결정하거나 특정 전쟁 내지는 전시 결정을 비판 또는 지원하는 등의 보다 일상적인 일을 준비하는 과정에서 이 이론이 도움이 돼야 한다는 점이다.

2

1991년의 제1차 걸프전을 시험 사례로 생각해볼 수 있다. '정당한 전쟁' 이론이 걸프전과 관련해 기여한 부분은 무엇인가? 걸프전을 비판하던 사람들, 특히 종교 집단 소속의 사람들은 이 이론을 사용하고자 함과 동시에 포기했다. 이들이 이 이론을 사용하고자 했던 것은 걸프전이 '부당한 전쟁'이란 점을 말하고 싶었기 때문이었다. 이들이 이 이론을 포기한 것은 전형적인 '정당한 전쟁' 이론의 관점에서 보면 걸프전이 '부당한 전쟁'이 아닐 가능성이 있기 때문이었다. 일반적으로 오늘날의 세계에서는 모든 전쟁이 '정당한 전쟁'이 아닐 가능성이 있다고 이들은 결론짓고 있는데, 이는 위험할 뿐만 아니라 잘못된 결론인 듯 보인다. 이들은 '정당한 전쟁' 이론으로는 오늘날의 전쟁이 '정당한 전쟁' 또는 '부당한 전쟁'인지를 구분할 수 없다고 생각했다. 오늘날의 군이 보유하고 있는 자산과 대량살상무기의 존재를 고려해보면, 예전의 분류가 더 이상 의미가 없을 수 있다. 오늘날 우리는 '정당한 전쟁'에 관한 시대에 뒤쳐진 이론뿐만 아니라 '테러와의 전쟁'과 같은 역겨운 형태의 전쟁에 따른 문제에 직면해 있다.

어떠한 전쟁도 정당화할 수 없는 형태로 '정당한 전쟁' 이론을 재해석하고 재구성할 수도 있을 것이다. 여기서의 전쟁이 과거의 전쟁 내지는 오늘날의 전쟁을 의미하고 있음을 강조할 필요가 있다. 가장 파괴적인 형태의 전쟁에 포위 공격이 있는데, 이는 역사적으로 매우 오래된 형태다. 이 같은 전쟁에서는 민간인이 공공연히 공격의 표적이 되고 있으며, 민간인과 군인을 구분하려는 노력도 하지 않고 있다. 이라크에 대항한 장기간에 걸친 봉쇄를 옹호한 반면 1991년의 걸프전에 반대했던 사람들은 자신들의 주장이 본질적으로 민간인과 군인을 구분하지 않고 공격하는 형태의 잔혹한 결과를 야기하는 행위란 점을 인지하지 못했던 듯 보인다(제1차 세계대전 당시의 독일에 대한 영국의 봉쇄를 다루고 있는 이 책의 10장 참조). 내가 알고 있는 한 '정당한 전쟁' 이론에서는 상대방 국가에 식량과 의료품이 공급되도록 해야 한다고 가정하고 있다. 제1차 걸프전에서는 봉쇄가 의도하는 바를 달성하지 못할 가능성이 있었다. 어떻든 이 같은 판단이 지금으로부터 수백 년 내지는 수천 년 전과 비교해 오늘날 보다 어려워졌다고 생각할 이유는 전혀 없다. '정당한 전쟁'의 분류가 쉽게 적용 가능해 정규적으로 적용될 수 있던 '전쟁의 황금기'는 없었다. 과학기술의 발달로 인해 예전과 비교해, 오늘날에는 정치적 의지만 있다면 민간인과 군인을 보다 확실히 구분해 전투를 수행할 수 있게 됐다.

그럼에도 불구하고 군사적 표적과 민간 표적의 구분이 의미가 없어지는 방향으로 '정당한 전쟁' 이론을 해석할 수도 있다. 나중에 알게 되겠지만 이 경우는 '정당한 전쟁' 이론과 무저항주의의 구분이 의미가 없어질 것이다. 여기서 나는 '정당한 전쟁' 이론에 관한 두 가지 금언을 새롭게 강조하고자 한다. 그 중 첫째는 전쟁은 정치, 경제, 외교 등 국력의 여타 수단들이 위력을 발휘하지 못하는 순간에 사용돼야 한다는 점이다. 즉 전쟁이 '최후의 수단'이 돼야 한다는 점이다. 둘째, 전쟁에서 군인과 민간인이 입게 될 희생은 추구하는 전쟁목표의 의미와 비교해 커서는 안 된다. 이 책에서 나는 이 금언들에 관해 많이 논의하지 않았다. 이는 이 책이 처음 발간된 1977년 당시에는 도덕적 차원에서 중요한 문제인 민간인 표적과 군사적 표적을 구분하는 과정에서 이 금언들이 많은 도움이 될 것으로 보이지 않았기 때문이었다(이는 오늘날에도 마찬가지다). 그러나 이는 그 자체로도 논거가 필요한 부분이다. 1991년의 걸프전은 이 두 금언이 개념적으로 충분치 않음을 보여준 경우였다.

먼저 걸프전에서 있었던 사건들을 시간별로 살펴보자. 1990년 8월 초 이라크가 쿠웨이트를 침공했다. 쿠웨이트는 짧은 기간 동안 저항했지만, 효과가 없었다. 며칠이 지나지 않아 이라크가 쿠웨이트를 점령했다. 이것이 걸프전의 시작이자 마지막이 될 수 있었다. 미국이 군사력을 동원하고, 사우디아라비아에 미군이 도착하는 가운데 일련의 외교적 활동이 있었다. 당시의 외교적 활동으로 인해 이라크가 경제적으로 봉쇄됐는데, 유엔이 이것을 재가해주었다. 또한 미군 주도의 다국적군이 이라크를 압박했다. 당시의 봉쇄에서는 군사적 압박이 거의 필요치 않았다. 그러나 실제적으로 보면 당시의 봉쇄는 전쟁 행위였다. 이처럼 이라크를 봉쇄하고 있던 몇 달 동안(1990년 8월부터 1991년 1월까지) 다국적군은 무력을 사용하지 않은 상태에서 이라크의 침략을 번복시키고자 노력했으며, 걸프전의 시작 여부를 차분히 논의하고 있었다. 당시 대부분의 사람들은 걸프 지역이 평온한 상태에 있다고 생각했다. 이 같은 논의의 와중에서 '최후의 수단', 즉 군사력을 이용해 중동 위기를 극복해야 할 것인가란 문제가 제기됐다.

모든 난관에도 불구하고 몇 주 또는 몇 달 동안 쿠웨이트 군이 이라크군을 저지할 수 있었더라면 이 같은 문제는 제기되지 않았을 것이다. 이라크군에 의한 침공이 긴박하고 격렬하게 진행됐다는 점으로 인해 전쟁은 쿠웨이트가 사용할 수 있던 '최초 수단'이 됐을 것이다. 또한 쿠웨이트의 모든 동맹국 내지는 우방국들이 쿠웨이트 방위에 합법적으로 합류할 수 있었을 것이다. 이라크의 침략에 쿠웨이트가 올바로 저항하지 못했다는 점으로 인해 당시 분쟁과 관련해 시간 및 도덕적 측면에서 자유세계가 또 다른 대안을 고려해볼 수 있게 됐다. 이라크에 대한 봉쇄는 이 많은 대안들 중 하나에 불과했다. 당시 생각할 수 있던 대안에는 이라크에 대한 유엔의 비난, 외교 및 정치적 고립 추구, 다양한 수준의 경제적 제재뿐만 아니라 이라크에 몇몇 사항을 양보하는 등의 협상을 통한 방안이 있었다. 봉쇄는 이 대안들 중 하나에 불과했다. 이라크에 대한 봉쇄(Blockade)가 다른 목표들을 고려해 다른 모습을 보일 수도 있었다. 예를 들면 연합국은 이라크의 침략을 번복시키고자 노력하기보다는 봉쇄(Containment)를 겨냥할 수도 있었을 것이다.3)

이 모든 대안을 살펴보고, 이들 대안에 따른 결과를 비교해보는 것이 도덕적으로 필수적이었다고 생각된다. 그러나 단순히 전쟁이 '최후의 수단'이 될 수 있도록 이 대안들 중 하나 또는 몇몇을 선별적으로 사용하는 것이 필수적이었는지는 잘 알 수 없다. 이들 대안에 따른 결과들(그 중 하나는 이라크가 쿠웨이트를 지속적으로 점령하도록 하는 것이다)을 비교한 후 연합국이 조기(소위 말해 9월에)에 최후통첩(쿠웨이트로부터 철수하지 않으면 반격할 것이라는 통첩)을 보냈더라면 이 같은 결정은 부당하지 않았을 것이다. 쿠웨이트로부터의 철수를 고려하고, 철수 방식을 협상하기 위한 충분한 시간을 연합국이 이라크에 허용해 주었어야 했을 것이다. 이라크의 철수를 염두에 둔 전략이 아닌 또 다른 전략은 효과가 없거나 쿠웨이트 국민들이 엄청난 대가를 지불하는 경우에만 효과가 있을 것으로 연합국이 생각하게 되기를 미국은 어느 정도 원했을 것이다. 기간과 이유를 고려해보면,

3) Blockade는 정치, 경제 등의 수단을 이용한 제재적 성격인 반면, Containment는 조지 케난이 주장한 공산주의 봉쇄처럼 특정 세력이 외부로 확산되지 못하도록 하는 성격의 것이다.(옮긴이)

걸프전에서는 군사력이 '최후의 수단', 즉 마지막으로 호소해야 할 수단이란 교리가 중요한 역할을 하지 못한 듯 보인다.

이라크에 대한 봉쇄가 진행되고 있던 몇 달의 기간 동안 많은 사람들이 '최후의 수단'이란 의미를 문자 그대로 해석하고 있었다. 이 경우 전쟁은 도덕적으로 불가능했다. 왜냐하면 최후의 순간에 도달할 수 없거나 최후의 순간에 도달했는지를 결코 알 수 없기 때문이다. 또 다른 외교 문서의 교환, 또 다른 유엔의 결의안, 또 다른 회합 등 최후의 순간 이전에 해야 할 사항이 항상 있을 것이다. 봉쇄와 같은 것이 진행될 동안에는 폭력이 아닌 대안이 성공을 거두기를 항상 기대할 수 있을 것이다. 이라크가 쿠웨이트를 침공한 순간부터 전쟁이 정당화됐다고 가정하면, 여타 대안들과 비교해 비용/이득 측면에서 보다 균형을 이루고 있다고 생각되는 그 후의 모든 순간에서 또한 전쟁이란 대안이 정당화된다.

그러나 군대를 전투에 투입하는 경우는 예기치 못한 비용이 너무나 많이 소요되는 경향이 있다. 따라서 군사력은 도덕적으로 그렇게 할 수밖에 없는 최후의 순간에 투입해야 한다. 즉 정치 지도자는 군사력 투입과 관련된 결정을 매우 신중히 내려야 한다. 이는 군사력 투입이 '최후의 대안'이 돼야 한다는 금언에 내포돼 있는 진실이다. 침략자들과 대적하고 있는 도중에도 전투를 피할 수 있는 효과적인 방안들이 있다면 이 방안들을 시험해야 한다. 걸프 위기가 발발한 이후부터 실제 전쟁이 있기 이전의 몇 달 동안에는 이 대안들이 시도됐던 듯 보인다. 당시는 경제적 봉쇄 및 군사적 위협뿐만 아니라 외교적 마감시한(Deadline)을 결합해 사용했는데, 이는 쿠웨이트에서 이라크 군을 철수시킬 목적의 전략이었다. 이라크에 대한 연합국의 봉쇄는 대거 기아(饑餓)가 발생해 후세인이 굴복하는 순간까지 진행되는 전통적인 형태의 포위 공격이 아니었다. 이미 언급한 바처럼 연합국은 길가에서 사람들이 굶어죽기 이전에 식량과 의료품이 공급되도록 했으며, 해야만 했다. 물론 그 과정에서 영양실조와 질병의 후유증으로 많은 이라크 인들이 사망했을 것이다.

무엇보다도 당시의 봉쇄는 이라크의 군사-산업 능력을 겨냥했다. 그러나 연합국으로부터 공격받지 않을 것이라고 확신하고 있는 한 사담은 몇 달 또는 몇 년 동안이라도 이 같은 능력을 감소해 운영할 수 있었을 것이다. 따라서 당시의 봉쇄는 전투도 불사한다는 위협이 신빙성이 있을 때에만 효과가 있었다. 그런데 이 같은 위협은 일단 제기되면 무한정 유지될 수 없었다. 어느 순간 이라크가 연합국의 위협에 굴복하거나 연합국이 전투를 수행해야만 했다. 그렇지 않은 경우 승리가 이라크에 돌아갔을 것이다. 이것 또는 여타의 합리적인 의사결정 이론을 적용하며, 대부분의 유능한 관측자들은 이라크가 마감시한인 1991년 1월 15일 이전에 굴복할 것으로 예상했다. 이처럼 이라크가 굴복하지 않을 때, 전쟁은 '최후의 수단'은 아니었지만 분명히 말해 합법적이었다.

그러나 이 순간 '비례성'에 관한 금언이 문제가 된다. 오늘날에는 전쟁을 통해 얻을 수 있는 이득에 비해 전쟁 비용이 항상 클 것이기 때문에 비례성의 금언에서 보면 전쟁이 합법화될 수 없다. 분명히 말하지만, 우리의 정치 및 군사 지도자들이 전비(戰費)와 전쟁에 따른 이득에 관심을 기울여야 한다. 이 문제와 관련해 고심해야 한다. 이들은 비용과 이득을 분명한 방식으로 계산해낼 수 없다. 왜냐하면 전쟁을 통해 얻게 되는 이득과 전비가 상응한 형태가 아니기 때문이다. 적어도 비용과 이득은 비례성의 금언이 암시하는 방식으로 수치적으로 표현되거나 비교될 수 없다. 국가 방위를 위해 목숨 바친 사람들의 생명의 가치와 이들이 이뤄낸 독립의 가치를 비교할 수 있겠는가? 사담 후세인 당시의 이라크와 같은 침략 정권(쿠웨이트 침공은 최초의 경우가 아니었다. 또한 이는 이라크의 마지막 침공도 아니었다)을 격파하거나 또 다른 침략 정권의 행위의 억제에 따른 가치를 계산할 수 있겠는가? 이 같은 무형적인 가치는 그것을 쟁취하는 과정에서 있을 수 있는 인명 손실로 인해 무색해지는 경향이 있다. 왜냐하면 무형의 가치는 계산이 불가능한 반면 인명 손실은 헤아릴 수 있기 때문이다. 이 경우 전쟁 당사국 모두에서 인명 손실이 전혀 발생하지 않을 것임이 확실한 전쟁만 수행할 수 있을 것이다. 이처럼 피를 전혀 흘리지 않는 전쟁만을 수행해야 한다는 주장은 훌륭하다. 그러나 이는 '정당한 전쟁'이 아니고 반전론(평화주의)과 다름이 없다. 이 같은 관점을 견지하고 있는 사람은 사담 후세인 휘하의 이라크와 같은 국가들의 비위를 달래고자 노력하는 과정에서 있게 되는 비평화적인 결과들을 인지하고 감수해야 할 것이다.

한편 올바른 정신의 정치 지도자라면 쿠웨이트의 독립을 목적으로 핵무기로 세상을 위협하거나 수백만 내지는 수십만의 인명 손실을 야기할 가능성이 있는 형태의 전쟁을 택하지 않을 것이다. 비례성의 금언 측면에서 보면 이는 사실이다. 그러나 이것이 항상 사실은 아니다. 러시아가 체코를 침공한 1968년도와 같은 경우에서는 앞의 관점이 기능을 발휘할 것이다(당시 미국이 군사력을 동원해 대응해야 한다고 제안한 사람은 단 한 명도 없었다). 그러나 많은 경우 이 같은 관점은 유용한 판단 기준이 되지 못할 것이다. 대부분 우리는 단기적인 예견만 할 수 있다. 또한 전투를 수행하지 않음에 따른 비용과 전투 비용을 수치적으로 비교할 수도 없다. 왜냐하면 전투 비용은 추정이 가능하지만 전투를 수행하지 않음에 따른 비용은 불특정 기간을 통해 발생하기 때문이다. 가용한 무기들을 고려해볼 때, 전투로 인해 가공할 수준의 손실이 있을 것이라고 사전 주장하는 경우는 비례성의 금언으로 인해 모든 경우에서 전쟁이 배제될 것이다. 그러나 이 같은 주장은 잘못된 형태의 것이다.

이 같은 주장 대신 우리는 사용 가능성이 높은 무기에 관해, 사용 방법에 관해 그리고 사용 목적에 관해 질문해야 한다. 이 문제와 관련해 '정당한 전쟁' 이론이 많은 것을 말해줄 수 있을 것이다. 또한 '정당한 전쟁' 이론이 말해야 할 부분은 중요한 의미에서 규제 성격의 것이다. 반면에 '정당한 전쟁' 이론은 침략에 저항하는 문제와 관련해서는 적어도 허용적인 자세와 절대적으로 필요하다는 자세를 견지하고 있다. 이 책에서 많이 탐구되고 있는 이유로 인해, 이라크의 쿠웨이트 침공과 같은 침략 행위에 대해서는 군사적 수단은 아닐지라도 여타 수단을 이용해 저항해야 한다. 효과적이지 못할 것이란 점에서 또는 위험 부담이 클 수 있다는 점에서 특정 경우 군사적 수단이 배제될 수도 있다. 그러나 원칙적으로 보면 군사적 수단은 결코 배제되지 않는다. 우리가 침략 행위를 증오하고 있다는 점이 여기서 위력을 발휘하게 되는 반면, '최후의 수단'과 비례성에 관한 금언은 최소한의 불확실한 역할만을 수행하게 된다.

3

'정당한 전쟁'은 제한전을 의미한다. 이 전쟁의 수행은 가능한 한 비전투원을 겨냥한 폭력과 억압의 사용을 금지할 목적의 몇몇 규칙들에 의해 규제받게 된다. 이 규칙들의 관리는 경찰력 내지는 권위 있는 법정에 의해 지원 받고 있지 않다는 점에서 대부분 효과적이지 못하다. 그러나 이 관리가 전적으로 효과가 없는 것은 아니다. 제한전의 수행에 영향을 줄 수 없는 경우에서조차 이 규칙들은 군인들의 행위에 관한 대중의 판단 조성과 군인들의 훈련, 정신자세 및 미래 행위에 관한 대중의 판단 조성이란 측면에서 도움이 될 것이다. 전쟁이 정치의 연장(延長)이라면 군사 문화는 정치 문화의 연장이다. 군사 문화와 정치 문화의 내용을 결정하는 과정에서는 결정적이지는 아닐지라도 논쟁과 비판이 중요한 역할을 하게 된다.

여기서는 두 종류의 제한사항이 중요한 의미가 있다. 이 모두는 주로 1991년의 걸프전에 대한 정치적 방어와 비판에서 부각됐다. 그중 첫째는 전쟁 수행 목적인 전쟁목표와 관련이 있다. 오늘날 통상 이해되고 있는 '정당한 전쟁' 이론은 원상 복귀, 즉 침략이 있기 이전 상태로의 복귀에 초점을 맞추고 있다. 여기서는 침략이 있기 이전 몇 주 또는 몇 달 동안 침략국가가 제기했던 위협은 재차 있지 않을 것을 전제로 하고 있다. 따라서 걸프전과 관련해 말하면 합법적인 전쟁목표는 이라크 군의 격파 또는 격퇴, 동원해제 그리고 부분적으로는 무장해제에 이르게 된다. 나치 독일 당시와 같은 극단적인 경우를 제외하면 이 목표는 침략국가 내부의 정치적 변혁 내지는 정권교체가 될 수 없다. 왜냐하면 이 같은 목표는 장기간에 걸친 점령과 민간인에 대한 방대한 수준의 억압을 요구하기 때문이다. 이와 더불어 이 목표의 경우 주권 찬탈을 요구하는데, 이는 우리가 침략을 비난할 때, 비난하고 있는 바로 그 부분이다.

이라크의 경우를 보면, 연합국이 이 같은 제한사항을 준수했다는 점으로 인해 정전(停戰) 이후 피비린내 나는 내전(內戰)이 있었다. 그런데 당시의 내전에서는 걸프전에서보다 더 많은 희생자가 발생했다. 비례성의 금언에서 보면 신속하고도 군사적으로 비용이 저렴하게 소요되는 바그다드로의 진격이란 대안을 선택했어야만 했을 것이다. 그와는 달리 제한전은 불간섭이란 교리에 의해 지배받고 있는데, 이 교리에서는 정권교체는 해당 정권 아래서 생활하는 사람들, 즉 정권교체에 따른 비용과 정권을 교체하지 못한 것에 따른 대가를 감당해야만 하는 사람들의 몫이 돼야 한다고 주장하고 있다. 불간섭의 원칙은 정치적 이유에 따른 기근과 질병 또는 대규모 학살로 인해 그 비용이 수용 불가능한 수준인 경우에만 비례성의 원칙에 근거한 간섭의 원칙으로 바뀌게 된다. 이 경우 우리는 주권이란 개념과 무관하게 정당히 행위를 추구할 수 있으며, 행위를 강구해야 마땅할 것이다(폴 포트 정권 당시의 베트남의 경우, 이디 아민 휘하의 우간다에 대한 탄자니아처럼 그리고 동파키스탄에 대한 인도의 경우처럼). 첫째, 이라크의 내전에 간섭하지 말아야 했으며, 이라크 군이 내전에서 승리하지 못하도록 했어야 마땅했다고 말하기는 어려울 것이다. 둘째, 내전에서 패배한 측의 희생자들을 구원할 목적으로 훨씬 신속히 이라크 상황에 개입했어야 마땅했을 것이라고 말하기도 쉽지 않을 것이다. 그러나 인도주의적 간섭의 역사와 구분되는 정치적 간섭의 역사는 이처럼 구분할 충분한 이유가 있음을 보여주고 있다.

동일한 형태의 복고주의적 주장이 침략국가인 이라크에 못지않게 우스꽝스런 현상의 본산지인 피(被) 침략 국가인 쿠웨이트에도 적용된다(이탈리아의 파시스트 정권이 침공한 에티오피아의 하일레 셀라시에(Haile Selassie) 정권을 생각해보라). 일반적으로 쿠웨이트 정권은 후세인 휘하의 이라크 정권과 비교해 우수했다. 그러나 쿠웨이트 궁전에서 반란이 일어난 경우 쿠웨이트 정권을 지켜주겠다고 기꺼이 나설 사람이 지구상에는 많지 않다. 쿠웨이트에서 민중 폭동이 일어나면 전 세계 사람들이 이를 환영할 것이다. 그러나 걸프전의 목표는 반봉건적 독재자인 알-사바(Al-Sabah) 가문의 복원 이상도 이하도 아니었다. 이 같은 복원 이후 쿠웨이트에서 발생하는 일은 외세의 억압이 없는 가운데 쿠웨이트 주민들이 결정할 일이었다. 물론 일의 성격에 따라 외교적 압박이 가해지거나 인권 차원의 감시가 있게 된다. 또한 쿠웨이트 내부에서 소요(騷擾)가 발생할 수 있다.

그러나 이라크군 전력의 파괴와 이라크가 침공하기 이전의 상태로 쿠웨이트를 복원시키는 문제가 다국적군이 추구한 유일한 목표는 아니었다. 적어도 이는 당시의 다국적군을 조직하고 선도했던 미국이 추구한 유일한 목표는 아니었다. 또한 미국 정부는 미국의 선도적 역할이 유지되는 형태의 새로운 세계질서를 겨냥했다. 걸프전과 관련해 미국이 제국주의 성격의 또 다른 목표를 갖고 있었다는 비난이 제기됐다. 즉 세계질서를 내세워 걸프 지역에서 미국이 영향력 확대, 세력 확산, 전략적 주둔뿐만 아니라 석유 유통 통제를 추구하고 있다는 비난이 제기됐다. 이 같은 종류의 동기가 미국의 의사결정에서 중요한 역할을 했다고 생각된다. '정당한 전쟁'에도 도덕적인 이유와 더불어 정치적 이유가 있다. 순수 목적으로 정당성이 추구되는 '메시아의 시대'가 도래하기 전에는 이 같은 현상이 지속될 것이다. 절대적인 단일의 동기, 즉 순수한 선(善)은 정치적 환상과 다름이 없다. 인권 또는 복지개혁을 겨냥하고 있는 운동과 정당의 경우도 그 구성원들이 나름의 가치관을 견지하고 있을 뿐만 아니라 권력 또는 직책에 관한 몇몇 야욕이 있기 때문에 그처럼 한다고 생각된다. 즉 국내정치에서도 외적인 목표 외에 내적인 목표가 존재한다. 국가 내부의 정당과 인권운동의 경우는 여타 사람들을 살상하지 않는다는 점에서 추구하는 바가 비교적 쉽게 수용될 수 있다. 한편 이 같은 복합적인 동기는 국제정치에서도 비일비재하게 목격된다. 이 복합적인 동기는 이 같은 동기로 인해 정당한 수준 이상으로 전투가 확대 또는 연장되거나 전쟁 수행이 왜곡되는 경우에만 전시(戰時) 도덕적으로 문제가 된다.

정당한 범주 안에서 전쟁을 지지하면서도 해당 정부가 추구하는 전쟁 수행의 부수적 이유들과 관련해 이의를 제기할 수 있다. 이라크의 쿠웨이트 침략을 분쇄하라고 촉구함과 동시에 미국이 말하는 '새로운 세계질서'의 성격을 비난할 수도 있다. 그러나 '새로운 세계질서'와 무관하게 전쟁이 제한전을 벗어나지 못하도록 하는 것이 중요하다.

두 번째 제한사항은 전쟁 수행, 즉 군사력에 의한 매일의 교전과 관련이 있다. 이는 이라크에 대항한 항공전역(航空戰役 : Air Campaign) 측면에서 가장 잘 설명된다. 왜냐하면 사막에서의 지상전은 소위 말해 전투원들 간의 전투에 관한 '정당한 전쟁'의 패러다임과 쉽게 일치되는 경향이 있기 때문이다(물론 이 같은 전투가 언제, 어떠한 방식으로 종결돼야 할 것인지의 문제는 아직도 남아 있다). 이라크의 쿠웨이트 침공에 대항한 다국적군의 군사적 반응은 항공력을 이용한 공격과 함께 시작됐다. 이 같은 공격은 주로 항공기와 미사일을 이용해 거의 5주 동안 수행됐다. 당시의 항공전에 관해 미군 장교들이 기자회견과 브리핑을 통해 상세히 설명했다. 당시 이들은 과학기술 분야의 은어와 '정당한 전쟁' 이론을 이용했다. 우리는 당시의 전역(戰役)이 그 전례가 없을 정도의 정교한 방식으로 군사적 표적들을 겨냥한 전역이었다고 들었다. 당시 사용된 폭탄은 정밀폭탄(Smart)이었으며 조종사들은 도덕적인 문제에 민감히 반응했다.

민간인 살상을 제한하고자 하는 이 같은 노력이 전투원들이 받은 명령에 반영돼 있었다. 표적들을 정확히 확인할 수 없는 경우 조종사들은 폭탄과 미사일을 사용하지 않은 채 기지로 돌아오라는 지시를 받았다. 이들은 표적 근방에 폭탄을 투하할 수 없었으며, '임기표적(Target of opportunity)'을 임의로 겨냥할 수도 없었다(몇몇 전투 지역의 경우는 예외임). 폭탄 투하 당시 조종사들은 민간인들에 대한 부수적 피해를 최소화할 목적에서 나름의 모험을 감수해야만 했다. 우리는 이처럼 들었으며, 조종사들도 이처럼 들은 것으로 생각된다. 걸프전 이후 수행된 당시 폭격에 관한 최초 연구를 통해 우리는 종종 이 명령이 준수되지 않았으며, 정조준하기에 너무 높은 고도에서 폭탄이 투하됐음을 알게 됐다. 그러나 앞에서 언급한 정책이 사실이었다면 이는 올바른 정책이었다. 또한 1991년의 걸프전에서는 민간인 살상이 비교적 적었던 것으로 보인다. 적어도 이 같은 의미에서 당시의 항공전은 그 전례가 없었다.

폭격 당시의 조종사들의 조준과 관련된 정책이 아니고 표적 선정과 관련된 정책을 살펴보는 경우 어느 정도 상황이 달라진다. 다국적군은 이라크의 경제 기반구조를 합법적인 표적으로 생각했다. 즉 이들은 통신 및 운송 체계, 발전소, 정부청사, 수원지 및 정화시설들을 합법적인 표적으로 간주했다. 이 표적들에 특별히 예외는 없었다. 제2차 세계대전 당시의 전략폭격에서도 연합국은 유사한 표적들에 초점을 맞추었다. 물론 당시는 독일 국민 또는 일본인들이 위생적인 식수를 먹지 못하도록 하기 위한 조직적인 노력은 없었다. 1940년대 당시는 이 같은 노력이 기술적으로 가능치 않았을 것이다. 야전군에 보급물자를 운송할 때 사용되는 교량과 같은 몇몇 기반구조는 정당한 형태의 표적이다. 그러나 전기와 식수, 특히 식수는 식량과 다름이 없다. 식수는 군인들의 모든 활동과 생존에 필수적 요소다. 마찬가지로 식수는 모든 사람에게 필요하다. 식수에 대한 공격은 시민사회를 겨냥한 공격과 다름이 없다. 식수 시설에 대한 공격이 군사적으로 효과가 있다면, 이는 부수적인 효과다. 예를 들면, 발전소와 식수 시설의 파괴에 따른 직접 효과는 도시(이라크는 고도로 도시화된 국가였다)의 민간인들 내부에서 전염병 수준으로 질병이 확산된다는 점이다.

이 같은 유형의 공격은 쿠웨이트 해방과 이라크 군사력의 격파 및 격감이란 합법적인 목표를 초월하고 있다. 인정하지는 않았지만 당시 미국이 추구한 또 다른 목표에 바스 체제(Baathist Regime)의 붕괴가 있었다. 그런데 결과적으로 보면, 바스 체제는 이라크의 쿠웨이트 정복을 방어할 능력이 없을 뿐만 아니라 자국 국민을 보호할 능력이 없었다. 그러나 이 같은 목표는 정당치 않으며, 그 과정에서 사용되는 수단 또한 정당치 않다.

바스 체제를 붕괴시키는 것이 정당한 경우에서조차 우리는 이처럼 가공할 수준의 영향을 끼칠 간접접근전략, 즉 이라크 국민들에 의한 처절한 반란을 유도할 목적으로 이라크 사회를 파괴하는 것과 다름이 없는 전략을 사용해서는 안 됐을 것이다. 이것보다는 이라크의 수도인 바그다드로 진격하는 것이 보다 좋았을 것이다. 걸프전 직후 망명한 이라크인은 다국적군이 이라크사회를 분쇄했기 때문에 바그다드로 진격해 들어가 이라크사회를 개조할 능력이 있는 민주주의 정부를 설립했어야 마땅했다고 주장했다. 분명히 말하지만, 전쟁과 관련해 잘못 행동하면 엄청난 책임이 따를 수 있다. 이라크의 경우 이 같은 민주주의 정부의 수립이 매우 어려울 수 있었다. 성공 가능성이 높지 않았으며, 그 과정에서 많은 인명이 살상될 가능성이 있었다(그러나 민주화된 이라크의 건설과 관련해 어느 정도의 인명을 손실할 가치가 있는지는 알 수 없다. 비례성의 금언 측면에서 보면 이는 계산이 불가능한 또 다른 사례다).

걸프전의 수행과 관련해 비난을 초래했으며 비난받은 또 다른 측면이 있다. 그 중 가장 중요한 부분은 가공할 능력의 신무기인 '가연성 연료'를 이라크 병사들을 겨냥해 공중 살포했다는 점과 전투 종료 전 며칠 동안 퇴각하고 있던 이라크군뿐만 아니라 지리멸렬하며 패주하고 있던 이라크군을 겨냥해 다국적군의 항공기가 공격했다는 점이다. 내가 알고 있는 '정당한 전쟁' 이론은 군인들만 공격받는 이 같은 경우를 망라하고 있지 않다. 항복하고자 하는 군인들과 달리 도망치는 군인들은 통상 합법적인 표적으로 간주된다. 즉 이들이 향후 전투에 참가할 것으로 생각할 수 있다. 당시 도망에 성공한 이라크 군인들은 반란을 일으킨 자국 국민들을 겨냥해 전투를 수행했다. 이는 비례성 이론과 관련해 또 다른 난제를 제시하는 부분이다. 이라크 반군들이 대량학살되는 현상을 사전 방지한다는 차원에서 퇴각하고 있던 이라크 군인들을 학살해야 마땅했는가? 전형적인 '정당한 전쟁' 관련 논거의 경우 쿠웨이트에서 패주하며 퇴각하고 있던 이라크 군인들에 대한 폭격에 반대했을 것이다. 이는 퇴각하고 있던 이라크군이 자국 국민을 제외한 어느 누구에게도 별다른 위협이 되지 않았기 때문이다.

앞의 마지막 부분은 종전 몇 시간 동안 미군이 자행한 무참한 행위와 관련된 우리의 불편한 심기뿐만 아니라 부시 대통령이 살상 종료를 명령했다는 점에 따른 어느 정도의 안도감과 비교하면 아무것도 아니다. '전쟁의 정당성', 즉 정의 여부가 도덕적 측면에서 전부는 아니다. '정당한 전쟁'에서조차 혹자는 살상에 반대할 수 있는데, 특히 살상이 지나칠 정도로 손쉬운 경우 그렇다. 손쉽게 죽이는 행위는 전투원들 간의 전투가 아니다. 폭격하는 사람과 폭격당하는 사람들로 세상이 양분되는 경우, 폭격이 정당화되는 경우에서조차 이 같은 살상은 도덕적으로 문제가 된다.

걸프전과 관련해서 '정당한 전쟁' 이론은 당시 전쟁의 몇몇 행위들을 변호하는 반면 여타 행위들을 비난할 수 있도록 하는 등 아직도 중요한 일을 하고 있다. 정치 및 군사 지도자들이 비난받아 마땅한 몇몇 행위들이 전쟁에 따른 필연적인 결과라고 주장하며 자신의 책임을 회피하고자 하는 경우가 있는데, 이 이론으로 인해 이처럼 할 수 없게 됐다. 이 행위들과 관련해 말하면, 전쟁에서 마땅히 수행돼야 할 부분들을 논의하는 군사 전략가들에 의한 고유의 독자적인 결심이 요구됐다. 그 후 이들이 제안한 사항들을 놓고 논의하는 정치가들에 의한 추가의 결심이 요구됐다. 따라서 정치 및 군사 지도자들은 잘못된 행위와 관련해 책임을 부인할 수 있는 입장이 못 됐다. 민간의 기반구조를 표적으로 간주하지 않는 형태의 걸프전을 우리는 쉽게 상상해볼 수 있다. '정당한 전쟁'의 핵심은 이 같은 상상이 필수사항이 되도록 만드는 것이라고 혹자는 말할 것이다.

4

그러나 우리가 경험한 바와 전혀 다른 세상을 상상한다면 전쟁이 없는 세상은 왜 생각하지 않는가? 이는 사자와 어린 양이 함께 누워 있는 세상, 즉 평화주의자 내지는 메시아의 출현을 고대하는 사람들이 생각하는 망상과 다름이 없다. '정당한 전쟁' 이론에서는 '부당한 전쟁'을 범죄로 그리고 '정당한 전쟁'을 경찰 활동으로 치부하는 방식으로 전쟁을 지구상에서 몰아낼 수도 있다. 그러나 이는 국제사회의 근본적인 변혁을 전제로 하고 있다. 경찰 활동이 있기 이전에 경찰이 존재해 있어야 하며, 경찰이 있기 이전에 경찰력을 조직해 배치할 능력이 있는 지구적 차원의 권위 부서가 존재해야 한다. 유엔은 이 같은 종류의 능력을 구비하고 있지 않다. 또한 걸프전을 목적으로 집결한 다국적군에 버금가는 수준의 경찰력을 유엔에 제공하고자 하는 유엔 회원국은 없다. 이론적으로 보면 이 같은 경찰력은 복잡한 형태의 또 다른 동기에 따른 부담이 없을 것이다. 경찰은 법을 이행하고 범죄를 억제하는데, 이는 경찰이 할 것으로 생각되는 전부다. 그러나 실제로는 경찰은 법을 선별적으로 이행하고 있다. 군과 마찬가지로 이들은 보다 많은 일을 하고 있다. 폭력의 합법적인 사용에 관한 독점권을 주장하는 지구적 차원의 권위 부서는 제국주의 국가 이상으로 위협적일 것이다.

오늘날 우리는 회원국들의 군사력 사용을 승인해주는 반면 자신은 군사력을 사용하지 않는(한국전쟁이 최초의 경우이며, 1991년의 걸프전은 두 번째 경우다) 유엔이란 조직을 갖고 있다. 모든 국가가 피(被) 침략 국가를 합법적으로 도와줄 수 있다는 점에서 보면, 이 같은 유엔의 승인으로 인해 도덕 또는 법적인 논거에 추가되는 부분은 없다. 유엔은 정치 및 교육적 역할을 수행하고 있는 듯 보인다. 즉 주변국으로부터 침략 받은 국가가 진정 침략의 희생자라는 주장을 유엔 안전보장이사회가 확인하는 경우 이들을 구조하기 위한 작전이 보다 용이해진다. 또한 침략을 비난할 때 유엔은 해당 침략에 대한 지구사회의 반대 의견을 대변하고 있는데, 이것이 일부 억제 효과가 있을 것이다. 그러나 이 같은 종류의 확인과 비난은 기껏해야 불확실한 형태다. 유엔의 기구는 쿠웨이트를 위해 발휘할 것으로 기대됐던 수준으로 여타 지역에서 기능했다. 무엇보다도 유엔은 티베트 주민에게 전혀 도움이 되지 않았다. 유엔이 제 기능을 발휘하는 경우에서조차 보다 오래된 형태인 자립, 상호지원 및 집단안보란 개념이 침략에 대항한 모든 투쟁에서 아직도 필요하다.

모든 침략 행위를 유엔이 비난하고, 가능하다면 정치 및 경제적으로 그리고 필요하다면 군사적으로 연합 차원에서 국가들이 침략에 저항하면 좋을 것이다. 이는 충분히 많은 국가가 유엔의 비난에 동조하고 국가들의 연합에 합류할 나름의 이유가 있는 경우에만 가능할 것이다. 그러나 이것이 이라크의 쿠웨이트 침략에 대한 저항을 반대해야 할 이유는 아니다. 이 같은 반대는 유엔이 티베트를 구원하지 못했다는 점에서 도덕적인 일관성 측면에서 쿠웨이트도 구조해서는 안 된다는 주장과 다름이 없다. '정당한 전쟁'을 비판하는 사람들은 나름의 일관성 있는 정책을 주장해야 한다. 즉 침략, 자위(自衛) 및 상호지원에 관한 나름의 정의(定意)를 구비하고 있는 '정당한 전쟁' 이론이 모든 국가에 공평하게 적용돼야 한다고 주장해야 한다. 정당성을 인정받은 전쟁이 정당한 방식으로 수행되도록 수단과 목표를 제한할 수 있다면 이 같은 적용이 보다 매력적일 것이다. 결과적으로 보면 여기서도 국가들을 신뢰할 수 없을 것이다. 아직도 전쟁과 정당성에 관한 논거가 정치 및 도덕적으로 필요한 것은 이 같은 이유 때문이다.

1991년 9월
마이클 월저

제1부

전쟁의 도덕적 실상

제1장

리얼리즘에 대한 반론

사람들은 도덕적 측면에서의 정당성 및 부당성의 관점에서 전쟁을 논의해왔다. 한편 몇몇 사람들은 이 같은 논의를 부질없는 짓이라며 조롱했다. 이들은 전쟁은 도덕적 판단이 적용되지 않는 별도의 영역이라고 주장했다. 이들의 주장에 따르면 전쟁은 인간의 생사가 걸려있으며, 개인의 이익과 필연성(숙명)이 주도하는 등 인간의 원초적 본능이 적나라하게 드러나는 별도의 세계다. 전시(戰時) 인간은 자신과 자신이 속해 있는 집단을 구원할 목적으로 일하게 된다. 따라서 전시에는 법과 도덕이 발 디딜 틈이 없게 된다. 즉 전시에는 법이 침묵을 지키게 된다는 주장이다.

"사랑과 전쟁에서는 모든 것이 허용된다"는 유명한 격언에서 보듯, 이 같은 침묵이 여타의 경쟁적인 활동에서도 종종 목격된다. 그런데 이 격언은 사랑할 때는 모든 거짓이 그리고 전시에는 모든 폭력이 허용된다는 의미다. 이 격언을 우리는 비난할 수도 그리고 찬양할 수도 없다. 더 이상 할 말이 없는 것이다. 그러나 우리는 전쟁 내지는 사랑과 관련해 결코 침묵하지 않는다. 정숙, 헌신, 순결, 수치, 간음, 유혹, 배반(이상 사랑에 관한 언어), 침공, 자기방어, 유화정책, 잔혹성, 무모성, 포악성, 대량학살(이상 전쟁에 관한 언어)이란 용어에서 보듯이 전쟁과 사랑에 관한 용어에는 수세기에 걸친 논쟁을 통해서 발전됐다고 볼 수 있을 정도의 도덕적 의미가 담겨 있다. 이 모두는 판단 성격의 용어다. 그런데 판단은 인간 활동에서 사랑 또는 전투만큼이나 보편적인 활동이다.

그러나 우리는 종종 판단 능력의 결핍 현상을 보이고 있는데, 군사 분쟁과 관련해 특히 그렇다. 사랑과 전쟁에 관한 앞의 격언은 인간의 도덕적 수준을 제대로 반영하지 못한다. 이처럼 사랑과 전쟁의 유사점이 아니라 차이점을 비교하면 보다 좋을 것이다. 즉 '사랑의 신' 앞에서는 질투가 주목되는 반면 '전쟁의 신' 앞에서는 소심해진다는 표현이 보다 좋을 것이다. 특정 공격을 정당화하지 않거나 비난하지 않는 것이 아니라, 우리는 이 같은 비난 내지는 정당화를 너무나 머뭇거리며 소신 없이 또는 언성을 높여가며 무모하게 하고 있다. '전쟁의 실상'과 관련해 판단이 가능하다는 점을 확신하지 못하고 있는 사람처럼 말이다.

리얼리스트들의 주장

여기서의 쟁점은 리얼리즘이다. "전시에는 법이 침묵을 지킨다"는 격언을 옹호하는 사람들은 몰인정도 억압 가운데에서의 인정(人情)과 다름이 없다는 놀라운 진실을 발견했다는 주장을 늘어놓고 있다. 전쟁으로 인해 문명인으로서의 우리의 모든 치장이 사라지고, 원초적 본능이 적나라하게 노출된다. 앞의 격언을 옹호하는 사람은 두려움, 자기중심, 극한 감정, 살인 등과 같은 용어로 인간의 원초적 본능을 묘사하고 있다. 이들의 묘사가 잘못됐다고 단정지을 수는 없다. 종종 이 용어들은 상황을 올바로 묘사하고 있다. 다음에서 보듯이 이들의 묘사는 종종 변명의 성격을 띠고 있다. "그렇습니다. 전투 도중 우리 군인들이 포악하게 행동했습니다. 그러나 이는 우리 군인들이 아니고 전쟁이 그처럼 한 것입니다. 전쟁은 이와 같습니다." "전시에는 법이 침묵을 지킨다"는 격언은 옳지 못한 행위를 변호할 목적으로 사용된다. 비합법적인 행위를 할 때, 사람들은 법에 침묵을 강요하게 된다. 따라서 나의 논거에서 언급돼야 할 몇몇 사항이 있는데, 이는 도덕에 관한 논거 형태로 인식될 수 있으며, 특정 사례에서 위력이 있거나 없을 수 있는 정당화와 변명, 그리고 필연성과 속박이란 부분이다. 그러나 일반적으로 전쟁을 필연성과 속박의 영역으로 설명하는 경우가 있는데, 이 설명이 추구하는 바는 특정 사례에 관한 논의가 부질없는 것으로 보이도록 하는 것이다. 그런데 이는 놀라운 진실, 특히 자기 자신에게도 진실을 숨기는 잘못된 형태의 것이다. 이 책에서 내가 의도하는 바를 시작하기 이전에 전쟁을 필연성과 속박의 영역으로 간주하고 있는 일반적인 설명에 대응할 필요가 있다. 이는 저명한 역사학자인 투키디데스(Thucydides)와 저명한 철학자인 토머스 홉스(Thomas Hobbes)가 제기하고 있다는 점에서 그 근원부터 설득력 있게 도전해볼 필요가 있다. 역사적으로 2,000년의 시차가 있는 이 두 사람은 일종의 공모자다. 왜냐하면, 홉스의 경우 투키디데스가 저술한 『펠로폰네소스 전쟁사(*History of the Peloponnesian War*)』를 번역했으며, 이 책의 논거를 자신의 『리바이어던(*Leviathan*)』에서 일반화시켰기 때문이다. 여기서 나는 투키디데스와 홉스가 주장하는 바에 철학적으로 전면 대응할 생각이 없다. 전시 행동에 관한 판단뿐만 아니라 전쟁에 관한 판단이 매우 중요한 문제란 점을 먼저 논거를 통해 그리고 사례를 통해 제안해보고자 할 따름이다.

멜로스 대화

아테네의 장군인 클레오메데스(Cleomedes)와 티시아스(Tisias)가 도서(島嶼) 국가인 멜로스(Melos)의 장관들과 나눈 대화는 『펠로폰네소스 전쟁사』에서 가장 중요한 부분일 뿐만 아니라 투키디데스의 리얼리즘을 보여주는 극적인 부분이다. 멜로스는 스파르타의 식민지였다. 따라서 "여타 도서 국가들의 경우와 마찬가지로 이곳 주민들은 아테네의 신민(臣民)이 되기를 거부했다. 처음에 이들은 중립을 지키다가 섬을 황폐화시키는 방식으로 아테네가 자신들을 괴롭히자 전쟁에 돌입했다."[1] 고전적으로 보면 침략은 이처럼 묘사된다. 왜냐하면, 투키디데스가 묘사하고 있는 바처럼 침공은 "상대방 국가의 국민을 괴롭히는 행위"이기 때문이다. 그러나 이 같은 묘사가 외적인 측면만을 보여주고 있다고 투키디데스는 말하고 있는 듯 보인다. 투키디데스는 전쟁의 내면적 의미를 보이고자 노력했다. 투키디데스는 앞에서 언급한 두 명의 아테네 장군을 통해 자신의 의도를 밝히고 있다. 두 장군은 회합을 요청하고는 군 역사상 장군들이 결코 한 바 없는 방식으로 말하고 있다. 이들은 다음과 같이 말했다. "정의(正義)에 관한 허울 좋은 말은 하지 맙시다. 페르시아를 완파했다는 점에서 아테네 제국이 적절히 보상받았다고 우리는 생각지 않습니다. 아테네인들에

---

1) *Hobbes' Thucydides*, ed. Richard Schlateer (New Brunswick, N.J., 1975), pp. 377-85 (*The History of The Peloponesian War*, 5:84-116).

게 전혀 피해를 주지 않았기 때문에 여러분이 우리의 간섭을 받지 않을 권리가 있다고 주장해서는 안 됩니다. 그와는 달리 우리는 실행 가능한 부분과 필연적인 부분에 관해 논의할 생각입니다. 왜냐하면 전쟁은 진정 다음과 같기 때문입니다. '힘의 우위를 누리고 있는 자 모두는 자신이 할 수 있는 것만큼 강요하는 반면, 힘이 미약한 자는 이 같은 상황에 굴복하게 됩니다.'"

여기서 필연성에 따른 부담을 감수하고 있는 자가 멜로스의 장관들만은 아니다. 아테네의 장군들 또한 이 같은 필연성에 의해 내몰리는 입장이다. 제국을 확장하지 않으면 아테네가 이미 소유하고 있는 부분도 잃을 수밖에 없는 입장이라고 클레오메데스 장군과 티시아스 장군은 생각했다. 이들은 "중립을 유지하겠다는 멜로스의 발상이 아테네의 세력이 미약함을 보여주는 부분일 뿐만 아니라 아테네의 세력에 대한 증오와 다름이 없다"고 생각하고 있었다. 멜로스가 중립을 견지하는 경우 "'속박의 필연성'을 언짢게 생각하는" 모든 도서 지역에서 반란이 일어날 것이라고 이들은 생각했다. 그런데 자신을 정복한 자들에 대해 분노하지 않으며, 자유를 열망하지 않는 신민이 도대체 어디 있단 말인가? 아테네 장군들은 "인간은 자신의 힘이 상대적으로 강한 모든 곳을 통치하게 된다"고 말하고 있는데, 이는 아테네의 영광과 통제에 대한 열망뿐만 아니라, 통치하지 않으면 여타 국가의 신민(臣民)이 된다는 국가와 국가 간의 정치에 관한 보다 편협한 형태의 필연성을 보여주고 있다. 즉 능력이 있을 때, 상대방을 정복하지 않으면 약점이 노출돼 상대방의 공격을 자초하게 된다. 따라서 '자연의 필연성(Necessity of nature)'으로 인해 능력이 있는 모든 곳에서 사람들이 상대방을 정복하게 된다는 주장이다.

반면에 멜로스 사람들은 너무나 미약해 상대방을 정복할 능력이 없었다. 이들은 항복하지 않으면 철저히 파괴된다는 보다 준엄한 필연성(숙명)을 감수해야 하는 입장이었다. “왜냐하면, 이들은 아테네에 필적할 만한 용맹성을 견지하고 있지 않았으며, ……자신의 안녕과 관련해 아테네와 협의만 할 수 있는 입장이기 때문이다.” 그러나 다음에서 보듯이 멜로스의 통치자들은 자신의 안녕보다 자유를 소중히 생각했다. “주변을 지속적으로 통제하고자 하는 상황에서 봉신(封臣)들이 이탈하는 경우, 아테네는 최악의 상황에 빠지게 될 것입니다. 자유를 만끽하고 있는 우리는 노예가 되기보다는 가능한 모든 상황에 대응해야 할 것입니다. 이처럼 하지 않으면 매우 부끄러울 뿐만 아니라 세인들이 우리를 겁쟁이로 생각할 것입니다.” 이들은 아테네의 세력과 승승장구하고 있던 아테네의 운명에 대항해 싸우는 것이 매우 어려운 일임을 잘 알고 있었다. “그러나 전혀 잘못이 없는 상황에서 불의의 인간들에 대항하고 있기 때문에 신(神)이 자신들의 편을 들어줄 것이란 점과 행운의 측면에서 결코 불리하지 않다”고 이들은 믿고 있었다. 다음에서 보듯이 힘과 관련해 말하면 이들은 스파르타의 도움을 기대하고 있었다. “스파르타인들은 별다른 이유가 없더라도 우리와 밀접한 관계란 점에서 그리고 자신의 명예를 위해 우리를 지켜줄 수밖에 없는 입장이다.” 그러나 다음에서 보듯이 신은 자신이 할 수 있는 모든 곳에서 영향력을 발휘하며, 밀접한 관계 내지는 명예는 필연성과 별다른 관련이 없다고 두 명의 아테네 장군은 말했다. “필연적으로 스파르타인들은 자신만을 생각할 것이다. 분명히 말하지만 대부분의 사람들은 자신을 즐겁게 해주는 것을 명예스런 것으로, 자신에게 이득이 되는 부분을 정의로 생각할 것이다.”

대화는 이처럼 끝났다. 멜로스의 장관들은 항복을 거부했으며, 아테네는 이들의 도시를 포위했다. 스파르타는 멜로스를 도와주지 않았다. 6개월 동안 전투가 지속되고 있던 기원전 416년 겨울, 멜로스의 몇몇 시민들이 멜로스를 배반했다. 더 이상 저항이 불가능해지자 멜로스 사람들은 "아테네에 자신의 운명을 맡겼다. 아테네인들은 멜로스의 모든 성인 남자를 살해했으며, 여자와 어린이를 노예로 삼고는 자국에서 파견한 500명으로 구성된 식민지 정부를 설치했다."

아테네의 장군들과 멜로스의 장관들 간의 대화는 투키디데스가 문학 및 철학적으로 재구성한 것이다. 실제로도 장관들이 그처럼 말했을 테지만, 멜로스에 대한 이들의 충성심과 영웅심은 디오니시우스(Dionysious)란 비평가가 말한 아테네 장군들의 '타락한 민첩성(Depraved shrewdness)'의 희생물이 되고 있었다.[2] 한편 아테네 장군들의 발언은 믿을 수 없을 듯 보인다. 디오니시우스는 이들이 사용한 용어가 "동양의 왕국들에 적합하지만……아테네인들의 용어로는 적합지 않다"[3]고 기술하고 있다. 투키디데스는 이 용어들의 부적합성이 아니고 이 용어들을 이용해 변호하고자 한 정책의 부적합성에 주목하라고 우리에게 암시하고 있는 듯 보인다. 실제로는 아테네 장군들이 자신들의 사악한 행위를 '그럴듯하게 포장'해 말했을 가능성이 있다. 그럴듯하게 포장된 이들 장군의 발언을 그대로 전달하면 우리가 그 의미를 제대로 이해하지 못할 가능성이 있다고 투키디데스는 생각했다. 『펠로폰네소스 전쟁사』에서 투키디데스가 묘사하고 있는

2) Dionysius of Halicarnassus, *On Thucydides*, trans. W. Kendrick Pritchett (Berkeley, 1975), pp. 31-33.

3) 동양의 왕국조차도 두 명의 아테네 장군들만큼 현실적이지 않다. 헤로도토스(Herodotus)에 따르면 자신의 그리스 침공 계획을 발표했을 당시 크세르크세스(Xerxes)는 보다 전통적인 관점에서 말했다. "나는 헬레스폰트(Hellespont)의 교량 역할을 할 것이다. 나는 유럽을 거쳐 그리스로 군을 진군시켜, 아테네인들이 나의 아버지와 내게 자행한 오만을 응징할 것이다."(*The Histories*, Book 7, trans Aubrey de Selincourt)

아테네 장군들의 발언이 아테네인들을 올바로 대변하지 못하고 있음을 우리는 알아야 한다. 아테네 장군은 '자유의 이름'으로 페르시아와 싸웠으며, "그 정치와 문명이 매일의 생활에 교화적인 영향을 끼쳤던" 고상한 아테네인들을 대변하지 못한다. 그와는 달리 이들은 아테네란 도시국가의 제국주의적 타락을 반영하고 있다. 이들은 오늘날 말하는 전범(戰犯)은 아니다. 투키디데스는 전범이란 개념을 갖고 있지 않았다. 그러나 이들은 어느 정도 절제와 중용, 즉 도덕적 균형을 상실한 모습을 보이고 있다. 이들의 정치적 수완에는 문제가 있으며, 리얼리즘 성격의 이들의 연설은 당시로부터 불과 몇 달 뒤 아테네인들이 맹목적이고도 거만하게 수행해 비참하게 종료된 시실리(Sicily) 원정(遠征)과 묘하게도 대조된다. 당시 원정의 관점에서 보면 『펠로폰네소스 전쟁사』는 일종의 비극이며, 아테네인들 자신은 비극적인 영웅이다.[4] 투키디데스는 그리스 유형의 도덕극(道德劇)을 우리에게 제시하고 있다. 아테네가 멜로스를 정복한 직후 작성된 유리피데스(*Euripides*)의 『트로이 여인(*The Trojan Women*)』이란 작품에서 우리는 그의 의도를 엿볼 수 있다. 그런데 이 작품은 일대 학살과 노예화의 인간적 의미를 암시하고, 신의 보복을 예언할 목적의 것이었음이 분명하다.[5]

> 도시들을 짓밟고 사원들을 폐허로 만들었으며 고인들이 묻혀 있는 무덤과 성역을 파헤치는 자들아, 너희들은 어찌하여 이처럼 눈이 멀었는가? 얼마 지나지 않아 너희 자신이 죽음을 면치 못하리라!

---

4) F. M Conford, *Thycydides Mythistoricus* (London, 1907), 특히 제XIII장 참조.
5) *The Trojan Women*, trans. Gilbert Murray (London, 1905), p. 16.

그러나 투키디데스는 이 인용문에 암시돼 있는 것 이상의 어느 정도 색다르고도 세속적인 발언을 하고 있는 듯 보인다. 뿐만 아니라 그는 아테네인들이 아니라 전쟁 자체에 관해 말하고 있는 듯 보인다. 아마도 그는 아테네 장군들이 행한 모진 발언을 이들의 타락을 보여주는 표시가 아니라, 조급성, 완고함 및 솔직함을 보여주는 징표로 생각하고 있는 듯 보인다. 그런데 조급성, 완고함 및 솔직함은 군의 지휘관들과 무관한 특성이 아니다. 워너 제거(Werner Jaeger)가 말한 바처럼 투키디데스는 "폭력에 관한 원칙이 도덕적 생활에 관한 법칙과 구분되는 별도의 법칙에 근거하고 있는 등 나름의 영역을 구성하고 있다"[6]고 주장하고 있다. 분명히 말하지만 홉스는 투키디데스의 글을 이 같은 방식으로 이해했다. 우리는 이 같은 홉스의 인식을 이해해야 한다. 왜냐하면 진정 '폭력의 영역'이 여타 영역과 구분되며, 이것이 '폭력의 법칙'에 관한 정확한 설명이라고 한다면 우리는 언덕 아래로 구르는 돌을 나무랄 수 없듯이 전시 정책과 관련해 아테네인들을 비난할 수 없을 것이다. 멜로스 사람들을 학살한 아테네인들의 행위는 전시 상황과 '자연의 필연성'의 관점에서 설명되고 있다. 재차 말하지만 더 이상 언급할 부분은 없다. 또는 혹자는 숙명(필연성)이 잔인하다고, 전쟁이 지옥과 같다고 말할 수 있을 것이다. 어느 측면에서 보면 이 발언은 사실일 수 있다. 그러나 이 발언은 당시 사건의 정치적 실상에 관해 말해주는 바가 전혀 없다. 또한 이 발언은 아테네인들의 당시의 결정을 이해하는 과정에서 우리에게 도움이 되지 않는다.

아테네인들의 당시의 결정과 관련해 투키디데스가 우리에게 말해

---

6) Werner Jaeger, *Paideia: the Ideals of Greek Culture*, trans. Gilbert Highet (New York, 1939), I, 402.

주고 있는 부분이 전혀 없는데, 이 점을 강조할 필요가 있다. 당시 아테네의 장군들이 멜로스의 장관들에게 잔혹한 정책을 설명하고 있던 멜로스의 회의실이 아니라, 이 정책이 처음 채택된 아테네의 민회(Assembly)에 우리가 있다면 그들의 논거가 색다르게 들릴 것이다. 영어와 마찬가지로 그리스어에서 필연성(Necessity)은 "필수와 필연이란 의미 모두로 사용된다."7) 멜로스에서 클레오메데스와 티시아스란 아테네의 장군들은 필연성이란 용어를 필수 및 필연이란 의미 모두로 사용하고 있지만 '필연'이란 의미를 강조했다. 아테네 민회에 참석했더라면 아테네제국의 보존을 위해 멜로스의 격파가 필요하다고 주장하는 등 그들이 '필수'란 부분만을 강조할 수 있었을 것으로 생각된다. 그러나 이 같은 주장은 다음과 같은 두 가지 점에서 과장돼 있다. 첫째, 이 주장에서는 아테네제국을 보존할 필요가 있는가란 도덕적 차원의 문제를 피해가고 있다. 이 점에 의문을 품고 있던 몇몇 아테네인들이 없지 않았다. 또한 멜로스에 대한 정책이 암시하는 바처럼 아테네제국 중심의 정복과 억압에 의문을 제기한 사람들은 보다 많았다. 둘째, 이 같은 주장에서는 두 장군의 지식과 선견지명을 과장하고 있다. 『펠로폰네소스 전쟁사』를 보면 멜로스가 철저히 파괴되지 않으면 아테네가 망할 것이라고 이들이 단정적으로 말하고 있지 않다. 이들의 논거는 단정적이지 않으며 확률적이고도 어느 정도 위험 부담을 안고 있는 형태다. 그런데 이 같은 논거는 항상 논란의 소지가 있다. 멜로스를 철저히 파괴하면 아테네가 직면하게 될 위기가 진정 줄어드는가? 파괴가 아닌 또 다른 대안은 없는가? 이 같은 파괴에 소요되는 비용은 어느 정도인가? 이 같은 파괴가 정당

7) H. W. Fowler, *A Dictionary of Modern English Usage*, second ed., rev. Sir Ernest Gowers (New York, 1965), p. 168; cf. Jaeger, I, 397.

한가? 멜로스를 철저히 파괴하는 경우 여타 사람들이 아테네인들을 어떻게 생각할 것인가?

정복 및 억압 관련 논쟁이 시작되면 모든 종류의 도덕 및 전략적 질문들이 제기될 가능성이 있다. 이 논쟁에 참여하는 사람들의 입장에서 보면 논쟁의 결과는 '자연의 필연성'이 아니라 견지하고 있는 관점 내지는 경청한 논거들에 근거해 견지하게 될 관점에 의해, 그리고 그 후 자신들이 자유롭게 내리는 판단에 의해 결정될 것이다. 그 후 아테네의 장군들은 특정 판단이 필연적이었다고 주장하고 있다. 우리가 특정 판단이 필연적이었다고 믿었으면 하고 투키디데스가 바라고 있다고 생각된다. 그러나 특정 판단이 필연적이었다는 주장은 논쟁이 종료된 이후에나 전개할 수 있다. 왜냐하면 여기서 말하는 필연성은 정치적 숙고의 산물이기 때문이다. 아테네 민회에서의 정치적 숙고 과정이 완료된 후에나 투키디데스는 필연적인 부분을 알게 됐을 것이다. 이 같은 의미에서 보면 필연성 여부의 판단은 항상 회고적 성격의 것이다. 즉 어떤 결심이 필연적인지 여부를 판단하는 주체는 역사 가운데에 있는 행위자가 아니라 역사가들이다.

특정 도덕적 관점의 정당성은 역사적 행위자가 견지하고 있던 시각에 기인하게 된다. 도덕적 심판을 내릴 때, 우리는 이 같은 행위자의 시각을 파악하고자 노력하게 된다. 우리는 행위자의 의사결정과정을 재현하거나 향후 우리가 결심하게 될 부분을 사전 연습하게 된다. 그 과정에서 우리는 유사한 상황에서 우리가 했을 부분들 내지는 하게 될 부분들에 관해 질문하게 된다. 아테네의 장군들은 이 질문들의 중요성을 인지하고 있다. 왜냐하면 "동일한 능력을 보유하고 있는 경우 모든 사람이 우리와 동일한 방식으로 행동할 것이다"라고 말하면서 자신들의 정책을 전적으로 방어하고 있기 때문이다. 그러나 이는 의혹이 가는 부분이다. 특히 '멜로스 결의(Melian Decree)'와 관련해 아테네 민회에서 많은 사람들이 격렬히 반대했다는 점을 인지하는 경우 그렇다. 우리의 관점은 이 같은 결의를 놓고 논쟁을 벌였던 아테네 시민들의 관점이다. 우리가 해야 할 부분은 무엇인가?

우리는 멜로스를 공격하기로 한 아테네의 결심에 관해 또는 멜로스 시민들을 살해하고 노예로 삼기로 한 당시의 결심(이 같은 결심이 당시에 있었을 것이다)에 관해 잘 알지 못한다. "'멜로스 결의'를 찬성하는 등 당시 살육의 주모자는 시실리 원정의 주요 구상자인 알키비아데스(Alcibiades)다"[8]라고 플루타르크(Plutarch)는 주장하고 있다. 당시로부터 몇 년 전에 있었던 미틸레네(Mytilene)의 운명에 관한 논쟁에서 클레온(Cleon)이 수행한 역할을 알키비아데스는 멜로스와 관련해 했다. 투키디데스는 미틸레네의 운명을 놓고 벌어진 논쟁을 기록했다. 페르시아전쟁 당시부터 미틸레네는 아테네의 동맹국이었다. 공식적으로 보면 미틸레네는 여타 국가에 종속돼 있지 않았다. 그러나 미틸레네는 아테네가 추구하고 있던 대의를 지지하는 입장이었는데, 이는 아테네와 맺은 협정 때문이었다. 기원전 428년 미틸레네는 아테네를 배반하고 스파르타와 동맹을 결성했다. 적지 않은 전투가 있은 후, 아테네가 이 도시를 점령했다. 아테네 민회는 "미틸레네의 모든 성인 남자를 살해하고, 여자와 어린이를 노예로 삼기로 결심했다."[9] 그러나 다음날 아테네 시민들은 "이 같은 결심과 관련해 어느 정도 후회했다. ……그 후 이들은 주모자들만이 아니고 도시 전체를

8) *Plutarch's Lives*, trans. John Dryden, rev. Arthur Hugh Clough (London, 1910), I, 303. Alcibiades also "selected for himself one of the captive Melian women..."

9) *Hobbes' Thucydides*, pp. 194-204 (*The History of the Peloponnesian War*, 3: 36-49).

철저히 파괴해야 한다는 내용의 결의가 매우 잔인한 형태라고 생각했다." 투키디데스는 당시의 논쟁 내지는 논쟁의 일부분을 기록했다. 그는 결의의 원안을 옹호하던 클레온의 연설과 이 결의를 취하하라고 주장하던 디오도투스(Diodotus)의 연설을 기록했다. 클레온은 집단범죄 및 보복 차원의 정의(正義)란 관점에서 주장을 전개한 반면 디오도투스는 가혹한 처벌이 억제 효과가 있다는 일부 주장을 비판하고 있다. 미틸레네를 철저히 파괴한다고 협정의 위력이 고양되는 것도 아니고 아테네제국의 안정이 보장되는 것도 아님을 확신하게 된 아테네 민회는 디오도투스의 입장을 수용하고 있다. 결의 취하를 야기한 원동력이 아테네 시민들의 반성(후회)이었음을 상기할 필요가 있다. 그러나 이들이 결의를 취하하게 된 최종 이유는 결의 이행이 아테네의 이익에 도움이 되지 않는다는 점 때문이었다. 아테네인들이 당시의 결의의 효과에 관해 의문을 제기하게 한 요인은 정치적 계산이 아니고 도덕적 차원의 불안이었다.

멜로스의 운명을 놓고 벌어진 논쟁에서는 이 입장이 바뀌어야 했음이 틀림없다. 멜로스와 관련해서는 보복 차원의 주장이 없었다. 왜냐하면 멜로스 사람들이 아테네에 전혀 피해를 입히지 않았기 때문이다. 이미 내가 주목한 차이는 있지만 『펠로폰네소스 전쟁사』에서 투키디데스가 등장시키고 있는 두 명의 아테네 장군들과 유사한 방식으로 알키비아데스가 발언했을 것이다. '멜로스 결의'가 필요하다고 동료 시민들에게 말했을 당시, 알키비아데스는 이 결의가 '폭력의 영역'을 지배하는 법칙들에 전적으로 근거하고 있다는 뜻으로 말하지는 않았다. 이는 아테네제국의 신민들 내부에서의 반란 가능성을 줄일 목적으로 결의가 필요하다는 의미였다. 알키비아데스의 주장에 반대했던 사람들뿐만 아니라 멜로스 사람들은 이 같은 결의가 불명예스럽고도 정당치 못한 형태의 것이란 점, 도서 국가들 내부에서 공포보다는 분노를 조장할 가능성이 높다는 점, 멜로스 사람들이 아테네를 전혀 위협한 적이 없다는 점, 또 다른 정책들이 아테네의 이익과 자존심에 보다 도움이 된다는 점을 주장했을 것이다. 아마도 이들은 미틸레네에 관한 결의와 관련해 아테네 시민들이 후회했다는 점을 상기시키면서 대량학살과 노예화에 따른 잔혹성을 지양하라고 재차 촉구했을 것이다. 알키비아데스가 자신의 주장을 관철시킨 방법뿐만 아니라 어느 정도의 투표 차이로 이처럼 할 수 있었는지는 알 수 없다. 그러나 우리는 멜로스의 경우와 마찬가지로 미틸레네의 경우, 당시의 결심이 사전 결정된 것이기 때문에 논쟁이 별다른 의미가 없었다고 생각할 이유는 없다. 아테네 민회의 상황을 상기해보면 아직도 우리는 그곳에서 '자유의 분위기'를 느낄 수 있다.

그러나 아테네의 장군들에게서 목격되는 리얼리즘에는 또 다른 의미가 있다. 이는 도덕적 결심의 근본인 자유를 부정하는 것과 다름이 없다. 또한 이는 도덕적 논거가 의미 있는 일이란 점을 부정하는 것과 다름이 없다. 두 번째 주장은 첫 번째 주장과 긴밀히 연계돼 있다. 상대방에 대한 두려움에 의해 주도돼 개인의 이익을 좇아 행동해야만 한다면 정당성에 관한 논의는 별다른 의미가 없을 것이다. 이 같은 논의를 통해서는 나름의 목적뿐만 아니라 여타 사람들과 공유할 수 있는 목적도 도출할 수 없을 것이다. 『펠로폰네소스 전쟁사』에서 투키디데스가 묘사하고 있는 바와 달리 멜로스의 장관들과 아테네의 장군들이 당시의 논쟁에서 그럴듯한 구실을 쉽게 늘어놓을 수 있었다면, 이는 이 같은 이유 때문이다. 이 같은 종류의 논쟁에서는 아무 말이나 할 수 있다. 이 논쟁에서 사용되는 용어는 분명한 기준이 없으며, 정의(定意) 또한 분명치 않을 뿐더러 논리적인 귀결이 없다. 『리바이어던』에서 홉스가 기술하고 있는 바처럼 이 용어들은 "사용자에 따라 달라진다." 또한 이 용어들은 그것을 사용하는 개인의 취향과 두려움만을 반영할 뿐이다. "자신을 즐겁게 해주는 것들을 명예로운 것으로, 자신에게 이익이 되는 것을 정당한 것으로 간주하는 행위"는 스파르타인들에게서 가장 분명히 목격됐다. 그러나 이는 모든 사람에게서도 사실이다. 또는 나중에 홉스가 설명한 바처럼 미덕 및 악덕과 관련해 사용되는 용어들은 "그 의미가 분명치 않다."[10]

> 혹자가 지혜라고 부르는 것을 또 다른 사람이 두려움으로 지칭했다. 혹자가 잔혹성이라고 지칭하는 것을 또 다른 사람이 정의로, 혹자가 사치로 지칭하는 부분을 또 다른 사람이 검약으로 지칭하고 있다. ……따라서 이 명칭들은 모든 추리에서 진정한 근거가 될 수 없다.

언어학의 최고 권위자이기도 한 통치자가 도덕 관련 용어의 의미를 확정시키는 순간이 돼서야 이 같은 현상은 사라질 것이다. 그러나 전시에는 이 같은 현상이 결코 사라지지 않을 것이다. 왜냐하면 원칙적으로 전시에는 어느 누구도 통치하지 않기 때문이다. 시민사회에서조차 '덕과 악의 세계'에 통치자가 확실성을 보장할 수는 없다. 따라서 도덕에 관한 논의는 항상 의혹으로 점철돼 있으며, 전쟁은 도덕적 의미들의 무질서를 보여주는 극단적인 경우와 다름이 없다. 상대방이 제기하는 그럴듯한 구실을 간파하고는 도덕적 차원의 대화를 이해관계 차원의 논의란 보다 냉엄한 현실로 전환시키는 경우에만 여타 사람들이 말하는 바를 이해할 수 있게 된다. 이는 일반적으

10) Thomas Hobbes, *Leviathan*, ch. IV.

로 사실이지만 격렬한 분쟁 도중에는 특히 그렇다. 자신들이 추구하는 대의가 정당하다는 멜로스 사람들의 주장은 아테네의 신민이 되고 싶지 않다는 의미와 다름이 없다. 아테네인들의 경우 아테네제국에 상응하는 대우를 받을 자격이 있다고 앞에서 언급한 두 명의 아테네 장군들이 주장했다면, 이는 아테네제국의 전복 가능성을 두려워하고 있다는 점 또는 정복욕을 표명한 것과 다름이 없다.

이는 도덕적 이견과 관련해 모든 사람이 경험하는 바인 고통, 지속, 성냄 등을 이용하고 있다는 점에서 설득력이 있는 논거다. 그러나 이 같은 논거는 이 같은 경험의 실체를 올바로 파악하지 못하거나 경험의 성격을 설명하지 못하고 있다. 미틸레네 결의에 관한 논거를 재차 살펴보면 이 점을 분명히 알 수 있다. 홉스는 "혹자가 정당하다고 말하는 것을 또 다른 사람은 잔혹하다고 말하고 있다……" 고 기술한 바 있는데, 당시 그는 이 같은 논쟁을 염두에 두고 있었을 것이다. 아테네인들이 잔인하게 행동한 적이 결코 없으며 단지 정당한 수준으로 준엄하게 행동했다고 클레온이 아테네인들에게 말한 반면, 아테네 시민이 자신들의 잔혹성을 후회했다고 투키디데스는 기술하고 있다. 그러나 이는 이 용어들(예를 들면, 잔혹성)의 뜻과 관련해 이견이 있었다는 의미가 결코 아니다. 모두가 동일하게 인식하는 공통의 의미가 없었다면 논쟁은 있을 수 없었을 것이다. 아테네인들의 잔혹성은 반란의 주모자들뿐만 아니라 여타 사람들을 처벌하고자 했다는 점에 있다. 이것이 진정 잔혹한 처벌이란 점에 클레온은 동의했다. 그 후 그는 미텔레네의 경우 주모자가 아닌 사람이 없었다며 다음과 같이 주장했다. "몇몇 사람에게 책임을 전가하는 반면 나머지 사람의 죄를 면해주려고 노력하지 맙시다. 왜냐하면 이들 모두가 우리에 대항해 무기를 들었기 때문입니다……."

투키디데스가 더 이상 추적하지 않았기 때문에 나 또한 더 이상 이 같은 논거를 추적할 수 없다. 그러나 클레온의 주장에 대한 분명한 답변이 있는데, 이는 미텔레네의 여성 및 어린이의 지위와 관련이 있다. 이는 또 다른 도덕적 용어, 예를 들면 무고함(결백)이란 용어와 관계가 있을 것이다. 그러나 이는 특이한 정의(定意)에 관한 것이 아닐 것이다. 사실 여기서의 문제는 용어의 정의가 아니고 용어의 묘사 및 해석과 관련이 있다. 아테네인들은 도덕적 성격의 용어들을 동일하게 이해하고 있었으며, 미텔레네 및 멜로스인들과도 동일하게 인식하고 있었다. 문화적 차이를 고려하면 이들은 우리와 도덕적 용어의 의미를 동일하게 인식하고 있다. 자신들의 도서(島嶼)를 침공하는 행위가 정당치 않다는 멜로스 장관들의 주장을 우리뿐만 아니라 아테네인들 또한 별다른 어려움 없이 이해했다. 모두가 동의한 용어들을 실제 상황에 적용할 때, 이견이 있게 된다. 부분적으로 이 이견은 상호 대립되는 이해관계뿐만 아니라 상호간에 느끼는 두려움으로 인해 있게 되며, 항상 이 이해관계와 두려움에 의해 악화되고 있다. 그러나 이 이견에는 '도덕의 세계'에서 남녀가 입장을 달리하게 되는 복잡하고도 상이한 방식을 설명하는 과정에서 도움이 되는 또 다른 원인이 있다. 무엇보다는 지각(知覺)과 정보 측면에서의 심각한 어려움(일반적으로 전쟁과 정치에서)이 있다. 따라서 해당 사건에 관한 사실들과 관련해 논란이 있게 된다. 함께 공유하고 있는 가치관에 부여하는 비중 측면에서 또한 심각한 차이가 있을 수 있는데, 이는 이 가치관이 위협받을 때 우리가 기꺼이 용서하고자 하는 행위들의 측면에서 차이가 있는 바와 마찬가지다. 상대방의 입장을 잘 알고 있는 경우에서조차 대립되는 성격의 약속과 책임으로 인해 상대방을 겨냥해 격렬하게 적대감정을 표출하기도 한다. 이 모두는 현실적으로 매우 가능성이 높으며 빈번히 발생하는 현상이다. 이 점으로 인해 도덕성이 말장난과 이념의 세계뿐만 아니라 선의의 투쟁의 세계로 진입하게 된다.

어떻든 말장난의 가능성은 높지 않다. 선의 여부와 관계없이, 사람들은 자신이 원하는 것 모두를 말할 수 없다. 도덕적 대화는 강압성이 있다. 즉 하나를 말하면 또 다른 것을 말해야 한다. 아테네의 장군들이 도덕적 대화를 꺼렸던 이유는 이 점일 것이다. 홉스의 말을 인용하면 '부당한 전쟁'은 모든 사람이 싫어하는 전쟁이 아니다. 이는 특정 이유로 인해 사람들이 싫어하는 전쟁이다. 특정 전쟁이 부당하다고 주장하는 사람은 나름의 증거를 제시해야 한다. 마찬가지로 정당한 방식으로 전투를 수행하고 있다고 주장하는 사람은 자신이 공격받았거나, 공격받을 위험이 있었거나 다른 사람으로부터 공격받고 있는 사람을 돕고 있다고 주장해야 한다. 한편 이들 개개 주장에는 나름의 논리적 귀결이 따르게 된다. 따라서 이 주장들로 인해 '논쟁의 세계'로 보다 깊숙이 빠져들게 된다. 그런데 이 같은 '논쟁의 세계'에서는 무한정 말할 능력이 있는 경우에서조차 말할 수 있는 부분이 크게 제약받게 된다. 논쟁 과정에서 특정 사항을 말해야 하는데 논쟁이 장기간 지속되는 경우는 이 같은 특정 사항이 많은 부분에서 사실일 수도 있지만 거짓일 수도 있을 것이다. 이 점을 이해할 목적에서 우리가 도덕적 대화를 이해관계 차원의 대화로 전환할 필요는 없다.

홉스의 사례를 살펴보자. 『리바이어던』의 21장에서 홉스는 인간의 타고난 심약성을 배려해야 한다고 주장하고 있다. "전투 도중에는 양측 모두에서 도망병이 있게 된다. 그러나 반역이 아니고 두려움으로 인한 도망병들을 사람들은 부당하게 도망친 것이 아니고 불명예스럽게 도망했다고 말하게 된다." 여기서 판단이 요구된다. 즉 반역자와 겁쟁이를 구분해야 한다. 반역자와 겁쟁이란 용어의 의미가 분명치 않다면 이 같은 구분은 불가능할 뿐만 아니라 무모해진다. 모든 반역자는 자신이 천성적으로 심약한 성격의 사람이라며 용서를 구할 것이다. 도망병이 우리의 친구인지 적인지에 따라 그리고 우리의 진로를 방해하는 자, 동맹 또는 지원자인지에 따라 이 같은 간청을 수용하거나 거부하게 될 것이다. 종종 우리는 이 같은 방식으로 행동한다. 그러나 우리가 내리는 판단이 이 관점들에서만 이해될 수 있는 것은 아니다. 특정인을 반역죄로 기소하는 경우 우리는 그에 관한 매우 특별한 종류의 이야기를 언급해야 한다. 또한 이 이야기가 진실임을 보여주는 구체적인 증거를 제시해야 한다. 이 이야기를 말할 수 없는 상태에서 특정인을 반역자로 지칭하는 경우, 우리는 반역자란 용어를 제대로 사용하고 있지 못하거나 거짓말하고 있는 것일 것이다.

전략과 도덕

도덕과 정의(正義)에 관해 말하는 바와 동일한 방식으로 사람들은 군사전략에 관해 말하고 있다. 전략은 전쟁의 또 다른 언어다. 통상 사람들은 전략에는 도덕 관련 담화에서 목격되는 난제들이 없다고 말하고 있다. 그러나 전략의 사용과 관련해서는 적지 않은 문제가 있다. 함정설치, 퇴각, 우회기동, 병력집중 등과 같은 전략 용어의 의미에 관해 장군들은 의견의 일치를 보이고 있다. 그러나 이들은 전략적 측면에서의 적정 방책(方策)이 무엇인지에 관해 이견을 보이고 있다. 이들은 마땅히 해야 할 부분이 무엇인지에 관해 논쟁을 벌이곤 한다. 전투 이후에는 전투 도중 있었던 일과 관련해 이견을 보이고 있다. 패배한 경우 책임져야 할 사람이 누군지에 관해 논쟁을 벌이게 된다. 도덕과 마찬가지로 전략은 정당화를 목적으로 하는 언어다.[11] 쉽게 당황하며 겁이 많은 지휘관들은 자신이 느끼는 공황과 머뭇거리는 행동에 대해 정교한 계획의 일환으로 그처럼 하고 있다고 설명하게 된다. 즉 전략에 관한 용어를 능력 있는 지휘관뿐만 아니라 이처럼 무능한 지휘관도 사용하게 된다. 그러나 이는 전략 관련 용어가 의미가 없다는 말이 아니다. 이 용어가 의미가 없다면 무능한 지휘관의 입장에서는 대단히 좋을 것이다. 왜냐하면 이 경우 무능력에 관해 논의할 방법이 없을 것이기 때문이다. 분명히 말하지만, "혹자가 퇴각이라고 지칭하는 것을 또 다른 사람은 전략적 재배치로 부르고 있다." 그러나 이 두 용어의 차이에 관해 우리는 잘 알고 있다. 전략에 관한 개개 사실들을 수집해 해석하는 것이 어려운 일임은 사실이다. 그럼에도 불구하고 우리는 전략과 관련해 중요한 판단을 내릴 수 있는 입장이다.

---

11) 투키디데스가 도덕적 화법의 실체를 밝혔듯이 여기서 우리는 전략적 화법의 실체를 밝힐 수 있을 것이다. 멜로스 사람들과 대화한 후, 두 명의 아테네 장군이 다가올 전투를 계획할 목적으로 자신의 숙소로 되돌아갔다고 가정해 보자. 선임자가 먼저 다음과 같이 말하고 있다. "우리 군을 집중시킬 필요성에 관한 또는 전략적 기습의 중요성에 관한 그럴듯한 말을 내게 하지 말기 바라네. 간단히 말해 우리는 정면 공격을 요구할 것이네. 병사들의 경우 가능한 최상의 방식으로 조직하게 될 거야. 어느 정도 혼란이 있을 거야. 시실리 전역(戰役)에 관한 논쟁이 시작되기 전에 아테네로 영광 가운데 귀환할 수 있도록 여기서 나는 신속한 승리가 필요해. 어느 정도 모험을 감수해야 할 거야. 그러나 이는 문제가 되지 않아. 왜냐하면 모험은 나의 것이 아니고 자네의 것이기 때문이지. 패배한 경우 나는 자네를 비난할 것이네. 전쟁은 이와 같아." 전략이 빈틈이 없는 완벽한 사람의 언어인 것은 무슨 이유 때문인가? 우리는 전략을 너무나 쉽게 간파하고 있다…….

마찬가지로 우리는 도덕적 판단을 내릴 수 있다. 도덕적 개념과 전략 개념들이 실세계를 반영하는 방식은 동일하다. 이 개념들은 해야 할 일을 병사들에게 지시하는 단순한 규범적인 성격의 용어가 아니다. 이것들은 묘사적 성격의 용어다. 이 용어들이 없다면 전쟁에 관한 일관성 있는 논의가 불가능해질 것이다. 예를 들면, 전장(戰場)을 떠나는 군인들이 있는데, 이들은 어제 지나왔던 동일한 지역을 지나 행군하고 있다. 그런데 숫자는 보다 적으며, 전투의지는 보다 약해져 있는 반면 많은 군인들이 무기를 소지하고 있지 않으며 부상을 입은 상태다. 이것을 우리는 '퇴각'으로 지칭한다. 군인들이 농촌 마을의 남녀노소를 일렬로 세워놓고 이들을 겨냥해 총을 쏘고 있다. 이것을 우리는 '대량학살'로 지칭한다.

개념이 비교적 분명한 경우에만 도덕 및 전략적 용어들을 권위 있게 사용할 수 있으며, 이 용어들에 담겨져 있는 지혜를 규칙의 형태로 묘사할 수 있게 된다. 항복을 원하는 적군에게 자비를 베풀어라 또는 측방이 보호돼 있지 않은 상태에서 부대를 전진시키지 말라는 명령이 있다. 이 같은 명령에 근거해 혹자가 도덕 및 전략적 수준의 전쟁계획을 구상할 수도 있다. 그 후 전쟁의 실제 수행이 전쟁계획과 부합되고 있는지를 확인하는 것은 중요한 의미가 있을 것이다. 우리는 전쟁의 실제 수행과 계획이 부합되지 않는다고 가정할 수 있다. 전쟁은 이 같은 종류의 이론적인 통제(즉 수행과 계획의 일치 추구)가 매우 어려운 분야다. 여타의 모든 인간 활동에서 목격되는 현상이지만 전쟁의 경우 그 정도가 특히 심한 듯 보인다. 『파르마의 수도원(*The Charterhouse of Parma*)』이란 제목의 책에서 프랑스의 소설가 스탕달(Stendhal)은 워털루전투를 묘사하고 있다. 그런데 이는 전략계획이란 개념 자체를 우롱할 목적의 것이다. 여기서는 전투를 혼돈의 영역으로 묘사하고 있다. 즉 이는 전투에 관한 설명이라기보다는 전투가 설명 가능하다는 점을 부인하는 형태의 것이다. 워털루전투를 일련의 조직화된 기동과 대응 기동의 관점에서 바라보고 있는[12] 풀러(Fuller) 소장의 워털루전투 관련 전략 분석과 이 책을 비교해봐야 한다. 풀러가 워털루 전장에서 목격됐던 혼돈과 무질서를 모르고 있었던 것은 아니다. 또한 그가 이 모습을 전쟁 자체의 측면들, 즉 긴장된 전투에 따른 자연적인 효과들의 관점에서 바라보지 않으려고 했던 것도 아니었다. 그러나 그는 이 모습을 지휘책임, 기강해이 또는 통제해이란 문제로 바라보았다. 그는 전략적 핵심 사항들이 간과되고 있다고 암시하고 있다. 즉 그는 당시의 전투에서 전훈(戰訓)을 찾고 있었다.

스탕달 같은 도덕적 이론가도 동일한 입장에 있다. 그 또한 사람들이 자신의 규칙, 즉 도덕에 관한 규칙들을 종종 위배하거나 묵과하고 있음을 이해해야 한다. 또한 참전용사들이 처해 있는 극한 상황에 자신의 규칙들이 종종 적절치 않아 보인다는 점을 보다 깊이 인식해야 한다. 이 같은 경우에도 그는 전쟁이 그 결과와 관련해 어느 누군가가 책임져야 하는 등 나름의 목적이 있는 사전 숙고된 형태의 인간 활동이란 인식을 포기하지 않는다. 전쟁 과정에서 자행된 다수의 범죄 내지는 침략전쟁 자체에 따른 범죄와 관련해 도덕적 이론가는 특정 인간을 찾게 된다. 이처럼 특정 책임자를 찾는 것이 도덕적 이론가들만은 아니다. 전쟁에 몸담고 있는 사람들은 전쟁의 희생자일 뿐만 아니라 참여자다. 이 같은 사실은 전쟁을 여타 인간 활동과 구분하는 가장 중요한 특성 중 하나다. 우리 모두는 전쟁에서

12) *The Charterhouse of Parma*, I, chs. 3 and 4; J. F. C. Fuller, *A Military History of the Western World* (n.p., 1955), II, ch. 15.

한 일과 관련해 참전자들에게 책임을 묻는 경향이 있다. 오랜 기간 동안 반복되면서 우리의 판단과 논거로 인해 소위 말해 '전쟁의 도덕적 실상(Moral reality of war)'이 형성된다. 다시 말해, 도덕적 언어가 묘사하고 있거나 그 안에서 도덕적 언어가 필연적으로 활용되는 모든 경험들이 형성된다.

'전쟁의 도덕적 실상'이 군인들의 실제 행동이 아니고 여론에 의해 확정된다는 점을 강조하는 것이 중요한 의미가 있다. 부분적으로 이는 '전쟁의 도덕적 실상'이 철학자, 법률가, 모든 종류의 정치 평론가들의 활동에 의해 확정된다는 의미다. 그러나 이들이 전투 경험에 의해 전혀 영향 받지 않는 가운데 일하고 있는 것은 아니다. 이들의 관점은 여타 사람들에게 그럴듯해 보이는 방식으로 이 같은 경험을 형상화해줄 때에만 가치가 있다. 예를 들면 우리는 전시의 군인과 정치가들이 고통스런 결심을 내려야 한다고 종종 말하고 있다. 결심 과정에서 있게 되는 고통은 매우 심각한 수준이다. 그러나 고통은 전투에서 자연히 목격되는 특정 효과는 아니다. 고통은 홉스가 말하는 두려움과 다르다. 고통은 전적으로 도덕적 관점의 산물이다. 전시의 고통은 이러한 도덕적 관점들이 보편화돼 있는 정도에 비례해 목격된다. 미틸레네의 모든 성인 남자를 살해하기로 한 결심을 놓고 후회한 것이 몇몇 유별난 아테네인들만은 아니었다. 전반적인 아테네 시민들이 그처럼 후회했다. 이들은 당시의 결심과 관련해 후회했으며, 여타 아테네 시민들의 회개를 상호 이해할 수 있었다. 이는 이들이 잔혹성이란 감정을 공유했기 때문이었다. 이 같은 의미부여를 통해 우리는 전쟁을 '현실의 전쟁'으로 만들게 된다. 즉 자연 방치했을 때 있게 되는 결과로서의 전쟁과 실제 전쟁이 어느 정도 달라지게 만들 수 있다.

이 같은 고통을 느끼지 않는 군인 내지는 정치가는 어떠한가? 이 같은 사람을 우리는 도덕적으로 무지하거나 무감각하다고 말하게 된다. 이는 진정 어려운 형태의 의사결정과정을 어렵지 않게 생각하는 장군에 대해 우리가 자신의 직분에 필수적으로 수반되는 '전략적 실상'을 이해하고 있지 못하거나 무모할 뿐만 아니라 위험에 무감각하다고 말하는 바와 동일한 현상이다. 계속해서 우리는 이 같은 장군의 경우 부하들을 지휘통솔하거나 전투를 수행할 자격이 없으며, 소위 말해 휘하 부대의 우측 측방이 취약하다는 점을 알아야 하고, 이 같은 문제를 놓고 고민해 위험을 모면하기 위한 조치를 취해야 한다고 주장할 수도 있다. 재차 말하지만 전략적 결심은 도덕적 차원의 결심과 동일하다. 즉 군인과 정치가들은 잔혹성과 부정의(不正義)에 따른 위험을 올바로 인지하고, 이 위험에 관해 고민해야 하며, 이 위험을 모면하기 위한 조치를 강구해야 한다.

역사적 상대주의

이 같은 관점에 역행하는 것이지만, 종종 홉스의 상대주의가 역사 내지는 사회적 모습을 띠고 있다. 즉 도덕 및 전략적 지식이 시간이 지나면서 변하거나 정치적 공동체들 내부에서 차이가 있다고 사람들은 말하고 있다. 따라서 특정인에게 무지(無知)로 보이는 것이 또 다른 사람에게는 이해(理解)로 보일 수도 있다는 주장이다. 변화와 변이가 충분한 수준이며, 이 변화와 변이로 인해 매우 복잡한 이야기가 조장된다는 주장이다. 그러나 일상적인 도덕적 생활 측면에서의 이 같은 이야기의 중요성, 무엇보다도 도덕적 행위에 대한 판단 측면에서의 이 같은 이야기의 중요성이 쉽게 과장되고 있다. 근본적으로 이질적인 문화에서 생활하는 사람들의 지각과 이해에 근본적인 차이가 있을 것으로 우리는 기대할 수 있다. '전쟁의 도덕적 실상'이 칭기즈칸의 경우와 우리의 경우가 다를 것임은 분명한 사실이다. '전쟁의 전략적 실상' 또한 상황은 마찬가지다. 그러나 특정 문화 내부에서의 근본적인 사회 및 정치적 변혁이 있는 경우에도 우리의 조상들과 문화를 공유할 수 있을 정도로 도덕적 세계에 전혀 변함이 없거나 적어도 충분히 변함이 없을 수도 있다. 도덕적 세계를 동시대 사람들과 공유할 수 없는 경우는 매우 드물다. 대체로 우리는 우리 선조들의 행위를 연구함으로써 동시대 사람들 내부에서의 행동 방법을 배우게 된다. 이 같은 연구에서 가정하고 있는 사항이 있는데, 이는 우리와 동일한 방식으로 선조들이 도덕적 세계를 바라보았다는 점이다. 항상 그런 것은 아니지만 이는 우리의 도덕적 생활(그리고 우리의 군 생활에)에 안정성과 일관성을 부여해줄 수 있을 정도로 시간과 무관하게 사실이다. 세계관과 높은 이상(理想)을 포기하는 경우에서조차 도덕적으로 정당한 행동이 무엇인지에 관한 개념은 놀라울 정도로 변함이 없다. 군의 규범은 병사들의 이상주의가 사라진 이후에도 변함없이 유지된다. 군의 규범이 변함없이 유지되고 있다는 점에 관해 보다 많이 말할 기회가 있을 것이다. 그러나 지금 나는 봉건시대 유럽의 사례를 살펴보는 방식으로 군의 규범이 변함없이 유지되고 있음을 개략적이나마 보일 생각이다. 어느 측면에서 보면, 봉건시대는 그리스의 도시국가들과 비교해 우리와 시간적으로 더 멀리 떨어져 있다. 그럼에도 불구하고 봉건시대와 우리는 도덕 및 전략적 지각(知覺)을 공유하고 있다.

아쟁쿠르에 관한 세 가지 설명

'아쟁쿠르(Agincourt)'는 전략적 지각(知覺)과 도덕적 지각 중에서 전자의 공유가 보다 애매한 경우다. 아쟁쿠르에서 전사한 프랑스의 많은 기사(騎士)들의 전투 수행 방식은 우리의 경우와 매우 달랐다. 오늘날의 비평가들은 이들이 구시대의 전투 수행 방식을 광적으로 고집했다고 말하고(결국 헨리(Henry) 왕은 다른 방식으로 전투를 수행했다)는 실질적인 조언을 할 수 있는 입장으로 느끼고 있다. 오만(Oman)은 다음과 같이 기술하고 있다. "프랑스의 공격에 숲을 중심으로 한 회전 이동이 수반됐어야만 했다……."[13] 지나칠 정도로 오만하지 않았더라면 프랑스의 지휘관은 회전 이동의 이점을 파악했을 것이다. 우리는 영국의 승리가 확고부동하다고 생각됐던 전투 종료 시점에 헨리 왕이 내린 주요 도덕적 결심에 관해서도 유사한 방식으로 말할 수 있을 것이다. 영국인들은 많은 프랑스인을 생포해 엉성한 철조망 안에 가뒀다. 갑자기 후미에 위치해 있던 보급용 텐트를 겨냥한 프랑스인들의 공격으로 인해 전투가 재개될 가능성이 있어 보였다. 당시의 사건과 관련해 16세기의 사람인 홀린세드(Holinshed)는 다음과 같이 설명했다.[14]

> ……말을 탄 몇몇 프랑스인……가장 먼저 도망친 대략 600여 명의 프랑스인들이 영국군으로부터 어느 정도 떨어져 있는 영국군 텐트에

13) C. W. C. Oman, *The Art of War in the Middle Ages* (Ithaca, N.Y., 1968), p. 137.
14) Rapheal Holinshed, *Chronicles of England, Scotland, and Ireland.* 다음에 인용돼 있다. William Shakespeare, *The Life of Henry V* (Signet Classics, New York, 1965), p. 197.

> 경비병이 많지 않다는 말을 전해 듣고는……영국 왕의 캠프를 습격했다. 그곳에서……이들은 텐트를 약탈했으며, 대형 상자를 부쉈다. 이들은 상자 안에 있던 조그만 보석용 상자들을 운반하기 시작했다. 한편 이들은 저항하는 모든 종복을 살해했다. ……프랑스군을 두려워해 도망친 종복과 소년들이……왕이 이들의 기침소리를 들을 수 있는 거리로 다가왔다. 영국 왕은 자신의 적들이 재집결해 전투를 재개할 가능성을 두려워했다. 또한 포로들이 자신의 적에게 도움을 줄 가능성이 있다고 의심한 영국 왕은……몸에 베인 온화한 심성과는 달리 포로들을 무참히 살해하라고……모든 남자들에게 트럼펫을 사용해 지시했다.

당시 영국 왕이 내린 명령의 도덕적 성격은 '몸에 베인 온화한 심성'과 '무참히'란 단어에 암시돼 있다. 당시의 명령으로 인해 개인적으로 그리고 습관적으로 유지해오던 영국 왕의 '절제'가 무너져 내렸다. 이 같은 현상을 홀린세드는 많은 지면을 할애해 설명하고 변명했다. 그는 부하들이 데리고 있던 포로들이 당시의 전투에 재차 참여할 가능성이 있음을 영국 왕이 두려워했다고 강조해 말했다. 『헨리 5세(*Henry V*)』에서 홀린세드의 글을 추적하고 있던 셰익스피어는 한걸음 더 나아갔다. 그는 프랑스인들이 영국의 종복들을 살해했다는 점을 강조한 반면 저항한 종복들만 살해됐다는 홀린세드의 기록을 간과했다.[15)]

> 플루엘렌(Fluellen) : 소년과 여자들을 죽여라! "분명히 말해 이는 전쟁법에 위배돼." 이는 전적으로 악당들의 소행이야.

---

15) *Henry V*, 4:7, ll. 1-11.

한편 그는 다음과 같은 반어적인 발언을 하지 않을 수 없다.

> 가워(Gower) : ……이들이 방화하고는 왕의 텐트 안에 있던 모든 것을 들고 갔어. 당연한 일이지만, 그러자 영국 왕이 모든 군인들에게 휘하 포로들의 목을 베라고 명령했지. 용감한 영국 왕이여!

150년 뒤, 데이비드 흄(David Hume)은 이 같은 반어적인 표현을 자제한 채, 유사하게 설명하고 있다. 결과적으로 영국 왕이 자신의 명령을 취하했다는 점을 흄은 강조하고 있다.16)

> ……피카디(Picardy)의 몇몇 신사들이……영국인들을 습격했다. 이들은 캠프에 있던 무장하지 않은 영국의 종복들을 살해했다. 주변의 모든 사람이 적군임을 인지한 헨리 왕은 휘하 포로들을 두려워하기 시작했다. 왕은 이들을 처형하라는 명령을 내릴 '필요'가 있다고 생각했다. 그러나 진상을 파악한 즉시 그는 포로들에 대한 '도살'을 중지했다. 아직도 영국 왕은 많은 포로들의 목숨을 구할 수 있었다.

여기서는 '필요'와 '도살'이란 단어 간의 갈등에서 도덕적 의미를 살펴볼 수 있다. 도살은 사람을 동물처럼 죽이는 행위다. 따라서 이 같은 도살은 '필요'란 용어로 표현할 수 없다. 그처럼 쉽게 죽일 수 있다면 포로들은 죽일 필요가 있을 정도로 위험한 존재가 아니었을 것이다. 진상을 파악하자 도덕적 인물인 헨리 왕은 포로들에 대한 도

---

16) David Hume, *The History of England* (Boston, 1854), II, 358.

살을 취하했다.

당시의 사건을 프랑스의 연대기 작가와 역사가들이 동일한 방식으로 기술했다. 영국의 많은 기사들이 프랑스인 포로들을 죽이려 하지 않았음을 이들의 글을 통해 알 수 있다. 이는 기사들의 박애정신에서가 아니고 포로를 이용해 몸값을 받을 수 있다는 점뿐만 아니라 "무참한 살해는 명예로운 행위가 아니다"[17]라고 이들이 생각했기 때문이었다. 영국의 작가들은 영국 왕의 지휘에 초점을 맞추었다. 결국 헨리는 자신들의 왕이었다. 포로와 관련된 전쟁 법규가 성문화되고 있던 19세기 후반에는 이들의 비평이 점차 날카로워졌다. 이들은 '야만적인 도살', '냉혈한에 의한 일대 학살'[18]과 같은 표현을 사용했다. 흄은 이처럼 표현하지 않았을 것이다. 그러나 이 같은 표현과 흄이 말한 것과는 거의 차이가 없다. 즉 도덕 내지는 언어학적으로 별다른 차이가 없다.

헨리 왕의 행위를 올바로 판단하려면 여기서 제시할 수 있는 것 이상으로 당시 전투에 관한 보다 많은 정황 설명이 필요할 것이다.[19] 이 같은 설명이 있는 경우에도 전투에서 목격되는 긴장과 흥분이란 요소를 어느 정도까지 고려할 것인지에 따라 우리의 의견이 달라질 수 있다. 그러나 '아쟁쿠르'의 경우는 전략과 도덕 모두에서 공통적으로 목격되는 상황을 보여주는 분명한 사례다. 즉 우리가 의미를 공유하고 있으며, 근원적으로 다수 사항에 동의하고 있음에도

17) René de Belleval, *Azincourt* (Paris, 1865), pp. 105-06.
18) 다양한 관점들에 관해 요약한 것들을 보려면 다음을 참조하라. J. H. Wylie, *The Reign of Henry the Fifth* (Cambridge, England, 1919), II, 171ff.
19) 헨리의 행위가 변호될 수 없는 형태임을 보여주는 우수하고도 상세한 설명을 보려면 다음을 참조하라. John Keegan, *The Face of Battle* (New York, 1976), pp. 107-12.

불구하고 도덕과 전략 측면에서 가장 날카로운 이견이 제기될 수 있음을 보여주는 사례다. 포로들을 살해하라는 헨리 왕의 명령은 홀리세드, 셰익스피어, 흄뿐만 아니라 우리에게도 상세한 조사와 판단이 요구되는 형태의 군사적 행위다. 사실 헨리 왕의 명령은 도덕적으로 문제가 있다. 왜냐하면 이 명령은 잔혹성과 부당성의 가능성을 감수하고 있기 때문이다. 마찬가지로 당시의 프랑스군 지휘관의 전투계획에 전략적으로 문제가 있다고 생각할 수도 있다. 왜냐하면 당시의 전투계획이 제대로 준비된 진지(陣地)를 겨냥한 정면 공격에 따른 모험을 감수하고 있기 때문이다. 재차 말하지만 이 모험을 인지하지 못한 장군과 관련해서는 도덕 내지는 전략에 무지하다고 말해도 무방할 것이다.

도덕적 삶에서는 무지보다는 정직하지 못함, 즉 부정직(不正直)이 보다 빈번히 목격되는 현상이다. 복잡한 의사결정에 따른 고통을 느끼지 않는 군인과 정치가들조차도 자신들이 이 같은 고통을 느껴야 한다는 점을 잘 알고 있다. 히로시마에 원자폭탄을 투하하기로 결심하면서 밤잠을 설친 적이 전혀 없다고 투르만(Harry Truman) 대통령은 말한 바 있는데, 이는 정치 지도자들이 종종 하는 발언이 아니다. 통상 이들은 의사결정에 따른 고통을 강조하는 것이 보다 좋다는 것을 잘 알고 있다. 의사결정에 따른 고통은 직책 수행 과정에서 느끼는 부담 중 하나다. 이 같은 부담을 느끼고 있는 것처럼 보이는 것이 보다 바람직할 것이다. 공직자들의 경우 의사결정에 따른 고통을 느낄 것으로 사람들은 기대하고 있다. 많은 공직자들이 의사결정에 따른 고통을 경험하는 것은 이 같은 주변의 기대감 때문이다. 이 같은 고통을 느끼지 않는다면 이는 거짓이다. 세월의 흐름에도 불구하고 우리의 가치관에 거의 변함이 없음을 보여주는 가장 분명한 증거는 군인과 정치가들이 하는 거짓말의 성격에 거의 변함이 없다는 점일 것이다. 이들은 자신의 행위를 정당화할 목적에서 거짓말하고 있다. 따라서 이들은 자신의 행위가 왜 정당한지 그 이유를 설명하게 된다. 위선이 있는 곳에서 우리는 항상 도덕적 지식을 발견하게 된다. 위선자는 솔제니친(Solzhenitsyn)의 『1914년 8월』에 등장하는 러시아 장군과 같다. 그는 자신이 작성한 정교한 형태의 전투 보고서로도 전투를 전혀 통제 내지 지시할 능력이 없다는 점을 거의 감추지 못하고 있다. 적어도 그는 말해야 할 이야기, 사실과 사건에 부여해야 할 몇몇 명칭이 있음을 알고 있었다. 따라서 장군은 이야기했으며, 이 이야기에 명칭을 부여하고자 노력했다. 장군의 노력은 단순한 모방 수준이 아니었다. 소위 말해 그의 노력은 무능한 사람이 유능한 사람처럼 보이고자 하는 과정에서 바치게 되는 희생과 다름이 없었다. 도덕적 생활의 경우도 상황은 마찬가지다. 즉 이 경우도 말해야 할 이야기, 전쟁과 전투에 관해 말하는 방식 중에서 주변 사람들이 도덕적으로 적합하다고 인지할 수 있는 부분이 있다. 특정의 의사결정이 반드시 또는 단순히 도덕적으로 정당하거나 부당하다는 의미가 아니다. 이는 도덕에 관한 의사결정이 도리에 맞도록 세상을 바라보는 방식이 있다는 의미다. 비록 세상을 다른 방식으로 보고 있을지는 모르지만 위선자는 이것이 사실임을 잘 알고 있다.

위선은 전시의 담화에서 빈번히 목격된다. 왜냐하면 전시에는 별다른 문제가 없는 것처럼 행동하는 것이 특히 중요한 의미가 있기 때문이다. 이 같은 위선으로 인해 전시에는 도덕적 모험이 매우 높은 수준이다. 위선자가 이 같은 모험을 이해하지 못할 수 있다. 보다 중요한 문제지만 위선자의 행위는 위선자가 아닌 주변 사람들에 의해 심판받게 될 것이다. 또한 이들의 심판으로 인해 위선자에 대한 이들의 정책이 영향 받게 될 것이다. 이것이 사실이 아니라면 위선은 의미가 없을 것인데, 이는 어느 누구도 진실을 말하지 않는 세계에서는 거짓이 별다른 의미가 없는 바와 마찬가지다. 위선자는 주변 사람들이 도덕적으로 나름의 이해(理解)가 있다고 가정하고 있다. 따라서 우리는 그의 주장을 진지하게 받아들이고는, 이 주장이 도덕적 리얼리즘의 검증을 받도록 하는 수밖에 별다른 도리가 없다. 그는 주변 사람들이 기대하고 있는 방식으로 사고 및 행동하는 척한다. 위선자는 도덕적인 전쟁계획에 따라 싸우고 있다고 주변 사람들에게 말하게 된다. 즉 자신이 민간인을 겨냥하지 않으며, 항복을 원하는 적군에게 자애심을 보이고, 포로들을 결코 고문하지 않는 등 도덕적으로 정당하게 행동하고 있다고 말하게 된다. 이 주장이 사실일 수도 있지만 거짓일 수도 있다. 이 주장에 대한 판단이 쉽지 않을 수도 있다(마찬가지로 전쟁계획이 결코 간단치 않을 수 있다). 그러나 이 주장을 판단하고자 노력하는 것이 중요한 의미가 있다. 진정 자신을 도덕적인 사람으로 생각한다면 우리는 이 같은 노력을 기울여야 한다. 인간이 도덕적인 존재란 증거는 인간이 규칙적으로 이처럼 한다는 점일 것이다. 전시의 아테네의 장군들 내지는 홉스처럼 우리들 모두가 리얼리스트가 된다면 도덕과 위선 모두가 사라질 것이다. 이 경우 우리는 우리가 하고 싶은 부분 내지는 했으면 하고 바라는 부분을 거칠고도 직선적으로 상대방에게 간단히 말할 것이다. 그러나 전시에서조차 대부분의 사람들이 하고 싶어 하는 것 중 하나는 도덕적으로 행동하거나 도덕적으로 행동하는 것처럼 보이는 것이다. 이것을 바라는 것은 간단히 말해 우리가 도덕성의 의미에 관해 잘 알고 있기 때문이다(적어도 우리는 도덕성과 관련해 주변에서 생각하고 있는 바에 관해 잘 알고 있다).

이 책에서 탐구하고자 하는 부분은 이 같은 도덕성의 의미다. 즉 도덕성의 일반적인 성격이 아니라 도덕성이 전쟁 수행에 적용되는 상세 방식이다. 그 과정에서 나는 우리가 진정 도덕적 세계 안에서 행동하고 있다고 가정할 것이다. 또한 특정 의사결정이 진정 어려우며, 많은 문제가 수반되고, 의사결정과정에서 고통이 따르는데, 이는 도덕적 세계의 구조와 관계가 있다고 가정할 것이다. 언어가 도덕적 세계를 반영하며 도덕적 세계에 접근할 수 있도록 해준다고 가정할 것이다. 마지막으로 도덕적 세계와 관련해 사용되는 용어는 상식적인 판단이 가능할 정도로 그 의미가 동일하며, 의미에 변화가 없을 것으로 가정할 것이다. 이 책에서의 나의 주장이 이해되지 않거나 이상해 보이는 사람들이 살고 있는 별천지가 있을 것이다. 그러나 이 같은 사람들은 아마도 이 책을 읽지 않을 것이다. 이 책을 읽는 사람들이 나의 논거가 이해되지 않거나 이상하다고 생각한다면 이는 도덕적 담화가 불가능하기 때문이거나 내가 사용하는 용어의 의미가 일관성이 없기 때문이 아니라, 우리의 공통적인 도덕성을 내가 올바르 이해해 설명하지 못했기 때문일 것이다.

|제2장|

전쟁범죄

'전쟁의 도덕적 실상(Moral reality of war)'은 두 부분으로 나뉜다. 전쟁은 항상 두 번 심판받는다. 즉 국가가 전투를 수행하는 이유 측면에서, 그리고 전투에서 사용되는 수단 측면에서 심판받게 된다. 첫 번째 심판은 형용사 형태로 표현된다. 예를 들면, 우리는 특정 전쟁이 정당하다(Just) 또는 부당하다(Unjust)고 말하게 된다. 두 번째 종류의 심판은 부사 형태로 표현된다. 예를 들면, 우리는 전쟁이 정당하게(Justly) 또는 부당하게(Unjustly) 수행되고 있다고 말하게 된다. 중세의 작가들은 이 차이를 전치사의 문제로 생각했다. 즉 이들은 '전쟁에서의 정당성(Justice in war)'과 '전쟁의 정당성(Just of war)'으로 구분해 생각했다. 이 문법 차원의 구분은 보다 심오한 문제를 암시하고 있다. '전쟁의 정당성'이란 문제로 인해 우리는 침략과 자위(自衛) 행위에 관해 심판하게 된다. '전쟁에서의 정당성'이란 문제로 인해 우리는 교전규칙의 준수 여부를 심판하게 된다. 논리적으로 보면 이 두 종류의 심판은 별개의 것이다. '정당한 전쟁'을 부당한 방식으로 수행할 수 있는 반면 '부당한 전쟁'을 교전교칙을 준수하며 정당한 방식으로 수행할 수도 있다. 그러나 이처럼 '전쟁에서의 정당성'과 '전쟁의 정당성'이 별도의 독립적인 문제란 점이 우리를 곤혹스럽게 한다. 침략은 범죄 행위다. 그러나 침략 전쟁은 교전규칙의 통제를 받는 활동이다. 모든 국가는 상대방 국가의 침략에 저항할 권리가 있다. 그러나 이 같은 저항은 도덕 및 법적인 제약을 준수하며 이뤄져야 한다. '전쟁에서의 정당성'과 '전쟁의 정당성'은 '전쟁의 도덕적 실상'에서 가장 문제가 되는 부분들 중에서 본질적인 사안이다.

이 책에서 나는 전쟁을 분리되지 않은 하나의 실체로 바라볼 것이다. 그러나 '전쟁에서의 정당성'과 '전쟁의 정당성'이란 두 측면은 전쟁에서 본질적인 부분이다. 따라서 이들 개개 부분을 설명하는 방식으로 시작해야 할 것이다. 이 장(章)에서 나는 전쟁 도발이 범죄라고 말할 때 의미하는 바를 살펴보고자 한다. 다음에 나는 부당한 전쟁을 수행하는 군인들에게조차 적용되는 교전규칙의 존재 이유를 설명하고자 한다. 이 장에서 나는 이 책의 2부를 소개할 생각이다. 2부에서는 범죄의 본질을 상세히 조사하고, 침략에 대항한 적정 저항 형태를 설명하며, '정당한 전쟁'을 수행하면서 군인과 정치가들이 합법적으로 추구할 수 있는 목표들을 고려할 것이다. 다음 장에서는 3부가 소개되고 있다. 3부에서 나는 전쟁에서 합법적으로 사용할 수 있는 수단뿐만 아니라 구체적인 규칙에 관해 논의한 후 이 규칙이 전투 상황에 적용되는 방식과 이 규칙이 '군사적 필연성(Military Necessity)'로 인해 수정되는 방식을 보일 것이다. 이처럼 할 때에만 전쟁목표와 전쟁 수단 간의 갈등의 문제에 대처할 수 있을 것이다.

'전쟁의 도덕적 실상'이 전반적으로 일관성이 있는지에 관해 나는 잘 알지 못한다. 그러나 당분간 이 점에 관해 말할 필요가 없을 것이다. 이것이 식별 가능하며 비교적 안정된 형태를 유지하고 있다는 점, 이것의 개개 부분들이 식별 가능하고 비교적 안정된 형태로 상호 연결 및 분리된다는 점만으로도 충분할 것이다. 우리는 이것을 이처럼 만들었는데, 이는 나름의 이유 때문이다. 이는 국가와 군인에 대한 이해, 전쟁 및 전투의 주역에 대한 우리의 이해뿐만 아니라 전투와 전투의 중심적인 경험에 관한 우리의 이해를 반영하고 있다. 이 같은 이해와 관련된 용어들이 나의 가장 시급한 주제다. 이 용어들은 매일 우리가 내리는 주요 판단의 역사적 산물임과 동시에 이 주요 판단의 필요조건이다. 이 용어들은 도덕적 노력뿐만 아니라 전쟁의 본질을 고정시키는 요소다.

전쟁의 논리

전쟁 도발이 잘못인 것은 무슨 이유 때문인가? 이에 대한 답변을 우리는 너무나 잘 알고 있다. 전쟁에서는 사람이 죽는데, 종종 많은 사람이 죽게 된다. 전쟁은 지옥이다. 그러나 이처럼 말하는 것만으로는 충분치 않다. 왜냐하면 일반적인 전쟁에 관한 우리의 개념뿐만 아니라 군인들의 행동에 관한 우리의 개념은 사람들이 살해되는 방식과 살해되는 사람들이 누군지에 따라 많은 부분 달라지기 때문이다. 그러면 전쟁범죄를 설명하기 위한 최상의 방식은 전쟁에서 사람이 죽는 방식뿐만 아니라 죽는 사람의 지위에 제한이 없다는 점을 언급하는 것이다. 즉 전쟁에서는 생각 가능한 모든 잔혹한 방식으로 사람들이 죽게 되는데, 남녀노소 또는 도덕적 수준과 무관하게 그렇다. 전쟁에 관한 이 같은 관점은 클라우제비츠의 저서인 『전쟁론(*On War*)』이란 책의 첫 장에 매우 잘 요약돼 있다. 클라우제비츠가 전쟁을 범죄로 간주했음을 보여주는 증거는 없다. 그러나 분명히 말하지만 그는 여타 사람들로 하여금 이처럼 생각하도록 만들었다. 전쟁에 관한 후세 사람들의 개념을 형성한 것은 전쟁에 관한 그의 초기 정의들이다. 따라서 이 개념들을 어느 정도 상세히 살펴볼 필요가 있다.

클라우제비츠의 논거[1)]

클라우제비츠는 "전쟁은 이론상으로는 제한이 있을 수 없는 형태의……폭력 행위"[2)]라고 기술했다. 특정 사회에서 실제 가해지는 제약의 정도와 무관하게, 전쟁에 관한 클라우제비츠의 개념에서는 무제한이란 개념이 항상 목격된다. 우연적인 요인들에 의해 영향 받지 않는 '사회적 진공(眞空)' 상태에서 수행되는 전쟁을 생각해보자. 이 같은 전쟁은 사용하게 될 전술과 무기뿐만 아니라 공격받을 사람을 포함한 모든 측면에서 전혀 구애 받지 않는 가운데 모든 곳에서 진행될 것이다. 왜냐하면 군사적 행위에는 본질적으로 제한이 없기 때문이다. 또한 클라우제비츠가 종종 언급하고 있는 '박애정신'이란 외적인 도덕적 규범을 수용할 수 있을 정도로 전쟁 개념을 정교히 하는 것도 불가능한 일이기 때문이다. "'전쟁의 철학'에 수정 목적의 원칙을 도입할 때마다 황당한 일이 발생하게 된다." 전투가 극단으로 흐를수록, 양측이 사용하는 폭력의 성격이 광범위하고 격렬해질

---

1) 권영근 번역, 『군사이론과 실제』(공군사관학교, 2004년 8월)의 제3장 '클라우제비츠의 군사이론'을 참조하라.(옮긴이)

2) Edward M. Collins, *War, Politics, and Power* (Chicago, 1962), p. 65. Cf. Howard and Paret, p. 76.

수록 우리는 개념 측면에서의 전쟁, 즉 '절대전쟁(Absolute War)'에 보다 더 다가가게 된다. 잔인한 정도 내지는 위험의 정도와 무관하게, 전쟁의 영역 밖에 존재해 있는 폭력 행위, 전쟁이 아닌 폭력 행위는 상상할 수 없다. 왜냐하면 '전쟁의 논리'는 도덕적 측면에서의 극단을 겨냥해 점진적으로 움직이는 추력과 같기 때문이다. 클라우제비츠는 말하지 않았지만, 전쟁 과정을 시작하는 것이 그처럼 무서운 이유는 이 때문이다. 침략자는 자신이 시작한 전투의 모든 결과에 책임이 있다. 특정 경우에서는 이 결과들의 사전 파악이 불가능할 수 있다. 그러나 결과들이 가공할 수준일 가능성이 항상 있다. 아이젠하워 장군은 다음과 같이 말했다. "폭력에 호소하는 경우……여러분은 여러분의 이동 방향을 모르게 됩니다. ……보다 깊이 빠져들수록……폭력 자체의 한계를 제외하면 한계는 없습니다."[3)]

클라우제비츠에 따르면 '전쟁의 논리'는 이 같은 방식으로 작동된다. 즉 "모든 적군이 상대방의 행위를 강요하게 된다." 그 결과 '상호작용', 즉 지속적인 에스컬레이션이 있게 된다. 그런데 여기서는 먼저 행동했음에도 불구하고 어느 측도 죄가 없다. 왜냐하면 모든 행위가 예방 차원에서의 선제공격으로 지칭될 수 있으며 거의 항상 이처럼 지칭되기 때문이다. "전쟁은 '폭력의 극단적인 적용'을 향해 움직이는 경향이 있다." 이는 전쟁이 점차 무자비의 정도를 높여 감을 의미한다. 왜냐하면 "폭력의 사용을 전혀 주저하지 않는 무자비한 측이 상대방이 이처럼 무자비하게 폭력을 사용하지 않는 경우 나름의 이점을 얻어야 하기 때문이다."[4)] 따라서 투키디데스와 홉스가 '자연의 필연성'으로 언급한 바에 주도되는 적은 가능한 모든 순간

3) Press conference, January 12, 1955.
4) Clausewitz, p 64. Cf. Howard and Paret, pp. 75-76.

에서 상대방의 무자비 정도에 맞춰 행동하게 된다. 이는 에스컬레이션의 기능 방식에 관한 유용한 설명이다. 그러나 이 같은 묘사는 이미 내가 언급한 형태의 비난을 받을 수 있다. 군사 및 도덕적 차원의 의사결정에 관한 어느 정도 구체적인 사례에 초점을 맞추는 순간 우리는 추상적인 경향이 아니고 인간적인 선택에 의해 통제받는 세계로 진입하게 된다. 에스컬레이션을 겨냥한 압박은 보다 큰 곳도 있지만 보다 작은 곳도 있다. 그러나 이 같은 압박이 기동의 여지가 없을 정도로 매우 큰 경우는 거의 없다. 분명히 말하지만, 전쟁은 종종 에스컬레이트 된다. 그러나 전쟁은 폭력과 난폭성 측면에서 종종 일정한 수준에서 수행되며, 때로는 그 수준이 매우 낮다.

'절대전쟁'에 관한 자신의 열정을 포기하지 않았지만 클라우제비츠는 이 점을 인정했다. "전쟁은 종종 보다 높은 수준에서, 그리고 보다 낮은 수준에서 수행될 수 있다"고 클라우제비츠는 기술하고 있다. 또한 "중요도와 열정 측면에서 보면 전쟁은 국가를 말살시킬 목적의 전쟁에서부터 단순한 무장 관찰 수준에 이르기까지 다양한 형태가 있을 수 있다."[5] 이 다양한 전쟁을 우리는 수행할 수 있다. 이처럼 말할 때, 우리는 전쟁의 일반적인 무제한성이 아니라 특정 에스컬레이션, 특정 폭력 행위들을 지칭하고 있다. '절대전쟁'을 경험한 사람은 아무도 없다. 개개 투쟁에서 우리는 구체적인 용어로 기술될 수 있는 특정 수준의 야만성을 감수하게 된다. 이는 지옥의 경우도 마찬가지다. 채찍과 전갈, 펄펄 끓는 쇳물, 그리고 이곳에 있는 사람들을 생각할 때에만 우리는 지옥에서의 무한한 고통을 형상화할 수 있다. 전쟁이 지옥이라고 말할 때, 우리가 생각하는 것은 무엇인

5) Clausewitz, pp. 72, 204. Cf. Howard and Paret, pp. 81, 581.

가? 전쟁 도발을 범죄 행위로 간주하도록 하는 것은 전쟁의 어느 측면인가?

동일한 질문을 또 다른 방식으로 제기할 수 있다. 전쟁을 '폭력 행위'로 기술할 때, 우리는 전쟁 행위가 수행되는 구체적인 상황, 전쟁이 그 의미를 도출하게 되는 구체적인 상황을 염두에 두게 된다. 이는 여타 인간 활동(예를 들면 정치 및 상업)의 경우와 마찬가지다. 사람들이 수행하는 것, 즉 사람들이 거쳐 가는 물리적 운동이 아니고 사람들이 만드는 제도, 관행 및 관습이 진정 중요한 부분이다. 따라서 전쟁에 변화를 주는 사회 및 정치적 상황이 우연적인 요인 내지는 전쟁 외적인 요인으로 간주돼서는 안 된다. 왜냐하면 전쟁은 사회적 산물이기 때문이다. 특정 순간에 전쟁은 특정 모습을 띠게 된다. 종종 전쟁은 '폭력의 극단적인 적용'을 거부하는 형태를 보이게 된다. 무엇이 전쟁이고 무엇이 전쟁이 아닌지를 결정(이것을 투표로 결정한다는 의미가 아니다)하는 것은 사람이다. 인류학 및 역사학적 설명이 암시하고 있는 바처럼 사람들은 전쟁을 제한전으로 정의할 수 있으며, 다수의 문화적 환경에서 이처럼 정의한 바 있다. 다시 말해, 사람들은 전쟁에서 싸울 수 있는 사람, 수용 가능한 전술, 전투 중단 시점에 관한 그리고 승리에 따른 특권에 관한 일부 개념을 전쟁 자체의 개념으로 만들었다.[6] 제한전은 시간과 공간 측면에서 항상 구

---

6) 물론 이는 클라우제비츠가 부인하고자 한 바로 그것이다. 기술적 관점에서 보면, 그는 전쟁이 나름의 규칙에 의해 성립되는 행위가 결코 아니라고 주장하고 있다. 전쟁은 결코 결투와 다르다. 결투의 사회적 관행은 규칙서 내지는 관습 규정에 상세 언급돼 있는 폭력 행위들만을 포함하게 된다. 적에게 상처를 입히고, 적의 입회인에게 총기를 발사하며, 막대기로 적을 때려죽이는 경우 적과 결투하고 있는 것이 아니고 적을 살인하고 있는 것이다. 그러나 규칙을 위배하고 있음에도 불구하고 전쟁에서의 유사한 잔혹한 행위는 아직도 전쟁 행위(전쟁 범죄)로 간주된다. 따라서 군사적 행위에 한계가 없다는 공식 내

체적이다. 그러나 전쟁이 지옥이 되도록 하는 형태의 에스컬레이션을 포함한 모든 에스컬레이션 또한 상황은 마찬가지다.

동의의 한계

지옥이 아닌 형태의 몇몇 전쟁이 있다. 따라서 이 전쟁들부터 시작하는 것이 가장 좋을 것이다. 가장 먼저 떠오르는 사례는 귀족 출신 젊은이들의 투쟁, 즉 보다 규모가 큰 형태의 토너먼트로서 스탠드에 심판이 없는 경우가 있다. 이러한 사례는 아프리카, 고대 그리스, 일본 및 봉건시대의 유럽에서 목격된다. 이는 종종 어린이들뿐만 아니라 낭만적인 심성의 어른들의 상상을 사로잡은 바 있는 형태의 '무력 경쟁'이다. 다음에서 보듯이 존 러스킨(John Ruskin)은 이것을 자신의 이상(理想)으로 생각하고 있다. "창의적이거나 기본적인 전쟁은 경기에 대한 조바심과 사랑이 동의(同意)에 의해 아름다운 게임(물론 이것이 치명적인 형태일 수 있다)으로 전환된 경우다……."7) 창의적인 전쟁이 치명적일 정도로 피를 흘리는 형태가 아닐 수도 있다. 그러나 여기서 이는 중요한 문제가 아니다. 나는 토너먼트를 충분히

지는 언어학적 의미가 있게 된다. 분명히 말하지만, 이 점이 군사적 행위에 관한 우리의 이해에 영향을 끼쳤다. 그러나 적어도 보어전쟁 당시 영국의 민주당 당원이던 헨리 캠벨 배너만(Henry Campbell-Bannerman)이 말하고 있는 바처럼 전쟁과 전쟁 관련 단어들의 경우는 보다 제한된 의미로 종종 사용된다. "언제 전쟁은 전쟁이 아닌가? 야만적인 방법을 동원해 수행될 때다……." 아직도 우리는 보어전쟁을 거론하고 있다. 그러나 이 논거는 독특한 형태가 아니다. 추후 또 다른 사례를 언급할 생각이다.

7) John Ruskin, *The Crown of Wild Olive: Four Lectures on Industry and War* (New York, 1874), pp. 90-91.

야만적인 것으로 생각하도록 만드는 형태의 토너먼트 관련 글을 읽은 적이 있다. 그러나 이 같은 글을 읽고서 토너먼트를 조직하는 행위가 범죄라고 생각하는 사람은 없다. 여기서 이 같은 주장(범죄란 주장)을 배제하도록 하는 부분은 '동의'란 러스킨의 문구다. 그가 말하는 우아한 귀족들은 자신들이 자발적으로 선택한 일을 하고 있다. 제1차 세계대전 당시의 보병들에 관한 데이비드 오웬(David Owen)의 다음과 같은 문구를 이용해 토너먼트 도중 사망한 사람들을 묘사하는 시인은 없은데 이는 이 같은 이유 때문이다.8)

> 들소처럼 사망한 이들을 위한 조종(弔鐘)은 누가 울려주어야 할 것인가?

"전문 직업으로 생각해 자발적으로 선택한 젊은이들에게 전쟁은 항상 좋은 오락이다……." 주변 사람들에게 어떻게 보일지 모르지만, 전쟁을 자발적으로 선택했다는 점을 고려하면 이들의 전쟁은 결코 두려운 대상이 될 수 없다. 이들은 야만적인 전쟁을 숭고하게 만들고 있다. 이 같은 전쟁이 지옥이라면 이처럼 가문이 좋은 젊은이들은 전쟁이 아닌 다른 것을 하고 있을 것이다.9)

자발적으로 전투에 참여하는 경우에 대해서도 유사한 주장을 전개할 수 있다. 비참한 결과가 없는 가운데 자신이 원하는 방식으로 전

8) Wilfred Owen, "Anthem for Doomed Youth," in *Collected Poems*, ed. C. Day Lewis (New York, 1965), p. 44.

9) 전쟁의 실상에 관해 알기 전, 즉 제1차 세계대전 초반 루퍼트 브룩(Rupert Brooke)이 친구에게 보낸 편지에서 우리는 행복한 전투원의 기분을 엿볼 수 있다. "전쟁에 참여해 죽는 것, 이는 대단히 즐거운 일일 거야."(Malcolm Cowley, *A Second Flowering*, New York, 1974, p. 6에 인용)

투를 종료시킬 수 있다면 자신이 참여하게 될 전투를 직접 선택하지 않더라도 별다른 문제는 없다. 어느 원시사회에서는 모든 성인 남자들이 전투에 참여하고 있다. 전투에 참여하려 하지 않으면 불명예를 받아 집단에서 추방된다. 그러나 전장 자체에서의 효과적인 사회적 압박 내지는 군기(軍紀)는 없다. 이 경우는 홉스가 말하고 있는 바처럼 "양측 군인들이 대열에서 이탈하는 현상이 빈번히 벌어진다."[10] 원시시대의 전쟁에서는 전투 도중 대열을 이탈해도 무방했다. 이 같은 원시시대의 전쟁에서와 마찬가지로 전투 도중 도망이 허용되는 경우는 전투가 단기간에 종료될 것이며, 전사자가 많지 않을 것이다. 이 경우는 '폭력의 극단적인 발휘'와 유사한 형태의 것이 없다. 도망하지 않은 채 대열에서 전투하고 있는 사람은 필연성 때문이 아니고 자신의 선택에 따라 자유롭게 이처럼 하고 있다. 이들이 전투에 따른 열정을 추구하고 있는 것은 이 같은 열정을 즐기기 때문일 것이다. 이 경우 참전(參戰)에 따른 운명은 매우 고통스러운 경우에서조차 부당한 형태라고 말할 수 없을 것이다.

용병과 '전문 군인(Professional Soldier)'[11]들의 경우는 보다 복잡하다는 점에서 어느 정도 조심스럽게 검토할 필요가 있다. 르네상스 시대의 이탈리아에서는 용병들이 전쟁을 수행했다. 용병들은 부분적으로는 금전을 목적으로, 부분적으로는 정치적 도박을 목적으로 참전했다. 당시의 정치 문화는 강압적인 징병을 허용치 않는 분위기였다. 따라서 도시국가와 영주들은 용병에 의존해야만 했다. 당시는 징

10) Thomas Hobbes, *Leviathan*, ch. XXI. 이 같은 종류의 원시적인 전쟁에 관해 알고자 하는 경우는 다음을 참조하라. Robert Gardner and Karl G. Heider, *Gardens of War: Life and Death in the New Guinea Stone Age* (New York, 1968), ch. 6.

11) 장교를 의미한다.(옮긴이)

집된 사람들로 구성된 군대는 없었다. 결과적으로 전쟁은 매우 제한된 수준에서 수행됐다. 왜냐하면 병력의 충원에 많은 자금이 소요됐으며, 군의 확보에 적지 않은 투자가 요구됐기 때문이다. 당시의 전투는 주로 전술 기동의 문제였다. 물리적 대결이 드물었으며, 전사자는 많지 않았다. "무력충돌보다는 근면과 술책을 통해 승리해야만 했다."[12] 따라서 자고나라(Zagonara)에서 피렌체(the Florentines)가 대패했음에도 불구하고, "낙마해 진흙탕에 빠져 죽은 두 명을 제외하고는 전사자가 한 명도 없었다"[13]고 마키아벨리(Machiavelli)는 기술하고 있다. 그러나 재차 말하지만 나는 전투의 제한적 성격이 아니라 전투 이전의 그 무엇, 즉 이 같은 제한성을 유발하는 그 무엇을 강조하고자 한다. 그런데 소위 말하는 그 무엇은 전쟁을 선택하는 과정에서의 일종의 자유를 의미한다. 용병들은 계약 조건에 서명했다. 자신들이 참여하게 될 전역(戰役)과 전술을 선택할 수 없는 경우 어느 정도까지 이들은 서비스에 따른 대가를 제시해 자신의 리더들이 선택하도록 할 수 있었다. 이 같은 자유가 주어지는 경우 이들은 피비린내 나는 전투를 수행할 수 있었다. 이 같은 광경을 보며 전쟁을 범죄로 생각하는 사람은 없을 것이다. 분명히 말하지만 용병과 용병 간의 전투는 정치적 분쟁의 해결이란 측면에서 좋은 방안은 아니다. 이 전투는 병사들 자신이 아니라 이 같은 전투를 통해 자신의 운명이 결정되는 사람들의 입장에서 좋은 방안이 아니다.

용병이 계약에 서명하지 않으면 자신과 가족을 먹여 살릴 방안이 전혀 없는 매우 가난한 부류의 사람인 경우는 우리의 판단이 매우 달라진다. 다음에서 보듯이 귀족 출신 전사(戰士)들에게 말하면서 러

12) J. F. C. Fuller, *The Conduct of War, 1789-1961* (n.p., 1968), p. 16.
13) Machiavelli, *History of Florence* (New York, 1960), Bk. IV, ch. I, p. 164.

스킨은 이 점을 분명히 했다. "이 같은 유형의 전쟁 게임에 어느 정도의 미덕과 선(善)이 있는지와 무관하게, 여러분이 다수의 인질과……함께 전쟁을 수행하는 경우 이 같은 미덕과 선은 사라진다. ……여러분이 수백만의 농민들에게 전투를 강요할 때는 이와 같다……."[14] 이 경우 전투는 상호 합의에 의한 기강이 불가능한 '도살장'이 된다. 또한 이 같은 전투에서 전사한 사람은 또 다른 인생을 살 수 있는 기회를 상실한 채 죽게 된다. 이들이 자발적으로 선택하지 않은 모험, 그리고 이들이 감내하게 되는 고통 및 죽음과 관련해서는 지옥이 적절한 표현이다. 이 같은 고통을 야기한 사람을 범죄자로 지칭해도 무방할 것이다.

용병은 자신에게 제시된 서비스 조건에 금전을 대가로 서명한 후 참전하는 '전문 군인'이다. 그러나 자신이 모시고 있는 군주(prince) 내지는 국민을 위해서만 복무하는 또 다른 '전문 군인'들이 있다. 이들은 군 복무를 통해 의식주를 해결하지만 용병이란 이름을 경멸하고 있다. 톨스토이의 『전쟁과 평화』에서 안드레이(Andrey) 공작은 "우리는 차르와 러시아에 봉사하며, 공동의 대의가 달성되는 경우 기뻐하는 반면 달성되지 못할 때 슬퍼하는 장교다. 또는 우리는 우리 주인이 추구하는 바에 전혀 관심이 없는 사람들을 고용해 이들과 함께 싸우는 사람들이다"[15]라고 말하고 있다. 이 구분은 매우 엉성한 수준이다. 사실 이들 사이에는 중간 계층이 존재한다. 군인이 '공동의 대의'에 대한 전념으로 인해 전투를 수행할수록, 이들에 대한 전투 강요를 범죄로 간주하는 경향이 있다. 우리는 '공동의 대의'를

14) Ruskin, p. 92.

15) *War and Peace*, trans. Constance Garnett (New York, n.d.), Part Two, III, p. 111.

염두에 둔 군인들의 헌신이 자국의 안전을 위한 것이란 점, 자국이 위협받는 순간에만 이들이 전투를 수행하고자 한다는 점, 이 경우 전투를 수행할 수밖에 없다는 점을 가정하고 있다. 즉 그의 군 복무는 의무이지 자유의지에 따른 선택이 아니다. 그는 의사 자격증을 취득하고자 노력했지만, 취득 자체가 전염병을 기대하고 있다는 표시가 아닌 사람이 전염병이 창궐할 때 자신의 전문 기술을 사용해 목숨 걸고 진료하는 의사와 같다. 또 다른 한편에서 보면 종종 '전문 군인'은 애국심보다는 승리를 향한 열정에 의해 보다 영향 받은 상태에서 전투를 즐기는 귀족 출신 군인과 같다. 이 경우 우리는 이들의 전사(戰死)에 전혀 상처 받지 않을 수 있다. 제1차 세계대전 당시 참호에서 전사한 자신의 동료들에 대해 오웬(Owen)은 "역병(疫病)에 걸린 사람처럼 전쟁에서 사망했다"16)고 말했다. 적어도 앞에서 언급한 전사들의 죽음과 관련해 우리는 이처럼 말하지 않을 것이며, 이들 또한 우리가 이처럼 말하기를 원치 않을 것이다. 그와는 달리 이들은 자신의 자유의지를 추구한 대가로 전사했다.

마지못해 싸워야 하는 경우와 '동의의 한계'가 깨지는 경우 전쟁은 항상 지옥이다. 이는 대부분의 경우 전쟁이 지옥이란 의미다. 대부분의 인류 역사를 보면 군인들을 전투로 몰아낼 능력을 구비한 정치 조직이 있었다. 정치적 규제가 부재한 경우 또는 이것이 효과적이지 않은 경우에만 '창의적 전쟁'이 가능했다. 내가 제시한 사례들은 전쟁을 제한하는 경우, 즉 '지옥의 경계'를 설정하는 경우로 생각할 수 있다. 우리는 전투 수행 여부를 결심하는 정부가 선거에 의해 결정되는 민주주의 국가에서 살고 있다. 그러나 나 자신은 구세대의

---

16) "A Terre," *Collected Poems*, p. 64.

인물이다. 왜냐하면 내가 이 같은 정부의 합법성을 고려하고 있지 않기 때문이다. 또한 나는 필요한 형태로 생각되는 전쟁에 찬성하거나 이 같은 전쟁에 자원하는 것과 관련된 잠재 군인의 열의 정도에 관심이 없기 때문이다. 여기서 중요한 것은 전쟁 내지는 전투를 어느 정도까지 군인 스스로 선택하고 있는지, 그리고 개인적인 이유로 선택하고 있는지 여부다. 이 같은 종류의 선택은 전투가 법적인 책임과 애국적 차원의 의무가 되는 순간 사라진다. 그린(T. H. Green)이 기술하고 있는 바처럼 "전투원의 인생은 국가가 소모를 강요하는 형태가 된다. 이는 군 요원을 자발적인 지원 또는 징집에 의해 모집하는지와 무관하게 사실이다."17) 왜냐하면 해당 국가가 일정 규모의 병력 확보를 지시하고 모든 강압적인 방법과 설득 수단을 이용해 필요한 인력의 확보에 착수하기 때문이다. 강압적으로 또는 양심의 문제로 참전하는 사람들은 전투에서 더 이상 '중용의 미덕'을 지킬 수 없게 된다. 이들이 수행하는 전투는 더 이상 이들의 전투가 아니다. 이들은 정치적 수단에 불과하며, 명령에 따르게 된다. 이 같은 전쟁의 수행 방식은 보다 높은 수준에서 결정된다. 몇몇 경우는 이들이

---

17) 그린은 지금까지 내가 견지해온 다음과 같은 주장에 반대되는 논거를 전개하고 있다. 즉 그린은 "살해되는 사람들이 자발적으로 전투에 참여하고 있다면 전혀 문제될 부분이 없다"는 나의 주장에 반대하고 있다. 그는 군인의 생명이 단순히 자신의 것이 아니란 이유에 근거해 이 같은 나의 주장을 거부하고 있다. "개개인의 생명권은 국가가 그의 생활과 관련해 갖고 있는 권리의 또 다른 측면에 불과합니다." 그러나 내게는 이것이 특정 종류의 사회에서만 사실인 듯 보인다. 봉건시대의 전투원에게는 이 같은 논거를 거의 전개할 수 없을 것으로 생각된다. 자국 사회에서는 자발적으로 싸우는 전투원의 언급이 거의 의미가 없다고 계속해서 그린은 주장하고 있는데, 이는 보다 그럴듯한 주장이다. 중세국가에서 도덕적 책임이 중재되는 방식에 관한 명확한 설명을 보려면 그린이 저술한 『정치적 책임의 원칙(*Principles of Political Obligation*)』이란 책의 "전시의 개인에 대한 국가의 권리(The Right of the State over the Individual in War)"란 장(章)을 보라.

명령을 준수할 책임이 있을 것이다. 그러나 일반적으로 이들이 이처럼 명령을 준수한다는 점으로 인해 전쟁에 근본적인 변화가 있게 된다. 다음에서 보듯이 오늘날 전쟁의 이 같은 변화를 가장 잘 대변해 주는 부분은 징병제도다. "지금까지 군인들은 매우 고가였지만, 이제 매우 저렴해졌다. 예전에는 전투를 회피한 반면 오늘날에는 전투를 염원하게 됐다. 병력 손실의 정도와 무관하게 손실된 병력을 '병사명부'를 이용해 신속히 보충할 수 있게 됐다."[18)]

나폴레옹은 자신이 매달 3만 명 정도의 병력 손실을 감당할 수 있는 입장이라고 메테르니히(Metternich)에게 자랑스럽게 말했다고 한다. 그는 이처럼 많은 병력을 잃고도 본국에서 정치적 지지를 유지할 수 있었을 것이다. 그러나 자신이 희생시키고자 하는 병사들에게 물어야 했더라면, 그는 그처럼 할 수 없었을 것이다. 적이 강요한 전쟁, 즉 국가방위 차원의 전쟁에서의 이 같은 손실에 군인들이 동의할 가능성은 있다. 그러나 이들은 나폴레옹이 수행한 형태의 전쟁에서의 손실에는 동의하지 않을 것이다. 이들의 동의를 얻을 필요가 있다는 점으로 인해 전쟁 가능성이 줄어들 것임이 분명하다. 상대방으로부터 상호반응이 있는 경우, 이 같은 상호반응으로 인해 상호반응(전쟁) 수단이 제한될 것이다. 이는 내가 염두에 두고 있는 형태의 동의다. 보다 좋은 대안을 찾기가 쉽지는 않지만 20세기의 역사를 통해 보면 '정치적 자결권'은 적정 대안이 아니다. 개인의 동의를 얻지 못하는 경우는 '폭력 행위'가 예전에 누렸던 매력을 모두 잃게 되며, 도덕적 차원에서 지속적으로 비난의 대상이 된다. 그 후 전쟁은 그 수행 수단 측면에서 에스컬레이션되는 경향이 있다. 반드시 모든 한계를 초

---

18) Fuller, *Conduct of War*, p. 35.

월해 에스컬레이션되는 것은 아니지만 정치적 충성뿐만 아니라 정치적 제약으로부터 해방된 상태에서 평범한 인간들이 설정하는 한계는 초월하게 될 것임이 분명하다.

전쟁의 폭정

매우 자주 전쟁은 일종의 폭정이다. 변증법에 관한 트로츠키(Trotsky)의 다음과 같은 금언은 이 점을 가장 잘 보여주고 있다. "여러분이 전쟁에 관심이 없을 수 있다. 그러나 전쟁이 여러분에게 관심이 있다." 전쟁에서의 모험은 매우 높은 수준이다. 전쟁이 아닌 분야에서 일하고자 하는 사람들에게 군 조직이 갖는 관심은 매우 지대한 수준이다. 따라서 전쟁에서의 공포는 독특한 형태다. 전쟁은 국가에 충성하거나 국가에 메인 사람들에 의해 그리고 이들에 대항해 군사력이 사용되는 사회적 관행이다. 전쟁은 나름의 방식으로 자의적으로 도전과 활동을 선택한 개인들에 의한 사회적 관행이 아니다. 전쟁이 지옥이라고 말할 때, 우리가 염두에 두는 사람은 전투의 희생자들이다. 사실 여기서 전쟁은 신학적 의미에서의 지옥과 정반대이며, 반대의 정도가 엄격할 때에만 지옥과 같다. 왜냐하면 지옥에서는 고통 받을 자격이 있는 사람만 고통 받기 때문이다. 지옥에서는 처벌만이 신의 적정 반응인 행위를 자의적으로 선택한 사람들이 고통 받게 된다. 그러나 전쟁에서 고통 받는 대다수 사람들은 지옥에서 고통 받는 사람들과 달리 고통에 참여할 것인지의 여부를 자신이 직접 선택하지 않는다.

이들이 '무고(무죄)'하다는 의미는 아니다. '무고'란 용어는 우리의 도덕적 담화에서 각별한 의미가 있다. '무고'란 용어는 참전 용사가 아닌 제3자에 적용된다. 따라서 무고한 집단[19]은 동의를 요청하지 않으면서 전쟁이 관심을 보이는 사람 중에서 일부에 해당한다. 추후 내가 고려해야 할 몇몇 이유로 인해 대체로 전쟁법규(Laws of war)는 이들 일부만을 보호해주고 있다. 그러나 전쟁법규가 준수되는 경우뿐만 아니라 군인들만 전사하고 민간인은 죽지 않는 경우에도 전쟁은 지옥이다. 오늘날의 전쟁에서 놀라운 수준의 공포를 우리의 가슴 속 깊이 각인시킨 사건은 제1차 세계대전 당시의 참호전(塹壕戰)이다. 그러나 참호에서 민간인은 거의 희생되지 않았다. 전쟁 이론에서는 전투원과 제3자(대체로 민간인)의 구분이 매우 중요한 의미가 있다. 그러나 도덕에 관한 우리의 최우선적이고도 가장 근본적인 판단은 이 같은 구분에 의해 좌우되지 않는다. 왜냐하면 적어도 어느 의미에서는 전투 도중에 있는 군인과 전투에 참여하지 않는 민간인이 크게 다르지 않기 때문이다. 분명히 말하지만 가능하다면 군인들 또한 비전투원이 되기를 희망할 것이다.

전쟁 자체가 독재자인 듯, 즉 홍수 또는 기근과 같은 천재지변 또는 인간을 먹이로 하는 거대한 괴물인 듯 사람들은 '전쟁의 폭정(The Tyranny of War)'을 언급하고 있다. 토머스 새크빌(Thomas Sackville)의 시에서 인용한 다음과 같은 구절처럼 말이다.[20]

> 마지막으로 반짝이는 무장을 한 전쟁이 서 있었다. 험상궂고 준엄한 모습, 검은 황금색 모습을 한 채 오른손에는 번쩍이는 칼을 들고

---

19) 대체로 이는 민간인 집단을 의미한다.(옮긴이)
20) Thomas Sackville, Earl of Dorset, "The Induction," *Works*, ed. R. W. Sackville-West (London, 1859), p. 115.

> 있었는데, 칼날은 피로 물들어 있었다. 전쟁은 자신의 왼손에 기근과 화마(火魔)를 꼭 잡고 있었다. 이것들을 이용해 전쟁은 도시를 불사르고 탑과 모든 것들을 쓰러트리게 된다.

이 시에는 낫 대신 칼로 무장한 정장 차림의 사신(邪神)이 등장한다. 또한 이 시의 시적 이미지에서는 도덕 및 정치적 사고가 목격된다. 그러나 이 같은 이미지가 이념적 형태로서만 도덕 및 정치적 사고의 일부가 되고 있는 관계로 인해 우리의 비판적인 판단이 흐려지고 있다. 왜냐하면 이것이 '포악한 세력'을 '추상적인 폭력'으로 표현하기 위한 일종의 눈속임이기 때문이다. 정치에서와 마찬가지지만 전투에서 폭정은 항상 사람들 간의 또는 인적 집단들 간의 관계다. '전쟁의 폭정'은 특히 복잡한 관계다. 왜냐하면 강압 행위가 전쟁 당사국 모두에서 목격되기 때문이다. 그러나 종종 전쟁 당사국들을 구분해, 전쟁을 시작한 정치가와 군인들을 식별해낼 수 있다. 전쟁은 스스로 시작되지 않는다. 몇몇 설명이 곤란한 상황에서 그리고 책임 소재가 불가능해 보이는 상황에서 전쟁이 산불처럼 우연히 발발할 수도 있다. 그러나 통상 전쟁은 산불보다는 방화(放火)와 유사하다. 즉 전쟁에는 희생자뿐만 아니라 전쟁을 유발한 사람이 있다.

식별 가능한 경우 전쟁을 유발한 사람을 범죄자로 지칭해도 무방할 것이다. 이들의 도덕적 성향은 이들이 여타 사람들에게 강요한 활동(이들이 여기에 직접 참여했는지는 중요한 문제가 아니다)의 '도덕적 실상'에 의해 결정된다. 이들은 자신의 결정으로 인해 있게 된 고통 및 죽음과 관련해 책임이 있다. 적어도 이들은 자진해 전쟁을 선택하지 않은 모든 사람들이 겪는 고통 및 사망과 관련해 책임이 있다. 오늘날의 국제법에서는 이들의 범죄를 침략으로 지칭하고 있다. 이 책에서 나는 침략이란 제목으로 이 문제를 고려하게 될 것이다. 그러나 우리는 먼저 침략을 자국 국민들에 대한 '포악한 힘'의 행사로 생각할 수 있다. 그 후 우리는 침략을 자신이 공격하고 있는 국민들에 대한 힘의 행사로 생각할 수 있다. 오늘날 이 같은 종류의 폭정이 자국 내부에서 저항을 받는 경우는 거의 없다. 종종 이 같은 전쟁에 지역의 정치세력이 저항하게 된다. 그러나 이 저항이 실제적인 군사력 행사의 수준으로 확대되는 경우는 거의 없다. 전쟁사를 보면 전쟁에 대항한 내부 폭동이 빈번히 있었다. 그러나 이 폭동은 혁명 수준의 투쟁이라기보다는 순식간에 피를 흘리며 진압되는 농민 소요(騷擾)에 불과했다. 진정한 의미에서의 저항은 적에 의한 경우가 대부분이다. '전쟁의 폭정'을 인지하고 여기에 분개할 가능성이 가장 높은 사람은 적들이다. 이들이 이처럼 할 때마다 전쟁은 새로운 의미를 갖게 된다.

군인들 자신이 침략에 대항해 싸우고 있다고 믿고 있는 경우 전쟁은 더 이상 참고 감내해야 할 상황이 아니다. 이 경우 전쟁은 그에 맞서 저항할 권리가 있는 범죄다. 물론 저항 과정에서 군인들이 고통 받아야 할 것이다. 이들이 전투에서 목격되는 야만성으로부터의 탈출 이상의 승리를 기대할 수 있다. '지옥으로서의 전쟁'에 대한 경험으로 인해 보다 높은 수준의 욕망이 야기된다. 즉 적과의 타협이 아니고 적의 격파와 처벌을 목표로 하게 된다. '전쟁의 폭정'을 제거하는 것은 아닐지라도 적어도 향후 억압 가능성은 줄이고자 노력하게 된다. 이 같은 목적으로 전투할 당시에는 전승이 매우 중요해진다. 전승이 도덕적으로 중요한 의미가 있다는 신념이 소위 말하는 '전쟁의 논리'에서 중요한 역할을 하게 된다. 우리는 전혀 제약이 없는 가운데 수행되기 때문에 전쟁을 지옥으로 부르는 것이 아니다.

특정 수준의 제약을 넘어설 당시에서의 전쟁의 섬뜩함을 보며 전승을 목적으로 우리가 나머지 모든 제약을 제거했다고 말하는 것이 보다 정확한 표현일 것이다. 여기서 극단적인 폭정이 목격된다. 침략에 저항하는 사람들이 상대방 침략자의 포악성을 모방하고, 이 포악성을 초월해 행동하지 않을 수 없는 상황이다.

셔먼 장군과 애틀랜타 방화

이제 우리는 전쟁을 지옥으로 표현했을 당시 셔먼(Sherman) 장군이 염두에 두었던 바를 이해할 수 있는 입장이다. 그는 단순히 전쟁의 잔혹성을 묘사하지 않았다. 또한 셔먼이 도덕적 판단의 가능성을 부정하고 있던 것도 아니었다. 그는 이 판단을 자유롭게 내렸다. 분명히 말하지만, 그는 자신을 정의로운 군인으로 생각했다. 놀라울 정도로 간결한 그의 금언은 전쟁에 관한 나름의 사고방식을 보여주고 있다. 이것이 강력한 반면 일방적이고도 편파적인 형태의 사고라고 주장해야 할 것이다. 셔먼은 전쟁을 전적으로 전쟁을 시작한 사람의 범죄로 생각했다. 또한 그는 침략에 저항하고 있는 군인들은 승리를 재촉할 목적으로 자신들이 한 모든 행위와 관련해 비난받을 수 없다고 생각했다. "전쟁은 지옥이다"라는 문장은 묘사가 아니고 교리(doctrine)다. 이는 나름의 도덕적 논거, 즉 자기 합리화를 위한 노력이다. 그 후 엄청나게 공격받은 자신의 행위와 관련해 셔먼은 죄가 없다고 주장하고 있었다. 나중에 셔먼은 애틀랜타 폭격, 이곳 주민의 강제철수와 이 도시에 대한 방화(放火)와 조지아 주를 관통한 행군이란 문제로 엄청날 정도의 비난을 받았다. 셔먼이 애틀랜타의 주민들을 철수시킨 후 방화하라는 명령을 내릴 당시 애틀랜타의 시의원이자 남군의 지휘관이던 후드(Hood) 장군은 그의 이 같은 계획에 항의했다. 후드는 다음과 같이 말했다. "귀하가 내린 그 전례가 없는 조치는 본질적인 사악성이란 측면에서 역사의 암흑기와 관련해 나의 관심을 모았던 모든 사악한 행위들을 초월하는 수준입니다." 이에 대해, 셔먼은 전쟁은 진정 칠흑 같은 밤과 같다고 답변했다. "전쟁은 잔혹하며 우리는 이것을 순화시킬 수 없습니다."[21] 계속해서 그는 다음과 같이 말했다. "우리 국가에 전쟁을 몰고 온 사람들은 받을 수 있는 모든 저주를 받아야 합니다." 다음에서 보듯이 그 자신은 이 같은 저주를 받을 필요가 전혀 없다고 생각했다. "나는 이 전쟁과 관련해 전혀 책임이 없습니다." 소위 말해, 셔먼은 자신의 선택이 아니고 마지못해 전투를 수행하고 있었다. 그는 마지못해 폭력을 사용해야 하는 입장에 있었다. 한편 애틀랜타 방화는 이 같은 폭력의 사용과 관련된 하나의 사례에 불과했다. 즉 이는 전쟁의 많은 결과 중 하나에 불과했다. 도시의 방화는 끔찍한 일이다. 그러나 이는 그의 잘못이 아니었다. 다음에서 보듯이 이것이 남군 사람들의 잘못이란 것이 그의 생각이었다 "평화와 번영의 와중에서 국가를 전쟁으로 몰아넣은 당신들……," 즉 남군의 리더들은 연방법에 복종함으로써 쉽게 평화를 복구할 수 있지만[22] 자신은 군사적 행위를 통해서만 이처럼 할 수 있다는 논거였다.

셔먼의 논거는 전쟁을 시작해 그 폭정을 주변 사람들에게 강요한 사람들을 겨냥하고 있는 분노를 보여주고 있다. 물론 이 폭도에게 적

---

21) 이 말과 이어지는 말들은 다음에서 인용했다. William Tecumseh Sherman, *Memoirs* (New York, 1875), pp. 119-20.

22) 남군이 미합중국으로부터 이탈하고자 노력했음을 상기할 필요가 있다. 따라서 이처럼 이탈을 부정하는 연방법에 복종하면 남과 북의 전쟁은 당연히 종료될 것이다.(옮긴이)

당한 이름을 붙일 때 우리는 이견을 보이게 된다. 전쟁에 따른 도덕적 부담의 막중함에 모든 사람이 동의하고 있다는 이유만으로 이 같은 이견은 격렬하고 열띤 형태가 된다. 여기서의 문제는 전쟁에서 사망한 사람뿐만 아니라 전쟁을 통해 파괴된 자산과 관련해 누가 책임져야 하느냐다. 이 같은 문제에 적극적인 관심을 보인 사람이 셔먼 장군만은 아니었다. 추구하는 대의가 정당한 경우 자신의 주변에 퍼뜨린 죽음 및 파괴와 관련해 결코 비난받을 수 없다고 생각한 사람이 셔먼 정군만도 아니었다. 왜냐하면 전쟁은 지옥이기 때문이다.

여기서는 클라우제비츠가 말한 무제한성이란 개념이 가동되고 있다. 한편 이 같은 클라우제비츠의 개념이 옳다면 자신은 죄가 없다는 셔먼의 논거에 이의를 제기할 수 없을 것이다. 그러나 '정치적 폭정'과 마찬가지로 '전쟁의 폭정'은 무제한적이지 않다. 국민의 동의가 없는 가운데 통치하는 죄에 더불어 특정 범죄와 관련해 독재자를 기소할 수 있는 바처럼 '전쟁의 지옥' 내부에서도 우리는 특정 범죄를 인지해 비난할 수 있다. "누가 이 전쟁을 시작했는가?"란 질문에 답변할 때, 군인들이 주변에 강요한 고통과 관련된 책임 분담이 완료된 것은 아니다. 제기해야 할 또 다른 논거가 있을 수 있다. 전쟁의 잔혹성은 순화가 불가능하다고 주장하면서 셔먼 장군이 전쟁을 순화하고자 노력했던 것은 이 같은 이유 때문이다. 그는 다음과 같이 기술했다. "자신의 배후에 아녀자로 가득한 도시가 있는 상황에서 전투하는 것이 보다 인간적인지 아니면 적시에 이들을 안전한 곳으로 이주시킨 후 전투하는 것이 보다 인간적인지는……하느님이 판단할 것이다." 이는 또 다른 형태의 자기 합리화다. 선의(善意) 차원에서의 발언인지는 모르지만 이 발언은 당시의 전쟁을 시작한 것은 아니지만 애틀랜타 주민들이 겪은 고통과 관련해 셔먼이 어느 정도 책임이 있음을 보여주고 있다. 침략에만 초점을 맞추는 경우 우리는 이 같은 책임은 간과한 채 전쟁 도중 내려야 할 도덕적으로 타당한 결심이 오직 하나만 있는 것처럼 말하는 경향이 있다. 즉 공격했느냐 아니면 공격받았느냐(저항 또는 비저항)에 모든 관심을 집중시키는 경향이 있다. 셔먼은 전쟁의 가장 외곽에서만 전쟁을 심판하고자 했다. 그러나 그가 인정하고 있듯이 전쟁의 내부에 관해서도 언급해야 할 부분이 매우 많다. 지옥에서조차 비교적 인간적일 수 있으며, 자제하거나 자제하지 않는 가운데에서도 전투가 가능하다. 우리는 이처럼 하기 위한 방법을 이해하고자 노력해야 한다.

제3장

전쟁규칙

도덕적 측면에서의 군인들의 대등성

자의에 의해 전투를 선택한 군인들 내부에서는 다양한 종류의 자제 행위가 쉽게 가능해진다. 혹자는 이것을 상호존중과 이해(理解)의 산물이라고 말할 수 있을 것이다. 중세의 기사(騎士)들에 관한 이야기는 대부분 이야기에 불과하다. 그러나 중세 후반에 '군의 규약(Military code)'이 보편화됐으며 종종 존중됐다는 점에는 의문의 여지가 없다. '군의 규약'은 귀족 출신 군인들의 편의를 위해 구상됐다. 그러나 이는 또한 귀족이 자유의지에 따라 선택한 활동에 참여하고 있는 각별한 사람들이란 인식을 반영하고 있었다. 기사도정신에서는 단순한 불량배와 폭도뿐만 아니라 필연성으로 인해 전투를 수행하는 농민 출신의 군인들과 기사를 구분했다. 이 같은 전통이 오늘날까지 전해 내려오고 있다. 군의 명예에 관한 일부 개념은 아직도 '전문 군인(Professional Soldier)'[1)]의 신조로 남아 있는데, '전문 군인'은 혈통 측면에서는 봉건시대 기사들의 후손은 아니지만 사회적 측면에서는 후손이다. 그러나 오늘날의 전투에서는 명예와 기사도정신이란 개념이 미미한 역할만을 하고 있는 듯 보인다. 전쟁 관련 문헌에서는 '당시'와 '현재'에 관해 많이 대조하고 있다. 다음과 같은 루이스 심프슨(Louis Simpson)의 시에서처럼 이 대조에는 정확하지는 않지만 어느 정도 진실이 담겨져 있다.[2)]

> 말플라크(Malplaquet)와 워털루(Waterloo)에서 이들은 예절바르고 자긍심이 있었다. 이들은 연서(戀書)로 대포의 발화를 준비했다. 사격할 때 이들은 허리를 굽혀 예절을 표시했다. 아포매톡스(Appomattox)에서조차 몇몇 사항이 인지되고 있었던 듯 보인다. ……그러나 베르됭(Verdun)과 바스토뉴(Bastogne)에서는 엄청난 수준의 후진이 있었다. 어느 누구도 피를 흘리고 싶어 하지 않았다. 영혼이 상대방의 방아쇠를 두려워하고 있었다…….

종종 우리는 기사도정신이 민주주의 혁명과 혁명전쟁의 희생물이 됐다고 말하고 있다. 즉 대중의 열정이 귀족의 명예를 눌러버렸다[3)]는 생각이다. 정확한 것은 아니지만 아직도 기사도정신은 워털루와 아포매톡스를 구분해주는 선(線)이다. 전쟁을 추악하게 만드는 것은 '강압의 승리'란 부분이다. 그 과정에서 민주주의가 일조했다면 이는 민주주의로 인해 국가의 합법성이 고양되고, 그 결과 국가의 강압이 증대됐기 때문일 것이다. 이 같은 일조는 무장한 국민들이 정치적

---

1) 장교를 의미한다.(옮긴이)

2) Louis Simpson, "The Ash and the Oak," *Good News of Death and Other Poems, in Poets of Today* II (New York, 1955), P. 162.

3) Fuller, *Conduct of War*, ch. II ("The Rebirth of Total War").

열망에 고무돼 있으며, 총력전을 열망하는 피에 굶주린 폭도(가능하다면 예절을 지키며 전투하고자 하는 장교와 비교해 그렇다는 말이다)이기 때문이 아니다. 전쟁을 '도살장'으로 만드는 요소는 전장에서의 행위가 아니고, 이미 내가 주장한 바처럼 사람들이 전장에 있다는 단순한 사실이다. 제1차 세계대전 당시의 참호전의 대명사인 솜(Somme)과 베르됭에서 무수히 많은 사람이 죽은 것은 이들이 그곳에 있었으며, 이들의 목숨이 소위 말해 근대국가의 관물(官物)이었기 때문이었다. 이들이 애국심에 불타 철조망과 기관총에 자신의 몸을 던진 것은 아니었다. 이들 또한 전혀 피를 흘리고 싶지 않았다. 가능하다면 이들도 예절을 지키며 전투를 수행하고 싶었다. 이들이 전장에 있었던 것은 부분적으로는 애국심 때문이었다. 전장으로 가지 않으면 징벌하겠다는 해당 국가의 경고 때문만은 아니었다. 이는 또한 가족과 국가를 위해 어쩔 수 없다며 이들이 받아들인 고행의 결과였다. 그러나 오늘날의 전투에서 일반적인 현상인 적에 대한 증오, 모든 전쟁 규제 수단에 대한 분노, 승리를 겨냥한 열망 등은 전투를 목적으로 방대한 병력이 동원돼야만 하는 전쟁에서 매번 목격되는 것으로서, 전쟁의 산물이다. 민주주의가 전쟁에 기여한 것만큼이나 이것들은 오늘날의 전쟁이 민주주의 정치에 기여한 부분이다.

어떻든 기사도정신의 사망이 도덕적 판단의 종말을 의미하는 것은 아니다. 군인들이 마지못해 싸우고 있음에도 불구하고 우리는 아직도 이들에게 일정 수준의 기준을 요구하고 있다. 이처럼 군인들에게 일정 수준의 기준을 요구하고 있는 것은 이들이 마지못해 전투하고 있다는 인식 때문이다. 귀족들에게서 목격되는 자유의지가 아니라 '군사적 노역(奴役)'(이는 오늘날의 군인에 대한 인식이다)이란 개념에 근거할 수 있도록 오늘날의 전쟁 상황에서 '군의 규약'이 재구성되고 있다. 종종 자유의지와 '군사적 노역'이란 개념이 공존하고 있는데, 이 경우 우리는 이것들 간의 차이를 매우 상세히 비교 연구할 수 있을 것이다. '전쟁 게임'이 재개될 때마다 기사도정신에서 목격되는 정교한 수준의 예절이 부활되고 있다. 예를 들면, 제1차 세계대전 당시 자신들을 '하늘의 기사'로 생각하고 있던 조종사들 내부에서 그러했다. 지상에서 전투를 수행하던 농노(農奴)와 같은 군인들과 비교해보면 조종사는 진정 귀족이었다. 즉 이들은 자신들이 고안해낸 '행동규칙(Code of Conduct)'을 준수하며 전투를 수행했다.[4] 그러나 제1차 세계대전 당시의 참호에서는 노예와 같은 생활이 지속됐다. 지상에서는 매우 색다른 방식의 상호 인정이 있었다. 예를 들면, 1914년 크리스마스 날, 독일군과 프랑스군은 자신들의 전선(戰線)과 전선 사이에 위치해 있던 중립지대에 함께 모여 술을 마시고 춤을 추었다. 그러나 최근 역사에서 이 같은 순간은 매우 드물다. 또한 이는 도덕적 목적으로 창안해낸 경우도 아니다. 오늘날의 전쟁규칙은 실제적이기보다는 추상적인 동료의식에 근거하고 있다.

참전 후 얼마 되지 않아 오늘날의 군인들은 자신이 겪는 고통 및 아픔과 관련해 여타 사람들을 비난하게 된다. 이들은 자국 또는 적국의 지배 계층이 아니고 자신들과 교전하고 있는 사람들에게 비난의 화살을 돌리게 된다. 이것이 마르크스주의자들이 말하는 '허위의식(False consciousness)'[5]을 보여주는 사례일 수 있다. 제1차 세계대전

4) 에드워드 리켄배커(Edward Rickenbacker)의 *Fighting the Flying Circus* (New York, 1919)는 하늘의 기사에 관해 생동감 있게 설명하고 있다. 1918년 자신의 비행일기에 리켄배커는 다음과 같이 기록했다. "불리한 입장에 있는 독일의 항공기를 겨냥해 결코 발포하지 않을 것이라고 오늘 맹세했다."(p. 338) 일반적인 설명을 보려면, 다음을 참조하라. Frederick Oughton, *The Aces* (New York, 1960).

5) 마르크스는 사회의 구성원들이 자신들을 계급으로서 적극 의식하고 있는 상

당시의 참호에서는 증오의 수준이 매우 높았다. 당시는 종종 부상당한 적군을 사망토록 방치했으며, 포로들을 학살했는데, 이는 이 같은 이유 때문이었다. 상대방 군인들이 전쟁과 관련해 개인적으로 책임이 있는 것처럼 말이다. 우리는 이들이 당시의 전쟁과 관련해 책임이 없음을 잘 알고 있다. 이 같은 증오와 달리 한편에서는 보다 사려 깊은 수준의 사고(思考)가 등장했다. 참전 용사들은 이 같은 사고를 편지와 전쟁 회고록 형태로 표현했다. 이는 적이 수행하고 있는 전쟁은 잘못일 수 있지만 자신과 마찬가지로 적군을 비난할 수는 없다는 인식을 반영하고 있었다. 무장한 상대방은 나의 적이지만 구체적인 의미에서의 나의 적은 아니란 생각이었다. 전쟁은 개인과 개인 간의 관계가 아니고 '정치적 실체(Political entity)'들과 그들이 이용하는 수단인 인간들 간의 관계란 인식이었다. '정치적 실체'들이 이용하는 수단인 인간은 예전 유형의 무장한 동료, 즉 동료 전투원 집단이 아니며, 나와 마찬가지로 전쟁의 구렁텅이에서 빠져 나오지 못해 헤매고 있는 '불쌍한 놈'이란 인식이었다. 도덕적으로는 이들이 나와 대등하다고 생각된다. 이는 내가 이들의 인간성을 인정한다는 의미가 아니다. 왜냐하면 전쟁규칙은 동료 인간에 대한 인정의 문제에 관한 것이 아니기 때문이다. 예를 들면, 죄인도 인간이다. 정확히 말해 전쟁규칙은 무고한 인간들만을 인정하고 있다.

태를 계급의식이라고 말했다. 허위의식은 자신의 객관적 상태를 파악하지 못한 상태, 즉 계급의식의 결여를 의미한다. 허위의식이 있는 계급은 현실에 대한 왜곡된 견해를 견지하게 된다. 지배계급은 피지배계급이 허위의식을 갖도록 다양한 도덕적 가치나 규범을 생산한다. 예를 들면, 오늘날 대부분의 부(富)는 열심히 일해서 얻기보다는 상속에 의해 얻지만, 사회의 지배적인 도덕은 성공하려면 열심히 일해야 한다고 강조한다. 이렇게 함으로써 부의 불평등은 보존하고 사회의 하층민은 능력과 의지가 없는 계급으로 매도된다. 출처 : 인터넷 자료("정치학으로서의 산책", 한울아카데미).(옮긴이)

상대방이 나를 죽이려 노력할 수 있으며, 나 또한 그처럼 할 수 있다. 그러나 적군 부상자를 죽이려는 행위 내지는 항복하려는 적군을 사살하는 행위는 분명히 말해 잘못이다. 아직도 어느 정도까지는 전쟁이 규칙에 의해 통제받는 활동, 허용과 금지가 통용되는 세계, 따라서 지옥 한가운데에서의 '도덕의 세계'임을 이 판단은 암시해주고 있다. 전쟁을 도발한 사람들을 위한 면허증은 없지만 군인들을 위한 면허증은 있다. 소속돼 있는 조직과 무관하게 이들은 이 같은 면허증을 갖게 된다. 전쟁과 관련된 이들의 권리 중에서 최우선적이고도 가장 중요한 부분은 이것(면허증)이다. 이들은 모든 사람이 아니고 전쟁의 희생자로 알려져 있는 사람만을 죽일 수 있는 권리가 있다. 이들 또한 전쟁의 희생자임을 인지하는 경우에만 이들의 이 같은 권리를 이해할 수 있다. 따라서 '전쟁의 도덕적 실상'은 다음과 같이 요약될 수 있다. 서로가 서로를 적으로 선택하고, 전투를 구상하는 등 자유의지에 근거해 전투를 수행하는 경우, 군인들이 수행하는 전쟁은 위법이 아니다. 자유의지와 무관하게 전투를 수행하는 경우, 이들이 수행하는 전쟁은 이들의 잘못이 아니다. 두 경우 모두에서 군사적 행위는 규칙에 의해 통제받게 된다. 그러나 첫 번째 경우는 전쟁규칙들이 상호성과 동의(同意)에 근거하고 있는 반면, 두 번째 경우는 '함께 수행하는 노역(奴役)'이란 개념에 근거하고 있다. 첫 번째 경우는 별다른 문제가 없는 반면 두 번째 경우는 보다 많은 문제가 있다. 참호와 전선에서 후방의 일반참모들로, 그리고 카이저(Kaiser)를 겨냥한 전쟁에서 히틀러를 겨냥한 전쟁으로 방향을 돌리는 경우 이 문제들을 가장 잘 조사할 수 있다. 왜냐하면 이 같은 수준과 이 같은 전쟁에서는 무고한 사람을 식별하기가 진정으로 어렵기 때문이다.

히틀러 휘하 장군들의 사례

1942년 폰 아르님(Von Arnim) 장군이 북아프리카에서 생포됐다. "지난날의 관습에 따라" 포로 신분이 되기 전에 아르님 장군이 아이젠하워를 면담할 수 있도록 하자고 아이젠하워 장군의 참모들이 제안했다. 역사적으로 보면 이 같은 방문은 단순한 예절의 문제만은 아니었다. 이는 '군의 규약(Military code)'을 재확인하는 경우였다. 따라서 같은 해에 영국군에 의해 생포된 폰 라벤슈타인(von Ravenstein) 장군은 다음과 같이 기술하고 있다. "영국군 대장인 오친렉(Auchinleck)을 직접 볼 수 있도록……영국군이 나를 그의 사무실로 데려갔다. 악수할 때 장군은 다음과 같이 말했다. '이름을 들어 잘 알고 있습니다. 당신과 당신 휘하 사단이 기사도정신에 입각에 싸우고 있다고 생각합니다.'"[6] 그러나 아이젠하워는 이 같은 방문을 거부했다. 자신의 회고록에서 그는 다음과 같이 그 이유를 설명했다.[7]

> 이 관습은 구시대의 용병들의 경우 적에 대해 진정한 적개심을 품지 않았다는 사실에 근거하고 있다. 전쟁 당사자들 모두는 전투에 대한 사랑, 의무감, 그리고 금전을 목적으로 싸웠을 것이다. ……모든 '전문 군인'은 무장한 동료란 전통은……오늘날까지 유지되고 있다. 내 입장에서 보면 제2차 세계대전은 지나칠 정도로 일신상의 문제란 점에서 이 같은 전통을 수용할 수 없다. 전쟁이 지속되면서……인간의 선(善)과 권리를 위해 투쟁하고 있는 군인들이……타협이 불가능한 전적으로 사악한 음모를 품고 있는 적과……대적하고 있다는 확

---

6) Desmond Young, *Rommel: The Desert Fox* (New York, 1958), p. 137.
7) Eisenhower, *Crusade in Europe* (New York, 1948), pp. 156-57.

신이 공고해졌다.

이 같은 관점에서 보면 아르님이 정당한 방식으로 전투를 수행했는지는 중요치 않다. 그의 경우는 전투를 수행했다는 점 자체가 잘못이란 인식이었다. 마찬가지로 아이젠하워 대장의 전투 수행 방식이 중요치 않을 수 있다. 사악한 음모에 대항해 가장 중요한 것은 전승이며, 기사도정신은 근본 이유를 상실하고, '폭력 자체의 한계'를 제외하면 한계는 없다는 인식이었다.

이는 서먼 장군의 관점이기도 하다. 그러나 이는 우리가 셔먼, 아이젠하워, 또는 아르님 장군의 행위에 관해 내리는 판단을 제대로 설명해주지 못한다. 보다 잘 알려져 있는 에르빈 롬멜(Erwin Rommel) 장군의 경우를 생각해보자. 롬멜 또한 히틀러 휘하 장군 중 한 사람이었다. 그는 자신이 수행했던 전쟁(히틀러에 의한 전쟁)의 도덕적 측면에서의 불명예를 모면해갈 수 있었는데, 아무리 생각해도 이는 불가사이한 일이다. 그러나 많은 전기 작가들이 말하고 있는 바처럼 롬멜은 명예로운 사람이었다. "나치의 불법 행위에 공모한 결과로 인해 독일 육군 내부의 롬멜의 많은 동료들이 명예를 잃은 반면, 롬멜은 자신을 더럽힌 적이 없었다." '전문 군인'으로서 그는 "전투수행이란 군인의 과업"에 전념했다. 전투 수행 시 롬멜은 전쟁규칙을 준수했다. 그는 히틀러가 일으킨 '부당한 전쟁'을 군사적 측면에서뿐만 아니라 도덕적 측면에서 정당한 방식으로 수행했다. "독일군의 전선 뒤에서 마주치는 모든 적군, 즉 모든 포로를 즉각 사살하라는 1942년 10월 28일자의 히틀러의 명령을 불태워버린 것은 롬멜이었다……."[8] 그는 히틀러 휘하 장군이었지만 포로를 학살하지 않았다. 이 같은 사람은 우리의 동료인가? 이 같은 사람은 예절을 갖추어 대접하고 악수할 수 있는가? 도덕적 행위와 관련해 생각해보면 이는 민감한 문제들이다. 즉 나는 아이젠하워의 결심에 공감하는 입장이지만 이 경우 이 같은 문제를 어떻게 해결할 수 있을 것인지 의문이다. 어떻든 모든 포로를 즉각 사살하라는 히틀러의 명령문을 불태워버린 행위와 관련해 롬멜은 칭찬받아야 마땅할 것이다. 그리고 이 문제에 관해 글을 쓰고 있는 모든 사람들 또한 나처럼 생각하고 있는 듯 보인다. 이 점이 전쟁의 본질에 관한 매우 중요한 부분을 암시해주고 있다.

히틀러가 시작한 침략전쟁과 관련해 롬멜을 비난하면서 동시에 포로들을 학살하지 않았다는 점과 관련해 롬멜을 칭찬한다면 매우 이상할 것이다. 왜냐하면 히틀러가 시작한 전쟁과 관련해 책임이 있다면, 간단히 말해 롬멜은 죄인이기 때문이다. 또한 전투 도중에 있거나 포로 상태에 있는 군인 또는 민간인을 겨냥하고 있는지와 무관하게 롬멜이 수행한 모든 전투는 살인 또는 살인 미수이기 때문이다. 뉘른베르크(Nuremberg)에서 영국의 부장검사는 이 같은 논지를 국제법 관련 용어에 반영했다. 당시 그는 다음과 같이 말했다. "상대방 전투원을 죽이는 행위는 자신이 수행하는 전쟁이 합법적일 때에만……정당성이 있습니다. 전쟁이 합법적이지 않은 경우는 이 같은 살인을 전혀 정당화해줄 수 없습니다. 이 살인은 무법천지에서의 날강도들의 행위와 전혀 다르지 않습니다."[9] 이 경우 롬멜의 사례는

---

8) Ronald Lewin, *Rommel as Military Commander* (New York, 1970), pp. 294, 311.; Young, pp. 130-32.

9) Robert W. Tucker, *The Law of War and Neutrality at Sea* (Washington, 1957), p. 6 n에서 인용. 법적 사안에 관한 터커의 논의는 매우 도움이 된다. 또한 다음을 참조하라. H. Lauterpacht, "The Limits of the Operation of the Law of War," in 30 *British Yearbook of International Law* (1953).

남의 집을 침입한 후 어린이와 노약자들을 내버려두고는 그곳의 일부 사람만을 죽이는 행위와 동일할 것이다. 즉 인간미가 전혀 없는 것은 아니지만 그는 살인자임에 틀림없을 것이다. 그러나 우리는 롬멜을 이 같은 방식으로 바라보지 않는다. 그 이유는 무엇인가? 이는 '전쟁의 정당성'과 '전쟁에서의 정당성'의 구분과 관련이 있다. 우리는 적어도 행동의 범주 안에서 군인들의 책임인 전쟁 수행 방식과 군인들의 책임이 아닌 전쟁 도발을 구분해 생각하고 있다. 장군들의 경우 이 경계를 넘나들 수 있다. 그러나 이는 우리가 이 같은 경계의 위치에 관해 매우 잘 알고 있음을 암시하는 것과 다름이 없다. 우리는 정치적 복종의 본질을 인지하는 방식으로 이 같은 경계의 위치를 도시하고 있다. 롬멜은 제3제국(독일)의 통치자가 아니고 종복이었다. 그는 자신이 수행한 전쟁을 시작한 사람이 아니었다. 톨스토이의 『전쟁과 평화』에 등장하는 안드레이(Andrey) 공작처럼 그는 "자신의 차르와 국가"에 봉사하는 사람이었다. 그러나 롬멜과 관련해 아직도 만족스럽지 않게 생각되는 부분이 있는데, 향후에도 그럴 것이다. 왜냐하면 롬멜은 자신이 모시고 있던 '차르와 국가' 안에서의 단지 불운한 사람 이상이었기 때문이다. 그러나 대체로 우리는 자국 정부를 위해 싸운 군인과 관련해서는 장군조차도 비난하지 않는다. 군인이 악당 집단, 사악한 행위자가 아니라 충성스럽게 명령에 순종하는 신민이자 시민이기 때문이다. 즉 옳다고 생각되는 방식으로 행동하는 과정에서 많은 모험을 감수하는 사람이기 때문이다. 군인은 셰익스피어의 『헨리 5세』에서 영국군 병사가 말하고 있는 다음의 관점을 주장할 수 있는 입장이다. "우리가 왕의 측근이라면 충분히 많이 알고 있을 것입니다. 왕에게 단순히 복종하고 있다는 점에서 우리의 죄는 말끔히 사라집니다."10) 복종이 죄가 될 수 없다는 의미가 아니다. 왜냐하면 전쟁규칙을 위배하는 경우 상관의 명령도 방어막이 되지 못하기 때문이다. 자행한 잔혹한 행위는 군인의 몫이지만 전쟁은 군인의 몫이 아니다. 일반적인 도덕적 판단과 국제법 모두에서는 전쟁을 왕의 문제, 즉 국가정책의 문제로, 그리고 일개인의 자유의지의 문제가 아닌 것으로 인지하고 있다. 물론 이 같은 개인이 왕인 경우는 문제가 달라진다.

그러나 특정인이 군에 입대해 참전하는 문제는 개인의 자유의지의 문제로 생각될 수 있다. 전쟁이 부당한 형태라고 알고 있는 경우 이 같은 전쟁에 자원해서도 안 되며, 참여해서도 안 된다고 오랫동안 가톨릭 작가들은 주장해왔다. 그러나 가톨릭 교리가 요구하고 있는 이 같은 지식(전쟁이 부당한 형태인지의 판단에 관한 지식)은 매우 높은 수준이다. 또한 애매한 경우 국민들이 전투에 참여해야 한다고 프란시스코 데 비토리아(Francisco de Vitoria)는 주장하고 있다. 이 경우 잘못은 『헨리 5세』의 경우처럼 이들의 리더에게 돌아간다는 논거다. 그의 논거는 근대 이전의 시대에서조차 전시에서의 개인의 자유의지란 개념을 정치권이 매우 부정적으로 인식했음을 보여주고 있다. 그는 다음과 같이 적고 있다. "군주는 자신의 전쟁 수행 이유를 국민들에게 제시할 수 없으며, 제시하면 안 된다. '전쟁의 정당성' 측면에서 만족스러울 때만 국민들이 참전할 수 있다면 이 같은 국가는 심각한 위험에 빠질 것이다……."[11] '전쟁의 정당성' 측면에서 국민들을 만족시킬 목적에서 오늘날 대부분의 통치자들은 열심히 일하고

---

10) *Henry V*, 4:1, ll. 132-35.

11) Francisco de Vitoria, *De Indis et De Iure Belli Relationes*, ed. Ernest Nys (Washington, D.C., 1917): *On the Law of War*, trans. John Pawley Bate, p. 176.

있다. 이들은 항상 참된 이유는 아니지만 나름의 이유를 제시하고 있다. 이 이유에 이견을 제기하거나 공공연히 이견을 말하려면 나름의 용기가 요구된다. 이 이유에 의문만을 제기할 수 있는 수준인 경우 대부분의 사람들은 전투에 참여하는 방향으로 설득 당하게 된다. 법의 영속성, 두려움, 애국심, 국가에 대한 도덕적 측면에서의 투자 등에 관한 관행으로 인해 이들은 전투 참여를 결심하게 된다. 또는 국가가 전쟁으로 내보낼 때, 이들은 너무나 어리다는 점에서 도덕적 차원의 결심을 내릴 수 있는 입장이 아니다.12)

> 어머니의 무릎을 베고 누어있을 때부터 나는 국가에 물들기 시작했다.

이 경우 이들이 수행한 전쟁의 부당성과 관련해 우리가 어떻게 이들을 비난할 수 있겠는가?13)

그러나 군인들이 전혀 자유의지가 없는 것은 아니다. 이들의 자유의지는 제한된 영역 안에서만 독립적이며 효과적이다. 또한 이들 대부분에게 그 영역은 좁다. 그러나 극단적인 경우를 제외하면 이 같은 자유의지가 전적으로 사라진 것은 아니다. 롬멜처럼 전투 도중

---

12) Randall Jarrell, "The Death of the Ball Turret Gunner," in *The Complete Poems* (New York, 1969), p. 144.

13) 그러나 "전쟁규칙을 준수하며 수행하는 자신의 행위와 관련된 모든 책임을 사면해주는 관행을 통해 이 젊은이들이 자신만을 생각하도록 장려할 수는 없을 것"이라고 로버트 노직(Robert Nozick)은 주장하고 있다. 이는 옳은 말이다. 이들이 이처럼 하도록 장려할 수 없을 것이다. 그러나 이들이 진정 비난받을 만하지 않다면 여타 사람들을 독려할 목적으로 이들을 비난할 수는 없을 것이다. 노직은 이들이 비난받아 마땅하다고 주장하고 있다. "자신이 몸담고 있는 편이 추구하고 있는 대의가 정당한 형태인지를 결정하는 것은 군인의 의무다……."(*Anarchy, State, and Utopia*, New York, 1974, p. 100.)

포로들을 학살해야 할 것인지의 여부를 결정해야 하는 순간, 이들은 복종만 하는 단순한 종복 내지는 '전쟁의 제물'이 아니다. 자신의 행위와 관련해 이들은 책임이 있다. 책임의 문제를 상세히 고려할 때, 우리는 이 같은 책임을 구체적으로 제한해야 한다. 왜냐하면 아직도 전쟁은 지옥이기 때문이다. 또한 지옥은 군인들이 모든 종류의 속박을 받는 일종의 폭정(暴政)과 다름이 없기 때문이다. 그러나 군인들의 전쟁 수행 방식에 관한 우리의 판단이 보여주듯이 이 같은 '전쟁의 폭정' 내부에 우리는 법의 영역을 마련해 놓았다. 즉 '전쟁의 제물' 또한 나름의 권리와 책임이 있다.

지난 수백 년 동안에는 이 권리와 책임이 협정과 조약의 형태로 국제법에 반영됐다. 군인들을 징집하는 국가들은 '상호 도살'(전쟁은 이와 같다)의 도덕적 성격을 규정했다. 처음에 이 같은 규정은 군인들의 대등성이란 개념이 아니고 주권 국가들의 대등성이란 개념에 근거했다. 그런데 국가들은 개개 병사들이 소유하고 있는 전투 수행 권리와 대등한 형태의 권리, 즉 전쟁 도발 권리를 주장했다. 군인들을 대신해 여기서 내가 하고 있는 논거는 처음에는 국가들의 입장 내지는 국가의 리더의 입장에서 제기됐다. 자신들이 도발한 전쟁의 성격과 무관하게 국가의 리더는 고의성이 있는 범죄자가 아니라 최상의 방식으로 자국의 이익을 위해 노력하는 정치가란 말을 우리는 예전에 들었다. 침략 이론과 침략의 책임에 관한 이론을 논의하면서 이것이 전쟁과 관련된 정치가들의 역할에 대한 적절한 묘사가 아닌 이유를 설명해야 할 것이다.[14] 여기서는 주권과 정치적 리더십에 관

---

14) 이 책의 18장을 참조하라. 이 사안에 관한 역사적 설명을 보려면 다음을 참조하라. C. A. Pompe, *Aggressive War: An International Crime* (The Hague, 1953).

한 이 같은 관점(이는 예전에도 일반적인 도덕적 판단과 결코 조화를 이루지 못했다)이 오늘날 법적인 위상을 상실했으며, 제1차 세계대전 이후 몇 년 동안에는 전쟁 도발을 범죄 행위로 공식 지정하게 됐음을 말하는 것으로도 충분할 것이다. 그러나 교전규칙은 새로운 형태로 교체된 것이 아니라 확대되고 정교해졌다. 그 결과 오늘날 우리는 전쟁 금지와 '군사적 행위 규약(Code of military conduct)' 모두를 갖게 됐다. 우리의 도덕적 지각(知覺)에 관한 이 같은 이원성(전쟁금지와 '군사적 행위 규약')이 전쟁 법에 정립돼 있다.

전쟁은 "둘 이상의 집단이 무력 분쟁을 수행할 수 있도록 해주는 '법적 상황'인데, 여기서 '법적 상황'은 이 집단 모두에게 동등하게 적용된다."15) 전쟁은 또한 주권 국가들의 수준에서가 아니고 군과 개개 군인들의 수준에서 동등하게 해주는 '도덕적 상황'인데, 이것이 우리의 목적 측면에서 보다 중요한 의미가 있다. 상대방에 대한 살해와 관련해 동등한 권리가 없다면 규칙에 의해 통제되는 활동으로서의 전쟁이 사라지고 범죄와 처벌, 사악한 음모뿐만 아니라 군사적 법이행(Law enforcement)이 전쟁을 대체할 것이다. 이처럼 규칙에 의해 통제되는 활동으로서의 전쟁의 종말을 유엔헌장이 선도하고 있는 듯 보인다. 유엔헌장에는 전쟁이란 용어 대신 침략, 자위(自衛), 국제사회의 이행(Enforcement)과 같은 용어가 등장하고 있다. 그러나 한반도에서의 유엔의 '경찰 활동'조차도 전쟁이었다. 왜냐하면 한반도에서 싸웠던 국가들은 그렇지 않았지만, 군인들은 도덕적으로 대등한 수준이었기 때문이다. 여타 무력분쟁에서와 마찬가지로 한반도에서는 전쟁규칙이 타당성이 있었다. 또한 이 규칙은 침략자, '전쟁의 제

15) Quincy Wright, *A Study of War* (Chicago, 1942), I, 8.

물(군인)' 및 경찰에게 동일하게 타당성이 있었다.

두 종류의 규칙

전쟁규칙은 살상과 관련해 군인들이 동등한 권리가 있다는 중심적인 원칙에 첨부돼 있는 두 부류의 금지 사항들로 구성돼 있다. 그 중 첫 번째 금지 사항은 군인들이 살해할 수 있는 시점과 살해 당시 사용 가능한 방법에 관한 것인 반면 두 번째는 살해 가능한 사람들에 관한 것이다. 나의 주요 관심 사항은 두 번째 부류다. 왜냐하면 이것에 관한 규칙의 구성과 재구성 과정에서 전쟁이론 측면에서 가장 어려운 문제를 건드려야 하기 때문이다. 다시 말해, 공격해 죽일 수 있는 '전쟁의 제물'들과 이처럼 할 수 없는 자들을 구분하기 위한 방법은 가장 어려운 문제 중 하나다. 전쟁이 '도덕적 상황(Moral condition)'이 돼야 한다면 이 문제에 특정 방식으로 답변해야 한다고 나는 생각지 않는다. 그러나 모든 특정 순간에 나름의 답변이 있어야 할 필요가 있다. 전투의 범주에 관한 규제 사항이 정립될 때에만 전쟁은 살인 및 대량학살과 구분된다.

첫 번째 부류의 규칙과 관련해서는 이 같은 근본적인 문제가 목격되지 않는다. 이것은 상대방 군인을 죽일 수 있는 시점과 죽일 당시 사용 가능한 수단을 명시해주는 규칙이 중요치 않다는 의미가 아니다. 그러나 규칙을 모두 폐지한다고 '전쟁의 도덕성'에 근본적인 변화가 있지는 않을 것이다. 예를 들면, 깃털이 달려 있지 않은 화살과 활을 이용해 전사(戰士)들이 전투를 수행하는 형태의 전투, 즉 인류학자들이 묘사하고 있는 형태의 전투를 생각해보자. 깃털이 달려 있는 화살과 비교해보면 깃털이 없는 화살은 정확성이 떨어진다. 이 화살은 쉽게 피할 수 있으며, 이 화살에 의해 죽는 사람은 많지 않을 것이다.16) 그렇다면 화살에 깃털을 달지 못하도록 하는 것이 좋은 규칙일 것이다. 또한 우리는 우수한 반면 금지돼 있는 무기, 즉 깃털이 달려 있는 화살을 가장 먼저 사용하는 군인을 비난할 수 있을 것이다. 그러나 그가 살해하고 있는 상대방은 또 다른 경우에서 죽을 가능성이 있었으며, 깃털이 달려 있는 화살을 이용해 전투를 수행하겠다는 집단 차원의 결심이 도덕에 관한 어떠한 기본 원칙도 위배한 것이 아닐 것이다. 이 같은 종류의 모든 규칙과 관련해서도 동일한 논리를 전개할 수 있을 것이다. 즉 전투 시작 이전에 붉은 깃발을 든 군사(軍使)가 등장하고, 전투가 항상 석양 무렵에 종료되며, 복병과 기습 공격을 금지한다는 등의 모든 규칙과 관련해서도 동일하게 말할 수 있을 것이다. 전투의 강도와 기간 내지는 군인들이 느끼는 고통의 강도와 기간을 제한하는 모든 규칙은 환영받아 마땅할 것이다. 그러나 어떠한 규제 사항도 도덕적 상황으로서의 전쟁에 관한 개념에서 중요한 부분은 아닌 듯 보인다. 이 규제 사항들은 도덕적 상황의 실제적 의미 측면에서 보면 부수적인 사항이며, 특정 시간과 장소로 국한되는 형태다. 이 규제 사항들이 오랜 기간 동안 변함없이 유지될 수도 있을 것이다. 그러나 이것들은 사회적 변화, 과학기술 혁신 그리고 외국의 정복에 따른 변화에 항상 취약한 입장에 있다.17)

---

16) Gardner and Heider, *Gardens of War*, p. 139.

17) 이것들은 또한 보복 교리에 의해 정당화되고 있는 상호 위배란 개념에 취약한 실정이다. 한 측이 위배한 경우 이들을 또 다른 측이 위배할 수 있다. 그러나 이는 아래에 묘사돼 있는 여타 종류의 규칙과 관련해서는 사실이 아닌 듯 보인다. 제13장에 언급돼 있는 보복에 관한 논의 참조.

두 번째 부류의 규칙들은 첫 번째 부류의 경우와 비교해 이 변화에 덜 취약해 보인다. 적어도 두 번째 부류의 규칙의 일반적인 구조는 사회적 체제 및 과학기술과 무관하게 지속성이 있는 듯 보인다. 마치 이 규칙들이 정당성 및 부당성에 관한 보편적인 개념들과 보다 긴밀히 연계돼 있는 것처럼 말이다. 이 규칙들에서는 전쟁의 허용 가능한 범주에서 특정인을 배제시켜 이들에 대한 살해가 합법적인 전쟁 행위가 아니고 범죄가 되도록 노력하는 경향이 있다. 이 규칙들의 세부 사항은 장소에 따라 차이가 있다. 이 규칙들은 전쟁을 전투원들 간의 전투로 인식하는 일반적인 개념에 근거하고 있는데, 이 개념은 인류학 및 역사학적 설명에서 끊임없이 등장하고 있다. 많은 원시인들 내부에서, 그리스의 서사시에서 또는 골리앗과 다윗에 관한 성경의 이야기에서 전쟁은 군사적 챔피언들 간의 투쟁이었다. 전쟁이 전투원들 간의 전투란 개념은 이들 경우에서 가장 극적으로 예증된다. 다윗은 다음과 같이 말했다. "저자 때문에 상심하지 마십시오. 소인이 나가 저 불레셋 놈과 싸우겠습니다."[18] 이 같은 전투에 동의하면 군인들 자신은 '전쟁의 지옥'에서 해방됐다. 정확히 이 같은 이유로 인해 중세 사람들은 일대일 전투(single combat)를 옹호했다. "모든 군이 아니고 한 명이 다치는 것이 훨씬 좋다"[19]는 인식이었다. 그러나 종종 여기서 보호받는 사람은 훈련 받지 않은 사람과 전쟁에 준비돼 있지 않은 사람, 전투를 수행하지 않거나 수행할 수 없는 사람인 여자와 어린이, 수도자, 노인, 중립 집단의 구성원들, 부상을 입은 군인 내지는 포로가 된 군인들로 국한됐다.[20] 이들 모든

18) *First Samuel*, 17:32.(대한성서공회의 공동번역개정판을 따랐다.)
19) Johan Huizinga, *Homo Ludens* (Boston, 1955), p. 92.
20) 문화의 특성에 따라서는 이것과 비교해 종종 보다 구체적이고 실감나는 형태의 목록도 있다. 인도의 교재에서 발췌한 사례에 따르면 다음과 같은 부류

집단에서 공통적으로 목격되는 사항이 있는데, 이는 이들이 전쟁 관련 일에 종사하고 있지 않다는 점이다. 견지하고 있는 사회 또는 문화적 시각에 따라서는 이들에 대한 살해가 무자비하고, 기사도정신에 위배되며, 불명예스럽고, 야만적이거나 살인적으로 보일 수 있다. 그러나 이 모든 판단에서는 공격 금지와 군사적 전투이탈(Disengagement)을 연계시키는 등의 특정의 일반 원칙이 가동되고 있는 듯 보인다. '전쟁의 도덕적 실상'에 관한 모든 만족스런 설명의 경우는 이 같은 원칙을 상술하고, 이 원칙의 위력에 관해 무언가 말해야 한다. 추후 나는 이 모두를 하고자 노력할 것이다.

그러나 이 원칙의 역사적 내력은 관례적(慣例的) 성격이다. 전시 군인의 권리와 책임은 원칙이 아니고 이 같은 관례에 연유한다. 재차 말하지만 전쟁은 사회적 산물이다. 특정 시간과 장소에서 사람들이 준수하거나 위배하는 규칙은 교전국들 간의 공식 및 비공식적인 협상과 문화 및 종교적 규범에 의해서 뿐만 아니라 사회적 구조에 의해 영향 받는 복잡한 산물이다. 따라서 비전투원을 공격할 수 없다는 점에 관한, 즉 비전투원에 대한 공격 금지에 관한 상세 내용은 전투 시작 및 종료 시점 또는 사용 가능한 무기를 결정해주는 규칙들만큼이나 임의적 성격인 듯 보인다. 비전투원을 공격할 수 없다는 점에 관한 상세 사항이 훨씬 중요한 것은 사실이다. 그러나 이 또한 해당 사회의 성격에 따라 수정돼야 한다. 국가 내부의 법과 마찬가지로 종종 비전투원에 대한 공격 금지에 관한 상세 사항은 자신들과

의 사람들은 전쟁의 긴박성에 의해 영향 받지 않았다. "전쟁에 참전하지 않는 방관자, 슬픔에 잠겨있는 사람, ……취침 중에 있는 사람, 목마른 사람 내지는 도로를 따라 걷고 있는 사람, 끝나지 않은 현안 업무가 있는 사람 또는 예술에 능통한 사람."(S. V. Viswanatha, *International Law in Ancient India*, Bombay, 1925, p. 136.)

관련이 있는 불완전하거나 왜곡된 도덕적 원칙을 반영하는 형태일 것이다. 이 경우 이것들은 철학적 차원의 비평을 받아야 한다. 비전투원에 대한 공격 금지에 관한 규칙은 역사적 과정을 통해 만들어지는데, 비평은 이 같은 역사적 과정에서 중요한 부분이다. 혹자는 전쟁을 철학적 산물로 말할 것이다. 그러나 철학자들이 전쟁에 만족해하기 훨씬 이전에 군인들은 전쟁법규에 의해 구속을 받았다. 상호대등하다는 점으로 인해 군인들은 전쟁법규에 의해 동등하게 구속받고 있는데, 이는 전쟁법규의 내용 또는 전쟁법규가 불완전한 형태란 점과 무관한 현상이다.

전쟁규약

군사적 행위에 관한 판단을 조성해주는 규범, 관습, 전문(專門) 규약, 법적인 교훈, 종교 및 철학적 원칙 그리고 호혜적 성격의 합의 모두를 전쟁규약(War convention)으로 지칭하고자 한다. 여기서 문제가 되는 사안은 행위가 아니고 우리의 판단이란 점을 강조할 필요가 있다. 친구들이 상대방을 대접하는 모습에 대한 연구를 통해 우정에 관한 규범을 이해할 수 없는 바처럼 전투 당시의 행동에 대한 연구를 통해 이 같은 전쟁규약의 본질에 도달할 수는 없을 것이다. 우정에 관한 규범은 친구들이 기대하고 있는 바, 이들이 하는 불평불만, 이들의 위선에서 분명히 목격된다. 이는 전쟁의 경우도 마찬가지다. 친구들의 경우와 마찬가지로 전투원들의 행동이 상대방 전투원들의 발언에 의해 영향 받는 것은 사실이다. 그러나 전투원들 간의 관계는 이들의 행동보다는 발언을 통해 나타나는 규범적인 구조를 갖고 있다. 상대방에 대한 험악하고 거친 논쟁으로 인해 전쟁규약에 의한 제지가 즉각 있게 되는데, 여기에 종종 군사적 공격, 경제적 봉쇄, 보복, 전범 재판 등이 뒤따르게 된다. 그러나 이 같은 논쟁뿐만 아니라 행위도 단일의 권위 있는 출처에 기인하지 않는다. 최종적으로 결정적인 요소는 논쟁이다. 즉 어느 정도 개략적인 합의에 도달하기 이전에 인간들이 주장하는 바에 대한 판단을 의미하는 '역사적 심판'은 논쟁이다.

우리가 내리는 판단의 조건(terms)은 국제사회의 실정법(實定法)에 가장 잘 나타나 있다. 그런데 실정법은 주권 국가들을 대표해 활동하는 정치가와 법률가의 작품일 뿐만 아니라 이들이 협의한 사항을 성문화하고 이 협의 사항의 이면에 숨어 있는 원리들을 추구하는 법리학자들의 작품이다. 그러나 국제법은 법조문의 세부 사항을 설정해주는 국가 내부의 사법체계와 같은 것을 갖고 있지 않으며, 전적으로 분권화된 형태의 법체계로부터 나오고 있다. 전쟁규약을 찾아볼 수 있는 곳이 법률편람(Legal handbook)만은 아닌데, 이는 이 같은 이유 때문이다. 또한 전쟁규약의 존재는 이 같은 편람이 아니고 '전쟁의 실제(Practice of war)'와 관련해 도처에서 제기되는 도덕적 논거에 의해 입증된다. 전투에 관한 관습법은 일종의 결의법(決疑法)[21]을 통해 발전된다. 따라서 이 책의 연구 방법은 다음과 같다. 우리는 일반적인 방식을 찾고자 하는 경우 법률가들을 바라보는 반면 전쟁규약을 반영해주고 있으며, 전쟁규약의 핵심 위력을 제정해주는 특정 판단들과 관련해서는 역사적 판례와 실제 논쟁을 바라볼 것이다. 우

21) 도덕과 종교의 일반원리를 구체적인 인간행위와 양심에 적용해 그 해결을 모색하는 방법. 행위 규범을 해석할 때 자연법칙, 시민의 법규 등 광범위한 지식을 동원해 잘못의 정도나 책임의 범위를 밝히는 방법을 뜻한다.(옮긴이)

리의 판단이 시간과 무관하게, 모호하지 않은 집단적 성격의 것이란 의미는 아니다. 그러나 이것이 색다르고 개인적 성격이란 의미도 아니다. 이들 판단의 패턴은 사회적으로 형성된다. 즉 법뿐만 아니라 종교, 문화 및 정치에 의해 영향 받게 된다. 도덕을 연구하는 이론가들의 일은 가장 근원적인 이유를 탐구해 전반적으로 이들 판단의 패턴을 연구하는 것이다.

종종 '전문 군인'들 내부에는 전쟁규약을 옹호하는 특정 집단이 있다. 기사도정신이 사망했으며, 전투가 자유의지에 의해 수행되지 않고 있음에도 불구하고 '전문 군인'들은 자신의 일생 과업(전쟁)을 단순한 도살장과 구분하는 제한사항과 규제 사항에 아직도 민감한 반응을 보이고 있다. 셔먼 장군과 마찬가지로 이들이 전쟁이 도살장이란 점을 알고 있음은 분명하다. 그러나 이들은 또한 전쟁이 또 다른 무엇임을 신봉하는 경향이 있다. 전쟁규칙을 위배하게 하고, 자신들을 단순한 살인 수단으로 전락시키고자 하는 민간의 고위급 인사들의 명령에 군의 장교들이 항의하고 있는 것은 이 같은 이유 때문이다. 그런데 이는 군의 오랜 전통을 방어하기 위한 행위다. 그러나 이 항의는 대부분 소용이 없다. 왜냐하면 장교(군인)들은 결국 수단(도구)에 불과하기 때문이다. 그러나 자신의 의사결정 영역 안에서 이들은 종종 전쟁규칙을 방어하기 위한 방법을 찾고 있다. 이 같은 방법을 찾지 못하는 경우에서조차 사건이 발생할 당시의 이들의 이의(異意) 제기와 사건 발생 이후의 이들의 변명이 이 규칙들의 실체에 중요한 가이드가 되고 있다. 적어도 종종 자신들이 죽이고 있는 사람이 누군지가 군인들에게 중요한 의미가 있다.

오늘날 우리가 알고 있는 전쟁규약은 수 세기 동안 상술되고, 비평 및 논의됐을 뿐만 아니라 수정됐다. 그러나 이것은 인간의 작품

중에서 가장 불완전한 것 중 하나다. 즉 이것이 인간의 작품인 것은 분명하지만 자유의지에 근거해 또는 제대로 만든 것은 아니다. 이것이 불완전한 이유는 인간이 미약한 존재란 점과 함께 현대 전쟁의 실제에 맞춰져 있기 때문이다. 이는 군인들이 마주칠 당시에만 존재하는 '도덕적 상황'의 조건을 명시해주고 있다(이는 기사도들에 관한 법규가 자유의지에 근거해 전쟁을 수행하던 군인들의 시대에만 존재해 있던 도덕적 상황의 조건을 명시하고 있는 바와 동일한 현상이다). 전쟁규약은 이 같은 '전쟁의 제물'이란 개념을 수용하고 있거나 적어도 이것을 가정하고는 여기서부터 출발하고 있다. 진정 필요한 부분이 전쟁 폐기를 위한 프로그램일 때, 전쟁규약이 전쟁을 견딜 만하도록 해주는 프로그램으로 종종 기술되고 있는 것은 이 같은 이유 때문이다. 정당한 방식으로 수행한다고 전쟁이 폐기되는 것은 아니며, 전쟁이 견딜 만한 형태가 되는 것도 아니다. 이미 언급한 바처럼 전쟁규칙을 엄격히 준수하는 경우에서조차 전쟁은 지옥이다. 이 같은 이유로 인해 종종 우리는 전쟁규칙이란 개념 자체에 화를 내거나 이 규칙의 의미와 관련해 냉소적이 된다. 톨스토이의 신념을 보여주고 있는 것이 분명한 열정적인 표현에서 안드레이 공작이 말하고 있는 바처럼 전쟁규칙은 "인생에서 가장 사악한 것이 전쟁이란 점……"22)을 잊도록 하는 과정에서만 도움을 줄 뿐이다.

> 전쟁은 무엇인가? 전승에 필요한 부분은 무엇인가? 군 세계의 도덕은 무엇인가? 전쟁의 목표는 살인이다. 전쟁에서 사용되는 수단은 스파이 활동, 배신, 특정 국가의 황폐화, 주민의 약탈……사기와 거짓인

22) *War and Peace*, Part Ten, XXV, p. 725.

데, 이것을 우리는 군사전략으로 지칭하고 있다. 군 집단의 도덕은 모든 독립성의 부재, 즉 규율, 나태, 무지, 잔혹성, 방탕 등이다.

한편 이 모두를 신봉하는 사람조차도 특정의 잔혹한 행위와 야만스런 행위를 보며 분노할 수 있다. 전쟁이 너무나 무시무시한 사건이란 점에서 사람들은 전쟁의 제한 가능성에 냉소적이 된다. 또한 너무나 사악한 사건이란 점에서 자제가 부재한 경우 사람들은 분노하게 된다. 우리의 냉소는 전쟁규약의 결함을, 우리의 분노는 전쟁규약의 실상과 위력을 입증하고 있다.

항복의 사례

종종 기이한 모습을 하고 있지만 전쟁규약은 구속력이 있다. 그 세부 사항이 관례적 형태로 정립돼 있는 항복과 관련된 '관행'을 잠시 생각해보자. 항복하는 군인은 자신을 체포하는 사람과 나름의 협정을 맺게 된다. 즉 법률편람에서 '자애로운 격리'23)로 지칭하고 있는 부분을 자신에게 부여하는 경우 그는 전투를 중단하게 된다. 통상 극단적인 속박 가운데 이뤄진다는 점에서 이 같은 협정은 평시에는 도덕적으로 전혀 효력이 없다. 전시에는 이것이 나름의 효력이 있다. 체포된 군인은 전쟁규약에 명시돼 있는 권리와 책임이 있다. 이 권리와 책임은 자신을 체포한 사람의 범법(犯法) 가능성 내지는 자신이 그것을 위해 투쟁하고 있는 대의의 정당성 또는 긴박성과 무

---

23) 이 같은 동의에 관한 논의를 보려면 다음의 내 글을 참조하라. "Prisoners of War: Does the Fight Continue After the Battle?" in *Obligations: Essays on Disobedience, War and Citizenship* (Cambridge, Mass., 1970).

관하게 구속력이 있다. 전쟁 포로는 도망칠 권리가 있다. 그런다고 이들을 처벌할 수 없다. 그러나 도망칠 목적으로 간수를 살해한다면 이 같은 살해는 전쟁 행위가 아니고 살인 행위다. 왜냐하면 항복 당시 이들은 전투 중지를 약속했으며, 다른 사람의 살해와 관련된 권리를 포기했기 때문이다.

이 모두를 도덕적 원칙에 관한 간단한 주장으로 치부할 수 없을 것이다. 이는 도덕적 원칙을 염두에 둔 상태에서 '전쟁의 실상'에 적응하고, 사전 협의하며, 협정을 체결하는 사람들이 하는 일이다. 분명히 말하지만, 이 같은 협정은 일반적으로 포로와 포로를 체포한 사람 모두에게 도움이 된다. 그러나 이것이 이들 모두에게 또는 전반적으로 인류에게 모든 경우에서 반드시 필요한 것은 아니다. 특정 전쟁에서 우리의 목적이 가능한 한 신속히 승리하는 것이라면 포로수용소는 진정 이상한 모습으로 보여야 마땅할 것이다. 포로수용소의 포로는 전쟁 도중 도태돼 활동을 중단한 사람이다. 활동하지 않기로 약속했기 때문에 이들은 할 수 있는 경우에서조차 전투를 재개할 수 없다. 분명히 말하지만, 종종 이 약속은 파기될 수 있는 형태의 것이다. 그러나 이 약속을 지키거나 파기함에 따른 상대적 실리(實利)는 포로가 계산할 일이 아니다. 전쟁규약은 절대적 문구로 작성돼 있다. 즉 전쟁규약의 조항을 위배하면 도덕적 위험 내지는 물리적 위험에 빠지게 된다. 그러면 이 조항들의 위력은 무엇인가? 궁극적으로 이 조항들은 내가 추후 거론하게 될 원칙(이 원칙들은 비전투원에 대한 공격 금지 등의 의미를 설명해주고 있다)들에 기인한다. 이 조항들은 합의 과정 자체로부터 즉각적이고도 구체적으로 도출된다. 최상의 것에 관한 우리의 감각 측면에서 보면 종종 이상해 보일지 모르지만, 전쟁규칙은 인류의 일반적인 동의로 인해 의무적 사항이 된다.

여기서 말하는 동의 또한 일종의 속박 가운데에서의 동의다. 전쟁이란 지옥에서 탈출할 방안이 없다는 점에서 지옥 내부에 '규칙의 세계'를 만들기 위해 사람들이 노력했다고 혹자는 말할 수 있을 것이다. 그러나 지옥에서 탈출하기 위한 노력, 해방을 위한 투쟁, 즉 '전쟁을 종료시킬 목적의 전쟁'을 생각해보자. 분명히 말하지만, 이 경우는 전쟁규칙에 근거한 전투 수행이 어리석은 일일 것이다. 전승이 가장 중요한 일일 것이다. 그러나 지옥에서의 탈출로 언제나 묘사될 수 있기 때문에 전승은 항상 중요한 의미가 있다. 결국 침략자가 승리해도 전쟁은 종료된다. 오랜 기간 동안 인류가 전쟁규약을 못마땅하게 여겨온 것은 이 같은 이유 때문이다. 이처럼 전쟁규약을 못마땅하게 생각해온 인류의 역사는 전쟁규칙을 성문화할 목적의 노력인 '상트페테르부르크 선언(Declaration of St. Petersburg)'에 항의하기 위해 프로이센의 일반참모장인 몰트케(von Moltke) 장군이 1880년에 작성한 편지에 매우 잘 요약돼 있다. 몰트케는 다음과 같이 기술했다. "전쟁에서 가장 큰 친절은 전쟁을 신속히 종료시키는 것입니다. 이 같은 관점에서 보면 절대적으로 의문시되는 수단을 제외하면 전쟁에서는 모든 수단을 활용할 수 있어야 합니다."[24] 몰트케는 전쟁규약의 전면 부인 직전까지 갔다. 그는 일부 규약들의 절대 금지를 인정하고 있다. 거의 모든 사람이 이처럼 하고 있다. 그러나 이처럼 전면 부인 직전에서 멈추는 경우 '가장 큰 친절'에 도달하지 못하게 되는데도 이처럼 하는 이유는 무엇인가? 이는 전쟁이론에서 가장 일반적인 논거이며, 일반적으로 '전쟁의 실제'에서 도덕적으로 가장 큰

---

24) *Moltke in Seinen Briefen* (Berlin, 1902), p. 253. The letter is addressed to J. C. Bluntschli, a noted scholar of international law.

난제다. 결과적으로 전쟁규약이 전승에, 영원한 평화에 걸림돌이 되고 있다. 전쟁규약의 조항들과 이 같은 특정 조항을 준수해야 할 것인가? 승리가 침략의 격파를 의미할 때, 이 질문은 중요할 뿐만 아니라 매우 어려운 형태다. 우리는 이 질문에 다음과 같은 두 가지 방식의 답변을 원하고 있다. 즉 전투에서의 도덕적 품위와 전쟁에서의 승리, 지옥에서의 법치와 우리 자신이 지옥에 있지 않은 상태란 두 가지 방식의 답변을 바랄 것이다.

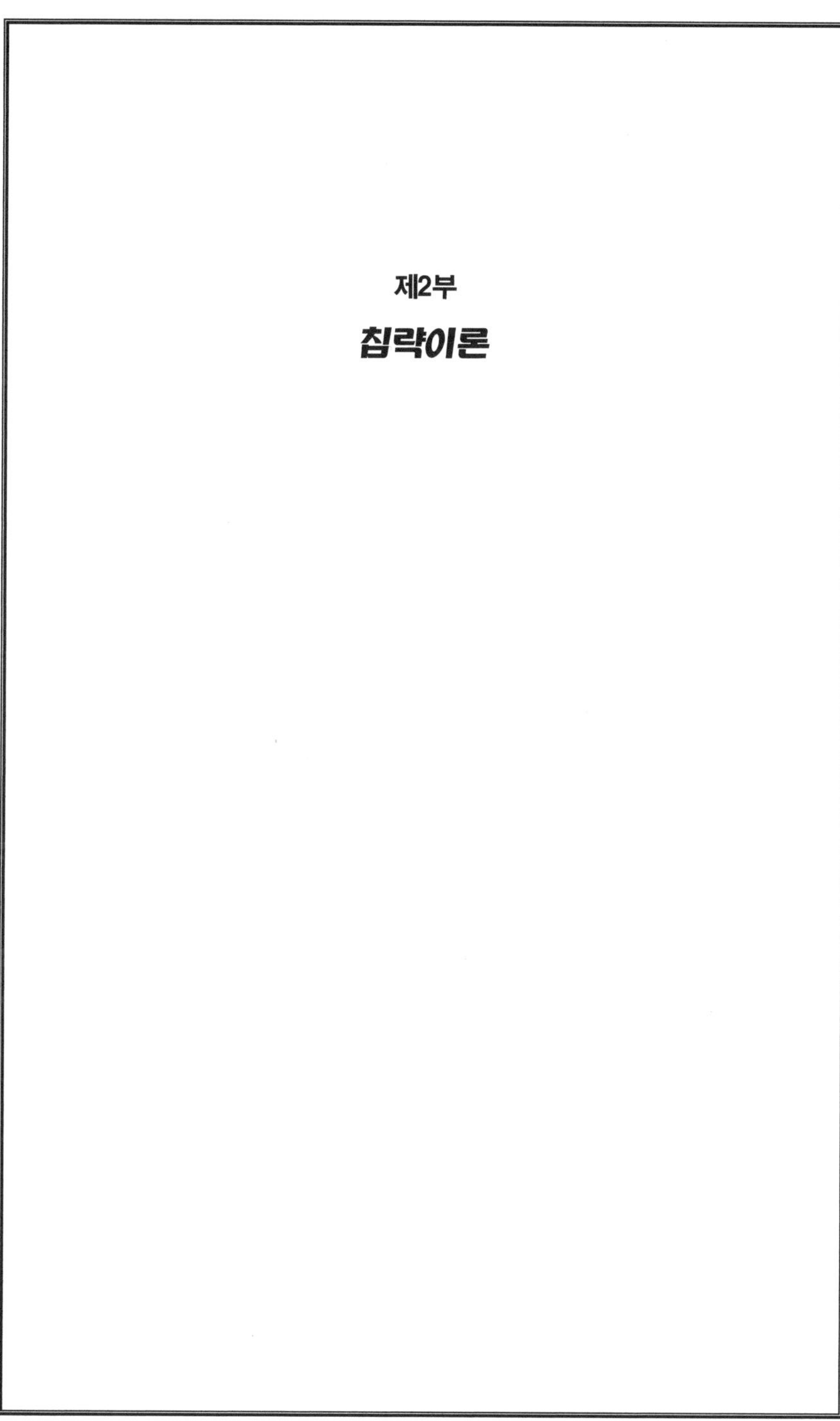

제2부

침략이론

|제4장|

국제사회의 법과 질서

침략

침략은 전쟁 관련 범죄를 지칭하는 용어다. 우리는 침략으로 인해 중단되는 평화에 관해 잘 알고 있다. 여기서 말하는 평화는 단순히 전투가 없는 상태가 아니라, 침략 자체가 없는 상황에서만 존재할 수 있는 자유와 안전의 상태, '권리를 향유할 수 있는 평화'의 상태를 의미한다. 이 같은 평화에 관해 알고 있다는 점에서 우리는 침략이란 범죄에 관해 잘 알고 있다. 침략에 대항해 권리를 수호하고자 하는 경우 목숨을 걸고 투쟁해야 하는데, 이는 침략이 자행하는 잘못이다. 침략으로 인해 사람들은 권리와 목숨 중 양자택일하라는 강요를 받게 된다. 이 같은 상황에 개개 집단이 반응하는 방식에는 차이가 있다. 자신들의 국가와 군의 도덕 및 물질적 상황에 따라 특정 집단이 항복을 선택하는 반면, 또 다른 집단이 투쟁을 선택하게 된다. 그러나 이들의 투쟁은 도덕적으로 항상 정당하다. 이처럼 어려운 선택을 해야 하는 경우, 전투 수행은 대부분 당사자들이 도덕적으로 선호하는 반응이다. 침략에 대항한 전투가 정당하며, 도덕적으로 선호하는 부분이란 점이 중요한 의미가 있다. 즉 이 정당화와 선호는 침략이란 개념에서 가장 두드러진 부분뿐만 아니라 전쟁이론에서 침략이 차지하는 각별한 위상을 설명해주고 있다.

국가들이 상대방 국가들에 대항해 자행할 수 있는 유일한 범죄란 점에서 침략은 주목할 만한 사건이다. 침략을 제외한 어느 것도 소위 말해 경범죄에 해당한다. 국제법의 용어는 이상할 정도로 빈약한 수준이다. 국가 내부에서의 공격, 무장 강도, 강탈, 살인 의도가 있는 공격, 모든 수준의 살인에 상응하는 국가와 국가 간의 범죄는 오직 침략뿐이다. 독립 국가의 영토보존(Territorial Integrity)[1] 또는 정치적 주권을 위배하는 모든 행위를 우리는 침략으로 지칭하고 있다. 사람을 겨냥한 모든 공격, 이들을 강압하기 위한 모든 노력, 모든 가정 침입을 살인으로 낙인찍어야만 하는 듯 말이다. 이처럼 구분하지 않고 있다는 점으로 인해 침략 행위들의 상대적 심각성을 분별하기가 어려워지고 있다. 예를 들면, 일부 영토를 점령하는 행위와 위성 정권을 강요하는 행위를 정복 또는 국가의 독립 파괴와 구분하는 것이 어려워지고 있다. 그러나 이 모두를 이처럼 별다른 구분 없이 침략으로 정의하는 것에는 나름의 이유가 있다. 모든 침략 행위에는 나름의 공통점이 있다. 이 경우는 강력한 저항이 정당화된다. 또한 개인과 개인 간에 종종 할 수 있는 바와 달리 국가와 국가 간에는 무력을 사용하면 생명 자체가 위험해질 수 있다. 전쟁의 수단과 범주

1) 특정 민족국가가 여타 민족국가의 국경선을 변경하거나 국가 내부에서 분리운동을 조장하면 안 된다는 국제법의 원칙이다. 강압을 통해 국경선을 바꾸고자 하는 행위를 우리는 침략으로 지칭하고 있다. 출처 : 인터넷자료.(옮긴이)

의 제한 정도와 무관하게, 제한전(制限戰)의 수행은 사람을 구타하는 것과 다르다. 침략으로 인해 '지옥문'이 열리게 된다. 다음에서 보듯이 셰익스피어의 『헨리 5세』는 이 점을 분명히 하고 있다.[2)]

> 왜냐하면 두 왕국이 싸울 때마다 많은 피를 흘렸기 때문이다. 또한 무고한 사람들이 흘리는 피가 일순간에 이처럼 많은 사람을 죽일 목적으로 칼날을 날카롭게 가다듬는 사람들을 겨냥한 비애와 불만이 되기 때문이다.

한편 전혀 피를 흘리지 않았음에도 불구하고, 저항이 없는 가운데에서의 침략도 침략이다. 국가 내부의 경우를 보면, 살인하지 않으면서 원하는 것 모두를 얻은 강도는 살인한 강도와 비교해 죄가 가볍다. 이 강도가 살인 의도가 있었다면 강도로부터 공격받은 사람의 행동에 따라 죄의 정도가 결정될 것이다. 침략의 경우 우리는 이처럼 하지 않는다. 예를 들면 1939년에 체코와 폴란드를 점령한 독일의 경우를 생각해보자. 독일의 침략에 대항해 체코는 저항하지 않았다. 체코는 전쟁이 아니라 강탈을 통해 독립을 상실했다. 독일의 침략자들과 싸우는 과정에서 사망한 체코인은 단 한 명도 없었다. 폴란드는 전투를 선택했다. 전쟁에서 많은 폴란드인이 사망했다. 그러나 독일의 체코 정복이 보다 경미한 수준의 범죄라고 할지라도 우리는 이것에 관한 용어를 갖고 있지 않다. 이 모두와 관련해 뉘른베르크에서 나치 지휘부는 침략으로 기소됐으며, 이 모두에서 유죄로 판명됐다.[3)] 재차 말하지만 이 침략들이 동일하게 처리된 것에는 나름

2) *Henry V*, 1:2, ll. 24-28.

3) 뉘른베르크의 판사들은 "침략행위(Aggressive acts)"와 "침략전쟁(Aggressive wars)"

의 이유가 있다. 체코 침략과 관련해 독일이 유죄로 판명된 것은 이 경우 저항 받았어야 마땅했다는 우리의 확고한 신념 때문이다. 물론 체코를 침략하는 과정에서 독일이 체코뿐만 아니라 여타 국가들로부터도 저항 받을 수 있을 것이다.

자국의 군인들이 목숨 걸고 투쟁하다 전사하는 등의 방식으로 저항하는 국가들이 이처럼 하는 것은 싸우다 죽든가 아니면 침략자들을 격퇴시켜야 한다고 국가의 리더와 국민들이 생각하고 있기 때문이다. 침략은 물리적 측면에서 뿐만 아니라 도덕적 측면에서도 강압적인 형태다. 침략과 관련해 가장 중요한 사항 중 하나는 이 점이다. 클라우제비츠는 다음과 같이 기술했다. "정복자는 항상 평화를 사랑하는 사람이다(나폴레옹은 자신과 관련해 항상 이처럼 주장했다). 그는 저항 받지 않는 가운데 우리의 국가를 침략하고 싶어 한다. 이 같은 현상을 방지할 목적에서 우리는 전쟁을 선택해야 한다……."[4] 만약 평범한 사람들이 이러한 책무를 선택하지 않는다면, 침략은 그처럼 심각한 범죄로 보이지 않을 것이다. 몇몇 경우에서 이처럼 전쟁을 선택하는 반면 여타 경우에서 그처럼 하지 않는다면 침략이란 단일의 개념이 분해되기 시작할 것이다. 결과적으로 우리는 국가 내부의 범죄의 경우와 마찬가지로 국가와 국가 간의 범죄와 관련해서도 다수의 범죄 항목을 갖게 될 것이다. "돈이 아니면 목숨을 내 놓아라!" 식의 노상강도의 도전에 대해서는 쉽게 대응할 수 있다. 이 경우 도

을 구분해 사용했다. 그러나 그 후 이들은 침략행위를 통칭으로 사용했다. 다음을 참조하라. *Nazi Conspiracy and Aggression: Opinion and Judgment* (Washington, D.C., 1947), p. 16.

4) Michael Howard, "War as an Instrument of Policy," in Herbert Butterfield and Martin Wight, eds., *Diplomatic Investigations* (Cambridge, Mass., 1966), p. 199. Cf. *On War*, trans. Howard and Paret, p. 370에서 인용.

둑에게 돈을 주면 자신이 살해되는 현상과 도둑이 살인범이 되는 현상을 방지하게 된다. 그러나 분명히 말하지만, 우리는 이 같은 방식으로 침략에 대응하려 하지 않는다. 이처럼 대응하는 경우에서조차 침략자의 죄는 줄어들지 않는다. 침략자는 우리가 엄청난 의미를 부여하고 있는 권리를 위배하고 있다. 우리가 이 권리를 방어하지 못하고 있는 것은 이 권리가 중요치 않다는 인식 때문이거나 목숨과 비교해 가치가 없다는 생각 때문이 아니라 방어할 가망이 전혀 없다는 확신 때문이다. 그 형태와 무관하게, 침략은 목숨 바칠 가치가 있는 권리들에 대한 도전 행위다. 따라서 침략은 죄의 경중을 구분해 생각할 수 없는 독특한 형태의 범죄다.

정치적 공동체의 권리

여기서 문제되는 권리는 영토보존과 정치적 주권이란 용어로 법률서적에 정리돼 있다. 이 권리는 국가에 속해 있다 그러나 궁극적으로 이 권리는 개인의 권리에 기인하고 있으며, 개인들로부터 나름의 힘을 얻게 된다. "국가의 의무와 권리는 국가를 구성하고 있는 사람들의 의무 및 권리와 다름이 없다"5)는 말이 있다. 이는 전통적인 영국 법학자의 관점이다. 그는 국가는 '유기적 전체(Organic whole)'가 아닐 뿐만 아니라 신비스런 결합체(Union)도 아니라고 생각했다. 국가가 공격받을 때는 생명 측면에서 뿐만 아니라 가장 가치 있게 생각되는 것들의 총합(總合) 측면에서 그 구성원들이 도전 받게 된다.

---

5) John Westlake, *Collected Papers*, ed. L. Oppenheim (Cambridge, England, 1914), p. 78.

이들의 권리를 지칭하는 방식으로 우리는 이 같은 도전을 인정 및 설명하고 있다. 도덕적으로 국가의 구성원들이 정부의 형태를 선택하고, 자신의 생활과 관련이 있는 정책들에 영향을 끼칠 자격이 없다면 외부의 강압은 범죄가 아닐 것이다. 이들이 자위(自衛) 차원에서 마지못해 저항할 수밖에 없었다고 쉽게 말할 수도 없을 것이다. 전쟁과 관련해 우리가 내리는 가장 중요한 판단의 저변에는 생명과 자유에 대한 개인의 권리가 있다. 개인들의 권리가 어디에 근거하는지에 관해서는 여기서 설명하지 않을 생각이다. 인간이 된다는 의미에 관한 우리의 개념으로 인해 이 권리가 야기됐다고 말하는 것으로 충분할 것이다. 이 권리는 천부적인 것이 아니면 우리가 창안해낸 것, 즉 후천적인 것이다. 천부적인지 또는 후천적인지와 무관하게 이 권리는 우리의 도덕적 세계에서 매우 분명한 부분이다. 국가의 권리는 집단 형태를 띠게 된다. 집단화의 과정은 복잡하다. 분명히 말하지만, 그 과정에서 몇몇 개인적 특성이 손상된다. 17세기 이후에서와 마찬가지로 오늘날에도 이는 사회계약이론의 관점에서 가장 잘 이해된다. 따라서 이는 영토와 주권에 대한 일부 권리들을 정당화해주는 반면 여타 것들은 무효화하는 '도덕적 과정(Moral process)'이다.

국가의 권리는 국가를 구성하고 있는 사람들의 동의에 근거하게 된다. 그러나 이는 특별한 종류의 동의다. 국가의 권리는 개인으로부터 절대자로의 일련의 권리 이양을 통해 또는 개인들 간의 일련의 권리 교환을 통해 제정되지 않는다. 실제 진행 과정은 설명이 보다 어렵다. 오랜 기간 동안의 다양한 형태의 상호관계에 기반을 둔 활동과 공동 경험이 공동생활에 영향을 끼치게 된다. 사회계약은 교류(Association) 및 상호관계의 과정에 관한 비유다. 그런데 외세의 침입에 대항해 이것들(교류와 상호관계)의 지속적인 성격을 보호해주고 있다고 국가는 주장하게 된다. 여기서의 보호는 개인의 생활과 자유뿐만 아니라 이들이 영위하는 공동생활과 자유, 즉 독립된 공동체로까지 확대된다. 한편 공동생활과 자유를 위해 개인이 종종 희생되기도 한다. 국가의 도덕적 위상은 국가가 보호해주고 있는 공동생활의 실상에 그리고 보호 과정에서 요구되는 희생을 국민이 어느 정도까지 기꺼이 수용하고, 어느 정도까지 의미 있는 일로 생각하고 있는지에 따라 달라진다. 공동생활이 존재하지 않거나, 존재해 있는 공동생활을 국가가 보호해주지 않는 경우, 이 같은 국가의 자위(自衛)는 도덕적으로 정당성이 없을 것이다. 그러나 대부분의 국가는 자국 국민들의 공동체를 보호해주고 있는데, 적어도 어느 정도까지는 그렇다. 우리가 국가의 방어적 전쟁의 정당성을 가정하고 있는 것은 이 같은 이유 때문이다. 진정한 형태의 사회계약이 존재한다면 개인의 자유 및 생활의 경우와 동일한 방식으로 영토보존과 정치적 주권을 방어할 수 있다는 발언이 타당성이 있게 된다.[6]

자신의 집을 방어할 수 있는 바와 마찬가지로 국민들이 자국을 방어할 수 있다고 말할 수 있을 것이다. 왜냐하면 집이 사적 소유인 것과 마찬가지로 국가는 공동 소유이기 때문이다. 영토에 대한 권리는

---

6) 영토와 주권을 정당하게 방어할 수 있는 시점의 문제는 개개 시민들이 영토와 주권의 방어에 합류해야 할 책임이 있는 시점의 문제와 긴밀히 연계돼 있다. 이 문제는 사회계약이론의 현안들과 관련이 있다. *Essays on Obligation : Essays on Disobedience, War and Citizenship* (Cambridge, Mass, 1970)란 제목의 나의 책에 두 번째 문제가 상세 논의돼 있다. 특히 "The Obligation to Die for the State"와 "Political Alienation and Military Service"란 부분을 보라. 그러나 이것들 어디에서도 나는 국가의 소수 집단, 즉 국가를 구성하고 있는 계약에 완벽히 참여하고 있지 않은 사람들의 집단의 문제를 상세히 다루지 않았다. 이들을 전적으로 잘못 다루면 군사적 간섭이 정당화될 수도 있을 것이다(6장 참조). 그러나 여기에 못 미치는 경우는 소수 집단이 민족국가 내부에 존재해 있다는 점이 침략 및 자위(自衛)에 관한 논거에 영향을 주지 않는다.

소위 말해 재산에 대한 개인의 권리로부터 도출될 수 있을 것이다. 그러나 어느 정도 그럴듯한 방식으로 국가의 생존 및 정치적 독립에 관한 요구사항과 연계될 수 없다면 방대한 영토의 소유권은 논란이 많은 문제다. 한편 국가의 생존과 정치적 독립 자체가 영토적 권리를 야기하고 있는데, 영토적 권리는 엄밀한 의미에서 소유권과 거의 무관한 듯 보인다. 이는 국가 내부의 보다 소규모 자산의 경우와 동일할 것이다. 예를 들면, 사람들은 집을 소유하고 있지 않은 경우에서조차 자신의 집에서 몇몇 권리를 누리게 된다. 왜냐하면 침입으로부터 안전을 보장받을 수 있는 물리적 공간이 없는 경우 개인의 생활뿐만 아니라 자유가 보장받지 못하기 때문이다. 마찬가지로 침입 받지 않아야 한다는 국가 또는 국민의 권리는 이들이 갖고 있거나 갖고 있지 않은 법적 권리(Legal title)가 아니고 이들 국가의 구성원이 해당 영토에서 영위하고 있는 공동생활에 기인한다(이 같은 공동생활은 어디인가에서 영위돼야 한다). 이 문제는 '논란의 영토'인 알자스-로렌에 관한 사례를 살펴보는 경우 보다 분명해질 것이다.

알자스-로렌 사례

1870년 프랑스와 신생 독일 모두가 알자스-로렌 지역에 대한 권리를 주장했다. 두 국가의 주장에는 충분한 이유가 있었다. 독일은 고대시대의 선례(이 지역은 루이 14세가 정복하기 이전에는 신성로마제국의 일부였다)와 문화 및 언어적 유사성에 근거해 권리를 주장했다. 프랑스는 근 200년 동안 이곳을 점령하고 있었다는 점과 '사실상의 정부'란 개념에 근거해 주장했다.7) 이 경우 소유권을 결정하기 위한 방법은 무엇인가? 법적인 권리가 아니고 정치적 충성과 관련이 있는 질문이 있다. 이곳 주민들이 원하고 있는 바는 무엇인가? 영토는 주민을 쫓아가게 된다. 어느 국가가 이곳 지역에 대해 합법적으로 주권을 행사할 수 있는지에 관한 결심(따라서 어느 국가의 군대가 이곳 지역에 주둔하면 침략이 되는지의 문제)은 문제의 지역에 살고 있는 사람들의 권리였다. 즉 이 같은 결심은 문제의 지역을 소유하고 있는 사람의 권리가 아니었다. 영위하고 있는 공동생활로 인해 이 결심은 토지를 소유하고 있지 않은 사람, 도시 거주자 그리고 공장 노동자 모두의 몫이었다. 알자스-로렌 지역 주민의 대부분은 프랑스에 충성하고 있었다. 이것으로 문제가 해결돼야 마땅했을 것이다. 알자스-로렌의 모든 주민이 프로이센 왕의 소작인이라고 가정하는 경우에도 이 땅을 왕이 압류하는 행위는 영토보존에 관한 이들의 권리를 위배하는 행위일 것이다. 마찬가지로 프랑스에 이들이 충성하고 있다는 점에서 보면 영토보존에 관한 프랑스의 권리를 위배하는 행위일 것이다. 왜냐하면 토지를 임대해준 사람은 임대료가 지불돼야 할 곳만을 결정할 권리가 있는 반면 주민 자신은 자신이 내는 세금과 자신이 복무하게 될 국가의 군대를 결정할 권리가 있기 때문이다.

그러나 이 문제는 이 같은 방식으로 해결되지 않았다. 보불전쟁 이후 이 지역을 독일이 합병했으며, 1871년의 평화조약에서 프랑스가 독일의 이 같은 권리를 인정했다. 그 후 몇 십 년 동안 이 실지(失地) 회복을 겨냥한 프랑스의 공격이 정당한 것인지에 관한 질문이 빈번히 제기됐다. 대부분의 평화조약이 속박 가운데 체결된다는 점에서 문제의 사안 중 하나에 체결된 평화조약의 도덕적 측면에 관한 것이 있었다. 그러나 여기서 나는 이 점에 초점을 맞추지 않을 것이

---

7) Ruth Putnam, *Alsace and Lorraine from Caesar to Kaiser: 58 B.C.-1871 A.D.* (New York, 1915) 참조.

다. 보다 중요한 문제는 어느 정도 기간 동안 권리가 지속되는지, 즉 권리의 영속성과 관련이 있다. 1891년 영국의 철학자인 헨리 시지윅(Henry Sidgwick)이 이것과 관련된 논거를 제기했다. 그는 프랑스의 입장에 동조했다. 그는 보불전쟁 이후 정립된 평화를 "적대 상태의 일시적인 중지로서, 부당한 취급을 받은 국가, 즉 프랑스가 언제라도 종료시킬 수 있는 형태의 것……"으로 생각하는 경향이 있었다. 그러나 그는 다음과 같은 중요한 단서조항을 추가했다.[8)]

> 피정복자의 이 같은 일시적인 굴복으로 인해……새로운 형태의 정치 질서가 시작되고 있음을 우리는……인정해야 한다. 그런데 이 같은 정치 질서는 처음에는 도덕적 기반이 없을지 모르지만 그곳 주민들의 정서적 변화로 인해 일정 기간이 지나면 도덕적 기반을 확보할 수도 있다. 왜냐하면 세월과 관습의 영향으로 인해, 정부가 온화한 정책을 펼친 관계로 인해 또는 이전의 국가에 대해 가장 열렬한 애국심을 견지하고 있던 사람들이 자발적으로 다른 곳으로 망명해갔다는 점으로 인해 주민의 대부분이 이전 정부와의 재결합을 원치 않을 수도 있기 때문이다. ……이 같은 변화가 있는 경우 부당한 형태의 명의변경에 따른 도덕적 효과는 말소된 것으로 간주해야 한다. 따라서 명의 변경된 영토를 회복하고자 하는 모든 시도는 그것 자체가 침략 행위가 된다…….

중세시대의 왕조정치에서처럼 법적인 권리가 주기적으로 부활되며, 재차 주장돼 영구 유지될 수도 있다. 그러나 도덕적 권리는 공동생

---

8) Henry Sidgwick, *The Elements of Politics* (London, 1891), pp. 268, 287.

활의 변천에 따라 변하게 된다.

이 경우 영토보존 관련 권리는 소유권으로부터 나오지 않는다. 즉 이는 어느 정도 다른 문제다. 영토보존 권리와 소유권은 해당 영토가 국유화돼 있으며 국민이 영토를 소유하고 있다고 말하는 사회주의 국가에서는 아마도 하나로 통일돼 있을 것이다. 이들의 국가가 침공 받는 경우는 단순히 이들의 고국만이 아니고 이들의 공동 자산이 위험에 처하게 된다. 물론 공동 자산이 처해 있는 위험과 비교해 고국이 직면하고 있는 위험을 이들 국가의 국민들은 가슴 아파할 것이다. 국유화는 부차적인 과정이다. 즉 이는 국가의 사전 존재를 가정하고 있다. 영토보존 권리는 국유화가 아니고 국가의 존재에 의해 좌우된다. 영토보존 권리를 결정해주는 요소는 주민들의 공동생활이다. 이처럼 함께 생활하는 경우에만 월경(越境)을 침략으로 지칭할 수 있는 국경선을 그을 수 있게 된다. 거주와 빈번한 사용의 형태로 그 소유권이 표현되지 않는다면 영토가 누구의 것인지는 별로 중요한 사항이 아니다.

이 같은 논거는 강제 정착과 식민지화에 의해 제기되는 난제에 관한 나름의 사고방식을 암시해주고 있다. 유럽의 북부 및 동부지역의 정복자들에 의해 쫓기는 상태에서 로마제국의 국경선을 침범했을 당시 야만인들은 정착지를 요구했다. 이들은 정착지를 주지 않으면 전쟁도 불사하겠다고 위협했다. 이것이 침략이었는가? 로마제국의 성격을 고려해볼 때 이 같은 질문은 우매해 보일 수 있다. 그러나 이는 수차례에 걸쳐 제기됐다. 해당 영토에 어느 누구도 살고 있지 않다는 점에서 정착이 가능한 경우 야만인들의 이 같은 행위는 당연히 침략이 아니다. 그러나 사람이 살고 있는 반면 토머스 홉스가 『리바이어던』에서 말하고 있는 바처럼 "충분히 많은 사람이 살고 있지 않다"면 어떻게 할 것인가? 이 경우 정착을 원하는 사람들은 "이미 살고 있는 사람들을 몰살시키는 것이 아니고 인접 지역에서 함께 살자고 압박해야 한다"[9]고 홉스는 주장하고 있다. 원주민의 생활이 위협받지 않는 한, 이 같은 압박은 침략이 아니다. 왜냐하면 정착민들은 자신들의 생명을 보존할 목적에서 해야 할 부분을 하고 있기 때문이다. "이 같은 정착민의 의도에 저항하는 사람은 그 후 발생하게 될 전쟁과 관련해 죄가 있다."[10] 즉 침략 죄를 범한 사람은 정착민들이 아니고 정착민들에게 어느 정도의 땅을 양보해주지 않은 원주민들이라고 홉스는 생각했다. 분명히 말하지만 여기에는 중요한 문제가 있다. 홉스는 소유권으로서의 영토보존의 문제를 고려하지 않고 생활에 초점을 맞추고 있는데, 그의 이 같은 판단은 옳다고 생각된다. 그러나 문제가 되고 있는 부분이 개인의 생활뿐만 아니라 이들이 영위하고 있는 공동생활(Common life)이란 점이 추가돼야 할 것이다. 국민의 영토를 구분하는 국경선에 그리고 이것을 방어하는 국가에 어느 정도 의미를 부여하는 것은 이 같은 공동생활이다.

특정 시점에서의 국경선이 임의적으로 잘못 설정됐거나 전쟁의 산물일 수도 있다. 국경선을 설정한 사람이 무식하고, 주정뱅이거나 부패한 사람일 수도 있다. 그러나 국경선은 사람들이 거주할 수 있는 세계를 설정해주고 있다. 이 같은 세계 안에서 사람들이 공격으로부터 안전한 반면, 국경선을 넘어서면 안전을 보장받을 수 없게 된다(이처럼 가정하자). 모든 국경 분쟁이 전쟁의 이유가 된다고 암시하는 것은 아니다. 관련 국가들의 실제 필요성 측면에서 문제가 없는 경우, 때로는 국경선의 조정 관련 요구를 수용하고 영토를 재조정해야

---

9) *Leviathan*, ch. 30.
10) *Leviathan*, ch. 15.

할 것이다. 국가와 국가 간의 국경선이 올바로 설정돼 있을 때에만 주변국과 선린관계를 유지할 수 있다. 그러나 주변국이 침공을 위협하거나 침공이 시작된 경우에는 별다른 대안이 없다는 단순한 이유로 잘못된 국경선을 방어할 필요가 있을 수도 있다. 1939년의 핀란드의 지도자들의 의식에 이 같은 단순한 이유가 가동되고 있음을 우리는 살펴볼 것이다. 러시아의 요구에 끝이 있다고 확신했다면 이들이 러시아의 요구를 수용했을 가능성도 있다. 그러나 범인이 집안에 들어오면 집안 내부의 안전이 보장되지 않는 바처럼 이 경우 핀란드 내부의 안정이 보장되지 않았을 것이다. 따라서 국경선에 지대한 의미를 부여하는 것은 상식이나 다름이 없다. 지구상의 권리는 일정 범위 안에서만 가치가 있다.

율법주의자들의 패러다임

개인처럼 국가가 권리가 있다면 개인들로 구성돼 있는 사회와 마찬가지로 국가로 구성돼 있는 사회를 생각해볼 수 있을 것이다. 국제사회의 질서와 시민 질서의 비교가 침략이론에서 중요한 의미가 있다. 나의 경우는 종종 이처럼 비교한 바 있다. 무장 강도 내지는 살인에 해당하는 국제사회의 현상이 침략이라는 점에 대한 모든 언급, 개인의 집과 국가에 관한 모든 비교 내지는 개인의 자유와 정치적 독립의 비교 모두는 소위 말해 '국내법 유추(Domestic analogy)'[11]

11) '국내법 유추'에 관한 비평의 글을 보려면 다음을 참조하라. Hedley Bull, "Society and Anarchy in International Relations,"; "The Grotian Conception of International Society," in *Diplomatic Investigations*, chs. 2 and 3.

에 근거하고 있다. 침략에 관한 우리의 주요 지각(知覺)과 판단은 유추적 추론의 산물이다. 법학자들 내부에서 종종 그렇듯이 이 같은 유추가 명백해지는 경우, 국가들의 세계는 그 사회의 성격이 죄와 벌, 자위(自衛), '법 이행(Law enforcement)' 등과 같은 개념을 통해 전적으로 접근 가능한 정치적 사회의 모습을 띠게 된다.

이 개념들이 오늘날의 국제사회가 근본적으로 불완전한 구조를 견지하고 있다는 사실과 모순되지 않음을 강조할 필요가 있다. 우리가 경험하고 있는 국제사회는 권리들을 기반으로 건설된 불량 건물에 비유될 수 있다. 국가 자체의 경우와 마찬가지로 그 상부구조가 정치적 분쟁, 상호협조 행위, 무역 거래를 통해 올라가 있는 반면, 권위란 리벳이 결여돼 있다는 점에서 전반적으로 무너져 내릴 것만 같으며 안정성이 없는 불량 건물에 비유될 수 있을 것이다. 생존 환경을 결정하고, 주변국들과 협상 및 거래하며, 국가들이 평화롭게 생활하고 있다는 점에서 국제사회는 국내사회와 유사하다. 전반적으로 모든 분쟁이 국제사회 구조의 붕괴를 위협하고 있다는 점에서 국제사회는 국내사회와 다르다. 국제사회에는 경찰이 없다. 이 같은 점에서 보면, 국제사회를 직접 위협하는 요소인 침략은 국가 내부의 범죄와 비교해 훨씬 위험스런 현상이다. 그러나 이는 국제사회의 '시민들', 즉 개개 국가가 자기 자신에게 의존할 뿐만 아니라 상호 의존해야 함을 의미한다. 국제사회의 경찰력은 국제사회의 구성원인 국가들에 분산돼 있다. 국가 내부에서 경찰이 살인자의 행위를 저지하고는 원하는 곳으로 가도록 살인자의 행동을 방관하는 경우와 마찬가지로 침략을 봉쇄하거나 신속히 종료만 시킨다면 국제사회의 구성원인 국가들이 자신의 힘을 충분히 행사했다고 말할 수 없을 것이다. 국제사회에서 국가는 자신의 권리를 주장해야 할 것이다. 왜냐하면 국제사회가 존재하고 있는 것은 오직 이 권리 덕분이기 때문이다. 이 권리를 높이 떠받쳐 올리지 못하면 국제사회는 전쟁 상태로 전락하거나 전반적으로 폭정 상태로 변할 것이다.

이 같은 상황 파악에 근거해 두 가지 추정이 있게 된다. 이미 언급한 바이지만, 첫 번째 추정은 침략에 대항한 군사적 저항을 변호하는 형태의 것이다. 권리들을 유지하고 침략자의 미래 행위를 억제한다는 측면에서 보면 저항이 중요한 의미가 있다. '정당한 전쟁'에 관한 예전의 교리를 침략이론이 재차 언급하고 있다. 즉 침략이론은 전투가 죄가 되는 시점과 전투가 허용될 뿐만 아니라 도덕적으로 바람직해지는 순간을 설명하고 있다.12) 침략의 희생자는 자위(自衛) 차원에서 싸우게 된다. 그러나 그는 자기 자신만을 방어하고 있지 않다. 왜냐하면 침략은 국제사회 전반에 대한 범죄이기 때문이다. 그는 자신의 이름으로 뿐만 아니라 국제사회의 이름으로 싸우게 된다. 여타 국가들 또한 피(被) 침략 국가의 저항에 정당하게 합류할 수 있다. 이들의 전쟁은 피(被) 침략 국가의 전쟁과 동일한 모습을 띠게 된다. 다시 말해, 이들은 침략을 격퇴할 자격이 있을 뿐만 아니라 단죄할 권리가 있다. 모든 저항은 또한 '법 이행'이다. 따라서 다음과 같은 두 번째 추정이 있게 된다. 전투가 발발한 경우는 국가에 대해 법을 이행할 수 있으며 이행해야만 하는 국가가 항상 있어야 한다. 즉 전

12) 침략에 비폭력 형태로 저항해야 한다는 논거는 전투가 바람직하지 않을 뿐더러 필요하지도 않다는 점인데, 이 같은 논거에 관해서는 여기서 언급하지 않을 생각이다. 이 같은 논거는 전통적인 관점이 발전하는 과정에서 중요한 의미가 있는 부분이 아니었다. 진정 이는 전통적인 관점에 근본적인 도전을 제기하는 형태다. 즉 전쟁을 수행하지 않으면서 침략에 저항하고 적어도 종종 침략에 성공적으로 저항할 수 있다면, 침략은 통상적으로 생각되는 바와 비교해 심각한 범죄가 아닐 수 있다. 이 같은 가능성과 이것의 도덕적 의미를 이 책의 마지막 부분에서 다룰 것이다.

쟁과 관련해 어느 누군가가 책임져야 한다. 왜냐하면 어느 누군가가 국제사회의 평화를 깨기로 결심했기 때문이다. 중세의 신학자들이 설명한 바처럼 전쟁 당사국 모두가 정당성을 주장할 수 있는 전쟁은 없다.[13)]

그러나 전쟁 당사국 모두에게 정당하지 않은 전쟁은 있다. 왜냐하면 정당성이란 개념이 이들에게 적용되지 않거나 권리가 없는 영토 또는 권력을 놓고 투쟁하고 있다는 점에서 전쟁 당사국 모두가 침략자인 경우가 있기 때문이다. 첫 번째 경우를 나는 귀족 출신 전사(戰士)들에 의한 자발적인 전투를 논의할 때 언급했다. 역사적으로 매우 희귀한 경우란 점에서 이것을 여기서 더 이상 언급할 필요가 없을 것이다. 두 번째 경우는 마르크스주의자들이 말하는 제국주의 전쟁이다. 이는 정복자와 피정복자 간의 투쟁이 아니고 특정 정복자가 또 다른 정복자를 지배하거나, 정복자들이 제3의 지역 내지는 국가를 지배할 목적에서 상호 경쟁하는 등 정복자들과 정복자들 간의 전쟁이다. 따라서 20세기 당시 유럽에서 목격되던 '가진 국가'와 '갖지 못한 국가'들의 전쟁에 관한 다음과 같은 레닌의 묘사가 이것을 연상케 해준다. "……100명의 노예를 소유하고 있는 자가 200명의 노예를 소유하고 있는 자에 대항해 노예의 정당한 배분을 주장하며 수행하는 전쟁을 상상해보라. 분명히 말하지만, 이 경우 방어적 전쟁이란 용어의 적용은……새빨간 거짓일 것이다……."[14)] 그러나 우리가 정당성과 부당성을 구분할 수 있을 때에만 이 같은 거짓을 간파할 수 있음을 강조하는 것이 중요한 의미가 있다. 즉 제국주의 전쟁 이론은 침략이론을 전제로 하고 있다. 전쟁 당사국 모두에 의한 모든

---

13) Vitoria, *On the Law of War*, p. 177.
14) Lenin, *Socialism and War* (London, 1940), pp. 10-11.

전쟁이 정복을 목적으로 하는 행위라고 주장하거나, 가능하다면 모든 국가가 항상 정복을 추구할 것이라고 주장하면 정당성에 관한 논쟁은 시작도 되기 이전에 패배로 끝나게 된다. 또한 우리가 내리는 도덕적 판단이 공허한 형태라며 세인들이 우리를 조롱하게 된다. 미국의 남북전쟁에 관한 에드먼드 윌슨(Edmund Wilson)의 책에서 인용한 다음의 문구를 생각해보자.[15]

> 생물 또는 동물의 세계에서 진행되는 현상에 거의 관심을 보이지 않는다는 점이……역사학자들에게서 목격되는 심각한 문제라고 생각된다. 최근……해저 생활에 관한 필름을 보았는데, 여기서는 바다민달팽이라고 불리는 원초적인 개체가 자신의 몸 한 곳에 있는 거대한 구멍을 통해 조그만 개체를 잡아먹는 모습을 보여주고 있다. 자신보다 약간 몸이 작은 또 다른 바다민달팽이와 마주치는 경우에도 이것을 잡아먹고 있다. 일반적으로 인간들의 전쟁은 바다민달팽이의 탐욕에서 목격되는 형태의 본능에 의해……자극받고 있다.

미국의 남북전쟁을 설명할 목적으로 사용하기에는 적합지 않지만 이 같은 이미지가 들어맞는 형태의 전쟁이 있음은 분명한 사실이다. 한편 이는 국제사회에서 우리가 일상적으로 경험하는 바를 설명해주지 못한다. 모든 국가가 주변국을 게걸스럽게 집어삼키는 바다민달팽이와 같은 것은 아니다. 가능하다면 평화로운 방식으로 자신들의 권리를 즐기고자 하며, 이 같은 자신들의 열망을 대변해주는 정치 지도자를 선택하는 집단이 항상 있다. 국가가 존재하는 가장 근본적인

15) Edmund Wilson, *Patriotic Gore* (New York, 1966), p. xi.

목적은 타국을 정복하는 것이 아니고 침략으로부터의 방위다. 문제는 이 같은 본연의 목적에 충실 하는 국가가 많지 않다는 점이다. 자국 영토가 침략 받거나 주권이 도전 받는 경우는 침략자를 찾아나서는 행위가 타당성이 있다. 따라서 우리에게는 동물학적인 설명보다는 침략이론이 필요하다.

침략이론은 먼저 '국내법 유추(Domestic analogy)'의 비호 아래 모습을 드러내고 있다. 이 같은 이론의 주요 형태를 '율법주의자들의 패러다임(Legalist Paradigm)'이라 지칭할 것이다. 왜냐하면 이것이 법과 질서에 관한 관습들을 지속적으로 반영하고 있기 때문이다. 도덕적 차원의 논쟁과 마찬가지로 법적인 논쟁은 법학자들로부터 시작된다. 그러나 침략이론이 법학자들의 주장을 반영하고 있는 것은 아니다.[16] 나중에 나는 특정 전쟁의 정당성과 부당성에 관한 우리의 판단이 '율법주의자들의 패러다임'에 의해 전적으로 결정되는 것은 아님을 암시할 생각이다. 국제사회의 현실이 매우 복잡하다는 점에서 우리는 수정주의적(修正主義的) 시각을 고려하지 않을 수 없다. 사실 '수정'이 중요한 의미가 있을 것이다. 그러나 '율법주의자들의 패러다임'의 수정되지 않은 형태를 먼저 살펴볼 필요가 있다. '율법주의자들의 패러다임'은 전쟁의 도덕적 이해(理解)를 염두에 둔 우리의 기준이며, 모델이자 근본적인 구조다. 여기서 우리는 개인과 권리, 죄와 벌이란 친숙한 세계와 함께 시작하게 된다. 이 경우 침략이론

16) 침략에 관해 최근 유엔이 채택한 정의(定意)가 이 같은 패러다임을 따르고 있음을 주목할 필요가 있다. 다음을 참조하라. the *Report of the Special Committee on the Question of Defining Aggression* (1974), General Assembly Official Records, 29th session, supplement no. 19 (A/ 9619), pp. 10-13. The definition is reprinted and analyzed in Yehuda Melzer, *Concepts of Just War* (Leyden, 1975), pp. 26ff.

은 다음과 같은 여섯 명제로 요약될 수 있다.

1. 독립 국가들로 구성돼 있는 국제사회가 존재한다.

국가는 이 같은 국제사회의 구성원이다. 이 같은 세계국가(Universal state)가 존재하지 않는 경우 인간을 보호해주고 인간의 이익을 대변해주는 주체는 이들의 정부뿐일 것이다. 국가는 개인의 자유와 생명을 목적으로 설립된다. 그러나 개인의 자유와 생명의 이름으로 주변국에 도전을 제기할 수 있는 국가는 없다. 따라서 내가 추후 논의하게 될 불간섭의 원칙이 나오게 된다. 인권에 관한 유엔헌장에서처럼 개인의 권리는 국제사회에서 인정될 수 있다. 그러나 이 권리를 이행하는 과정에서는 해당 사회의 주도적인 가치관이 문제가 된다. 즉 개개 정치적 공동체의 생존과 독립이 의문시된다.

2. 이 같은 국제사회에는 그 구성원의 권리를 제정해주는 나름의 법이 있다. 무엇보다도 영토보존과 정치적 주권에 관한 권리를 제정해주는 법이 있다.

재차 말하지만 이 권리는 공동생활을 건설할 권리와 자신들이 자유롭게 선택한 순간에만 자신의 생활을 희생시킬 수 있다는 인간의 권리를 그 근거로 하고 있다. 그러나 여기서 관련이 있는 법은 국가들에게만 적용된다. 이 같은 법의 세부사항은 분쟁과 동의에 관한 복잡한 과정을 통해 국가들 간의 상호교류란 방식으로 결정된다. 이 과정이 지속적으로 진행된다는 점에서 보면 국제사회는 천부(天賦)의 모습을 갖고 있지 않다. 국제사회 내부에서의 권리도 최종적으로 또는 정확히 결정되지 않는다. 그러나 특정 순간 우리는 특정 국가의 영토와 여타 국가의 영토를 구분하고, 주권의 범주와 한계에 관해 몇몇 관점을 말할 수 있을 것이다.

3. 여타 국가의 정치적 주권 내지는 영토보존 관련 권리에 대항해 특정 국가가 무력을 사용하거나 즉각적인 사용을 위협한다면, 이는 침략 및 범죄 행위다.

국가 내부의 범죄와 마찬가지로 여기서의 논거는 실제적이고도 즉각적인 월경(越境)에 초점을 맞추게 된다. 즉 침공과 물리적 공격에 초점을 맞추게 된다. 이처럼 하지 않으면 침략에 대항한 저항이란 개념이 명확치 않을 가능성이 있다. 이 같은 필연성(특정 국가의 무력 사용 또는 사용 위협에 저항해야 할 필연성)이 분명하고도 절박한 경우가 아니면 국가는 마지못해 전쟁을 수행하게 됐다는 주장을 전개할 수 없을 것이다.

4. 침략으로 인해 두 종류의 격렬한 반응이 정당화되는데, 피(被) 침략 국가가 자위 차원에서 수행하는 전쟁과 이 같은 국가와 국제사회의 여타 국가들에 의한 '법 이행' 차원에서의 전쟁이 바로 그것이다.

모든 국가가 침략 받은 국가를 도와줄 수 있으며, 침략자에 대항해 필요한 폭력을 사용할 수 있을 뿐만 아니라 '시민의 체포'에 해당하는 국제사회의 조치를 강구할 수 있다. 국내사회에서와 마찬가지로 국제사회에서도 방관자들의 책임은 규명이 쉽지 않다. 그러나 침략이론의 경우는 '중립의 권리'를 점차 줄이고는 '법 이행' 과정에 대한 광범위한 참여를 요구하는 경향이 있다. 한국전쟁 당시 유엔이 이 같은 참여를 인가했다. 그러나 이 같은 경우에서조차 전투에 합류할 것인지의 여부는 국가가 독자적으로 내리게 된다. 이는 노상에서 공격받고 있는 사람을 도와줄 목적으로 달려갈 것인지를 결정하는 것이 개인 자신이란 비유로 가장 잘 이해된다.

5. 침략만이 전쟁을 정당화해줄 수 있다.

침략이론이 추구하는 핵심 목적은 전쟁의 가능성을 줄이는 것이다. 비토리아(Vitoria)는 다음과 같이 적고 있다. "전쟁 시작을 위한 유일하고도 정당한 대의는 부당한 대우를 받았다는 사실뿐이다."[17] 부당한 행위가 있으며, 이 같은 부당한 행위를 실제 받아야만 한다(또는 부당한 행위를 받은 주체가 이 같은 행위가 있는 곳으로부터 지척의 거리에 있어야 한다). 이것을 제외하면 어느 것도 국제사회에서 폭력의 사용을 정당화해주지 못한다. 무엇보다도 정치 또는 종교적 이견에 근거해 전쟁을 시작할 수 없다. 특정 국가 내부의 이론(異論)과 부정의(不正義)는 국가들의 세계에서 행위를 야기할 수 있는 주체가 아니다. 재차 말하지만 이처럼 하면 불간섭의 원칙에 위배된다.

6. 군사적으로 격퇴한 후 침략 국가를 처벌할 수 있다.

처벌의 절차 또는 형태가 관습법 내지는 국제사회의 실정법에 확고히 정립돼 있는 것은 아니다. 그러나 처벌 행위로서의 '정당한 전쟁'이란 개념은 역사가 매우 깊다. 한편 처벌의 목적이 분명치 않다. 처벌이 보복할 목적인가? 상대방 국가들의 행위를 억제하고, 이 국가들을 제지 내지 개혁할 목적인가? 이 세 목적 모두가 대부분의 문헌에 등장하고 있다. 그러나 억제와 제지를 사람들이 가장 보편적인 목적으로 수용하고 있다는 표현이 아마도 무난할 것이다. 전쟁을 예방할 목적으로 전쟁을 수행하고 있다고 말할 때, 사람들이 염두에

17) *On the Law of War*, p. 170.

두고 있는 것은 통상 이 부분이다. 국가 내부에 관한 금언(金言)에 폭력을 방지할 목적에서 단죄한다는 내용이 있는데, 국제사회에서 이것과 유사한 경우는 전쟁을 방지할 목적으로 침략 행위를 처벌한다는 구절일 것이다. 전반적으로 해당 국가 또는 해당 국가의 특정인만이 처벌의 적정 대상인지의 여부는 추후 내가 고려하게 될 몇몇 이유로 인해 보다 어려운 문제다. 그러나 '율법주의자들의 패러다임'이 암시하는 바는 분명하다. 이는 국가들이 국제사회의 구성원, 즉 권리의 주체라고 한다면, 이들이 또한 처벌의 대상이 돼야 한다는 사실이다.

반드시 살펴야 할 부분

앞에서 언급한 여섯 명제는 전쟁이 발발할 때 우리가 내리는 판단에 영향을 주는 요소다. 이것들은 강력한 이론, 즉 일관성과 경제성 있는 이론을 제정해주고 있다. 오랫동안 이것들이 우리의 도덕적 의식을 지배해왔다. 여기서 나는 이것들의 역사를 추적할 생각이 없다. 법적인 심판 또는 도덕적 심판을 받을 수 없다는 점에서, 전쟁 도발이 주권국가의 천부적 특권이라고 정치가와 법학자들이 정기적으로 주장해온 18세기 및 19세기 당시조차 이 명제가 주도적인 현상이었음을 강조하는 것이 중요한 의미가 있을 것이다. 국가는 '국가적 이유'로 전쟁에 돌입했다. 그런데 이 이유는 이견이 개진되는 경우 간략히 언급할 필요는 있지만 설명이 필요치 않을 정도로 특권적인 성격이라고 사람들은 생각했다. 당시의 법률 문헌에서 공통적으로 가정하고 있던 사항이 있는데, 이는 국가들이 항상 전투를 수행할 권리가 있다는 점이었다(이 같은 주장을 홉스와 같은 사람이 견지했다).[18] 이는 국내사회와 국제사회의 관계가 아니고 '자연의 상태(State of nature)'와 '국제사회의 무질서'의 관계에서 유추된 주장이다. 그러나 이 같은 관점은 대중의 인기를 얻지 못했다. 침략이론에 관한 가장 저명한 역사학자는 다음과 같이 기술하고 있다. "일반인과 여론 측면에서 보면 전쟁과 전쟁 도발이란 개념에는 항상 도덕적 의미가 내재돼 있었다. 권리가 있는 가운데 수행되는 전쟁(예를 들면, 방어적 차원의 전쟁)의 경우 전적으로 찬성해야 했던 반면 권리가 없는 상태에서 수행되는 전쟁은 비난하고 그 결과를 처벌해야 했다……."[19] 일반인이 전쟁과 전쟁 도발이란 개념에 부여하고 있는 도덕적 의미는 내가 기술하고 있는 것과 동일한 종류였다. 비스마르크가 한때 불만을 토로한 바처럼, 일반인은 전쟁에 관한 무시무시한 경험을 일상생활에 관한 친숙한 배경과 연계시켰다. 비스마르크는 다음과 같이 말했다. "여론은 정치적 관계와 사건들을 시민법과 개인의 관계 및 사건의 관점에서 생각하고자 하는 경향이 있다. ……이는 정치적 문제를 전혀 이해하지 못하고 있음을 보여주는 부분이다."[20]

그 적용이란 측면에서 해박하거나 세련된 이해가 아닐 수 있지만 나는 이것이 정치적 문제에 관한 높은 수준의 이해를 보여주는 부분이라고 생각하고 있다. 여론은 전쟁의 구체적인 실상뿐만 아니라 죽이고 죽임을 당하는 현상의 도덕적 의미에 초점을 맞추는 경향이 있다. 여론은 일반인이 피할 수 없는 질문인 "우리가 이 전쟁을 지지해야 하는가? 이 전쟁에 참여해야 하는가?"와 같은 질문을 취급하고

18) L. Oppenheim, *International Law*, vol, II, *War and Neutrality* (London, 1906), pp. 55ff.
19) C. A. Pompe, *Aggressive War*, p. 152.
20) Pompe, p. 152에서 인용.

있다. 이 같은 질문을 제기하는 사람을 현실정치의 고도의 게임에서 저당물(Pawn)로 간주하는 등 비스마르크는 보다 거시적인 시각에서 일하고 있다. 그러나 결과적으로 보면 이 질문들이 집요하게 제기되며, 거시적 시각은 지지할 수 없는 형태다. 이 저당물들, 즉 인간이 아닌 무감각한 대상과 함께 전쟁을 수행하는 순간이 돼서야 전쟁을 '도덕적 삶(Moral life)'과 구분해 생각할 수 있게 된다. 비스마르크의 동시대 사람 중 한 사람의 작품뿐만 아니라 비스마르크가 공모(共謀)한 전쟁 중 하나를 숙고해봄으로써 우리는 전쟁과 '도덕적 삶'의 연계 고리를 분명히 알 수 있게 된다.

카를 마르크스와 보불전쟁

비스마르크와 마찬가지로 마르크스는 정치적 문제들을 다른 방식으로 이해했다. 그는 전쟁을 단순히 정치의 연장(延長)이 아니고 정치의 필수적이고도 필연적인 연장으로 생각했다. 그는 세계사의 구도의 관점에서 특정 전쟁들을 설명했다. 그는 기존의 정치질서뿐만 아니라 기존 국가의 영토보존 또는 정치적 주권에 집착하지 않았다. 그는 이들과 관련된 권리를 위배하면 도덕적으로 문제가 된다고 생각하지 않았다. 그는 침략 국가를 처벌하려 하지 않았다. 침략이론과 무관하게 그는 프롤레타리아혁명의 대의를 진전시켜주는 결과만을 추구했다. 1870년의 전쟁과 관련해 말하면, 그는 프로이센의 승리를 열망해야 한다고 생각했다. 이는 이 같은 승리로 인해 독일이 통일되고 새로운 제국에서 사회주의자들의 조직 과정이 용이해질 것으로 생각됐기 때문이었다. 또한 프랑스의 노동자 계급에 대한 독일의 지배가 확립될 것이기 때문이었다.[21] 전적으로 이는 마르크스의 일반적인 관점에서 목격되는 특성이다. 엥겔스(Engels)에게 보낸 편지에서 그는 다음과 같이 기술했다.

> 프로이센이 승리하면 국가권력이 중앙 집중화되면서 노동자계급의 중앙 집중화가 도움 받게 될 것입니다. 독일의 세력 주도로 인해 서유럽 노동자계급 운동의 중심이 프랑스에서 독일로 이전될 것입니다. ……이론과 조직 측면에서 독일의 노동자계급은 프랑스의 노동자계급보다 우수합니다. 프랑스에 대한 독일의 우위는……프루동(Proudhon)의 이론과 비교해 우리의 이론이 우수함을 또한 의미합니다.

그러나 이는 마르크스가 공공연히 방어할 수 있는 관점이 아니었다. 이는 이 같은 관점을 발표하면 자신의 프랑스인 친구들 내부에서 입장이 난처해질 것이란 점뿐만 아니라 우리의 도덕적 생활의 본질과 직접 관련이 있는 몇몇 이유 때문이었다. 독일 노동자계급에서 가장 앞서가는 사람들조차도 독일의 통일을 목적으로 프랑스의 노동자들을 죽이거나 국제사회주의 내부에서 소속 정당의 세력을 고양시킬 목적으로 자신들의 생활을 희생시킬 의향이 없었다. 마르크스의 논거는 전투 수행 결심과 관련해 있을 수 있는 설명이 아니었으며, 독일이 수행한 보불전쟁이 적어도 처음에는 '정당한 전쟁'이었다는 그의 판단에 대한 가능한 설명도 아니었다. 독일이 수행한 보불전쟁이 정당한 형태였다는 마르크스의 판단을 이해하려면 인터내셔널 평의회(General Council of the International)의 영국 출신 회원의 다음과 같은 간략한 발언과 함께 시작함이 보다 좋을 것이다. 존 웨스턴(John

---

21) Franz Mehring, *Karl Marx*, trans. Edward Fitzgerald (Ann Arbor, 1962), p. 438에서 인용.

Weston)은 다음과 같이 기술했다. "보불전쟁 당시 프랑스군이 먼저 침공했다."22)

오늘날 우리는 프랑스의 침공을 유도할 목적에서 비스마르크가 매우 열심히 그리고 무자비하게 일했음을 잘 알고 있다. 외교적 측면에서의 보불전쟁 직전의 위기는 주로 비스마르크의 간계에 의한 것이었다. 그러나 그의 어떠한 행위도 프랑스의 영토보존 내지는 정치적 주권을 위협하는 형태였다고 말할 수 없을 것이다. 그의 어떠한 행위도 프랑스에 전투를 강요하는 형태가 아니었다. 즉 비스마르크의 행위 중에는 프랑스가 전투를 수행할 수밖에 없도록 만든 행위는 없었다. 단순히 그는 나폴레옹 3세와 그 수행원들의 오만함과 우매함을 교묘히 이용해 전쟁 도발의 잘못이 프랑스에 있는 것처럼 만들 수 있었다.23) 그는 자신이 여론에 경의를 표했다는 점을 한탄했다. 따라서 무모하게도 유럽의 평화를 깬 사람이 나폴레옹이라고 천명한 독일사회민주노동당의 당원들 내지는 다음과 같은 웨스턴의 1870년 7월의 논거를 수정할 필요가 없게 됐다. "독일은……침략의 희생자입니다. 따라서……매우 유감스런 일이지만, 우리는 필요악의 차원에서 방어적 전쟁을 수용할 수밖에 없는 실정입니다."24) 평의회(General Council)를 대신해 자신이 초안을 작성한 보불전쟁에 관한 인터내셔널 1차 성명(First Address of the International)에서 마르크스는

---

22) *Minutes of the General Council of the First International: 1870-1871* (Moscow, n.d.), p. 57.

23) 1870년, 공석 중에 있던 스페인 왕과 관련해 협상하던 도중 프로이센의 왕 빌헬름이 자국 대사를 저능아로 취급했다는 점에 격분한 프랑스는 독일에 전쟁을 선포했다. 권영근, 강태원 번역, 『언론매체와 군대』, 연경문화사, 2005년 8월, p. 73.(옮긴이)

24) Roger Morgan, *The German Social-Democrats and the First International: 1864-1872* (Cambridge, England, 1965), p. 206.

다음과 같이 말했다. “독일의 입장에서 보면 이 전쟁은 방어적 전쟁이다.” 계속해서 마르크스는 “독일이 자신을 방어해야만 하는 필연성에 처하도록 만든 사람은 누군가?”란 질문을 제기하고는 비스마르크 정치의 진정한 성격을 암시했다.[25] 프랑스 노동자들은 전쟁에 반대하고, 나폴레옹 3세를 권좌에서 몰아내야 한다는 지시를 받았다. 반면에 독일의 노동자들은 “철저한 방어적 성격”을 유지하는 방식으로 전쟁에 참여하라는 독촉을 받았다.

대략 6주가 지나자 당시의 방어전이 종료됐으며, 독일이 스당(Sedan)에서 승리하고 나폴레옹 3세가 포로가 됐다. 그의 제국이 붕괴됐지만 전투는 지속됐다. 왜냐하면 당시 독일 정부가 추구한 주요 목표는 침략에 대항한 저항이 아니고 세력 확장, 즉 알자스-로렌 지역의 병합이었기 때문이다. 인터내셔널 2차 성명(Second Address of the International)에서 마르크스는 스당 이후의 전쟁을 프랑스의 영토 주권과 알자스-로렌 지역 주민들에 대항한 전쟁으로 묘사했는데, 이는 정확한 표현이었다. 그는 독일의 노동자 내지는 신생 프랑스공화국이 가까운 미래에 이 같은 침략 행위를 응징할 수 있을 것으로 생각하지 않았다. 그럼에도 불구하고 다음에서 보듯이 그는 처벌을 기대했다. “역사는 프랑스로부터 빼앗은 영토의 넓이가 아니고 19세기 중반에 **정복정책**을 재현했다는 점에 근거한 죄의 강도에 따라 단죄할 것이다.”[26] 여기서 주목할 만한 부분이 있는데, 이는 프롤레타리아혁명이 아니라 전통적인 도덕을 지원할 목적으로 마르크스가 역사

---

25) “First Address of the General Council of the International Working Men’s Association on the Franco-Prussian War,” in Marx and Engels, *Selected Works* (Moscow, 1951), I, 443.

26) “Second Address...,” *Selected Works*, I, 449(강조는 마르크스의 것이다).

를 이용하고 있다는 점이다. 그는 나폴레옹 1세에 대항한 틸셋(Tilset) 이후의 프로이센의 투쟁 사례를 들먹이고 있다. 따라서 마르크스는 자신이 염두에 두고 있는 보복이 독일제국을 겨냥해 프랑스가 공격하는 형태를 띨 것임을 암시했다. 즉 독일의 '정복정책'으로 인해 시지윅이 정당화됐다고 생각했던 형태의 전쟁을 마르크스는 염두에 두고 있었다. 계획하고 있던 것이 무엇인지 모르겠지만, 마르크스가 침략이론에 의해 설정된 조건(상황) 안에서 일하고 있었음은 분명하다. '전쟁의 실상'에 직면해야 할 당시, 그리고 사회주의자들의 대외정책의 가능한 형태에 관해 공공연히 설명해야 했을 당시 그는 엄밀한 의미에서의 '국내법 유추'와 '율법주의자들의 패러다임'에 의존했다. 1차 성명에서 마르크스는 "개인과 개인의 관계를 통제해야 할 도덕과 정당성에 관한 단순 법칙들을 국가와 국가 간의 상호관계에 관한 최상의 규칙으로 옹호하는 일"27)이 사회주의자들의 과업이라고 주장했다.

이것이 마르크스의 교리인가? 나의 경우 확신할 수 없다. 이는 도덕에 관한 마르크스의 철학적 발언뿐만 아니라 자신의 편지를 빽빽이 채우고 있는 국제정치에 관한 그의 사고와 공통되는 부분이 너무나 없다. 그러나 마르크스는 철학자였을 뿐만 아니라 문필가였다. 그는 또한 정치 지도자였으며 대중운동을 대변한 사람이었다. 후자의 역할을 수행할 때의 전쟁의 의미에 관한 그의 세계-역사관은 그 자신이 내려야만 했던 특정 심판(판단)들과 비교해 중요하지 않았다. 심판해야 할 입장이 되자 그는 침략이론의 카테고리에 어느 정도 필연성이란 부분을 가미했다. 이는 청중의 '의식 수준(Level of con-

---

27) *Selected Works*, I, 441.

sciousness)'이라고 지칭되던 부분에 종종 겸손한 척하며 자신을 적응시키는 문제가 아니고 청중의 도덕적 경험에 직접 호소하는 문제였다. 때로는 새로운 철학 내지는 종교가 이 같은 경험을 새로운 모양으로 고쳐 만들 수 있을 것이다. 그러나 이는 마르크스주의가 끼친 효과가 아니었다. 적어도 국제사회의 전쟁과 관련해서는 그렇지 않았다. 간단히 말해 마르크스는 침략이론을 진지하게 수용했다. 따라서 그는 정치적 사건들을 국가 내부의 도덕의 관점에서 판단하던 사람들 가운데 가장 선도적인 사람이 됐는데, 비스마르크는 이들을 비난했다.

유화정책의 논거

1870년의 보불전쟁은 난감한 사례다. 왜냐하면 나폴레옹 3세의 행위에 저항했던 프랑스의 자유주의자와 사회주의자, 독일의 알자스-로렌 병합을 비난했던 독일 사회민주당 당원을 제외하면 당시의 전쟁에 관여했던 어느 누구도 매력적이지 않기 때문이다. 당시 전쟁에서의 도덕적인 문제는 애매한 성격이었다. 전쟁 당사국 모두에게 당시의 전쟁이 침략전쟁이었다고 어렵지 않게 주장할 수 있을 것이다. 그러나 전쟁의 도덕적 사안이 항상 애매모호한 것은 아니다. 역사는 침략에 관한 매우 분명한 사례들을 보여주고 있다. 전쟁에 관한 역사적 연구는 이 같은 사례와 함께 시작되는데, 내가 언급한 바 있는 멜로스에 대한 아테네의 공격이 바로 그것이다. 그러나 이처럼 용이한 사례에도 나름의 문제가 있다. 대부분 침략은 힘이 강한 국가가 힘이 약한 국가를 공격하는 형태를 띤다. 침략을 쉽게 인지할 수 있는 것은 이 같은 이유 때문이다. 이 같은 침략에 대항한 저항은 경솔해보이며, 가망이 없어 보이기조차 한다. 침략에 저항하는 과정에서 많은 생명을 잃게 되는데, 이는 어떠한 목적에서인가? 여기서조차 우리의 도덕적 편애가 적용된다. 우리는 침략에 저항하는 행위를 정당화할 뿐만 아니라 영웅시하고 있다. 분명히 말하지만, 우리는 손실된 인명의 관점에서 정당성을 측정하지 않는다. 그러나 이 같은 측정이 전적으로 부적절한 것만도 아니다. 자신을 배려하지 않는 정치 지도자, 즉 많은 인명을 거침없이 손실해가며 정당성을 추구하고자 하는 지도자의 통치를 받고자 하는 사람이 도대체 어디에 있단 말인가? 따라서 정당성과 배려는 대립 관계에 있다. 추후 나는 정당성 측면의 논거가 다수 사항들을 신중히 배려하는 다양한 방식을 설명할 것이다. 그러나 여기서는 '율법주의자들의 패러다임'의 경우 이 사항들을 근본적으로 배려하고자 하지 않는 경향이 있음을 강조하는 것은 중요한 의미가 있다.

전반적으로 사람들은 '율법주의자들의 패러다임'을 공리주의(公理主義) 관점에서 변호하고 있다. 즉 침략에 대항한 저항이 미래의 침략을 억제할 목적으로 필요하다는 관점에서 이것을 변호하고 있다. 그러나 국제정치의 맥락에서 보면 또 다른 형태의 공리주의적 논거가 거의 항상 가능하다. 그런데 이는 침략자들에게 굴복하는 것이 전쟁을 방지하기 위한 유일한 방안임을 암시하는 유화정책을 옹호하는 형태의 것이다. 국가 내부에서 또한 우리는 거부 또는 저항에 따른 대가(代價)가 감내할 수 없는 수준이라고 생각될 당시 납치범 또는 약탈자와 협상하는 등 종종 유화정책을 선택하고 있다. 그러나 이 경우 우리는 언짢은 기분을 느끼게 되는데, 이는 억제라는 보다 큰 공동 목표에 기여하지 못했다는 점뿐만 아니라 강압과 부당성에 굴복했다는 점, 특히 후자 때문이다. 굴복한 부분이 금전에 국한되는 경우에서조차 우리는 불편한 심기를 느끼게 된다. 반면에 국제사회에서는 훨씬 중요한 가치를 양보하려 하지 않는 한 유화정책은 거의 불가능하다. 그러나 항복의 논거를 강력히 제기해야 할 정도로 전쟁 비용이 방대한 수준일 수 있다. 우리의 도덕적 사전에서 유화정책은 좋지 않은 용어다. 그러나 유화정책을 옹호하는 논거가 도덕적으로 둔감한 형태는 아니다. 침략에 대항한 저항을 옹호하는 논거 측면에서 보면, 유화정책은 가장 의미 있는 형태의 도전이다. 이제 유화정책을 어느 정도 상세히 살펴보자.

체코와 뮌헨 원칙

1938년 당시의 유화정책을 변호할 수 있는데, 종종 이 같은 변호는 수데텐(Sudeten)의 독일인들에게 자결권이 있다는 주장과 관련이 있다. 그러나 이 같은 주장은 체코 내부에 어느 정도 자치권을 부여하는 방식으로 또는 뮌헨에서 히틀러가 요구한 것과 비교해 극적이지 않은 수준의 국경의 변화를 통해 해결될 수도 있었을 것이다. 히틀러가 추구한 목표는 특정 권리의 옹호 이상이었다. 체임벌린(Chamberlain)과 달라디에(Daladier)는 이 점을 잘 알고 있었으며 알아야만 했을 것이다. 그러나 이들은 히틀러의 요구에 굴복했다.[28] 히틀러의 요구에 대한 이들의 굴복은 정당성 측면이 아니고 전쟁에 대한

28) 당시의 처칠의 논거를 보라. *The Gathering Storm* (New York, 1961), chs. 17 and 18; also Martin Gilbert and Richard Gott, *The Appeasers* (London, 1963). 체임벌린에게 어느 정도 동정적인 최근의 학문적 평가를 보려면 다음을 참조하라. Keith Robbins, *Munich: 1938* (London, 1968).

두려움의 측면에서 설명될 수 있다. 1939년 영국의 가톨릭 작가인 제럴드 밴(Gerald Vann)은 이 같은 두려움을 이론적으로 설명해주는 서적을 출간했다. 내가 알고 있는 한, 밴의 논거는 유화정책의 문제에 '정당한 전쟁' 이론을 직접 적용하고자 했던 유일한 시도다. 이 같은 점에서 그의 논거를 상세히 살펴볼 필요가 있다. 밴은 소위 말하는 "뮌헨 원칙(굴욕적인 양보 원칙)"[29]을 변호했다.

> 조약으로 인해 방어해주지 않을 수 없거나, 부당하게 공격받은 특정 국가를 방어해야 할 당시 국가는 자신의 책임을 이행해야 한다. ……그러나 정당한 상태에서 주장할 수 있는 조건과 비교해 좋지 못한 조건에 동의하게 함으로써 '일대 분쟁에 따른 불행'을 막을 수 있도록 피(被) 침략 국가를 설득하는 일이 자신의 권리이자 의무일 수도 있다. ……이는 이 같은 권리의 포기가 '폭력의 지배'에 대한 '단 한 번의 모든(Once and for all)' 양보가 아님을 전제로 한다.

여기서 말하는 '의무'는 '평화추구'를 의미한다. '평화추구'는 홉스가 자연의 첫 번째 법칙으로 명시한 것으로서, 가톨릭의 우선순위에서 거의 가장 높은 수준에 있다. 물론 밴이 말하는 '일대 분쟁에 따른 불행'이란 구절은 '평화추구'가 실제와 비교해 보다 중요한 의미가 있음을 암시하고 있다. '율법주의자들의 패러다임'에서와 마찬가지로 '정당한 전쟁' 교리에서 '침략의 승리'는 보다 큰 죄악이다. 그러나 가능하다면 폭력의 회피가 의무임에 틀림없다. 폭력의 회피는 국가의 통치자들이 여타 사람들에게 뿐만 아니라 자국 국민들에게 지고

---

29) Gerald Vann, *Morality and War* (London, 1939).

있는 의무다. 한편 이 같은 의무가 국제사회의 조약과 관습에 따른 모든 책임을 간과할 수 있을 정도로 중대할 수 있다. 그러나 이 논거의 경우는 1938년 9월에 적용 가능했다고 생각되는 제한적 성격의 문장을 후미에 요구하고 있다. 그런데 이 문장은 그 목적이 상대방을 겨냥해 유화정책을 견지할 때와 그렇게 해서는 안 될 때를 말해주는 형태란 점에서 조사해볼 가치가 있다.

여기서 찔끔 저기서 찔끔 지속적으로 영향력을 확대하거나 국경선을 확장하고자 노력하는 국가를 생각해보자. 이 같은 국가는 윌슨이 말하는 민달팽이와 같지는 않지만 전통적인 '강대국'에 보다 가까운 형태일 수 있다. 분명히 말하지만, 이 같은 압박을 받은 국가의 국민들은 저항할 권리가 있다. 이 같은 국가의 동맹국들과 여타 국가들이 이들의 저항을 지원해야 마땅할 것이다. 그러나 피(被) 침략 국가들 또는 여타 국가들에 의한 유화정책이 반드시 비도덕적인 것은 아닐 것이다. 밴의 논거는 바로 이것이다. 또한 정당성을 희생해서라도 평화추구가 의무일 수도 있다. 유화정책을 추구하는 과정에서 폭력에 굴복할 수도 있을 것이다. 그러나 정규전 전력이 있는 경우 이는 '폭력의 지배(Rule of violence)'에 절대적으로 굴복하는 형태는 아닐 것이다. 나는 밴이 말하는 '단 한 번의 모든'의 의미를 이 같은 절대적 굴복으로 생각하고 있다. 그는 이것을 '영원한' 굴복이란 의미로 생각할 수 없었다. 왜냐하면 정부가 붕괴되고, 국가가 점차 힘을 잃게 되며, 국민들이 반란을 일으키기 때문이다. '영원한' 굴복에 관해 우리는 아는 바가 없다. '폭력의 지배'란 문구는 보다 어려운 부분이다. 밴은 '폭력의 지배'가 보다 큰 물리적 힘에 굴복함을 의미하는 부분에 유화정책의 한계를 설정할 수 없었다. 그러나 '폭력의 지배'는 항상 이 같은 의미다. 도덕적 한계 측면에서 보면, '폭력의 지배'

란 문구는 보다 특이한 그 무엇, 보다 무시무시한 그 무엇을 지칭해야 할 것이다. 즉 폭력의 지속적인 사용, 대량학살 정책, 테러주의 및 노예화에 전적으로 매진하고 있는 사람들에 의한 지배를 지칭해야 할 것이다. 이 경우 유화정책은 세상의 악에 저항하지 못함을 의미함과 다름이 없을 것이다.

뮌헨협정의 의미는 정확히 이것이었다. 밴의 논거는 자신이 주장하는 바를 저하시키는 형태다. 왜냐하면 나치주의가 '폭력의 지배'를 대변하고 있으며, 나치주의의 진정한 성격이 당시 충분히 알려져 있었기 때문이다. 1938년 당시 체코가 나치주의에 굴복했음은 분명한 사실이다. 또한 체코 영토의 잔여 부분과 체코의 주권을 적어도 체코인들이 방어할 수 없었던 것도 분명한 사실이다. 이는 당시 매우 잘 알려져 있던 사실이다. 그러나 밴의 논거가 여타 경우에 적용될 수 없는지 의문이다. 나는 폴란드 전쟁은 다루지 않을 생각이다. 왜냐하면 폴란드인들이 재차 나치의 침략을 받았으며 체코의 경험으로부터 교훈을 얻었음이 틀림없기 때문이다. 그러나 그로부터 몇 달 뒤의 핀란드의 상황은 달랐다. 당시는 핀란드의 모든 친구들과 많은 핀란드인들이 핀란드에 '뮌헨 원칙'을 촉구했다. 체코의 경험에도 불구하고 1939년 가을 후반에 러시아가 제시한 조건의 수락이 이들에게 "'폭력의 지배'에 대한 절대적인 항복"으로 보이지 않았던 듯 보인다.

핀란드

스탈린 당시의 러시아는 전통적인 강국은 아니었다. 그러나 핀란드전쟁이 발발하기 이전 몇 달 동안 러시아의 행동은 전통적인 권력

정치의 유형과 유사했다. 러시아는 핀란드를 병합해 자국 영토를 확장하고자 노력했다. 그러나 당시 러시아가 요구한 사항은 평범한 수준이었으며, 러시아의 국가안보와 직결돼 있었던 반면, 혁명적인 의미는 없었다. 스탈린은 문제의 사안이 레닌그라드 방어와 다름이 없다고 주장했다. 당시 레닌그라드는 핀란드의 국경에서 포를 쏘면 포탄이 도달할 수 있는 위치에 있었다. 스탈린은 핀란드의 공격이 아니고 핀란드 영토에서의 독일의 공격을 두려워했다. 스탈린은 다음과 같이 말했다. "레닌그라드를 옮길 수 없기 때문에 국경선을 변경해야 한다."[30] 비록 가치 없는 땅이지만 당시 러시아는 자신들이 받고자 한 부분과 비교해 넓은 땅을 주겠다고 제안했다. 당시 러시아가 제안한 부분은 적어도 주권 국가들 간의 교환의 성격을 띠었다. 대화 초기, 소련의 정책에 관해 결코 모르고 있지 않던 만네르하임(Mannerheim) 원수는 이 같은 교환을 강력히 권고했다. 핀란드의 영토가 레닌그라드에서 지나치게 가까우면 러시아보다는 핀란드가 위험하다는 논거였다. 스탈린이 핀란드를 영구 합병하거나 공산국가로 변환시킬 의도가 있었을 가능성도 있다. 그러나 당시는 이 같은 점이 겉으로 드러나지 않았다. 러시아에 의한 위험이 심각한 수준인 것은 사실이지만 이 정도 수준까지는 아닐 것이라고 대부분의 핀란드인들은 생각했다. 이들은 보다 평범한 형태의 또 다른 침공과 압박을 두려워했다. 따라서 핀란드는 뮌헨 원칙을 시험해볼 수 있는 유용한 사례다. 전쟁의 참상을 피할 목적에서, 자신들이 정당히 주장할 수 있던 조건과 비교해 바람직하지 않은 조건에 핀란드가 동의해야만 했는가? 핀란드의 동맹국들이 핀란드에 이 같은 조건을 강요해

30) Max Jakobson, *The Diplomacy of the Winter War* (Cambridge, Mass., 1961), p. 117.

야 마땅했는가?

첫 번째 질문과 관련해 우리는 단호한 방식으로 답변할 수 없다. 이는 핀란드가 선택해야 할 문제다. 그러나 우리는 이 문제에 관심이 있다. 전투 수행도 불사한다는 핀란드의 결심을 도덕적 만족감에서 전 세계 사람들이 극구 환영했음을 이해할 필요가 있다. 여기서 내가 말하고 있는 부분은 전쟁 발발 당시 항상 목격되다가 얼마 지나지 않아 수그러드는 형태의 열정이 아니다. 그와는 달리 핀란드의 결정이 타의 모범이 되는 형태였음을 언급하고자 한다. 히틀러의 요구에 굴복한 영국, 프랑스 및 체코의 결정을 세계 사람들이 일종의 안도감에 더불어 부끄럽게 생각한 바 있는데, 이는 이 같은 경우에서는 목격되지 않는 형태의 것이었다. 전쟁을 포함한 모든 경쟁에서 패배한 사람을 사람들이 동정하게 되는데, 이는 당연한 현상이다. 또한 이 같은 패배자가 예기치 못한 승리를 거두기를 사람들은 희망하게 된다. 구체적으로 말하면 전쟁에서 이는 도덕적 성격의 동정과 기대다. 이는 통상 패배자가 희생자란 지각(知覺)과 관련이 있다. 즉 이들의 투쟁이 올바른 형태라는 지각과 관련이 있다. 우리는 이웃의 악당들이 살인마가 아닌 경우에서조차 이들의 패배를 희망하게 된다. 마찬가지로 국가의 생존이 경각에 달려 있지 않은 경우에서조차 침략자의 패배를 희망하게 된다. 우리가 추구하는 공동의 가치가 침략에 대항한 이 같은 투쟁으로 인해 보다 공고해지고 고양된다. 반면에 보다 지혜로운 형태인 경우에서조차 유화정책은 이 같은 가치를 반감시키고 우리들 모두를 초라하게 만든다.

스탈린이 핀란드를 신속히 무력화시키고는 아테네인들이 멜로스인들에게 한 방식으로 핀란드를 다루었다면 우리의 공동 가치가 저하됐을 것이다. 이는 굴복의 바람직함보다는 집단안보와 저항의 중요성을 암시해주는 부분이다. 예를 들면, 핀란드와 함께 투쟁할 목적으로 스웨덴이 부대의 파견을 공약했더라면 러시아의 핀란드 침공은 없었을 것이다.31) 그 수준과 무관하게 영국과 프랑스가 핀란드를 지원할 계획이 있었더라면 핀란드인들에 의한 초기의 예기치 못한 승리가 추가되면서, 러시아가 협상을 통한 해결을 추구하도록 하는 과정에서 이 같은 계획이 결정적인 역할을 했을 것이다. 1940년 3월에 설정된 새로운 국경선은 당시로부터 4개월 전에 러시아가 제안한 것과 비교해 훨씬 좋지 못한 형태였다. 그 과정에서 수천 명의 핀란드 군인들이 전사했으며, 수십만의 핀란드인들이 고향을 떠나야만 했다. 그러나 이 모두에도 불구하고 핀란드는 자신의 독립의 정당성을 입증해야만 했다. 독립의 정당성을 입증하는 문제와 투쟁 과정에서 많은 사람이 사망하는 문제 간에 적절히 타협하기 위한 방법은 무엇인가? 더욱이 독립의 정당성을 입증할 필요가 없어 보였던 1939년 당시 이처럼 타협하기 위한 방법은 무엇인가? 이는 보다 어려운 문제다. 또한 독립의 의미를 측정하기 위한 방안은 아직도 난제다. 독립은 정책수립 과정에서의 자유뿐만 아니라 국가의 자존심 및 자긍심과 관련이 있는 문제다. 핀란드 전쟁이 의미 있는 일로 통상 생각되고 있다면, 이는 독립이 그 무엇과 쉽게 바꿀 수 없는 형태의 가치이기 때문이다.32)

---

31) 1939년 가을에 스웨덴이 핀란드에 대한 지원을 공약했더라면 소련이 핀란드를 공격하지 않았을 것이라는 점을 스웨덴 수상이 인정했다고 야콥슨(Jakobson)은 보도하고 있다(p. 237).

32) 이 계산을 정당한 방식으로 하는 것과 비교해 이 계산을 정당한 사람이 하는 것은 중요한 의미가 있을 것이다. 왜냐하면 정당한 방식으로 계산한다는 것의 의미를 우리가 잘 알 수 없기 때문이다. 이 같은 점에서 멜로스인들의 결심과 핀란드인의 결심을 비교할 수도 있을 것이다. 멜로스는 과두정치 국가, 즉 소수 독재정치 국가였다. 전투를 원했던 이곳의 지도자들은 아테네의

뮌헨 원칙에서는 개인의 생존을 목적으로 독립의 상실 내지는 손상에 동의하고 있다. 뮌헨 원칙은 자신의 권리를 방어하는 것이 아니고 상대방의 힘에 적응하는 형태의 국제사회를 겨냥하고 있다. 분명히 말하지만, 이 같은 관점에 리얼리즘이 내재해 있다. 그러나 핀란드의 사례는 또 다른 관점에도 리얼리즘이 내재해 있음을 암시해주고 있다. 첫째, 핀란드가 추구한 권리는 이 권리를 수호할 목적으로 죽어야만 했던 사람들에게조차 진정 의미가 있었다. 둘째, 이 권리의 수호는 종종 가능한 일이다. 나는 유화정책이 결코 정당화될 수 없다고 주장할 생각이 없다. 침략자(러시아)가 공격하고 있는 가치에 집단 차원에서 우리가 부여하고 있는 의미가 매우 지대하다는 점을 지적하고자 할 다름이다. 이 가치는 핀란드와 같은 국가들의 존재에 잘 요약돼 있다. 침략이론에서는 우리가 다원론적 세계에 집착하고 있다고 가정하고 있다. 또한 침략이론에서는 이 같은 집착이 침략에 대한 저항을 옹호해야 할 이유의 '내적인 의미'로 가정하고 있다. 우리는 인간 집단이 자신의 운명을 자유롭게 조성해가는 국제사회에서 살기를 원하고 있다. 그러나 이 같은 사회는 결코 완벽한 형태로 실현될 수 없다. 즉 이 같은 사회는 결코 안전하지 않으며

장군들이 대중 집회에서 연설하도록 내버려 두지 않았다. 이는 자국 국민들이 과두정치를 위해 목숨과 도시를 걸고 투쟁하지 않을 가능성이 있음을 두려워했기 때문일 것이다. 핀란드는 민주주의 국가였다. 핀란드 국민들은 러시아가 요구하고 있던 부분의 성격을 정확히 알고 있었다. 전투 수행과 관련된 핀란드 정부의 결심이 핀란드 국민 내부에서 엄청난 인기가 있었다. 핀란드를 모범적인 사례로 취급하면 침략이론의 나머지 부분과 매우 잘 부합될 것이다. 즉 유화정책을 배격할 목적의 결심은 배격 이후에 있게 되는 전쟁을 감내해야 할 사람들 또는 이들의 대표가 가장 잘 내릴 수 있다는 침략이론의 나머지 부분과 매우 잘 부합될 것이다. 물론 이는 대중 집회에서 혹자가 하고자 원할 수 있는 주장에 관해 전혀 말해주는 바가 없다. 이 주장들은 오만하고 영웅심에 넘치는 형태가 아니고 신중하면 보다 좋을 것이다.

항상 방어해야만 한다. 핀란드 전쟁은 이 같은 방어의 필요성을 보여주는 모범적인 사례다. 핀란드 전쟁 이전에 있었던 외교적 기동이 매우 복잡한 성격이란 점에도 불구하고 실제 전투가 도덕적 측면에서 매우 단순했던 것은 이 같은 이유 때문이다.

권리수호는 투쟁 가치가 있는 나름의 이유다. 이것이 투쟁을 위한 유일한 이유란 점을 재차 그리고 마지막으로 강조하고자 한다. '율법주의자들의 패러다임'은 권리수호의 경우를 제외한 모든 전쟁을 배격하고 있다. 이 패러다임의 경우는 '예방전쟁', 무역전쟁, 영토 확장 및 정복 전쟁, 종교전쟁, 혁명전쟁 그리고 군사적 간섭을 절대 배제하고 있다. 이는 국가 내부에서 이 전쟁들에 상응하는 것들이 배제되고 있는 바와 동일한 현상이다. 달리 말하면, 이 전쟁들은 이 전쟁들을 시작한 측에 의한 침략 행위다. 이 전쟁들에 상응하는 것들에 대항해 국가 내부의 가정과 도로에서 사람들이 정당하게 저항하는 바와 마찬가지로 이들에 대해서는 강력한 저항이 정당화된다.

그러나 이는 전쟁의 도덕성에 관한 완벽한 성격 묘사는 아니다. 매우 중요한 형태의 지적(知的) 도구인 것은 사실이지만 '국내법 유추'는 국제사회를 정확히 묘사하지 못한다. 국가는 개인과 다르다. 왜냐하면 개개 국가가 개인들의 집합체이기 때문이다. 또한 국가와 국가 간의 관계는 개인과 개인 간의 사적인 관계와 다르다. 왜냐하면 국가 내부의 국민들의 경우와 동일한 방식으로 권위 있는 법에 의해 국가가 국제사회에서 통제되고 있지 않기 때문이다. 이 차이는 전혀 모르고 있던 바도 아니며 모호한 성격도 아니다. 내가 이 차이를 간과했던 것은 분석적 명료성을 위해서다. 도덕적 판단을 설명할 때 나는 '국내법 유추'와 '율법주의자들의 패러다임'이 우수한 형태란 점을 주장하고자 노력했다. 그러나 도덕적 판단에 대한 설명은 아직도 완벽한 형태가 아니다. 이제 우리는 '율법주의자들의 패러다임'의 수정판의 필요성을 암시해주는 일련의 사안과 역사적 사례들을 살펴봐야 한다. 우리의 도덕적 판단은 놀라울 정도로 애매모호하며 복잡한 성격이다. 이 같은 이유로 인해 우리는 '율법주의자들의 패러다임'의 가능한 수정판 모두를 망라할 수 있는 입장이 아니다. 그러나 정당성 옹호의 논거로 인해 이 같은 패러다임의 수정이 요구되는 주요 부분들의 위치는 매우 분명하다. 오랜 기간 동안 이 부분들은 법적 및 도덕적으로 주요 논쟁 사항이었다.

┃제5장┃

예견 차원의 전쟁

"누가 먼저 발사했는가? 누가 국경을 침범했는가?" 등의 질문과 마찬가지로, 국가들이 무력에 호소할 때 가장 먼저 제기되는 질문은 답변이 매우 용이한 형태다. 이 질문은 판단이 요구되는 형태가 아니고 확인 차원의 질문이다. 이 질문에 대한 답변에 이견이 제기되고 있다면 이는 해당 정부가 거짓말하고 있기 때문이다. 어떻든 이 같은 거짓은 얼마 지나지 않아 밝혀지게 마련이다. 얼마 지나지 않아 진실은 밝혀진다. 정부가 이처럼 거짓말하는 것은 침략에 대한 비난으로부터 벗어나기 위해서다. 그러나 침략에 관한 최종 판단은 이 질문에 대한 답변에 의해 좌우되지 않는다. 추가의 논쟁, 변명과 합리화, 거짓 발언이 있은 이후에나 우리는 전쟁의 도덕적인 문제에 직면하게 된다. 왜냐하면 화력을 발사하지 않은 상태에서 그리고 국경을 침범하지 않은 상태에서 종종 침략이 시작되기 때문이다.

실제 진행되고 있지 않은 반면 곧바로 있을 것으로 생각되는 폭력, 즉 임박한 폭력에 대항해 개인과 국가 모두는 자신을 방어할 수 있으며, 이 같은 방어가 정당할 수 있다. 즉 자신이 곧바로 공격받을 것으로 알고 있는 경우 먼저 발사할 수 있다. 이는 국내법뿐만 아니라 국제사회를 염두에 둔 '율법주의자들의 패러다임(Legalist paradigm)'에서도 인정되고 있는 권리다. 그러나 대부분의 법률적 해석에서 이 같은 권리는 매우 제한적이다. 제한사항을 구체적으로 명시하게 되면, 이 권리는 실체가 의문시된다. 예를 들면 1842년의 캐롤라인(Caroline) 판례와 관련된 대니얼 웹스터(Daniel Webster) 국무장관의 논거를 살펴보자. 그는 다음과 같이 주장했다. "선제폭력(Preempt violence)이 정당화되려면 자위(自衛)의 필연성이 입증돼야 한다. ……즉각적이고도 압도적인 위협, 별다른 대응 방법이 없을 뿐더러 숙고의 여지가 전혀 없을 정도의 위협이 있어야 한다."[1] 이 경우 공격이 진행되고 있음을 인지한 즉시, 그리고 공격에 따른 충격을 느끼기 이전에 반응할 수 있다는 시각이다. 이 같은 관점에서의 선제공격은 최후 순간에 자신의 손을 휘젓는 반사적 행위와 유사하다. 이 같은 종류의 행동을 정당화하는 과정에서는 많은 말이 필요치 않을 것이다. 가장 뻔뻔스런 침략자도 자신이 최초 일격을 가하는 순간까지 상대방이 가만히 있어야 한다고 주장하지는 않을 것이다. 선제공격을 정당화해주는 경우에 관한 웹스터의 공식(公式)은 국제법을 공부하는 학자들에게 인기가 있는 듯 보인다. 그러나 이것이 임박한 전쟁에 관한 경험을 유용한 방식으로 다루고 있다고는 생각되지 않는다. 전쟁을 피할 수 있을 것인지, 먼저 공격해야 할 것인지의 문제를 놓고 고민하는 과정에서는 종종 장기간의 숙고와 잠 못 이루는 밤이

1) D. W. Bowett, *Self-Defense in International Law* (New York, 1958), p. 59. 나의 입장은 '율법주의자들의 논거'에 대한 줄리어스 스톤(Julius Stone)의 비평에 영향을 받았다 : *Aggression and World Order* (Berkeley, 1968).

있게 된다. 이 같은 논쟁은 도덕적 어구보다는 전략적 어구로 표현된다. 그러나 논쟁 이후의 결심은 도덕적 차원에서 심판받게 된다. 한편 이 같은 결심의 결과로 기대되는 부분과 이 같은 결심이 연합국 및 중립국뿐만 아니라 자국 국민들 내부에 끼치게 될 효과는 그것 자체가 전략적 요인이다. 따라서 해당 판단과 관련된 조건을 올바로 정립하는 것이 중요한 의미가 있다. 이처럼 하려면 '율법주의자들의 패러다임'을 일부 수정할 필요가 있다. 왜냐하면 이 패러다임의 경우, 우리가 실제로 내리는 판단과 비교해 훨씬 제한적 성격이기 때문이다. 즉각적이고도 압도적인 필연성(위협)에 직면하기 이전에서조차 우리는 이 위협의 희생자가 될 가능성이 있는 사람 또는 국가에 대해 동정을 표명하는 경향이 있다.

예견 차원의 전쟁들에 관한 스펙트럼을 생각해보자. 이 같은 스펙트럼의 한쪽 끝에는 웹스터가 말하는 반사적이고도 필수적이며 단호한 형태의 반응, 즉 선제공격(先制攻擊 : Preemptive strike)이 위치해 있다. 또 다른 한편에는 '예방전쟁(Preventive war)', 즉 많은 시간이 경과한 이후에나 있을 위험에 반응하는 형태의 공격이 있는데, 이 같은 공격은 통찰력과 자유로운 선택의 문제다. 나는 그 위험이 판단의 문제며 정치적 결심이 구속받지 않는 스펙트럼의 한쪽 끝, 즉 '예방전쟁'인 경우에서 시작해 정당한 공격과 부당한 공격을 구분해주는 선(線)이 위치해 있는 점(點)으로 이동하고자 한다. 이 같은 점에서는 웹스터가 말하는 반사적 성격의 공격과 매우 다른 형태의 것들이 가동된다. 이 점에 해당하는 위기에서는 아직도 선택이 가능하다. 즉 전투를 수행해야 할 것인지 아니면 무장한 채 기다릴 것인지를 선택할 수 있다. 따라서 이 점에 해당하는 위기에서의 전투 시작 관련 결심은 적어도 '예방전쟁'의 수행에 관한 결심과 유사하다. 여기서는 '예방전쟁'을 변호할 당시 오늘날 사용되는 기준과 한때 '예방전쟁'을 정당화해주고 있다고 생각되던 기준들을 구분하는 것이 중요한 의미가 있다. 스펙트럼에서 '예방전쟁'에 해당하는 곳에 이 같은 선(線)을 긋지 않는 것은 무슨 이유 때문인가? 이 이유는 우리가 견지하고 있는 입장의 이해란 측면에서 중요한 부분이다.

'예방전쟁'과 세력균형

'예방전쟁'의 경우는 위험을 측정하기 위한 특정 기준을 전제로 하고 있다. 그런데 이 같은 기준은 현재 상황과 관련이 없다. 즉 이는 국경의 긴급한 보호 또는 경계(警戒)와 관련이 없다. 이 같은 기준은 '심안(心眼)', 즉 17세기 이후부터 오늘날까지 국제정치에서 주도적인 역할을 수행해온 세력균형(Balance of Power)이란 개념과 관련이 있다. '예방전쟁'은 세력균형 목적의 전쟁, 즉 세력의 균등한 분배로 생각되던 상황이 주도적인 관계 내지는 열세 관계로 이전되지 않도록 할 목적의 전쟁이다. 오늘날 사람들은 세력균형이 국제사회에서 평화를 보장해주는 관건인 것처럼 말하고 있다. 그러나 세력균형은 이 같은 관건이 될 수 없다. 이와 같았더라면 세력균형을 유지할 목적에서 그처럼 빈번히 무력에 호소할 필요가 없었을 것이다. "근대 시대 정책의 자랑거리에 해당하는 세력균형이란 개념은……유럽의 전반적인 자유와 평화를 보존할 목적으로 고안됐다. 그러나 이 개념은 유럽 국민들의 자유만 보호해줄 수 있었다. 이는 무수히 많은 부질없는 전쟁의 발단이었다"2)라고 에드먼드 버크(Edmund Burke)는 1760년에 기술했다. 물론 버크가 언급하고 있는 전쟁들은 쉽게 지적할 수 있다. 그러나 이 전쟁들이 부질없는 형태였는지는 '예방전쟁'과 '자유 수호'의 관계를 바라보는 방식에 따라 달라진다. 18세기 당시의 영국의 정치가들뿐만 아니라 지적(知的) 측면에서 이들을 지지했던 사람들은 이 같은 관계가 매우 긴밀한 수준이라고 생각했다. 이들은 전적으로 세력이 불균형한 체제가 평화를 강화할 가능성이 높다는 점을 인정했다. 그러나 이들은 이 경우에서의 "세계왕국에 따른 위험(The danger of universal monarchy)"[3]을 생각하며 경악했다. 세력균형을 목적으로 무력에 호소할 당시 이들은 자신들이 국익뿐만 아니고 유럽 전역에 걸친 자유를 가능케 해주는 요소인 국제사회 질서를 방어하고 있다고 생각했다.

이는 '예방전쟁'을 옹호하는 전형적인 논거다. 당시로부터 100여 년 전의 프랜시스 베이컨(Francis Bacon)의 주장처럼 이 같은 논거의

---

2) From the *Annual Register*, in H. Butterfield, "The Balance of Power," *Diplomatic Investigations*, pp. 144-45에서 인용.

3) 이 구절은 "세력균형에 관해(Of the Balance of Power)"란 제목의 흄(David Hume)의 에세이에서 발췌한 것이다. 이 책에서 흄은 세력균형을 염두에 두어 수행된 영국의 세 전쟁을 "**정당하게 시작됐으며, 아마도 필연적으로 시작됐다**"고 묘사하고 있다. 흄의 철학 내부에 이 같은 논거를 삽입할 수 있다고 생각했더라면 이것을 상세히 다루었을 것이다. 그러나 『도덕원리 탐구(*Enquiry Concerning the Principles of Morals*)』에서(Section III, Part I) 흄은 다음과 같이 기술하고 있다. "전쟁의 분노와 폭력 : 전쟁이란 정당성이 더 이상 의미가 없거나 도움이 되지 않는다고 생각하는 분쟁 당사자들 내부에서의 정당성의 중지와 다름이 없다." 흄에 따르면 이 같은 정당성의 중지 자체가 정당한 것인지는 알 수 없다. 개개인이 "자기 보존에 근거해 행동하는 홉스의 '자연의 상태(State of Nature)'"에서처럼 이는 전적으로 필연성의 문제다. 정당성의 기준이 필연성의 압박과 함께 존재하고 있다는 점을 흄은 자신의 『에세이(*Essays*)』에서 발견하고 있다. 아마도 이는 특정의 철학적 입장을 일반적인 도덕적 화법으로 전환함이 불가능함을 보여주는 또 다른 사례일 것이다. 어떻든 흄이 논의하고 있는 세 전쟁 중 어느 것도 영국의 보존에 필요치 않았다. 흄이 이 전쟁들을 정당한 형태로 생각했던 것은 세력균형이 일반적으로 도움이 된다고 생각했기 때문일 것이다.

경우는 "통치자들이 적정 수준의 파수꾼을 유지하고, 자신들을 괴롭힐 수 있을 정도로 주변국이 세력을 키우지 못하도록(영토 확장, 무역 증대 등의 방식으로) 해야 한다"4)고 요구하고 있다. 한편 주변국의 세력이 지나치게 비대해지는 경우 이들의 공격을 기다리는 것이 아니고 이들에 대항해 가능한 한 조속히 싸워야만 한다는 주장이었다. 즉 이는 다음과 같았다. "상대방이 먼저 피해를 주지 않았거나 도발하지 않은 경우 전쟁 수행이 정당화될 수 없다는 스콜라 학자들의 의견을 들어서는 안 된다. 왜냐하면 상대방이 일격을 가해오지 않은 경우에서조차 임박한 위험에 대한 두려움이 전쟁 수행의 합법적인 이유가 됨이 분명하기 때문이다." 여기서 말하는 '임박한'은 몇 시간 또는 며칠의 문제가 아니다. 통치자들 휘하의 파수꾼들의 경우 주변국의 세력 확대를 주목하면서 지리적 거리뿐만 아니라 시간적 거리를 직시하게 된다. 이들은 이 같은 세력 확대로 인해 세력이 한쪽으로 기울어지고 있거나 기울 가능성이 있는 즉시 이 같은 세력 확대를 두려워하게 될 것이다. 홉스의 철학에서 보듯이 전쟁은 국가들이 실제 하고 있는 것들 내지는 자신의 사악한 의도와 관련해 노출시키는 징후가 아니라 두려움만으로도 정당화된다는 논거였다. 그런데 신중한 통치자는 상대방이 사악한 의도가 있다고 가정하고 있다.

이 논거는 공리주의적 성격이다. 이는 다음과 같은 두 명제로 요약될 수 있다. (1) 세력균형으로 인해 유럽의 자유가 보존되고 있다(아마도 유럽 사람들의 행복도 마찬가지일 것이다). 따라서 세력균형은 어떠한 대가를 지불해서라도 유지할 가치가 있다. (2) 결정적인 방식

4) Francis Bacon, *Essays* ("Of Empire"); see also his treatise *Considerations Touching a War With Spain* (1624), in The Works of Francis Bacon, ed. James Spedding *et al.* (London, 1874), XIV, pp. 469-505.

으로 세력이 한쪽으로 기울어지기 전에 조속히 전투를 수행하면 방어 비용을 대거 줄일 수 있게 되는 반면, 기다린다고 전쟁을 모면할 수 있는 것은 아니다(개인의 자유를 또한 포기하지 않는다면). 이처럼 기다리면 전쟁의 규모가 훨씬 방대해지고, 훨씬 불리한 상황에서 전쟁을 수행하게 된다. 이는 충분히 그럴듯한 논거다. 그러나 다음과 같은 또 다른 수준의 공리주의적 반응을 생각해볼 수도 있다. (3) (1)번 명제와 (2)번 명제를 수용하면 도움이 되는 것이 아니고 위험에 빠진다. 또한 세력관계가 변할 때마다 무수히 많은 부질없는 전쟁을 수행해야 한다. 그런데 세력의 증대 또는 감소는 국제정치에서 지속적으로 목격되는 현상이며, 완벽한 안보와 마찬가지로 완벽한 세력균형은 유토피아적인 이상(理想)과 다름이 없다. 따라서 '율법주의자들의 패러다임' 내지는 유사한 규칙에 근거해, 비대해진 세력을 상대방이 오만한 형태로 사용할 때까지 기다림이 최상이다. 이것 또한 충분히 그럴듯한 논거다. 그러나 이것이 제대로 준비된 형태의 것이 아님을 강조할 필요가 있다. 즉 이는 어떠한 형태의 공리주의적 계산에도 근거하고 있지 않다. 권력정치가 매우 불확실한 성격이란 점을 고려해보면, 공리주의 원칙에 근거해 이 같은 위치를 판별(전투를 수행해야 할 시점과 수행하지 않아야 할 시점의 결정)해내기 위한 실제적인 방안은 없을 것이다. 수행해야 할 실험들, 수행해야 하는 반면 수행하지 않은 전쟁들, 계산을 목적으로 알고 있어야 할 부분들을 생각해보라! 어떻든 우리는 '예견 차원의 전쟁'들의 스펙트럼 위에서 도덕적 라인을 전혀 다른 방식으로 도시하고 있다.

주변국이 사악한 의도를 갖고 있다고 가정하는 것은 신중한 자세가 진정 아닐 것이다. 이는 인생을 백안시하는 자세, 즉 어느 누구도 이 같은 자세를 견지한 상태에서 살아가지 않으며, 살아갈 수 없는 형태의 세속적인 자세와 다름이 없다. 우리는 주변국의 의도에 관해 판단해볼 필요가 있다. 이 같은 판단이 가능해지려면 우리는 사악한 의도의 증거로 생각할 수 있는 몇몇 행위들 내지는 행위들의 집합을 명기해야 한다. 이 행위들의 명문화는 임의적 성격이 아니다. "위협받고 있다"는 것의 의미에 관해 숙고해볼 때에만 우리는 이 행위들을 명문화할 수 있게 된다. 합리적인 인간들의 경우 진정한 위협에 두려움 가운데 반응할 수 있으며, 이들의 주관적인 경험(예 : 두려움)이 '예견 차원의 전쟁'을 변호하는 논거에서 중요한 부분일 수 있다. 그러나 단순히 '두렵다는 것'의 의미에 관한 숙고로는 충분치 않다. 베이컨이 말하는 '정당한 두려움'이 암시하고 있는 바처럼 우리는 또한 객관적인 기준이 필요하다. 이 같은 기준은 주변국의 위협적인 행위들과 관련이 있어야 한다. 왜냐하면 천재지변의 경우를 제외하면 사람은 자신을 위협하고 있는 어느 누군가에 의해서만 위협받을 수 있기 때문이다. 여기서 "위협한다"의 의미는 다음과 같은 사전적 의미다. 즉 이는 "피해를 야기할 의도의 천명, 또는 위협의 형태로 몇몇 피해를 유보하고 있거나 야기함"[5]을 의미한다. 이 같은 개념이 있는 상태에서, 우리는 세력균형 목적의 전쟁을 판단해야 한다. 그러면 18세기 당시의 '예방전쟁'의 모범적인 사례로 간주되고 있는 '스페인 왕위계승 전쟁'의 경우를 살펴보자.

스페인 왕위계승 전쟁

1750년대 당시 스위스의 법리학자인 바텔(Vattel)은 합법적인 형태

---

5) *Oxford English Dictionary*, "threaten."

의 '예방전쟁'의 기준을 다음과 같이 제시했다. "특정 국가가 불의(不義), 탐욕, 오만, 야욕 내지는 전체주의 성격의 지배욕 등의 징후를 보이는 경우, 이 국가는 주변국의 경계 대상이 된다. 또한 이 국가의 세력이 가공할 수준으로 증대되고 있을 때에는 이 국가에 대항한 안보(경계)가 요구될 수 있다. 이 국가가 이 같은 경계(안보)를 어렵게 만들고 있는 순간 무력행사를 통해 이 국가의 구상을 사전 예방할 수도 있다."[6] 이 기준은 스페인 왕이 병석에서 죽어가고 있을 당시인 1700년과 1701년의 사건들을 겨냥해 작성됐다. 당시로부터 훨씬 이전부터 루이 14세는 불의, 탐욕, 오만 등에 관한 분명한 징후를 보이고 있었다. 그는 팽창주의적이고도 공격적인 대외정책을 공공연히 표방했다. 이는 그가 모든 계획적인 영토 점령과 관련해 나름의 이유, 고대시대의 권리 주장 등을 제시하지 않았다는 의미가 아니다. 1700년에는 그의 세력이 엄청난 수준으로 증대되고 있는 듯 보였다. 그의 손자인 앙주(Anjou) 공작이 스페인 왕으로 추대됐다. 그에게서 통상 목격되는 현상이지만, 오만한 루이 14세는 주변 왕국들에게 어떠한 보장도 해주지 않았다. 그는 앙주 공작이 프랑스 왕을 계승할 수 없도록 해야 한다는 주변국의 의견을 받아들이지 않았는데, 이는 가장 중요한 부분이었다. 따라서 루이 14세는 프랑스와 스페인이 강력하고도 통합된 국가가 될 가능성을 열어 놓았다. 그러자 유럽의 주도와 관련된 루이 14세의 구상으로 생각되던 부분에 대항해, 영국을 중심으로 한 유럽 열강들이 무력에 호소했다. '예방전쟁'에 관한 기준을 루이 14세의 경우와 직접 결부시키면서 결론적으로 바텔은

6) M. D. Vattel, *The Law of Nations* (Northampton, Mass., 1805), Bk. III, ch. III, paras. 42-44, pp. 357-78. Cf. John Westlake, *Chapters on the Principles of International Law* (Cambridge, England, 1894), p. 120.

다음과 같이 메모했다. "그 후 생각해보니 프랑스와 스페인의 정책이 지나칠 정도로 의혹을 자아내는 형태였다." 물론 이는 사건이 벌어진 이후에 얻은 지혜다. 그러나 아직도 이는 지혜다. 이 같은 점에서 혹자는 바텔이 정립한 기준을 새롭게 정립하기 위한 노력이 있어야 할 것으로 기대할 것이다.

단순한 세력증대는 전쟁의 정당한 이유 내지는 이유의 시작도 될 수 없는 듯 보인다. 동일한 이유로 베이컨이 말하는 무역확대는 전쟁의 정당한 이유로 충분치 않다. 왜냐하면 정치적으로 구상된 것이 아닐 수 있다는 점에서 악의적 의도를 보여주는 증거로 간주될 수 없는 발전 과정을 이 모두가 암시해주고 있기 때문이다. 바텔이 말하고 있듯이, 앙주가 스페인 왕에 추대된 것은 "스페인의 요청, 특히 사망한 스페인 왕의 유언" 때문이었다. 다시 말해, 이 경우 민주적 의사결정은 없었지만 앙주는 프랑스의 입장 때문이 아니고 스페인의 사정으로 인해 왕위에 추대됐다. 스페인과 프랑스에 대항한 영국의 전쟁에 반대하는 글에서 조나단 스위프트(Jonathan Swift)는 다음과 같이 질문했다. "프랑스와 스페인이 자신들의 정책과 관련해 별도의 좌우명을 견지하고 있지 않은가……?"[7] 미래와 관련해 루이 14세가 언질을 주지 않았다는 점이 악의적 구상의 증거로 간주될 수도 없다. 앙주가 스페인 왕을 계승함에 따라 스페인과 프랑스 간에 보다 긴밀한 동맹이 가능해졌다면 영국과 오스트리아가 보다 긴밀한 동맹을 유지하는 것이 적절한 반응일 것이다. 이 경우 기다리며 루이 14세의 의도를 새롭게 판단할 수 있었을 것이다.

---

7) Jonathan Swift, *The Conduct of the Allies and of the Late Ministry in Beginning and Carrying on the Present War* (1711) in *Prose Works*, ed. Temple Scott (London, 1901), V, 116.

그러나 여기에는 보다 심오한 문제가 있다. 위협적인 행위들을 규정할 당시 우리는 사악한 의도를 보여주는 징후뿐만 아니라 상대방의 위협적인 행위들에 반응하는 것과 관련된 권리를 찾게 된다. 특정 행위들을 위협으로 묘사하는 것은 이 행위들을 도덕적 측면에서 묘사한다는 의미다. 또한 이 행위들에 대한 군사적 반응이 도덕적 측면에서 이해되도록 묘사하는 것을 의미한다. '예방전쟁'을 옹호하는 공리주의적 논거의 경우는 이처럼 하고 있지 않다. 이는 '예방전쟁'을 옹호하는 공리주의적 논거에 따른 전쟁이 너무나 빈번히 일어나기 때문이 아니고 이 전쟁이 너무나 평범한 형태이기 때문이다. "전쟁은 여타 수단을 이용한 정치의 연장(延長)"이라는 클라우제비츠의 표현과 마찬가지로 이 논거의 경우는 외교에서 폭력으로 이전한다는 것의 의미를 전적으로 과소평가하고 있다. 이들은 살해하고 살해당함에 따른 문제를 인지하지 못하고 있다. 아마도 이 같은 인지는 인간의 생명을 평가하는 특정 방식에 의존하는데, 18세기의 정치가들은 인간의 생명을 평가하지 않았다. (말보루(Marlborough)와 함께 배를 타고 유럽대륙으로 건너갔던 영국군 중에서 되돌아온 사람은 얼마나 되는가? 그 숫자를 계산하고자 한 사람이 있었는가?) 어떻든 이 같은 논거는 중요한 의미가 있다. 왜냐하면 이것이 '예방전쟁'에 관해 사람들이 불안해하는 이유를 암시해주기 때문이다. 우리는 위협받는 순간이 돼서야 싸우고자 한다. 왜냐하면 그 순간에서만 정당하게 싸울 수 있기 때문이다. 이는 도덕적 안보(Security)의 문제다. '스페인 왕위계승 전쟁'에 관한 바텔의 마지막 발언 그리고 이 같은 전쟁의 무모성에 관한 버크의 일반적인 주장이 그처럼 걱정스러운 것은 이 같은 이유 때문이다. 물론 정치적 계산이 종종 잘못될 수 있다. 도덕적 선택 또한 마찬가지다. 한편 완벽한 안보는 불가능한 개념이다. 그러나 침략 의도를 이행하기 위한 현재의 수단들이라고 말할 수 있는 군인들에 의해 죽임을 당하거나 이들을 죽이는 경우와 먼 훗날에나 자국에 위협이 될 수도 있지만 되지 않을 수도 있는 군인들에 의해 죽임을 당하거나 이들을 죽이는 경우 사이에는 커다란 차이가 있다. 첫 번째 경우 우리는 적개심을 견지한 상태에서 전쟁을 준비하고 있을 뿐더러 공격 자세가 돼 있는 적과 대적하고 있다. 두 번째 경우의 적대행위는 미래에나 있을 수 있는 형태다. 전적으로 합당한 행위(위협적이지 않은 행위)에 전념하고 있는 상대방에 대항해 전쟁을 시작하면 이처럼 전쟁을 시작한 측에 항상 비난의 화살이 돌아올 것이다. 따라서 적의 사악한 행위에 반응하는 형태가 아닌 순수 예방 차원의 공격을 도덕적 측면에서 거부할 필요가 있게 된다.

선제공격

전쟁을 정당화해줄 수 있을 정도의 위협으로 간주돼야 마땅하거나 간주되는 행위는 무엇인가? 이 행위들의 목록은 작성이 불가능하다. 왜냐하면 일반적으로 인간의 행위와 마찬가지로 국가의 행위가 정황에 따라 그 의미가 달라지기 때문이다. 그러나 이것과 관련해 몇몇 착안할 가치가 있는 부분이 있다. 종종 정치 지도자들이 빠져들기 쉬운 폭언 내지는 호언은 그것 자체가 위협적이지는 않다. 위협이 되려면 이것으로 인해 몇몇 물질적인 피해가 야기돼야 한다. 전형적인 군비경쟁에서 목격되는 군사적 준비는 공식적이거나 암묵적으로 동의된 한계를 넘어서지 않는 한 위협으로 간주되지 않는다. 법학자들이 '전쟁 직전의 적대 행위들(Hostile acts short of war)'로 지칭하는 것들 또한 폭력이 수반된다 할지라도 전쟁 도발 의도를 보여주는 신호로 성급히 간주해서는 안 된다. 이것들은 일정 범주 안에서의 시도, 즉 제한된 수준에서의 불화일 수 있다. 마지막으로, 도발과 위협은 다르다. 중세의 스콜라 학자들은 '손상(損傷)과 도발(Provocation)'을 통상 '정당한 전쟁'의 두 이유라고 말했다. 그러나 이들은 국가의 영광, 특히 군주의 영광(명예)에 관한 당시의 개념들을 또한 수용하고 있다.[8] 아무리 좋게 봐도, 이 개념들은 도덕적 측면에서 의문이 간다. 상대방에게 모욕을 주는 행위가 중세(中世) 당시 결투의 이유가 되지 못했던 것처럼 오늘날 전쟁의 이유가 되지 못한다.

지금까지 언급하지 않은 부분, 즉 군사적 동맹, 동원(動員), 부대 이동, 월경(越境), 해상봉쇄 모두는 그 과정에서 언어적 협박이 있었는가와 무관하게, 적대의도를 보여주는 충분한 증거로 간주되기도 하지만 간주되지 않기도 한다. 그러나 우리가 관심이 있는 부분은 적어도 이 같은 종류의 행위다. 우리는 적을 찾아 '예견 차원의 전쟁'의 스펙트럼을 따라 이동하고 있다. 가능성이 있는 적 또는 잠재적, 단순히 악의를 품고 있는 적이 아니라, 전투원과 비전투원의 구분과 관련해 내가 재차 사용하게 될 용어를 이용해 표현해보면, 우리에게 피해를 주는 일에 이미 종사하고 있는 그리고 물리적 피해를 입히지는 않았지만 협박이란 방식으로 이미 피해를 끼친 국가들을 우리는 쫓고 있다. 이처럼 추적하면서 우리는 '예방전쟁'을 넘어서지만 웹스터가 말하는 선제공격(Pre-emptive strike)에는 미치지 못하게 된다. 합법적인 선제공격과 비합법적인 선제공격을 구분해주는 선(線)은 임박한 공격에 해당하는 점(點)이 아니고 충분한 수준의 위협

8) 18세기 당시 바텔은 "왕은 무력을 통해서라도 모욕에 대해 보복할 권리가 있다"고 주장했다. *Law of Nations*, Bk. II, ch. IV, para. 48, p. 216.

에 해당하는 점에 그어질 것이다. 이 문구는 모호한 성격이다. 이 문구는 다음의 세 경우를 망라하고 있다. 즉 피해를 입히겠다는 분명한 의도, 이 같은 의도가 확실한 위협이 되도록 하는 적극적인 준비의 정도, 전투가 아닌 것들을 하거나 기다리는 경우 위기가 크게 증대되는 일반적인 상황이 바로 그것이다. 바텔이 제시한 기준과 이 기준들을 비교해보면 논거가 보다 분명해질 것이다. 탐욕과 야욕에 관한 예전의 표시가 아니고 현재의 특정 표시가 요구된다. 세력증대가 아니고, 전쟁의 실제 준비가 요구된다. 미래 안보 보장의 거부가 아니고 현재 위험의 격화가 요구된다. '예방전쟁'은 과거와 미래, 즉 임박한 순간에 대한 웹스터의 반사적 행위에 초점을 맞추고 있는 반면, "위협 아래 있다"는 개념에서는 현재에 초점을 맞추게 된다. 나의 경우는 시간의 범주(Span)를 상술할 수 있는 입장이 아니다. 그러나 우리는 아직도 이 같은 시간의 범주 안에서 선택할 수 있으며, 이 같은 시간의 범주 안에서 압박을 느낄 수 있다.9)

이 같은 시간의 모습은 구체적인 사례를 통해 가장 잘 알 수 있다. 우리는 1967년의 '6일 전쟁(the Six Day War)' 이전 3주 동안에 있었던 사건을 통해 이것을 연구해볼 수 있다. '스페인 왕위계승 전쟁'이 18세기 당시의 '예견 차원의 전쟁'을 이해하기 위한 좋은 사례이듯이 '6일 전쟁'은 20세기의 '예견 차원의 전쟁'의 이해란 측면에서 매우 중요한 사례다. 이는 또한 전비(戰費) 측면에서 매우 빈번히 언급

---

9) 다음과 같은 그로티우스(Hugo Grotius)의 논거와 비교해보기 바란다. "시간의 관점에서 위험은 즉각적이고도 임박한 모습을 보여야 한다. 살인 의도가 분명한 방식으로 공격자가 무기를 잡고 있는 경우는 이 같은 범죄를 제압할 수 있다. 왜냐하면 물질적 측면에서 뿐만 아니라 도덕적 측면에서 또한 매 순간 간격이 있기 때문이다." *The Law of War and Peace*, trans. Francis W. Kelsey (Indianapolis, n.d.), Bk. II, ch. I, section V, p.173.

됐던 왕조정치에서 국가정치(National politics)로의 이전(移轉)이 도덕적으로 어느 정도 이득이 된다는 것을 암시해주는 중요한 사례다. 왜냐하면 국가, 특히 민주국가들의 경우 왕조 국가들과 비교해 '예방전쟁'을 수행해야 할 가능성이 희박하기 때문이다.

6일 전쟁

이스라엘과 이집트 간의 실제 전투는 이스라엘의 공격과 함께 1967년 6월 5일에 시작됐다. 당시 전쟁의 처음 몇 시간 동안 이스라엘은 자신들이 기습의 이점(利點)을 추구했다는 점을 인정하지 않았다. 그러나 당시의 기만(欺滿)은 유지되지 않았다. 이스라엘은 그 이전의 몇 주 동안 진행됐던 극적인 사건들로 인해 자신의 기습 공격이 정당화됐다고 생각했다. 따라서 우리는 이 사건들과 이 사건들의 도덕적 의미에 초점을 맞춰야 한다. 물론 보다 시간을 거슬러 올라가 중동지역에서의 아랍 국가들과 이스라엘 간의 갈등 전반을 살펴볼 수도 있을 것이다. 장기간에 걸친 정치 및 도덕적 역사가 모든 전쟁에 반영돼 있음은 분명한 사실이다. 그러나 '예견 차원의 전쟁'의 경우는 보다 좁은 시간의 틀 안에서 이해할 필요가 있다. 1948년의 이스라엘 건국이 도덕적으로 정당하지 않으며, 이스라엘이 존립에 관한 정당한 명분이 없기 때문에 언제라도 자신들이 이스라엘을 공격할 수 있는 입장이라고 이집트인들은 생각했다. 이 같은 논리에 따르면 자위권(自衛權)이 없다는 점에서 이스라엘은 '예견 차원의 전쟁'을 수행할 권리도 없었다. 그러나 자위권은 국가로서의 지위를 확보할 당시의 상태와 무관하게 단순히 존재해 있다는 점에 근거해 모든 정치적 공동체가 누릴 수 있는 가장 중요하고도 명백한 권리다.[10] 보다 공식적인 논쟁에서 이집트는 자신과 이스라엘 간에 이미 전쟁 상태가 존재하며, 이 같은 상황으로 인해 자신들이 취한 1967년 5월의 군사적 행위가 정당했다는 주장을 전개했는데, 이는 이 같은 이유 때문일 것이다.[11] 그러나 동일한 상황으로 인해 이스라엘의 사전 공격이 정당화됐을 것이다. 당시 양국 간에 존재해 있던 평화가 적어도 '평화에 근접'한 형태이며, 전쟁의 발발이 도덕적 설명이 요구되는 일이라고 생각함이 가장 좋을 것이다. 물론 당시 전쟁에 관한 도덕적 차원의 설명은 전쟁을 시작한 이스라엘의 책임이다.

당시의 위기는 시리아 국경에 이스라엘이 군사력을 집결시키고 있다는 내용의, 소련이 유포한 5월 중순의 보고서에 기원을 두고 있다. 이 보고서가 잘못된 것임은 현장에 있던 유엔 옵서버들에 의해 거의 즉각 입증됐다. 그럼에도 불구하고 5월 14일, 이집트 정부는 군을 최고 수준의 경계태세에 돌입시켰으며, 시나이반도에서 전력 증대를 시작했다. 그로부터 4일 뒤, 이집트가 시나이반도와 가자지구에서 유엔 위기군(Emergence Force)을 추방시켰다. 이들의 철수는 매우 신속히 이뤄졌다. 이집트의 군사력 증강은 지속됐다. 5월 22일에는 현재 시점을 기준으로 이스라엘 함선과 함정이 티란해협(Straits of Tiran)을 통과하지 못하게 하겠다고 나세르(Nasser) 대통령이 선언했다.

1956년의 '수에즈 전쟁(Suez War)' 이후, 세계는 티란해협을 국제수로(水路)로 인정해왔다. 이는 이 해협의 폐쇄가 개전(開戰)의 사유

10) 자위권에 대한 유일한 제한은 외적인 합법성이 아니고 내적인 합법성과 관련이 있다. 즉 자국 국민의 의지에 역행해 설립된 국가 또는 정부, 포악한 형태로 통치하는 국가 또는 정부는 외세의 침략에 대항해서조차 자신을 방어할 권리가 없을 것이다. 이 같은 가능성에 따른 일부 문제를 다음 장에서 거론할 생각이다.

11) Walter Laquer, *The Road to War: The Origin and Aftermath of the Arab-Israeli Conflict, 1967-8* (Baltimore, 1969), p. 110.

가 됨을 의미했다. 당시 이스라엘은 티란해협 폐쇄를 개전 이유로 생각할 것이라고 수차례 언급했다. 이 점을 고려해보면 '6일 전쟁'은 5월 22일로 거슬러 올라갈 수 있을 것이다. 6월 5일에 있었던 이스라엘의 공격은 당시 분쟁에서의 최초의 군사적 사건으로 생각할 수 있을 것이다. 종종 전쟁은 당사국 간에 전투가 있기 이전에 시작된다. 그러나 5월 22일 이후 이스라엘 내각은 무력 사용의 문제를 놓고 토론했다. 어떻든 폭력의 시작은 도덕적 측면에서 매우 중요한 사건이다. 이 같은 폭력의 시작이 이전의 사건들과 관련해 종종 정당화될 수 있다. 그러나 폭력의 시작은 반드시 그 정당성이 입증돼야 한다. 5월 29일의 주요 연설에서 나세르는 전쟁이 발발하는 경우 이스라엘을 철저히 파괴할 것이라고 천명했다. 이 같은 그의 발언으로 인해 이스라엘의 선제공격이 보다 쉽게 정당화될 수 있었다. 5월 30일, 전쟁이 발발하는 경우 이집트가 요르단 군을 지휘토록 한다는 내용의 문서에 서명할 목적으로 요르단의 후세인 왕이 카이로로 날아갔다. 이 같은 방식으로 후세인 왕은 이집트가 추구하고 있던 목표에 동조하고 있음을 만천하에 천명했다. 시리아가 이미 이 같은 조약에 동의했으며, 며칠 뒤 이라크가 동맹에 가입했다. 이라크가 이집트 중심의 동맹에 가입하겠다고 선언한 다음날 이스라엘이 공격을 시작했다.

당시 이집트인들이 느낀 흥분과 두려움은 작지 않은 수준이었다. 그러나 이집트가 전쟁을 시작할 의도가 있었다고는 보이지 않는다. 전후 이스라엘은 전시 획득한 문서를 공개했는데, 이 문서에는 네게브(Negev) 지역에 대한 공격 계획이 포함돼 있었다. 그러나 이 계획은 시나이반도에서 이스라엘의 공세 전력이 쇠약해진 순간에서의 반격 계획 또는 어느 정도 시간이 경과된 이후에서의 선제공격을 염두에 둔 계획이었을 것이다. 전쟁이 없는 가운데 티란해협을 폐쇄하고, 이스라엘 국경에 군사력을 유지할 수 있었더라면 나세르는 이것을 일대 승리로 간주했을 것이다. 이스라엘이 경제적으로 봉쇄된다는 점뿐만 아니라 이스라엘의 국방체계가 많은 압박을 받게 될 것이란 점에서 이는 이집트의 일대 승리였을 것이다. "양국의 군사력 구조는 근본적으로 불균형한 상태에 있었다. 이집트는 장기 복무자로 구성된 방대한 규모의 정규군을 이스라엘 국경에 배치해 무한정 유지할 수 있었다. ……이스라엘은 예비군의 동원을 통해서만 이 같은 배치에 대응할 수 있었는데, 그들은 장기 복무를 할 수 있는 입장이 아니었다. ……따라서 외교적으로 위기를 타개하지 못하는 경우 이집트가 방어적 자세를 견지할 수 있었던 반면 이스라엘은 공격해야만 하는 상황이었다."[12] 공격의 필연성과 관련해 말하면, 이 같은 필연성은 즉각적이고도 압도적인 형태라고 말할 수 없었다. 그러나 나세르가 승리하도록 내버려두는 경우 세력균형이 깨지면서 향후 적지 않은 위험이 있을 수 있었다. 이 경우 이스라엘은 항시 공격받을 수 있는 입장이었을 것이다. 이스라엘은 필사적으로 싸우고자 하는 적만이 야기할 수 있을 정도의 안보 위기에 직면했을 것이다.

민주주의 국가에서 목격되는 주저(躊躇)와 혼돈에 부분적으로 기인하고 있다고 생각되는 이스라엘 내부의 몇몇 정치적 이유로 인해 처음에 이스라엘의 반응은 단호한 형태가 아니었다. 이스라엘의 지도자들은 폐쇄된 티란해협을 개방하고 양국 모두에서 군사력을 동원해제하는 등 위기를 정치적으로 해결하고자 노력했다. 그러나 이들은 이 같은 정치적 능력이 없었을 뿐만 아니라 외부의 지원도 받지

12) Edward Luttwak and Dan Horowitz, *The Israeli Army* (New York, 1975), p. 212.

못했다. 일련의 외교적 활동이 전개됐다. 결과적으로 보면, 서구 열강들의 경우 이집트를 압박하거나 억압할 의향이 없었는데, 이는 사전에 예견될 수도 있던 부분이었다. 전쟁이 '최후 수단'이었다는 점을 보일 목적에서 무력에 호소하기 이전에 사람들은 항상 외교적 방안을 강구하고자 한다. 그러나 '6일 전쟁'과 관련해서는 외교적 활동의 필요성을 옹호하기가 쉽지 않은 듯 보인다. 시간이 경과될수록, 외교적 노력으로 인해 이스라엘의 고립이 보다 심화되고 있는 듯 보였다.

한편 "강도 높은 수준의 공포가 이스라엘 전역을 엄습했다." 전쟁이 시작되자 이스라엘은 엄청날 정도의 승리를 거두었다. 이 같은 승리로 인해 전쟁 발발 이전 몇 주 동안 이스라엘을 엄습했던 공포의 정도를 우리는 쉽게 상상할 수 없을 것이다. 유럽의 역사에서 빈번히 목격되는 현상이지만, 이집트는 향후 예견되던 승리를 자축하며 '전쟁 열병(War fever)' 상태에 놓여 있었다. 이스라엘의 분위기는 전혀 달랐다. 즉 이스라엘 사람들은 강도 높은 수준의 위협 가운데 생활하고 있었다. 향후 있게 될 일대 재앙에 관한 소문이 지속적으로 반복됐다. 크게 놀란 이스라엘 국민들이 식품점을 엄습해 모든 물품을 구입해갔다. 재고가 충분히 있다는 정부의 발표에도 불구하고 이 같은 현상이 벌어졌다. 군의 묘지에 있던 수천의 무덤이 파헤쳐졌다. 이스라엘의 정치 및 군사 지도자들은 극도의 신경쇠약 증세를 보였다.13) 나는 두려움 자체만으로는 '예견 차원의 전쟁'을 시작할 권리가 없다고 주장한 바 있다. 그러나 당시의 몇 주 동안 이스라엘 사람들이 느꼈던 걱정 근심은 '정당한 두려움(Just fear)'에 관한

13) Luttwak and Horowitz, p. 224.

거의 고전적인 사례인 듯 보인다. 이는 이스라엘이 진정 위험한 상태에 있었으며(외국의 옵서버들도 이 점에 쉽게 수긍했다), 이집트의 나세르가 이스라엘을 위험에 빠지도록 할 의도가 있었기 때문이다. 이 점을 나세르가 빈번히 언급했다. 그러나 군사적 측면에서 나세르가 취한 조치가 별다른 의미가 없었으며 매우 제한적인 목표에만 도움이 됐던 것도 사실이다.

이스라엘의 선제공격은 합법적인 형태의 '예견 차원의 전쟁'으로 생각된다. 그러나 이는 '율법주의자들의 패러다임'에 일대 수정이 요구됨을 의미한다. 왜냐하면 이는 군사적 공격 내지는 침입이 없는 상태에서 뿐만 아니라 이 같은 공격 내지는 침입에 관한 임박한 의도가 없는 경우에도 침략이 정당화될 수 있음을 의미하기 때문이다. 즉 '율법주의자들의 패러다임'은 다음과 같이 수정돼야 할 것이다. 군사력을 사용하지 않으면 자국의 영토보전 내지는 정치적 독립이 심각한 위기에 직면하게 되는 모든 경우에서 국가는 전쟁의 위협이 있을 당시 군사력을 사용할 수 있다. 이 같은 상황에 처해있는 국가는 무력에 호소할 수밖에 없는 입장이며, 침략의 희생자라고 말해도 전혀 무리가 없을 것이다. 국내사회의 경우와 달리 국제사회의 구성원들은 자신들이 의존할 수 있는 경찰력이 없다. 따라서 안정된 국내사회 내부에서의 개인의 경우와 비교해 국가들이 무력에 호소할 수밖에 없는 순간이 보다 일찍 다가올 가능성이 있다. 미국소설에 등장하는 서부활극시대처럼 불안정한 사회를 상상해보면, 이 같은 유추는 다음과 같이 재 작성될 수 있을 것이다. 위협 가운데 있는 국가는 살인 또는 살상 의도를 천명한 적(敵)에 의해 쫓기고 있는 개인과 같다. 분명히 말하지만, 이 같은 사람은 능력만 있다면 자신을 쫓고 있는 자를 기습하고자 할 것이다.

앞에서 언급한 '율법주의자들의 패러다임'의 수정판은 공격에 관대한 형태다. 그러나 이는 특정 사건들과 관련해서만 통상 풀릴 수 있는 몇몇 규제사항들을 암시하고 있다. 예를 들면, '전쟁에 못 미치는 수단'을 사용해 유사하거나 거의 유사한 효과를 얻을 가능성이 있다면 이 같은 수단의 사용이 전쟁보다 바람직할 것이다. 그러나 이 수단이 무엇이며, 그것을 어느 정도 기간 동안 시도해야 할 것인지는 사전에 규정할 수 있는 문제가 아니다. '6일 전쟁'의 경우는 전쟁 당사국들 간의 '군사력 구조'가 불균형한 형태였다는 점에서 외교적 노력을 기울일 수 있는 시간이 없었다. 그런데 이는 여타 종류의 국가 및 군인들이 개입돼 있는 분쟁에서는 볼 수 없는 현상이었다. '심각한'이란 단어가 포함돼 있는 형태의 일반 규칙의 경우는 인간이 판단할 수 있는 여지가 많다. 한편 '율법주의자들의 패러다임'은 이 같은 판단의 여지를 줄이거나 완전 봉쇄할 목적의 것이다. 그러나 정치 지도자들이 이 같은 판단을 내리고 있으며, 이 같은 판단을 내리게 되면 우리들 모두가 이 판단을 일률적으로 비난하는 것은 아닌데, 우리의 도덕적 생활의 현실은 이와 같다. 이처럼 비난하는 것이 아니고 우리는 내가 설명하고자 노력했던 기준들에 근거해 이들의 행위를 측정 및 평가하게 된다. 이처럼 측정 및 평가할 당시, 우리는 그 가운데에서는 어느 국가도 생활할 수 없을 것으로 생각되는 형태의 위협이 존재함을 인정하게 된다. 이 같은 인정은 침략에 대한 우리의 이해에서 중요한 부분이다.

|제6장|

간섭

국가들이 여타 국가의 내정에 간섭(干涉 : Intervention)해서는 안 된다는 원칙은 '율법주의자들의 패러다임'으로부터 즉각 도출된다. 반면에 이는 이 패러다임의 기저를 이루고 있으며, 이 패러다임을 그럴듯하게 만들어주는 생명과 자유란 개념으로부터는 비교적 잘 도출되지 않는다. 한편 생명과 자유란 개념이 종종 불간섭(不干涉 : Nonintervention) 원칙을 무시하라고 요구하고 있는 듯 보인다. 불간섭의 원칙보다는 소위 말해 '불간섭 무시의 규칙'이 도덕적 관심과 논쟁에서 초점이 돼왔다. 침략전쟁을 수행하고 있다는 점을 인정하면서 자신의 행위를 변호할 수 있는 국가는 없다. 그러나 사람들은 침략전쟁과 다른 방식으로 간섭을 이해하고 있다. 간섭은 범죄행위로 정의돼 있지 않다. 내정을 간섭받은 국가들의 영토보존과 정치적 독립이 종종 위협받지만 종종 간섭이 정당화될 수 있다. 그러나 간섭의 정당성이 항상 입증돼야 함을 강조함이 보다 중요한 의미가 있을 것이다. 간섭의 정당성을 입증하는 문제는 타국의 내부 관계에 영향을 끼치고자 노력하거나 이들의 생활환경을 바꾸고자 노력하는 모든 정치 지도자의 몫이다. 무력을 통해 여타 국가의 내정에 간섭하고자 할 당시는 그 정당성의 입증이란 문제가 특히 막중해진다. 이는 군사적 수단을 통한 간섭에 필연적으로 수반되는 강압과 파괴 때문일 뿐만 아니라 강압과 파괴를 감수해야 한다면 오직 자신들의 행위로 인해서만 주권국가의 국민들이 이 같은 것을 감수할 권리가 있다는 인식 때문이다.

자결권과 자조

존 스튜어트 밀의 주장

시민들은 단일의 정치적 공동체의 구성원이며, 자신들의 문제를 집단 차원에서 결정할 권리가 있다고 생각된다. 『자유론(*On Liberty*)』과 마찬가지로 1859년에 발간된 소논문에서 밀은 이 같은 권리의 정확한 성격을 명쾌히 정립했다. 논문을 작성할 당시 밀은 개인/집단의 유추를 염두에 두고 있었다.[1] 이 점에서 이 논문은 우리에게 특히 도움이 된다. 국가 내부의 정치적 관계가 자유로운 형태인지, 시민들이 자신의 정부를 선택할 수 있는지 그리고 자신들의 이름으로 수행되는 정책을 놓고 공공연히 논쟁을 벌일 수 있는지와 무관하게, 국가를 자결권(自決權)이 있는 집단으로 간주해야 한다고 밀은 주장했다. 왜냐하면 자결권과 정치적 자유는 동일한 용어가 아니기 때문이

1) "A Few Words on Non-Intervention" in J. S. Mill, *Dissertations and Discussions* (New York, 1873), III, 238-63.

다. 자결권이란 용어는 보다 포괄적인 개념이다. 자결권이란 용어는 특정 제도적 관계뿐만 아니라 특정 정치적 공동체가 이 같은 관계에 도달하는 과정 또한 묘사하고 있다. 국민들이 자유로운 제도의 정립을 위해 노력하다 실패한 경우에서조차 이 같은 국가는 자결권을 행사하고 있다. 그러나 이 같은 제도를 침략적인 주변국이 정립해준 경우, 해당 국가는 자결권을 박탈당했다고 말할 수 있다. 개인이 자신의 덕(德)을 개발해야 하는 것처럼 정치적 공동체의 구성원들은 자신의 자유를 추구해야 한다. 어떠한 인물에 의해서도 개개인은 고결해질 수 없다. 마찬가지로 어떠한 외세에 의해서도 정치적 공동체의 구성원은 자유로워질 수 없다. 사실 정치적 자유는 시민 개개인의 덕에 의존하게 된다. 그런데 이 같은 덕은 상대방 국가 내부에서 격렬한 저항을 촉진시키고, '자결 정치(Self-determining politics)'를 가동시키지 않는 한 타국의 군대가 만들 가능성이 가장 희박한 형태다. 자결권은 그 안에서 덕을 배우고 자유를 얻게 되는 전당(殿堂)이나 다름이 없다. 독재 정부가 통치하고 있는 국가의 국민들이 특히 불리한 입장에 있음을 밀은 인정했다. 이들의 경우 '자유의 유지에 필요한 덕'을 개발할 기회가 전혀 없다고 밀은 생각했다. 그러나 다음에서 보듯이 밀은 자조(自助)에 관한 엄격한 교리를 주장했다. "스스로의 노력을 통해 자유를 얻고자 부단히 노력할 때, 덕(德)이 싹틀 가능성이 가장 높다."

밀의 논거는 공리주의적 어구(語句)에 담을 수 있을 것이다. 그러나 그의 결론이 모진 형태란 점에서 공리주의적 어구는 그의 주장을 담기 위한 최상의 형태는 아니다. 자결권에 관한 밀의 관점으로 인해 공리주의적 계산이 불필요해지거나 적어도 '집단의 자유(Communal liberty)'의 이해(理解)란 측면에서 보조적 수단이 되고 있는 듯 보인다. 밀은 자유가 추구하는 바에 간섭이 대체로 기여하지 못할 것으로 생각하지 않았다. 자유의 본질을 놓고 볼 때, 그는 자유가 추구하는 바에 간섭이 결코 기여할 수 없다고 생각했다. 특정 정치적 공동체 내부에서의 자유는 해당 공동체의 구성원들의 노력을 통해서만 얻어질 수 있다고 그는 생각했다. 이 같은 밀의 주장은 다음과 같은 마르크스주의자들의 금언에 암시돼 있는 것과 유사하다. "노동자계급의 해방은 노동자 스스로의 노력을 통해서만 달성될 수 있다."[2] 이 금언이 일부 전위대(前衛隊)의 엘리트주의가 노동자계급의 민주주의를 대체하는 경우를 배제하는 형태라고 혹자는 생각할 것이다. 마찬가지로 밀의 논거는 국가 내부의 투쟁을 외세에 의한 간섭이 대체하는 경우를 배제하고 있다.

이 경우 자결권은 가능하다면 "자신들의 노력을 통해 자유로워지고자 하는" 국민의 권리이며, 불간섭은 국민의 자유 쟁취가 외세의 침입에 의해 저촉 받지 않도록, 그리고 이들의 자유 쟁취 실패가 이 같은 침입에 의해 방지되지 않도록 해주는 원칙이다. 특정 국가 내부의 실패에 따른 결과를 방지할 목적에서 뿐만 아니라 피비린내 나는 억압에 대항해서조차 여타 국가가 이 같은 국가의 내정에 간섭할 권리가 없음이 강조돼야 한다. 시민들이 분수에 맞는 정부를 갖게 되거나 적어도 자신에게 적합한 정부를 갖게 되는 것으로 생각하고 있는 것처럼 밀은 글을 쓰고 있다. "국민들이 민주주의 제도에 적합한 수준이 됐는지를 확인해보기 위한 유일한 테스트는……국민 또는 국민 가운데 주도적인 세력 중에서 충분히 많은 부분이 자유를 위해 온갖 고통과 위험에 맞서 싸울 의향이 있는지의 여부다." 이들을 대

2) Irving Howe, ed., *The Basic Writings of Trotsky* (New York, 1963), p. 397.

신해 어느 누구도 이 같은 일을 할 수 없으며 해서도 안 된다. 밀은 정치적 대립을 매우 바람직한 현상으로 생각했다. 다수의 반항적인 시민들이 자신의 노력을 매우 자랑스럽게 생각하며 기대 속에서 이 같은 관점에 동의한 반면, 또 다른 많은 사람들이 동의하지 않았다. 외세의 도움을 추구하고, 간구했으며, 요구하기까지 한 혁명가들이 적지 않았다. 최근 미국의 한 해설자는 밀의 주장에는 "국경 내부에서의 적자생존(適者生存)으로서의 자결권에 관한 다윈 유형의 정의(定意)가 엿보인다. 그런데 여기서의 적자(適者)는 군사력 사용 측면에서 가장 정통한 사람을 의미한다"[3]고 주장했다. 그런데 적자가 군사력 사용 측면에서 가장 정통한 사람을 의미한다는 문구는 올바르지 않다. 왜냐하면 외부로부터 전력이 보강되지 않는 경우 군사력은 자유를 위해 온갖 고통과 위험에 맞서 싸울 의향이 있는 사람들에 대항해 이길 수 없다는 것이 밀의 관점이었기 때문이다. 이처럼 자유를 위해 온갖 노력을 경주할 의향이 있는 사람들이 아닌 여타 사람과 관련해 말하면, 이 같은 주장은 사실일 것이다. 그러나 이 같은 주장으로부터 어떠한 결론이 도출될 수 있을 것인지 잘 알 수 없다. 다윈 유형의 투쟁에 대한 국내 차원의 간섭은 가능하다. 왜냐하면 이 같은 간섭이 일정 기간 동안 지속적으로 이뤄지기 때문이다. 그러나 짧은 기간 동안 진행된다면 외세에 의한 간섭은 국가 내부의 세력균형을 '자유의 세력(Forces of freedom)'을 겨냥해 결정적인 방식으로 이동시킬 수 없을 것이다. 반면에 오랫동안 진행되거나 간헐적으로

---

3) John Norton Moore, "International Law and the United States' Role in Vietnam: A Reply," in R. Falk, ed., *The Vietnam War and International Law* (Princeton, 1968), p. 431. 무어는 홀의 논의(W. E. Hall, *International Law* (5th ed., Oxford, 1904), p. 289-90)에 대해 이야기하고 있다고 말하는데, 홀은 밀을 엄밀히 따르고 있다.

재개되는 경우 이 같은 간섭은 이 세력들의 승리에 가장 큰 위협이 될 것이다.

문제의 사안이 간섭이 아니고 정복인 경우는 상황이 달라질 수 있다. 이 경우는 군사적 패배와 정부의 몰락으로 인해 사회체제가 일대 충격을 받아 국가의 정치적 배열이 근본적으로 혁신될 수도 있다. 제2차 세계대전 이후의 독일과 일본의 경우가 그러한 듯 보인다. 이 사례들이 너무나 중요하다는 점에서 '정복과 혁신'의 권리가 생기는 방식에 관해 추후 논의해야 할 것으로 생각된다. 그러나 분명히 말하지만 이 권리가 국가 내부에 폭정이 존재해 있는 모든 경우에서 생기는 것은 아니다. 한편 혁명이 있을 때마다 간섭이 정당화되는 것은 아니다. 왜냐하면 혁명적인 활동이 자결(自決)을 연습하는 경우인 반면 외세에 의한 간섭은 이 같은 연습을 통해서만 얻을 수 있는 정치적 능력을 해당 국민이 갖지 못하도록 하는 요인이기 때문이다.

주권에 관한 법적인 교리가 표방하고 있는 진실은 바로 이것인데, 이 같은 교리에서는 국가의 자유를 외세의 통치와 억압으로부터의 독립으로 정의하고 있다. 물론 모든 독립국가가 자유를 누리는 것은 아니다. 그러나 그 안에서 자유를 위해 투쟁하고, 이 같은 자유를 종종 쟁취할 수 있는 영역을 설정하고자 할 때 우리가 생각할 수 있는 유일한 방안은 주권의 인정이다. 우리는 이 같은 영역뿐만 아니라 영역 내부에서 진행되고 있는 활동을 보호하기를 원한다. 한편 우리는 침범할 수 없는 경계와 위배될 수 없는 권리들을 설정하는 방식으로 개개인의 완전성(Integrity)[4]을 보호하는 바처럼 이 같은 영역과

4) 이것을 정직성으로 번역하는 경우도 없지 않다. 그러나 다음에서 보듯이 이것의 의미는 정직성이 아니고 완전성이다.

Integrity는 "도덕적 원칙의 완벽함 그리고 타락하지 않은 덕목인데, 특히

영역 내부에서 진행되는 활동을 보호하게 된다. 개인의 경우와 주권국가의 경우는 동일하다. 즉 개인 또는 주권국가의 선(善)을 위한다는 명분에서조차 우리가 이들에 대해 할 수 없는 부분이 있다.

그러나 월경(越境) 금지는 절대적인 성격이 아니다. 부분적으로 이는 국경이 임의적이고도 우연적인 성격의 것이란 점, 국경을 방어하고 있는 정부와 국경 내부의 정치적 공동체들 간의 관계가 모호한 성격이란 점 때문이다. 자결권에 관한 밀의 매우 일반적인 설명에도 불구하고, 특정 공동체가 실제적으로 자결권을 행사하고 있는 시점과 여타 국가로부터 간섭받지 않을 자격이 있는 시점이 항상 분명한 것은 아니다. 분명히 말하지만, 개인과 관련해서도 유사한 문제가 있다. 그러나 개인의 문제는 보다 덜 심각한 수준이며, 어떻든 국내법의 골격 안에서 처리된다.5) 국제사회에서는 법이 권위 있는 심판을

진실과 공정한 처리, 정직성, 성실성과 관련해 그렇다." "부분이 떨어져 나가지 않은 상태 또는 부족한 것이 없는 상태, 나누거나 쪼갤 수 없는 상태, 물질적으로 완벽한 상태"를 또한 의미한다. 수학에서 정수(Integer)는 분수(分數)가 아닌 모든 양수(陽數)와 음수(陰數)를 말한다. 따라서 Integrity는 해당 조직이 귀중히 여기는 원칙들 안에서 완벽함을 의미한다. 권영근 번역, 『장교 직분』, 공군사관학교, 2004년, pp. 114-118.(옮긴이)

5) '국내법 유추'는 불간섭의 원칙이 적용되지 않도록 하기 위한 가장 분명한 방안이 어린이처럼 무능력해지는 것임을 암시해주고 있다. 정복돼 외세의 지배를 받는 것이 자신에게 이익이 되는 야만인이 있다고 밀(John Stuart Mill)은 생각했다. "야만인은 국가로서 권리가 없다. 다시 말해 정치적 공동체로서 권리가 없다……." 따라서 이들에게 공리주의 원칙이 적용된다. 제국주의 관료들이 이들의 도덕적 개선을 위해 합법적으로 일할 수 있게 된다. 역사 발전의 특정 단계에서 정복과 제국주의 통치를 정당화하고 있던 마르크스주의자들 내부에서도 이것과 유사한 관점을 발견할 수 있는데, 이는 흥미로운 부분이다.(Shlomo Avineri, ed., *Karl Marx on Colonialism and Modernization*, New York, 1969) 이 같은 논거가 19세기 당시 그럴듯해 보였을 수 있다. 그러나 오늘날에는 그렇지 못하다. 오늘날의 국제사회는 더 이상 문명국가와 야만국가로 구분될 수 없다. 따라서 자조(自助)에 관한 테스트가 모든 국가에 동등하게 적용된다고 가정해야 할 것이다.

내리지 못하고 있다. 따라서 월경 금지란 조항이 일방적으로 중지될 수 있는데, 특히 월경 금지의 원래 취지에서 벗어난다고 생각되는 다음과 같은 세 사례와 관련해 그렇다.

(1) 국경선 내부에 둘 이상의 정치적 공동체가 존재해 있으며, 이들 중 하나가 이미 독립을 목적으로 군사적 투쟁을 대거 전개하고 있는 경우. 즉 문제의 사안이 분리(Secession) 또는 민족해방인 경우 그렇다.

(2) 내전 중에 있는 특정 파벌이 월경을 요청한 경우에서조차, 외국의 군사력이 이미 국경선을 월경한 경우. 다시 말해 문제의 사안이 특정 국가에 대한 간섭에 대항하는 문제인 경우.

(3) 국경선 내부에서의 인권위배가 매우 심각한 수준이어서 정치적 공동체, 자결권 내지는 '부단 없는 내부 투쟁'에 관한 논의가 냉소적이고도 부적절해 보일 때, 즉 노예 상태 내지는 대량학살 상태가 존재해 있는 경우.

간섭을 변호하는 이들 개개 경우에서의 논거는 '율법주의자들의 패러다임'의 두 번째, 세 번째 그리고 네 번째 수정판과 다름이 없다. 엄밀한 의미에서 이들은 침략에 대항해 싸우는 형태가 아니거나 자위(自衛) 목적이 아닌 '정당한 전쟁'의 가능성을 암시해주고 있다. 국가들이 상대방 국가를 침입할 의향이 있다는 점을 고려해보면, 수정주의(修正主義)는 많은 위험성을 내포하는 개념이다.

1859년 당시 마지막 사례가 알져져 있지 않았던 것은 아니지만 밀은 이들 중 앞의 두 사례만을 논의했다. 밀이 이 사례들을 불간섭의 원칙의 예외적인 경우로 간주하지 않았으며, 불간섭과 관련해 제시되는 이유들의 부정적인 측면을 보여주는 사례로 간주하고 있음을 주목할 필요가 있다. 이 이유들이 적용되지 않는 곳에서는 불간섭의 원칙은 그 위력을 상실하게 된다. 밀의 관점에서 보면, 불간섭의 원칙을 다음과 같이 구성함이 보다 정확할 것이다. **'공동체의 자치권'을 인정하고 고양해주는 방식으로 항상 행동하라**. 이 같은 인정으로 인해 불간섭이 가장 빈번히 있게 되지만 항상 그러한 것은 아니다. 이 경우 우리는 공동체의 자치권에 대한 우리의 공약을 몇몇 다른 방식으로 입증해야 하는데, 아마도 국제사회의 국경선 너머로 군사력을 보내는 방식으로조차 이처럼 해야 할 것이다. 그러나 도덕적으로 틀림이 없는 불간섭의 원칙에 관한 앞의 정의는 매우 위험한 측면이 있다. 이 논거에 대한 밀의 해설은 모든 도덕적 논의에서 그가 실제 말하고 있는 부분에 대한 해설과 다르다. 우리는 국가의 국경선을 우선적으로 존중하는 태도를 정립할 필요가 있다. 왜냐하면 이미 내가 주장한 바처럼 국경선은 공동체들이 갖고 있는 유일한 경계이기 때문이다. 일반적인 규칙에서 예외적인 상황, 즉 특정의 긴박성 내지는 곤궁으로 인해 필요해진 예외적인 상황인 것처럼 간섭이 정당화되고 있는 것은 이 같은 이유 때문이다. 이들 '율법주의자들의 패러다임'의 두 번째, 세 번째 그리고 네 번째 수정판은 틀에 박힌 듯한 변명의 측면이 있다. 간섭이 해당 국가의 자결권과 전적으로 무관한 '국가적 이유(Reasons of state)'로 인해 너무나 자주 시도되고 있다. 그 결과 우리는 여타 국가의 공동체의 자치권을 보호해준다는 모든 주장에 회의(懷疑)를 품게 된다. 따라서 자위(自衛)를 간구하는 개인 또는 정부에 우리가 강요하고 있는 어떠한 것과 비교해도 간섭의 정당성을 입증하는 문제가 보다 부담스런 일이 되고 있다. 일반적으로 우리는 상대방 국가를 도덕적 측면에서만 도와주면 이들 국가 국민들의 자유 또는 예상되는 자유가 가장 잘 지원받게 된다는 점을 금과옥조로 받아들이고 있다. 여타 국가의 내정에 간섭하고자 하는 국가는 자신들의 경우가 이들 일반적인 경우와 근본적으로 다르다는 점을 입증해야 한다. 1848년과 1849년의 헝가리혁명을 방어해줄 목적으로 영국이 내정 간섭했어야 마땅했다는 밀의 논거를 이 같은 방식으로 성격 묘사해야 한다고 생각된다.

분리

헝가리혁명

1848년 이전의 수년 동안 헝가리는 합스부르크제국의 일원이었다. 공식적으로 나름의 의회를 구성하고 있던 독립 왕국인 헝가리를 비엔나에 있던 독일의 당국자들이 효과적으로 통치하고 있었다. 메테르니히(Metternich)의 몰락으로 상징되는 '진군의 날(March Days)' 도중 이들 독일의 당국자들이 갑자기 몰락하면서 부다페스트에 있던 자유주의 성격의 민족주의자들에게 활로가 열렸다. 이들은 정부를 수립하고는 합스부르크제국 내부에서의 자치(自治)를 요구했다. 아직도 이들은 분리주의자는 아니었다. 처음에는 이들의 요구가 수용됐다. 그러나 미국의 남북전쟁 당시의 북부 사람과 같은 연방주의자들을 항상 괴롭힌 사안들, 즉 세수(稅收)의 통제와 군의 지휘란 문제를 놓고 논란이 벌어졌다. 비엔나의 질서가 회복된 즉시, 정권의 중앙 집중화를 거듭 주장하는 노력이 전개됐다. 곧바로 이 노력은 우리에게 친숙한 유형인 군사력을 이용한 진압의 모습을 띠었다. 합스부르크

제국의 군대가 헝가리를 침입했으며, 헝가리 민족주의자들이 여기에 대항했다. 이제 헝가리인들은 반란군 내지는 폭도가 됐다. 오스트리아군을 격파하고 구 헝가리의 많은 부분을 통제하는 방식으로 이들은 국제사회의 법학자들이 교전권(Belligerent right)으로 지칭하고 있던 부분을 신속히 확립했다. 전쟁 도중에는 신생 정부가 좌익으로 기울었다. 1849년 4월에는 라요스 코슈트(Lajos Kossuth)의 주재 아래 공화국이 선포됐다.6)

당시의 용어로 표현하면 헝가리혁명은 민족해방전쟁으로 기술될 수 있을 것이다. 구 헝가리의 국경선 내부에 많은 슬라브 민족이 살고 있었다는 점과 헝가리의 '집단 자치권' 주장에 오스트리아가 적개심을 보이고 있는 것처럼 헝가리 혁명주의자들이 크로아티아(Croat) 및 슬라브 민족주의에 적개심을 표명하고 있었던 듯 보인다는 점을 제외하면 그러했다. 그러나 이는 내가 간과하고자 하는 나름의 난제다. 왜냐하면 당시는 이처럼 보이지 않았기 때문이다. 즉 밀과 같은 자유주의 옹서버들은 도덕적으로 이 같은 문제가 있다고 생각하지 않았다. 밀과 같은 사람들이 헝가리혁명을 열정적으로 환영했는데, 특히 프랑스, 영국 및 미국에서 그러했다. 헝가리의 사자(使者)들을 각국이 열렬히 영접했다. 그러나 정부 차원에서의 이 국가들의 반응은 달랐다. 이는 부분적으로는 불간섭이 이들 3국이 견지하고 있던 일반적인 규칙이었다는 점, 프랑스와 영국의 경우 유럽의 세력균형 고수에 헌신적이었다는 점, 따라서 오스트리아의 보존에 헌신적이었다는 점 때문이었다. 런던에서 파머스턴(Palmerston)은 공식적이고도 냉담한 반응을 보였다. "오스트리아제국의 일부라는

---

6) Jean Sigmann, *1848: The Romantic and Democratic Revolutions in Europe*, trans. L. F. Edwards (New York, 1973), ch. 10.

점을 제외하면 영국 정부는 헝가리에 관해 전혀 아는 바가 없습니다"[7]라고 그는 말했다. 헝가리 사람들은 군사적 측면에서의 간섭이 아니고 외교적 인정만을 추구했다. 그러나 신생 헝가리 정부와 영국의 모든 거래를 오스트리아 정권은 자국의 내정에 간섭하는 행위로 간주했을 것이다. 더욱이 외교적으로 헝가리를 인정(認定)하면 영국이 헝가리의 입장에서 긴밀히 상황에 개입하도록 만들 수도 있던 결과가 무역 측면에서 있을 수 있었다. 왜냐하면 헝가리 혁명주의자들이 런던의 시장에서 군수물자 구입을 희망했기 때문이다. 이 같은 점에도 불구하고 헝가리 국민의 충분히 많은 부분이 독립에 헌신적이며, 독립을 위해 투쟁할 의향이 있음을 보이는 경우, 양국 간의 공식관계 설정은 밀의 관점에서의 타당성의 입증이 어렵지 않았을 것이다. 헝가리란 정치적 공동체의 존재는 의문의 여지가 없었다. 헝가리는 유럽에서 가장 오래된 민족 중 하나였다. 주권국가로서의 헝가리에 대한 인정은 오스트리아 국민의 도덕적 권리를 위배하는 형태가 아니었을 것이다. 반군에 대한 군수물자 공급은 진정 복잡한 사안이다. 나의 경우 또 다른 사례와 관련해 이 문제를 재차 언급할 것이다. 그러나 이 같은 난제 중 어느 것도 분명치 않다. 얼마 지나지 않아 헝가리인들은 총과 탄약 이상의 훨씬 많은 부분을 필요로 했다.

1849년 여름, 오스트리아의 황제가 러시아의 니콜라이 1세에게 도움을 청했다. 그러자 러시아군이 헝가리를 침입했다. 당시로부터 10여 년 뒤에 작성된 글에서 밀은 이 같은 러시아의 간섭에 영국이 나름의 간섭으로 대응했어야 마땅했다고 주장했다.[8]

---

7) Charles Sproxton, *Palmerston and the Hungarian Revolution* (Cambridge, 1919), p. 48.

> 오스트리아에 대항한 고상한 투쟁에 헝가리와 함께 참여하는 행위는 영국의 입장에서 옳지 않을 수 있다. 물론 헝가리에 있는 오스트리아 정부가 '어느 의미에서, 외세의 멍에'인 것은 사실이지만 말이다. 그러나 이 같은 투쟁에서 헝가리 인들의 우세가 입증된 순간, 러시아의 독재자가 상황에 개입했다. 오스트리아군과 합류한 러시아군은 헝가리인들의 사지(四肢)를 묶어 성난 폭군인 오스트리아에 넘겨주었다. 이 같은 일이 있어서는 안 된다는 점과 러시아가 오스트리아를 지원하는 경우 영국이 헝가리를 지원할 것이란 점을 천명함이 영국의 입장에서 명예스럽고도 도덕적인 행위였을 것이다.

오스트리아가 헝가리를 지배할 자격이 있는지의 여부를 보여주는 부분인 '어느 의미에서, 외세의 멍에'란 표현은 미묘한 측면이 있다. 왜냐하면 그 의미와 무관하게 이 표현으로 인해 독립을 염두에 둔 헝가리 투쟁의 고귀성과 정당성이 인정받아야 하기 때문이다. 이 같은 표현을 사용할 당시 밀은 헝가리 독립 투쟁의 고귀성과 정당성의 인정이란 문제를 염두에 두고 있지 않았다. 이 점에서 보면, 우리는 오스트리아가 헝가리를 지배할 자격이 있는지의 문제도 진지하게 생각할 필요가 없을 것이다. 분명히 말하지만 밀의 논거는 '간섭에 대응하는 형태의 간섭(Counter-intervention)'을 정당화하고 있을 뿐만 아니라 분리주의 운동에 대한 지원을 정당화하는 형태다. 사실 그의 논거에서는 분리주의 운동에 대한 지원을 '간섭에 대응하는 형태의 간섭'으로 흡수시키는 경향이 있었다. 두 경우 모두에서 해당 국가에

8) "Non-Intervention," p. 261-62.

대한 간섭에 반대하는 성격의 규칙이 의미를 상실하게 되는데, 이는 법적으로는 아니지만 도덕적으로 외세인 특정 국가가 해당 국가의 내부 문제에 이미 간섭하고 있기 때문이다. 즉 특정 정치적 공동체의 자결권에 간섭하고 있기 때문이다.

특정 국가에 대한 최초 간섭 과정에서 모두가 인정하고 있는 국경을 월경해야 하는 경우 문제가 훨씬 쉬워진다고 밀은 암시하고 있는데, 이는 틀린 말이 아니다. 분리주의 운동은 자국 국민들의 힘을 규합해 자유를 겨냥한 '부단 없는 투쟁'에서 어느 정도 진전을 보이는 경우에만 별도의 공동체를 대변하고 있다고 사람들이 확신하게 된다. 분리주의 운동은 이 같은 문제가 있다. 자결의 원칙을 호소하는 것만으로는 충분치 않다. 그 구성원들이 독립을 염원하고 있으며, 자신의 존립 조건들을 결정할 준비와 능력을 구비한 공동체가 실제 존재하고 있다는 증거를 제시해야 한다.[9][10] 따라서 정치 또는 군사적 투쟁이 일정 기간 동안 지속될 필요가 있다. 밀의 논거는 모호하거

---

9) S. French and A. Gutman, "The Principle of National Self-determination," in Held, Morgenbesser, and Nagel, eds., *Philosophy, Morality, and international Affairs* (New York, 1974), pp. 138-53.

10) '분리 투쟁(Secessionist struggle)'에서 종종 문제가 되는 천연자원과 관련이 있는 또 다른 사안이 있다. 제4장에서 나는 영토가 사람을 쫓아간다고 주장한 바 있다. 그러나 분리로 인해 보다 큰 정치적 공동체로부터 영토뿐만 아니라 매우 중요한 의미가 있는 연료와 광산물이 이전되는 경우, 국민의 자결권과 자결 능력이 있는 경우에도 분리할 권리가 주어지지 않을 수도 있다. 1960년대 초반의 카탕가 논쟁(Katangan controversy)은 이 같은 경우 있을 수 있는 어려움을 암시해주고 있다. 또한 간섭하는 국가들의 동기에 관해 우려를 표명하게 하고 있다. 그러나 카탕가에서 결여돼 있는 부분이 있었는데, 이는 진정한 의미에서의 국가적 차원의 투쟁 능력이었다. 즉 부단 없는 투쟁 능력이었다. 이 같은 능력이 있는 경우 나는 분리를 지지할 의향이 있다. 그러나 이 경우는 국제사회에서의 분배의 정의에 관한 보다 일반적인 질문을 제기할 필요가 있을 것이다.

나 대표가 없는 국민들 또는 미미한 수준의 운동 또는 즉각 제압될 수 있는 수준의 봉기는 망라하고 있지 않다. 그러나 식민지 세력에 저항할 목적으로 성공적으로 동원된 반면 불평등한 투쟁에서 즉각 제압된 약소국의 경우를 생각해보자. 주변국들이 상황을 방관하고 이 같은 약소국의 필연적인 패배를 지켜봐야만 한다고 밀이 주장하지는 않았을 것으로 생각된다. 그의 논거는 외세의 간섭에 대항한 군사적 성격의 간섭뿐만 아니라 제국주의 내지는 식민지주의의 억압에 대항한 군사적 성격의 간섭을 정당화하는 형태다. 국가 내부의 독재자들만이 그의 논거로부터 안전한 상태에 있다. 즉 그의 논거에 영향 받지 않는다. 왜냐하면 자유주의 내지는 민주주의 공동체가 아니고 오직 독립된 공동체의 설립이 국제사회의 구성원인 우리들이 추구하는 목표이기 때문이다. 독립에 필요한 경우 군사적 행위는 항상 '사려 깊은' 것은 아니지만 명예롭고도 고귀한 형태다. 이 같은 논거가 위성 정권과 열강들에게도 적용된다는 점을 첨언해야 할 것이다. 즉 1849년의 헝가리에 대한 러시아의 최초 간섭을 염두에 두어 구상된 이 논거가 헝가리에 대한 러시아의 제2차 간섭(1956년)에도 적용된다.

그러나 이 사례들에서 덕과 신중(Prudence)의 관계는 판단이 쉽지 않다. 밀이 의미하고 있는 바는 분명하다. 전쟁도 불사하겠다며 러시아를 위협하는 행위는 영국에 위험스러울 수 있었다. 따라서 이 같은 위협은 "모든 국가는 자국의 안전을 배려해야 한다"는 사실과 일관성이 없다. 러시아와 전쟁도 불사하겠다는 위협이 진정 위험한 형태였는지는 영국이 결정해야 할 문제였다. 이들이 하고자 하지 않았던 모험이 실제로는 미미한 수준인 경우에만 우리는 영국인을 가혹하게 심판할 것이다. 특정 국가에 대한 여타 국가의 간섭에 대항하는 형태의 간섭은 명예롭고 고귀한 경우에서조차 도덕적으로 필수사항은 아니다. 왜냐하면 그 과정에서 위험이 따를 수 있기 때문이다. 이것보다 신중을 훨씬 더 강조할 수도 있을 것이다. 오스트리아 제국의 입장을 지지하겠다고 결심했을 당시, 영국의 파머스턴은 영국뿐만 아니라 유럽의 안전을 걱정하고 있었다. 밀이 주장하는 바가 정당하다고 인정하면서도 오늘날 말하는 '세계질서' 원칙에 근거해 아직도 불간섭을 선택할 수도 있을 것이다.11) 따라서 '정당성'과 '신중'은 밀이 결코 생각하지 못한 방식으로 상호 대립된다. 순진하게도, 밀은 지구상의 모든 정치적 공동체가 외세에 의해 억압받지 않으면 보다 좋을 것이라고 생각했다. 어느 날 영국의 힘이 막강해져 "유럽에서 특정 열강의 군인이 또 다른 열강의 식민지 지역에서 봉기한 사람들을 겨냥해 총을 발사할 수 없다"고 주장할 수 있을 정도의 용기와 기백이 있게 되고, "자유세계 시민들로 구성된 동맹의 우두머리……"에 영국이 위치하기를 희망하기조차 했다. 헝가리혁명이 발발한 1849년 당시의 파머스턴과 마찬가지로 1956년 당시 미국의 지도자들은 구태의연한 자유주의적인 자임(自任)의 이행을 신중치 못한 처사로 생각했다. 그럼에도 불구하고 오늘날 영국의 이 같은 자임을 미국이 계승했다고 생각된다.

지구의 여타 지역에서 미국 정부는 자신에게 유리한 방식으로 자유와 간섭을 정의하고 있다. 이 같은 점에서 보면 미국이 이 같은 자임을 이행할 권리가 없다고 말할 수도 있을 것이다. 밀이 생존해 있을 당시의 영국은 오늘날의 미국과 비교해 결코 좋은 상황에 있지 않았다. 헝가리의 입장에서 파머스턴이 군사 행위를 구상했더라면

---

11) 이는 다음의 글의 일반적인 입장이다. R. J. Vincent, *Nonintervention and World Order* (Princeton, 1974), esp. ch. 9.

영국이 불운한 도서(島嶼) 국가가 될 것이란 점을 메테르니히의 후임자인 슈바르젠베르크(Schwarzenberg) 공작이 파머스턴에게 상기시켰을 것이다. "광활한 영토의 대영제국 곳곳에서 폭동이 일어날 때마다, 영국은 법의 권위를 유지하는 방법을 잘 알고 있습니다. ……그 과정에서 엄청날 정도의 피를 흘리는 경우에서조차 말입니다. 이 같은 일과 관련해 우리는 영국을 비난하지 않습니다"12)라는 내용의 편지를 슈바르젠베르크가 런던 주재 오스트리아 대사에게 보냈다. 그는 오직 호혜성만을 추구했다. 강대국들 간의 이 같은 종류의 호혜성이 '신중'의 본질임은 의문의 여지가 없다.

그러나 '정당성'과 '신중'이 이처럼 근본적으로 상호 반목(反目)하도록 내버려두는 것은 정당성을 옹호하고 있는 밀의 논거를 잘못 해석하고 있는 것과 다름이 없다. 간섭 또는 여타 국가의 간섭에 대응하는 형태의 간섭을 구상하고 있는 국가는 이 같은 행위가 자신에게 미칠 위험을 심사숙고하게 되는데, 이는 '신중'의 이유 때문이다. 그러나 이 같은 국가는 또한 자신이 도움을 주고자 하는 국가의 국민들에게 그리고 자신의 행위로 인해 영향 받게 될 여타 국민들에게 자신의 행위가 끼칠 위험을 신중히 검토해야 하는데, 이는 도덕적 측면의 이유 때문이다. 간섭으로 인해 제3자가 엄청날 정도의 위기에 빠진다면 이 같은 간섭은 정당화될 수 없다. 엄청날 정도의 위기에 빠진다는 점으로 인해 정당성이 소멸된다. 오스트리아가 패배하면 유럽의 평화가 산산조각이 날 것이라던 파머스턴의 생각이 옳았다면, 오스트리아가 반드시 패배하도록 만드는 영국의 간섭은 명예롭고 고귀한 행위가 아니었을 것이다(이는 헝가리인들이 전개한 투쟁의

12) Sproxton, p. 109.

고귀한 정도와 무관하다). 분명히 말하지만 1956년의 헝가리 위기 당시 미국이 핵전쟁을 위협했더라면 이는 정치적으로 무책임한 행위였을 뿐만 아니라 도덕적으로도 그러했을 것이다. 지금까지는 '신중'이란 부분이 '정당성'을 옹호하는 논거의 테두리 안에 수용될 수 있었으며, 수용돼야만 했다. 그러나 제3국의 권리에 대한 이 같은 경의 표명이 해당 강대국들의 국지적 차원의 정치적 이익에 대한 경의 표명은 아니란 점을 또한 언급해야 할 것이다. 또한 이는 슈바르젠베르크가 말하는 호혜성에 관한 것도 아니다. 오스트리아의 제국주의적 주장을 인정했다는 점으로 인해 영국이 유사한 인정을 받을 자격이 있는 것은 아니다. 동유럽에서의 러시아의 영향권을 수용하는 과정에서 보여준 신중한 태도로 인해 미국이 자신의 영향권 안에서 마음대로 할 수 있게 되는 것은 아니다. 민족해방 및 간섭과 관련해서는 사전 정해진 규범적 성격의 권리는 존재하지 않는다.

내전

파머스턴의 판단이 잘못이라고 가정하고, 크로아티아 및 슬라브 민족의 주장을 무시하고서 밀과 같이 헝가리혁명을 기술하면, 사실 헝가리혁명은 간섭의 모범적인 사례일 것이다. 이처럼 기술하면 헝가리혁명은 또한 역사적으로 예외적인 경우일 것이다. 사실 헝가리혁명은 가설적인 경우다. 왜냐하면 당시의 상황이 역사에서 종종 목격되는 형태가 아니기 때문이다. 단일의 통합된 형태의 정치적 공동체의 주장을 구현하고 있음이 분명한 민족해방운동이며, 적어도 처음에는 전쟁터에서 어느 정도 지탱 능력이 있었을 뿐더러 외세에 의해 도전받았음이 분명한 반면, 전면전의 위험이 없이도 외세에 의한 간섭을 억제 내지 격파할 수도 있던 당시의 경우는 역사에서 자주 목격되지 않는다. 그와는 달리 역사는 공동체 전체를 대변하고 있다고 주장하는 다수의 분파(分派) 내지는 정파(政派)들이 상호 투쟁하고, 암암리에 또는 적어도 인정되지 않는 방식으로 외세를 끌어들이는 경우를 너무나 자주 보여주고 있다. 내전은 매우 어려운 문제들을 제기하고 있는데, 이는 내전과 관련된 밀의 기준이 불분명하기 때문이 아니고, 정도의 차이는 있지만 이 같은 기준이 위배될 수 있으며, 주기적으로 위배되고 있기 때문이다. 내전의 경우는 공공연하고도 직접적인 형태의 군사력의 사용을 '간섭에 대응하는 형태의 간섭'으로 지칭할 수 있는 순간을 지정하기가 매우 어렵다. 이 같은 군사력의 사용이 이미 고통에 찌든 분단국의 국민들에게 그리고 가능한 모든 제3자들에게 끼치는 효과의 계산 또한 어려운 문제다.

이들 내전 관련 사례에서 통상 법학자들은 자조(自助)를 검증하기 위한 적정 기준을 적용하게 된다.13) 이들은 정확히 내부 불화, 반란 및 폭동에 처해 있다고 생각되는 한 기존 정부에 대한 지원을 허용하고 있다(결국 기존 정부는 국제사회에서 집단 자치권을 공식 대표하고 있다). 그러나 해당 국가의 영토와 주민 가운데 어느 정도 의미 있는 수준을 통제하는 경우, 반란 세력이 기존 정부와 '대등한 위상'뿐만 아니라 교전권(交戰權)을 획득하게 된다. 이 경우 법학자들은 엄격한 중립을 명령하게 된다. 오늘날에는 통상 중립이 의무가 아니고 선택의 문제로 생각되고 있다. 이는 국가와 국가 간의 전쟁과 관련해 그렇다. 그러나 내전의 경우 이 같은 중립이 의무조항이 돼야 할 충분

13) 예를 들면 다음을 참조하라. Hall, *International Law*, p. 293.

한 이유가 있는 듯 보인다. 왜냐하면 특정 정치적 공동체가 효과적으로 분단돼 있는 경우 해당 국경 내부에서 군사적으로 행동하는 방식으로는 외세(外勢)가 '자결권이란 대의'에 거의 기여할 수 없기 때문이다. 이 같은 논거를 몽태규 버나드(Montague Bernard)가 간략히 언급했다. '불간섭의 원칙에 관해(On the Principle of Non-intervention)'란 제목의 옥스퍼드대학에서의 그의 강연은 그 중요성 측면에서 『자유론』이란 제목의 밀의 저서에 버금간다. 강연에서 그는 다음과 같이 말하고 있다. "내전에 대한 간섭으로 인해 세력균형이 바뀔 수도 있지만 바뀌지 않을 수도 있습니다. 세력균형이 바뀌지 않는다면 간섭에서 의도했던 목표가 달성되지 못하게 됩니다. 세력균형에 변화가 있는 경우는 간섭이 없었더라면 최고 수준을 유지하지 못했을 측이 우세를 점유하고, 주권을 확립하게 됩니다. 또는 가만히 내버려두었더라면 선택하지 않았을 형태의 정부를 해당 국가가 선택하게 됩니다."[14]

특정 외세가 중립과 불간섭에 관한 규범들을 위배하는 순간, 여타 열강들이 이처럼 할 수 있는 길이 열리게 된다. 스페인내전의 경우는 영국, 프랑스 및 미국의 불간섭 정책으로 인해 지역 세력들이 자신의 문제를 직접 결정할 수 있었던 것이 아니고 독일과 이탈리아가 "세력균형을 뒤집는 결과"[15]가 초래됐다. 스페인내전에서처럼 중립과 불간섭에 관한 규범들을 위배하지 않는다면, 이는 부끄러운 일인 듯 보인다. 독립 및 정치적 공동체의 가치가 유지되려면 이 같은 순

---

14) "On the Principle of Non-Intervention" (Oxford, 1860), p. 21.

15) Hugh Thomas, *The Spanish Civil War* (New York, 1961), ch. 31, 40, 48, 58; Norman J. Padelford, *International Law and Diplomacy in the Spanish Civil Strife* (New York, 1939)

간 몇몇 군사적 반응이 요구될 것이다. 그러나 이 같은 반응으로 인해 국제사회가 전반적으로 공유하고 있는 가치가 고양되는 경우에서조차 이는 법이행(Law enforcement)으로 정확히 말할 수 없을 것이다. 이 같은 반응의 성격은 '율법주의자들의 패러다임'의 어구로 쉽게 설명 가능한 형태가 아니다. 왜냐하면 내전 당시의 '간섭에 대응하는 형태의 간섭'이 간섭하고 있는 국가들을 처벌하거나 규제할 목적이 아니기 때문이다. 그와는 달리 이는 간섭하고 있는 집단을 견제하고, 세력균형을 유지하며, 어느 정도까지는 국지적 차원의 투쟁이란 본연의 모습을 복구시킬 목적의 것이다. 이는 경찰관이 두 사람 간의 싸움을 중지시키는 것이 아니고, 제3자가 싸움에 개입하지 못하도록 해야 하거나, 이처럼 할 수 없다면 불리한 측을 적절히 지원해야 하는 경우와 같다. 이 같은 경찰은 해당 싸움의 의미에 관해 몇몇 개념이 있어야 할 것이다. 한편 국내사회 내부의 일반적인 상황을 고려해 보면, 경찰이 이 같은 개념을 견지한다는 것이 어느 정도 이상한 현상일 것이다. 그러나 국가들의 세계에서 이는 전적으로 적절하다. 이 개념은 우리가 실제적으로 '간섭에 대응하는 형태의 간섭'과 거짓된 형태의 '간섭에 대응하는 형태의 간섭' 간의 차이를 판단할 당시 사용할 수 있는 기준에 해당한다.

미국의 베트남전쟁

모든 사람이 동의하는 방식으로 베트남전쟁의 역사를 기술할 수 있다고는 생각되지 않는다. 북부베트남이 남부베트남을 침입하고, 남부베트남과 체결한 조약에 근거해 미국이 북부베트남의 침입에 대응하면서 당시의 전쟁이 시작됐다는 것이 미국의 공식 반응이다. 이는

'율법주의자들의 패러다임'과 매우 유사하다. 그러나 이는 믿을 수 없는 듯 보인다. 다행히도 이 같은 미국의 공식 반응을 믿는 사람이 거의 없는 듯하다. 따라서 이 문제를 놓고 고민할 필요는 없다. 나는 베트남 내부에 내전(內戰)이 진행되고 있었음을 인정하고, 첫째 합법적인 정부에 대한 지원으로서의 미국의 역할 차원에서, 둘째 북부베트남 정권의 암약적인 군사 활동에 대응한다는 측면, 즉 '간섭에 대응하는 형태의 간섭' 차원에서 설명하는 등 베트남전쟁에 관한 미국의 참전 이유 중에서 보다 세련된 형태를 추구하고자 한다.[16] 여기서는 '합법성'과 '반응'이란 용어가 중요한 의미가 있다. '합법성'이란 용어에는 미국이 '간섭에 대응하는 형태의 간섭'을 한 대상인 남부베트남 정부가 미국과 무관한 '국지적 입지'와 '정치적 존재'를 견지하고 있었으며, 외세가 개입하지 않았더라면 내전에서 승리할 수 있었을 것이란 점이 암시돼 있다. '반응'이란 용어에는 미국의 군사작전이 내가 제시한 논거에 따라 여타 열강의 군사작전과 균형을 유지하는 형태였다는 점이 암시돼 있다. 해당 정부의 '합법성'과 합법적인 정부에 대한 여타 국가의 간섭에 대한 '반응'이란 측면 모두에서 베트남전쟁은 문제가 있다. 한편 이 두 가지 사항은 '간섭에 대응하는 형태의 간섭'의 성격을 제한하는 요인일 뿐만 아니라 적어도 여타 국가의 내전에 개입할 당시 언급돼야 할 부분이다.

제1차 베트남전쟁을 종료시킨 1954년의 제네바협약(Geneva Agreement)으로 인해 북부베트남과 남부베트남 간에 일시적 성격의 국경선

16) 이 같은 입장을 견지하고 있는 유용한 글을 이미 인용한 존 무어(John Norton Moore)에게서 찾아볼 수 있다. 앞의 각주 3을 참조하라. 공식적인 관점의 사례로 다음을 참조하라. Leonard Meeker, "Vietnam and the international Law of Self-Defense" in the same volume, pp. 318-32.

이 설정됐다. 뿐만 아니라 1956년의 선거에서 사라질 예정이던 두 임시정부가 이 국경선을 사이에 두고 수립됐다.[17] 그런데 남부베트남 정부가 선거를 거부했다. 분명히 말하지만, 선거 거부로 인해 남부베트남 정부는 제네바협약에서 부여된 합법성을 상실했다. 그러나 여기서는 합법성 상실이란 문제뿐만 아니라 이 상실에도 불구하고 60여 개 국가가 남부베트남의 신생 정권의 주권을 인정해 사이공에 대사관을 설치했다는 점에 많은 지면을 할애하지 않을 것이다. 독자적으로 또는 집단적으로 행동하고, 협정을 체결하며, 대사를 파견하는지와 무관하게, 외부 국가가 특정 정부의 합법성을 확립해주거나 폐기할 수 있다고는 생각되지 않는다. 중요한 것은 해당 정부가 자국 국민 내부에서 누리고 있는 위상이다. 신생 남부베트남 정권이 자국 국민들로부터 지지를 받을 수 있었다면 오늘날의 베트남은 한국처럼 두 국가로 분단돼 있을 것이다. 또한 1954년의 제네바협약은 냉전의 또 다른 분단을 보여주는 배경으로 기억될 것이다. 그러나 민주주의가 제대로 알려져 있지 않았으며, 선거가 주기적으로 조작되고 있는 국가에서 정부에 대한 대중의 지지도를 검증하기 위한 수단은 무엇인가? 반란군들의 경우와 마찬가지로 정부에 대한 이 같은 지지도를 검증하기 위한 수단은 자조(自助 : Self-help)다. 이는 외부 국가들이 도움을 줄 수 없다는 의미가 아니다. 혹자는 신생 남부베트남 정부의 합법성을 가정하고 있다. 소위 말해 남부베트남 정부가 자국 국민을 중심으로 하는 지지 기반을 구축할 유예기간이 있었는데, 이 같은 기간을 잘못 사용했다는 관점이다. 신생 남부베트남 정부가 미국에 지속적으로 의존했다는 점은 자조에 역행했음을 보여주는 부분이다. 1960

17) G. M. Kahin and John W. Lewis, *The United States in Vietnam* (New York, 1967).

년 초반 남부베트남 정부는 미국에 군사적 차원의 간섭을 간절히 요청했는데, 이것이 보다 나쁜 증거란 논거다. 남부베트남의 디엠(Diem) 대통령에게 우리는 몽태규 버나드가 처음 제기한 다음과 같은 질문을 던져야 할 것이다. "자국 국민을 복종시킬 목적으로 외세의 지원을 간청하고 있는 사람이 어떻게 국민을 대표할 수 있는가?"[18] 디엠은 결코 남부베트남 국민을 대표하지 못했다.

다음에서 보듯이 이 같은 논거를 한정적으로 표현할 수도 있을 것이다. 경제 및 기술 원조, 군사적 지원, 전략 및 전술 측면에서 조언받고 있는 반면, 아직도 자국 국민들을 복종시킬 수 없는 정부는 분명히 말해 합법적인 정부가 아니다. 합법성의 의미를 사회학 또는 도덕학적으로 정의하는지와 무관하게 이 같은 정부는 가장 기본적인 기준도 충족시키지 못하고 있다. 이 같은 정부가 생존해 있다는 점에 혹자는 의문을 제기할 것이다. 분명히 말하지만 남부베트남 정권은 별다른 이유가 아니고 외부의 도움으로 인해 생존을 유지할 수 있던 경우다. 당시의 사이공 정권은 지나칠 정도로 미국의 분신(分身)이었다. 이 같은 점에서 보면 사이공 정권의 존립을 보장할 의무가 있다는 미국 정부의 주장은 쉽게 이해되지 않는다. 이는 특정인의 오른손이 왼손을 돕고자 적극 노력하는 것과 같은 경우다. 미국과 남부베트남 간의 유대에서 남부베트남의 경우 독립적인 '도덕적 행위자(Moral agent)'[19] 또는 '정치적 행위자(Political agent)'는 없었다.

---

18) "On the Principle of Non-Intervention," p. 16.

19) 도덕적 행위자는 결심 또는 행동과 관련해 책임질 수 있는 대상을 의미한다. 권리와 책임이 있는 대상이 도덕적 행위자다. 왜냐하면 도덕적 행위자는 선택하도록 할 수 있으며, 선택할 능력이 있는 대상이기 때문이다. 특정인 또는 특정 대상이 비난의 대상이 아니라고 생각하면, 이는 도덕적 행위뿐만 아니라 권리와 책임을 부인하고 있는 것과 다름이 없다. 도덕적 행위자가 됐다는 것은 도덕적 결심을 성공적으로 하고 있거나, 지적(知的)이거나 올바른 사

따라서 당시 미국과 남부베트남 간의 유대는 진정한 의미에서 유대가 아니었다. 자신의 분신에 대한 책임(이 책임이 개개인의 안전과 관련이 있는 경우를 제외하면)은 자신에 대한 책임이 도덕적으로 의미가 없는 바처럼 정치적으로 의미가 없다. 군사적으로 베트남 사태에 개입했을 당시, 미국은 여타 국가에 대한 공약을 이행할 목적이 아니고 자신이 고안한 정책을 추구할 목적으로 행동했다.

이 모두에도 불구하고, 사람들은 전복, 테러 및 게릴라전을 수행할 목적의 조직적인 전역(戰役)으로 인해 남부베트남 정부의 지지 기반이 침식됐다고 주장하고 있다. 이 같은 전역이 있었으며, 북부베트남 정부가 여기에 관여했음은 분명한 사실이다. 물론 개입의 정도 및 시점과 관련해서는 논란의 여지가 없지 않다. 법적인 소송 사건의 개요를 작성하고 있다면 이것들은 중요한 의미가 있을 것이다. 왜냐하면 미국이 합법적인 남부베트남 정부에 경제적 원조와 군사 지원만을 제공하고 있던 순간, 북부베트남이 지역 차원의 반군을 불법 지원하고 있었다는 것이 미국의 논거이기 때문이다. 그러나 법적인 위력이 어느 정도인지 모르겠지만, 이 같은 논거는 베트남의 '도덕적 실상'을 간과하고 있다. 북부베트남이 베트남 전역(全域)에 깊은 뿌리를 두고 있던 반군의 활동을 지원하고 있을 당시 정치적 기반이 없는 특정 정부를 미국이 지탱해주고 있었다고 표현함이 보다 좋을 것이다. 북부베트남 정부가 남부베트남의 반군들에 중요했던 정도와 비교해 보면, 미국은 남부베트남 정부에 대단한 의미가 있었다. 당시

람이란 의미가 아니다. 이는 비난의 대상에 속해 있음을 의미한다. 나를 구타하고 있는 사람이 도덕적 행위자가 아닌 경우, 나는 그의 행위와 관련해 그를 비난할 수 없다. 누구를 비난하고 있다는 것은 그를 도덕적 행위자로 취급하고 있다는 의미다. 참조 : 인터넷 자료.(옮긴이)

미국의 베트남 개입이 점차 고조될 수밖에 없었던 것은 남부베트남 정부의 무능, 특히 남부베트남 정부가 내부의 적에 대항해서조차 자신을 지킬 능력이 없었다는 점 때문이었다. 베트남전쟁에 관한 미국의 변명에 대한 가장 진지한 질문은 이 같은 점으로부터 도출돼야 한다. 왜냐하면 자조(自助)에 관한 검증을 통과한 정부를 위해서만 '간섭에 대응하는 형태의 간섭'이 도덕적으로 가능하기 때문이다.

베트남의 농촌 지역에서 반군들의 기세가 등등했던 이유와 관련해 여기서 나는 거의 말할 수 있는 입장이 아니다. 남부베트남 정부는 그렇게 하지 못한 반면 공산주의자들이 베트남 민족주의를 대변할 수 있었던 것은 무슨 이유 때문인가? 미국의 베트남 주둔의 성격과 범주는 이 점과 많은 관계가 있다. 민족주의는 외국의 원조에 전적으로 의존하고 있던 사이공 정부가 쉽게 대변할 수 있는 형태가 아니었다. 북부베트남은 자신들이 도움을 받았던 사람들이 '외세의 대행자'로 낙인찍히도록 하는 행동을 하지 않았는데, 이것이 또한 중요한 의미가 있다. 당시의 베트남처럼 분단국가들의 경우는 분단의 경계선을 넘어 침투하는 행위가 국경선 너머 사람들에 의한 간섭으로 간주되는 것은 아니다. 북한군이 38선을 넘어 기세등등하게 진군하지 않고 남한의 반군들과 은밀한 방식으로 접촉했더라면 한국전쟁은 다른 모습을 보였을 것이다. 그러나 베트남의 경우와 달리 남한 내부에서는 반란이 없었다. 즉 남한 정부에 대한 남한 주민들의 지지는 상당한 수준이었다.[20] 냉전 당시 설정된 이 분단선은 두 개의 정치적 공동체를 구분하고, 이 공동체들 내부에서 시민들이 해당 정치적 공동체에 대해 어느 정도 충성심을 느끼고 있는 동안에만 국제사

20) Gregory Hendrson, *Korea: The Politics of the Vortex* (Cambridge, Mass., 1968), ch. 6.

회의 경계선으로서 의미가 있다. 이 같은 방식으로 남부베트남이 모습을 구비했더라면 테러 및 게릴라전을 염두에 둔 북부베트남의 대규모 노력에 대항한 미국의 군사 활동은 '간섭에 대응하는 형태의 간섭'으로 지칭될 수 있었을 것이다. 적어도 이 같은 명칭을 언급할 수는 있었을 것이다. 그러나 베트남의 실상은 그렇지 못했다.

베트남전쟁에 대한 미국의 개입이 '간섭에 대응하는 형태의 간섭' 성격이었더라면, 미국이 수행한 베트남전쟁의 규모와 범주를 당시의 '간섭에 대응하는 형태의 간섭'이 정당하게 견지할 수 있었을 것인지 아직도 의문이다. 수학적 용어로 고정시킬 수는 없지만 여기서는 대칭(對稱)에 관한 일부 개념이 의미가 있다. 특정 국가가 국지적 투쟁의 본연의 모습을 유지하거나 본연의 모습을 복구하고자 노력할 때, 해당 국가의 군사 활동은 상황에 간섭하고 있는 또 다른 국가들의 경우와 대략 같아야 한다. '간섭에 대응하는 형태의 간섭'은 균형을 유지할 목적의 행위다. 이전에 나는 이 점을 언급한 바 있다. 그러나 여기서는 이 점을 강조할 필요가 있다. 왜냐하면 이것이 '반응성'의 의미에 관한 다음과 같은 심오한 진리를 반영하고 있기 때문이다. '간섭에 대응하는 형태의 간섭'이 **추구하는 목표는 전승**(戰勝)**이 아니다**. 이것이 비밀스럽거나 모호한 진리가 아니란 점을 베트남전쟁에 관한 케네디 대통령의 저명한 발언이 암시해주고 있다. 케네디는 다음과 같이 말했다. "결국 베트남전쟁은 베트남인들의 전쟁입니다. 베트남전쟁에서 승리 내지 패배해야 할 사람은 이들입니다. 미국이 베트남에 고문단을 파견할 수 있습니다. 그러나 공산주의에 대항해 베트남 국민들이 승리를 거둬야 합니다……."[21] 케네디 이후의

---

21) Kahin and Lewis, p. 146.

미국의 리더들도 이 같은 관점을 언급했다. 그러나 불행히도, 미국은 이것을 정책으로 책정하지 않았다. 사실 미국은 베트남 내전의 성격과 차원을 전혀 존중하지 않았다. 베트남전쟁이 내전 성격을 유지하고, 내전 차원에서 수행되고 있는 한 미국은 베트남전쟁에서 승리할 수 없었다. 이 같은 점에서 미국은 베트남 내전의 성격과 차원을 존중할 수 없었다. 과학기술 측면에서의 미국의 우위가 동원될 수 있는 수준으로 분쟁을 추구한 결과, 미국은 타국에서 자국의 목적을 위해 수행하는 전쟁이 될 정도로 베트남전쟁을 고조시켰다.

인도적 간섭

합법적인 정부란 국가 내부의 전쟁, 즉 내전(內戰)을 수행할 수 있는 정부를 의미한다. 이 전쟁에 대한 외부 지원은 여타 세력의 간섭에 따른 상황에 균형을 유지해주고, 정확히 균형을 유지해줘 지역 세력이 자신의 힘만으로 승리 또는 패배할 수 있도록 해줄 때에만 '간섭에 대응하는 형태의 간섭'으로 지칭될 수 있다. 내전의 결과는 간섭하고 있는 국가들의 상대적 능력이 아니고 국가 내부 세력들의 관계에 의해 결정되는 형태가 돼야 한다. 그러나 우리가 이 같은 종류의 결과를 추구하지 않는 경우, 즉 지역의 세력균형이 상황을 주도하기를 원치 않는 경우가 있다. 특정 국가 내부의 주도적인 세력들이 인권을 대거 위배하고 있는 경우는 자조(自助)에 관한 밀의 관점에서의 자결권(自決權)의 호소는 매력적이지 않다. 전반적으로 이 같은 호소는 해당 공동체의 자유와 관련이 있다. 즉 문제의 사안이 구성원들(또는 이들 중 많은 부분)의 최소한의 자유 내지는 생존인 경우 이 같은 호소는 매력적이지 못하다. 정적(政敵), 소수민족 그리고 종교적 분파를 노예로 만들거나 대량학살하는 행위에 대응하는 것과 관련해 말하면, 외부로부터 도움이 없는 경우 전혀 도움이 없을 가능성이 있다. 특정 정부가 자국 국민들을 잔인하게 대하는 경우는 자결권이란 개념이 적용될 수 있는 정치적 공동체의 존재 자체를 의심해야 한다.

이 사례들은 쉽게 확인되는데, 오히려 사례들이 너무나 많다는 점이 우리를 당혹스럽게 한다. 자국 국민들을 핍박하는 정부들의 명부(名簿)와 대량학살되고 있는 국민들의 명부는 놀라울 정도로 길다. 나치의 유대인 대학살과 같은 사건은 인류역사에서 그 전례가 없다. 그러나 보다 작은 규모의 살인은 거의 일반적이라고 말할 수 있을 정도로 보편화돼 있다. 또 다른 한편에서 보면 소위 말하는 '인도적 간섭'을 보여주는 분명한 사례는 매우 드문 실정이다.[22] 나는 이 같은 사례를 본 적이 없다. 즉 여러 동기가 혼합돼 있는 상태에서 인도적 차원의 동기가 그 중 하나인 경우만을 보았을 뿐이다. 오직 인명을 구원할 목적으로 국가들이 다른 국가에 자국 군대를 파견하는 경우는 없는 듯 보인다. 국가의 의사결정에서 외국인의 목숨은 그다지 비중이 높지 않다. 따라서 우리는 혼합된 동기들의 도덕적 의미를 살펴봐야 한다.[23] 간섭이 부분적으로만 인도적 성격이란 논거가

---

22) 스토웰(Ellery C. Stowell)은 국제법에서 간섭의 몇몇 가능한 사례를 제시하고 있다. Ellery C. Stowell, *Intervention in International Law* (Washington, D.C., 1921), ch. II. 보다 최근의 법적인 관점을 보려면 다음을 참조하라. Richard Lillich, ed., *Humanitarian Intervention and the United Nations* (Charlottesville, Virginia, 1973).

23) 문제의 생명이 자국 국민인 경우는 분명히 말해 상황이 달라진다. 외국에서 생명이 위협받고 있는 자국 국민을 구출할 목적의 간섭은 전통적으로 인도적 성격으로 지칭됐다. 진정 생사가 문제시되고 있는 시점에 이 간섭에 이

'인도적 간섭'에 대항하는 형태는 아니다. 이는 '인도적 간섭'이란 개념에 회의적인 시각을 견지하고, 또 다른 부분들을 면밀히 살펴봐야 할 나름의 이유가 있음을 의미한다.

1898년의 쿠바와 1971년의 방글라데시

이 사례들은 민족해방운동과 '간섭에 대응하는 형태의 간섭'으로 분류될 수 있을 것이다. 그러나 스페인과 파키스탄 정부가 자행한 잔혹한 행위로 인해 이것들은 또 다른 의미가 있다. 스페인인들의 가혹한 행위는 보다 쉽게 논의될 수 있다. 왜냐하면 이 행위가 조직적인 대량학살에 버금가는 수준이었기 때문이다. 쿠바 섬 밖에서 생활하며 농민들로부터 대거 지원받고 있었음이 분명한 쿠바 반군들과 전투할 당시, 스페인 사람들은 먼저 강제 이주정책을 고안해냈다. 강제 이주와 관련해 웨일레르(Weyler) 장군은 다음과 같이 말했다.[24)]

> 시골 지역에 살고 있거나 요새화된 도시의 밖에 살고 있는 모든 주민은 8일 이내에 부대가 점령하고 있는 도시 내부로 '집결'한다. 명령에 불복종하거나 지정된 지역 밖에 있는 모든 사람은 반군으로 간주될 것이며, 이처럼 판단하게 될 것이다.

같은 명칭을 부여하지 못할 이유는 없을 것이다. 1976년 7월 4일 우간다의 엔테베(Entebbe) 공항에 대한 이스라엘의 기습은 복합된 동기가 없는 경우다. 여기서 추구한 유일한 목적은 상황에 간섭하고 있는 국가인 이스라엘이 각별한 관심이 있던 자국 국민들을 구출하는 것이었다.

24) Philip S. Foner, *The Spanish-Cuban-American War and the Birth of American imperialism* (New York, 1972), I, 111에 인용돼 있다.

추후 나는 '집결' 자체가 범죄 성격의 정책인지에 관해 논의할 것이다. 관련자들의 건강은 고려하지 않은 채 스페인 사람들이 정책을 이행한 결과로 인해 이들 중 수천 명이 고통 가운데 사망했다. 이들의 비참한 생활과 사망 사실이 미국 내부에 널리 보도됐는데, 선정적인 언론만 보도한 것은 아니었다. 많은 미국인들의 뇌리에 박히면서 이들의 생사가 스페인에 대항한 전쟁을 정당화해주는 주요 이유가 됐으며, 1898년 4월 20일의 다음과 같은 내용의 '의회결의'가 출현하게 된 배경이 됐다. "우리의 국경과 인접해 있는 쿠바 섬에서 지난 3년 동안 있었던 끔찍한 상황으로 인해 미국 국민들의 도덕적 감정이 일대 충격을 받았다……."[25] 그러나 당시 미국이 무력에 호소하게 된 또 다른 이유가 있었다.

주요 이유는 경제 및 전략적 성격이었다. 첫째, 이는 쿠바의 설탕에 미국이 대거 투자했다는 점과 관련이 있었는데, 설탕은 미국의 재계(財界)가 관심을 보이고 있던 부분이었다. 둘째, 이는 파나마운하에 대한 해상 접근로와 관련이 있었다. 미국의 세력 확대란 대의를 주도하고 있던 지식인과 정치가들은 향후 어느 순간 파나마운하가 중요한 의미가 있을 것으로 생각했다. 카리브해(Caribbean Sea)보다는 태평양에 관심이 있던 마한(Mahan), 애덤스(Adams), 루스벨트(Roosevelt) 및 로지(Lodge) 같은 사람들이 구상하고 계획과 관련해 말하면, 쿠바는 거의 의미가 없었다. 그러나 카리브해와 태평양을 연결해주는 파나마운하는 전략적으로 중요한 의미가 있었다. 미국인들을 제국주의적 모험에 길들게 해주고, 필리핀을 정복할 수 있도록 해주는 한 파나마운하 쟁탈을 염두에 둔 전쟁이 의미가 있었다. 대체로 당시 전쟁의 대

25) Stowell, p. 122n에 인용돼 있다.

의를 놓고 벌어진 역사적 논쟁은 정치 및 경제적 제국주의의 다른 형태, 시장과 투자기회의 탐구, "그것 자체로서의 국력"[26]의 추구에 초점이 모아졌다. 그러나 당시의 전쟁을 반제국주의적 정치가들 또한 지지했음은 상기할 만하다. 또는 이들이 쿠바의 자유를 지지했으며, 스페인 사람들의 야만적인 행동에 따른 '인도적 간섭'을 지지했음은 상기할 만하다. 그러나 미국이 실제 수행한 전쟁은 대중영합주의자(Populist)들과 극단적인 민주당원들이 촉구한 형태의 간섭과 어느 정도 차이가 있었다.

쿠바 반군들은 미국에 다음과 같은 세 사항을 요구했다. 즉 자신들이 설립한 임시정부를 쿠바의 합법적인 정부로 인정하고, 반군에 군수 물자를 제공하며, 미국의 전함들이 쿠바 해안을 봉쇄해 스페인군의 보급물자를 차단해 달라는 것이었다. 이 같은 도움이 있는 경우 반군의 세력이 성장하게 되는 반면 스페인 사람들이 더 이상 견디지 못하게 될 것이며, 미국의 도움 아래 쿠바인들이 자국을 재건하고, 자신의 일을 관리할 수 있게 된다[27]고 이들은 말했다. 이는 또한 미국의 급진주의자들이 구상하고 있던 계획이었다. 그러나 매킨리(McKinley) 대통령과 그의 보좌관들은 쿠바인들이 자신의 일을 꾸려나갈 수 있다고 믿지 않았으며, 급진적인 재건을 두려워했다. 어떻든 미국은 반군들을 인정하지 않은 채 사태에 개입했다. 미군은 스페인군을 신속히 격파하고는 이들의 역할을 대체했다. 당시의 승리가 인도적 측면에서 효과가 있었음은 분명하다. 미국의 군사적 노력은

---

26) Julius W. Pratt, *Expansionists of 1898* (Baltimore, 1936) and Walter La Feber, *The New Empire: An Interpretation of American Expansion* (Ithaca, 1963); 또한 Foner, I, ch. XIV.

27) Foner, I, ch. XIII.

매우 비효율적이었다. 그러나 당시의 전쟁은 민간인 피해가 거의 없는 가운데 단기간에 종료됐다. 전투에서 승리를 거둔 즉시 구호활동이 시작됐다. 그러나 구호활동 또한 처음에는 놀라울 정도로 비효율적이었다. 당시의 전쟁에 관한 전형적인 해설에서 채드윅(Chadwick) 제독은 전쟁이 비교적 피를 흘리지 않은 가운데 종료됐다는 점을 자랑했다. 그는 다음과 같이 기술했다. "전쟁 자체는 해악일 수 없다. 전쟁의 해악은 사람들이 느끼는 공포에 있다. 그런데 이 공포 중 많은 부분은 필수적인 현상이 아니다. ……미국과 스페인 간의 전쟁은 이 공포가 거의 목격될 수 없는 형태의 것이다."[28] 당시의 전쟁에서는 진정 공포가 목격되지 않았다. 적어도 수년에 걸친 쿠바 반란 당시와 비교해보면 훨씬 작은 수준의 공포가 목격됐다. 쿠바에 대한 간섭과 관련해 전통적으로 미국은 인도적인 이유를 언급했는데, 이 같은 천명을 사람들이 회의적으로 바라보았다. 이 같은 현상을 이해하려면 미국이 쿠바를 침입해 군사적으로 3년 동안 점령했으며, 결과적으로 매우 제한된 수준의 독립을 갑자기 허용해주었다는 사실을 이해해야 할 것이다. 당시가 '해적들의 시절'이었다는 점을 고려해보면 1898년부터 1902년까지 있었던 모든 행위가 제국주의의 사례 중 자비로운 형태로 생각될 수도 있을 것이다. 그러나 이는 '인도적 간섭'의 사례는 아니었다.[29]

이 같은 사례와 관련해 우리가 내리는 판단은 인도주의가 아닌 또 다른 고려사항이 미국 정부의 계획에 내포돼 있다거나 인도주의가

28) F. E. Chadwick, *The Relations of the United States and Spain: Diplomacy* (New York, 1909), pp. 586-87. 이 글은 월터 밀리스(Walter Millis)의 이 전쟁에 관한 책(*The Martial Spirit* (n.p., 1931))의 제사(題辭)이기도 하다.
29) Millis, p. 404.

주요 고려사항이 아니란 점에 의존하고 있지 않다. 다원론적 사고로 인해 자유민주주의 국가의 경우는 간섭과 관련해 다양한 동기를 견지할 가능성이 있다. 이 같은 자유민주주의 국가에서 판단은 특히 어려운 문제다. 판단의 측정은 또한 자비로운 결과의 문제도 아니다. 미국의 승리로 인해 특정 지역에 집결돼 있던 사람들이 자신의 집으로 돌아갈 수 있었다. 그러나 이들은 스페인의 입장에서 당시의 전쟁에 참전해 미국이 쿠바 반군들을 격파한 경우에도 집으로 돌아갈 수 있었을 것이다. 당시의 전쟁목표에 상관없이, 주민들의 특정 지역으로의 '집결'이란 정책은 전쟁과 함께 종료됐을 것이다. 중요한 문제는 이것이 아니다. '인도적 간섭'에는 핍박받고 있는 사람들의 입장에서의 군사적 행위가 포함돼 있다. 이 같은 간섭의 경우는 이들 핍박받고 있는 사람이 추구하는 목표에 어느 정도 기여해야 한다. 이 같은 간섭이 이들 주민의 목표 달성에 전념하는 형태일 필요는 없다. 그러나 이 같은 간섭이 이들 주민의 목표 달성을 방해하는 형태가 되면 안 된다. 주민들이 핍박받고 있는 것은 자신들을 핍박하고 있는 사람들이 수용할 수 없는 특정 목표(종교적 관용, 국가독립 등)를 추구했기 때문일 것이다. 주민들을 위해 간섭하면서 주민들이 추구하는 목표와 대립되는 방식으로 행동할 수는 없다. 핍박받고 있는 주민들이 추구하는 바가 반드시 정당하다거나 이 목표를 전적으로 수용해야 한다는 것은 아니다. 그러나 1898년 당시 쿠바 주민들이 추구한 목표에 보여주고자 했던 것 이상의 관심을 미국은 이 목표에 보여야 할 것이다.

핍박받고 있는 국민들이 추구하는 목표에 대한 이 같은 배려는 '간섭에 대응하는 형태의 간섭'에서 필수 요소인 지역의 자치권에 대한 존중과 쌍벽을 이루는 형태다. 가능한 한 간섭은 불간섭과 같아야 한다는 방침을 '율법주의자들의 패러다임'에 관한 두 종류의 수정주의 원칙('간섭에 대응하는 형태의 간섭'과 인도적 간섭을 의미)이 반영하고 있다. '간섭에 대응하는 형태의 간섭'의 경우 추구하는 목표가 세력균형인 반면 인도적 간섭이 추구하는 목표는 구조(救助)다. 특정 국가의 간섭에 대응해 간섭하고 있는 국가뿐만 아니라 인도적 차원에서 간섭하고 있는 국가와 관련해 말하면, 특히 분리운동 및 민족해방운동에 간섭하고 있는 국가들과 관련해 말하면, 이 국가들은 자신을 위한 어떠한 형태의 정치적 특권도 정당한 방식으로 주장할 수 없다. 쿠바를 점령했을 당시의 미국처럼 이 특권을 주장하는 경우 처음부터 정치세력의 확보가 이 국가들의 목표였다고 생각하게 된다.

1971년에 있었던 인도의 동파키스탄(방글라데시) 침공 사례는 '인도적 간섭'을 보여주는 보다 좋은 경우다. 이는 인도 정부가 견지하고 있던 동기가 하나였거나 순수했기 때문이 아니고 다양한 동기들이 단일 방책으로 수렴해 갔다는 점 때문이다. 그런데 이는 또한 벵골인들이 요구한 방책이었다. 이처럼 인도의 모든 동기가 단일의 방책으로 수렴됐다는 점으로 인해 인도가 동파키스탄에 신속히 진입해 파키스탄군을 격파하고는 이들의 역할을 대체하지 않았을 뿐 아니라 그 후 등장한 방글라데시를 정치적으로 통제하지 않은 채 신속히 빠져나올 수 있었다. 이 같은 정책의 이면에 도덕 및 전략적 이해관계가 숨어 있었음은 의문의 여지가 없다. 인도는 내부 정치가 불안하고 향후 오랫동안 폭발 가능성이 있던 절대 빈국(貧國)인 방글라데시를 책임져야 하는 상황을 피하고자 했다. 반면에 인도의 숙적인 파키스탄은 매우 힘이 약해져 있었다. 그러나 당시의 간섭은 '인도적 간섭'으로 지칭해도 전혀 손색이 없다. 왜냐하면 이것은 엄밀한 의미에서 구조(救助)를 염두에 둔 형태였기 때문이다. 여기서 보듯이 상황이 종종 관련자들을 성인(聖人)으로 만들어주는 경우가 있다.

벵골 지역에서 파키스탄이 자행한 억압적인 행위에 관해 많이 언급하고 싶지 않다. 이것에 관한 이야기는 끔찍한 반면, 오늘날 매우 잘 정리돼 있다.[30] 파키스탄의 동부지역에서 자치권을 염두에 둔 운동이 발생하자, 1971년 3월 파키스탄 정부는 자국 국민을 겨냥해 발포했다. 또는 벵골 주민들을 겨냥해 펀자브 지역 출신의 군(Punjabi army)이 발포했다. 이처럼 파키스탄 정부가 발포했던 것은 동파키스탄과 서파키스탄의 통일이 이미 물 건너간 사안이었기 때문이었다. 결과적으로 있게 된 대량학살로 인해 파키스탄의 분단이 완결됐으며, 회복 불가능한 상태가 됐다. 이들 군은 나름의 지침에 따라 움직였다. 군의 장교들은 벵골의 정치, 문화 및 지적(知的) 분야의 지도자들의 이름이 적혀 있는 살생부를 들고 다녔다. 이들의 추종자인 대학생, 정치가 등을 학살하기 위한 조직적인 노력 또한 있었다. 이 집단들을 제외한 나머지 부류에 대해 군인들은 방화, 강간, 학살 등을 자행하며 방자하게 행동했다. 수백만의 벵골 주민들이 인도로 피신했다. 빈곤과 굶주림에 떨고 있던 이들이 인도에 도착해 전해준 믿을 수 없는 이야기가 그 후 있게 된 인도의 파키스탄 침입의 도덕적 기반이 됐다, "이 사례들을 보면 주변국 국민의 의무가 사태를 방관하는 것이란 논거가 전혀 도움이 되지 않음을 알게 된다."[31] 수개월 동안 외교적 노력이 뒤를 이었다. 그러나 그 순간에도 인도는 벵골

---

30) 영국 언론인에 의한 최근의 설명을 보려면 다음을 참조하라. David Loshak, *Pakistan Crisis* (London, 1971).

31) John Westlake, *International Law*, vol. I, *Peace* (2nd ed., Combridge 1910), pp. 319-20.

의 게릴라들을 지원했으며, 피난민뿐만 아니라 전투원들에게도 피신처를 제공했다. 1971년 12월의 2주 동안 진행된 전쟁은 항공기를 이용한 파키스탄의 공격과 함께 시작됐음이 분명하다. 그러나 이 같은 공격으로 인해 인도가 파키스탄을 침입한 것은 아니었다. 즉 인도의 침입은 나름의 또 다른 이유로 인해 정당화됐다.

1971년 3월부터 12월까지 벵골 게릴라들의 능력과 이들이 거둔 실적에는 어느 정도 논란의 여지가 있다. 2주 동안 진행된 전쟁에서의 이들의 역할과 관련해서도 마찬가지다. 그러나 파키스탄을 침공할 당시 인도가 추구한 목표는 벵골의 투쟁을 위한 길을 열어주는 것이 아니었다. 벵골 게릴라들의 전력의 강약 또한 인도의 파키스탄 침입에 관한 우리의 관점에 영향을 주지 못한다. 주민이 대량학살당하고 있을 때에는 자조(自助) 측면에서 검증된 이후에나 이들을 도와줄 수 있다는 단서가 요구되지 않는다. 우리가 대량학살 현장에 들어가는 것은 이들이 매우 능력이 없다는 점 때문이다. 당시 인도군이 추구한 목표는 파키스탄군을 격파해 벵골 지역에서 몰아내는 것이었다. 다시 말해 전쟁에서 승리하는 것이었다. 이들의 목표는 '간섭에 대응하는 형태의 간섭'에서 추구하는 목표와 달랐다. 이처럼 차이가 있었던 것은 도덕적으로 중요한 의미가 있는 몇몇 이유 때문이다. 대량학살을 시작한 국민은 국가 내부의 자결권과 관련된 일상적인 과정에 참여할 권리가 없다. 이들 국민의 군사적 패배는 도덕적으로 필수 사항이다.

대량학살에 가담하고 있는 정부와 군은 범죄 정부와 군으로 쉽게 규명된다. '인간애에 대항한 범죄(Crimes against humanity)'란 제목의 뉘른베르크의 법 조항으로 인해 이들은 죄가 있다. 따라서 어떠한 간섭과 비교해도 '인도적 간섭'은 국가 내부에서 법이행과 경찰의 일로 간주되는 부분과 가깝다. 그러나 '인도적 간섭'의 경우는 국제사회의 국경의 월경이 요구된다. 국가들로 구성돼 있는 사회, 즉 국제사회의 허락을 받지 않은 월경을 '율법주의자들의 패러다임'은 금지하고 있다. 내가 고려한 사례들에서는 법이 일방적으로 이행됐으며, 경찰력이 자체적으로 지정됐다. 지금까지는 항상 일방주의가 국제사회를 주도해왔다. 그러나 우리는 외세의 침략에 대한 반응이 아니고 국가 내부의 폭력에 대한 반응과 관련해 이 같은 일방주의를 보다 많이 우려하게 된다. 인도주의란 미명 아래 국가들이 주변국을 핍박하고 주도하는 상황을 우리는 우려하고 있다. 재차 말하지만 이 사례들은 쉽게 찾아볼 수 있다. 따라서 많은 법학자들이 '율법주의자들의 패러다임'을 선호하고 있다. 이처럼 선호한다고 간섭의 필요성을 부인해야 하는 것은 아니라고 이들은 생각하고 있다. 이들은 이 같은 간섭의 필요성에 대한 법적인 인정(認定)만을 부인하고 있다. '인도적 간섭'은 "법의 영역이 아니고 도덕적 선택의 영역에 속한다. 그런데 개인과 마찬가지로 국가는 종종 이 같은 도덕적 선택을 해야만 한다……."32) 그러나 법학자들과 달리 여기서 중단하지 않을 때에만 이것이 그럴듯한 공식이 된다. 왜냐하면 도덕적 선택은 선택만 하면 되는 문제가 아니기 때문이다. 선택과 관련해 심판받아야 한다는 점에서 심판을 위한 기준이 있어야 한다. 이 기준을 법이 규정해주지 않는 경우 또는 특정 순간 법 조항이 만료되는 경우에도 이 기준은 우리들 모두의 도덕에 담겨져 있다. 그런데 우리들 모두의 도덕은 결코 만료될 수 없으며, 법학자들이 일을 끝낸 뒤에도 설명이

32) Thomas M. Franck and Nigel S. Rodley, "After Bangladesh: The Law of Humanitarian Intervention by Military Force," 67 *American Journal of International Law* 304 (1973).

필요한 부분이다.

즉각 강구할 수 있는 또 다른 대안이 없는 한 도덕이 일방적인 행위를 강구하지 못하도록 하는 요인은 아니다. 벵골의 사례와 관련해 말하면, 당시는 또 다른 대안이 없었다. 당시의 대량학살이 전 세계 모든 사람의 보편적인 관심사항이었음은 분명하다. 그러나 인도만이 여기에 관심을 보였다. 공식적으로 당시의 사건이 유엔에까지 제기됐지만 유엔은 이 사건과 관련해 어떠한 조치도 취하지 않았다. 벵골 사태와 관련해 유엔이 강구하는 조치 내지는 열강들이 취한 조치가 인도의 파키스탄 침공과 비교해 도덕적으로 우수했을지는 분명치 않다. 일방적인 행위가 아니고 다수 국가가 참여하는 행위에서 사람들이 추구하는 바는 도덕적 규칙에 관한 특수 관점에서 벗어난 합일점이다. 그러나 이것과 관련해 말하면, 제도적 차원에서 호소할 수 있는 단일의 합일점은 오늘날 없다. 이 같은 측면에서 전반적으로 사람들은 인류애에 호소하고 있다. 단순히 함께 행동한다고 국가들이 특유의 성격을 잃게 되는 것은 아니다. 개개 정부가 혼합된 형태의 동기들을 갖고 있다면, 정부로 구성돼 있는 연합의 경우도 마찬가지다. 연합에서 목격되는 정치적 뒷거래로 인해 일부 목표들이 취하되거나, 새로운 목표가 추가될 것이다. 단일 국가의 정치적 이해관계와 이념이 문제의 도덕적 사안과 별다른 관계가 없는 것만큼이나 연합 차원의 활동에서 도출되는 동기들은 문제의 도덕적 사안과 우연적인 현상일 것이다.

"인류의 도덕적 양심에 충격을 주는" 행위들에 대한 반응(어느 정도 성공 가능성이 있는 상태에서)인 경우 '인도적 간섭'은 정당화된다. 이 같은 구태의연한 표현이 내게는 정확히 옳은 듯 보인다. 여기서 말하는 양심은 정치 지도자의 양심이 아니다. 정치 지도자들에게는 걱정해야 할 또 다른 무엇이 있다. 여기서 말하는 양심은 평범한 사람들의 도덕적 확신을 의미하는데, 이 같은 확신은 일상생활을 통해 얻어진다. 이 같은 도덕적 확신에 근거해 설득력 있는 논거를 전개할 수 있는 경우는 소위 말해 유엔의 조치를 기다리는(세계국가와 메시아를 기다리는……) 등의 수동적인 자세를 견지해야 할 도덕적 측면의 이유가 있다고 생각되지 않는다.

> 위성국가를 지속적으로 통제하기 위한 유일한 방안이 해당 위성국가의 국민을 모두 죽이고는 이 지역에 신뢰할 만한 사람이 재차 이주토록 하는 것이라고 특정 열강이 결심했다……고 가정해보자. 해당 위성정부가 이 같은 조치에 동의했으며, 여기에 필요한 대량 몰살 도구를 설치했다고 가정해보자. ……유엔이 반드시 내려야 할 결심을 내리지 못하는 상황이며, 이 같은 작전에 특정 회원국에 대한 무장공격이 포함돼 있지 않다면 유엔의 여타 회원국들이 이 같은 상황을 수수방관한 채 바라보고만 있어야 할 것인가……?[33]

이 질문은 수사학적 성격의 것이다. 대량살상을 방지할 능력이 있는 모든 국가는 적어도 이 같은 살상을 방지하고자 노력할 권리가 있다. '율법주의자들의 패러다임'의 경우는 이 같은 노력을 금지하고 있다. 그러나 이는 원래의 '율법주의자들의 패러다임'이 군사적 간섭의 '도덕적 실상'을 제대로 설명해줄 수 없음을 암시해줄 뿐이다.

'율법주의자들의 패러다임'의 두 번째, 세 번째 및 네 번째 수정판은 다음과 같은 모습을 보이고 있다. 분리주의 운동을 지원하고(이

---

33) Julius Stone, *Aggression and World Order*, p. 99.

운동이 일단 대표성을 과시하면), 여타 열강들의 간섭에 따른 상황과 관련해 균형을 유지하며, 대량학살의 위험에 처해 있는 사람들을 구원할 목적으로 정당한 방식으로 특정 국가를 침입할 수 있으며, 전쟁을 시작할 수 있다. 이들 개개 사례에서 우리는 주권에 관한 공식적인 규칙들의 위배를 허용하거나, 규칙을 위배한 이후에는 이 위배를 칭찬하거나 아니면 비난하지 않게 된다. 우리가 이처럼 하는 것은 이 위배가 개인의 생명과 집단의 자유란 고귀한 가치를 고양시켜주는 성격이기 때문이다. 여기서 주권 자체는 개인의 생명과 집단의 자유를 표현하는 부분에 불과하다. 재차 말하지만 이 공식은 허용 성격의 것이다. 그러나 특정 사례들에 관한 논의에서 나는 정당한 형태의 간섭에 실제 요구되는 부분이 구속 성격의 것임을 보이고자 노력했다. '율법주의자들의 패러다임'의 수정판에 이 같은 구속 사항이 포함돼 있는 것으로 우리는 이해해야 한다. 이 구속 사항이 종종 간과되고 있다는 점에서 불간섭이란 절대 규칙의 고수(이는 '예견 차원의 전쟁' 불기란 절대 규칙의 고수가 최상이라는 주장과 마찬가지다)가 최상이라는 주장이 종종 제기되고 있다. 그러나 이 같은 절대 규칙이 또한 간과될 것인데, 이 경우 우리는 그 후 발생하는 것들을 판단하기 위한 기준을 갖지 못하게 될 것이다. 사실 우리는 기준을 갖고 있는데, 나는 이 기준을 상세하게 수립하고자 노력한 바 있다. 이 기준은 그 적용 측면에서 보면 어렵고 문제가 많지만, 인권에 대한 심오하고도 의미 있는 언질을 보여주는 형태다.

|제7장|

전쟁의 목표와 전승(戰勝)의 중요성

소위 말하는 전쟁에 관한 근대적 관점을 자렐(Randall Jarrell)은 다음과 같이 암울하게 요약하고 있다.[1)]

> 전쟁에 따른 이득과 전사자가 매우 서서히 늘고 있다. 오직 사자(死者)를 애도하는 자와 '애도 받는 자(死者)'만이 우리가 패배하거나 승리한 전쟁을 상기하고 있다. 그런데 전쟁 이전과 비교해 세상은 전혀 변하지 않았다.

전쟁으로 인해 사람들이 죽게 된다. 전쟁이 하는 일은 이것뿐이다. 전쟁에서 추구했던 경제적 대의조차도 전쟁의 결과에 반영되지 않는다. 오늘날의 문구로 표현해보면 전사자(戰死者)들이 소모품, 즉 헛된 목적으로 희생된 제물이나 다름이 없다는 시각이다. 자렐은 전사한

---

1) "The Range in the Desert," *The Complete Poems*, p. 176.

동료와 곧바로 사살될 것임을 알고 있는 사람들의 입장에서 말하고 있다. 이 같은 사람이 매우 많다는 점에서 이는 권위 있는 시각이다. 지리적으로 제한 가능한 전투에서 몇몇 사람이 전사할 때, 군인들은 자신들의 죽음에 일부 의미를 부여할 수 있다. 희생정신과 영웅심은 이 경우 생각할 수 있는 개념이다. 그러나 오늘날의 전쟁에서 목격되는 대량살상으로 인해 군인들은 도덕적 측면에서 더 이상 자신의 죽음을 이해할 수 없게 됐다. 자신의 죽음과 관련해 이들은 최종적으로 냉소주의에 호소하고 있다. 그러나 냉소주의는 자렐이 수행했던 전쟁에 대한 우리의 지각(知覺)에서 가장 중요한 형태가 아니며, 우리가 최종적으로 호소하는 부분도 아니다. 이 전사자들의 동료 중에서 살아남은 사람의 대부분은 아직도 자신이 수행한 전쟁으로 인해 세상이 달라졌다고 확신하고 싶어 한다. 특히 연합국이 승리하고 나치 정권이 패배했다는 점에서 세상이 보다 좋아졌다고 생각하고 싶어 한다. 이처럼 생각하고자 하는 사람이 매우 많다는 점에서 이 같은 시각도 나름의 권위가 있다. 인간의 감각이 절망이란 용어의 모든 뉘앙스를 매우 잘 인지할 정도로 절망이 극에 달한 시대에서조차, 전사자들의 죽음이 헛된 죽음이 아니었다고 말할 수 있는 것이 중요한 의미가 있어 보인다. 이처럼 말할 수 없거나 말할 수 없다고 생각되는 경우 우리는 애통과 분노를 표명하게 된다. 우리는 이 같은 현상을 야기한 범인을 찾게 된다. 아직도 우리는 도덕적 세계에 집착하고 있다.

헛된 죽음이 아니었다는 의미는 무엇인가? 이 경우는 죽을 가치가 있는 목표, 즉 목적이 있어야 한다. 전사자들의 목숨과 비교해 보다 큰 결과가 있어야 한다. '정당한 전쟁'이란 개념 또한 이처럼 죽을 가치가 있는 목표의 존재를 요구하고 있다. '정당한 전쟁'은 도덕적으로 전승이 시급한 경우를 말한다. 또한 전사자들의 죽음이 헛된 죽음이 아닌 전쟁을 의미한다. '정당한 전쟁'에는 정치적 독립, 공동체의 자유, 인간의 생명과 같은 핵심 가치가 걸려 있다. 정치, 경제, 외교 등 국력의 여타 수단들이 효과가 없는 경우(이는 중요한 제한사항이다) 이 가치들을 방어할 목적의 전쟁은 정당화된다. 그 과정에서 발생하는 죽음은 도덕적으로 충분히 납득이 간다. 이는 전사자가 군사적 우매성과 관료적 오류의 산물이 아니란 의미가 아니다. 무모하지 않은 형태의 전쟁에서조차 군인들이 무모하게 죽어가고 있다.

종종 전승(戰勝)이 절박한 형태일 수 있지만 전승의 의미가 항상 분명한 것은 아니다. 전통적인 군사적 관점에서 보면 전쟁에서의 유일하고도 진정한 목표는 "전장에서 적의 주력을 격파하는 것이다."[2] 클라우제비츠는 "적군의 타도"[3]에 관해 말하고 있다. 그러나 이 같은 극적인 결과가 없는 가운데 종료되는 전쟁이 많이 있으며, 적의 주력을 격파하거나 적을 타도하지 않은 상태에서 전쟁목표들이 달성되는 경우도 없지 않다. 우리는 전쟁의 합법적인 목표, 즉 정당한 방식으로 겨냥할 수 있는 목표를 추구할 필요가 있다. 이 목표는 '정당한 전쟁'의 한계에 해당할 것이다. 이 목표를 달성했거나 이 목표가 정치적으로 달성 가능한 순간 전투는 종료돼야 한다. 이 순간 이후 전사한 군인들의 죽음은 부질없는 죽음이며, 이들을 죽게 하는 행위는 침략에 버금가는 범죄다. 그러나 '정당한 전쟁'에서 합법적인 목표를 달성하게 되는 시점이 상대방을 완벽히 격파 내지 타도하는 순간이라

2) B. H. Liddell Hart, *Strategy* (2nd rev. ed., New York, 1974), p. 339: 리델 하트 자신은 상이하면서도 훨씬 세련된 입장을 견지하고 있다.

3) *War, Politics and Power*, p. 233; cf. the new translation of Howard and Paret, p. 595.

고 사람들은 통상 말하고 있다. '정당한 전쟁' 이론 측면에서 보면 전쟁은 지구상에서 전쟁을 완벽히 몰아낼 목적으로만 수행돼야 하는데, 극단적인 군사이론가들과 도덕학자들이 여기에 동의하고 있다. 제2차 세계대전 직후에는 20세기 전쟁에서 목격된 높은 수준의 공포(恐怖)가 인간들이 정당성을 열렬히 추구했기 때문이라고 생각하는 몇몇 작가들이 등장했다.[4] 이들은 자신들을 리얼리스트로 칭했다. 진정한 의미에서 이들은 투키디데스(Thucydides)와 토머스 홉스(Thomas Hobbes)의 후계자는 아니다. 그러나 나는 이들을 리얼리스트로 칭할 생각이다. 투키디데스 유형의 리얼리스트들의 주장과 비교해보면, 이들이 주장하는 바는 전통적인 도덕을 파괴하는 성격이 아니었다. 이들은 '정당한 전쟁'이 성전(聖戰)이 됐다고 주장했다. 이 경우 이 전쟁을 수행하는 정치가와 군인은 자신들의 대의에 적합한 형태인 완벽한 승리, 무조건 항복만을 추구하게 된다. 그 과정에서 정치가와 군인이 너무나 무자비하게 너무나 오랫동안 투쟁하게 된다. 이 정치가와 군인의 경우 '정의의 씨앗'을 뿌린 반면, '죽음의 결실'을 거두고 있다. 전쟁 수행 및 목적 모두와 관련해 말하면 이 같은 논거는 도덕적 차원의 논거로서만 의미가 있다고 생각하고 싶은 심정이다. 어떻든 이는 설득력 있는 논거다. 결과적으로 리얼리스트들은 정당성이란 부분을 포기하고는 보다 평범한 결과를 추구해야 한다는 대안을 제시했다. 여기에 대해 나는 반드시 겨냥하지 않을 수 없는 형태의 정당

4) George Kennan, *American Diplomacy: 1900-1950* (Chicago, 1951); John W. Spanier, *The Truman-MacArthur Controversy and the Korean War* (Cambridge, Mass., 1959); Paul Kecskemeti, *Strategic Surrender: the Politics of Victory and Defeat* (New York, 1964). 리얼리스트들에 대한 유용한 비평을 보려면 다음을 참조하라. Charles Frankel, *Morality and U.S. Foreign Policy*, Foreign Policy Association Headline Series, no.224 (1975).

성이 무엇인지를 이해해야 한다는 대안을 제시하고자 한다.

무조건 항복

제2차 세계대전 당시 연합국의 정책

리얼리스트들이 견지하고 있는 입장은 다음과 같이 요약될 수 있다. 민주주의 문화 내지는 자유주의 문화의 특징 중 하나는 평화를 가장 규범적인 상황으로 인식하고 있다는 점이다. 일부 보편적인 도덕적 원칙, 즉 평화 유지, 민주주의의 수호 등의 측면에서 요구되는 경우에만 전쟁은 수행될 수 있다. 전쟁이 시작되면 이 같은 도덕적 원칙이 반드시 입증돼야 한다. 완벽한 승리만이 군사력이란 '사악한 수단'에 호소하는 행위를 정당화해준다. 평화 또는 민주주의를 위협하는 요소는 완벽히 격파돼야 한다.[5] 항복에 관한 자신의 유명한 저서(著書)에서 켁스케메티(Kecskemeti)가 기술한 바처럼 "민주주의 문화는 놀라울 정도로 호전적이지 않다. 즉 민주주의 문화에서는 지구상에서 전쟁을 완벽히 몰아낼 목적의 전쟁만 정당화될 수 있다. …… 이 같은 성전(聖戰) 이념……은 적의 사악한 체제가 발본색원되는 순간에나 적대행위를 중단할 수 있다는 신념에 반영돼 있다."[6] 이 같은 이념의 기본은 우드로 윌슨(Woodrow Wilson)의 사상이며, 이것의 가장 중요한 가시적인 표현은 제2차 세계대전 당시 연합국이 요구한 무조건 항복이란 문구다.

---

5) Spanier, p. 5.
6) Kecskemeti, pp. 25-26.

리얼리스트들이 묘사하고 있는 민주적 이상주의에서 못마땅하게 생각되는 부분이 있는데, 이는 달성될 수 없을 것으로 보이며, 도달 과정에서 군인들이 헛되이 죽을 수 있는 목표를 설정하고 있다는 점이다. 이는 도덕적 차원의 반론(反論)이다. 이 같은 반론은 '악의 발본색원'과 같은 목표를 위해 군인들에게 죽음을 강요할 때 매우 중요해진다. 결국 군인의 가장 영웅적인 노력으로도 특정 형태의 전쟁만 종료될 수 있으며, 전쟁 자체가 종료될 수는 없을 것이다. 이 노력이 특정 위협으로부터 민주주의를 구할 수는 있지만 민주주의 입장에서 세상을 안전하게 만들 수는 없다. 그러나 나는 윌슨 학파들이 제시한 슬로건의 의미가 리얼리스트들의 문학에서 지나치게 과장돼 있다고 생각하는 사람이다. 윌슨 대통령이 제1차 세계대전에 미국을 참전시켰을 당시에는 전투가 정의(正義)와 이성(理性)의 한계를 훨씬 넘어서 있었다. "인간사회의 구조가 100년이 지나도 씻기지 않을 정도의 최악의 상처를……" 이미 입은 상태에 있었다. 이것과 관련해 책임이 있는 사람은 순진한 미국인이 아니고 영국, 프랑스 및 독일의 모진 정치가와 군인들이었다. 윌슨이 제기한 14개 조항으로 인해 로이드 조지(LIoyd George) 및 클레망소(Clemenceau) 같은 사람이 추구한 전쟁목표에 훨씬 못 미치는 조건에서 독일이 항복할 수 있었다.[7] 실제 평화정착(Peace Settlement) 과정에서 이 조건이 준수되지 않았다는 독일의 주장(이는 사실이었다)으로 인해 제2차 세계대전 당시 연합국은 무조건 항복을 주장하게 됐다. 1944년 2월의 영국 하원

---

7) 윌슨의 '세계관(World view)'과 '타협된 평화(Compromise peace)'에 대한 그의 열망의 관계를 보려면 다음을 참조하라. N. Gordon Levin, Jr., *Woodrow Wilson and World Politics: America's Response to War and Revolution* (New York, 1970), pp. 43, 52ff.

에서 영국의 처칠 수상은 다음과 같이 말했다. "제1차 세계대전 이후 독일이 사용한 이 같은 논거가 향후에는 수용되지 않을 것입니다."8) 켁스케메티는 다음과 같이 기술했다. "무조건 항복이란 정책은 1918년 당시의 제1차 세계대전에서의 윌슨 대통령의 정치적 행위와 대조되는 부분입니다." 이것이 사실일지라도 윌슨 학파와 반(反)윌슨 학파들의 정책, 즉 조건 항복과 무조건 항복이 "도덕적으로 완벽하지 않으면 아예 포기하는 유형의 관점에서 전쟁과 평화의 문제를 접근하고 있는 미국의 전통적인 방식"9)에 기인하고 있는 정도는 그 파악이 쉽지 않다.

자신이 견지하고 있던 이상(理想)에도 불구하고 윌슨은 제한전을 수행했다. 윌슨의 이상으로 인해 전쟁이 제한됐다. 이것이 올바른 형태의 제한이었는지는 또 다른 문제다. 제2차 세계대전 당시 연합국은 상대방 국가의 항복 조건을 제시하지 않았다. 그럼에도 불구하고 제2차 세계대전은 무제한전쟁이 아니었다. 영국 하원에서 처칠은 다음과 같이 말했다. "무조건 항복이란 요구는 우리가 야만적인 방식으로 행동할 자격이 있다는 의미도, 우리가 유럽에서 독일이란 국가를 말살시키고자 한다는 의미도 아닙니다." 이는 "우리의 행동이 구속을 받는다면, 우리의 양심으로 인해 인류문명에 구속된다는 의미입니다. 독일과의 타협을 통해 독일에 의해 구속받지 않을 생각이란 의미입니다."10) 연합국의 행동이 독일 정부에 얽매어 있지 않다고 처칠이 말했더라면 보다 정확했을 것이다. 왜냐하면 어떻든 독일 국민의 대다수는 인류문화의 범주에 포함돼야 하기 때문이다. 이들의

---

8) *The Hinge of Fate* (New York, 1962), p. 600.
9) Kecskemeti, pp. 217, 241
10) *Hinge of Fate*, p. 600; Churchill's cabinet memorandum of January 14, 1944, p. 599.

경우 문명사회 규범의 보호를 받을 자격이 있었으며, 독일을 정복한 사람들이 결코 마음대로 다룰 수 없었을 것이다. '도덕의 세계'에서는 국가의 무조건 항복과 같은 것은 없다. 왜냐하면 인간관계에 '조건'이 내재해 있는 바와 마찬가지로 국제관계에도 '조건'이란 개념이 내재해 있기 때문이다. 한편 국제관계에서 말하는 '조건'과 인간관계에서 말하는 '조건'은 거의 대등한 개념이다. 일반적으로 경찰과 같은 권위 부서의 경우는 국가 내부의 범죄자와 협상하지 않는다. 그러나 이 같은 범죄자들조차 무조건 굴복하는 경우는 거의 없다. 이들이 법에 정해져 있는 조건 이상(以上)을 요구할 수는 없다. 그러나 범죄의 성격과 무관하게 인간으로서 그리고 시민으로서의 개인의 권리(예를 들면, 고문당하지 않을 권리)가 법적으로 인정받고 있음은 분명한 사실이다. 국제사회의 국가들 또한 유사한 권리가 있다. 무엇보다도 이들은 주권과 자유를 항구적으로 박탈당하지 않을 권리, 즉 지구상에서 소멸되지 않을 권리가 있다.11)

구체적으로 말하면 무조건 항복이란 연합국의 정책에는 다음과 같은 두 공약(公約)이 내포돼 있었다. 첫째, 연합국은 나치의 리더들과

11) 정복자가 피정복 국가의 국민들을 죽이거나 노예로 만들 권리가 있다고 법학자와 철학자들이 주장한 적이 있다. 이 같은 관점에 몽테스키외와 루소가 자연법 내지는 인권의 이름으로 이의를 제기했다. 이들은 정복자의 특권은 국가를 구성하고 있는 개개인이 아니고 오직 해당 국가로 국한된다고 주장했다. "국가는 사람들 자체가 아니고 사람들의 모임이다. 국가의 국민은 사라질 수 있지만 사람은 남게 된다."(*The Spirit of the Laws*, X.3) "국가의 구성원인 사람을 단 한 명도 살해하지 않으면서 국가를 멸망시킬 수 있다. 그러나 전쟁목표 달성에 필요치 않은 어떠한 권리도 전쟁으로 인해 갖게 되지 않는다."(*The Social Contract*, I.4) 그러나 이는 지나칠 정도로 허용적인 관점이다. 왜냐하면 개개인의 권리에 정치적 모임의 권리가 포함돼 있기 때문이다. 국가의 국민이 살해되거나 국가가 멸망하면 국가를 구성하고 있는 요원의 그 무엇 또한 사라진다. 내가 주장할 것이지만 특정 정권을 파괴하는 행위조차도 특별한 상황에서만 변호될 수 있다

협상하지 않을 것이며, "순종적인 방식으로 항복하는 방법에 관한 세부사항을 일러주는 일을 제외한" 어느 것과 관련해서도 이들과 접촉하지 않을 것이다. 둘째, 전쟁에서 승리해 독일을 점령하고 새로운 정권을 수립하기 이전에는 연합국은 어떠한 독일 정부도 합법적이고 권위 있는 정부로 인정하지 않을 것이다. 당시의 독일 정부의 성격을 고려해보면, 이 공약은 극단적인 이상주의(理想主義)로 생각되지 않는다. 그러나 이것은 전쟁에서 합법적으로 추구할 수 있는 목표의 한계를 암시해주고 있다. 여기서 말하는 한계는 적국의 정복과 '정치적 재조직'이란 부분이다. 이 같은 극단적인 제재(制裁)는 아마도 독일의 나치를 겨냥해서만 가할 수 있을 것이다. 미국의 외교에 관한 강연에서 조지 케난(George Kennan)은 무조건 항복을 언급하지 말았어야 했다고 암시했다. 그럼에도 불구하고 그는 "히틀러는 타협을 통한 평화를 함께 생각할 수도 실행할 수도 없는……종류의 인간"12)이라는 점에 동의했다. 혹자는 이것을 리얼리스트 차원의 도덕적 판단이라고 말할 수 있을 것이다. 구체적으로 확인해주고 있지는 않지만 이 같은 판단에서는 나치 정권의 죄악을 인정하고 있다. 또한 이것의 경우는 나치주의를 흥정(거래)과 조정(調整)이란 '도덕적 세계'에서 배제시키고 있는데, 이는 합당한 처사다. 이 같은 국가와 관련해서만 우리는 정복해 정치적으로 재구성한다는 의미의 권리를 이해할 수 있다. 이 같은 권리가 모든 전쟁과 관련해 가능한 것은 아니다. 이 같은 권리는 일본에 대항한 전쟁에서도 없다. 이는 침공 국가의 죄질로 인해 국제사회의 질서 측면에서 정치적 독립과 영토보존이 대변하고 있는 것 이상의 심오한 가치가 위협받고 있는 경우에만 존재하는 권리다.

12) *American Diplomacy*, pp. 87-88.

이는 이 같은 위협이 우연적이거나 일시적인 현상이 아니고 상대방 정권의 본질 자체에 내재해 있을 당시 존재하는 권리다.

여기서 유의해야 한다. '정당한 전쟁'이 성전(聖戰)에 가장 근접해지는 것은 바로 이 부분에서다. 성전은 종교 또는 이념 차원에서 수행되는 전쟁을 의미한다. 성전은 국가방위 내지는 법이행이 아니라 새로운 정치질서의 창안과 많은 사람의 개종(改宗)을 겨냥하고 있다. 성전은 국제적으로 종교적 박해와 정치적 탄압에 해당하는 사례다. 정당성의 논거에서는 이 같은 성전을 금지하고 있다. 그러나 나치주의의 존재로 인해 우리는 제2차 세계대전을 '유럽에서의 성전'으로 생각하고 싶은 심정인데, 아이젠하워 대장도 마찬가지 심정이었다. 따라서 우리는 가능한 한 분명하게 '정당한 전쟁'과 성전의 관계를 규명해야 한다. 19세기의 영국의 법학자의 다음과 같은 주장을 생각해보자.13)

> 모든 국가는 자신이 원하는 형태의 정부를 선택할 권리가 있다. ……이 같은 권리의 첫 번째 제한사항은 다음과 같다. 여타 국가의 정부에 적대감정을 표방(공언)하는 형태의 원칙들에 근거해 만들어지는 정부를 설립할 권리를 어느 국가도 갖지 못한다.

이는 성전과 '정당한 전쟁'의 구분이란 측면에서 매우 위험한 형태다. 왜냐하면 싫어하거나 두려워해야 할 사항을 표방하는 정부에 대항해 전쟁을 수행할 수 있음을 이것이 암시하고 있기 때문이다. 그러나 표방은 문제의 본질이 아니다. 우리는 해당 정부가 표방한 내

---

13) Robert Phillimore, *Commentaries Upon International Law* (Philadelphia, 1854), I, 315.

용이 실행에 옮겨질 가능성이 있는 순간 또는 없는 순간에 관해 분명히 알지 못한다. 침략 성향이 특히 높은 단일의 정부 형태는 없는 듯 보인다. 19세기 당시의 자유주의자들은 권위주의 국가의 경우 민주주의 국가와 비교해 전쟁 도발 가능성이 높다고 생각했다. 그러나 분명히 말하지만 이는 사실이 아니다. 아테네에서 시작되는 민주주의 정권의 역사는 이 같은 점을 입증해주지 못한다. 정부가 국가의 자결권 차원의 행위들을 대변하고 있지 않는 한 정부에 대한 적개심도 여기서 관련이 없다. 나치의 경우는 정부들만이 아니고 국가들과 전쟁을 수행하고 있었다. 이들은 단순히 말뿐이 아니라 적극적으로 모든 국가(민족)의 생존 자체에 적개심을 보였다. 정복과 정치적 개조에 관한 권리는 이 같은 종류의 적개심에 대응할 목적으로만 존재한다.

1918년 당시 카이저에 대항해 저항한 것처럼 독일 국민이 나치주의에 대항해 들고 일어났다고 가정해보자. 분명히 말하지만 연합국은 혁명적 성격의 독일 정부와도 대화할 의향이 없었다. 켁스케메티는 다음과 같이 기술했다. "도덕적 성향을 보이고 있던 연합국들은 무조건 항복이란 엄격한 규칙에서 조금이라도 물러서면 패자가 항복한 이후에도 구악(舊惡)의 잔재가 남아 있어 승리의 의미가 사라진다고 생각했습니다."[14] 사실 무조건 항복이란 조항의 엄격한 준수를 연합국이 추구하게 된 보다 실제적인 동기가 있었는데, 연합국 내부에서의 상호불신과 동맹정치의 필요성이란 부분이 바로 그것이었다. 서구 열강과 러시아는 무조건 항복이란 절대적 성격의 규칙을 제외한 어느 부분에서도 상호 동의할 수 없었다.[15] 간섭 이행의 한계를

14) Kecskemeti, p. 219.

15) Raymond G. O'Connor, *Diplomacy for Victory: FDR and Unconditional Sur-*

정해주고, 극도로 제한해주는 이유들과 유사한 몇몇 이유로 인해 무조건 항복이란 개념은 정당치 못하다. 독일 국민 자신이 나치주의를 격파하고자 노력했더라면, 이들의 노력을 지원할 충분한 이유가 있었던 반면 외세가 이들의 국체(國體)를 재조직할 필요는 없었을 것이다. 독일에 혁명이 일어난 경우 독일의 정복이 도덕적으로 불필요했을 것이다. 그러나 독일에서는 혁명이 없었으며, 나치의 통치에 대항한 저항이 애처로울 정도로 없었다. 정치적으로 보면 독일 사회의 통치 집단 내부에서만 의미 있는 수준의 저항이 있었다. 이것도 독일이 패망하기 얼마 전에서야 있었다. 즉 1944년 7월이 돼서야 독일군 장군들이 히틀러에 대항한 쿠데타를 시도했다. 평시 이 같은 시도는 자결권 차원의 행위로 간주될 것이다. 쿠데타가 성공을 거두는 경우 여타 국가들이 신생 정부를 상대하지 않을 수 없을 것이다. 나치가 수행했으며, 그들이 깊이 관여했던 전쟁을 고려해보면 이는 보다 복잡한 문제다. 1944년 당시는 연합국이 독일의 정치생활의 보다 완벽한 개혁을 기대하고 강요할 권리가 있었다고 생각된다. 독일의 장군들조차 무조건 항복해야만 했을 것이다(적어도 이들 중 일부는 이럴 의도가 있었다).

무조건 항복이 응징 성격의 정책으로 간주되고 있는데, 이는 당연한 현상이다. 어느 의미에서 그러한지 정확히 파악함이 중요한 의미가 있다. 이 정책으로 인해 일시적이나마 독일 국민의 정치적 자유가 몰수됐으며, 군사적으로 독일이 점령됐다. 당시의 정책은 이 정도 수준에서 독일 국민을 응징했다. 나치 이후의 반(反) 나치 성격의 정권의 수립을 기다리며 독일인들은 정치적 보호를 받아야만 했다. 이

---

render (New York, 1971).

는 독일 국민이 히틀러를 전복시키지 못했음에 따른 결과였다. 여타 국가에 끼친 피해와 관련해 독일 국민들은 이 같은 방식으로 집단 차원에서 책임을 감당했다. 그러나 독립의 몰수로 인해 또 다른 권리가 상실되는 것은 아니다. 이 같은 처벌은 제한적이고도 한시적이었다. 처칠이 말한 바처럼 이 같은 처벌에서는 독일 국가의 지속적인 존립을 가정하고 있었다. 그러나 연합국은 또한 보다 구체적이고도 장기적 성격의 처벌을 추구했다. 독일의 핵심 요원들을 심판할 계획이 있었다는 점으로 인해 연합국은 나치 정권과의 타협을 거부했다. 이 같은 목표를 염두에 둔 상태에서 전쟁을 수행하게 되면 '교육학적 오류(Pedagogic fallacy)'에 빠질 가능성이 있다. 즉 '정당한 응징에 관한 불멸의 기억'에 근거해 평화로운 전후 세계를 건설하고자 하는 오류에 빠질 가능성이 있다고 케스케메티는 주장했다. 그러나 국내사회에서와 달리 국제사회에서는 처벌을 통한 억제가 제대로 기능하지 않는다는 점에서 이는 불가능한 일이다. 국제사회의 경우는 행위자의 숫자가 훨씬 적으며, 이들의 행위가 판에 박은 듯이 고정돼 있지 않을 뿐더러 반복적이지도 않다. 처벌에 관한 교훈을 처벌을 관장하는 국가와 처벌을 받는 국가가 매우 다른 방식으로 해석하고 있다. 어떻든 상황이 바뀌면 이 교훈은 곧바로 의미를 상실하게 된다.16) '정당한 응징'은 '율법주의자들의 패러다임'이 요구하고자 하는 부분과 정확히 동일하다. '정당한 응징'과 관련된 케스케메티의 앞의 비판은 이 같은 패러다임을 재차 수정할 필요가 있음을 암시하고 있다. 그러나 그는 국제사회에서는 처벌을 통한 억제가 효과적이지 않다는 점만을 주장하고 있다. 매우 그럴듯해 보이지만 그의 논

16) Kecskemeti, p. 240.

거는 결코 사실이 아니다. 그와는 달리 국제사회의 독특한 성격으로 인해 국내법 모두를 국제사회에서 이행하는 것이 도덕적으로 타당성이 없으며, 나치주의의 독특한 성격으로 인해 나치 지도자들에게 응징이 요구됐다고 말하고자 한다.

국제사회의 구성원은 집단 성격을 띠고 있는데, 이는 국제사회의 특성이다. 국제사회의 모든 의사 결정권자는 전반적으로 인간 공동체를 대변하고 있다. 그가 수행하는 공세 및 방어적 전쟁에 따른 충격은 지리 및 정치적으로 광범위한 범주에서 체감할 수 있다. 국가 내부의 범죄 및 처벌과 비교해 전쟁은 보다 많은 사람에게 영향을 끼치게 된다. 이들의 권리로 인해 전쟁 목표를 제한하지 않을 수 없다. 우리는 '국내법 유추'의 새로운 유형, 즉 개인의 행위보다는 집단의 행위를 겨냥하고 있는 새로운 유형을 고려해볼 수 있을 것이다. 예를 들면, 여타 국가에 대한 특정 국가의 공격은 범죄 성격의 공격보다는 봉건시대의 기습과 유사하다. 국제사회에는 모두가 인정하는 경찰이 존재하지 않는다. 뿐만 아니라 국제사회의 경우는 처벌로 인해 폭력이 차단되기보다는 확대되는 경향이 있다. 이 같은 점에서 보면 여타 국가에 대한 특정 국가의 공격은 강도 및 폭력보다는 씨족들 간에 대대손손 지속되는 유혈충돌, 즉 불화를 닮았다. 일반 범죄자의 경우와 달리, 몰살, 추방, 정치적 사지절단과 같은 가장 혹독하고도 엄격한 수단에 미치지 못하는 수단을 사용해서는 적국의 행위 능력을 전적으로 박탈할 수 없다. 그러나 이 같은 수단의 적용은 결코 변호(辯護)될 수 없는 형태다. 따라서 특정의 국제사회 질서에서는 도덕 및 전략적 측면에서 적국을 미래의 동반자로 취급하지 않을 수 없게 된다.

배타적 성격의 분파와 가족 내부에서와 마찬가지로 국가 내부에서의 안정은 특정 유형의 화해(조정)와 자제에 근거하게 되는데, 정치가와 군인들의 경우 이 화해와 자제에 방해되지 않는 것이 좋을 것이다. 그러나 이것들은 단순한 외교적 산물이 아니다. 이들에는 도덕적 차원이 있다. 이것들은 상호 이해(理解)에 의존하게 된다. 이것들은 공유된 가치관들의 세계 안에서만 이해된다. 나치주의는 이 같은 세계의 존재 자체에 대한 의식적이고도 고의적인 도전이었다. 즉 나치주의는 몰살, 추방 및 정치적 사지절단에 관한 계획이었다. 어느 의미에서 보면 침략은 나치가 자행한 범죄 중에서 가장 강도가 낮은 부분이다. 그렇다면, 독일을 정복해 점령하고 나치의 리더들을 심판한 연합국의 행위를 더 이상의 침략을 억제할 목적의 노력으로 기술하는 것은 진정 옳지 못할 것이다. 이 모든 노력을 집단 차원의 혐오감의 표현, 우리의 가장 심오한 가치관들의 재확인으로 이해하는 것이 보다 바람직할 것이다.[17] 나치에 대항한 전쟁이 조금이라도 의미 있게 종료돼야 한다면 이 같은 점을 재확인하며 종료돼야 한다고 많은 사람이 말했는데, 이는 옳은 말이다.

분쟁 해결 과정에서의 정당성

독일 국민이 아니고 독일 정부를 겨냥한 무조건 항복이란 정책은 나치주의에 대항해 강구할 수 있던 적정 반응이었다. 그러나 이 같은 정책이 항상 적절한 것은 아니다. 율법주의자들의 관점에서의 정

17) 공적인 비난으로서의 처벌에 관한 일반적인 관점을 보려면 다음을 참조하라. "The Expressive Function of Punishment," in Joel Feinberg, *Doing and Deserving* (Princeton, 1970), ch. 5.

당한 행동이 항상 옳은 것은 아니다(이 같은 정책은 '간섭에 대응하는 형태의 간섭'이 추구하는 목표가 될 수 없음을 내가 이미 주장한 바 있다). 리얼리스트들의 가장 근본적인 실수는 '보편적인 도덕적 원칙(Universal moral principles)'을 위해 투쟁하는 경우, 항상 동일한 방식으로 싸워야 하는 것으로 가정하고 있다는 점이다. 이는 보편적인 원칙이 구체적이고도 다양한 방식으로 적용될 수 없다는 생각과 다름이 없다. 우리는 리얼리스트 차원의 분석이 아니고 정당성 측면에서의 논거로 인해 전쟁 목표가 제한된 경우를 살펴볼 필요가 있다.

한국전쟁

한국에서의 미국의 전쟁은 '경찰 행위'로 공식 묘사됐다. 미국은 전면적인 침략에 대응해 자국을 방어하고 있던 대한민국을 도울 목적으로 한국전쟁에 참전했다. 당시 미국은 이 같은 상황에서의 국제법의 이행이란 힘겨운 작업을 공약한 바 있었다. 유엔의 승인으로 인해 미국의 공약이 고양됐다. 그러나 실제로는 공약 조건을 미국이 일방적으로 작성했다. 재차 미국은 특정 적뿐만 아니라 침략 자체와 싸우는 형국이 됐다. 한국전쟁에서 미국 정부가 추구한 목표는 무엇이었는가? 화는 늦게 내지만 정당한 진노(震怒)는 격렬히 제기하는 미국적 민주주의의 속성에서 보면 북한 정권의 완벽한 제거를 겨냥했어야만 했다고 혹자는 말할 것이다. 사실 한국전쟁에서 미국이 추구한 목표는 제한된 형태였다. 미군을 한국전쟁에 신속히 투입하기로 한 투르만 대통령의 결심을 놓고 벌어진 미국 상원의 논쟁에서는 미국의 유일한 목표가 북한군을 38선 너머로 몰아내고, 전쟁 이전의 상태를 복원하는 것이라는 주장이 지속적으로 제기됐다. 플랜더스

(Flanders) 상원의원은 "38선 너머 이북에서……북한군을 추격할 권리를 투르만 대통령이 갖고 있지 않다"고 주장했다. 미국 행정부의 대변인이던 루카스(Lucas) 상원의원은 이 같은 주장에 "기꺼이 동의했다."[18] 당시의 논쟁은 헌법 차원의 사안에 초점이 모아졌다. 즉 전쟁 선포가 없었다는 점으로 인해 투르만 대통령의 권리가 제한적이란 주장이 제기됐다. 한편 미국 상원은 전쟁을 선포해 대통령의 권리를 증진시켜줄 의향이 없었다. 소위 말해 '신중한 전쟁(Conservative War)'으로 지칭되는 형태의 대응에 미국 상원의원들은 흡족해했다. "본질적으로 만족을 모르는 '탐욕적인 국가'의 경우 목표 달성을 목적으로 승리를 추구할 필요가 있다. ……'보수적인 국가(Conservative State)'는……승리를 염두에 둔 상대방의 계략을 좌절시키는 방식으로 자신의 목표를 달성할 수 있다"[19]고 리델 하트(Liddell Hart)는 말한 바 있다.

인천상륙작전에서 맥아더가 거둔 일대 승리 이후 연합군은 38선을 넘었다. 38선을 넘기 이전까지 한국전쟁에서 미국은 이 같은 형태의 목표를 추구했다. 38선을 넘는 문제는 고도의 판단이 요구되는 일이었다. 그러나 연합군의 38선 월경(越境)은 민주적 이상주의(理想主義)보다는 군사적 오만을 보여준 사례로 보인다. 38선을 넘는 문제가 갖는 정치 및 도덕적 의미를 당시 미국이 충분히 생각해보지 못한 듯 보인다. 연합군의 38선 월경은 대부분 전술적 관점에서 변호됐다. 즉 38선에서 행동을 멈추게 되면 적군에게 군사적 주도권을 빼앗기고 적이 새로운 공세를 염두에 두어 군사력을 재건할 수 있게 된다는 논거였다. 유엔에서 오스틴(Austin) 대사는 다음과 같이 말했다.

18) Glen D. Paige, *The Korean Decision* (New York, 1968), pp. 218-19.
19) *Strategy*, p. 355.

"침략군이 '가상의 선' 뒤편에서 휴식을 취하도록 해서는 안 됩니다. 왜냐하면 이처럼 하는 경우 한반도에 새로운 위협이 야기되기 때문입니다……."[20] 나의 경우는 38선이 '가상의 선'이었다는 이상야릇한 개념을 배격할 생각이다. 예를 들면, 38선이 '가상의 선'이었다면 어떻게 북한군의 최초 침략을 인지할 수 있었겠는가? 북한이 군사적 피신처를 가질 수 없도록 하고, 북한군이 재편성하지 못하도록 한다는 제한적인 목적으로 38선 너머의 공격이 정당화될 수도 있을 것이다. 무장 침공에 대한 반응으로 우리는 성공적인 형태의 저항만이 아니라 향후 침공에 대비한 적정 수준의 안보를 정당히 추구할 수 있다. 그러나 38선을 넘었을 당시 미국은 보다 급진적인 형태의 목적을 견지했다. 이제 미국의 목표는 한반도를 무력 통일한 후 민주적 성격의 새로운 정부의 수립이 됐는데, 이것을 유엔이 승인해주었다. 이 같은 목표를 달성하려면 38선 너머 북한 내부에 대한 제한적인 공격이 아니고 북한 전역(全域)의 정복이 요구됐다. 문제는 침략에 대항한 전쟁으로 인해 이처럼 원대하고도 고상한 목표가 야기되는지의 여부다. 정당성 측면에서 이처럼 원대하고도 고상한 목표를 견지해야만 하는가?

만약 그러했다면 어느 정도 낮은 수준의 목표에서 타협했더라면 보다 좋았을 것이다. 그러나 이 질문에 미국이 긍정적인 방식으로 답변하면 어색했을 것이다. 즉 이 같은 목표가 당연한 형태라고 자신 있게 말할 수 없었을 것이다. 왜냐하면 무력으로 한반도를 통일하고자 한 북한의 시도를 범죄 성격의 '침략 행위'로 미국이 공식적으로 낙인찍었기 때문이다. 미국 상원의 맥아더 청문회에서 애치슨

20) Spanier, p. 88.

(Acheson) 국무장관은 한반도 통일은 미국의 군사적 목표가 결코 아니라고 말했는데, 당시 그는 이 같은 어려움을 느끼고 있었던 듯 보인다. 우리는 오직 "침략을 자행한 사람을 체포할 생각입니다"라고 그는 말했다. 이처럼 하면 북한에 정치적 공백이 야기돼 무력이 아니고 "선거 또는 선거와 같은 형태……를 통해 한반도가 통일됐을 것입니다"21)라고 그는 계속해서 말했다. 이율배반적인 답변인지는 모르지만 이는 정당성 측면의 논거에서 요구되는 부분을 보여주고 있다. 미국의 한반도 정책의 도덕성을 변호할 당시, 애치슨은 미국의 군사적 노력이 제한적 성격임을 주장하는 한편, 이 같은 노력이 공산주의를 겨냥한 성전(聖戰)이란 사실을 부인해야만 했다. 그러나 그는 미국의 '경찰 행위'가 성공을 거두려면 북한의 정복과 같은 그 무엇이 요구된다고 확신하고 있었다.

당시 애치슨은 단순히 범죄 행위를 중지시키는 것이 아니고 전쟁 이전의 상태를 복원할 뿐만 아니라 범죄자를 체포해 심판한 후 처벌하는 형태의 국내법의 이행에 관한 유추를 염두에 두고 있었음이 분명하다. 그러나 국내법 모델의 이 같은 측면은 국제사회에 쉽게 적용될 수 없다(따라서 '율법주의자들의 패러다임'도 마찬가지다). 왜냐하면 침략자를 체포하는 과정에서는 군사적 정복이 빈번히 요구되며, 정복 과정에서 특정인의 체포를 초월하는 형태의 효과가 야기되기 때문이다. 결과적으로 전쟁이 연장되고, 전쟁 도중 많은 무고한 사람들이 죽게 되며, 국가 전체가 정치적 보호를 받게 될 것이다. 그 수행방법이 민주적 성격(선거 등)인 경우에서조차 그럴 것이다. 왜냐하면 결과적으로 피정복 국가의 국민들이 직접 교체하고자 하지 않았으

21) David Rees, *Korea: The Limited War* (Baltimore, 1970), p. 101.

며, 해당 정권의 유지를 위해 최근까지 자신과 자신의 부모형제가 싸우다 죽은 정권이 교체되기 때문이다. 해당 정권의 행위가 인류의 양심에 항구적인 모욕이 아닌 경우 이 같은 정부의 파괴는 군사적으로 합법적인 목표는 아니다. 한편 아무리 나쁘게 봐도, 당시의 북한 정권은 이 같은 '모욕'은 아니었다. 북한 정권의 정책은 히틀러 당시보다는 비스마르크 당시의 독일의 정책에 가까웠다. 북한의 리더들은 범죄적 성격의 침략을 자행한 죄가 있었을 것이다. 그러나 이들의 물리적 생포와 처벌은 아무리 좋게 생각해도 특정 종류의 군사적 승리의 부산물에 불과하며, 이 같은 승리를 노려야 할 이유는 아닌 듯 보인다.

이 순간 앞의 논거를 비례성 측면에서 제기할 수도 있을 것이다. 그런데 비례성은 전쟁 기간과 분쟁 해결의 모습을 명백히 제한할 목적의 것으로 종종 지칭되고 있다. 이 경우 우리는 전투 지속에 소요되는 비용과 해당 침략자들의 처벌이 갖는 의미 간에 균형을 유지해야 할 것이다. 중국군의 침입과 그 결과에 관해 오늘날 우리가 알고 있는 지식을 고려해보면, 당시는 얻은 결과(침략자가 처벌받지 않았다)와 비교해 지나칠 정도로 많은 비용이 소요됐다. 그러나 이 같은 지식이 없는 상태에서도 애치슨이 말하는 '침략자의 체포'를 위해 노력하는 과정에서 발생 가능한 대가를 지불할 필요가 없다는 주장을 강력히 제기할 수도 있을 것이다. 또 다른 한편에서 보면 이 같은 종류의 논거에서 목격되는 특성이 있는데, 이는 전쟁목표를 단순 확대함으로써 나름의 강력한 주장이 제기될 수 있을 것이란 점이다. 비례성은 전쟁 목표에 전쟁 수단을 적응시키는 문제다. 그러나 이스라엘의 철학자인 예후다 멜저(Yehuda Melzer)가 지적한 바처럼, 전시에는 전쟁 수단에 전쟁목표를 적응시키고자 하는 엄청난 경향이 목격된다. 다시 말해, 가용한 군사력과 과학기술 능력에 맞춰 초기의 좁은 목표들을 재차 정의하는 등의 엄청난 경향이 목격된다.22) 침략자들을 처벌하기 위한 수단으로서의 미국의 북한 지역 정복은 변호될 수 없었을 것이다. 그럼에도 불구하고, 미국의 북한지역 정복이 이 같은 수단으로서 뿐만 아니라 긴장의 초점이 될 수 있는 38선의 해체를 통해 향후의 전쟁 가능성을 제거하기 위한 수단으로 변호될 수도 있었을 것이다. 이 같은 논거에서는 추구하는 목표를 고정시킬 필요가 있다. 그러나 어떻게 이처럼 할 수 있겠는가? 정당성 자체에 관한 고려사항으로 인해 제약받지 않는다면 추구하는 목표의 인플레는 필연적인 현상일 것이다.

오늘날 '분쟁 해결 과정에서의 정당성(Just in settlement)'은 매우 복잡한 개념이다. 그러나 여기에는 한국전쟁 발발 당시 미국의 지도자들이 충분히 이해하고 있었던 듯 보이는 최소한의 내용이 있다. 이 같은 최소한의 내용이 실현되자 또 다른 가치와 무관하게 더 이상의 전투가 곤란해지도록 만든 요인이 있었는데, 이는 북한 주민의 권리란 부분이었다.23) 분명히 말하지만, 당시의 북한 정권은 이 같은 북한 주민의 권리를 형편없는 방식으로 대변하고 있었다. 그러나 이미 살펴본 바처럼, 이것 자체는 정복과 국가의 개조를 염두에 둔 전쟁을 수행해야 할 충분한 이유가 되지 못한다. 북한의 침략자들은 남한 국민들의 개인 및 집단 차원의 권리에 도전하는 등의 범죄 행위를 자행했다. 일단 기본적인 가치들이 확인되면 침략에 대응하는 국가들은 이 같은 도전(상대방 국가 국민들의 개인 및 집단의 권리에 대한 도전)을 반복해서는 안 된다.

---

22) *Concepts of Just War*, pp. 170-71.
23) 또는 이는 자국 국민의 권리다.

이제 나는 '율법주의자들의 패러다임'의 다섯 번째 수정판을 언급할 수 있는 입장이다. 개개 국가가 집단적(集團的) 성격이란 점으로 인해 체포와 처벌에 관한 국가 내부의 규약은 국제사회에서 요구되는 부분과 쉽게 조화를 이루지 못하는 듯 보인다. 체포와 처벌이란 개념은 국제사회에서 의미 있는 수준의 억제 효과가 없는 듯 보인다. 국제사회에 적용하는 경우 체포와 처벌은 강압과 위기에 노출되는 사람의 숫자를 줄이는 것이 아니고 확대하는 경향이 있다. 국제사회에서는 체포 및 처벌 과정에서 특정 정치적 공동체 전체에 대해서만 겨냥할 수 있는 정복 행위가 요구된다. 나치 독일과 같은 국가들을 겨냥하는 경우를 제외하면 '정당한 전쟁'은 보수적 성격[24]을 견지하고 있다. 국가 내부의 경찰은 불법 폭력의 근절이란 목표를 추구할 수 있다. 그러나 '정당한 전쟁'이 추구해야 할 목표는 불법 폭력의 근절이 아니고 특정 폭력행위에 대처하는 것이다. 따라서 정당성의 논거에 따른 국제사회의 권리와 제한사항이 있게 되는데, 저항, 복원(復元), 합당한 수준의 예방이란 부분이 바로 그것이다. 일반적인 통념과 달리 이들이 구속력이 있을 것인지 의문이다. 자신들이 추구하는 정복이 성공을 거둘 수 없다는 점을 침략 국가들에게 설득하는 과정에서는 종종 결정적인 형태의 군사적 격파가 요구될 것이다. 자신들의 지도자가 크게 기대하지 않았더라면 이 국가들은 전투를 시작하지 않았을 것이다. 침략의 희생자들 입장에서 최소한의 안전을 보장해주는 전투이탈, 비무장, 군비통제, 외부 조정과 같은 분쟁 해결 수단이 강구되기 이전에 추가의 군사적 행위가 필요할 수도 있다.[25] 상황을 고려해 이 수단들을 적절히 결합하면 합법적인 전쟁목

24) 상대방 국가의 정복이 아니고 승리를 염두에 둔 상대방의 계략을 좌절시키는 방식으로 추구하는 목표를 달성할 수 있다는 개념이다.(옮긴이)

표의 일부가 된다. 이 같은 목표가 '침략의 처벌'에 미치지 못하는 경우는 군사적 패배가 항상 처벌 성격의 것이란 점, 내가 열거한 예방 차원의 수단들이 또한 처벌 성격의 것이란 점, 특히 국가의 주권을 훼손시키는 부분이 포함되는 경우 이 수단들이 집단 차원의 처벌 성격이란 점을 언급해야 할 것이다.

"전쟁의 목표는 '평화의 보다 좋은 상태(Better state of peace)'"26)이다. 정당성의 논거 안에서의 '보다 좋은'이란 전쟁 이전의 상태와 비교해 보다 안전하다는 의미다. 상대방의 영토 확장 야욕에 취약하지 않으며, 평범한 시민 측면에서 그리고 국가 내부에서의 시민의 자결권 측면에서 보다 안전하다는 의미다. 여기서 핵심 단어들이 상대적 성격의 것인데, 취약하지 않은 것이 아니고 비교적 덜 취약하며, 안전한 것이 아니고 보다 안전하다는 표현이 바로 그것이다. '정당한 전쟁'은 제한전이다. '정당한 전쟁'을 수행하는 군인과 정치가들이 신중하고, 현실적인 시각을 견지해야 할 도덕적 측면의 이유가 있다.

---

25) 여기에는 평화적 해결을 기다리며 적 영토를 일시적으로 점령하거나, 협정 문구에 전제돼 있는 기간 동안 일시적으로 점령하는 경우가 포함된다. 여기에는 추후 공격에 대비하는 안전장치 차원의 합병이 포함되지 않는다. 부분적으로 이는 마르크스가 알자스-로렌 지역과 관련해 2차 성명(Second Address)에서 언급한 이유 때문이다. "군사적 이익에 의해 국경이 확정돼야 한다면, 각국의 주장에는 끝이 없을 것이다. 왜냐하면 모든 군사적 선(線)이 필연적으로 잘못이며, 외국의 영토를 합병하는 방식으로 개선될 수 있기 때문이다. 더욱이 이 선들은 정복자가 피정복자에게 항상 강요할 수 있다는 점에서 최종적이고도 공정한 방식으로 확정될 수 없을 것이다. 따라서 개개 선에 새로운 분쟁의 씨앗이 남게 된다." 그러나 여타 선과 비교해 보다 문제가 있는 선이 있을 수 있으며, 마르크스가 반대하고 있는 논거에 대한 그럴듯한 버전과 그럴듯하지 않은 버전을 만들어낼 수 있다는 것도 사실이다. 합병에 대한 강력한 이견은 합병되는 영토에 거주하고 있는 주민들의 권리에 근거해 전개할 수 있을 것이다.

26) Liddell Hart, *Strategy*, p. 338.

그러나 목표를 지나치게 확대하는 현상이 전쟁에서 빈번히 목격되는데, 여기에는 다수의 이유가 있다. 정당성 측면의 논거의 일부 왜곡(歪曲)이 그 중 하나란 점을 나는 부인하지 않는다. 지나칠 정도의 민주적 이상주의뿐만 아니라 종종 지나친 열정으로 인해 전쟁 기간이 연장되고 있다. 배타적 성격의 자만심, 군사적 오만, 종교 및 정치적 편협 또한 전쟁 기간을 연장시키는 요인이다. '세력균형에 관해(On the Balance of Power)'란 제목의 데이비드 흄(David Hume)의 에세이를 보면 전쟁 기간을 연장시켜주는 요인에 '완고함과 열정'이란 부분을 포함시켜야 할 것으로 생각된다. 18세기의 영국의 정치가와 같은 노련한 정치가들조차도 '완고함과 열정' 차원에서 세력균형을 변호했다.[27]

> 1697년 당시 라이스위크(Ryswick)에서 가능해진 동일한 유형의 평화가 1692년에도 가능했다. 1712년에 위트레흐트(Utrecht)에서 얻은 결론을 보다 좋은 조건에서……1708년에도 얻을 수 있었을 것이다. 엑스라샤펠(Aix-la-Chappelle)에서 1748년에 수용하고자 했던 동일한 조건을 1743년에 프랑크푸르트에서 제기할 수도 있었을 것이다. 프랑스와 수행한 전쟁 가운데 절반 이상은……프랑스의 야욕보다는 우리의 무모한 열정에 보다 많이 기인하고 있다.

리얼리스트들의 경우 단일의 적을 찾고 있는데, 이는 비현실적이다. 실제로는 완벽히 발전돼 있는 도덕적 차원의 교리가 구비돼 있지 않은 상태에서 이들은 자신들이 상대할 수 있는 수준 이상의 많은 적

---

27) Hume, *Theory of Politics*, ed. Frederick Watkins, (Edinburgh, 1951), pp. 190-91.

들을 갖고 있다.

한국전쟁에 관한 열띤 논쟁에서, 전쟁 확대를 옹호했던 정치 및 군사 분야의 인사들은 “전쟁에서는 승리를 대체할 수 있는 것은 없다”는 맥아더 장군의 금언(金言)을 종종 인용했다. 이는 우드로 윌슨보다는 클라우제비츠와 많은 연관이 있는 개념이다. 이 금언에서는 승리의 의미를 분명히 하지 않고 있다. 이 점에서 이는 잘못된 개념이다. 당시 상황에서 보면 맥아더 장군이 말하는 승리는 더 이상 자원(資源)이 없을 정도로 적이 완벽히 붕괴된 상태를 묘사할 목적의 것이었다고 생각된다. 승리가 이 같은 의미라면 이 금언은 역사적으로 뿐만 아니라 도덕적으로도 거짓이다. 그런데 이는 몇몇 사람만 견지하고 있던 은밀한 교리가 아니었다. 1950년대 초반의 미국의 많은 리더들이 이 금언을 수용하고 있었다. 많은 난관을 겪으며, 미국 정부는 ‘승리를 대체할 수 있는 것’을 지속적으로 찾고 있었다. 그러나 또 다른 의미에서 보면 이 금언은 옳다. 그 목적이 적절히 제한돼 있는 ‘정당한 전쟁’에서는 전승(戰勝) 이상의 것은 없다. 물론 전승이 아닌 몇몇 결과가 있다. 그러나 이 결과들을 수용하는 경우 인간의 기본적인 가치 중 일부가 희생돼야 할 것이다. 이는 종종 전쟁 기간을 연장해야 할 도덕적 측면의 이유가 있음을 의미한다. 한국전쟁에서의 정전협상이 포로의 강제 송환이란 문제를 놓고 정체현상을 보이고 있던 몇 달의 기간을 생각해보자. 평화가 전쟁만큼이나 강압적인 현상이 되지 않도록 할 목적에서, 미국의 협상단은 포로들이 남북(南北)을 자유롭게 선택할 수 있도록 해야 한다고 주장했다. 또한 이들은 이 문제와 관련해 양보하기보다는 전투 지속을 생각했다. 세월이 많이 흐른 이 시점에 당시 논란이 됐던 가치들을 측정한다는 것이 쉬운 일은 아니다. 그러나 협상단의 판단이 옳았을 것이다. 여기서도 비례성이란 교리가 관련이 있다. 어떻든 전쟁이 지나칠 정도로 신속히 종료될 수 있다는 점이 정당성의 논거로부터 도출된다. 전투를 중지시켜야 한다는 인도적 차원의 충동이 항상 있으며, 종종 열강 내지는 유엔이 정전(停戰) 강요를 위한 노력을 전개하게 된다. 그러나 이 같은 정전이 인도적 측면에서 항상 도움이 되는 것은 아니다. 정전으로 인해 '평화의 보다 좋은 상태'가 야기되지 않는다면, 이들은 추후 있게 될 새로운 강도(强度)에서의 전투 재개 상황을 설정해 놓은 것과 다름이 없을 것이다. 또한 정전으로 인해, 손실 방지 차원에서 전쟁 수행이 의미가 있을 정도의 몇몇 가치(價値)가 손실될 수도 있다.

전쟁목표 관련 이론은 전투 수행을 정당화해주는 동일한 권리들에 의해 영향을 받는다. 특히 모든 국가가 지속적으로 자국의 존재를 유지할 수 있다는 권리와 극한 상황이 아니라면 국민이 정치적 특권을 누릴 수 있다는 권리에 의해 영향을 받는다. 전쟁목표 관련 이론의 경우는 '신중'과 리얼리즘 측면의 논거들을 수용하고 있다. 이 이론은 총력전(總力戰)을 효과적으로 막아주는 수단이다. 즉 이 이론이 '전쟁의 정당성'에 관한 여타 부분들과 조화를 이루고 있다고 생각된다. 그러나 전쟁 수행 수단에 관한 이론의 경우는 전쟁목표에 관한 이론과 다른데, 이제 전쟁 수행 수단에 관한 이론으로 방향을 돌려야 할 것으로 생각된다. 전쟁 수행 수단에서는 정당성 측면의 논거에 내재해 있는 갈등뿐만 아니라 나름의 모순 또한 목격되는 듯 보인다. 정당한 대응이 시급히 필요하다는 점으로 인해 정치가와 군인들이 부당한 방식으로 행동하도록, 즉 절제 없이 순교적 열정에 근거해 싸우도록 만들고 있는 듯 보이는 부분은 전쟁 목적 측면이 아니고 전쟁 수행 측면이다.

침략의 성격, 전쟁 위협 중에서 침략에 해당하는 부분들의 성격, 간섭과 '간섭에 대응하는 형태의 간섭'을 정당화해주는 식민지제국의 핍박과 외세의 간섭 행위들의 성격에 관해 동의하게 되면, 우리는 지구상의 적을 식별할 수 있게 된다. 즉 정당한 방식으로 저항할 수 있으며, 저항해야 하는 적과 정부를 식별해낼 수 있게 된다. 이 같은 저항에 따른 전쟁은 이들 정부와 군의 책임이다. '전쟁의 지옥'은 우리의 범죄가 아니고 이들의 범죄다. 이들 정부 및 군의 리더들이 자신들의 범죄 행위와 관련해 항상 처벌받아야만 하는 것이 아니라면, 이들이 자신들의 범죄 행위로 인해 이득을 보지 못하도록 함이 중요한 의미가 있다. 이들 정부 및 군에 대항해 정당한 방식으로 저항할 수 있다면 이들에 대항해 성공적인 방식으로 저항해야 한다. 따라서 모든 수단을 동원해 전투하고자 하는 충동, 즉 전쟁 개념에 관한 근본적인 이원론으로서 이 책의 1부에서 내가 묘사한 부분과 대립되는 형태의 충동이 있게 된다. 왜냐하면 교전규칙[28]이 해당 정부 및 군의 상대적 죄질에 따라 이행되는 것이 아니기 때문이다. '전쟁에서의 정당성'에 관한 이론 또한 생명과 자유에 관한 권리에 근거하고 있다. 그러나 이는 침략이론과 독립적이고도 별도로 존재한다. '전쟁에서의 정당성'에 관한 이론이 침략자들뿐만 아니라 이들의 적 모두에게 강요하는 제한사항은 동일하며 구분이 없다. 이 제한사항의 수용, 즉 전투에서의 절제로 인해 전쟁목표의 달성이 어려워질 수도 있다. 이는 이 목표가 일반적인 수준인 경우에도 사실이다. 그러면 정당한 대의를 염두에 둔 규칙은 있는가? 나의 경우 이 질문에 답변하고자 노력하거나 답변을 위한 몇몇 방안을 제시하고자 노력할

28) 교전규칙은 Rules of engagement다. 그런데 이는 Rules of encounter다.(옮긴이)

것이다. 그러나 규칙 자체의 성격과 규칙의 실제 가동 방식을 상세 조사해본 이후에나 그처럼 할 것이다.

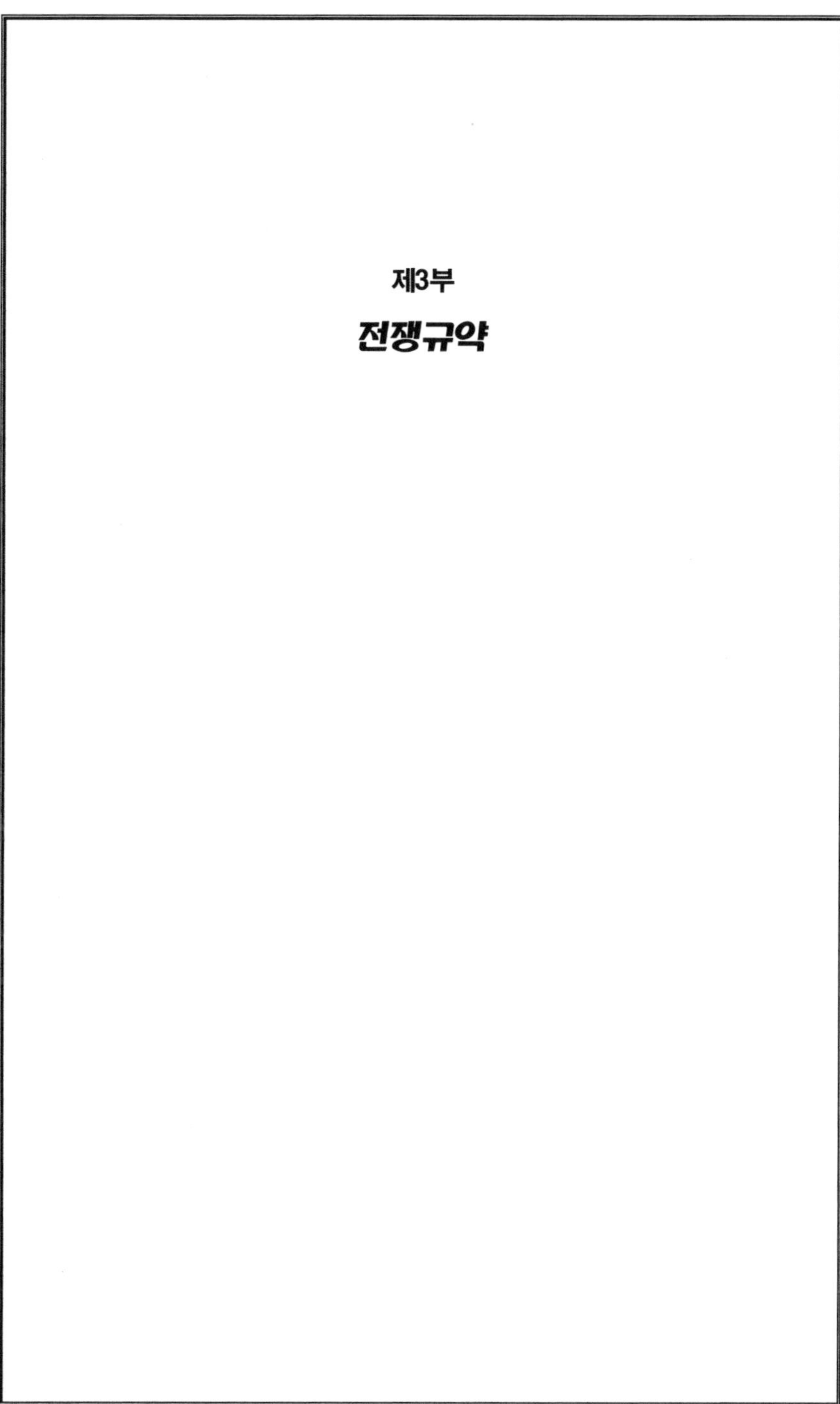

제3부

전쟁규약

|제8장|

전쟁의 수단과 선전(善戰)[1)]의 중요성

전쟁규약(War convention)은 적대행위의 수행과 관련된 교전국, 군의 지휘관 및 개개 군인들의 의무 설정을 목적으로 하고 있다. 침략전쟁 또는 국가방위 차원의 전쟁을 수행하고 있는지와 무관하게 국가와 군인의 의무가 동일함을 나는 주장했다. 전쟁에 관해, 즉 '전쟁의 정당성'에 관해 판단할 당시 우리는 전쟁 당사국의 대의의 정당성을 다각도로 고려해보게 된다. 이처럼 하는 것은 전쟁 당사국 모두의 개개 군인들의 도덕적 입지가 정확히 동일하기 때문이다. 전쟁 수행 과정에서 이들이 자국에 대한 충성심과 합법적인 복종에 근거해 행동하기 때문이다. 이들은 자신들이 참전하고 있는 전쟁이 정당한 형태라고 믿고 있을 것이 거의 확실하다. 이들의 이 같은 신념이

1) 일반적으로 선전은 싸워서 승리한다는 의미다. 그러나 이 책에서 말하는 선전은 전쟁규칙을 준수하며 올바른 방식으로 전투를 수행함을 의미한다. 이 같은 의미에서의 Fighting well을 짧은 단어로 적절히 표현할 수 없어 선전(善戰)으로 표기했다.(옮긴이)

반드시 합리적인 연구에 근거하고 있는 것은 아니며, 공식적인 선전(宣傳)을 무비판적으로 수용한 결과일 수도 있다. 그러나 이 경우에도 이들은 범죄자가 아니다. 즉 참전과 관련해 죄가 없다. 이들은 도덕적으로 대등한 입장에서 상대방과 대적하고 있다.

여기서는 '국내법 유추(Domestic analogy)'가 거의 도움이 되지 않는다. 전쟁 행위(전투 시작보다는 수행으로서)에 해당하는 부분은 안정된 시민사회에서는 찾아볼 수 없다. 예를 들면, 추구하는 목표가 유사한 경우에서조차 전쟁은 무장 강도들의 행위와 다르다. 사실 전쟁규약을 설명하는 과정에서는 이것에 해당하는 국가 내부의 경우를 찾는 것이 아니라 이것과 대비되는 부분을 찾아야 한다. 이처럼 대비되는 부분은 쉽게 설명 가능하다. 다음과 같은 사례만 숙고해보면 된다. (1) 은행을 약탈하는 과정에서 도둑은 방어 목적으로 총기를 뽑아드는 경비원을 사살하게 된다. 자위(自衛) 차원에서 그처럼 했다고 주장하는 경우에서조차 도둑은 살인죄를 면치 못한다. 은행을 약탈할 권리가 없었다는 점에서 보면, 도둑은 은행 경비원의 행위에 대항해 자신을 방어할 권리도 없다. 무장하지 않은 제3자, 예를 들면 예금하고 있는 고객을 살해한 경우와 마찬가지로 경비원을 살해했다는 점에서 도둑은 죄가 있다. 도둑의 동료들의 경우 은행 경비원을 살해한 행위가 필요했다며 이 부분과 관련해 도둑을 칭찬하는 반면 제3자의 살해는 위험스럽고도 무모한 짓이었다며 비난할 수도 있다. 그러나 우리는 이 같은 방식으로 도둑을 심판하지 않는다. 왜냐하면 필연성이란 개념이 범죄 행위에 적용되지 않기 때문이다. 무엇보다도 은행을 약탈할 필요는 없었다.

오늘날에는 침략 또한 범죄 행위다. 그러나 침략전쟁에 가담했던 사람들에 대한 우리의 관점은 매우 다르다. (2) 침략전쟁을 수행하는 과정에서 군인은 자국을 방어하고 있는 적군을 살해하게 된다. 전통적인 총격전을 가정해보면, 이 같은 군인을 우리는 살인자로 지칭하지 않는다. 전후(戰後) 자신의 적조차 그를 살인자로 간주하지 않는다. 상대방 군인이 앞에서 언급한 군인을 살해한 경우에도 결과는 마찬가지다. 이들 중 어느 누구도 범죄자가 아니다. 즉 이들 모두가 자위 차원에서 행동했다고 사람들은 말하게 된다. 비전투원, 무고한 민간인(제3자), 부상자 내지는 무장하지 않은 군인을 겨냥해 발사할 때에만 우리는 이들을 살인자로 부르게 된다. 항복하고자 하는 상대방 군인을 겨냥해 발사하거나 점령된 도시의 주민들을 학살하는 행위에 가담하는 경우, 우리는 거침없이 이들을 비난하게 된다. 이 경우 이들을 비난해야 마땅할 것이다. 그러나 전쟁규칙에 따라 전투를 수행하는 한 이들에 대한 어떠한 비난도 있을 수 없다.

여기서 매우 중요한 부분이 있는데, 이는 전쟁규칙은 있지만 강도행위(강간 내지는 살인)에 관한 규칙은 없다는 점이다. 전장에서 군인들이 도덕적으로 대등한 위치에 있다는 점은 국가 내부의 범죄와 전투를 구분해주는 부분이다. 전투 도중 있었던 부분을 심판해야 한다면 헨리 시지윅(Henry Sidgwick)이 기술한 바처럼 "우리는 개개 전투원들이 '정당한 전쟁'에 참여하고 있는 것으로 믿고 있다는 가정에 근거해 전투원의 행동을 심판해야 한다." 우리는 또한 "정의의 이름으로 그리고 도덕의 규제 아래 싸우고 있는 전투원의 의무를 결정하기 위한 방안"[2]을 놓고 고민해야 한다. 보다 직접적으로 표현해보면, 자신들이 추구하는 대의의 정당성과 무관하게 군인들이 정당한 방식으로 전투를 수행하기 위한 방법에 관해 질문해야 한다.

---

2) *Elements of Politics*, pp. 253-54

유용성과 비례성

시지윅의 논거

이 질문에 답변하면서, 시지윅은 전쟁규약에 관한 가장 평범한 형태의 공리주의적 관점을 산뜻하게 요약해주고 있는 두 규칙을 이용하고 있다. 적대 행위를 수행할 때 "전승(戰勝)에 현저하게 기여하지 않는 모든 해악뿐만 아니라 해악의 정도와 비교해 전승에 기여하는 정도가 크지 않은 모든 해악"[3]을 끼쳐서는 안 된다고 시지윅은 말했다. 여기서는 지나칠 정도의 해악을 금지하고 있다. '지나칠 정도'란 의미를 결정할 목적에서 그는 두 가지 기준을 제안하고 있다. 첫 번째 기준은 승리 자체 또는 통상 '군사적 필연성'이라고 지칭되는 부분에 관한 것이다. 두 번째 기준은 비례성에 관한 몇몇 개념에 근거하고 있다. 즉 우리는 "끼친 해악"의 정도를 측정해야 하는데, 여기서 말하는 해악은 개인에게 직접 끼친 피해뿐만 아니라 인류의 항구적 이익에 끼친 모든 손상을 의미할 것이다. 이 같은 해악을 우리는 전승에 기여한 정도의 측면에서 측정해야 한다.

그러나 앞의 논거에서는 노리고 있는 승리와 비교해 인간 또는 인류의 가치를 저평가하고 있다. 즉 이 논거에 따르면 전승에 의미 있는 방식으로 기여하는 모든 폭력 행위가 허용된다고 생각하게 될 가능성이 높다. 자신이 계획하고 있는 공격이 전승에 크게 기여하고 있다고 생각하는 모든 장교가 마음먹은 대로 행동할 가능성이 있다. 재차 말하지만 결과적으로 보면, 비례성은 적용이 어려운 기준이다.

---

3) *Elements of Politics*, p. 254; R. B. Brandt, "Utilitarianism and the Rules of War," *Philosophy and Public Affairs* 145-65 (1972).

왜냐하면 전쟁에서의 파괴 정도를 측정할 당시 기준이 되는 독립적이거나 안정적인 가치관을 설정하기 위한 용이한 방안이 없기 때문이다. 우리의 도덕적 판단은 순수 군사적 고려에 따라 달라지며, 전문가에 의한 전투상황 분석 내지는 '전역 전략(Campaign strategy)'의 분석에 직면하는 경우 거의 지탱이 어려울 것이다. 전쟁 결과 측면에서 필요 또는 중요하거나 유익하다고 믿거나 믿을 만한 충분한 이유가 있는 부분들을 전투 또는 전쟁 도중 수행했다는 점과 관련해 군인들을 비난하기 어려울 것이다. 전쟁 결과의 상대적 유용성에 관해 심판하지 않기로 동의한 경우, 이 같은 결론이 불가피하다고 시지윅은 생각한 듯 보인다. 왜냐하면 이 경우 자신들이 수행할 자격이 있는 전쟁에서 승리할 목적으로 군인들이 노력할 자격이 있음을 인정해야 하기 때문이다. 이는 전승 측면에서 해야 할 부분을 군인들이 할 수 있음을 의미한다. 이는 자신들이 하고 있는 부분이 진정 전승과 관련이 있는 한 군인들이 최선을 다할 수 있다는 의미다. 가능한 한 조속히 전쟁을 종료시킬 목적에서 군인들은 진정 최선을 다해야 한다. 전쟁규칙은 무의미한 폭력 내지는 터무니없는 폭력만을 금지하고 있다.

그러나 이는 작은 소득이 아니다. 전쟁규칙이 효력이 있게 되면, 전쟁에서 목격되는 잔혹성 중에서 많은 부분이 제거될 것이다. 왜냐하면 전사한 많은 민간인과 군인에게 자신들의 죽음이 "전승에 현저하게 기여하지 않았다"거나 기여한 정도가 진정 "미미한" 수준이라고 말할 필요가 있기 때문이다. 이들의 죽음은 제대로 훈련받지 않은 군인에게 치명적인 무기를 맡기거나 멍청한 장군 또는 광적인 장군에게 무장한 군인을 맡겨 생긴 결과와 다름이 없다. 모든 군 역사에서는 전투 소요(所要)와 관련이 없는 폭력과 파괴가 목격된다. 한편에서 보면 대량학살이, 또 다른 한편에서 보면 대량학살과 비교해 전혀 좋을 것이 없는 무계획적이고도 소모적인 전투가 목격된다.

시지윅이 제안한 두 규칙은 '병력절용(Economy of force)' 원칙을 강요하고자 노력하고 있다. 이 경우는 기강(훈련)과 계산을 요구하고 있다. 모든 지적(知的)인 형태의 군사전략의 경우도 동일한 요구, 즉 기강과 계산을 강요하고 있다. 시지윅의 관점에서 보면 훌륭한 장군은 도덕적인 사람이다. 이 같은 장군은 휘하 부하들의 행동을 규제해 이들이 전투에 초점을 맞추게 하는데, 이는 이들이 민간인들을 함부로 대하지 못하도록 할 목적이다. 그는 전투계획을 자신이 직접 완벽히 간파한 이후에나 부하들을 전투에 보내게 된다. 그의 전쟁계획은 가능한 한 신속하고도 인명 손실이 없는 가운데 승리할 목적의 것이다. 그는 보어전쟁 당시의 파르데버그(Paardeberg) 전투에서 보어군의 참호(塹壕)를 겨냥해 정면 공격하라는 자신의 차상급 지휘관인 키치너(Kitchener)의 명령을 "긴급하지 않은 상황의 타개를 위해 너무나 많은……인명이 손실될 가능이 있다"[4]고 말하면서 취하시킨 로버트(Roberts) 장군과 같은 사람이다. 이 같은 결심이 우리가 생각하는 것만큼 전쟁에서 흔한 경우는 아니다. 그러나 이는 간단한 결심이다. 당시 그가 인명(人命)을 심각히 걱정해 이처럼 결심했는지는 알 수 없다. 아마도 로버트는 장군으로서의 자신의 명예(대량 살상될 장소에 부하를 보내지 않는 사람)만을 생각하고 있었을 것이다. 또는 다음날에 있을 전투에서 부하들이 새롭게 시작할 수 있을 것인가란 문제를 놓고 고민하고 있었을 것이다. 어떻든 이는 시지윅이 요구하는 형태의 결심이었다.

---

4) Byron Farewell, *The Great Anglo-Boer War* (New York, 1976), p. 209.

유용성과 비례성의 한계가 매우 중요한 부분인 것은 사실이다. 그러나 이 한계가 전쟁규약을 망라하고 있는 것은 아니다. 사실 이것은 군인과 장군에 관해 우리가 내리는 판단의 가장 중요한 부분을 설명해주지 못한다. 이것이 이 같은 부분을 설명해준다면, 전시(戰時)의 도덕적 생활이 훨씬 용이해질 것이다. 전쟁규약의 경우는 특정 순간까지만 비용과 이득을 계산하라고 군인들에게 요구하고 있다. 이 순간을 중심으로 전쟁규약의 경우는 일련의 분명한 규칙들, 즉 '도덕적 요새(要塞)'를 설치하게 되는데, 이 '도덕적 요새'에 해당하는 규칙을 위배하고자 하는 경우는 도덕적으로 많은 희생이 따르게 된다. 자신이 처해 있던 전투 상황의 필연성을 거론하거나, 자신이 수행한 부분만이 전승에 지대하게 기여했다고 말하면서 '도덕적 요새'에 해당하는 이 규칙의 위배를 특정 군인이 정당화할 수는 없다. 이 같은 방식으로 사고하는 군인들은 시지윅이 정한 한계를 결코 위배할 수 없다. 왜냐하면 시지윅이 요구하고 있는 것 모두가 군인들이……이 같은 방식으로 사고해야 한다는 점뿐이기 때문이다. 그러나 이 같은 종류의 합리화(정당화)는 법 또는 도덕 측면에서 수용될 수 없거나 수용될 수 있더라도 항상 수용 가능한 것은 아닐 것이다. 군법에 관한 미국 육군의 핸드북에 따르면 "관습법(Conventional law)이 '군사적 필연성'이란 개념을 고려해 개발 및 구성됐다는 점에서, 이 관습법에서 금지하고 있는 행위들과 관련해서는 합리화는……일반적으로 수용되지 않았다."[5] 시지윅의 기준이 적용되지 않는다면,

5) *The Law of Land Warfare*, U.S. Department of the Army Field Manual FM 27-10 (1956), para. 3. See the discussion of this provision in Telford Taylor, *Nuremberg and Vietnam* (Chicago, 1970), pp. 34-36, and Marshall Cohen, "Morality and the Laws of War," *Philosophy, Morality, and International Affairs*, pp. 72ff.

이 행위는 어떠한 종류며, 이 행위를 금지해야 할 근거는 무엇인가? 금지조항을 만들 당시에서의 '군사적 필연성'의 반영 방식에 관해 추후 설명해야 할 것이다. 지금 나는 이 금지조항의 일반적인 성격에 관심이 있다.

교전 중인 군인들은 전승을 목적으로 노력할 권리가 있다. 그러나 이들은 전승에 필요한 모든 것 내지는 필요하다고 생각되는 모든 부분을 할 권리는 없다. 이들은 국가 간의 협정에 부분적으로 의존하지만 도덕적 원칙 측면에서 독자적인 근간을 갖고 있는 몇몇 사항에 의해 제한받게 된다. 이 제한사항이 공리주의적 형태로 설명되고, 군사적 행위가 이 제한사항에 맞춰 수행되는 경우 바람직할 것임은 틀림없다. 그러나 이 제한사항이 공리주의적 형태로 해설된 적이 있다고는 생각되지 않는다. 특정 결과들의 유용성 측면에서 추론하고, '전쟁에서의 정당성'에 전적으로 초점을 맞추는 경우, 공리주의적 계산이 근본적으로 구속받게 된다. 시지윅이 제안한 한계만을 준수하며 일련의 전쟁을 수행하는 경우는 이 일련의 전쟁을 추가의 금지조항에 따른 한계를 준수하며 수행하는 경우와 비교해 그 결과가 인류에 훨씬 좋지 못할 것이다.6) 그러나 이 같은 발언은 어떠한 추가적

6) 또 다른 공리주의적 논거가 있는데, 이는 금지사항을 추가하면 단순히 전투가 오래 지속되는 반면, "전쟁에서의 가장 큰 친절은 전투를 신속히 종결하는 것"이라는 몰트케 장군에 의한 것이다. 그러나 일련의 전쟁을 생각하면 이 같은 논거는 아마도 가능치 않을 것이다. 자제의 수준과 무관하게 전쟁이 오랫동안 진행될 것이다. 교전국 중 특정 국가가 규칙을 깨는 경우 전쟁이 보다 신속히 종료될 수도 있는데, 이는 상대방이 동일한 방식으로 대응하지 않거나 대응할 수 없는 경우에만 그럴 것이다. 전쟁 당사국 모두가 보다 낮은 수준의 자제력을 발휘하며 싸우는 경우는 전쟁이 보다 길어질 수도 있지만 짧아질 수도 있을 것이다. 이것과 관련된 일반적인 법칙은 없을 것이다. 특정 전쟁에서 자제력이 깨지는 경우, 다음 전쟁에서 자제력이 유지되지 않을 가능성이 높다.

인 금지조항들이 올바른 것인지에 관해 말해주는 바가 전혀 없다. 일정 기간 동안 특정 방식으로 전쟁들을 수행할 당시 발생 가능한 효과들을 계산하는 방식(이는 엄청나게 어려운 일이다)으로 올바른 금지조항을 강구해내고자 하면 다음과 같은 공리주의적 논거들에 부딪힐 것이다. 현재 여기서의 승리로 인해 일련의 전쟁이 항구적으로 종료되거나, 향후 전투 가능성이 줄어들거나 즉각적이고도 끔찍한 결과를 모면하게 된다는 논거에 부딪히게 될 것이다. 따라서 전승에 유용하고 비례적 성격으로 생각되는 모든 행위를 허용해야 한다는 결론에 도달하게 될 것이다. 공리주의는 우리가 비교적 명확한 개념이 있는 결과들을 겨냥할 때 가장 효과가 있다. 이 같은 이유로 인해 공리주의는 전쟁규칙에 관해 말해주기보다는 전쟁규칙을 유린해야 하는 경우에 관해 우리에게 말해줄 가능성이 높다. 시지윅이 제안한 무시할 수 없거나 무시할 필요가 없는 몇몇 금지조항 이상의 또 다른 전쟁규칙과 관련해 그럴 것이다

이 구속 사항들이 해제돼 승리와 패배의 실질적인 효과가 균형감 있게 측정되는 순간까지 공리주의는 전쟁규약(시지윅이 제안한 두 규칙, 즉 필연성과 비례성뿐만 아니라 일반적으로 수용되는 여타 규칙)에 '무기명 배서'만 할 것이다. 즉 전쟁규약을 전폭적으로 지원할 것이다. 그 후 공리주의는 특정 방책들을 제외하면 규칙들에 관해 전혀 상술하지 않을 가능성이 높다. 이 구속사항들의 해제 시점을 결정하는 문제는 전쟁 이론에서 가장 어려운 부분 중 하나다. 이 문제와 관련해 나는 이 책의 4부에서 답변할 텐데, 거기서 나는 공리주의적 계산이 갖는 긍정적인 역할을 기술할 것이다. 또한 나는 승리가 너무나 중요하다는 점에서 또는 패배가 너무나 끔찍한 현상이란 점에서 전쟁규칙의 유린이 군사 및 도덕적으로 필요해지는 몇몇 특별한 경

우를 언급할 것이다. 그러나 시지윅이 제안한 것 이상의 규칙들을 인지하고 도덕적 측면에서의 이 규칙들의 위력을 이해한 경우에나 이 같은 논거가 가능해질 것이다.

한편 앞에서 언급한 '무기명 배서'의 정확한 성격에 관해 잠시 생각해볼 필요가 있을 것이다. 제한전의 수행은 두 가지 측면에서 유용하다. 이 같은 유용성은 전쟁에서 목격되는 고통의 정도를 줄여줄 뿐만 아니라 전쟁 이전에 있었던 활동들의 재개와 평화의 가능성을 열어준다는 점과 관련이 있다. 왜냐하면 어느 측이 승리할 것인지에 관심이 없다면(적어도 공식적으로는), 이 활동들이 재개될 것이며 동일하거나 유사한 행위자들에 의해 재개될 것으로 가정해야 하기 때문이다. 이 경우는 승리가 교전국들 간에 특정 의미에서 그리고 일정 기간 동안 일종의 화해(평화정착)가 되도록 하는 것이 중요한 의미가 있다. 이처럼 되려면 시지윅이 말하고 있는 바처럼 "전투 이후에도 지속되는 형태의 쓰라린 감정을 야기하거나 보복을 야기할 가능성이 있는 위험"을 피해가며 전쟁을 수행해야 한다.[7] 시지윅이 염두에 두고 있는 쓰라린 감정이 정당치 못하다고 생각되는 행위의 결과(1871년의 알자스-로렌 병합에서 보듯이)일 수 있다. 그러나 이는 필요치 않거나, 야만적이거나 공정치 못하거나 단순히 전쟁규칙에 위배된다고 생각되는 군사적 행위의 결과일 수도 있다. 전쟁과 관련해 그 정당성이 널리 인정받고 있는 행위들로 인해 패했다고 생각되는 한, 한 맺힌 분노, 치유되지 않는 상처뿐만 아니라 개인 또는 집단 차원의 보복을 절감(切感)하는 경우는 적어도 없을 것이다(패전국 정부 또는 관료들은 이 같은 감정을 자극해야 할 나름의 이유가 있을 수 있다. 그러나

7) *Elements of Politics*, p. 264.

이는 또 다른 문제다). 가정과 가정 간의 숙원(宿怨)에 관한 비유를 재차 생각해보자. 언제 시작됐는지 어느 누구도 기억하지 못하며, 정당성이 더 이상 문제가 되지 않는 형태의 숙원을 생각해보자. 이 같은 종류의 숙원이 상대방 가문의 아버지, 아저씨 또는 조카와 같은 성인 남자를 살해하는 방식으로 수년 동안 지속될 수 있다. 그 이상을 초월하지 않으면 화해의 가능성은 항상 열려 있다. 그러나 순간적인 분노나 열정으로 인해 또는 우연 내지는 실수로 인해 혹자가 상대방 가문의 여성 또는 어린이를 죽였다고 가정해보자. 결과적으로 특정 가문의 씨가 마를 때까지 또는 특정 가문의 사람들이 마지못해 지역을 떠나는 순간까지 일련의 대량 살상이 진행될 가능성도 없지 않다.[8] 이는 국가와 국가 간에 간헐적으로 진행되는 전쟁과 유사한 측면이 있다. 교전국 중 하나가 상대방 국가에 완벽히 굴복하기 이전 상태에서의 평화가 가능해지려면 통상 몇몇 한계를 받아들여야 하며, 이 같은 한계를 비교적 지속적으로 유지해야 할 것이다.

일반적으로 수용되고 있는 한, 모든 종류의 한계가 여기서 도움이 될 것이다. 그러나 도움이 될 것으로 생각된다는 단순한 이유로 인해 수용되는 한계는 없다. 먼저 전쟁규약은 많은 사람들에게 도덕적으로 그럴듯해 보여야 한다. 이는 정의(正義)에 관한 우리의 감각에 상응하는 형태여야 한다. 이 경우에만 우리는 특정의 군사적 결심을 방지하는 요소, 즉 장애물로 전쟁규약을 인정하게 될 것이다. 이 경우에만 우리는 특정 사건(사례)과 관련해 전쟁규약의 유용성을 논의해볼 수 있을 것이다. 그렇지 않은 경우 우리는 생각 가능한 무수히

8) Margaret Hasluck, "The Albanian Blood Feud," in Paul Bohannan, *Law and Warfare: Studies in the Anthropology of Conflict* (New York, 1967), pp. 381-408.

많은 장애물과 역사적으로 기록돼 있는 많은 장애물 가운데, 즉 군사적 결심을 방지하는 요소 가운데 어느 것이 우리의 논쟁의 주제가 돼야 할지 잘 모를 것이다. 전쟁규칙과 관련해 말하면, 공리주의는 창의력이 부족하다. 유용성과 비례성이란 최소한의 한계를 초월한 경우와 관련해 말하면, 공리주의는 우리의 관습과 규약을 단순히 확인시켜주거나 관습과 규약이 무시돼야 함을 암시하고 있다. 그러나 공리주의는 우리에게 관습과 규약을 제공해주지 않는다. 이 같은 이유로 인해 우리는 재차 권리에 관한 이론을 살펴봐야 한다.

인권

이탈리아 여성에 대한 강간

인권의 중요성은 시지윅의 논거(論據)의 외곽에 해당하는 역사적 사례를 살펴보는 경우 가장 잘 알 수 있다. 1943년 당시의 이탈리아에서 '망명 프랑스 정부(Free French)'의 군대와 함께 전투를 수행하고 있던 모로코 군인들의 경우를 살펴보자. 이들은 계약 조건에 따라 전투를 수행하던 용병(傭兵)이었다. 당시의 계약 조건에는 적지(敵地)에서의 강간과 약탈을 허용하는 부분이 포함돼 있었다. (독일에 대항한 전쟁에 바돌리오(Badoglio) 정권이 합류한 1943년 10월 이전 이탈리아는 적지였다. 1943년 10월 이후 강간과 약탈에 관한 허가가 취하됐는지는 알 수 없다. 취하됐다면 이 취하가 효력이 없었던 듯 보인다). 이들은 많은 이탈리아 여성들을 강간했다. 오늘날 우리는 그 수치를 대략 알고 있는데, 이는 이탈리아 정부가 이들에게 어느 정도 연금을 지급했기 때문이다.9) 군인에게 이 같은 특권을 부여해줘야 한다는 논거는 공리주의적 성격의 것이다. 이는 약탈에 관한 권리를 논의하는 도중 비토리아(Vitoria)가 이미 오래 전에 설정한 것이다. 그는 "부대의 사기 진작 차원에서……전쟁 수행에 필요하다면"10) 도시를 약탈하는 행위가 불법이 아니라고 말하고 있다. 이 같은 논거를 이탈리아의 사례에 적용하는 경우 시지윅은 '필요'란 용어가 옳지 않으며, 해당 여성이 입은 피해와 비교해 강간과 약탈이 군사적 승리에 기여한 부분이 미미한 수준이라고 말했을 것이다. 이것이 설득력이 없는 답변은 아니다. 그러나 이는 매우 설득력이 있는 답변도 아니다. 이 같은 논거는 우리가 왜 강간을 비난하는가란 근본적인 이유에 못 미치는 형태다.

모로코의 군인들에게 부여된 약탈 및 강간 허가증과 관련해 우리가 반대하고 있는 부분은 무엇인가? 분명히 말하지만 우리의 판단은 남성의 용기를 자극시킨다는 측면에서 강간이 끼치는 영향이 미미한 수준이라거나 효과적이지 못하다는 사실에 전적으로 기인하지 않는다. 강간이 남성의 용기를 자극시키는 유수인 경우에서조차, 나는 용감한 남자가 강간범일 가능성이 가장 높을 것으로는 생각지 않는다. 평시와 마찬가지로 전시에도 강간은 범죄다. 왜냐하면 강간이 해당 여성의 인권을 침해하고 있기 때문이다. 용병에게 여성을 미끼로 제공하는 행위는 그녀를 사람이 아니고 단순한 물건, 즉 전리품으로 취급하는 것과 다름이 없다. 강간에 관한 우리의 판단에 영향을 주

---

9) Ignazio Silone, "Reflections on the Welfare State," 8 *Dissent* 189 (1961); 「두 여인(*Two Women*)」이란 제목의 데시카(De Sica)의 영화는 당시의 이탈리아의 역사에 근거하고 있다.

10) *On the Law of War*, pp. 184-85.

는 것은 여성의 인격의 인정(認定)이란 부분이다. 성경의 '신명기'에서 인용한 다음의 구절(이는 전시에 여성의 취급을 통제하고 있는 최초 시도다)이 명백히 보여주고 있는 바처럼 인권에 관한 철학적 개념이 부재한 경우에서조차 여성의 인격의 인정이 강간에 관한 우리의 판단에 영향을 끼치고 있다.11)

> 원수를 치러 싸움터에 나갔다가 너희 하느님 야훼께서 원수를 너희 손에 붙여 사람을 사로잡게 해주셨을 때, 그 포로들 가운데서 마음에 드는 아리따운 여자가 있으면 그를 아내로 맞아도 좋다. 그럴 경우 너희는 그를 집 안으로 맞아들여라. ……한 달 동안 집에 있으면서 자기 부모를 생각하고 곡하게 하여라. 그런 다음에라야 한자리에 들 수 있다. 이렇게 하여 너희는 그의 남편이 되고 그는 너희 아내가 되는 것이다. ……만일 그 여자가 더 이상 너희 마음에 들지 않거든 원하는 대로 가게 하여라. 절대로 돈을 받고 팔지는 마라. ……마구 부려먹어서도 안 된다.

유대 왕의 시대와 마찬가지로 오늘날에도 앞의 내용은 이행이 쉽지 않을 것이다. 그러나 이는 오늘날의 관점에 못 미치는 형태다. 해당 규칙이 신학 또는 사회학적으로 적절한지와 무관하게, 분명히 말하지만 여기서는 포로가 된 여성이 존중돼야 할 인간이란 개념이 가동되고 있다. 따라서 결혼의 조건으로 성적(性的)인 접촉 이전 한 달 동

11) *Deuteronomy* 21:10-14. This passage is ignored in Susan Brownmiller's analysis of the "true Hebraic concept...of rape" in *Against Our Will: Men, Women, and Rape* (New York, 1975), pp. 19-23.(대한성서공회의 공동번역개정판을 따랐다.)

안 슬피 울게 해주라고 제언하고 있으며, 노예로 취급하는 행위를 금지하고 있다. 여기서 여성의 권리가 일부 상실되고 있지만 여성의 모든 권리가 상실되고 있는 것은 아니다. 우리의 전쟁규약의 경우 유사한 이해를 요구하고 있다. 시지윅의 두 규칙(필연성과 비례성)이 망라하고 있는 금지조항뿐만 아니라 두 규칙이 망라하고 있지 않은 금지조항들이 권리의 관점에서 적절히 개념화돼 있다. '선전(善戰 : 정당한 전투행위)'에 관한 규칙들은 전쟁의 절박성과 무관하게 그리고 전쟁의 절박성에 대항해, 도덕적 위상을 견지하고 있는 인간들에 대한 일련의 인정(認定)과 다름이 없다.

전시에서의 합법적인 행위란 이 행위가 겨냥하고 있는 인간의 권리에 위배되지 않는 형태의 행위를 말한다. 재차 생명과 자유가 문제시되고 있다. 그런데 여기서 우리는 집단 차원이 아니고 개인 차원에서의 생명과 자유의 권리에 관심이 있다. 이미 내가 사용한 바 있는 용어를 이용해 그 요지를 다음과 같이 표현할 수 있을 것이다. 특정 행위로 인해 권리를 포기했거나 상실한 경우가 아니라면 어느 누구도 마지못해 강제루 전투에 참여하거나 목숨을 걸 수 없다. 또한 어느 누구도 전쟁의 위협을 받을 수 없으며, 전쟁의 대상이 될 수 없다. 이 같은 근본 원칙은 전시 행위와 관련해 우리가 내리는 판단의 기저(基底)에 해당하며, 이 같은 판단에 영향을 주게 된다. 이 같은 원칙이 국제사회의 실정법(Positive law)에 충분히 반영돼 있지 못하다. 그러나 실정법에 제정돼 있는 금지조항들의 경우는 이 원칙에 근거하고 있다. 종종 법학자들은 이 법적인 규칙들을 단순히 인도주의적 성격의 것으로, 고의적인 민간인 살해 또는 강간을 금지하는 행위를 일종의 친절과 다름없는 것으로 말하고 있다.[12] 이 금지조항을 존중하는 군인들은 친절하거나 신사적으로 또는 자비롭게 행동하는 것이 아니고 정당하게 행동하고 있다. 인도주의적 차원의 군인이라면 자신에게 요구되는 부분 이상을 진정 할 수 있을 것이다. 예를 들면, 민간인을 강간하지 않거나 죽이지 않는 차원을 넘어서 그들과 음식을 나누어 먹을 것이다. 그러나 강간과 살인의 금지는 권리의 문제다. 국제사회의 실정법의 경우는 이 같은 권리를 인정하고, 상세 명시할 뿐만 아니라 제한하고 있으며, 종종 왜곡시키고 있다. 그러나 이 같은 권리를 제정(制定)하지는 않는다. 한편 우리는 이 같은 권리를 인정할 수 있으며, 법적인 인정이 부재한 경우에서조차 종종 이처럼 인정하고 있다.

국가의 존립 목적은 구성원들의 권리 보호다. 그러나 구성원의 권리를 집단 차원에서 방어하고 있다는 점으로 인해 개인의 권리가 문제시되는데, 이는 전쟁 이론에서 어려운 부분이다. 전투를 수행하고 있는 군인들의 경우는 자신들이 원해 전투하고 있다고 말할 수 없음에도 불구하고 자신들이 방어하고 있다고 생각되는 권리를 개인적으로 상실하고 있다. 이는 나름의 문제다. 군인들은 전투원으로서의 그리고 가상의 포로로서의 권리를 취득하게 된다. 그러나 이제 이들은 자신의 적에 의해 공격받을 수 있으며, 살해될 수도 있다. 전투하고 있다는 단순한 이유로 인해, 자신의 바람과 의도와 무관하게 군인들이 생명과 자유의 권리를 상실했다. 침략 국가들의 경우와 달리 별다른 죄를 범하지 않았음에도 불구하고 이들은 이 같은 권리를 상실했다. "군인은 죽기 위해 존재하는 사람"이라고 나폴레옹은 말했다. 전쟁이 지옥인 것은 이 같은 이유 때문이다.[13] 전쟁이 지옥이라고

---

12) McDougal and Feliciano, *Law and Minimum World Public Order*, p. 42 and passim.

13) 이는 군사적 허무주의를 반영하는 문장이다. 그런데 이 문장을 인용했다고

생각하는 경우에서조차 우리는 아직도 **군인을 제외한 어느 누구도 죽기 위해 존재하는 것이 아니**라고 말할 수 있다. 이 같은 구분은 전쟁규칙의 기본이다.

모든 사람은 나름의 권리가 있으며, 침략전쟁 내지는 방어적 전쟁을 수행하고 있는지와 무관하게 국가는 이 권리를 보호해야 할 권한과 책임이 있다. 그러나 오늘날 국가는 전투가 아니고 국가와 국가 간에 협정을 체결하고, 협정을 준수하며, 상호 준수를 기대하고, 협정을 위배하는 군의 리더 내지는 군인을 처벌하겠다고 위협하는 방식으로 이처럼 하고 있다. 여기서 마지막 부분이 전쟁규약에 관한 이해란 측면에서 중요한 의미가 있다. 침략 국가조차도 전범(戰犯), 예를 들면 민간인을 강간하고 살해한 적군을 합법적으로 처벌할 수 있다. 전쟁규칙은 침략자와 이들의 적 모두에게 동등하게 적용된다. 이제 우리는 전쟁규칙에 대한 이 같은 상호 순종을 요구하고 있는 부분이 도덕적 측면에서의 군인들의 대등성만은 아님을 알 수 있다. 민간인으로서의 권리 또한 이것을 요구하고 있다. 침략 국가를 위해 싸우고 있는 군인들 자체는 범죄자가 아니다. 따라서 전시 이들의 권리는 자신들의 적의 권리와 동일하다. 죄를 지어도 전혀 문제가 없도록 해주는 면죄부를 침략 국가에 대항해 싸우고 있는 군인들이 갖고 있는 것은 아니다. 따라서 이들은 자신의 적과 마찬가지의 동일한 사항에 의해 제지받게 된다. 이 제지 사항의 이행은 국제사회

내가 군사적 허무주의에 동의한다는 의미는 아니다. 나폴레옹, 특히 말년의 나폴레옹은 이런 문장에 심취했다. 이 문장은 전쟁에 관한 문학에서 보기 드믄 경우가 아니다. 이 문장이 강인성이라고 지칭하는 리더십의 자질을 설명해주고 있다고 주장하는 작가도 있다. "수백만의 생명에 전혀 개의치 않는다"는 나폴레옹의 외침이 강인성의 극단적인 사례라고 그는 말하고 있다. (Alfred H. Burne, *The Art of War on Land*, London, 1944, p. 8)

에서의 법이행(Law enforcement) 유형 중 하나다. 무고한 제3자를 고의로 죽이는 경찰에 대해 범죄국가조차 법을 이행할 수 있다. 왜냐하면 자신의 국가가 부당한 방식으로 전쟁을 수행하는 경우에서조차 이 제3자가 자신의 권리를 몰수당하지 않기 때문이다. 침략에 대항해 싸우고 있는 군대는 침략국의 영토보존 및 정치적 주권을 침해할 수 있다. 그러나 이 같은 군대의 군인은 적국의 민간인의 생명과 자유를 유린할 수 없다.

먼저 전쟁규약은 전장에서 전투원들이 대등한 입장이라고 규정하고 있는 전투원들에 대한 특정 관점에 의존하게 된다. 그러나 이는 나름의 권리가 있으며, 합법적인 목적인 경우에서조차 군사적 목적으로 사용될 수 없다는 의미에서의 비전투원들에 대한 특정 관점에 보다 많이 의존하고 있다. 여기서의 논거는 자위(自衛) 차원에서 싸우고 있는 사람이 무고한 제3자 내지는 방관자를 공격하거나 이들에 상처를 입힐 수 없다는 국가 내부에서의 논거와 전혀 다르지 않다. 그의 경우는 오직 자신을 공격하는 사람만을 공격할 수 있다. 국내사회에서는 방관자와 제3자의 구분이 비교적 용이하다. 반면에 국가와 군대가 집단 성격이란 점에서 국제사회에서는 이 같은 구분이 보다 어렵다. 진정 이 같은 구분이 불가능하다고 종종 사람들은 말하고 있다. 왜냐하면 군인은 강압에 의해 움직이는 민간인과 다름이 없으며, 민간인은 야전의 자군(自軍)을 기꺼이 도와줄 의향이 있는 사람이기 때문이다. 이 경우 전시 행위에 관한 우리의 판단을 결정해주는 것은 희생자의 지위가 아니고 전투에 필요한 것이 무엇인지란 부분뿐이다. 전쟁규칙이 권리 이론에 근거하고 있다고 주장하는 모든 사람에게 있어 이는 매우 중요한 테스트다. 즉 이는 전투원/비전투원의 구분이 권리 이론의 관점에서 그럴듯해 보이도록 만들기 위한, 다시 말해 전쟁 및 전투 상황에서의 개인의 권리에 관한 역사(이 권리를 유지하고, 상실하며, 교환하거나 재차 찾게 되는 방식)를 상세 해설하기 위한 중요한 테스트다. 다음 장(章)들에서 내가 추구하는 목표는 바로 이것이다.

|제9장|

비전투원에 대한 공격 금지와 '군사적 필연성'

개인의 지위

전쟁이 시작되면 군인들은 항상 공격받을 수 있는데(부상당했거나 체포되지 않은 경우), 이는 전쟁규약(War convention)의 첫 번째 원칙이다. 이 규약과 관련해 생각할 수 있는 첫 번째 비판은 불공평하다는 점이다. 이는 집단 차원의 법규다. 이것의 경우는 진력을 다해 싸우는 군인이 거의 없다는 점을 고려하지 않고 있다. 대부분의 군인은 자신을 전사(戰士)로 생각하지 않는다. 적어도 군인들은 전사가 아닌 또 다른 지위를 갖고 있다고 생각하고 있다. 소속돼 있다고 생각되는 몇몇 지위 중에서 전사를 가장 중요한 지위로 생각하지 않을 수도 있다. 자신이 원해서 싸우는 것이 아닐 수도 있다. 또한 이들이 대부분의 시간을 전투에 소비하는 것도 아니다. 가능하다면 이들은 전쟁을 잊고자 한다. 군의 역사를 보면 단순히 전투하지 않음으로써 군인들이 생명에 대한 권리를 재차 획득하고 있는 듯 보이는 경우가 지속적으로 등장하고 있는데, 이제 이 같은 경우에 관심을 돌리고자 한다. 사실 이들이 생명권을 되찾은 것은 아니다. 그러나 이 경우가 군인의 생명권의 근거를 이해하는 과정에서 도움이 될 것이다. 여기서의 사례가 생명권 상실(몰수)의 의미를 분명히 해줄 것이다.

무방비 상태의 군인들

전쟁 회고록뿐만 아니라 전선(戰線)에서 날아온 편지에 유사한 이야기가 지속적으로 언급되고 있다. 일반적으로 이는 다음과 같은 모습을 보이고 있다. 정찰 또는 저격 임무를 수행하고 있는 군인이 전혀 눈치 채지 못하고 있는 적군을 발견하고는 쉽게 사살할 수 있는 상태에서 사살 여부를 결심해야 하는 입장에 있다. 이 같은 순간에는 사살하지 않았으면 하는 충동이 적지 않다. 그런데 이는 항상 도덕적인 이유 때문만은 아니지만 내가 전개하고자 하는 도덕적 논거와 관련이 있다. 살해를 심리적으로 불쾌하게 생각하는 인간 내면의 모습이 여기서 일조하고 있음이 분명하다. 군인들이 마지못해 전투를 수행하고 있다는 설명의 일환으로 사람들은 이 같은 불안 내지는 불쾌감을 제시하고 있다. 제2차 세계대전 당시의 전투 행동에 관한 연구에서 마셜(S. L. A. Marshall)은 전선에 있는 많은 군인들이 자신의 화기(火器)를 발사한 적이 없다는 사실을 발견했다.[1] 이것은 무엇보다도 시민 교육의 결과, 특히 시민 교육 과정에서 터득한 부분인 타인을 고의적으로 해치는 행위에 대한 강력한 혐오감의 결과라고 그는 생각했다. 그러나 내가 인용하고자 하는 사례들은 이 같은 혐

1) S. L. A. Marshall, *Men Against Fire* (New York, 1966), chs. 5 and 6.

오감이 주요 요인이 아닌 듯 보인다. 이 사례들에 관해 글을 작성한 다섯 명의 군인 어느 누구도 전선에서 화기를 발사하지 않았던 사람이 아니었다. 이들의 글에 주요 인물로 등장하고 있는 사람들 또한 그러했다. 더욱이 이들의 경우는 적을 살해하지 않은 이유 내지는 살해를 주저했던 이유를 제시하고 있는데, 마셜이 인터뷰한 군인들의 경우는 거의 그렇지 못했다.

1) 오웬(Wilfred Owen)이란 시인이 영국에 있던 자신의 동생에게 1917년 5월 4일에 보낸 편지에서 첫 번째 경우를 발췌했다.[2)]

> 바닥이 움푹 팬 도로를 따라 진군할 때 재차 소름이 끼쳤단다. 우리의 좌측 후미 어딘가에서 독일군 전초 기지를 모르고 지나친 게 틀림없다고 생각했거든. 즉시 "제방을 중심으로 일렬정대 하라"는 소리가 들렸어. 총의 개머리를 당기고, 탄대를 개방하는 등 허둥지둥 총검을 점검했어. 주변을 살펴보니 단신의 독일군이 지면을 향해 곤두박질이라도 치려는 듯 머리를 아래로 내리고는 양팔을 앞으로 축 내민 채 우리를 향해 걸어오고 있었단다. 어느 누구도 그를 사살하려고 하지 않았어. 아주 우스꽝스런 모습이었지…….

모두가 사격 명령을 기다리고 있었을 것이다. 그러나 오웬이 여기서 의도한 바는 어느 누구도 사격을 원치 않았다는 점이다. 우스꽝스러워 보이는 군인은 군사적으로 위협적이지 않다. 그는 전투원이 아니고 단순한 인간이다. 어느 누구도 그를 사살하고자 하지 않는다. 당시는 사살할 필요가 없었을 것이다. 우스꽝스런 모습의 독일군은 즉

2) Wilfred Owen, *Collected Letters*, ed. Harold Owen and John Bell (London, 1967), p. 458 (14 May 1917).

각 생포됐다. 다음의 사례들이 암시해주는 바처럼 체포가 항상 가능한 것은 아니다. 또한 사살할 의향이 없거나 사살을 거부하는 행위는 군사적 측면에서의 또 다른 대안의 존재 여부와 무관하다. 항상 비군사적 성격의 대안이 있다.

2) 『모든 것과의 이별(*Good-bye to All That*)』이란 자서전에서 로버트 그레이브스(Robert Graves)는 부상자도 아니고 포로도 아닌 독일군을 겨냥해 자신이 발사하지 않은 유일한 경우를 회상하고 있다.3)

> 지원선(Support line) 부근 언덕 뒤편의 참호에서 적들을 겨냥하고 있을 때, 7백 야드 전방에 있는 독일군 한 명을 망원경으로 확인했다. 그는 독일군의 제3선에서 목욕하고 있었다. 발가벗은 사람을 겨냥해 발사한다는 사실이 혐오스러웠다. 따라서 "이 총을 받게. 자네가 나보다 사격 솜씨가 뛰어나잖아"라고 말하며 함께 있던 하사관에게 총기를 건네주었다. 그러나 나는 하사관이 발사하는 모습을 보지 않으려고 다른 곳을 향해 떠났다.

여기에 도덕심(Moral feeling)이 관여돼 있다고 선뜻 말할 수 없을 것이다. 분명히 말하지만 이는 '계급의 경계'를 초월하는 형태의 도덕심이 아니다. 그러나 비인간적으로 보이거나 영웅적이지 못한 것으로 보이는 행위를 장교와 신사가 혐오한다는 점을 보여주는 사례로 묘사하는 경우에서조차 그레이브스가 표현하고 있는 '혐오감'은 도덕적으로 중요한 인식에 근거하고 있다. 우스꽝스런 사람과 마찬가지로 벌거벗은 사람은 군인이 아니다. 그러나 상관의 지시에 복종하

---

3) *Good-bye to All That* (rev.ed., New York, 1957), p. 132.

는 무감각한 하사관이 곁에 없었다면 어떻게 했을 것인가?

3) 스페인 내전 당시 공화국 전선(戰線)의 전진 초소에서 저격병으로 근무할 당시 조지 오웰(George Orwell)은 유사한 경험을 했다. 오웰은 부하에게 자신의 총기를 건네줄 생각을 하지 못했을 것이다. 어떻든 그는 체제가 잡혀 있지 않은 무정부주의자 부대(anarchist battalion) 소속이었고, 이들에게 상관과 부하란 관계는 없었다.[4)]

> 장교에게 메시지를 전달하려는 것으로 보이는 한 남자가 참호에서 뛰쳐나와 온몸을 노출시킨 채 난간의 가장 높은 부분을 따라 달리고 있었다. 그는 몸의 절반 정도를 의복으로 두르고 있었고, 달리는 내내 양손으로 자신의 바짓가랑이를 붙잡고 있었다. 그를 겨냥해 사격하지 않았다. 사격 실력이 좋지 않았으며, 100야드 앞에서 달리고 있는 사람을 명중시킬 가능성이 없었던 것도 사실이다. ……그러나 부분적으로 나는 그가 바짓가랑이를 붙잡고 달리고 있다는 점 때문에 총을 발사하지 않았다. 이곳에 내가 있는 것은 파시스트들을 죽일 목적에서다. 바짓가랑이를 붙들고 달리는 사람은 파시스트가 아니다. 외견상으로 보면 그는 당신과 유사한 동료 인간이다. 이런 사람을 겨냥해 총기를 발사할 생각이 들지 않을 것이다.

오웰은 "발사하면 안 된다"는 표현이 아니라 "발사할 생각이 들지 않는다"는 표현을 사용하고 있는데, 이들 간에 중요한 차이가 있다. 그러나 여타 경우에서처럼 여기서의 근본 인식은 동일하며, 보다 상세히 기술돼 있을 뿐이다. 더욱이 이것이 "전쟁에서 항상 발생하는

---

4) The Collected Essays, *Journalism and Letters of George Orwell*, ed. Sonia Orwell and Ian Angus (New York, 1968), II, 254.

형태의 것"이라고 오웰은 말하고 있다. 물론 어떠한 근거로 오웰이 이처럼 말하고 있는지, 군인들이 총을 발사할 의향이 없다는 의미인지 또는 군인들이 항상 총을 발사하지 않는다는 의미인지 나의 경우 잘 알 수 없다.

4) 제2차 세계대전 당시 영국군 병사였던 롤리 트리벨리언(Raleigh Trevelyan)은 『안치오의 일기(*Diary of Anzio*)』란 책을 발간했다. 그 책에서 그는 다음과 같이 언급하고 있다.[5)]

> 놀라울 정도로 평범한 일출(日出)이었다. 만물이 분홍빛 제라늄 색채를 띠었고, 새들이 합창하고 있었다. 무지개를 보았을 때 노아(Noah)가 느꼈음직한 것을 우리는 느꼈다. 갑자기 바이너(Viner)가 관목림 너머를 가리켰다. 독일군 제복을 착용한 사람이 우리의 사격선을 가로질러 몽유병환자처럼 방황하고 있었다. 우리가 그러했던 것처럼 그 순간 문제의 독일군은 전쟁을 잠시 잊고는 봄의 온기를 만끽하고 있는 것이 분명했다. 바이너가 무감각한 음성으로 "박살낼까요?" 하고 물었다. 신속히 결정해야만 했다. "아니. 그냥 혼쭐을 내 쫓아 보내게" 하고 나는 대답했다.

오웰의 글에서와 마찬가지로 여기서 중요한 부분은 "자신이 하는 것과 동일한 방식으로" 일하고 있는 자신과 비슷한 사람을 발견했다는 점이다. 물론 상대방을 겨냥해 발사하는 두 명의 병사는 매우 유사하다. 이들은 상대방이 하는 일을 하고 있으며, 인간 고유의 활동으로 지칭될 수 있는 부분을 하고 있다. 그러나 동료 인간이란 감정은

---

5) *The Fortress: A Diary of Anzio and After* (Hammondsworth, 1958), p. 21.

다른 유형의 동질성, 즉 위협적인 것과 전적으로 무관한 형태의 동질성에 근거하게 되는데, 여기에는 분명한 이유가 있다. '군사적 필연성'에 의해 전혀 영향 받지 않은 것은 아니지만, 일광욕(日光浴)을 즐기고 있는 친구는 좋은 사례다.

> 오직 체스트론(Chesteron) 하사관만 진지한 모습을 견지했다. 자신의 동료에게 우리의 참호 위치를 말했을 것이기 때문에 적을 사살해야 한다고 그는 말했다.

하사관들이 전쟁에서 많은 부담을 감당하고 있는 듯 보인다.

5) 내가 발견한 글 중에서 가장 감명적인 경우는 제1차 세계대전 당시 오스트리아군과 싸웠던 이탈리아 군인이 기술한 것이다. 그 후 사회주의 지도자가 됐을 뿐만 아니라 반파시스트 성향으로 인해 망명 생활을 한 에밀리오 루수(Emilio Lussu) 소위는 당시 한 명의 하사관과 함께 있었다. 그는 오스트리아군의 참호(塹壕)가 내려다보이는 진지로 야밤에 이동했다. 오스트리아 군인들이 아침 커피를 마시고 있는 모습을 목격한 그는 적의 전선에서 기대하지 못했던 인간적인 모습을 발견하고는 어느 정도 놀라지 않을 수 없었다.6)

> 무수히 많은 공격에도 불구하고 별다른 효과가 없던 매우 견고히 방어돼 있는 적의 진지(陣地)를 인간이 살고 있지 않은 황량한 건물, 우리가 알지 못하는 신비롭고도 무시무시한 존재들만 잠시 머무는 무감각한 곳이라고 마침내 우리는 생각했다. 그 순간 후방에 있는 우리

---

6) *Sardinian Brigade: A Memoir of World War I*, trans. Marion Rawson (New York, 1970), pp. 166-71.

> 의 동료처럼 제복을 착용하고 있으며, 이리저리 움직이고 담소할 뿐만 아니라 커피를 마시는 등 우리와 같은 인간으로 이들이 우리에게 다가왔다.

한 오스트리아의 청년 장교가 나타나자 루수가 그를 겨냥한다. 그때 오스트리아 장교가 담배에 불을 붙이자 루스는 동작을 멈춘다. "이 담배가 우리 사이에 보이지 않는 연계 고리를 만들어 주었다. 담배 연기를 보는 즉시 나 또한 담배가 그리워졌다……." 안락한 장소에서 그는 자신의 결심과 관련해 생각해볼 시간이 있었다. 그는 당시의 전쟁이 정당한 형태, 즉 절대적으로 필요한 것으로 느꼈다. 그는 휘하 부하들에 대해 자신이 나름의 책임이 있음을 인지했다. "적을 겨냥해 발사하는 것이 나의 의무임을 알았다." 그러나 그는 발사하지 않았다. 자신을 위협하고 있던 위험을 오스트리아 장교가 너무나 완벽하게 망각하고 있었다는 점으로 인해 이처럼 망설였다고 그는 적고 있다.

> 나는 다음과 같이 추론했다. 또 다른 백 명 또는 천 명의 적에 대항해 백 명 또는 천 명을 통솔하는 것과 이들 중 한 명에게 "꼼짝 마. 움직이면 쏜다"라고 말하는 것은 전혀 다른 문제다. ……전투 수행과 일개인을 죽이는 것은 전혀 다른 문제다. 그 오스트리아 장교를 죽이는 것은 살인 행위와 다름이 없다.

그레이브스와 마찬가지로 루수는 휘하 하사관에게 문제를 돌렸다. 그러나 사회주의자란 점으로 인해 그는 명령이 아니고 다음과 같이 질문했다. "이보게. 나는 저렇게 혼자 있는 사람을 향해 발사하지 않을 작정이네. 자네가 하겠나?" …… "저도 발사하지 않을 생각입니다"라고 하사관이 대답했다. 여기에는 동료들과 함께 전쟁을 수행하고 있는 군의 일원과 홀로 있는 개인의 차이가 분명히 묘사돼 있다. 루수는 불쌍한 모습의 인간에 슬그머니 접근해 공격하고자 하지 않았다. 그러면 이 같은 인간을 죽이는 것 외에 저격수가 할 수 있는 또 다른 일이 있는가?

우스꽝스러워 보이는 군인, 목욕하고 있는 군인, 바짓가랑이를 붙잡고 달리고 있는 군인, 일광욕을 즐기고 있는 군인, 담배를 피우고 있는 군인을 죽이는 행위가 오늘날 우리가 알고 있는 전쟁규칙에 위배되는 것은 아니다. 그럼에도 불구하고 이들 다섯 명이 적을 죽이지 않기로 한 결심은 전쟁규약의 본질과 관련이 있는 듯 보인다. 인간이 생명권을 갖고 있다고 말할 때 그 의미는 무엇인가? 이는 내게 위협이 되지 않으며, 그의 행위에서 평화와 동지애의 향기가 흘러나올 뿐만 아니라 나와 마찬가지로 귀중한 동료 인간으로서 상대방을 인지하고 있다는 의미다. 적은 이것과 다른 방식으로 묘사돼야 한다. 우리는 고정관념을 통해 적을 바라보게 되는데, 이 고정관념은 종종 우스꽝스러워 보이는 측면도 없지 않을 것이다. 그러나 이 고정관념에는 어느 정도 진실이 있다. 나를 죽이고자 노력하고 있는 적은 나뿐만 아니라 인간성과 불화를 일으키고 있다. 그러나 이 같은 불화는 일시적인 현상이며 인간성이 곧바로 나타나게 된다. 앞에서 언급된 다섯 이야기에서 보듯이 소위 말해 상대방에 관한 고정관념이 깨지도록 하는 평범한 행위로 인해 인간성이 복원되고 있다. 적이 우스꽝스런 모습을 하고 있으며, 벌거벗었다는 점 등으로 인해, 루수가 말하고 있는 바처럼, 적은 한 명의 인간으로 돌변하고 있다.

이 같은 적을 머리끝에서 발끝까지 군인인 인물로 생각하면 상황은 달라질 수 있을 것이다. 목욕 중에도, 담배를 피우면서도 그는 오직 다가올 전투와 얼마나 많은 적군을 죽일 수 있을 것인지를 생각하고 있을 것이다. 내가 이 책의 저술에 전념하고 있는 바와 마찬가지로 그는 전쟁 수행에 전념하고 있을 것이다. 항상 또는 가장 이상한 순간에도 전쟁을 생각하고 있을 것이다. 그러나 이는 평범한 군인의 모습이 아니다. 사실 전쟁은 평범한 군인이 좋아하는 형태가 아니다. 평범한 군인은 특정 전투에서 간신히 목숨을 부지하고는 다음번 전투에 참전하지 않았으면 하고 바라게 된다. 대부분의 병사는 몸을 움츠리고 겁에 질려 있으며, 상대방을 겨냥해 총을 발사하지 않을 뿐만 아니라 경상(輕傷)을 입어 고향으로 돌아가 오랫동안 휴식을 취할 수 있게 해달라고 기도하는 사람이다. 휴식을 취하고 있을 때, 우리와 마찬가지로 그가 부모님이 있는 집과 평화를 생각하고 있을 것으로 우리는 가정하게 된다. 상황이 그렇다면 이런 인간을 죽이는 행위가 어떻게 정당화될 수 있겠는가? 그러나 앞에서 언급한 다섯 이야기에 등장하고 있는 대부분의 군인들이 이해하고 있는 바처럼 이 같은 살상 행위가 정당화되고 있다. 적을 겨냥해 발사하지 않았다는 점이 자신들에게도 군의 의무와 정면 배치되는 형태의 것으로 보일 것이다. 도덕적 인식에 뿌리를 두고는 있지만 이들의 발사 거부는 특정 원칙에 근거한 결심과 비교해 보다 열정적인 형태의 것이다. 이 발사 거부는 인간적인 행위다. 이 발사 거부로 인해 위험이 초래되거나 추후 조금이라도 전승(戰勝)의 가능성이 손상됐다면 이 행위는 반역 행위에 비유될 수도 있을 것이다. 이들의 발사 거부가 도덕적 차원에서 요구되는 것 이상의 행위는 아니다. 발사 거부로 인해 이들은 자신에게 허용된 것 이하로 행동했다.

허용 가능한 정도에 관한 기준은 인권(人權)에 의존하고 있다. 그러나 인권이 이 기준을 정확히 정의해주는 것은 아니다. 왜냐하면 정의는 이론적일 뿐만 아니라 역사적 성격이며, '군사적 필연성'의 압박으로 인해 중요한 방식으로 영향 받고 있는 등 나름의 복잡한 과정이기 때문이다. 이제 '군사적 필연성'이란 압박 요소가 할 수 있는 부분과 할 수 없는 부분을 살펴볼 시점이 됐다. 벌거벗은 병사의 경우는 유용한 사례다. 19세기에는 일정 종류의 '벌거벗은 군인', 즉 자신의 초소 밖에서 경계근무를 서고 있거나 전선 외곽에서 경계근무를 서고 있는 사람을 보호하기 위한 나름의 노력이 있었다. 이처럼 홀로 근무하는 사람을 각별히 보호하고자 한 이유는 앞의 다섯 이야기에 언급돼 있는 이유와 유사했다. 전쟁을 연구하고 있는 영국의 한 학자는 "홀로 서있는 병사를 원거리에서 무차별 사격하는 행위는 살인 행위와 다름이 없다. 이는 가만히 앉아 있는 오리를 겨냥해 발사하는 것과 다름이 없다"[7]고 말했다. 분명히 말하지만, 미국의 남북전쟁 당시 북군을 위해 프랜시스 리버(Francis Lieber)가 만든 군사적 행동규칙(Code of Conduct)의 초안에서는 동일한 개념이 작용하고 있다. "몰아낸 목적이 아닌 경우 전초 부대, 보초, 경계추수를 겨냥해 발사해서는 안 된다……."[8] 이제 수백 명에 대항해 수백 명이, 수천 명에 대항해 수천 명(루수의 표현을 빌리면)이 대적하고 있는 상황에서 싸우고 있는 군인들만을 공격할 수 있도록 이 같은 아이디어를 확대 적용하는 형태의 전쟁을 쉽게 상상해볼 수 있을 것이다. 이 같은 전쟁은 공식 또는 비공식적인 방식으로 사전 선포되며 몇몇 분명한 방식으로 중단되는 다수의 전투로 구성될 것이다. 패배한 상

---

7) Archibald Forbes, J. M. Spaight, *War Rights on Land* (London, 1911), p. 104.
8) *Instructions for the Government of Armies of the United States in the Field*, General Orders 100, April, 1863 (Washington, 1898), Article 69.

대방 군사력에 대한 추격이 가능하다는 점에서 보면 어느 측도 결정적인 형태로 승리할 가능성이 없지 않을 것이다. 그러나 지속적인 괴롭힘, 저격, 매복 공격, 기습 공격과 같은 것들은 배제될 것이다. 진정 전쟁은 이 같은 방식으로 수행됐다. 그러나 보다 방대하고, 보다 제대로 무장돼 있는 측이 체계적으로 유리했다는 점으로 인해 이 같은 합의가 안정적으로 유지되지 못했다. 전력(戰力)이 약한 측은 '군사적 필연성'을 이유로 적군의 취약성에 제한을 둘 수 없다고 지속적으로 주장했다. 그러면 '군사적 필연성'의 의미는 무엇인가?

필연성의 본질(1)

'군사적 필연성'과 관련해 제기되는 변명은 나름의 정형화된 유형을 띠고 있다. 이는 특정 방책이 "시간, 인명 및 자금의 손실을 가능한 한 최소화하면서 적을 굴복시키고자 할 때 필요하다"[9]는 논지의 것이다. 독일군이 전쟁의 이유로 지칭한 부분의 핵심은 바로 이것이다. 이 같은 교리의 경우는 전승에 필요한 모든 것뿐만 아니라 패배의 가능성을 줄이고자 할 때 필요한 모든 것 또는 간단히 말해 전쟁 도중에서의 손실 또는 손실 가능성을 최소화하고자 할 때 필요한 모든 부분을 정당화하고 있다. 사실 이는 '군사적 필연성'에 관한 것이 전혀 아니다. 이는 가능성과 위기(모험)에 관해 나름의 규약에 따라 말하거나 과장해 말하는 것과 다름이 없다. 자신이 처할 가능성이 있는 위기를 국가, 군대 및 군인들이 줄일 권리가 있다고 인정하는

9) M. Greenspan, *The Modern Law of Land Warfare* (Berkeley, 1959), pp. 313-14.

경우에서조차 여타 방책을 이용해서는 전투의 승산을 높이지 못하는 경우에만 위기를 줄일 목적으로 특정 방책이 필요해질 것이다. 그러나 전투의 승산을 증진시킬 수 있을 것으로 보이는 다수의 전술 및 전략적 대안이 항상 있을 것이다. 다수 대안 중 하나를 선택해야 할 것인데, 이 대안의 선택은 군사적 성격일 뿐만 아니라 도덕적 성격일 것이다. 이들 중 일부는 허용 가능하지만 일부는 전쟁규약으로 인해 선택이 불가능할 것이다. 이 같은 방식으로 구분하지 않는다면 전쟁과 전투의 실제 수행에 전쟁규약이 거의 영향력이 없을 것이다. 간단히 말해 전쟁규약이 편의주의 차원의 법규가 될 것이다. 즉 시지윅(Sidgwick)의 두 규칙[10]이 실제 전쟁의 압박으로 인해 최종적으로 도달하게 되는 형태가 될 것이다.

'전쟁의 논거'는 사살돼도 무방하다고 생각할 수 있을 정도의 충분한 이유가 있는 사람의 사살만을 정당화해준다. 여기서는 가능성과 위기의 계산이 아니고 사살될 가능성이 있는 사람의 지위가 문제가 된다. '벌거벗은 군인'의 사례는 다음과 같은 방식으로 해결된다. 나름의 부류로서의 군인은 평화적 활동의 세계와 분리돼 있다. 이들은 전투 목적으로 훈련을 받으며, 무기를 제공받을 뿐만 아니라 명령에 따라 전투를 수행해야 하는 입장이다. 분명히 말하지만, 이들이 항상 전투를 수행하는 것은 아니다. 또는 전쟁이 이들이 개인적으로 계획해서 하는 형태는 아니다. 그러나 전쟁은 이들이 소속돼 있는 집단의 계획에 따라 진행되는 활동이다. 이 같은 사실이 민간인과 개개 군인을 명확히 구분해주고 있다.[11] 항상 위험에 처해 있다고

---

10) 비례성과 유용성의 원칙을 지칭한다.(옮긴이)
11) 1940년 당시의 프랑스의 패배에 관한 감동적인 설명에서 마르크 블로흐(Marc Bloch)는 이 같은 구분을 비판했다. "국가가 위기에 처해 있는 경우 그

경고 받는 순간 민간인의 경우와 비교해 군인의 일상생활이 크게 혼란에 빠지지는 않을 것이다. 그러나 민간인에게 위험한 상태에 있다고 경고하는 것은 해당 민간인에게 억지로 싸우게 하는 것과 다름이 없다. 그러나 군인은 이미 싸우지 않을 수 없는 입장에 있다. 소위 말해 군인은 자국을 방어해야 한다는 생각에서 또는 징집됐다는 점에서 군에 입대한 사람이다. 그러나 휘하 부하가 직접 공격받았다고 반드시 싸워야 하는 것은 아닌데, 이 점을 강조할 필요가 있다. 이처럼 하면 호전적이란 죄명을 뒤집어쓰게 될 것이다. 자신의 지위가 전투원이란 점에서 군인은 사적으로 공격받을 수 있다. 전투원이란 점으로 인해 군인은 이미 위험한 사람이 됐다. 자신이 선택할 수 있던 대안이 많지 않았을 수도 있다. 그러나 군인 스스로가 위험에 처해 있는 인물이 돼도 좋다는 점에 동의했다고 말하는 것이 보다 정확한 표현일 것이다. 이 같은 이유로 인해 군인은 위험에 처해 있다. 군인이 겪는 위기의 정도가 줄어들거나 고조될 수도 있을 것이다. 이처럼 위기가 줄거나 늘어나는 과정에서는 '군사적 필연성'뿐만 아니라 친절과 자비란 개념이 나름의 영향력을 행사하게 된다. 그러나 군인이 직면하게 될 위기를 최대한 높인다고 군인의 권리에 저촉되

리고 이 같은 위기로 인해 모든 시민에 나름의 의무가 부여된 경우 모든 성인은 동등하다. 지나칠 정도로 마음이 비뚤어져 있는 사람만이 공격받지 않을 권리를 요구할 것이다. 전시 민간인은 누구인가? 그는 건강 및 전문성으로 인해……효과적으로 무장하지 못한 사람과 다름이 없다. ……남들이 겪고 있는 위험을 피할 수 있는 권리를 이 요인들이 그에게 제공해주는 것은 무슨 이유 때문인가?"(*Strange Defeat*, trans. Gerard Hopkins, New York, 1968, p. 130) 그러나 이론적인 문제는 공격받지 않을 권리를 얻는 방법이 아니고 잃게 되는 방법이다. 처음부터 우리는 공격받지 않을 권리가 있다. 공격받지 않을 우리의 권리는 일반적인 인간관계의 특성이다. 무장하고 있는 사람은 이 같은 권리를 상실하게 된다. 왜냐하면 이들이 여타 사람에게 위협이 되기 때문이다. 무장하지 않은 사람들은 공격받지 않을 권리가 있다.

는 것은 아니다. 즉 군인의 권리에 저촉되지 않으면서 군인이 직면하게 될 위기의 수준을 최대한 높일 수 있을 것이다.

일반적으로 오늘날의 전쟁에서는 전투원의 지위를 군인 이상, 즉 군인이 아닌 부류로 확대하는 경향이 있다. 그러나 전투원의 지위가 군인 이상으로 확대되는 현상은 이해가 보다 어려울 것이다. 군사과학기술의 발달로 인해 전투원의 지위를 군인이 아닌 부류로 확대할 수밖에 없게 됐다고 말할 수도 있다. 왜냐하면 오늘날의 전쟁은 군사적 성격일 뿐만 아니라 경제적 성격의 것이기 때문이다. 군이 야전에서 전투를 수행할 수 있도록 하려면 그 이전에 방대한 규모의 노동자를 동원해야 한다. 일단 교전하게 되면 군인은 장비, 연료, 탄약, 식량 등의 지속적인 보급에 크게 의존하게 된다. 교전 시 군인은 전선 너머에 있는 적군을 공격하려는 유혹을 받게 되는데, 전투 자체가 마음먹은 대로 진행되지 않는 경우 특히 그럴 것이다. 그러나 전선 너머의 적군에 대한 공격은 적어도 명목상으로는 민간인인 사람들을 겨냥한 전쟁 수행과 다름이 없다. 이 같은 행위가 어떻게 정당화될 수 있겠는가? 여기서도 이 같은 공격으로 인해 살상될 가능성이 있는 사람이 누군지에 따라 우리가 내리는 판단(공격의 정당성)이 달라진다. 호전적인 행위로 인해 자신의 권리를 상실한 민간인과 상실하지 않은 민간인을 구분할 필요가 있다. 한편에는 소위 말해 군을 위해 무기를 만들거나 자신이 수행하고 있는 일이 전쟁에 직접 기여하는 ‘탄약 노무자’란 일군(一群)의 민간인이 있다. 영국의 철학자인 안스콤(G. E. M. Anscombe)의 말을 인용해 표현하면 또 다른 한편에는 “전투를 수행하고 있지 않으며, 전투 수단을 보유하고 있는 군인들에게 물자를 제공하는 일에 종사하지 않는 민간인”12)이 있다.

전쟁 관련 노력을 지원할 목적으로 일하는 민간인과 이 같은 목적을 위해 일하지 않는 민간인을 중심으로 한 구분은 적절치 못하다. 그보다 군인들의 전투 수행에 필요한 것들을 만들고 있는 민간인과 대부분의 민간인처럼 군인들의 생존에 필요한 부분을 만들고 있는 사람을 중심으로 구분하는 것이 보다 적절할 것이다. 군사적으로 필요한 경우 탱크 공장에서 일하고 있는 노무자를 공격해 죽일 수 있지만 식료품 공장에서 일하고 있는 노무자는 공격할 수 없을 것이다. 탱크 공장에서 일하고 있는 노무자는 군인의 부류에 동화돼 있는데, 부분적으로 동화돼 있다고 말해야 할 것이다. 왜냐하면 무장한 사람이 아니며, 전투 준비가 돼 있는 사람도 아니란 점에서, 적에 위협적이고도 해가 되는 행위에 실제 종사하고 있는 시점인 자신의 공장(집이 아닌)에서 일할 때에만 이들을 공격할 수 있기 때문이다. 군인의 식량을 처리하고 있는 경우에서조차 식료품 공장에서 일하고 있는 노무자는 탱크 공장에서 일하고 있는 노무자와 동일한 방식으로 공격할 수 없다. 이들은 전시뿐만 아니라 평시에도 필요한 의료품, 보급품 내지는 그 무엇을 만들고 있는 노무자와 동일한 유형의 민간인이다. 분명히 말하지만 군에는 먹여 살려야 할 많은 사람이 있다. 전투를 수행하려면 이들을 먹여 살려야 할 것이다. 이들이 군대가 되도록 해주는 부분은 식량이 아니고 무기다. 이들의 의식주를 해결할 목적으로 일하는 사람은 특별히 호전적인 일을 하고 있지 않다. 따라서 공격받지 않을 권리가 있다는 점에서, 이들은 여타의 민간인 집단에 동화된다. 이들을 법률적으로 무고한 사람으로 지칭하게 되는데, 이는 이들이 자신의 권리를 상실하게 하는 행위를 전혀 하지 않았으며, 하고 있지

12) G. E. M. Anscombe, *Mr. Truman's Degree* (privately printed, 1958), p. 7; "War and Murder" in *Nuclear Weapons and Christian Conscience*, ed. Walter Stein (London, 1963).

않다는 의미다.

지나칠 정도로 정교한 구분일 수 있지만 이는 그럴 듯한 구분으로 생각된다. 나름의 부담 가운데 이처럼 구분하고 있다는 점이 보다 중요한 의미가 있을 것이다. 처음에 우리는 전투에 몰두하고 있는 군인과 휴식을 취하고 있는 군인을 구분했다. 그 후 우리는 민간인과 나름의 부류로서의 군인을 구분하고 있다. 그 후 경제적 동원으로 인해 전투에 직접 기여하고 있는 민간인 중에서 공격받아서는 안 되는 특정 민간인을 분류해냈다. 기여란 측면에서 공격받아도 되는 민간인들이 누군지 결정되면 해당 민간인을 공격할 것인지의 여부는 '군사적 필연성'에 의해서만 결정될 수 있을 것이다. 별다른 위험이 수반되지 않는 가운데 특정 방식으로 이들의 행위를 중지시킬 수 있거나 이들이 만든 물건을 압류 내지 파괴할 수 있다면 이들을 공격해서는 안 된다. 전쟁규칙의 경우는 이 같은 책무를 정규적으로 인지했다. 예를 들면, 예전의 해군 법규에 따르면 군수 물자를 운송하고 있는 선박에 탑승한 민간인 선원은 자신들이 수행하고 있는 일에도 불구하고 공격받지 않을 권리가 있는 부류다. 왜냐하면 이들을 겨냥해 발사하지 않으면서도 선박을 압류할 수 있었기 때문이다. 그러나 발사하지 않으면 압류가 불가능한 모든 경우에 이 같은 책무 또한 중지되며 민간인 선원으로서의 권리 또한 사라지게 된다. 이는 전시의 권리로서 국가와 국가 간의 협약에 그리고 '군사적 필연성'이란 교리에만 의존하는 형태다. 잠수함 전쟁의 역사는 소위 말하는 민간인 집단들이 지옥으로 통합되는 과정을 매우 잘 설명하고 있다. 또한 이 같은 통합에 대한 저항이 도덕적으로 필요해지는 순간을 제시하는 과정에서 잠수함 전쟁의 역사가 크게 도움이 될 것이다.

잠수함 전쟁 : 라코니아 호 사건

전통적으로 해전(海戰)은 가장 신사적인 전투다. 아마도 이는 많은 신사들이 해군에 입대했다는 점 때문일 것이다. 그러나 보다 중요한 이유는 전장(戰場)으로서의 바다의 성격 때문일 것이다. 육지에서 바다와 비교될 수 있는 환경은 사막뿐이다. 둘은 민간인이 없거나 비교적 많지 않다는 공통점이 있다. 따라서 이곳에서의 전투는 전투원이 아닌 어떠한 사람도 개입되지 않는 형태, 즉 순수 전투원들만의 전투가 되는데, 직관적으로 우리는 전쟁이 이와 같았으면 하고 바라게 된다. 그러나 운송 목적으로 바다가 널리 이용되고 있다는 점으로 인해 이 같은 순수성이 오염되고 있다. 전함들과 상선들이 해상에서 종종 조우하게 된다. 전함과 상선의 접촉에 관한 규칙들은 비교적 정교한 형태로 제정돼 있다.[13] 잠수함이 발명되기 이전에 제정됐다는 점으로 인해 이 규칙들에는 도덕적 가정뿐만 아니라 과학기술적 속성이 반영돼 있다. 군수물자를 운송하고 있는 상선들의 경우는 공해상에서 나포선 회항원(回航員)들이 운항을 정지시킨 후 승선해 상선을 압류하고는 합법적으로 항구로 견인할 수 있었다. 그 과정에서 해당 상선의 선원들이 저항하면 저항을 저지할 목적에서 합법적으로 모든 무력을 행사할 수 있었다. 순응하는 경우 이들에 대항해 무력을 행사할 수 없었다. 항구로 견인할 수 없는 경우 해당 상선을 침몰시킬 수 있었다. 물론 침몰시키기 전에 "승무원, 승객 및 서류를 안전히 다뤄야 할 절대적인 책임이 있었다." 해당 전함으로 승무원, 승객 및 서류를 옮기는 것이 가장 보편적인 방안이었다. 이

---

13) Sir Frederick Smith, *The Destruction of Merchant Ships under International Law* (London, 1917) and Tucker, *Law of War and Neutrality at Sea*.

경우 승객과 승무원을 전쟁 포로로 간주할 수 없었는데, 이는 해당 상선과 전함이 전투를 목적으로 접촉한 것이 아니기 때문이다.

제1차 세계대전 당시 잠수함 지휘관들과 이들을 지휘하는 정부 관리들은 '군사적 필연성'을 거론하며 이 같은 '절대 의무'의 준수를 거부했다. 잠수함은 어뢰를 발사하기 이전에 해상으로 부상할 수 없었다. 왜냐하면 잠수함의 갑판이 매우 빈약하게 무장(武裝)돼 있었으며, 항공기 등에 의한 공격에 잠수함이 매우 취약했기 때문이다. 또한 잠수함은 항구로 귀항해야 하는 경우가 아니면 잠수함 선원이 많지 않았다는 점으로 인해 나포선 회항원(回航員)을 제공해줄 수 있는 입장이 못 됐다. 또한 잠수함의 내부 공간이 비좁다는 점으로 인해 상선의 선원들을 잠수함에 태울 수도 없었다. 따라서 상대방 선박이 침몰된 경우 생존자들을 도와줘야 한다는 일부 책임을 수용하고는 있지만 이들은 "보는 즉시 침몰시킨다"는 정책을 고수했다. 특히 이는 독일 정부의 정책이었다. 이 같은 정책을 옹호하는 사람들은 이 같은 정책을 준수하지 않으면 잠수함을 전혀 사용할 수 없게 되거나 비효율적으로 사용하게 돼 영국 해군이 제해권을 장악하게 된다고 주장했다. 독일이 전쟁에서 패배했다는 점 때문이겠지만 제1차 세계대전이 종료된 이후에는 전통적인 규칙이 재확인됐다. 제1차 세계대전과 제2차 세계대전에 참전했던 주요 국가들(독일은 1939년에 서명)이 서명한 1936년의 런던 해군조약(London Naval Protocol)의 경우는 "상선과 관련해 조치를 강구할 때 잠수함들은 해상 함정들이 준수해야 하는 형태의 국제법의 규칙을 준수해야 한다"고 분명히 명시하고 있었다. 이 규칙을 옹호하는 사람들은 "제2차 세계대전에서의 경험에도 불구하고"[14] 그처럼 해야 하지만 해상법에 관한 권위자에 따르면 이 규칙이 아직도 구속력이 있다.

1942년 당시 독일군 잠수함 사령부의 되니츠(Doenitz) 제독이 내린 그 유명한 '라코니아 명령(Laconia Order)'를 직접 살펴봄으로써 이 같은 경험에 가장 잘 접근할 수 있을 것이다. 되니츠는 상대방 함정을 잠수함이 사전 경고 없이 공격해야 할 것이란 점뿐만 아니라 침몰된 함정의 선원들을 구조할 목적의 어떠한 조치도 강구하면 안 된다고 말했다. "해상 표류하는 인명을 구조하고, 전복된 구명보트를 바로잡거나 식량과 음료수를 제공하는 일을 포함해 침몰 선박의 승무원을 구조하기 위한 모든 노력을 즉각 중단해야 한다"15)고 되니츠는 지시했다. 이 같은 그의 명령을 보며 많은 사람들이 분개했다. 제2차 세계대전 이후의 뉘른베르크 법정에서 되니츠는 범죄 행위로 고발됐는데, 당시 제기된 범죄에는 이 명령을 하달했다는 점이 포함돼 있었다. 그러나 뉘른베르크 법정의 판사들은 이 부분과 관련해 되니츠에게 유죄를 선고하지 않았다. 당시 판사들이 그처럼 결심하게 된 이유를 면밀히 살펴볼 필요가 있을 것이다. 그러나 판사들이 애매한 언어를 사용해 판결을 내렸다는 점에서 해상 구조를 요구해야 한다거나 요구하지 않아야 한다는 점과 관련해 이들이 제기했을 것으로 생각되는 이유와 우리가 제기할 수 있는 이유가 무엇인지를 질문해 봐야 할 것으로 생각된다.

분명히 말하지만 당시의 문제는 구조 이상도 이하도 아니었다. 해전과 관련이 있는 국제법 분야의 구속력 있는 규칙에도 불구하고, "보는 즉시 침몰시킨다"는 정책에 뉘른베르크 법정은 이의를 제기하지 않았다. 당시의 판사들이 상선과 전함의 구분이 더 이상 의미가 없다고 결정했음이 분명하다.16)

---

14) H. A. Smith, *Law and Custom of the Sea* (London, 1950), p. 123.
15) Tucker, p. 72.

제2차 세 계대전이 발발한 직후 영국의 해군성은……자국의 상선을 무장시켰으며, 많은 경우 이들을 무장 호위함이 호송토록 했다. 이들은 또한 해군 정보 분야의 경보체계로 통합할 목적에서 잠수함을 목격하는 즉시 그 위치를 보고하라고 상선들에 명령했다. 1939년 10월 1일, 해군장관은 가능한 경우 독일군 잠수함을 공격하라는 명령을 영국의 상선에 내렸다고 말했다.

당시 뉘른베르크 법정은 상선의 선원들이 군 복무 차원에서 징집됐다고 추론했던 듯 보였다. 따라서 군인을 공격할 수 있는 것처럼 이 상선들을 기습 공격해도 전혀 문제되지 않는다고 생각했던 듯하다. 그러나 이 같은 논거 자체는 훌륭한 형태가 아니다. 상선 승무원의 징집이 잠수함의 불법 공격에 대응할 목적이거나 이 같은 공격 가능성이 매우 높다는 점에 대한 반응이라고 한다면, 승무원들을 징집했다고 이 상선들에 대한 공격이 정당화될 수 없기 때문이다. 당시의 경우는 "보는 즉시 침몰시킨다"는 정책이 정당화된 사례다 잠수함의 발명으로 인해 군사적으로 이 같은 정책이 필요해졌다. 해상을 통해 군수물자를 공급하는 행위(이는 관련자들이 항상 공격받을 수 있는 형태의 군사적 노력이다)가 더 이상 공격받을 수 없는 대상이 아니었다는 점에서 그 이전의 규칙들이 법적으로는 아니지만 도덕적으로 효력을 상실했다.

그러나 '라코니아 명령'은 보다 심오한 의미가 있었다. 왜냐하면 지상의 부상자의 경우와 달리 해전이 종료된 시점에 해상에서 무기

16) Tucker, p. 67.

력하게 표류하고 있는 선원들을 구조할 필요가 없다고 암시하고 있기 때문이다. 잠수함 전투의 경우는 잠수함이 모항으로 안전하게 귀항하기 이전에는 종료된 것이 아니라고 되니츠는 주장했다. 상대방 상선의 침몰은 오랫동안 지속되는 격렬한 투쟁에서 최초의 일격에 불과하다는 주장이었다. 레이더와 항공기가 출현하면서 망망대해가 단일 전장이 됐다. 상대방 함정을 공격한 직후 회피 기동하지 않으면 잠수함이 일대 난관에 봉책하거나 봉착할 가능성이 있었다.[17] 전투원인 선원들이 민간인처럼 최고의 대우를 받는 등 함정 근무자들이 육군과 비교해 좋았던 시절이 있었다. 그런데 갑자기 상황이 훨씬 나빠졌다.

여기서도 재차 '군사적 필연성'에 근거한 논거가 제기되고 있다. 그런데 무엇보다도 이것이 위기에 관한 논거란 점을 알 수 있을 것이다. 침몰된 상대방 함정의 승무원을 구조하려면 잠수함 요원들의 생명이 위험해지며, 상대방이 잠수함을 발견해 공격할 가능성이 높아지게 된다고 되니츠는 주장했다. 분명히 말하지만 그의 주장이 항상 옳은 것은 아니다. 북극해에서 파괴된 연합국 호송함의 사례를 거론하며 데이비드 어빙(David Irving)은, 직면하게 될 위험이 높아지지 않은 가운데 독일의 잠수함이 해상으로 부상해 구명보트에 타고 있던 상선의 승무원들에게 도움을 준 몇몇 경우를 설명하고 있다.[18]

> U-456의 지휘관인 타이헤르트(Teichert) 소령이……공격용 어뢰를 발사했다. 소령은 침몰된 상선에서 내린 구명보트들 주변으로 잠수함

17) Doenitz, *Memoirs: Ten Years and Twenty Days*, trans. K. H. Stevens (London, 1959), p. 261.

18) *The Destruction of Convoy PQ 17* (New York, n.d.), p. 157; pp. 145, 192-93.

을 이동시키고는 선장인 스트랜드(Strand)에게 잠수함에 승선하라고 명령했다. 스트랜드는 포로가 됐다. 타이헤르트 소령은 구명보트에 타고 있던 선원들에게 음료수가 충분히 있는지 물었다. 잠수함 장교들이 이들에게 고기 통조림과 빵을 건네주었다. 장교들은 며칠 뒤 구축함이 구조해줄 것이라고 선원들에게 말했다.

당시의 사건은 이 같은 지원을 금지하라는 되니츠의 명령이 하달되기 불과 몇 달 전에 그리고 이 같은 지원이 안전하게 수행될 수 있는 상황에서 있었다. 피호송함인 PQ 17은 자신을 호위하고 있던 호송함들과 분리된 상태에 있었다. 이 같은 의미에서 보면 이는 더 이상 전투 전력이 아니었다. 독일군은 해상뿐만 아니고 공중을 통제하고 있었다. 당시의 전투는 종료된 것이 분명했다. 따라서 '군사적 필연성'을 이유로 도움을 정당하게 거부할 수 없었을 것이다. 유사한 여타 상황에서 이 같은 도움의 거부가 '라코니아 명령' 때문인 것으로 간주될 수 있다면, 되니츠가 전범(戰犯)으로 기소됐을 것으로 생각된다. 그러나 뉘른베르크 법정에서는 이 같은 경우가 제시되지 않았다.

그러나 뉘른베르크 법정은 '군사적 필연성'에 근거한 논거, 즉 상황이 달랐더라면 지원 과정에서 있을 수 있는 위험으로 인해 도움을 정당하게 거부할 수 있었다는 논거를 공개적으로 채택하지 않았다. 그 대신 뉘른베르크 법정의 판사들은 다음과 같은 규칙을 재확인했다. "침몰될 상대방 함정의 선원들을 구조할 수 없는 입장이라면……지휘관은 상선을 침몰시킬 수 없다……." 그러나 이들은 이 법칙을 강요하지 않았으며, 되니츠를 처벌하지도 않았다. 되니츠의 변호사에 의해 증인으로 불려나온 미국 해군의 니미츠(Nimitz) 제독은 "일반적으로 그처럼 함으로써 불필요한 위험 내지는 추가 위험에 노출될 가능성이 있는 경우 미국 잠수함들은 적의 생존자들을 구조하지 않았다"고 판사들에게 말했다. 영국의 정책 또한 유사했다. 이 같은 점을 고려해 판사들은 "잠수함 전쟁에 관한 국제법을 위배했다는 점에 근거해 되니츠를 심판하지는 않는다"[19]고 천명했다. 판사들은 잠수함 전쟁에 관한 국제법이 교전국들의 비공식적인 공모(共謀)에 의해 재작성된 것이라는 피고인 변호사의 주장을 수용하지 않았다. 그러나 이 같은 공모로 인해 잠수함 전쟁에 관한 국제법을 강요할 수 없게 됐다고 또는 적어도 위배한 많은 사람들 중에서 오직 한 사람에게 이 같은 법을 강요할 수 없다고 이들이 느꼈음이 분명하다. 이는 사법적으로 적절한 판단이었다. 그러나 이 같은 판단으로 인해 도덕적인 문제가 남게 됐다.

사실 되니츠뿐만 아니라 미국 등의 연합국에서 되니츠와 대적하고 있던 사람들이 이 같은 정책을 채택하게 된 나름의 이유가 있었다. 이 이유는 전쟁규약의 골격과 대략 유사했다. 더 이상 공격 대상이 아니란 의미에서 보면 부상을 입었거나 무기력해진 전투원들의 경우 생명권을 재차 획득했다. 그러나 전투가 지속되고 있으며 적의 승리가 불확실한 동안 이들은 도움을 받을 자격이 없다. 여기서 중요한 부분은 '군사적 필연성'이 아니고 상선의 승무원을 전투원의 부류로 편입시켰다는 점이다. 지상의 병사들이 자신의 생명을 담보로 적을 도와줄 필요는 없다. 왜냐하면 이들과 이들의 적 모두가 자신들을 '전쟁의 강압성'에 노출시키고 있기 때문이다. 그러나 이 같은 강압성으로부터 안전해지거나 보호돼야 마땅한 일부 사람이 있는데, 이

19) *Nazi Conspiracy and Aggression: Opinion and Judgment*, p. 140.

들은 '라코니아 호 사건'에서 목격된다.

라코니아(Laconia)는 1,800여 명의 이탈리아인 전쟁포로뿐만 아니라 268명의 영국군과 그 가족을 태우고 중동지역을 출발해 영국으로 귀항하고 있던 대형 쾌속선이었다. 당시 연합국은 병력 운송을 목적으로 이 같은 쾌속선을 빈번히 이용하고 있었다. 이 쾌속선에 타고 있던 사람의 신원에 관해 전혀 알지 못했던 독일군 잠수함 지휘관이 아프리카의 서부 해안에서 이 배를 어뢰로 침몰시켰다. 라코니아 호가 침몰됐다는 점뿐만 아니라 해상에 표류하고 있는 사람들의 신원을 알게 된 되니츠는 다수의 잠수함이 참여하는 형태의 일대 구조작업을 지시했다.[20] 이탈리아의 전함들 또한 사고 해역으로 급파됐으며, 이 선박을 침몰시킨 독일군의 잠수함 지휘관이 무선통신을 이용해 영어로 곳곳에 도움을 요청했다. 그러나 해상 상황에 관해 전혀 알고 있지 못했거나 무선통신을 통해 전해들은 사항을 믿을 수 없었던 연합군 조종사들이 구조에 동참하고 있던 독일군 잠수함들을 공격했다. 당시의 혼란은 전시(戰時)에 목격되는 전형적인 형태였다. 즉 양측 모두에서 무지(無知)가 보편화돼 있었는데, 이것이 상대방에 대한 두려움과 의혹으로 인해 대거 증폭됐다.

사실 연합국 항공기들이 독일군 잠수함에 끼친 피해는 크지 않았다. 그러나 이에 대한 되니츠의 반응은 혹독했다. 그는 이탈리아인 포로들만을 구조하라고 독일군 잠수함 지휘관들에게 명령했다. 그는 영국군과 이들의 가족이 망망대해에서 표류하도록 만들었다. 해상에서 표류하고 있던 아녀자들의 비참한 모습과 이 같은 모습의 재현을 요구한 것으로 보이는 되니츠의 명령을 많은 사람들이 잔인무도한

20) Doenitz, *Memoirs*, p. 259.

것으로 생각했는데, 이는 정당했던 듯 보인다. 당시 무제한적인 잠수함 전쟁이 보편화돼 있었다는 점을 고려해도 결론은 마찬가지인 듯 보인다. 왜냐하면 민간인을 중심으로 권리의 반경을 그려 놓고는 민간인의 생명을 구해줄 목적으로 군인들이 일부 위험도 불사해야 하는 것으로 일반적으로 사람들이 생각하고 있기 때문이다. 이는 선량한 사마리아인이 돼야 한다는 또는 되지 않아야 한다는 문제가 아니다. 먼저 민간인의 생명이 위험에 처하도록 만든 것은 군인이다. 따라서 합법적인 형태의 군사작전 도중 이처럼 했다고 할지라도 이들은 자신들이 야기한 피해의 범주를 제한시킨다는 측면에서 나름의 노력을 경주해야 할 것이다. 연합국 항공기들이 독일군 잠수함을 공격하기 이전에 되니츠는 이 같은 입장을 견지했다. 다음에서 보듯이 그는 독일군 최고사령부의 여타 구성원들의 비난에도 불구하고 이 같은 입장을 고수했다. "민간인을 바다에 방치해둘 수 없습니다. 이들을 구조하기 위한 노력을 전개할 것입니다." 이는 친절의 문제가 아니고 의무의 문제다. 이 같은 의무의 관점에서 우리는 되니츠가 내린 '라코니아 명령'을 심판하고 있다. 상대방의 공격(당시의 경우는 연합군 항공기의 공격)으로 인해 비전투원들에 대한 구조가 일시 중단될 수 있다. 그러나 공격 가능성이 있다거나 공격이 재현될 가능성이 있다는 단순한 이유로 공격이 있기도 전에 이 같은 구조 작업을 중지하면 안 된다. 왜냐하면 적어도 어떤 단일 공격(당시의 경우를 보면 잠수함의 공격)으로 인해 이미 무고한 사람들이 죽음의 위험에 처해 있기 때문이다. 이제 이들을 도와줘야 마땅할 것이다.

이중효과

전쟁규약의 두 번째 원칙은 시점과 무관하게 비전투원을 공격할 수 없다는 것이다. 비전투원은 군사적 행위의 대상 내지는 표적이 될 수 없다. 그러나 '라코니아 호 사건'이 암시하고 있는 바처럼 종종 비전투원이 위험에 처할 수 있다. 이는 특정인이 이들을 공격하기로 작심했기 때문이 아니라, 또 다른 사람을 대상으로 수행되고 있는 전투에 인접해 있다는 단순한 이유 때문이다. 이 경우는 전투 중지가 아니고 민간인들이 피해를 입지 않도록 어느 정도 유의해야 할 것이라고 나는 주장했다. 간단히 말해 이는 전쟁의 맥락 안에서 가능한 한 민간인의 권리를 인정해야 함을 의미한다. 그러나 어느 정도 유의해야 할 것인가? 이처럼 유의하는 과정에서 병사들이 어느 정도의 대가를 지불해야 할 것인가? 전쟁규칙의 경우는 이 같은 문제에 관해 전혀 말해주지 않는다. 즉 일반적인 도덕적 관념 내지는 자신이 몸담고 있는 군의 전통을 참조해 현장의 군인들이 이 난해한 결심을 내리도록 하고 있다. 종종 그들 중에 자신이 결심한 사항에 관해 글을 쓰는 사람이 있을 것인데, 이것이 칠흑과 같은 어둠 한가운데에서 불빛처럼 기능할 수 있을 것이다. 다음은 제1차 세계대전 당시, 프랭크 리처드(Frank Richard)의 회고록에 등장하는 사건이다. 이는 사병과 하사관에 의한 얼마 안 되는 기록 중 하나다.21)

> 참호 또는 지하실을 폭파할 때는 먼저 그 안으로 폭탄을 던진 후 주변을 살펴보는 것이 현명한 처사였다. 그러나 몇몇 지하실에 민간

---

21) *Old Soldiers Never Die* (New York, 1966), p. 198.

> 인이 있다는 점으로 인해 이 마을에서 우리는 매우 조심해야 했다. 사람이 있는지 확인하기 위해 우리는 지하실을 향해 소리를 질렀다. 나와 또 다른 사람이 한 지하실을 향해 두 차례 소리를 질렀다. 대답이 없자 우리는 폭탄의 안전핀을 뽑으려 했다. 그 순간 한 여인의 목소리가 들렸다. 젊은 부인이 지하실 계단으로 올라왔다. ……그녀와 그녀의 가족 중 일부가……며칠 동안 지하실을 떠나지 않고 있었다. 이들은 공격이 진행되고 있다고 생각했다. 첫 번째 소리쳤을 때, 이들은 너무나 놀라 답변하지 못했다. 젊은 부인이 외쳐대지 않았더라면, 우리는 아무것도 모른 채 이들 모두를 살해했을 것이다.

확인 차원에서 사전에 소리를 질렀다는 점에서 이 가족을 죽였더라도 병사들에게는 책임이 없었을 것이다. 소리를 질러 확인하지 않은 채 프랑스인 가족을 죽였더라면 살인과 다르지 않다고 리처드는 믿고 있었다. 그러나 소리치는 과정에서 리처드는 어느 정도의 모험을 감수하고 있었다. 왜냐하면 지하실 내부에 독일군 병사가 있었더라면 계단을 슬그머니 기어 올라와 리처드 일행에게 총을 발사했을 것이기 때문이다. 사전 경고 없이 지하실 내부로 폭탄을 투하하는 것이 보다 신중한 처사였을 것이다. 다시 말해 '군사적 필연성'으로 인해 리처드가 이처럼 해도 정당했을 것이다. 나중에 알게 되겠지만 리처드의 경우는 또 다른 이유로 인해 이처럼 행동해도 정당했을 것이다. 그러나 리처드는 확인 차원에서 소리를 질렀다.

이 같은 경우와 관련해 가장 빈번히 거론되는 도덕적 교리는 이중효과(double effect)의 원칙이다. 중세의 가톨릭 궤변가들이 최초 고안해낸 이중효과 교리는 어느 정도 복잡한 개념이다. 이는 도덕적 삶에 관한 우리의 일반적인 사고방식과 긴밀히 연계돼 있다. 나의 경우는 군 및 정치적 논쟁에서 이중효과 교리가 사용되고 있음을 종종 발견하고 있다. 알고서 말하는 것인지 또는 모르고서 말하는 것인지 모르겠지만, 자신들이 계획하고 있는 행위로 인해 비전투원들이 살상될 가능성이 있을 때마다 장교들은 이중효과의 관점에서 말하는 경향이 있다. 가톨릭 작가들 또한 종종 군사적 사례를 거론하고 있다. 이들이 군사적 사례를 거론할 때 의도하고 있는 부분 중 하나는 "적을 겨냥해 발사하는 과정에서 주변의 민간인 살상이 예견될 때"22) 반드시 생각해야 할 부분이 무엇인지를 암시해주겠다는 것이다. 이처럼 전시에는 적을 겨냥해 발사하는 경우 주변의 민간인이 살상될 가능성이 없지 않다. 사막 내지는 바다가 아니라면 주변의 민간인에게 피해를 끼치지 않으면서 군인들이 싸울 수는 없을 것이다. 그러나 특정 민간인을 정당하게 공격할 수 있을 것인지의 여부는 민간인이 전장으로부터 어느 정도 가까운 곳에 위치해 있는지가 아니고 전투에 기여하고 있는 부분이 무엇인지에 따라 달라지는 문제다. 이중효과 교리는 민간인을 절대 공격해서는 안 된다는 경고와 군사적 행위의 합법적인 수행이란 부분이 적절히 조화를 이루도록 하기 위한 나름의 방안이다. 프랭크 리처드의 사례를 보며 나는 이 같은 조화 유지가 매우 쉽다고 주장하고 싶은 심정이다. 그러나 먼저 우리는 이 같은 조화가 강구되는 방식을 정확히 알아야 한다.

여기서의 논거는 다음과 같다. 아래의 네 가지 조건이 충족되면 사악한 결과, 예를 들면, 비전투원의 사살을 야기할 것으로 생각되는 행위를 수행해도 좋다.23)

---

22) Kenneth Dougherty, *General Ethics: An Introduction to the Basic Principles of the Moral Life According to St. Thomas Aquinas* (Peekskill, N.Y., 1959), p. 64.

1) 행위가 본질적으로 훌륭한 형태이거나 적어도 나쁘지는 않다. 이는 추구하는 목적 측면에서 이것이 정당한 전쟁 행위임을 의미한다.

2) 예를 들면, 군의 보급시설 파괴 또는 적군의 사살처럼 행위에 따른 직접 효과가 도덕적으로 수용 가능한 형태다.

3) 행위자의 의도가 바람직한 형태다. 다시 말해 행위자가 수용 가능한 효과만 노리고 있다. 사악한 효과는 그가 추구하는 바가 아니며, 추구하는 부분을 달성하기 위한 수단도 아니다.

4) 행위에 따른 긍정적인 효과가 부정적인 효과를 용인해줄 정도로 훌륭한 형태다. 다시 말해, 시지윅의 비례성의 규칙을 적용하는 경우 행위가 정당성이 있어야 한다.

앞의 논거에서 가장 문제가 되는 것은 세 번째 부분이다. 군인과 주변의 민간인을 살해하는 행위, 즉 긍정적인 효과와 부정적인 효과가 동시에 나타나는 현상은 이 효과가 민간인 살해가 아니고 상대방 군인의 살해를 겨냥하고 있는 단일 의도의 산물인 경우에만 변호될 수 있다. 앞의 논거에서는 전시(戰時) 정확한 겨냥이 매우 중요하다는 것을 암시하고 있다. 앞의 논거에서는 겨냥할 수 있는 표적들을 제한하고 있는데, 이는 올바른 것이다. 그러나 의도하지 않은 반면 예견되는 살상에 관해 고민해야 한다고 생각된다. 왜냐하면 살상되는 사람의 숫자가 매우 많을 수 있으며, 오직 미약한 수준의 비례성의 규칙의 규제를 받으면서, 이중효과 교리가 살상 행위를 무조건적

---

23) Dougherty, pp. 65-66; cf. John C. Ford, S. J. “The Morality of Obliteration Bombing” in *War and Morality*, ed. Richard Wasserstrom (Belmont, California, 1970).

으로 정당화해주고 있기 때문이다. 이 같은 이유로 인해 이중효과의 원칙이 분노 내지는 냉소를 자아내고 있다. 민간인의 죽음이 특정 행위에 따른 직접 효과 내지는 간접 효과란 점에 무슨 차이가 있는가? 사망한 민간인들의 입장에서 보면 이는 전혀 의미가 없다. 무고한 사람들을 그처럼 많이 죽일 가능성이 있음을 알고 있는 상태에서 일을 추진한다면 어떻게 비난받지 않을 수 있겠는가?[24)]

이 같은 질문을 보다 구체적인 방식으로 제기할 수 있을 것이다. 사전 경고하지 않은 채 지하실 내부로 폭탄을 투하한 경우 프랭크 리처드의 행위는 비난받을 수 없는 형태인가? 이중효과의 원칙으로 인해 그처럼 해도 별다른 문제는 없었을 것이다. 리처드가 합법적인 군사 활동을 수행하고 있었다고 말할 수 있을 것이다. 왜냐하면 많은 지하 건물을 적군(敵軍)이 사용하고 있었기 때문이다. "사전 경고하지 않은 가운데에서의 폭탄 투하"를 자신의 정책으로 삼았다면 리처드는 자신이 살해되거나 부상당할 가능성을 줄이고, 마을을 보다 신속히 점령할 수 있었을 것이다. 그런데 이것들은 긍정적인 효과다. 더욱이 그가 의도했던 바는 적군의 살상뿐일 것이다. 민간인의 죽음은 리처드가 추구하는 바에 전혀 도움이 되지 않았을 것이다. 어느 정도 기간이 지나면 비례성의 원칙이 바람직한 방향으로 또는 적어도 바람직하지 않은 방향이 아닌 형태로 기능했을 것이다. 그 과정에서의 일부 해악은 해당 행위가 승리에 기여한 부분으로 인해 상쇄된 것으로 가정할 수 있을 것이다. 그러나 사전 경고 차원에서 소리

---

24) 무고한 사람의 살해가 직접 또는 간접적인 성격인지가 별다른 의미가 없다는 점에 관한 철학적 논거를 보려면 다음을 참조하라. Jonathan Bennett, "Whatever the Consequences," *Ethics*, ed. Judith Jarvis Thomson and Gerald Dworkin (New York, 1968).

를 질렀을 때, 리처드는 분명히 말해 올바로 행동하고 있었다. 그는 도덕적인 사람이라면 마땅히 했어야 할 방식으로 행동하고 있었다. 리처드의 경우는 자신의 의무 이상의 일을 수행했다는 의미에서의 영웅적인 사례가 아니고 간단히 말해 올바로 싸운 경우다. 우리가 군인들에게 기대하고 있는 부분은 바로 이것이다. 이 같은 우리의 기대를 보다 정확히 언급하기 이전에 훨씬 복잡한 전투 상황에서 이것이 기능하는 방식을 살펴보자.

한국전쟁에서의 폭격

여기서는 미군이 한국전쟁을 수행한 방식에 관한 영국 기자의 설명을 중심으로 논리를 전개하고자 한다. 이 설명이 전적으로 옳은 것인지는 알 수 없다. 그러나 나는 이 설명의 역사적 정확성보다는 설명으로 인해 제기되고 있는 도덕적 사안에 보다 관심이 있다. 사건은 평양으로 가는 길목에서 전형적으로 목격되던 형태의 것이다. 미군 1개 대대가 전혀 저항 받지 않은 가운데 산등성이 아래로 서서히 내려가고 있었다. "우리는 아래로 내려갈수록 폭이 넓어지다가 도로와 마주치는 형태의 계곡의 중간 부분에 진입하고 있었다. 그때 자동화기의 거친 연속음이 들려왔다."[25] 부대는 진군을 멈추고는 은폐물을 찾기 위해 덤불에 몸을 숨겼다. 세 대의 탱크가 모습을 드러내, "북한군이 있는 언덕을 향해……포탄을 작열시키고, 기관총을 발사했다, 이처럼 소음이 진동하는 상황에서는 적의 탐지 내지는 적 화력의 판단이 거의 불가능했다." 15분도 지나지 않아 몇몇 전투기

---

25) Reginald Thompson, *Cry Korea* (London, 1951), pp. 54, 142-43.

들이 도착해 "언덕을 향해 로켓을 발사했다." 이는 "조심스럽게 진군하고, 적의 소화기에 직면하는 경우 진군을 잠시 중지하며, 근접항공지원과 대포 사격이 있은 후, 조심스럽게 재차 진군하는 등 엄청날 정도의 산업 능력과 물자에 의존하는 새로운 유형의 전법"이라고 영국의 언론인은 기술하고 있다. 이 같은 전법은 병사들의 생명을 구할 목적의 것이다. 이 같은 전법이 이 같은 효과를 낼 수도 있지만 그렇지 않을 수도 있을 것이다. "이 같은 전법으로 인해 아녀자를 포함한 민간인들이 대거 살상되고 있으며, 이들이 소유하고 있는 모든 것이 파괴되고 있음이 분명하다."

기존의 방식만을 고집하는 등의 고루한 자세를 견지하고 있지 않으며 제대로 훈련받은 병사들만이 할 수 있는 일이지만, 또 다른 전투 방식이 있을 것이다. 적의 진지(陣地)를 우회할 목적의 순찰대를 전방에 파견할 수도 있을 것이다. 당시는 탱크와 항공기 또한 북한군의 기관총 사수들을 명중시키지 못했기 때문에 상황이 이 같은 방식으로 진행됐다. 당시와 마찬가지로 상황이 종종 이 같은 방식으로 진행되고 있다. "1시간 이상 지난 후 마침내……베이커(Baker) 중대 소속의 1개 소대가 능선 바로 아래에 있던 덤불을 통해 길을 내기 시작했다." 그러나 이들은 먼저 폭격에 의존했다. "적의 사격이 있을 때마다 미군이 엄청난 화력으로 반격했다." 당시의 폭격은 이중효과가 있었다. 즉 폭격으로 인해 적군이 사살됐을 뿐만 아니라 인근에 있던 민간인이 사망했다. 항공기와 대포 지원을 요청한 장교는 민간인들을 죽일 의도가 없었다. 장교는 휘하 부하들을 배려해 이처럼 중무장 화력을 요청했다. 이는 정당한 배려다. 왜냐하면 전시 부하의 생명을 귀중히 여기지 않는 장교의 지휘를 받고 싶은 병사는 없기 때문이다. 그러나 장교는 또한 민간인의 생명을 귀중히 여겨야 하는데, 사병들 또한 그래야 할 것이다. 무고한 민간인을 학살하는 사병들은 법에 의해 처벌받게 된다. 이 같은 점에서 장교는 민간인을 학살한 사병들을 구해줄 수 없다. 이는 군인들이 무고한 양민을 많이 죽일 수 없다는 의미만은 아니다. 상황에 따라서 또는 특정 기간 동안에는 비례성의 규칙에 전혀 위배되지 않음에도 불구하고 항공기 및 탱크와 같은 중무장 화력을 동원하기 이전에 순찰대를 파견하고, 그에 따른 모험을 감수해야 한다는 의미다. 순찰 목적으로 파견되는 병사들의 경우 자신들이 순찰을 원치 않는다고 주장할 수 있을 것이다. 그럼에도 불구하고 이들은 군인이다. 전쟁과 관련된 권리와 더불어 군인에게는 나름의 책임이 있다. 그 중 첫 번째 책임은 민간인의 권리를 돌봐야 한다는 점, 보다 정확히 말하면 군인들로 인해 위험에 처한 민간인들의 권리를 돌봐줘야 한다는 점이다.

이제 이중효과의 원칙을 수정할 필요가 있다. 나는 다음과 같은 '이중 의도'의 산물인 경우에만 이중효과를 변호할 수 있다는 논거를 전개하고자 한다. 첫째, 원래 의도했던 긍정적인 효과를 달성하고 둘째, 예견되는 부정적인 효과를 최대한 줄인다. 따라서 앞에서 언급한 네 조건에서 세 번째 조건은 다음과 같이 수정될 수 있을 것이다.

> 3) 행위자의 의도가 바람직한 형태다. 다시 말해 행위자가 수용 가능한 효과를 정확히 겨냥하고 있다. 행위에 따른 부정적인 효과는 그가 추구하는 목표가 아니며, 그것을 달성하기 위한 수단도 아니다. 행위 도중 있을 수 있는 부정적인 효과를 인지해 줄이고자 노력하고 있으며, 그 과정에서 요구되는 대가를 자신이 지불하고자 하고 있다.

단순히 민간인 살상을 의도하지만 않으면 된다면, 이는 매우 쉬운 일이다. 전투 상황에서는 군인들의 의도가 거의 전적으로 적군에 초점이 맞춰져 있다. 이 같은 상황에서 우리가 바라고 있는 부분이 있는데, 이는 민간인의 생명을 구하겠다는 어느 정도 적극적인 자세다. 비례성의 규칙에 근거해 '군사적 필연성' 측면에서 요구되는 수준 이하의 민간인을 사살하는 것만으로는 충분치 않다. 이는 병사들의 경우도 마찬가지다. 사소한 목적으로 어느 누구도 죽일 수 없다. 민간인은 무언가 추가 권리가 있다. 민간인의 생명을 구하는 과정에서 군인의 생명이 위기에 처할 가능성이 있다면 군인은 이 같은 위기를 감수해야 한다. 그러나 군인들에게 요구할 수 있는 모험(위기)의 정도에도 한계가 있다. 결국 우리의 요구로 인해 군인들이 감수해야 할 모험은 의도하지 않은 살상과 합법적인 군사작전에 관한 것이다. 민간인을 절대 공격할 수 없다는 규칙은 적용될 수 없다. 전쟁으로 인해 민간인들이 위험에 처할 수 있다. 이는 전쟁이 지옥임을 보여주는 또 다른 측면이다. 우리는 민간인들에게 강요하는 위험의 정도를 줄이라고 군인들에게 요구할 수 있을 뿐이다.

이들이 어느 정도까지 이 같은 위험을 줄여야 할 것인지는 말하기 곤란하다. 이 같은 이유에서 보면, 이 문제와 관련해 민간인들이 나름의 권리가 있다고 주장하는 것이 이상해 보일 수도 있을 것이다. 이것이 의미하는 바는 무엇인가? 민간인들이 공격받지 않을 권리가 있을 뿐만 아니라 1/3의 사망 확률을 강요하면 불법인 반면 1/10의 사망 확률을 강요하면 정당하다고 말할 수 있을 정도로 위기에 처해 있지 않을 권리가 있는가? 허용 가능한 위기의 정도는 표적의 성격, 사안의 긴박성 정도, 가용한 과학기술 등에 따라 달라지는 문제다. 민간인들과 관련해 말하면, 어느 정도 유의해 달라고 요구할 권리가 민간인들에게 있다고 말함이 최상일 것으로 생각된다.[26][27] 이는 국가 내부의 경우와 동일하다. 예를 들면, 내가 소유하고 있는 도로의 지하에 부설돼 있는 가스 배관과 관련해 가스회사가 일하고 있는 경우, 나는 일꾼들이 안전 기준을 엄격히 준수해 일해야 한다고 요구할 권리가 있다. 그러나 이웃 도로에서 즉각 폭발 가능성이 있다는 점으로 인해 배관 공사가 긴급히 요구되는 경우는 이 같은 기준을 완화해도 나의 권리가 저촉되지 않을 수도 있을 것이다. 국가 내부에서 우리에게 친숙해져 있는 기준이 전시 항상 완화된다는 점을 제외하면, '군사적 필연성'은 민간의 위기상황과 동일한 방식으로 기능한다. 그러나 이는 전혀 기준이 없다거나 문제가 되는 권리가 없다는 의미가 아니다. 2차 효과가 발생할 가능성이 있을 때마다 도덕적 측면에서 두 번째 의도가 요구된다. 추가적으로 두 개의 전시(戰時) 사례를 고려해보면 이 같은 두 번째 의도의 한계를 어느 정도 정의할 수 있을 것으로 생각된다.

점령지 프랑스 지역의 폭격과 베모르크 공습

제2차 세계대전 당시 '망명 프랑스 정부(Free French)' 소속의 항공

---

26) Charles Fried, "Imposing Risks on Others," *An Anatomy of Values: Problems of Personal and Social Choice* (Cambridge, Mass., 1970).

27) '적당한 조심(Due care)'를 판단하는 과정에서는 상대적 가치 및 긴박성 등을 계산할 필요가 있다. 따라서 공리주의자들의 논거와 권리의 논거가 전적으로 다른 것은 아니라고 말해야 할 것이다. 그럼에도 불구하고, 비례성의 원칙이 요구하는 계산과 '적당한 조심'이 요구하는 계산은 다르다. 가능한 최상의 조심이란 기준을 적용한 경우에서조차 민간인 손실이 공격하고자 하는 표적의 가치와 아직도 비례적이지 않을 가능성이 있다. 이 경우 공격을 취소해야 할 것이다. 공격하는 사람이 최소의 위험을 감수하며 수행하는 경우에서조차 공격에 따른 손실이 표적의 가치와 비례적이라고 군사 계획가들이 종종 판단할 수 있을 것이다. 이 경우는 추가적으로 '적당한 조심'이 요구된다.

기들이 독일군이 점령하고 있던 프랑스 지역의 군사적 표적들을 공습했다. 마지못해 독일의 전쟁 노력을 지원하고 있던 프랑스 시민들이 이들의 폭격으로 인해 사망했는데, 이는 필연적인 현상이었다. 마찬가지로, 공격받고 있던 공장 주변에서 살고 있던 프랑스인들도 사망했는데, 이것도 필연적인 현상이었다. 프랑스 조종사들의 입장에서 보면, 이는 매우 괴로운 사실이었다. 조종사들은 공습을 포기하거나 여타 사람들이 대신 하도록 한 것이 아니고 스스로 보다 많은 위기를 감수하는 방식으로 이 문제를 해결했다. "프랑스를 폭격함으로써 지속적으로 제기되는 이 문제로 인해 우리는 정밀폭격에 보다 전념했습니다. 다시 말해, 매우 저고도로 비행했습니다. 이는 보다 위험이 따르는 일이었습니다. 그러나 저고도 비행으로 인해 폭격의 정밀도가 보다 높아졌습니다……"[28]고 독일의 감옥에서 탈출한 이후 '망명 프랑스 정부' 소속의 항공 분야에서 일했던 피에르 멘데 프랑스(Pierre Mendes-France)는 말하고 있다. 물론 폭탄을 소지하고 있던 몇몇 빨치산 내지는 특공대들이 동일한 공장을 공격할 수도 있었을 것이다. 아마도 이들이 공격했어야 마땅했을 것이다. 이들은 단순히 보다 정확한 수준이 아니고 완벽히 겨냥해 공격할 수 있었을 것이다. 결과적으로 공장에서 일하고 있던 사람을 제외한 어떠한 민간인도 위험에 처하지 않았을 것이다. 그러나 이 같은 기습은 극도로 위험하며, 성공 가능성, 특히 반복해 성공할 가능성이 매우 희박했을 것이다. 이 같은 종류의 위기는 '망명 프랑스 정부'가 기대하고 있던 수준 이상의 것이었다. 그러면 위기의 한계는 위기의 수준을 조금 더 높이는 경우 거의 확실히 군사적 과업이 재앙을 맞게 되거나 반

28) Quoted from the published text of Marcel Ophuls' documentary film, *The Sorrow and the Pity* (New York, 1972), p. 131.

복이 불가능해질 정도로 위기에 따른 대가가 높아지는 상황이 된다.

분명히 말하지만 군사적 판단과 관련해서는 편차가 없지 않다. 나름의 이유로 인해 전략가와 기획가들의 경우는 군인들의 목숨의 중요성과 공격하게 될 표적의 중요성을 비교 평가하게 된다. 그러나 문제의 표적이 매우 중요한 의미가 있으며, 위협받고 있는 양민의 숫자가 상대적으로 적은 경우에서조차 이들은 민간인을 죽이기 이전에 군인들이 위기를 감수하게 해야 한다. 예를 들면, 항공기를 이용한 공격이 아니고 특수부대를 이용한 기습이 감행됐던 제2차 세계대전 당시의 사례를 생각해보자. 1943년 영국의 '특수작전 부서(S.O.E. : Special Operations Executive)'를 위해 일하고 있던 노르웨이의 특수부대 요원들이 독일군 점령 하의 노르웨이의 베모르크(Vemork)에 있는 중수로 공장을 파괴했다. 독일의 과학자들이 추진하고 있던 핵폭탄 개발을 지연시키려면 중수로 생산을 중지시키는 일이 중요한 의미가 있었다. 공중 또는 지상에서 이 같은 노력을 전개할 것인지의 문제를 놓고 영국과 노르웨이의 관리들이 논쟁을 벌였다. 민간인 살상 가능성이 낮을 것이란 이유로 지상에서 공격하는 방안이 채택됐다.[29] 그러나 특수부대원들의 입장에서 보면 이는 매우 위험한 일이었다. 첫 번째 시도가 실패로 끝나면서 34명의 특수부대 요원이 사살됐다. 훨씬 적은 규모의 특수부대 요원들에 의한 두 번째 시도는 사상자가 전혀 없는 가운데 성공을 거두었다. 이것을 보며 작전에 참여했던 특수부대 요원들뿐만 아니라 당시의 공격에 관여 했던 모든 사람이 크게 놀랐다. 반복할 필요가 없는 단일 작전의 경우 이 같은 위기는 감수할 만하다고 생각됐다. 다수의 독립적인 사건들로 구성돼 있는 전투가 일정 기

29) Thomas Gallagher, *Assault in Norway* (New York, 1975), pp. 19-20, 50.

간 동안 지속되는 경우 개개 사건과 관련해 이 같은 인명 손실은 불가능할 것이다.

베모르크에서 중수로 생산이 재개됐으며 경계(警戒)가 획기적으로 강화된 제2차 세계대전 후반에는 미군 항공기들이 중수로 생산 공장을 폭격했다. 당시의 폭격은 성공적이었다. 그러나 폭격으로 인해 22명의 노르웨이 민간인이 사망했다. 이 순간 항공력을 이용한 공격을 정당화해주는 형태로 이중효과가 기능하고 있는 듯 보인다. 처음부터 항공력으로 공격했더라면 보다 신속히 성공을 거두었을 수도 있었을 것이다. 중수로 공격이란 군사적 목표의 중요성과 실제 발생한 인명 피해(사전에 예측 가능했다고 가정해보자)를 놓고 보면 처음부터 항공력을 이용한 공습이 정당화됐을 것이다. 그러나 민간인의 인명을 소중히 여기고 있었다는 점으로 인해 연합국은 항공력을 이용한 폭격을 감행할 수 없었다.

이제 프랑스 민간인의 생명 내지는 노르웨이 민간인의 생명뿐만 아니라 독일 민간인의 생명에 동일한 의미가 부여되고 있다. 자국 국민 또는 동맹국 국민들의 생명을 존중하고 그 과정에서 어느 정도 대가를 감수해야만 할 정서적 이유뿐만 아니라 도덕적 측면의 이유가 있다. 여기서 거론되고 있는 두 사례는 독일군이 점령한 영토에 대한 공격의 경우인데, 이는 우연이 아니다. 군인들은 군에 입대하게 된 목적과 관련이 있을 뿐만 아니라 자신의 정치적 충성과 관련이 있는 자국 국민들에게 직접 책임이 있다. 그러나 권리의 구조는 정치적 충성과는 별개의 것이다. 권리의 구조로 인해 우리는 단순히 자국 국민이 아니고 인간 자체 그리고 특정의 인간들에 책임이 있게 된다. 전투를 수행하지 않았으며, 군인들에게 전투 수단을 제공해주는 일에 종사하고 있지 않던 독일 국민들의 권리는 프랑스 국민들의 권리와 전혀 다르지 않았다. 이들의 전쟁에 관해 우리가 생각하고 있는 바와 무관하게, 이는 전시 독일 군인들의 권리가 프랑스 군인들의 권리와 다르지 않은 바와 동일한 현상이다.

그러나 독일군이 점령하고 있던 프랑스 또는 노르웨이의 사례는 또 다른 측면에서 복잡한 경우다. '망명 프랑스 정부'의 조종사들이 고고도에서 비행해 자신이 느끼는 위기감을 줄였다고 할지라도 추가적으로 있게 될 민간인 사망과 관련해 이들에게만 책임을 물을 수는 없을 것이다. 이들의 경우 독일과 책임을 공유해야 할 것인데, 부분적으로 이는 독일이 프랑스를 공격해 점령했기 때문이다. 뿐만 아니라 자국의 전략 목표를 위해 프랑스 경제를 동원함으로써 프랑스 노동자들이 독일의 전쟁 기구를 지원하도록 만든 결과로 인해 프랑스의 공장이 군사적으로 합법적인 표적이 됐으며, 이 공장 주변의 민간인 주거 지역이 위험해졌기 때문이다. 우리의 입장에서 보면 이는 훨씬 중요한 부분이다. 직접 효과와 간접 효과의 문제가 강압의 문제로 인해 복잡해지고 있다. 의도하지 않은 가운데 민간인들을 살상한 행위를 심판할 때, 먼저 우리는 이 민간인들이 전투 지역에 오게 된 배경에 관해 알 필요가 있다. 이는 누가 이들을 위기로 몰아넣었으며, 이들을 구원할 목적으로 어떠한 적극적인 노력이 있었는지를 질문해보기 위한 또 다른 방법일 것이다. 그러나 이것으로 인해 내가 아직 거론하지 않은 사안인 반면, 훨씬 역사가 깊은 전쟁을 살펴볼 때 가장 극적으로 확인될 수 있는 사안이 제기되고 있다.

❙제10장❙

민간인에 대항한 전투행위 : 포위공격과 봉쇄

포위공격은 가장 오래된 유형의 총력전이다. 이것의 역사가 오래됐다는 점에서 우리는 과학기술의 진전도, 민주주의 혁명도 전쟁의 참상이 교전국의 주민들에게까지 미치도록 하는 주요 요인이 아니란 점을 알게 된다. 상대방 군인을 공격할 목적에서 오늘날만큼이나 고대시대에도 군인과 더불어 민간인들을 공격했다. 군인들이 소위 말하는 민간인 은신처를 찾거나 흉벽(胸壁) 뒤에서 또는 도시의 건물 내부에서 싸우고자 하는 경우 이 같은 공격이 있을 수 있다. 또는 위협받고 있는 도시의 주민들이 즉각 도움을 받을 수 있도록 주변에 부대의 주둔을 허용하는 경우 이 같은 공격이 있을 가능성이 높다. 이 경우는 담 내부의 좁은 공간에 갇혀 있다는 점에서 군인과 민간인 모두가 동일한 위기에 노출된다. 지근의 거리에 위치해 있다는 점과 숫자가 많지 않다는 점으로 인해 민간인과 군인이 동일한 수준으로 공격에 취약해지고 있다. 혹은 이들이 동일한 수준으로 취약해지지 않을 수도 있다. 즉 이 같은 전쟁에서는 전투가 시작되면 비전투원의 사망 가능성이 보다 높다. 군인들이 제대로 보호돼 있는 진지(陣地)에서 전투를 수행하고 있는 반면, 민간인들은 곧바로 식충(食蟲 : Useless Mouth)이 된다. 군인들이 먹다 남은 것을 먹는 사람인 민간인들이 먼저 죽게 된다. 제2차 세계대전의 경우를 보면 함부르크, 드레스덴, 도쿄, 히로시마 및 나고야에서 죽은 민간인 모두를 합쳐도 독일군에 의한 레닌그라드 포위공격으로 인해 죽은 민간인의 숫자에 미치지 못한다. 독일군에 의한 레닌그라드 포위공격으로 인해 사망한 민간인들은 훨씬 비참한 방식으로 죽었을 것이다. 예를 들면, 로마의 예루살렘 포위공격에 관해 요세푸스(Josephus)가 기술한 비참한 역사를 읽은 사람은 누구나 20세기의 포위공격에 관해 기술한 일기(日記)와 전기(傳記)가 피부에 와 닿을 것이다. 또한 요세푸스가 제기하고 있는 도덕적인 문제는 20세기의 전쟁에 관해 숙고해본 사람 모두에게 친숙한 형태다.

강압과 책임

예루살렘 포위공격(서기 72년)

집단 아사는 비운(悲運)이다. 부모와 어린이, 친구와 연인 모두가 상대방이 사망하는 모습을 지켜봐야 한다. 죽기 전에 신체 및 정신적으로 파괴되는 등 죽음이 놀라울 정도로 오랫동안 서서히 진행된다. 지구의 종말에 관한 것인 듯 보이지만 요세푸스가 기술하고 있는 다음의 글은 로마가 포위공격을 시도할 당시, 즉 비교적 오래 전에 있었던 일에 관한 것이다.[1)]

도시 안팎을 왕래할 자유가 규제받게 되면서 유대인들은 자신의 안전에 관한 모든 희망을 잃었다. 점차 고조된 기근으로 인해 모든 가족이 거의 가진 것이 없었다. 집집마다 사망한 아녀자로 가득 차 있었다. 도로와 도로는 죽인 노인들의 시체로 넘쳐났다. 죽은 사람처럼 몸이 퉁퉁 부어오른 젊은 남자들이 시장거리를 걷다가 아무데서나 털썩 쓰러져 죽었다. 죽은 사람의 시체가 너무나 많다 보니 살아있는 사람들은 이들을 땅에 묻을 수 없었다. 뿐만 아니라 다가올 운명에 관해 확신할 수 없었다는 점으로 인해 이들은 시체 매장에 신경 쓰지 못했다. 한편 시체를 매장하고자 노력하던 많은 사람들이 시체 위에 쓰러져 죽었다. ……살아있는 많은 사람들이 이들의 무덤에 가서 죽었다. 이 같은 일대 재앙에도 불구하고 슬픔의 울음소리도, 탄식도 들리지 않았다. 왜냐하면 기근으로 인해 모든 감정이 사라졌기 때문이다. 사망했다는 점으로 인해 자신들보다 먼저 안식(安息)을 취한 사람들을, 눈물 한 방울 흘리지 않으며 생존자들이 물끄러미 쳐다보았다. 도시에는 정적(靜寂)이 감돌았다…….

이는 자신이 직접 목격한 내용을 기술한 것이 아니다. 이 같은 상황이 진행될 당시 요세푸스는 로마군과 함께 예루살렘 성(城) 밖에 있었다. 또 다른 작가들에 따르면 이는 포위공격에서 마지막까지 살아남은 여성, 사망 직전의 혼수상태에 곧바로 빠질 젊은 남성이 기술했다고 한다.[2] 그러나 이는 매우 정확한 기술이다. 즉 포위공격에

1) *The Works of Joesphus*, trans. Tho. Lodge (London 1620): *The Wars of the Jews*, Bk. VI, ch. XIV, p. 721.

2) Elena Skrjabina, *Siege and Survival: The Odyssey of a Leningrader* (Carbon-

따른 결과는 이와 같다. 더욱이 이는 포위공격을 통해 공격자(攻擊者)가 의도하는 바다. 도시를 포위해 식량이 제대로 공급되지 못하도록 하면 요세푸스가 기술하고 있는 바와 달리 병사들이 길거리에서 쓰러져 죽기 전에 요새가 무너져 내릴 것으로 공격자들은 기대하고 있다. 도시의 평범한 주민들의 죽음으로 인해 민간의 지도자 내지는 군의 지도자들이 항복하지 않을 수 없을 것으로 이들은 기대하고 있다. 여기서 공격자가 추구하는 바는 상대방의 항복이며, 그 수단은 적군의 격파가 아니고 사망한 민간인의 처참한 모습이다.

그러나 이중효과의 원칙이 여기서 정당성을 제공해주지 못하고 있다. 이것은 의도적인 죽음, 즉 의도된 형태의 죽음이다. 그러나 전쟁규칙에서는 포위공격 전쟁을 배제하지 않고 있다. "아사(餓死)의 방식으로 도시를 항복시키고자 하는 노력의 정당성에 의문을 제기하지 않고 있다."[3] 민간인의 죽음을 겨냥하면 안 된다는 일반적인 규칙이 있다면 포위공격은 예외적인 경우다. 도덕적으로 허용된다면 포위공격 전쟁은 이 같은 규칙 자체가 전혀 의미가 없도록 만드는 예외적인 경우로 보인다. 왜 이처럼 됐는지 이유를 살펴봐야 할 것이다. 민간인들을 옴짝달싹하지 못하도록 포위된 도시란 '죽음의 함정'에 가두어 두는 행위를 사람들이 올바른 경우로 생각하게 된 것은 무슨 이유 때문인가?

여기에 대한 가장 분명한 답변은 도시 점령이 종종 군사적으로 중요한 목표란 점이다. 예를 들면, 도시국가 시대에는 이것이 궁극적으로 추구해야 할 목표였다. 한편 정면 공격이 실패로 끝나는 경우 포

---

ville, Ill., 1971).

3) Charles Chaney Hyde, *International Law* (2nd rev. ed., Boston, 1945), III, 1802.

위공격은 승리를 목적으로 강구할 수 있던 유일한 수단이었다. 그러나 포위공격이 정당한 것으로 생각되기 이전에 정면공격이 실패로 끝날 필요는 없다. 상대방을 포위하고 있는 군의 입장에서 보면 공격보다는 가만히 앉아서 기다리는 행위가 훨씬 비용이 적게 든다. 이미 살펴본 바처럼 이 같은 계산은 '군사적 필연성'의 원칙에 의해 용인된다. 그러나 이 논거는 포위공격 전쟁을 옹호해주는 가장 흥미로운 형태는 아니다. 이는 지휘관들이 자신의 양심을 달랠 목적으로 의존하는 형태의 논거도 아니다. 다음의 글에서 요세푸스는 그렇지 않음을 보여주고 있다. 그처럼 많은 이스라엘인이 죽었다는 사실을 티투스(Titus)가 애도했다고 요세푸스는 말하고 있다. "티투스는 양손을 하늘을 향해 올리고는……이것이 자신이 한 일이 아니란 점을 증언해 달라고 하느님께 기도했다."[4] 그러면 이는 누구의 소행이었는가?

티투스에 따르면 책임이 있는 오직 두 부류의 인물이 있는데, 조건부 항복을 거부하고는 주민들에게 싸움을 강요한 예루살렘의 정치 지도자 내지는 군사 지도자들, 또는 이 같은 항복의 거부를 묵인해주고는 위험을 무릅쓰고 전쟁에 동의한 주민들 자신이 바로 그들이다. 티투스는 암시적으로 그리고 요세푸스는 구체적으로 이들 중 첫 번째 부류가 책임이 있다고 말하고 있다. 몇몇 광적인 인물들이 예루살렘을 점령하고는, 항복을 원했던 중도적 성격의 대부분의 유대인들에게 전쟁을 강요했다고 이들은 주장하고 있다. 이 같은 관점에는 어느 정도 진실이 있을 것이다. 그러나 이는 만족스런 논거는 아니다. 이 같은 논거로 인해 티투스가 나름의 계획과 목적이 없는 상태에서 여타 사람들(방어자)의 완고함에 의해 발동이 걸린 비정한 파

4) *The Works*, p. 722.

괴의 대행자로 전락하고 있다. 또한 이 같은 논거는 항복하지 않는 도시(국가는 왜 아닌가?)가 총력전의 대상이 되는 것이 정당하다고 암시하고 있다. 이들 중 어느 것도 그럴듯한 논거가 아니다. 그러나 이 모든 논거를 거부하는 경우에서조차 포위공격 전쟁에서의 민간인 사망에 따른 책임의 규명은 복잡한 문제다. 전쟁법에서 포위공격의 독특한 위상을 정당화시켜주지는 못하지만 책임의 규명이란 복잡한 문제가 이 같은 위상을 설명하는 과정에서 도움이 되고 있다. 또한 이 같은 복잡한 문제로 인해 우리는 이중효과의 원칙이 위력을 발휘하기 이전에 답변해야 할 도덕적인 문제들이 있음을 알게 된다. 자신들이 살해되고 있던 전장 부근에 민간인이 어떻게 올 수 있었는가? 이들이 그곳에 오게 된 것은 의도적이었는가 아니면 우연인가? 이들이 원해서 그곳에 있었는가? 아니면 이들이 강압에 못 이겨 전쟁과 죽음을 맞봐야 했던가?

패배해 도시 내부로 후퇴한 군이 자국 국민들의 의지와 무관하게 도시를 방어하고자 할 수 있을 것이다. 또는 멀리 떨어져 있는 지휘관의 전략적 이익을 지원하고 있는 원정 수비대가 도시를 방어할 수 있을 것이다. 또는 군사 및 정치적으로 막강한 일부 소수 세력이 그처럼 할 수 있을 것이다. 만약 이들이 유능한 궤변가라면 이들 집단의 리더는 다음과 같이 추론할 수도 있을 것이다. “여타 장소가 아니고 우리가 이곳에서 싸우기로 결심했다는 점으로 인해 시민들이 죽게 될 것이다. 그러나 우리가 이들을 죽이고 있는 것은 아니다. 이들의 죽음은 결코 우리에게 도움이 되지 않을 것이다. 이들의 죽음은 우리가 추구하는 목표가 아니며, 목표의 일부도 아니다. 또한 목표 달성을 위한 수단도 아니다. 식량을 모아 분배해주는 방식으로 민간인의 생명을 구할 목적으로 할 수 있는 모든 것을 할 것이다.

그럼에도 불구하고 사망하는 사람은 우리의 책임이 아니다." 분명히 말하지만 이중효과의 원칙에 따르면 이 리더들을 비난할 수 없을 것이다. 그럼에도 불구하고 도시의 주민들이 도시 방어에 반대하고 있는 한 이들은 비난받을 수 있다. 중세사(中世史)를 보면 이 같은 사례가 매우 많다. 예를 들면, 시민들이 항복을 열망하고 있는 반면 귀족 출신의 전사(戰士)들이 전투 지속을 다짐하고 있다.[5] 분명히 말하지만, 이 경우는 민간인의 죽음과 관련해 귀족 출신의 전사들이 어느 정도 책임이 있다. 도시를 포위하고 있는 적군이 도시 밖에서 압박을 가하고 있다면 이 전사들은 도시 내부에서 압박을 가하고 있으며, 주민들은 이들 사이에서 오도 가도 못하는 신세일 것이다. 고대시대와 달리 오늘날 이는 드믄 경우다. 정치적 통합과 시민 교육으로 인해 어느 누군가 도시를 방어해줄 것으로 주민들이 기대하고, 물질적으로는 항상 그런 것은 아니지만 정신적으로 포위공격의 부담을 감내할 준비가 돼 있는 도시들이 많아졌다. 도시 방어 요원들이 도시 방어에 따른 결과로부터 자유로워지려면 주민의 동의가 있어야 한다. 오지 동의만이 그처럼 할 수 있다.

공격자의 경우는 어떠한가? 공격자가 조건부 항복을 제안하고 있다고 가정해보자. 간단히 말해 조건부 항복은 항복한 적에게 베푸는 집단 차원의 자비(慈悲)이며, 이 같은 자비는 항상 있어야 할 것이다. 그러나 항복을 거부하게 되면 군사적으로 강구할 수 있는 두 가지 방안이 있다. 첫째, 도시의 요새를 폭격하고는 도시 내부로 진격해 들어갈 수 있다. 분명히 말하지만 그 과정에서 민간인이 사망하게 될 것이다. 그러나 민간인의 사망과 관련해 자신들은 책임이 없다

5) 이러한 경우에서의 귀족적 의무에 대한 설명으로는 다음을 보라. M. H. Keen, *The Laws of War in the Late Middle Ages* (London, 1965), p. 128.

고 공격자들이 정당하게 말할 수 있을 것이다. 이들이 죽인 것은 사실이지만 이 죽음은 중요한 의미에서 이들 때문이 아니다. 항복을 거부했다는 점으로 인해 방어자가 전쟁의 모험을 수용했다고 생각된다. 이 같은 점으로 인해 공격자는 책임이 면해진다. 또는 민간인들이 항복하지 못하도록 한 방어자에게로 도덕적인 책임이 이관된다. 그러나 이 같은 논거는 합법적인 군사작전 도중 우연히 발생한 죽음들에만 적용된다. 방어자가 항복을 거부했다고 포위된 도시 내부에 있는 민간인들이 공격의 직접적인 대상이 될 수 있는 것은 아니다. 항복을 거부한 이후 주민들 중 일부가 도시 내부에서의 전쟁 행위에 동원될 수도 있을 것이다. 그러나 방어자가 항복을 거부했다고 주민들이 전쟁에 가담한 것은 아니다. 간단히 말해 이들은 자신들의 '합법적이고도 항구적인 보금자리'에 있는 것이다. 포위된 도시의 시민으로서의 이들의 지위는 전쟁 중에 있는 국가의 국민의 지위와 전혀 다르지 않다. 이들을 죽일 수 있다면 죽일 수 없는 사람은 도대체 누구인가? 그러나 이 경우 두 번째 대안이 배제되고 있는 듯 보인다. 즉 도시를 포위해 그곳 주민들을 시스템 차원에서 굶어죽게 만들 수 없을 것이다.

법률가들 또한 강압과 동의의 문제가 직접 및 간접 효과의 문제에 선행돼야 한다는 점을 인정하고 있다. 그러나 이들은 라인을 다른 방식으로 그렸다. 마키아벨리(Machiavelli)의 『전쟁술(*Art of War*)』에 등장하고 있는 다음의 사례를 살펴보자.[6]

레우카디아(Leucadia) 정복을 열망하고 있던 알렉산더 대왕은 먼저

---

6) *The Art of War*, trans. Ellis Fameworth, rev. with an intro. by Neal Wood (Indianapolis, 1965), p. 193.

> 주변의 도시들을 점령하고는 이 도시들의 모든 주민을 레우카디아로 몰아넣었다. 마침내 기근으로 인해 즉각 항복시킬 수 있을 정도로 그 도시가 사람으로 가득 차게 됐다.

마키아벨리는 이 전략의 효과에 열광했다. 그러나 이는 결코 수용 가능한 군사적 관행이 아니었다. 더욱이 강제 철수에서 추구하는 바가 알렉산더가 추구한 바와 비교해 훨씬 온화한 성격인 경우에서조차 수용 가능한 형태가 아니다. 포위하고 있는 군이 자신들이 먹여 살릴 수 없는 사람들을 쫓아내거나 군사작전을 목적으로 단순히 주변을 정리하는 경우 또한 마찬가지였다. 알렉산더가 이 같은 동기에서 행동했더라면 그리고 레우카디아를 기습 점령했더라면, 철수 중에 있던 사람 중에서 이 작전으로 인해 죽은 사람들은 여전히 그의 책임일 것이다. 왜냐하면 이들이 전쟁의 모험에 노출되도록 만든 사람이 알렉산더이기 때문이다.

법적인 규범은 현상유지다[7]. 도시에서 항상 살고 있던 사람들(소위 말해 원래부터 그곳에 있었던 사람들)에 대해서 뿐만 아니라 전쟁에 대한 막연한 두려움으로 인해 안식처를 찾아 도시 안으로 들어온 사람들에 대해서도 도시를 포위하고 있는 군의 지휘관이 책임이 있다고 생각되지 않으며, 자신도 책임이 있다고 생각하지 않을 것이다. 그의 경우는 이들을 죽음의 장소로 몰아넣지 않았으며, 도시의 성문을 관건하기 이전에 이들을 성문 안으로 밀어 넣지 않았다는 점에서 그곳에서 처참하게 죽은 정도와 무관하게, 자신이 추구하는 목적으로 인해 이들이 비참히 죽은 정도와 무관하게 시민들의 죽음과 관련

---

7) 스페이트(Spaight)의 검토가 가장 훌륭하다. *War Rights*, pp. 174ff.

해 책임이 없다는 인식이다. 이 같은 방식으로 라인을 그을 수도 있다고 생각된다. 그러나 이는 올바른 방식이라고 생각되지 않는다. 포위공격을 전적으로 배제하지 않으면서 라인을 그을 수 있는 또 다른 방안이 있는지가 문제다. 포위공격 전쟁에 관한 오랜 역사를 보면, 이 문제는 다음과 같은 구체적인 형태를 띠었다. 민간인들의 도시 이탈을 허용해 도시에서 굶어죽지 않도록 하고 도시 내부의 식량 사정을 도와줘야 하지 않는가? 주민들을 포위된 도시에 감금하는 행위가 주민들을 도시로 몰아넣는 행위와 도덕적으로 동일한 것은 아닌가? 동일하다면 이들이 자유의사에 따라 도시를 떠날 수 있도록 해, 싸우다 굶어죽은 사람들이 진정 자신이 원해서 잔류했다고 말할 수 있게 해야 하는 것은 아닌가? 로마가 예루살렘을 포위했을 당시 티투스는 예루살렘을 이탈하는 모든 유대인을 십자가에 못 박아 죽이라고 명령했다. 이는 자신의 글에서 새로운 상관인 티투스를 위해 요세푸스가 해명할 필요가 있다고 느끼고 있는 부분이다.[8] 그러나 나는 오늘날의 사례로 방향을 돌리려 한다. 왜냐하면 이 질문이 제2차 세계대전 이후의 뉘른베르크 법정에서 직접 다뤄졌기 때문이다.

이탈의 권리

레닌그라드 포위공격

진격해오고 있던 독일군에 의해 러시아의 동부 지역으로 연결되는

8) *The Works*, p. 718.

마지막 도로와 철로가 차단된 1941년 9월 8일, 레닌그라드에는 300만 이상의 사람이 살고 있었는데, 이들 중 20여 만 명이 군인이었다.[9] 레닌그라드의 평시 인구는 대략 이 같은 수준이었다. 포위공격이 시작되기 이전에 50여 만 명의 주민이 그곳을 이탈했다. 그러나 발트해 주변국 출신과 레닌그라드 변방의 서부 및 남부지역 출신 피난민들이 몰려들면서 레닌그라드의 인구는 원래대로 복원됐다. 피난민들이 레닌그라드로 들어오지 못하도록 하고 레닌그라드 시민을 서둘러 철수시켰어야 마땅했을 것이다. 당시 소련 당국은 놀라울 정도로 비효율적이었다. 그러나 철수는 정치적으로 항상 어려운 문제다. 전투 초기에 대거 철수를 도모하면 패배주의자처럼 보이게 된다. 이는 레닌그라드 전면(前面)에서 전열(戰列)을 유지할 수 없음을 자인하는 바와 다름이 없었다. 더욱이 자원과 인력이 군사적으로 방어에 집중해야만 했던 당시 철수는 많은 노력이 소요되는 일이었다고 사람들은 통상 말하고 있다. 위기가 임박한 경우에서조차 철수에 민간인들이 반대할 가능성이 있다. 두 가지 종류의 반대가 있는데, 적군의 승리로부터 이득을 보고자 하는 사람에 의한 반대와 애국적 차원의 투쟁을 저버리고자 하지 않는 사람들에 의한 반대가 바로 그것이다. 철수를 주관하는 당국 또한 이탈이 불명예스러운 듯 보이도록 만들 목적의 선전책동을 전개하지 않을 수 없을 것이다. 그러나 보다 큰 저항은 비정치적 성격의 것으로서, 지역 주민의 정서에 근거하고 있다. 예를 들면, 정든 고향을 떠나지 않으려는 마음, 친구 및 가족과 헤어져 피난민이 되고 싶지 않은 마음이 바로 그것이다.

이 모든 이유를 놓고 보면, 9월 8일 이후 레닌그라드에서 옴짝달싹

---

9) 레온 고우어(Leon Goure)의 『레닌그라드 포위(*The Siege of Leningrad*)』(Stanford, 1962)를 따랐다.

할 수 없었던 레닌그라드의 많은 주민들은 포위공격의 역사에서 비정상적인 현상이 아니다. 이들이 완벽히 옴짝달싹할 수 없었던 것도 아니었다. 독일군은 라고다(Lagoda) 호수의 동안(東岸) 또는 서안(西岸)에 있던 핀란드 군인들과 상호 연결할 수 없었다. 따라서 러시아 내륙으로 연결되는 철수 경로가 있었다. 처음에는 라고다 호수를 가로질러 배를 이용해, 호수가 결빙된 이후에는 도보와 썰매를 이용해 그리고 점차 트럭을 이용해 철수할 수 있었다. 그러나 대규모 호송단이 조직된 1942년 1월 이전에는 오직 몇몇 사람만이 레닌그라드를 탈출할 수 있었다. 보다 직접적인 탈출 경로가 있었는데, 이는 독일군 전선(戰線)을 통한 경로였다. 독일군은 레닌그라드의 남부지역 넓은 부분을 봉쇄하고 있었기 때문에, 그 중에는 독일군이 거의 없는 지역이 많이 있었다. 민간인들은 도보로 독일군 전선을 넘을 수 있었다. 레닌그라드 지역 내부에서 절망감이 고조되면서 수천 명의 사람들이 이처럼 했다. 독일군 사령부는 온갖 희생이 따르더라도 이러한 노력을 저지하라고 명령했다. 9월 18일에 이 같은 명령이 하달됐으며, 그 후 2개월 뒤에 재차 반복됐다. "전선으로부터 가능한 한 멀리 떨어진 곳에서 이 같은 노력을 조기에 저지함으로써……보병들의 희생을 막을 목적으로"10) 대포를 사용해야만 했다. 당시 명령의 직접 또는 간접 결과로 인해 얼마나 많은 민간인이 사망했는지는 알 수 없다. 독일군 보병들이 실제 발사했는지 또한 알 수 없다. 그러나 당시의 독일군의 노력이 부분적이나마 성공을 거두었다고 가정한다면, 탈출 의향이 있던 많은 사람들이 포성과 총성을 들은 이후 레닌그라드 시내에 잔류했음이 분명하다. 그곳에서 이들 중 많은 사람이 사망했다. 독일군에

10) Goure, p. 141; *Trials of War Criminals before the Nuemberg Military Tribunals* (Washington, D.C., 1950), XI, 563.

의한 레닌그라드 포위공격이 종료된 1943년 이전에 굶주림과 질병으로 인해 100만 이상의 민간인이 사망했다.

1941년 6월부터 12월까지 독일군 북부집단군(Army Group North)을 지휘했다는 점으로 인해 처음 몇 달 동안의 레닌그라드 포위공격 작전과 관련해 책임이 있던 야전군원수 폰 레프(von Leeb)는 9월 18일에 내린 자신의 명령으로 인해 뉘른베르크에서 전범으로 공식 기소됐다. 그는 자신이 수행한 부분이 전시의 일상적인 관행이라고 주장했다. 법률 서적을 살펴본 판사들은 그의 주장에 동의하지 않을 수 없었다. 판사들은 국제법에 관한 미국의 권위자인 하이드(Hyde) 교수의 다음과 같은 문구를 인용했다. “포위공격을 받고 있는 도시의 방어를 책임지고 있는 지휘관이 비축 물자를 소비하는 사람의 숫자를 줄일 목적으로 비전투원들을 추방할 수 있다. 이 경우는 신속히 항복하도록 할 목적에서 비전투원을 도시로 복귀시키는 행위가 합법적인데, 그 과정에서 극단적인 수단이 강구될 수도 있다.”11) 포위된 도시에서 추방된 민간인과 자발적으로 도시를 떠난 사람을 구분하기 위한 어떠한 노력도 없었다. 아마도 이 같은 구분은 폰 레프가 범법자인지의 여부와 무관할 것이다. 이처럼 구분해도 포위돼 있는 군이 누릴 수 있던 이점(利點)에 별다른 차이가 없을 것이다. 전쟁규칙에서는 가능하면 포위돼 있는 군이 나름의 이점을 누리지 못하도록 공격자들이 할 수 있도록 하고 있다. 뉘른베르크의 판사들은 “전쟁규칙이 이와 달랐으면 하고 바랐지만 사실이 그러니 어찌할 수 없다”며 폰 레프를 사면해주었다.

포위된 도시를 민간인들이 이탈할 수 있도록 해준 사례를 판사들

11) Hyde, *International Law*, III, 1802-03.

이 찾을 수도 있었을 것이다. 보불전쟁 당시 스위스군은 제한적이나마 민간인들이 스트라스부르(Strasbourg)를 이탈할 수 있도록 해주었다. 1898년 당시 산티아고(Santiago)를 폭격하기 이전, 미군 지휘관들은 민간인들이 산티아고를 이탈할 수 있도록 해주었다. 러일전쟁이 진행되고 있던 1905년, 여순항에 갇혀 있던 비전투원들이 도시를 자유롭게 이탈해도 좋다고 일본군이 제안했지만 러시아 당국이 이 같은 제안을 거부했다.12) 그러나 이들 모두는 공격군이 도시를 강습할 것으로 예상됐으며, 전혀 손해 볼 것이 없는 인도적 차원의 제스처를 공격군의 지휘관들이 할 의향이 있던 경우였다. 이들은 비전투원의 권리를 인정하고 있다고 말할 의향은 없었을 것이다. 그러나 서서히 굶겨 죽이는 방식으로 방어자가 항복하는 순간까지 기다린 나름의 전례가 있다. 1877년의 러시아-터키 전쟁 당시 플레브나(Plevna) 포위공격은 전형적인 경우다.13)

> 식량이 고갈되자 오스만 파샤(Osman Pasha)는 도시의 노인네와 여자들을 쫓아냈다. 그는 이들이 소피아(Sofia) 또는 라코보(Rakhovo)로 갈 수 있도록 해달라고 상대방 지휘관에게 요청했다. 러시아의 지휘관인 고루코(Gourko)는 이 같은 요청을 거부하고는 이들을 되돌려 보냈다.

이 같은 사례를 인용하는 국제법 학자는 다음과 같이 말하고 있다. "고루코 장군의 경우 달리 행동했더라면 자신의 계획이 치명타를 입었을 것이다." 야전군 원수인 폰 레프의 경우 고루코 장군의 이 같

---

12) Spaight, pp. 174.ff.
13) Spaight, pp. 177-78.

은 사례를 인용할 수도 있었을 것이다.

폰 레프뿐만 아니라 고루코 장군에 대항해 나름의 논거를 전개할 필요가 있는데, 이 같은 논거를 독일군이 내린 9월 18일의 명령문이 암시해주고 있다. 레닌그라드로 되돌아가면 죽게 될 것으로 확신한 많은 러시아의 민간인들이 독일군이 발사하는 포탄에도 불구하고 독일군 전선을 향해 돌진하는 경우를 가정해보자. 독일군 보병들이 이들을 사살했을 것으로 생각되는가? 분명히 말하지만 보병들을 지휘하고 있던 장교들의 경우 쉽게 결단을 내리지 못했을 것이다. 히틀러 당시의 독일군에서조차 이 같은 일은 평범한 군인이 아니라 암살요원들이 수행했다. 분명히 말하지만 보병들은 어느 정도 행동을 주저했을 것이며, 일부 보병의 경우 사살을 거부하기조차 했을 것이다. 분명히 말하지만 이처럼 사살을 거부하는 것이 정당했을 것이다. 또는 피난민들이 사살된 것이 아니고 체포 및 투옥됐다고 가정해보자. 항복하는 순간까지 이들에게 식량을 제공해주지 않을 것이며, 이들을 조직적으로 아사시킬 것이란 점을 도시 방어 전력의 지휘관에게 통보하는 행위가 당시의 전쟁규칙에서 수용 가능한 일이었을까? 뉘른베르크의 판사들은 이처럼 아사시키는 행위를 수용할 수 없었을 것이다. 그러나 판사들은 감옥에 감금돼 있던 관계로 인해 옴짝달싹하지 못하게 된 사람들과 관련해 폰 레프가 책임이 있다는 점에 이의를 제기하지 않았을 것이다. 그러면 도시에 대한 포위공격은 이 경우와 어떠한 차이가 있는가?

자유의사에 근거해 도시 내부에서의 생활을 선택한 경우에서조차 도시민들이 포위된 상태에서의 삶을 선택한 것은 아니다. 포위공격 자체는 강압적인 행위, 즉 현상을 부정하는 행위다. 포위공격에 따른 효과와 관련해 도시를 포위하고 있는 군의 지휘관은 책임을 면할 수 없을 것이다. 그는 총력전을 수행할 권리가 없는데, 도시의 민간인과 군인이 정치적으로 단합해 항복을 거부하는 경우에서조차 그렇다. 포위공격을 받고 있는 민간인들을 조직적으로 아사토록 하는 행위는 "관행 차원에서는 허용될 수 있을지 모르지만 관행을 통제하고 있는 원칙들에 분명히 위배되는 형태"14)의 군사적 행위다.

유일하게 정당한 관행으로 생각되는 경우가 철학자인 마이모니데스(Maimonides)가 12세기에 집대성한 포위공격에 관한 탈무드 법에 나와 있다. 17세기 당시에는 그로티우스(Grotius)가 이 법을 인용했다. "점령을 목적으로 도시를 포위 공격할 당시에는 도망치고자 하는 사람들을 고려해 4면이 아니고 3면을 포위해야 한다……."15) 그러나 이는 지나칠 정도로 순진한 발상인 듯 보인다. 어떻게 3면에서 도시를 포위할 수 있는가? 이 같은 주장은 나름의 국가 내지는 군대를 갖고 있지 않은 국민의 글에만 등장할 수 있는 형태로 생각된다. 이는 군사적 시각이 아니고 피난민의 시각에 근거하고 있는 주장이다. 그러나 이는 다음과 같은 중요한 의미가 있다. 즉 포위공격이란 비참한 상황에서 민간인들이 피난민이 될 권리가 있음을 이것이 보여주고 있다. 가능하다면 도망칠 수 있도록, 포위하고 있는 군대가 민간인들에게 길을 열어줘야 할 책임이 있다고 말해야 할 것이다.

실제로는 많은 사람이 고향을 떠나지 않으려 할 것이다. 나는 포위 공격을 받고 있는 민간인들을 올가미에 갇혀 있는 사람으로 기술했다. 그러나 포위공격을 받고 있는 도시에서의 생활은 포로수용소

14) Hall, *International Law*, p. 398.

15) *The Code of Maimonides: Book Fourteen: The Book of Judges*, trans. Abraham M. Hershman (New Haven, 1949), p. 222; Grotius, *Law of War and Peace*, Bk. III, ch. XI, section xiv, pp. 739-40.

에서의 생활과 다르다. 이는 포로수용소의 생활과 비교해 훨씬 나쁠 수도, 훨씬 좋을 수도 있다. 예를 들면, 포위된 도시 내부에는 수행해야 할 중요한 일이 있으며, 이 같은 일을 해야 할 공동의 이유가 있을 수 있다. 포위된 도시는 집단 영웅주의가 발동될 수 있는 장소다. 도시에 대한 일반적인 사랑이 사라진 이후에도 위협받고 있는 도시에서의 정서적 생활로 인해 이탈이 어려워지는데, 적어도 일부 민간인들의 경우 그렇다.[16] 물론 방어군을 위해 중요한 일을 수행하고 있는 민간인들은 이탈이 허용되지 않을 것이다. 이들은 징집돼 있는 것과 다름이 없다. 따라서 포위공격 당시의 민간인 영웅들과 마찬가지로 이들은 군사적으로 공격 가능한 합법적인 대상이다. 자유로운 이탈을 제안 받은 상태에서 잔류를 결심한 사람 내지는 잔류하지 않을 수 없는 입장에 있는 사람들은 이 같은 제안으로 인해 일종의 수비대로 전환되는데, 이는 이들이 자신들의 '적합하고도 항구적인 보금자리'에 있는 경우에서조차 그렇다. 이들은 민간인으로서의 권리를 포기한 것이다. 이 경우 민간인으로서의 공격받지 않을 권리를 유지할 목적에서 남녀 모두가 고향을 떠나야 하는데, 이는 '전쟁의 강압성'을 보여주는 또 다른 사례다. 그러나 이는 포위공격을 감행하고 있는 지휘관을 심판하는 형태가 아니다. 전선을 개방해 민간인들이 이탈할 수 있도록 해준 경우 그는 자신의 행위에 따른 직접적인 강압성의 정도를 줄이고 있는 것이다. 이처럼 했다는 점으로 인해 그는 군사적으로 중요한 의미가 있는 몇몇 행동을 감행할 권리를 갖게 된다. 자유로운 이탈을 제안했다는 점으로 인해 그는 민간인의 사망과 관련된 책임으로부터 자유롭게 된다.

16) Skrjabina, *Siege and Survival*, "Leningrad."

이제 이 같은 논거가 보다 일반적인 형태가 되도록 할 필요가 있다. 포위공격처럼 민간인들과 많은 관련이 있는 유형의 전쟁을 심판할 때는 강압과 동의란 문제가 직접 및 간접 효과란 문제보다 중요한 의미가 있다. 민간인들이 어떻게 군사적으로 위험한 상황에 노출된 것인지 그 이유를 알고 싶은 심정이다. 이들에게 가해진 강압과 이들이 자유의지에 근거해 선택한 부분은 무엇인가? 여기에는 다양한 가능성이 있다.

1) 자신들을 방어해주고 있는 것으로 보이는 사람들의 강압에 의해 민간인들이 이 같은 상황에 있을 수 있다. 이 경우 방어자들은 자신이 직접 살해한 것은 아니지만 결과적으로 있게 될 민간인의 죽음과 관련해 공동 책임이 있다.

2) 자신들을 방어해주겠다는 방어자의 견해에 민간인들이 동의할 수 있다. 이 경우 방어군의 지휘관들은 민간인의 입지와 관련해 책임이 없다.

3) 공격자의 강압으로 인해 민간인들이 위험에 노출돼 사살될 수 있다. 이 경우는 이 같은 살해가 해당 공격에 따른 직접 효과 내지는 간접 효과인지는 중요한 문제가 아니다. 왜냐하면 어떻든 이것이 범죄 행위이기 때문이다.

4) 공격은 받지만 강압은 당하지 않았으며, 자신의 집과 같은 원래 장소에서 공격받는 경우가 있다. 이 경우는 이중효과의 원칙이 가동되며, 아사(餓死)란 방식을 통한 포위공격은 도덕적으로 수용될 수 없다.

5) 자유롭게 이탈해도 좋다고 공격자들이 제안해오는 경우가 있다. 이 같은 제안이 있은 이후에도 잔류하는 민간인은 직접 또는 간접적인 방식으로 정당하게 살해할 수 있다.

여기서 마지막 두 경우는 중요한 의미가 있다. 뉘른베르크에서 언급됐거나 재차 언급된 바처럼 이 경우는 근대시대 법의 명쾌한 파기를 요구하고 있는데, 일반적으로 수용되고 있는 나름의 원칙을 정립하거나 원칙의 의미를 강조할 목적에서 그렇다. 즉 군인들의 경우 민간인이 전장을 이탈하는 과정에서 도와줘야 할 의무가 있다는 원칙을 정립하거나 원칙의 의미를 강조할 목적에서 그렇다. 포위공격 당시에는 군인들이 이 같은 의무를 이행하는 경우에만 도덕적으로 전투가 가능하다고 말하고자 한다.

그러나 군사적으로 아직도 포위공격이 가능한가? 포위 공격을 받고 있는 적의 민간인들이 자유롭게 이탈하도록 해주겠다고 제안하고, 이 같은 제안에 많은 민간인이 동의하는 경우는 포위 공격하고 있는 군대가 나름의 난관에 놓이게 된다. 이 경우는 해당 도시에서 훨씬 오랫동안 식량이 유지될 수 있을 것이다. 예전의 지휘관들은 이 같은 난관을 수용하고자 하지 않았다. 그러나 전쟁법규가 강요하고 있는 여타의 난관들과 이것이 별다른 차이가 없다고 생각된다. 이처럼 한다 할지라도 포위공격 작전이 전적으로 불가능해지는 것이 아니고 약간 더 어려워질 것이다. 오늘날의 국가가 무자비한 성격이란 점을 고려해보면 약간 더 어려워질 것이다. 왜냐하면 오늘날의 국가는 포위돼 있는 도시에 많은 민간인이 상주하고 있는 경우에도 이들을 특별히 배려하지 않은 채 군인들에게 식량을 배급해주는 경향이 있기 때문이다. 레닌그라드의 사례가 보여주듯이 많은 민간인이 사망하고 있다는 사실이 해당 도시의 방어에 전혀 지장을 주지 않을 가능성이 있다. 레닌그라드의 경우는 민간인들이 아사했음에도 불구하고 군인들은 굶어죽지 않았다. 라고다 호수가 결빙되자 민간인들을 레닌그라드에서 철수시킨 반면 호수를 통해 식량이 반입됐다. 민간인들의 자유로운 이탈을 허용해주면 식량 사정으로 인해 포위공격하고 있는 군대 또한 도시를 정면 공격하지 않을 수 없게 되거나 포위공격 기간이 대거 늘어나는 등 군사적으로 많은 문제가 있을 수 있다. 그러나 이 문제들은 수용 가능한 형태다. 이 같은 문제에 대비해 사전 준비하지 않은 경우에만 포위공격을 감행하고 있는 지휘관의 계획이 피해를 입게 될 것이다. 어떻든 자신이 죽이고 있는 민간인들과 관련해 두 손 모아 "자신이 이들을 죽이고 있지 않다"고 기도할 수 있기를 바란다면 지휘관은 위험 지역에서 이탈할 수 있도록 민간인들에게 나름의 기회를 부여해야 할 것이다.

겨냥과 이중효과 교리

그러나 도시 전체가 포위공격을 받고 있는 경우, 예를 들면 침략군이 농작물과 식량 공급을 조직적으로 파괴하고자 하는 경우 또는 해상봉쇄로 인해 긴요한 물자들을 수입할 수 없는 경우는 문제가 훨씬 어려워진다. 이 경우 자유로운 이탈은 가능한 대안이 아닐 것이다. 즉 대량 이주가 필요해질 것이며, 책임의 문제가 어느 정도 다른 형태를 띠게 된다. 식량을 확보 또는 거부할 목적의 투쟁이 오늘날의 전쟁에서 뿐만 아니라 고대시대의 전쟁에서도 목격된다는 점을 재차 강조해야 할 것이다. 이는 오늘날의 전쟁법규가 고안되기 훨씬 이전에도 법적인 주제였다. 예를 들면 구약의 신명기에서는 과수(果樹)의 절단을 구체적으로 금지하고 있다. "너희는 어떤 나무가 과일을 맺지 않는 나무인지 알 것이다. 그런 나무는 찍어버려도 된다. 너희는 그런 나무로 성을 공략하는 기구를 만들고……."[17] 그러나 이 같은 금지 사항을 준수한 군대는 거의 없는 듯 보인다. 분명히 말하지만 고대 그리스에서는 어느 누구도 이 같은 사실을 알지 못했다. 펠로폰네소스전쟁 당시 침략 세력들은 거의 항상 올리브 나무를 최우선적으로 파괴했다. 갈릭 전쟁에 관한 시저의 기록에 따르면 로마인들 또한 이 같은 방식으로 전투했다.[18] 농작물을 과학적으로 파괴하는 방법이 고안되기 훨씬 이전의 근대시대 초기에도 군의 지휘관들은 전략적 황폐화란 교리를 애용했다. "'30년 전쟁' 당시는 지역에서 생산되는 물자를 제국군대가 사용하지 못하도록 할 목적에서 선제후령(Palatinate)을 황폐화시켰으며, 스페인 왕위계승전쟁 당시 말보로(Marlborough) 장군은 유사한 목적으로 바이에른(Bayern) 지역의 농장과 농작물을 파괴했다……."[19] 미국의 남북전쟁 당시는 '세난도 계곡(Shenandoah Valley)'이 황폐화됐다. 조지아 주를 관통해 지나가면서 셔먼(Sherman) 장군은 농장들을 불태웠다. 무엇보다도 당시 그는 남군을 아사시킨다는 전략을 추구했다. 베트남전쟁 당시 미군은 최첨단 과학기술을 이용해 베트남의 방대한 지역을 파괴했다.

이 같은 노력에 따른 간접 효과와 무관하게 이 같은 노력이 무장한 적군을 겨냥해야 한다고 오늘날의 전쟁법은 요구하고 있다. 특정 도시의 민간인들이 합법적인 표적으로 간주된 적은 있다. 그러나 전반적으로 민간인은 이 같은 표적으로 간주되지 않았다. 그 숫자가 매우 많은 경우에서조차 이들 민간인은 전략적 황폐화에 따른 부수

17) *Deuteronomy* 20:20.(대한성서공회의 공동번역개정판을 따랐다.)

18) *Hobbes' Thucydides*, pp. 123-24 (2:19-20); *War Commentaries of Caesar*, trans. Rex Warner (New York, 1960), pp. 70, 96 (Gallic Wars 3:3, 5:1).

19) A. C. Bell, *A History of the Blockade of Germany* (London, 1937), pp. 213-14.

적 희생자일 뿐이다. 여기서 군사적으로 허용 가능한 목적은 적군에 식량이 보급되지 못하도록 하는 것이다. 이 같은 목적을 초월해, 셔먼 장군처럼 민간인들을 징벌하는 방식으로 전쟁을 종료시키고자 하는 장군들은 통상 비난을 받았다. 왜 그런지는 잘 모르겠다. 그러나 왜 그처럼 돼야 하는지는 보다 판단이 쉽다. 자유로운 이탈이 불가능한 경우는 공격 방식과 무관하게 민간인들을 직접 공격해서는 안 된다.

민간인들에게 제공되는 물자를 먼저 파괴하지 않고는 군수물자를 파괴할 수 없다는 점에서 보면 적군에 식량이 보급되지 못하도록 하는 방안 자체는 민간인들을 획기적으로 보호해주는 방안이 아니다. 스페이트(Spaight)는 도덕적으로 바람직한 법칙을 다음과 같이 기술하고 있다. "남북전쟁 당시의 남부지역과 보어전쟁 당시의 남아프리카 지역에서 목격되던 특수 상황에서처럼……비전투원이 보유하고 있던 잉여식량에 적군이 의지하고 있는 경우 지휘관은 전쟁의 필연성으로 인해 이 같은 잉여식량을 정당하게 파괴하거나 빼앗을 수 있다."[20] 그러나 민간인들이 먹고 남은 부분에 의존해 군인들이 생활하는 경우는 거의 없다. 군인들을 포식시키고 남은 부분으로 민간인들이 생활하게 될 가능성이 훨씬 높을 것이다. 따라서 전략적 황폐화에서는 '군사적 산물(産物)'이 아니고 일반적으로 식량 공급을 겨냥하게 되며, 겨냥할 수밖에 없다. 또한 군인들이 약간의 고통을 느끼기 훨씬 이전에 민간인들이 심각한 고통을 받게 된다. 그러나 이 같은 고통을 강요하는 자는 누군가? 이들이 재고 식량을 파괴하는 군대인가 아니면 민간인이 보유하고 있는 잉여식량을 압류하는 군대

20) Spaight, p. 138.

인가? 이 문제가 제1차 세계대전에 관한 영국 정부의 공식역사에서 다뤄지고 있다.

영국의 독일 봉쇄

맨 처음 봉쇄는 바다를 이용한 포위공격, 즉 해상에서의 포위공격과 다름이 없었다. 이는 봉쇄 지역으로 선박이 입출항하지 못하도록 하고, 가능한 한 모든 보급 물자를 차단할 목적의 것이었다. 그러나 이 같은 차단을 국가의 모든 무역으로 확대하는 행위는 법적 또는 도덕적으로 타당성이 없다고 생각됐다. 19세기의 대부분 논평가들은 적국의 경제가 군사적으로 합법적인 목표가 될 수 없다고 생각했다. 물론 군수물자를 상대방이 획득하지 못하도록 하는 행위는 허용됐다. 또한 공해상에서 선박들을 정선시켜 검문할 가능성이 있게 되면서 전시(戰時) 무역규제를 염두에 둔 정교한 형태의 규칙들이 발전됐다. 금수품목 내지는 압류 가능성이 있는 품목의 목록을 교전국들이 주기적으로 발간했다. 이들 목록이 점차 늘어나고 보다 포괄적인 성격이 되는 경향이 있었다. 그러나 해전의 법칙에서는 군사적 목적으로 사용될 것으로 알려져 있지 않은 경우 압류할 수 없는 '조건부 금수품목'(통상 식량과 의료품이 포함된다고 생각됐다)들이 있다고 가정했다. 여기서 관련이 있는 원칙은 전투원/비전투원의 구분의 확장과 다름이 없었다. "적국의 해상 및 군사적 자원(資源)의 약화를 겨냥하지 않는 반면, 민간인들에게 즉각 피해를 주는 경우 이들 민간물품의 압류는 법적으로 정당성을 상실하게 된다."[21]

---

21) Hall, *International Law*, p. 656.

제1차 세계대전 당시는 먼저 봉쇄란 개념을 확대하는 방식으로, 그 후 모든 '조건부 금수품목'들이 군사적으로 유용하다고 가정하는 방식으로 이들 규칙이 훼손됐다. 결과적으로 경제적 측면에서 전면전(全面戰)이 시작됐다. 추구하는 효과와 목적 측면에서 보면, 보급물자를 놓고 벌어진 투쟁이 전략적 황폐화와 유사한 측면이 있었다. 독일군은 잠수함을 이용해 이 같은 전쟁을 수행했다. 적어도 해상을 통제하고 있던 영국은 전통적인 형태의 해상 전력을 이용해 독일의 모든 해안을 봉쇄했다. 당시는 전통적인 형태의 해상 전력이 승리를 거두었다. 리델 하트(Liddell Hart)에 따르면 영국 해군의 봉쇄가 독일군이 패배하게 된 결정적인 요인이 됐던 반면 해상 호송체계로 인해 잠수함에 의한 위협이 의미를 상실하게 됐다. "봉쇄의 결과로 자국이 몰락할 가능성이 있다는 환상으로 인해" 1918년 독일군 최고사령부가 비참히 종료된 공세(攻勢)를 전개하게 됐다고 리델 하트는 주장하고 있다.22) 또한 당시의 봉쇄로 인한 보다 즉각적인 반면 비교적 군사적이지 않은 결과를 추적해볼 수 있다. 독일의 세력을 "서서히 약화시킨다"는 영국의 정책으로 인해 많은 민간인이 사망했다. 제1차 세계대전의 마지막 몇 년 동안 독일 국민들이 아사한 것은 아니었다. 그러나 국가적 차원의 영양실조로 인해 평범한 질병에도 많은 사람이 사망했다. 제1차 세계대전 이후 진행된 통계 연구에 따르면 독감 내지는 발진티푸스와 같은 질병에 직접 기인하고 있다고 생각되던 50여 만의 민간인 사망이 사실은 영국의 해상봉쇄에 따른 독일 국민들의 궁핍의 결과였다고 한다.23)

---

22) B. H. Liddell Hart, *The Real War: 1914-1918*, (Boston, 1964), p. 473.
23) 이들 연구는 독일의 통계학자들에 의한 것인데, 그 결과를 벨(Bell)이 수용했다. 그러나 이들 결과가 독일에 대한 영국의 봉쇄가 성공적임을 보여주는 징

독일의 잠수함 전쟁에 대한 보복이라며 영국 관리들이 당시의 봉쇄를 법적으로 변호했다. 그러나 우리가 추구하는 목적 측면에서 가장 중요한 부분은 당시의 보급물자 차단이 독일 국민들을 겨냥하고 있었다는 사실을 이들이 지속적으로 부인하고 있다는 점이다. 영국의 공식역사는 "영국 내각이 적국의 무장 전력을 겨냥한 제한된 형태의 경제전쟁만을 계획했다"고 말하고 있다. 그러나 독일 정부는 "영국이 공격하고자 한 경제시설에서 민간인들이 일하도록 했으며, 독일에 '강요된 고통'을 이들 민간인이 감당하도록 했다."24) 독일은 이 같은 방식으로 영국의 전쟁에 대항했다. 이는 조소를 자아내는 문장이다. 그러나 해상봉쇄 내지는 지상전의 경우 전략적 황폐화를 변호해주는 또 다른 문장은 상상해보기가 쉽지 않다. 여기서는 '강요된 고통'이란 표현에서 목격되는 '강요된'이란 수동적인 표현이 논쟁의 관건이다. 당시 고통을 강요한 주체는 누구인가? 독일의 상선을 정선시킨 이후 화물을 압류했지만 독일군을 겨냥했으며 오직 군사적 목표만을 추구했다고 영국은 주장했다. 독일 자신이 독일에 대항한 경제전쟁의 일선(一線)으로 자국 국민들을 내몰았다고 영국의 공식역사가는 암시하고 있다. 이는 솜(Somme) 전투에서 일선의 참호로 민간인들을 몰아내 합법적인 군사작전 도중 영국이 이들을 살해하지 않을 수 없도록 한 경우와 다름이 없다는 논거다.

이 같은 논거를 추구하고자 하는 경우 우리는 가능성이 없어 보이는 부분, 즉 독일의 민간인들이 서서히 아사함에 따른 이점을 영국

표라고 그는 선뜻 생각하지 않고 있다.: p. 673.

24) Bell, p. 117. 프랑스 역사가에 의한 같은 논거를 참고하라. Louis Guichard, *The Naval Blockade: 1914-1918*, trans. Christopher R. Turner (New York, 1930), p. 304.

이 실제 겨냥하지 않았다고 가정해야 할 것이다. 이것이 눈 가리고 아웅 하는 형태란 점을 고려해보면 독일 민간인들의 사망과 관련해 영국이 무고하다는 주장은 수용할 수 없을 것이다. 그러나 적어도 이는 흥미로운 부분이다. 영국의 공식역사가는 전시 민간인들을 아사시킬 권리가 있다고 주장하기보다는 독일의 민간인들의 사망과 관련해 자신들이 무고하다는 주장을 이처럼 복잡한 형태로 전개하고 있다. 이는 흥미로운 부분이다. 독일 민간인들의 사망과 관련해 영국이 무고한지 여부가 영국에 대한 독일의 고발에 전적으로 의존하고 있는데, 이것 또한 흥미로운 부분이다. 영국이 강요한 고통과 자국군 사이에 독일이 자국 국민들을 위치시켰다는 주장이 타당성이 없다면 영국은 당시 상황과 관련해 변명의 여지가 없을 것이다. 왜냐하면 이중효과에 관한 개정된 원칙에서는 영국이 채택한 전략을 금지하고 있기 때문이다.

물론 독일 정부가 영국의 해상 봉쇄와 자국군 사이에 독일의 민간인을 위치시켰다는 주장은 거짓이다. 독일의 민간인들은 자신들이 있었던 위치에 항상 있었다. 국가의 배급라인에서 독일 국민이 독일군의 뒤에 위치해 있었다면, 이는 항상 이들이 위치해 있던 부분이었다. 봉쇄의 위급성에 대처할 목적으로 식량을 포함한 물자 측면에서 군대가 우선권이 있다는 점을 고안해낸 것이 당시의 독일군은 아니었다. 더욱이 독일군이 우선권이 있다는 주장을 대부분의 독일 국민들이 수용했을 가능성이 높은데, 제1차 세계대전이 종료되기 마지막 몇 달 전까지는 적어도 그러했다. 따라서 독일군을 겨냥했을 당시 영국은 독일 내부에서의 민간인들의 정상적인 위치, 즉 '적정 및 항구적인 위치'를 잘 알고 있었다, 이 점에서 보면 영국은 독일의 민간인을 통해 독일군을 겨냥하고 있었다. 독일군과 관련해 말하면, 독일군과 독일 민간인들의 관계는 영국 내부에서의 영국군과 영국 민간인들의 관계와 동일했다. 영국이 독일의 민간인들을 죽일 의도가 없었을 수도 있다. 예를 들면, 영국의 공식역사를 진지하게 수용하면, 이들의 살생은 영국 정부가 추구한 목표를 달성하기 위한 수단이 아니었다. 당시 영국이 추구한 전략의 성공이 민간인의 사망에 의존하지 않았을 수도 있다. 그러나 당시의 전략에서는 이들 민간인의 사망을 방지할 목적의 어떠한 조치도 강구돼서는 안 된다고 요구하고 있었다. 군인들이 영향 받을 수 있기 전에 민간인들이 영향 받아야만 했다. 이 같은 종류의 공격은 도덕적으로 수용될 수 없다. 군인은 군사적 표적을 신중히 겨냥해야 하며, 비군사적 표적을 지양해야 한다. 군인은 의도하는 부분을 어느 정도 명중시킬 수 있는 경우에만 발사할 수 있다. 직접 공격이 가능한 경우에만 군인은 공격할 수 있다. 공격 도중 우연히 민간인을 살상할 수도 있다. 그러나 자신과 적군의 중간에 위치해 있다는 단순한 이유로 민간인들을 살해할 수는 없다.25)

이 원칙의 경우는 비전투원을 염두에 둔 적정 방안이 강구될 수 있으며, 강구되는 경우를 제외하면 해상봉쇄뿐만 아니라 모든 종류

---

25) 강압의 문제가 먼저 해결돼야 한다는 점은 변함없는 사실이다. 1870년의 보불전쟁의 사례를 생각해보자. 독일군이 파리를 포위하고 있던 당시 프랑스는 독일군에게 군수물자를 운송해주던 기차를 공격할 목적에서 적 후방에서 비정규전 전력을 이용했다. 이들 기차에 프랑스의 민간인 인질을 탑승시키는 방식으로 독일은 이에 대응했다. 정당한 군사적 표적을 더 이상 공격할 수 없게 됐다. 그러나 이들 기차에 탑승하고 있던 민간인들은 정상적인 위치에 있지 않았다. 이들은 근본적으로 강압 상태에 있었다. 따라서 이들의 죽음을 프랑스군이 강요하고 있음에도 불구하고 이들 죽음에 대한 책임은 독일군 지휘관에게 있었다. 이 점과 관련해서는 『무정부, 국가 그리고 유토피아(*Anarchy, State and Utopia*)』에 있는 "위협에 대항한 무고한 사람의 방패(Innocent shields of threats)"란 제목의 로버트 노직의 토론을 보라.

의 전략적 황폐화를 배제하고 있다. 이는 전시(戰時) 일반적으로 수용되는 원칙이 아닌데, 적어도 전투원들이 수용하는 원칙이 아니다. 그러나 이는 전쟁규칙의 여타 부분들과 일관성이 있다고 생각된다. 이 원칙은 오늘날 전쟁의 매우 중요한 부분과 관련이 있는 정치 및 도덕적 이유로 인해 점차 수용되고 있다. 식량과 농작물을 조직적으로 파괴하는 행위는 게릴라들에 대항한 투쟁에서 종종 사용되는 전략이다. 이 같은 투쟁에 전념하고 있는 정부는 일반적으로 관련 영토 및 주민들에 대한 주권을 주장하고 있다. 이 같은 점으로 인해 정부는 민간인들을 먹여 살릴 책임이 있다는 점을 수용하는 경향이 있다(이는 이들이 항상 민간인들에게 식량을 제공해주었다는 의미가 아니다). 이는 다음 장에서 고려하게 될 부분과 관련이 있다. 이 장에서 필자는 민간인들을 위기로 몰아넣는 전략을 채택할 때마다 적국의 민간인들 또한 공격자의 책임이란 점을 주장했다.

|제11장|

게릴라전

군사적 점령에 대한 저항

빨치산 공격

게릴라전에서 기습은 매우 중요한 부분이다. 따라서 매복은 고전적인 형태의 게릴라 전술이다. 물론 이는 전통적인 정규전 전술이기도 하다. 매복과 관련이 있는 은닉과 위장을 장교와 신사가 혐오스럽게 생각한 적이 있다. 그러나 오랜 기간 동안 사람들은 은닉과 위장을 정당한 형태의 전투로 생각해왔다. 그러나 정규전에서 합법적으로 인정받지 못하는 형태의 매복이 있는데, 이것으로 인해 게릴라와 이들의 적이 정규적으로 도덕적 난제에 직면하고 있다. 그런데 이는 천연 은폐물이 아니고 정치 내지는 도덕적 은폐물의 뒤에 숨어 있는 형태의 매복이다. 「슬픔과 연민(*The Sorrow and the Pity*)」이란 제목의 마르셀 오필스(Marcel Ophuls)의 다큐멘터리 영화에 등장하는 독일군의 헬무트 타우젠트(Helmut Tausend) 대위가 이 같은 사례를 보여주고 있다. 타우젠트는 독일군 점령 하의 프랑스의 시골 지역을 행군하던 소대원들에 관해 말하고 있다. 이들은 고구마를 캐고 있는 것으로 보이던 프랑스의 젊은 농부들 곁을 지나가고 있었다. 그러나 이들은 농부가 아니고 레지스탕스 요원이었다. 독일군이 지나갈 당시 이들은 들고 있던 호미를 내려놓고는 들판에 감추어져 있던 총기로 사격했다. 결과적으로 14명의 독일군이 전사했다. 이들 소대의 소대장이었던 타우젠트 대위는 당시 상황과 관련해 수년 뒤에도 분개했다. "이들을 빨치산 레지스탕스 요원으로 부르겠습니까? 나는 그렇게 부르지 않습니다. 내가 생각하는 빨치산은 식별 가능한 사람, 즉 특수 완장 내지는 모자를 착용하고 있는 사람, 인식 가능한 그 무엇을 착용하고 있는 사람입니다. 당시 고구마 밭에서 있었던 사건은 살인 행위입니다."[1)]

완장과 모자에 관한 타우젠트 대위의 주장은 전쟁에 관한 국제법, 헤이그협약과 제네바협약에서 인용된 부분이다. 추후 이 부분과 관련해 보다 많이 이야기할 기회가 있을 것이다. 이들 빨치산이 이중 위장하고 있었음을 강조할 필요가 있다. 이들은 평화로운 농부로, 항복했다는 점으로 인해 전쟁이 종료된 프랑스란 국가의 국민으로 위장했다. 이중 위장하고 있었다는 점으로 인해 당시의 매복이 그처럼 완벽할 수 있었다. 독일군들은 자신들이 전선이 아니고 후방지역에 있다고 생각했다. 따라서 이들은 전투 준비태세가 돼 있지 않았다. 이들은 척후병을 앞세우지 않았다. 이들은 들판에서 일하고 있던 프랑스의 젊은이들을 전혀 의심하지 않았다. 당시 빨치산들이 달성한

---

1) *The Sorrow and the Pity*, pp. 113-14.

기습은 실제 전투에서는 거의 불가능한 형태의 것이다. 이는 국가적 차원의 항복이 방호해주고 있다는 점에 따른 결과였다. 분명히 말하지만 이 같은 기습으로 인해 항복이 근거로 하고 있는 도덕 및 법적인 협약이 침식됐다.

항복은 구체적인 동의와 교환이다. 항복한 군인들의 경우는 전쟁 기간 동안 포로수용소에 격리('자애로운 격리')된다는 조건으로 전투 중지를 약속하게 된다. 항복하는 정부는 일반적인 공공생활을 복원시켜준다는 조건으로 자국 국민들의 전투 중지를 약속하게 된다. '자애로운 격리'와 '공공생활'에 관한 정확한 조건이 법률 서적에 명시돼 있다. 이들 서적을 거론할 필요는 없을 것이다.2) 또한 항복하는 개개인의 책임이 법률 서적에 상세 명시돼 있다. 이들이 포로수용소에서 탈출하고자 노력하거나 점령지로부터의 탈출을 시도할 수 있을 것이다. 탈출에 성공하는 경우 이들은 재차 전투를 수행할 수 있다. 이들은 전쟁에 관한 자신의 권리를 재차 확보한 것이다. 그러나 이들은 '자애로운 격리' 내지는 점령에 저항할 수 없을 것이다. 탈출 과정에서 포로수용소의 간수를 살해하는 행위는 살인 행위다. 전쟁에서 패배한 국가의 국민들이 점령국의 당국자들을 공격하는 행위는 훨씬 암울한 칭호로 표현된다. 이는 '전쟁 배신자' 내지는 '전쟁 반란'이 된다. 반란과 스파이란 일반적인 배신행위와 마찬가지로 이는 사형이 가능할 정도로 정치적 신의를 파기한 행위다.

그러나 '반역자'는 이들 프랑스의 빨치산을 지칭하기 위한 적절한 용어가 아닌 듯 보인다. 우리의 법률 서적에서 '전쟁 배신'이란 용어뿐만 아니라 전시 저항에 관한 도덕적 논의에서 '신의(信義) 파기'란

2) 법적인 상황에 관한 유용한 연구를 보려면 다음을 참조하라. Gerhard von Glahn, *The Occupation of the Enemy Territory* (Minneapolis, 1957).

개념이 거의 사라지도록 만든 것은 정확히 이들 경험과 제2차 세계 대전에서의 여타 게릴라 전사들의 경험이다. 외국의 통치 또는 식민지 통치를 겨냥할 당시의 평시의 반란 또한 상황은 마찬가지다. 오늘날 우리는 정부가 결정한 사항 내지는 소속 군의 운명으로 인해 결정된 사항이 개개인 모두에게 자동 적용된다는 점을 부인하는 경향이 있다. 우리는 전쟁이 공식 종료된 이후에서조차 자국뿐만 아니라 자신이 지지하는 정치적 공동체의 방어와 관련해 이들이 도덕적 사명감을 느낄 수도 있음을 이해하게 됐다.[3] 결국 전쟁포로는 자신이 생포됐음에도 불구하고 전투가 지속될 것이고, 자국 정부가 버티고 있으며, 누군가가 아직도 국가를 방어하고 있음을 잘 알고 있다. 그러나 국가가 항복하면 상황이 달라진다. 국가가 항복한 이후에도 방어할 의미가 있는 가치가 있다면, 이들 가치는 정치적 위상 내지는 법적 위상이 없는 시민들과 평범한 사람들만이 방어할 수 있다. 이들 남녀에게 우리가 일종의 도덕적 권위를 인정하게 해주는 부분은 이 같은 가치들이 있거나 종종 있다는 일반적인 인식이다.

이 같은 도덕적 권위의 부여는 새롭고도 의미 있는 민주적 양식(良識)을 대변하고 있다. 그러나 이것으로 인해 심각한 문제가 제기된다. 왜냐하면 패전국의 국민들이 아직도 전투 수행 권리가 있다면 항복이 도대체 무슨 의미가 있는가? 점령국의 군대에 강요할 수 있는 책임과 의무는 무엇인가? 점령국 당국이 모든 시민에 의해 항시 공격받을 수 있다면 점령지에서 일상적인 공공생활은 있을 수 없다.

---

3) W. F. Ford, "Resistance Movements and International Law," 7-8 *International Review of the Red Cross* (1967-68) and G. I. A. D. Draper," "The Status of Combatants and the Question of Guerrilla War," 45 *British Yearbook of International Law* (1971).

한편 일상적인 공공생활 또한 나름의 가치로서, 패전국의 대부분 시민들이 열렬히 희망하고 있는 부분이다. 앞에서 언급한 프랑스 레지스탕스들의 경우 이 같은 공공생활을 위기로 몰아놓고 있다. 이들 레지스탕스가 수용해야 할 위기의 정도를 이해하고자 하는 경우는 이들이 여타 사람에게 강요하고 있는 위기의 정도를 측정해야 한다. 더욱이 진정 매일의 평화로운 생활의 복원을 겨냥하고 있다면, 점령국 당국은 자신들이 제공해주고 있는 안정을 누릴 권리가 있는 듯 보인다. 이들은 무장 저항을 범죄 행위로 간주할 권리가 있어야 한다. 따라서 이 장(章)의 서두에서 거론한 영화에서는 결론이 없지만 이야기를 다음과 같이 끝낼 수도 있을 것이다. 공격에도 불구하고 살아남은 독일군들이 힘을 규합해 반격하고, 일부 빨치산들을 체포 및 기소해 처형한다. 우리의 경우 이들 처형을 나치가 자행한 전쟁범죄 목록에 포함시키지 않을 것이다. 한편 우리는 이들 레지스탕스를 비난하지 않을 것이다.

따라서 앞의 상황은 다음과 같이 요약될 수 있다. 저항은 합법적이며, 저항을 처벌하는 일도 합법적이다. 이것이 단순한 교착상태(무승부)로, 도덕적 판단의 포기로 보일 수 있다. 실제로 이는 군사적 패배의 '도덕적 실상'을 정확히 반영하고 있다. 이들 '도덕적 실상'에 관한 우리의 이해(理解)가 이들 양측에 대한 우리의 관점과 관련이 없음을 재차 강조하고자 한다. 우리는 반역자로 지칭하지 않으면서도 빨치산들의 저항을 유감스럽게 생각할 수 있으며, 빨치산을 처형하는 행위를 범죄로 지칭하지 않으면서도 점령 자체를 증오할 수 있다. 물론 이야기가 바뀌거나 추가되면 상황은 달라진다. 점령국 당국이 항복 조약에 언급돼 있는 자신의 의무를 이행하지 않는 경우 이들 당국은 나름의 권리를 상실하게 된다. 한편 게릴라들의 투쟁이 심각성과 격렬성 측면에서 일정 한계에 도달한 경우 전쟁이 효과적으로 재개됐으며, 전쟁 재개가 상대방에 통보되고, 전선이 재차 설정되며, 기습 공격을 받은 군인들이 더 이상 놀랄 권리가 없게 된다고 결론지을 수도 있을 것이다. 이 경우 전쟁법규를 준수하며 전투를 수행하고 있는 한 점령국 당국은 체포된 게릴라들을 전쟁포로로 취급해야 할 것이다.

그러나 게릴라들은 이 같은 방식으로 싸우지 않는다. 이들의 투쟁은 점령국 또는 자국 정부뿐만 아니라 전쟁법규 자체와 관련해서도 파괴적이다. 농부의 복장을 착용하고 민간인들 내부에 몸을 숨기고 있다는 점에서 이들은 전쟁규칙의 가장 근본적인 원칙에 도전하고 있다. 왜냐하면 이들 규칙이 추구하는 바가 개개인이 단일의 정체성을 견지하도록 하는 것이기 때문이다. 이들은 군인이거나 민간인이어야 한다. 영국의 『군법 매뉴얼(*Manual of Military Law*)』란 책은 이 점을 분명히 하고 있다. "이들 두 부류는 나름의 독특한 특권, 의무 등을 갖고 있다. ……모든 사람은 이들 중 하나를 구체적으로 선택해야 한다. 이들이 두 부류의 특권을 모두 누리게 해서는 안 된다. ……개개인은 상대방 국가의 군인들을 살상한 후 체포되거나 생명에 위험을 느끼는 경우, 평화로운 시민인 것처럼 행동해서는 안 된다."[4] 그러나 이는 게릴라들이 하는 것이거나 종종 하는 것이다. 따라서 앞에서 거론된 빨치산 공격에 관한 이야기를 또 다른 방식으로 결론지을 수도 있을 것이다. 즉 빨치산들이 성공적으로 전투이탈하고는 각자 집으로 흩어져 일상적인 과업으로 되돌아간다. 그날 밤 마을에 도착한 독일군들은 마을의 여타 사람들과 게릴라 전사들을 구분할

4) Draper, p. 188.

수 없게 된다. 이 경우 어떻게 할 것인가? 탐색과 심문을 통해 몇몇 빨치산을 체포한 경우 이들 빨치산을 범법자로 취급해야 할 것인가 아니면 전쟁포로로 취급해야 할 것인가(여기서는 항복 또는 저항의 문제는 거론하지 않는다)? 한 명의 빨치산도 찾아내지 못하는 경우 모든 마을 사람을 처벌할 수 있는가? 빨치산들이 군인과 민간인을 구분해주는 표지를 견지하지 않고 있다면 빨치산들이 이들 표지를 견지해야 하는 것은 무슨 이유 때문인가?

게릴라 전사의 권리

여기서의 사례가 보여주듯이 게릴라들은 자신들이 민간인을 공격하는 등 전쟁규약에 역행해 행동하지 않는다. 이들이 전쟁규약에 역행해 투쟁할 필요가 있는 것은 아니다. 그와는 달리 이들은 자신의 적들이 전쟁규약에 역행해 행동하도록 하고 있다. 단일의 정체성을 수용하지 않음으로써 이들은 자신의 적들이 전투원과 비전투원들에게 "고유의 특권……"을 부여할 수 없도록 만들고자 노력하게 된다. 게릴라들의 정치적 신조는 적이 이처럼 전투원과 비전투원에게 "고유의 특권……"을 부여할 수 없도록 하는 것이다. 이들은 더 이상 군대가 민간인을 방어해주지 않고 있다고 말하고 있다. 이들은 야전에 있는 유일한 군대는 억압자의 군대이며, 민간인 자신이 자신을 방어하고 있다고 말하고 있다. 이들은 게릴라전이 인민전쟁, 즉 아래로부터 권위를 부여받은 특수한 형태의 전쟁이라고 말하고 있다. 베트남민족해방전선(Vietnamese National Liberation Front)이 배포한 자료에 따르면 "해방전쟁은 인민 자체가 수행하는 형태의 전쟁이다. 모든 인민이……주도적인 세력이다. ……시골의 농부뿐만 아니라 도시의 노동자가 지성인, 학생 및 기업인들과 함께 적과 싸우게 된다."[5] 한편 휘하의 준군사적 전력인 단 쿠안(Dan Quan)을 진정한 의미에서의 인민군대로 지칭하는 방식으로 민족해방전선은 이 점을 보다 강조하고 있다. 게릴라들은 인민 내부에 숨어 있는 고독한 전투원이 아니고 전쟁에 동원된 모든 인민 가운데 충성스런 일원, 즉 다수 가운데 한 명으로 자신들을 인식하고 있다. 게릴라들은 자신과 싸우고자 하는 경우 민간인들과 전투를 수행해야 할 것이라고 말하고 있다. 왜냐하면 적의 경우 특정 군대가 아니고 국가에 대항해 전쟁을 수행하고 있기 때문이다. 따라서 적은 전투를 수행하면 안 되며, 전투를 수행하는 경우 아녀자를 학살하는 야만인이 된다는 논거다.

사실 게릴라들은 국가의 일부분만을 동원하게 된다. 즉 최초 공격 당시 이들은 국가의 매우 작은 부분을 동원하게 된다. 국가의 나머지 부분을 동원하는 과정에서 이들은 자신의 적의 반격에 의존하게 된다. 이들의 전략은 전쟁규약과 관련이 있다. 이들은 무분별한 전쟁 수행에 따른 책임을 자신의 적이 뒤집어쓰도록 하는 형태의 전략을 수립하고자 노력하게 된다. 진정한 의미에서 인민군대라는 점을 입증해 보일 목적에서 게릴라들은 분별 있게 행동해야 한다. 게릴라들은 상대방과 비교해 보다 쉽게 분별력 있게 행동할 수 있는 입장이다. 이는 게릴라들이 테러를 자행하지 않는다거나 인질을 잡고, 도시를 방화하지 않는다는 의미가 아니다. 게릴라들과 싸우는 세력과 비교해 일반적으로 이 같은 일을 많이 하지 않는 것은 사실이지만 이들 또한 이 같은 일을 하게 된다. 자신의 적과 비교해 이 같은 일을

---

5) Douglas Pike, *Viet Cong* (Cambridge, Mass., 1968), p. 242.

적게 자행할 수 있는 것은 게릴라들의 경우 적이 누군지 뿐만 아니라 적이 있는 곳을 잘 알고 있기 때문이다. 게릴라들은 경무장한 상태에서 소규모 집단으로 인접 지역에서 싸우게 된다. 게릴라들과 싸우는 군대의 경우 제복을 착용하고 있다. 민간인을 살해하는 경우에서조차 게릴라들은 선별적으로 살해할 능력이 있다. 이들은 저명한 관리, 악명 높은 인물들을 살해하게 된다. 인민 전체가 진정 게릴라들의 주도 세력이 아닌 것과 마찬가지로 이들 인민은 또한 게릴라들의 공격 대상도 아니다.

이 같은 이유로, 게릴라 지도자와 선동가들의 경우 자신들이 추구하는 목표뿐만 아니라 목표 달성 과정에서 사용하는 수단이 도덕적으로 매우 높은 수준이란 점을 강조할 수 있는 입장이다. '주목해야 할 여덟 항목'이란 마오쩌뚱의 유명한 문구를 잠시 생각해보자. 마오쩌뚱은 '비전투원에 대한 공격 금지'란 개념에 전념하는 사람이 아니었다. 그러나 그는 군벌(軍閥)과 국민당이 주도하고 있던 중국에서 오직 공산주의자들만이 인민의 생명과 재산을 존중하고 있는 것처럼 기술하고 있다. '주목해야 할 여덟 항목'은 전통적인 중국의 산적(山賊)들과 게릴라들을 구분하고, 지역을 약탈하고 있던 자신의 적들과 구분할 목적의 것이었다. 민주주의의 시대의 군의 미덕을 획기적으로 단순화할 수 있음을 '주목해야 할 여덟 항목'은 보여주고 있다.6)

1. 공손하게 말한다.
2. 물건 값을 후히 지불한다.
3. 빌린 것은 돌려준다.

---

6) Mao Tse-tung, *Selected Military Writings* (Peking, 1966), p. 343.

4. 피해를 입힌 모든 것을 보상한다.
5. 인민을 때리거나 인민에게 욕설을 퍼붓지 않는다.
6. 농작물을 해치지 않는다.
7. 성희롱하지 않는다.
8. 포로들을 함부로 대하지 않는다.

마지막 부분이 특히 논란의 소지가 있다. 왜냐하면 게릴라전 상황에서 이것이 종종 포로들을 석방해야 함을 의미하며, 대부분의 게릴라들이 이 같은 석방을 매우 싫어하기 때문이다. 그러나 「미국 해병신문(*Marine Corps Gazette*)」에 실린 쿠바혁명에 관한 이야기가 보여주듯이 적어도 이 같은 일이 종종 없지 않다.7)

그날 저녁, 마을 수비대 소속의 수백 명의 바티스티아노(Batistiano)들이 항복해왔다. 이들은 토미(Tommy) 포대(砲臺) 내부의 공터에 모였다. 이들을 대상으로 라울 카스트로(Raul Castro)가 다음과 같이 장황하게 연설했다.

"여러분을 그처럼 혹독하게 대우한 여러분의 주인을 겨냥해 우리와 함께 싸울 수 있기를 희망합니다. 이 같은 나의 요청을 거부한다면 더 이상 말하지 않겠습니다. 내일 쿠바 적십자사에 여러분의 신병보호를 요청할 생각입니다. 바티스타(Batista) 휘하에 들어가는 경우 여러분들이 우리에 대항해 싸우지 않기를 희망합니다. 그러나 재차 싸우게 되는 경우 다음을 명심하기 바랍니다. 우리가 재차 여러분을 생포할 수

7) Dickey Chapelle, "How Castro Won," in *The Guerrilla-And How to Fight Him: Selections from the Marine Corps Gazette*, ed. T. N. Greene (New York, 1965), p. 223.

있을 것입니다. 생포한 경우 여러분을 협박하지도, 고문하지도 그리고 죽이지도 않을 것입니다. ……두 번 또는 세 번 체포한다 할지라도……현재와 동일한 방식으로 여러분을 돌려보낼 것입니다."

그러나 이처럼 자애로운 방식으로 행동할 때조차 체포되는 경우 게릴라 자신이 전쟁포로 자격 또는 전쟁 권리가 있는지 의문이다. 왜냐하면 비전투원들에 대항해 전쟁을 수행하지 않는 경우 게릴라들이 군인들에 대해서도 전쟁을 수행하지 않는 것으로 보이기 때문이다. 다시 말해 고구마 밭에서 있었던 일은 살인 행위였다. 이들은 경고가 없는 가운데 은밀한 방식으로 속임수를 쓰며 위장 공격했다. 이들은 전쟁규약이 근거로 하고 있는 암묵적인 신뢰를 위배했다. 즉 이들은 민간인들이 군인들로부터 괴롭힘을 당하지 않으려면 민간인과 함께 있을 때 군인들이 안전하다고 느껴야 한다는 점을 위배하고 있다. 마오쩌뚱은 게릴라와 민간인의 관계가 물고기와 바다의 관계와 같다고 말했다. 그런데 이는 사실이 아니다. 게릴라와 민간인의 관계는 물고기와 또 다른 물고기의 관계와 보다 유사하다. 한편 게릴라는 상어들 가운데뿐만 아니라 피라미들 가운데에도 나타날 가능성이 있다.

적어도 이는 게릴라전의 예증적인 형태다. 게릴라전이 항상 또는 반드시 이 같은 모습을 띠는 것이 아니란 점을 부언해야 할 것이다. 자신에게 요구되는 규율과 이동으로 인해 게릴라 전사들의 경우는 종종 국가 내부의 은신처에 있지 못한다. 게릴라의 주력은 통상 국가의 외곽 지역에 설치돼 있는 베이스캠프를 중심으로 활동하게 된다. 한편 보다 방대해지고 안정화될수록 게릴라 요원들이 제복을 착용하는 경향이 있는데, 이는 흥미로운 사실이다. 예를 들면, 티토

(Tito) 당시의 유고의 게릴라들은 특유의 제복을 착용했다. 한편 이들이 수행한 전쟁은 이처럼 제복을 착용해도 전혀 손해 보지 않는 형태였던 듯 보인다.[8] 이 같은 점에서 보면 전쟁규칙과 무관하게, 여타 군인들처럼 게릴라들이 제복을 선호하고 있다. 제복을 착용하면 조직의식과 결속력이 고양된다. 어떻든 게릴라의 주력으로부터 공격받은 군인들은 공격받는 순간 자신의 적이 누군지를 알게 된다. 제복을 착용한 사람들로부터 매복 공격을 당한 이들 군인은 자신의 적을 곧바로 알게 된다. 이 같은 공격이 있은 이후 게릴라들은 마을보다는 정글 또는 산악지역으로 눈 녹듯이 사라지는 경향이 있다. 이처럼 정글 또는 산악지역으로 사라지면 도덕적인 문제가 제기되지 않는다. 이 같은 종류의 전투는 제2차 세계대전 당시의 윙게이트의 "돌격대"(Wingate's "Chindit")나 "메릴의 약탈자"("Merrill's Marauders") 같은 부대의 비정규전 전투로 쉽게 동화될 수 있는 형태다.[9] 그러나 게릴라전에 관해 논의할 당시 대부분의 사람들이 염두에 두고 있는 형태는 이것이 아니다. 게릴라 선전책동가들이 구상하고 있는 패러다임에서는 게릴라전과 관련된 그리고 추후 알게 되겠지만 대(對) 게릴라전과 관련된 도덕적으로 난해한 부분에 초점을 맞추고 있다. 이들 난제를 다룰 목적에서 나는 이 같은 패러다임을 수용하고는 원하는 대로 게릴라를 대우해줄 생각이다. 즉 바다에 있는 많은 물고기 중의 물고기로 게릴라들을 대우할 생각이다. 이 경우 이들의 전쟁 권리는 무엇인가?

나름의 문제가 없지 않지만 여기서의 법적 규칙은 간단하고도 명확하다. 군인들이 향유하고 있는 전쟁 관련 권리를 누리고자 하는

8) Draper, p. 203.
9) Michael Calvert, *Chindits: Long Range Penetration* (New York, 1973).

경우 게릴라 전사들은 "어느 정도 동떨어진 거리에서도 식별 가능한 형태의 고정된 표지"를 착용하고 "다른 사람들이 볼 수 있는 위치에 무기를 휴대"10)해야 한다. '식별 가능', '고정된' 그리고 '다른 사람들이 볼 수 있는 위치'의 정확한 의미에 관해 오랫동안 고심할 수도 있다. 그러나 이처럼 한다고 많은 것을 배울 수 있을 것으로는 생각되지 않는다. 사실 이들 요구사항이 종종 간과되는데, 특히 침략을 격퇴하거나 외국의 독재자에 저항할 목적의 민중봉기란 흥미로운 사례에서 그렇다. 집단 차원에서 봉기하는 경우 민간인들이 제복을 착용할 필요는 없다. 매복 장소에서 통상 그렇듯이 전투 당시 이들은 외부에 노출되는 형태로 무기를 휴대하지 않을 것이다. 자신을 감추어야 한다는 점에서 이들은 외부로 무기를 노출시키지 않을 것이다. 게릴라전에 관한 최초의 법적 연구에서 프랜시스 리버(Francis Lieber)는 터키에 대항한 그리스인의 반란 사례를 인용하고 있다. 당시의 반란에서 터키 정부는 모든 포로를 살해하거나 노예로 삼았다. 그는 다음과 같이 기술하고 있다. "그러나 문명화돼 있는 정부는 포로들에 대한 자신의 행위에 영향을 끼칠 목적에서 그리스인들이……산악 게릴라전을 수행하도록 만들지는 않을 것입니다."11)

도덕적 측면에서의 주요 사안이 전쟁법에서 오직 불완전한 형태로만 다뤄지고 있다. 이 같은 도덕적 사안은 식별 가능한 의복 또는 외부에 노출되는 형태로의 무기의 휴대와 관련이 없으며, 술책과 위장 차원에서 민간인 복장을 착용하고 있다는 점과 관련이 있다.12)

---

10) Draper, p. 203.

11) *Guerrilla Parties Considered With Reference to the Laws and Usages of War* (New York, 1862). 피버는 할렉(Halleck) 장군의 부탁을 받고 이 팸플릿을 썼다.

12) 적의 복장을 착용하는 경우와 민간인 복장을 착용하는 경우 모두가 동일하

앞에서 인용한 프랑스 빨치산들의 공격은 이 점을 보여주는 완벽한 사례다. 이들의 독일군 살해는 전쟁보다 암살에 가깝다. 이처럼 생각해야 하는 것은 당시의 공격이 기습적인 형태였다는 점 때문이 아니고 당시 사용된 기만의 종류와 유형 때문이다. 이는 친구, 지지 세력 또는 무고한 방관자의 모습으로 위장하고 있는 일부 정적(政敵)들이 공공 관리 또는 당의 지도자를 제거할 당시 목격되는 형태의 기만이다. 공공 관리 또는 당의 지도자가 살해돼 마땅할 정도로 야만적인 독재자일 수도 있다. 마찬가지로 암살될 자격이 있을 정도로 프랑스에 있던 독일군들이 프랑스의 민간인들을 공격한 적이 있을 수도 있다. 그러나 암살범들은 전쟁규칙의 보호를 받을 수 없다. 이들은 다른 형태의 활동을 하고 있는 것이다. 게릴라들이 민간인으로 위장할 필요가 있는 여타의 대부분 행위 또한 다른 형태다. 이들 행위에는 모든 유형의 간첩활동 내지는 사보타지가 포함된다. 이들은 정규군의 첩자들이 적의 전선 너머에서 수행하는 행위들에 가장 잘 비교된다. 추구하는 대의가 정당한 경우에서조차 이들 첩자가 전쟁 관련 권리가 없다는 점에 많은 사람들이 동의하고 있다. 이들은 자신들의 노력으로 인해 있게 될 모험(위기) 정도를 잘 알고 있다. 유사한 활동에 종사하고 있는 게릴라들이 처해 있는 위기를 달리 기술해야 할 이유는 무엇인가? 이 같은 이유는 없다. 게릴라 지도자들은 휘하 추종 세력들이 전쟁 관련 권리를 누릴 자격이 있다고 주장하고 있다. 그러나 책략의 일환으로 민간인 복장을 착용하고 있는 게릴라와 위

다. 보어전쟁에 관한 회고록에서 데니스 리츠(Deneys Reitz)는 보어의 게릴라들이 종종 영국군 복장을 착용했다고 말하고 있다. 영국군의 카키복을 입고 생포된 사람은 누구나 사살될 것이라고 영국군 지휘관인 키치너(Kitchener)는 경고했다. 그 후 많은 포로들이 처형됐다.(*Commando*, London, 1932, p. 147)

장, 야밤 이용, 전술적 기습 등에 의존하고 있는 게릴라를 구분해 생각할 필요가 있을 것이다.

그러나 앞에서 언급한 게릴라전 패러다임에 의해 제기되는 문제들은 이 같은 구분으로도 해결되지 않는다. 왜냐하면 게릴라들이 단순히 민간인의 지위로 싸우고 있는 것이 아니고 민간인 내부에서 싸우고 있기 때문이다. 이는 다음과 같은 두 가지 의미에서 그렇다. 첫째, 정규군의 경우와 비교해 이들 게릴라의 일거수일투족이 주변 사람들의 매일의 존재와 훨씬 긴밀한 관계가 있다. 게릴라들은 자신들이 방어해주고 있다고 주장하는 사람들과 함께 생활하게 된다. 반면에 정규군은 통상 전쟁 내지는 전투가 종료된 이후에나 민간인들과 생활하게 된다. 둘째, 게릴라는 자신들이 살고 있는 장소에서 싸우게 된다. 즉 이들의 진지(陣地)는 기지, 캠프, 요새 내지는 성채가 아니고 마을이다. 따라서 이들은 인민전쟁에 동원하지 못한 경우에서조차 마을 사람들에 전적으로 의존하게 된다. 오늘날의 군대는 보급물자, 충원 및 정치적 지지 측면에서 본국 국민에 의존하게 된다. 그러나 이 같은 의존은 통상 간접적인 형태다. 즉 이는 국가의 행정조직 또는 국가경제의 물물교환 체계가 중간에 개입하는 형태의 것이다. 따라서 식량은 농부에서 시장을 거쳐, 식량 처리 공장으로, 트럭 회사로 그리고 군대의 식당으로 전달된다. 그러나 게릴라전에서는 이 같은 관계가 보다 직접적인 형태를 띤다. 즉 농부가 게릴라에게 식량을 직접 전달해주게 된다. 세금 차원에서 받든지 마오쩌뚱의 '주목해야 할 여덟 항목'의 두 번째 조항에 근거해 물건 값을 후히 지불받는지와 무관하게 게릴라와 농부는 일대일 관계다. 마찬가지로 전쟁을 지원하는 정당(政黨)을 평범한 시민이 지지하고, 이 정당의 리더에게 전쟁에서의 군사적 행위와 관련해 브리핑하게 할 수도 있다.

그러나 게릴라전에서 민간인이 제공해주는 지원은 훨씬 직접적인 성격이다. 게릴라전을 지원하는 민간인은 브리핑 받을 필요가 없다. 그는 이미 군사적으로 가장 중요한 비밀을 알고 있다. 즉 그는 누가 게릴라인지를 잘 알고 있다. 이 같은 정보를 폭로하면 게릴라들이 전쟁에서 패배하게 된다.

마을 사람들이 자신을 지원하게 만들거나 적어도 침묵을 지키게 할 목적에서 게릴라들이 테러에 의존하고 있다고 게릴라들의 적은 말하고 있다. 그러나 의미 있는 수준의 지지(게릴라가 항상 이 같은 지지를 받는 것은 아니다)를 받는 경우 나름의 이유가 있을 것이다. 베트남전쟁을 연구하고 있는 한 학자는 "몇몇 사람이 협조하게 만드는 과정에서 폭력이 나름의 효과가 있을 수 있다. 그러나 폭력은 전 사회계급(농부)이 협조하는 현상을 설명해주지 못한다"[13)]고 말하고 있다. 살해를 위협하거나 살해해 이들 민간인을 확실한 지지 세력으로 만들 수 있다면 게릴라들의 경우 항상 불리한 입장일 것이다. 왜냐하면 게릴라들과 비교해 이들의 적이 훨씬 막강한 화력(火力)을 보유하고 있기 때문이다. 그러나 "주민의 많은 부분을 사전 포섭하고, 엄격히 정의돼 있는 소수 집단으로 폭력을 제한하지 않는 경우" 살해는 살해자들에게 불리하게 작용할 것이다. 주민 내부에서의 전투에서 승리하는 경우 게릴라들이 주민들로부터 의미 있는 수준의 지지를 받고 있다고 가정해야 할 것이다. 이들 주민 또는 주민의 일부는 게릴라전의 공모자(共謀者)다. 이들의 공모가 없다면 게릴라전은 불가능해질 것이다. 이는 이들이 게릴라를 돕기 위한 기회를 적극 모색하고 있다는 의미가 아니다. 게릴라들이 추구하는 목표에 동조하

---

13) Jeffrey Race, *War Comes to Long An* (Berkeley, 1972), pp. 196-97.

는 경우에서조차 일반적으로 민간인들이 자신의 집에 이들 게릴라를 숨겨주기보다는 심정적으로 동조하는 수준이라고 말할 수 있을 것이다. 그러나 게릴라전의 경우는 민간인들이 게릴라들에 대해 친밀감을 느끼도록 만드는 경향이 있다. 군인들에게 제공해주는 서비스와 기능적으로 동일한 경우에서조차 게릴라들에게 제공해주는 서비스로 인해 민간인들이 새로운 방식으로 게릴라전에 말려들게 된다. 왜냐하면 친밀감 자체는 기능적으로 대등한 것이 없는 또 다른 형태의 서비스이기 때문이다. 자신을 지원해주고 있는 민간인을 군인들이 보호해줄 것으로 생각되는 반면 게릴라들은 게릴라들과 함께 하는 민간인들에 의해 보호받게 된다.

이처럼 민간인의 보호를 받고자 하고, 이 같은 보호에 의존하고 있다는 점으로 인해 게릴라들이 전쟁 관련 권리를 상실하고 있다고는 보이지 않는다. 이 같은 점으로 인해 정반대되는 주장이 제기될 가능성이 높다. 즉 집단 차원에서 봉기할 당시 민간인들이 누릴 것으로 생각되는 전쟁 관련 권리가 이들 민간인이 지지 및 보호해주는 비정규전 전사들에게로 이전될 가능성이 있다. 물론 여기서는 적어도 이들 민간인의 지지가 자발적인 성격이라고 가정하게 된다. 이는 개개 전사(戰士)가 아니고 정치적 도구로서, 자신들에게 서비스를 제공해주는 공동체의 공복(公僕)으로서, 군인들이 전쟁 권리를 얻게 되기 때문이다. 유사하거나 대등한 관계에 있을 때마다 게릴라들은 유사한 정체성을 얻게 된다. 다시 말해, 이미 내가 언급한 방식으로 주민들이 게릴라들의 행위에 협조하고 공조하는 순간마다 게릴라들이 민간인과 유사한 형태의 정체성을 얻게 된다. 주민들의 이 같은 인정 또는 지지가 없다면 게릴라들은 전쟁 관련 권리를 얻지 못한다. 또한 이들의 적이 생포된 게릴라를 산적(山賊) 내지는 범죄자로 취급해도 무방할 것이다. 그러나 어느 정도 의미 있는 수준의 주민의 지지가 있는 경우 통상 게릴라는 전쟁포로에게 제공되는 '자애로운 격리'를 받을 자격이 있다(이들이 특정의 암살 내지는 사보타지 행위를 자행하지 않은 경우 그렇다. 이 경우는 군인 또한 처벌받을 수 있다).[14]

분명히 말하지만 이 같은 논거는 게릴라의 권리를 정립해주는 형태다. 그러나 이것으로 인해 민간인의 권리에 관한 가장 심각한 반면, 게릴라전에서 가장 중요한 문제가 제기된다. 게릴라전과 관련해 친밀감을 느끼고 있다는 점으로 인해 민간인들이 전투의 위기에 새로운 방식으로 노출된다. 사실 이 같은 노출의 성격과 정도는 해당 정부와 정부의 동맹국들에 의해 결정될 것이다. 따라서 민간인들이 위기에 몰리도록 한 결심에 따른 부담을 게릴라들이 아니고 게릴라들의 적이 감당해야 하는 입장이다. 게릴라들이 향유하고 교묘히 이용하는 대중적 지지의 도덕적 의미를 측정해야 하는 사람은 게릴라들의 적이다. 민간인 내부에서 투쟁하는 남녀에 대항해, 즉 게릴라들에 대항해 싸우는 과정에서는 민간인의 생명이 위험에 처할 수밖에 없다. 이들 민간인이 자신들의 공격받지 않을 권리를 포기했는가? 또는 전시 공모(共謀)했다는 점에도 불구하고 반(反) 게릴라 전사들과 관련해 이들이 아직도 권리가 있는가?

---

14) 여기서 내가 전개하고 있는 논거는 "전투원의 인정"과 관련해 법률가들이 하는 논거와 유사하다. 통상 정부만 보유하고 있는 전쟁 권리를 반란 집단에게 인정해주고, 반란 집단을 교전국으로 인정해야 할 시점은 언제인지 이들은 질문했다. 반란 집단이 안정적인 영토를 확보한 이후에나 이처럼 인정할 수 있다는 것이 일반적인 답변이다. 왜냐하면 이 경우 자신이 통제하고 있는 땅에 살고 있는 사람들과 관련해 책임지는 등 이들이 나름의 정부로 기능하기 때문이다. 그러나 여기서는 정규전 내지는 준 정규전을 가정하고 있다. 게릴라전의 경우 우리는 반란군과 주민들 간의 적정 관계를 달리 기술해야 할 것이다. 게릴라들이 주민들을 보살필 때가 아니고 주민들이 게릴라를 보살필 당시 이들이 전쟁 권리를 획득하게 된다.

민간인 부역자들의 권리

게릴라들을 지지하는 민간인들이 전혀 권리가 없거나 없다고 생각된다면 이들 민간인 내부에 몸을 숨겨도 거의 도움이 되지 않을 것이다. 어느 의미에서 보면 이 경우 게릴라들이 추구하는 이점은 자신들이 상대하는 적의 도덕관념에 의존하게 될 것이다. 물론 이들 적이 부도덕하게 행동하는 경우 얻을 수 있는 또 다른 이점이 없지 않을 것이다. 게릴라들에 대항한 전쟁이 이처럼 어려운 것은 이 같은 이유 때문이다. 사실 이들 도덕관념이 도덕적 기반이 있다고 주장하고자 한다. 그러나 이들 도덕관념이 또한 전략적 기반이 있다고 먼저 암시할 필요가 있을 것이다. 게릴라에 대항해 싸우는 군사력의 경우는 군인/민간인의 구분을 강조하는 것이 항상 도움이 된다. 이는 이 같은 구분을 희석시킬 목적으로 게릴라들이 행동하는 경우에서조차 그럴 것이다. 할 수 있다면 항상 게릴라들은 이 같은 구분을 희석시키고자 노력할 것이다. '대(對) 반란전'에 관한 모든 책자에서는 동일한 논거를 전개하고 있다. 즉 민간인들로부터 게릴라를 고립시키고, 민간인들이 게릴라들을 보호하지 못하도록 하며, 전투 당시 상대방 민간인들을 보호할 필요가 있다는 논거를 전개하고 있다.[15] 여기서의 마지막 부분이 정규전에서보다는 게릴라전에서 중요한 의미가 있다. 왜냐하면 정규전에서는 적국의 민간인들이 자신에게 적개심을 품고 있다고 가정하는 반면 게릴라전에서는 이들의 동정과 지원을 추구해야 하기 때문이다. 게릴라전은 정치 및 이념적 성격의

15) *The Guerrilla-And How to Fight Him*; John McCuen, *The Art of Counter-Revolutionary War* (London, 1966); Frank Kitson, *Low Intensity Operations: Subversion, Insurgency, and Peacekeeping* (Harrisbury, 1971).

투쟁이다. 제1차 세계대전 당시 아랍의 게릴라들을 이끌었던 로렌스(T. E. Lawrence)는 "우리의 왕국은 개개인의 마음 안에 있다. 지역의 민간인들이 자유에 관한 우리의 이상(理想)을 위해 목숨 바치도록 교육시킨 순간 해당 지역을 쟁취한 것이나 다름이 없다"16)고 기술했다. 게릴라들의 이상에 반하는 몇몇 것들을 추구하며 생활할 수 있도록 동일한 시민들을 교육시킨 경우에만 이 같은 지역을 재차 빼앗을 수 있다(또는 군사적 점령의 경우 질서와 일상적인 생활의 재정립에 수긍하도록 교육시킬 수 있는 경우). 게릴라 전투가 민간인의 '마음과 영혼'을 사로잡기 위한 투쟁이라고 말할 당시의 의미는 이와 같다. 민간인들을 공격해야 하며, 게릴라들과 함께 살해해야 할 다수의 적으로 취급하는 경우 이 같은 전투에서 승리할 수 없게 된다.

그러나 민간인들로부터 게릴라들을 고립시킬 수 없다면 어떻게 할 것인가? 민중봉기가 단순한 선전책동이 아니고 현실인 경우는 어떻게 할 것인가? 군 관련 책자에서는 이 같은 질문을 제기하지도, 질문에 답변하지도 않고 있다. 그러나 이 같은 순간에 도달하는 경우 주장해야 할 도덕적 논거가 있다. 이 경우 게릴라들에 대항한 전쟁을 더 이상 수행할 수 없게 되는데, 이는 이 같은 전쟁에서 더 이상 전략적으로 승리할 수 없기 때문이 아니다. 이 같은 전쟁을 수행할 수 없는 것은 이것이 더 이상 게릴라들에 대항한 전쟁이 아니고 국내사회에 대항한 전쟁, 즉 전투에서 민간인과 군인의 구분이 불가능해진다는 점에서 모든 인민에 대항한 전쟁이기 때문이다. 그러나 이는 게릴라전의 극단적인 사례다. 사실 해당 인민의 권리가 이전에 가동되기 시작하며, 나의 경우는 이제 이들 권리에 관해 몇몇 그럴

---

16) *Seven Pillars of Wisdom* (New York, 1936), Bk. III, ch. 33, p. 196.

듯한 정의를 내리고자 노력해야 할 것으로 생각된다.

점령지 프랑스에서 있었던 빨치산 공격의 사례를 재차 생각해보자. 매복 공격 이후 빨치산들이 부근의 농부들의 마을에 숨은 경우 이들 농부의 권리는 무엇인가? 그날 밤 독일군이 매복 공격에 직접 가담했거나 암묵적으로 가담한 사람들을 찾고자 노력하고, 이 같은 공격의 재발을 방지하기 위한 방안을 강구하고 있다고 가정해 보자. 독일군과 마주치는 민간인들의 경우 적대감정을 견지하고 있을 것이다. 그러나 적대감정을 견지하고 있다고 전쟁규약의 관점에서 이들 민간인이 독일군의 적이 되는 것은 아니다. 왜냐하면 이들이 진정 독일군의 노력에 저항하고 있지 않기 때문이다. 이들은 경찰의 심문이 있는 경우 민간인들이 종종 하는 방식으로 행동하게 된다. 이들은 아무것도 모르고 있는 양 소극적이고도 회피적인 자세를 견지하게 된다. 우리는 국가 내부에서의 비상사태를 가정하고는 경찰이 이 같은 적대감정에 어떻게 합법적으로 반응할 수 있을 것인지에 관해 질문해야 한다. 자신들이 하고 있는 일이 '경찰의 일'인 경우 군인들은 더 이상 할 수 있는 부분이 없다. 왜냐하면 적개심을 견지하고 있는 민간인들의 지위가 다르지 않기 때문이다. 심문, 탐색, 압류, 통행금지 모두는 통상 수용 가능한 형태인 듯 보인다(그 이유에 관해서는 설명하지 않을 생각이다). 그러나 의문이 가는 사람을 고문하거나 민간인을 볼모로 삼는 행위 또는 무고하거나 무고하다고 생각되는 사람을 구금하는 행위는 수용될 수 없는 듯 보인다.[17] 이 같은 상황에서 아직도 민간인이 권리가 있다. 일시적이나마 이들의 자유를 다

17) 이들 한계를 초월하고 있는 군인들에 대한 실감나는 설명을 보려면 다음을 참조하라. Victor Kolpacoff's novel of the Vietnam war, *The Prisoners of Quai Dong* (New York, 1967).

양한 방식으로 축소시킬 수는 있지만 전적으로 몰수할 수는 없다. 또한 이들의 생명이 위기에 처하도록 할 수도 없다. 마을을 지나칠 당시 해당 부대가 매복 공격을 당하고 농부들의 집과 마구간을 배경으로 게릴라들이 사격하는 경우는 이 같은 논거가 훨씬 어려워질 수 있다. 이 경우 있을 수 있는 일을 이해하려면 또 다른 역사적 사례를 살펴볼 필요가 있다.

베트남에서의 미국의 교전규칙

베트남전쟁에서 있었던 전형적인 사건을 소개하고자 한다. “18번 도로를 따라 이동하고 있던 미군 부대가 특정 마을로부터 총격을 받았다. 그러자 미군의 전술 지휘관이 대포와 항공력으로 해당 마을을 공격해달라고 요청해 많은 인명 피해와 광범위한 수준의 물리적 피해가 있었다.”[18] 이 같은 일이 수백 번 그리고 수천 번 있었음이 틀림없다. 농부들이 살고 있는 마을을 폭격하고 징벌하는 행위는 미군의 전형적인 전술이었다. 게릴라들을 고립시키고, 민간인 살상을 줄일 목적의 미군의 교전규칙이 이 같은 것을 허용해주고 있음이 특히 흥미롭다.

18번 도로 부근의 마을에 대한 공격은 오직 미군의 피해를 최소화할 목적의 것이었던 듯 보인다. 이는 이미 내가 조사해본 관행을 보여주는 또 다른 사례로 보인다. 즉 군인들을 곤궁과 위기에서 구원할 목적으로 오늘날의 화력을 무분별하게 사용한 사례인 듯 보인다. 그러나 이 경우 군인들이 직면하고 있는 곤궁과 위기는 정규전의 일선

18) Race, p. 233.

(一線)에서 직면하게 되는 형태와 매우 다르다. 해당 마을로 진입해 들어가고 있던 군의 초계병들이 적의 진지(陣地)의 위치를 파악해 파괴할 가능성은 크지 않았다. 군인들의 경우……주민들이 말없이 시무룩한 표정을 짓고 있으며, 게릴라 전사들이 몸을 숨기고, 게릴라들의 요새와 마을 사람들의 집을 거의 구분할 수 없는 마을을 발견했을 것이다. 이들 군인을 겨냥해 적이 사격해올 가능성이 있었으며, 이들이 지뢰와 부비트랩으로 인해 부하들을 잃게 될 가능성은 보다 높았을 것이다. 이들 지뢰와 부비트랩의 위치를 마을의 모든 사람이 알고 있던 반면 어느 누구도 그 위치를 알려 주고자 하지 않았을 것이다. 이 같은 상황에서 해당 마을이 군사적 요새이며, 합법적인 표적이라고 군인들이 어렵지 않게 확신했을 것이다. 요새로 알려진 경우 적의 화력이 발사되기 이전에 여타 적의 진지와 마찬가지로 공격할 수 있었을 것이다. 사실 이는 베트남전쟁 초기, 미국의 정책이었다. 어느 정도 적의 화력이 예상되던 마을의 경우는 군인들이 진입하기 이전에 그리고 어떠한 진입도 계획돼 있지 않은 경우에서조차 폭격과 사격을 받았다. 그러나 이 경우 민간인의 마음을 사로잡는 것은 고사하고 민간인 살상을 어떻게 최소화할 수 있을 것인가? 베트남전쟁에서는 이 같은 질문에 답변할 목적으로 교전규칙이 발전됐다.

베트남전쟁의 교전규칙의 주요 요지는 마을을 파괴하기 이전에 사전 경고해 마을 사람들이 게릴라들과 결별하고, 게릴라들을 추방하거나 홀로 있게 하기 위한 것이었다고 언론인인 조나단 셸(Jonathan Schell)은 묘사하고 있다.[19] 여기서 의도한 바는 전투원과 비전투원이 결별토록 하는 것이었는데, 그 과정에서 테러가 사용됐다. 게릴라전

19) Jonathan Schell, *The Military Half* (New York, 1968), pp. 14ff.

에 공모(共謀)하는 비전투원, 즉 민간인의 경우는 엄청날 정도의 모험이 따랐다. 그러나 이는 마을 전체에만 강요할 수 있는 형태의 모험이었다. 즉 모험을 더 이상 구분할 수 없었다. 게릴라들의 행위로 인해 민간인들이 볼모가 됐던 것은 아니다. 그와는 달리 이들 민간인은 자신들의 행위와 관련해 책임을 감당했는데, 이 같은 행위가 군사적 성격이 아님이 분명한 경우에서조차 그러했다. 종종 해당 행위가 군사적 성격임이 분명했다는 사실, 열 살 어린이가 미군 병사들에게 수류탄을 투척했다는 사실(부분적으로 이는 민간인들에 대한 자신들의 행위를 정당화시킬 목적으로 군인들이 과장한 사건일 것이다)로 인해 이 같은 책임의 성격이 모호해지고 있다. 그러나 마을의 아녀자들이 싸울 준비가 돼 있었다는 점 때문이 아니고 게릴라들에 대한 물질적인 지원을 거부할 의사가 없었다는 점 또는 게릴라들의 위치뿐만 아니라 지뢰와 부비트랩의 위치를 알려주고자 하지 않았다는 점으로 인해 해당 마을을 적대적 성격의 것으로 간주했음을 강조할 필요가 있을 것이다.

당시의 교전규칙은 다음과 같았다. (1) 미군이 마을 내부로부터 총격을 받은 경우 사전 경고 없이 해당 마을을 겨냥해 폭격할 수 있었다. 마을이 베트콩의 사격 기지로 사용되지 않도록 할 능력을 마을 사람들이 갖고 있다고 가정했다. 이들이 이 같은 능력이 있었는가와 무관하게 분명히 말하지만, 이들은 마을이 이처럼 사용될 것인지를 사전에 알고 있었다. 어떻든 사격 자체는 일종의 경고였다. 왜냐하면 이 같은 사격에 대한 반격이 예상됐기 때문이다. 물론 베트남의 마을 사람들이 미군의 반응이 그처럼 가공한 수준일 것으로 예상했을 가능성은 거의 없는데, 이는 이 같은 반응이 일상적인 현상이 된 순간에도 그러했다. (2) 전단 살포를 통해 또는 헬리콥터의 확성기를 통해 사전 경고한 경우 적대적 성격의 것으로 알려져 있던 모든 마을을 폭격하거나 사격할 수 있었다. 이들 경고에는 두 종류가 있었다. 종종 이들 경고는 구체적인 형태였으며, 공격 직전에 전달돼 마을 사람들이 마을을 이탈할 수 있을 정도(그 후 게릴라들이 이들과 함께 이탈할 수 있을 정도)의 시간적 여유만 갖도록 했다. 또는 마을 사람들이 게릴라를 추방하지 않는 경우 있을 수 있는 공격을 설명하는 등 이들 경고는 일반적인 형태였다.

> 미국 해병대는 베트콩을 숨기고 있는 모든 마을을 지체 없이 파괴할 것이다. ……선택은 여러분의 몫이다. 마을을 베트콩들이 전장으로 사용하지 못하게 하는 경우 여러분은 여러분의 집과 생명을 구하게 될 것이다.

그렇지 않은 경우 집과 생명을 잃게 될 것이다. 선택을 강조하고 있음에도 불구하고 이는 전혀 관대한 발언이 아니다. 왜냐하면 탈출(이탈)이 개인의 선택 사항이었지만 문제의 선택이 집단 차원의 것이기 때문이다. 민간인들의 경우 베트콩의 정착지가 된 마을을 이탈해 친척들과 또 다른 마을에 정착하거나 도시 내지는 정부가 운영하는 캠프에 정착할 수 있었다. 그러나 이들의 대부분은 폭격이 시작된 이후에나 그처럼 했다. 이는 이들이 미군의 경고를 이해하지 못했기 때문에, 미군의 경고를 믿을 수 없어서 또는 자신의 집이 피해를 입지 않을 것이란 간절한 기대 때문이었다. 따라서 적의 통제 하에 있다고 생각되던 지역에서 주민들을 강제 추방하는 행위가 종종 인간적인 것으로 생각됐다. 이 경우 세 번째 교전규칙이 발효됐다. (3) 민간인을 추방한 경우 마을과 마을의 주변을 마음대로 폭격이 가능한 '자유사격지대(Free-fire zone)'로 선포할 수 있을 것이다. 아직도 이곳 지역에 살고 있는 사람은 게릴라이거나 게릴라를 지원하는 사람으로 생각됐다. 나뭇잎을 제거함으로써 천연의 은폐물이 사라진 것처럼 강제 추방으로 인해 민간인 은폐물이 제거돼 적이 외부로 노출됐다.[20]

이들 교전규칙과 관련해 가장 먼저 주목되는 부분은 이들 규칙이 전적으로 비효과적이었다는 점이다. "나의 조사에 따르면 이들 규제 사항을 적용하기 위한 절차들이 이들 규제가 전적으로 의미가 없을 정도로 수정돼 있거나 왜곡되고 간과됐다"[21]고 셸은 기술하고 있다. 종종 사전 경고가 없었으며, 글을 읽지 못하는 마을 사람들에게 전단(傳單)이 거의 도움이 되지 않았다. 또는 강제 철수에도 불구하고 많은 민간인이 마을을 떠나지 않았다. 또한 추방된 가족을 염두에 둔 적정 조치가 강구되지 않았다는 점으로 인해 이들 가족이 자신의 집과 농토로 되돌아왔다. 물론 교전규칙에서 또는 교전규칙이 적용되는 상황에서 본질적인 부분이 아닌 경우는 이 같은 비효과적인 부분 중 어느 것도 교전규칙의 의미에 영향을 끼치지 않을 것이다. 즉 이 같은 비효과적인 부분을 교정해도 별다른 의미가 없을 것이다. 베트남의 경우는 분명히 이와 같았다. 왜냐하면 게릴라들이 어느 정도 주민들로부터 지지를 받고 있으며, 마을에서 정치적 수단을 확보한 경우 마을 사람들이 게릴라들을 추방하거나 추방할 수 있을 것으로 거의 생각할 수 없기 때문이다. 이는 게릴라들의 규칙의 미덕과 전혀 관계가 없다. 마찬가지로 자신의 집이 폭격을 당하고 가족이

---

20) 강제 추방에 관한 설명을 보려면 다음을 참조하라. Jonathan Schell, *The Village of Ben Suc* (New York, 1967).

21) *The Other Half*, p. 151.

살해됐음에도 불구하고 독일의 노동자들이 나치 정권의 전복을 꾀했을 것으로 거의 생각할 수 없을 것이다. 따라서 이들 교전규칙이 제공해주는 유일한 방호는 평화로운 마을에서 게릴라들의 이탈을 권고하거나 강제 이탈시키는 것이 아니고 전쟁터가 될 가능성이 있는 이곳에서 민간인들이 이탈하도록 하는 것이다.

분명히 말하지만, 정규전의 경우는 민간인들이 전쟁터를 이탈하도록 하는 것이 바람직하다. 국제법의 경우, 가능한 모든 곳에서 이 같은 이탈을 요구하고 있다. 포위 공격을 당하고 있는 도시의 경우도 상황은 마찬가지다. 민간인들이 도시를 이탈할 수 있도록 해야 한다. 이탈을 거부하는 경우 방어 전력과 마찬가지로 이들 민간인을 공격할 수 있을 것이다. 그러나 전쟁터와 도시의 공간은 한정돼 있으며, 전투와 포위 공격은 통상 제한된 기간 동안 진행된다. 민간인들은 지역을 이탈한 이후 되돌아오게 된다. 게릴라전은 매우 다른 형태일 수 있다. 게릴라전의 전쟁터는 국가의 대부분 지역으로 확대되며, 마오쩌뚱이 기술한 바처럼 게릴라들의 투쟁은 오랫동안 진행된다. 게릴라전은 도시에 대한 포위공격이 아니고, 보다 넓은 지역의 봉쇄 또는 전략적 황폐화에 보다 잘 비유될 수 있다. 미국의 교전규칙의 저변을 형성하고 있는 정책에서는 베트남의 많은 지방 사람들을 다른 곳으로 몰아내 재정착시키는 방안을 구상하고 있었다. 즉 수백만의 남녀 및 유아의 재정착을 구상하고 있었다. 그러나 이는 거의 상상할 수 없는 일이다. 이 같은 프로젝트가 범죄 행위일 가능성이 있다는 점은 제쳐놓더라도 이것의 수행에 필요한 충분한 자원이 가용할 것인지가 확실치 않았다. 폭격을 당한 마을에서 민간인들이 생활하는 현상이 필연적이었으며 필연적이라고 알려져 있었다.

당시 있었던 일이 곧바로 묘사됐다.[22)]

1967년 8월의 벤톤(Benton) 작전 도중 평화정착 캠프가 피난민으로 넘쳐나면서 군은 더 이상의 난민을 만들어내지 말라는 명령을 받았다. 군은 명령에 순응했다. 그러나 탐색 및 파괴 작전이 지속됐다. 마을을 항공기로 공격하기 이전에 농부들에게 사전 경고하지 않았다. 피난민으로 넘쳐나는 평화정착 캠프에 더 이상 공간이 없다는 점으로 인해 농민들이 마을에서 사살됐다.

이 같은 일이 항상 있는 것은 아닌데, 게릴라들에 대항한 전쟁에서조차 그렇다. 물론 쿠바폭동(Cuban Insurgency)과 보어전쟁에 그 근원을 두고 있는 강압적인 재정착의 경우 인도적인 방식으로 또는 충분한 지원이 있는 가운데 수행된 경우가 거의 없었다.[23] 그러나 그렇지 않은 경우도 있다. 일부 시골 주민들로부터만 게릴라들이 지원받고 있었던 1950년대 초반의 말라야(Malaya)에서는 집단농장이 아니고 새로운 마을로 제한된 수준의 재정착이 추진됐는데, 이것이 효과가 있었던 듯 보인다. 어떻든 재정착한 사람 중에서 전투 종료 이후 이전의 집으로 되돌아가기를 원했던 사람이 거의 없었다고 한다.[24] 이것이 도덕적 측면에서의 재정착의 성공 가능성을 보여주는 충분한 기준은 아니다. 그러나 이는 재정착이 허용 가능한 프로그램임을 보여주는 징표다. 일반적으로 정부는 상례적으로 수용되는 일부 사회적 목적을 위해 자국 국민들(비교적 적은 부분)을 재정착시킬 권리가

---

22) Orville and Jonathan Schell, letter to *The New York Times*, Nov. 26, 1969; Noam Chomsky, *At War With Asia* (New York, 1970), pp. 292-93.

23) Farwell, *Anglo-Boer War*, chs. 40, 41.

24) Sir Robert Thompson, *Defeating Communist Insurgency* (New York, 1966), p. 125.

있다고 생각된다. 따라서 게릴라전의 시대에 재정착이란 정책을 전적으로 배제할 수 없을 것이다. 그러나 재정착할 사람의 숫자를 제한하지 않는다면 일반적으로 재정착은 수용하기 어려운 개념일 것이다. 또한 평시와 마찬가지로 전시에는 적정 수준의 경제적 지원뿐만 아니라 생활공간을 제공해야 할 것이다. 베트남에서는 이것이 결코 가능하지 않았다. 베트남전쟁의 범주는 너무나 넓었다. 새로운 마을을 건설할 수 없었으며, 재정착 캠프는 비참한 수준이었다. 시골 지역에서 추방된 수십만의 사람들이 도시로 몰려들면서 새로운 형태의 창녀, 걸인, 병자 및 무직자로 전락했으며, 저급의 조잡한 직장에서 이용당하는 상황이 됐다.

민간인의 사망을 방지했다는 제한적인 의미에서 제대로 기능한 경우에서조차 교전규칙과 이들 규칙이 구현하고자 한 재정착 관련 정책은 결코 옹호할 수 없는 형태였다. 재정착 정책의 경우는 비례성의 원칙조차 위배하고 있는 듯 보이는데, 재차 알게 되겠지만 재정착은 결코 수행이 쉽지 않다. 왜냐하면 재정착 과정에서 있게 되는 파괴와 고통을 측정할 때 견줘봐야 할 재정착의 의미가 지나칠 정도로 쉽게 부풀려지기 때문이다. 그러나 베트남전쟁의 경우 재정착의 논거는 분명하다. 왜냐하면 재정착의 옹호는 벤트레(Ben Tre) 시와 관련해 미군 장교가 언급한 다음과 같은 주장으로 귀결됐기 때문이다. "도시를 구원할 목적으로 해당 도시를 파괴해야 한다."25) 베트남을 구원할 목적에서 우리는 베트남의 시골 지역의 문화뿐만 아니라 베트남인들의 마을을 파괴해야만 했다. 분명히 말하지만 이 같은 등식은 성립되지 않는다. 또한 베트남 사람들의 투쟁 자체를 놓고 보

---

25) Don Oberdorfer, *Tet* (New York, 1972), p. 202.

면 적어도 재정착 정책은 용인될 수 없었다.

그러나 베트남전쟁에서의 교전규칙으로 인해 보다 흥미로운 질문이 제기된다. 사전에 충분히 경고를 받은 베트남의 민간인들이 게릴라의 추방을 거부했을 뿐만 아니라 자신 또한 이탈을 거부했다고 가정해보자. 교전규칙에 암시돼 있는 바처럼 이들을 공격해 살해할 수 있는가? 이들 민간인의 권리는 무엇인가? 분명히 말하지만, 이들의 경우 위기에 노출될 수 있다. 왜냐하면 이들이 살고 있는 마을에서 전투가 벌어질 가능성이 있기 때문이다. 이들이 감수해야 할 위기의 정도는 정규전의 경우와 비교해 훨씬 클 것이다. 이처럼 위기가 증대된 것은 이미 내가 설명한 바처럼 마을 사람들이 게릴라들에 대해 친근감을 느끼고 있기 때문이다. 이 같은 위기의 증대가 이 같은 친근감, 적어도 도덕적 영역에서의 이 같은 친근감의 유일한 결과란 점을 이제 암시하고자 한다. 이는 충분히 심각한 상황이다. 정규전의 수행을 염두에 두고 있는 군대의 경우는 게릴라들과의 전쟁이 적지 않은 부담이 된다. 제대로 기강이 잡혀 있으며, 유의하는 경우에서조차 이들 군인의 손에 민간인들이 살해되지 않을 수 없다. 평범한 수준의 총격전이 아니란 점을 고려해보면, 교전이 시작되면 소위 말해 15세에서 50세 사이의 마을의 모든 남자들을 겨냥해 발사하는 군인들의 행위가 아마도 정당화될 것이다. 이 같은 종류의 전투에 기인하는 무고한 사람들의 사망은 게릴라들과 게릴라를 지원하는 민간인들의 책임이다. 이중효과 교리로 인해 이들 군인은 죄가 없다. 그러나 오직 정치적으로만 지지하고 있는 한 민간인 부역자들 자체는 집단으로서 또는 구분 가능한 개인으로서 합법적인 표적이 아니란 점을 강조해야 할 것이다. 이들 중 몇몇 사람은 특정의 암살 및 사보타지 행위(일반적으로 게릴라전은 아니지만)에 공모(共謀)했다는 비난을 받을 수 있다. 그러나 이 같은 비난은 법정에서 입증돼야 한다. 전투 도중일지라도 총격전이 진행되고 있지 않을 때에는 이들을 현장에서 사살할 수 없다. 발사기지로 사용될 가능성이 있거나 사용될 것으로 예견된다는 단순한 이유로 인해 이들의 마을을 공격할 수도 없다. 사전 경고한 경우에서조차 이들 마을을 무작위로 폭격할 수도 없다.

베트남전쟁에서의 미국의 교전규칙은 전투원/비전투원의 구분을 인지하기만 한 듯 보인다. 실제 교전규칙에서는 새로운 구분, 즉 충성스런 비전투원과 불충한 비전투원 내지는 우호적이거나 적대적인 비전투원이란 새로운 구분을 설정했다. 자신들이 공격한 마을에 대한 미군의 주장에도 동일한 형태의 이분법이 작용되고 있음을 알 수 있다. "이곳은 거의 전적으로 베트콩 또는 베트콩에 우호적인 집단이 통제하고 있다. 이곳의 모든 사람이 골수 베트콩이거나 적어도 베트콩을 지지하는 사람들로 생각된다."[26] 이 같은 종류의 발언에서 강조되고 있는 부분은 마을 사람들의 군사적 행위가 아니고 정치적 충성심이다. 정치적 충성심과 관련해서조차 이들 발언은 새빨간 거짓이다. 왜냐하면 적어도 마을 사람 중에는 특정의 충성심을 견지하고 있다고 말할 수 없는 어린이들이 포함돼 있기 때문이다. 점령지 프랑스 마을의 사례에서 이미 내가 주장한 바처럼, 정치적 적대감정으로 인해 사람들이 전쟁규약에서 말하는 형태의 적이 되는 것은 아니다. (적이 된다면 중립국에서 전쟁이 수행되는 경우를 제외하면 민간인의 경우 공격받지 않을 권리는 결코 없을 것이다.) 이들은 자신의 생명권을 상실토록 하는 어떠한 것도 하지 않았다. 민간인의 생명권은 베트콩 마을 사람들이 닮았을 뿐만 아니라 숨겨주고자 했던 비정규전 전사

26) Schell, *The Other Half*, pp. 96, 159.

들을 공격하는 와중에도 최대한 존중돼야 한다.

군사전략가처럼 말할 수는 없지만 이들 공격의 가능한 모습에 관해 이제 몇 마디 언급할 필요가 있다고 생각된다. 나는 군사전략가들이 말하고 있는 것 중 일부에 관해 전달만 할 수 있는 수준이다. 분명히 말하지만, 베트남전쟁에서는 어느 정도 떨어진 거리에서의 폭격을 '군사적 필연성'의 관점에서 사람들이 변호했다. 그러나 이는 도덕적으로뿐만 아니라 전략적으로 좋지 못한 방안이다. 왜냐하면 보다 효과적인 또 다른 방안이 있기 때문이다. 따라서 대(對) 반란전에 관한 영국의 전문가는 농가를 겨냥해 "중무장한 헬리콥터로 공격하는 행위는 해당 전역(戰役)이 정규전과 거의 구분될 수 없을 정도로 악화된 경우에만 정당성이 있다"[27]고 기술하고 있다. 이 경우에서조차 이것이 정당화될 수 있을지 의문이다. 그러나 이 전문가가 간파한 다음의 사실을 재차 강조하고자 한다. 즉 대(對) 반란전의 경우 정규전의 경우와 구분되는 나름의 전략과 전술이 요구됨을 강조하고자 한다. 게릴라들은 오직 밀집돼 있는 장소에서만 격파될 수 있다. 농가와 관련해 이것이 두 유형의 전역(戰役)을 암시하고 있는데, 이들 개개 전역이 문헌에서 많이 논의된 바 있다. '저강도 작전'에서는 게릴라들을 지원하는 세력과 게릴라들에게 첩보를 제공해주는 세력들의 색출에 필요한 정치 및 경찰 임무를 고려해 특수 훈련된 소규모 부대가 마을을 점령해야 한다. 게릴라가 효과적으로 통제하고 있으며, 전투가 격렬한 형태로 진행되고 있는 지역의 마을은 외부에서 둘러싸고는 강압적으로 진입해 들어가야 한다. 1950년대 당시 베트남에서 있었던 프랑스에 의한 이 같은 유형의 공격과 관련

---

27) Kitson, p. 138.

해 버나드 폴(Bernard Fall)이 어느 정도 상세히 보도했다.28) 여기서는 게릴라들을 겨냥해 비교적 정교한 형태로 화력(火力)을 운용할 수 있는 상황에서 게릴라들이 전투를 수행하도록 하거나 주변을 포위하고 있는 병사들의 망(網)으로 이들 게릴라를 몰아넣는 등 숫자, 전문성 및 과학기술을 직접 동원하는 형태의 노력이 있게 된다. 적절히 준비 및 무장돼 있다면 이 같은 종류의 전투를 수행하는 과정에서 병사들이 감당할 수 없을 정도의 위기에 직면할 필요는 없을 것이며, 지나칠 정도로 무분별하게 파괴할 필요도 없을 것이다. 버나드 폴이 지적하고 있는 바처럼 이 같은 전략에는 많은 인력이 요구된다. "공격자와 방어자의 비율이 15 : 1 또는 20 : 1이 되지 않는 경우 적군을 효과적으로 봉쇄할 수 없다. 왜냐하면 적군의 경우 지형에 밝으며, 방어에 따른 이점을 향유하고, 주민들로부터 동정을 받고 있는 등 나름의 이점을 누리고 있기 때문이다." 그러나 이들 비율은 게릴라전에서 종종 달성된다. 보다 심각한 난관이 재차 있지 않다면 '둘러싼 이후 습격(Surround and Storm)'하는 유형의 전략이 타당성이 있을 것이다.

습격 받을 때 마을이 파괴되지 않으며, 마을 사람들이 재정착되는 것이 아니기 때문에 특수 목적의 임무부대가 마을을 떠난 경우 게릴라 전력들이 마을로 재차 돌아올 가능성은 항상 있다. 성공을 거두려면 군사작전에 이어 정치적 성격의 전역이 있어야 하는데, 이것을 프랑스뿐만 아니라 프랑스의 뒤를 쫓아 베트남으로 들어왔던 미국도 제대로 수행하지 못했다. 어느 정도 동떨어진 지역으로부터 마을을 파괴해야 한다고 미군은 결심했는데, 이는 이 같은 전역이 성공을

28) *Street Without Joy* (New York, 1972), ch. 7.

거두지 못한 데 따른 결과였다. 이 같은 실패가 게릴라전이 정규전으로 전락됐다는 의미는 아니다.

반란이 군사적으로 발전해가는 특정 시점 또는 해당 반란에 저항하고 있는 정부의 정치적 능력이 시들해져가는 시점에는 밀집된 장소에서의 게릴라들과의 투쟁이 불가능해질 수도 있다. 특정 전투에서 승리를 거둘 수 있음에도 불구하고 정부가 지속 전투 능력이 없거나 충분한 인력이 없을 수 있다. 전투가 종료되자 마을 사람들이 반란군의 복귀를 환영하게 된다. 이제 정부(그리고 정부의 외국의 동맹국들)는 인민전쟁과 다름이 없는 모습에 직면하게 된다. 그러나 인민전쟁이란 가공스런 명칭은 게릴라운동이 대중으로부터 많은 지지를 확보한 이후에나 적용될 수 있다. 그러나 항상 상황이 게릴라들에게 유리한 방향으로 전개되는 것은 아니다. 대중의 지지를 전혀 받지 못하는 게릴라 집단을 쉽게 파괴할 수 있음을 인지하려면 볼리비아의 정글에서 있었던 체 게바라(Che Guevara)의 무산된 전역(戰役)을 연구해보면 될 것이다.[29] 이 경우에서 출발해 점차 난해한 경우를 추적해볼 수 있을 것이다. 이처럼 난해성의 정도를 높여가면 게릴라 전사들이 전쟁 관련 권리를 획득하는 순간에 도달하게 된다. 난해성의 정도를 보다 높여 가면, 투쟁의 지속과 관련된 해당 정부의 권리가 의문시되는 순간에 도달하게 된다.

투쟁의 지속과 관련된 자국 정부의 권리가 의문시되는 순간을 군인들은 인정하지도, 인지하려 하지도 않는다. 왜냐하면 도덕적으로

29) Regis Debrey, *Che's Guerrilla War*, trans. Rosemary Sheed (Hammondsworth, 1975).

공격이 가능하다면 반격을 배제할 수 없다는 것이 전쟁규약의 공리(公理)이기 때문이다. 게릴라들이 민간인들을 완벽히 포용해 자신들이 전혀 취약하지 않도록 만들 수는 없다. 그러나 전투 수행이 도덕적으로 항상 가능하다 할지라도 승리에 필요한 모든 것을 항상 할 수 있는 것은 아니다. 정규전 내지는 비정규전 유형의 투쟁인지와 무관하게 전쟁규칙이 전승(戰勝)에 장애가 되는 순간이 있을 수 있다. 그러나 이 순간 이들 전쟁규칙을 간과할 수 있다면 전쟁규칙이 전혀 의미가 없을 것이다. 전쟁규칙에서 목격되는 규제가 가장 중요해지는 것은 정확히 이 순간이다. 베트남전쟁의 경우에서 우리는 이 점을 분명히 알 수 있다. 내가 간략히 언급한 바 있는 '대체 전략'들은 마을에서 게릴라들이 정치적 기반을 공고히 하는 순간까지 나름의 전승의 방안으로 생각됐다(말라야에서 영국이 승리한 바처럼). 정치적 기반의 공고화를 통한 게릴라들의 승리로 인해 베트남전쟁이 효과적으로 종료됐다. 당시의 승리는 승리 이전에 선행됐던 정치 및 군사적 투쟁과 구체적으로 구분 가능한 형태가 아니었다. 그러나 노약자와 아녀자들이 자신의 적이라고 평범한 군인(도덕적으로 전혀 이상한 사람이 아니며 가능하다면 규칙을 준수해 싸우고자 하는 군인)들이 확신하게 되는 순간에 이처럼 베트콩들이 승리하게 된다고 어느 정도 자신있게 말할 수 있을 것이다. 왜냐하면 이 같은 일이 있은 이후에는 민간인들을 조직적으로 살해하거나 이들의 사회와 문화를 파괴하는 방식으로만 전쟁을 수행할 수 있기 때문이다.

나의 경우는 이것 이상을 말하고자 한다. 이미 살펴본 바처럼 전쟁 이론에서 '전쟁의 정당성(*Jus ad bellum*)'과 '전쟁에서의 정당성(*Jus in bello*)'에 관한 고려사항은 논리적으로 독립적인 성격의 것이다. 또한 '전쟁의 정당성' 또는 '전쟁에서의 정당성'의 관점에서 우리가 내리는 판단이 반드시 같은 것은 아니다. 그러나 베트남전쟁의 경우는 이들이 서로 화해하고 있다. 베트남전쟁에서는 승리할 수 없으며, 승리해서도 안 된다. 베트남전쟁에서 승리할 수 없는 것은 생각 가능한 유일한 전략을 이행하는 과정에서 민간인을 겨냥한 전쟁이 수반되기 때문이다. 베트남전쟁에서 승리해서는 안 되는 이유는 또 다른 '대체 전략'들을 생각하지 못하도록 하는 요인인 높은 수준의 민간인 지지로 인해 게릴라들이 베트남의 합법적인 통치자가 되고 있기 때문이다. 부당한 방식으로만 수행될 수 있는 투쟁과 마찬가지로 베트남전쟁에서 이들 게릴라에 대항한 투쟁은 정당하지 못한 형태다. 외국인들이 투쟁을 주도하는 경우 이는 침략전쟁이 된다. 지역의 정권이 독자적으로 투쟁하는 경우 이는 독재자의 행위가 된다. 베트남전쟁에서는 게릴라에 대항하고 있던 세력들의 입지가 전혀 지지할 수 없는 형태가 됐다.

|제12장|

테러

정치적 규약

테러란 용어는 혁명적 성격의 폭력을 묘사할 목적으로 가장 빈번히 사용된다. 모든 국민을 조직적으로 공포로 몰아넣는 행위인 테러는 정규전 및 게릴라전 모두에서 사용되는 전략이며, 급진적인 운동뿐만 아니라 안정된 정부 또한 사용하는 전략이다. 테러가 추구하는 바는 국가 또는 특정 집단의 사기(士氣)를 저하시키고, 단합 정도를 저해하는 것이다. 테러에서 사용하는 방법은 무고한 양민들의 무작위적인 살해다. 테러분자들의 행위에서는 무작위란 용어가 중요한 의미가 있다. 일정 기간 동안 공포가 널리 퍼지고 격화되기를 원한다면 특정 정권, 정당 내지는 정책과 특별한 방식으로 연계돼 있는 특정인의 살해는 바람직하지 않다. 단순히 프랑스인 또는 독일인, 개신교 신자 또는 유대교 신자란 점으로 인해 개개 프랑스인 내지는 독일인, 개신교 신자 또는 유대인 신자에게 우연히 죽음이 다가와야 한다. 결과적으로 이들이 치명적으로 위험에 노출돼 있다고 느끼고, 자신의 안전을 위해 정부가 협상해야 한다고 요구할 정도가 돼야 한다.

전시(戰時) 테러는 적군과의 교전을 피하기 위한 나름의 방안이다. 테러는 '간접접근 전략'[1]의 극단적인 형태다. 지나칠 정도로 간접적인 형태란 점에서 많은 사람들이 테러를 전쟁으로 지칭하고자 하지 않았다. 테러를 전쟁으로 지칭하는 문제는 도덕적 판단의 문제일 뿐만 아니라 전문가적 자존심의 문제다. 독일의 도시에 대한 테러 폭격에 항의했던 제2차 세계대전 당시의 영국의 제독이 기술한 다음의 문장을 살펴보자. "독일의 육군과 해군을 격파하는 것이 아니고 독일의 아녀자들을 폭격하는 방식으로 제2차 세계대전에서 승리할 수 있다고 생각할 정도로 영국은 비군사적 국가입니다."[2] 여기서의 핵심 단어는 '비군사적'이란 용어다. 문제의 제독은 테러를 민간의 전략으로 생각하고 있는데, 이는 전적으로 옳다. 혹자는 테러가 정치적 수단을 이용한 전쟁의 연장(延長)을 대변한다고 말할 수도 있다. 아리스토텔레스가 기술한 바처럼 평범한 사람들을 공포로 몰아넣는 행위, 즉 테러는 무엇보다도 국가 내부의 독재자들의 작품이다. "독재자가 가장 먼저 추구하는 목표는 휘하 신민(臣民)들의 정신력의 파괴다."[3] 앞의 영국인은 독일에 대한 테러 폭격이 추구한 목표를 동일한 방식으로 기술했다. 즉 이들이 추구한 바는 민간인의 사기(士氣) 파괴였다.

독재자들이 군인에게, 군인이 오늘날의 혁명가들에게 테러 방법을 교육시켰다. 이는 유치한 역사다. 나의 경우는 보다 정교한 형태의

1) 그러나 '간접접근' 전략의 대가인 리델 하트는 테러주의자들의 전술에 지속적으로 반대했다. Liddell Hart, *Strategy*, pp. 349-50 (on terror bombing).
2) Rear Admiral L. H. K. Hamilton, Irving, *Destruction of Convoy PQ 17*, p. 44.
3) *Politics*, trans. Ernest Barker (Oxford, 1948), p. 288 (1314a).

역사적 관점을 주장할 목적에서 이 같은 역사를 제시하고자 한다. 즉 엄밀한 의미에서 무고한 사람들을 무작위로 살해하는 행위인 테러가 제2차 세계대전 이후에나 혁명투쟁 전략으로 부상했다는 점을 주장할 목적에서 이것을 제시하고 있다. 다시 말해, 테러가 정규전의 특징이 된 이후에나 그처럼 됐다는 점을 주장할 목적에서 이것을 제시하고 있다. 전쟁과 혁명 모두에서 전사(戰士)로서의 일종의 명예가 테러의 발전을 저해했는데, 특히 전문성을 구비하고 있는 장교와 '전문 혁명가'들 내부에서 그러했다. 극좌파들과 초국가적 운동의 경우 테러를 점차 많이 이용하고 있다. 테러는 19세기 후반 50년 동안 최초 고안된 '정치적 규약(Political code)'의 붕괴를 대변하고 있는데, '정치적 규약'은 동시대에 고안된 전쟁법과 어느 정도 유사한 측면이 있다. 이 같은 '정치적 규약'을 준수한다고 혁명투사가 테러분자로 지칭되지 않는 것은 아니다. 그러나 이 혁명투사들이 자행한 폭력은 오늘날의 테러와 거의 같지 않았다. 이는 무작위적인 살인이 아니고 암살이었다. 혁명투사가 자행한 폭력은 비전투원과 전투원을 구분해주는 선과 평행을 유지하는 나름의 정치적 평행선으로 생각할 수 있다.

러시아의 인민주의자, IRA 그리고 스턴 갱

'명예구호(Code of honor)'의 규범에 따라 행동했거나 행동하고자 노력한 테러분자들에 관한 몇몇 사례를 소개하는 방식으로 혁명적인 '명예구호'를 가장 잘 묘사할 수 있을 것이다. 여기서는 세 개의 역사적 사례를 언급하려 한다. 이 중 첫 번째 경우는 쉽게 알 수 있는 형태다. 왜냐하면 이것을 기반으로 알베르 카뮈(Albert Camus)가 「정당한 암살자(*The Just Assassins*)」란 연극을 만들었기 때문이다.

1) 20세기 초반 일군(一群)의 러시아 혁명가들이 차르의 관리인 세르게이(Sergei) 공작을 살해하기로 결심했다. 세르게이 공작은 혁명 활동을 억압하던 인물이었다. 이들은 마차를 타고 있는 공작을 겨냥해 폭탄을 투척하기로 계획했다. 예정일에 이들 중 한 명이 공작이 다니던 길에서 기다렸다. 코트에 폭탄을 숨긴 채 마차를 기다리고 있던 젊은 혁명가는 마차에 공작만 탑승한 것이 아니란 점을 간파했다. 공작의 무릎에 두 명의 어린이가 앉아 있었다. 그는 주변을 살펴보고는 머뭇거리다가 신속히 사라졌다. 그는 또 다른 기회를 모색했다. 이 같은 그의 결심이 옳았다고 생각한 카뮈는 이 혁명가의 동료의 입을 빌려 다음과 같이 말하고 있다. "파괴에서조차 올바른 방식과 잘못된 방식이 있습니다. 모든 것에는 할 수 있는 것과 할 수 없는 것, 즉 한계가 있습니다."[4)]

2) 1938~39년 당시 아일랜드공화국군대(IRA)는 영국에서 폭격 전역(戰役)을 전개했다. 전역 도중 공화국의 한 투사가 코번트리(Coventry) 발전소로 시한폭탄을 운반해가라는 명령을 받았다. 그는 폭탄을 바구니에 담은 채 자전거를 타고 그곳으로 갔지만, 방향을 잘못 잡아 도로에서 길을 잃었다. 폭발 시점이 다가오자 겁에 질린 그는 자전거를 내팽겨 치고 도망쳤다. 폭탄이 폭발하면서 주변에 있던 다섯 명이 사망했다. 아일랜드공화국군대 소속의 어느 누구도 추구하던 대의 측면에서 이것을 성공적이라고 생각하지 않았다. 당시의 사건

---

4) *The Just Assassins*, in *Caligula and Three Other Plays*, trans. Stuart Gilbert(New York, 1958), p 258. The actual historical incident is described in Roland Gaucher, *The Terrorists: from Tsarist Russia to the OAS* (London, 1965), pp. 49, 50n.

에 직접 개입했던 사람들이 크게 놀랐다. 최근의 역사가에 따르면 당시의 전역은 무고한 주변 사람들의 살상을 모면할 목적에서 신중히 계획돼 있었다.[5)]

3) 1944년 11월, 우익-유대인 단체인 스턴 갱(Stern Gang) 소속의 두 명의 인물이 중동지역의 영국의 국무장관이던 모인(Moyne) 경을 카이로에서 암살했다. 몇 분 뒤 이집트 경찰이 이들 두 암살범을 체포했다. 재판 도중 이들 중 한 명이 체포될 당시의 상황을 묘사했다. "오토바이를 탄 순경이 뒤를 쫓았습니다. 내 동료가 내 뒤에 있었습니다. 순경이 동료에게 접근하는 모습이 보였습니다. ……나의 경우 순경을 쉽게 죽일 수 있었을 것입니다. 그러나 나는 허공을 향해 몇 발 발사하는 것으로 만족해했습니다. 동료가 자전거에서 내리는 모습이 보였습니다. 순경이 동료의 몸을 덮칠 순간이었습니다. 한 발만 발사해도 순경을 죽일 수 있었을 것입니다. 그러나 그를 죽이지 않았습니다. 그 후 내가 체포됐습니다."[6)]

이들 사례에서 공통적으로 목격되는 부분이 있는데, 이는 죽일 수 있는 사람과 죽일 수 없는 사람을 이들 테러분자가 도덕적 차원에서 구분하고 있다는 점이다. 앞에서 언급한 테러분자들이 도덕적 차원에서 구분하고 있는 첫 번째 부류의 인물, 즉 죽일 수 있는 사람은 무기를 휴대하고 있으며 군사 훈련과 헌신의 정도로 인해 즉각 위협이 되는 사람들이 아니다. 이는 주변 사람들을 억압하고 있다고 생각되던 특정 정권의 '정치적 행위자'인 관료들로 구성돼 있다. 물론 이 같은 사람은 전쟁규약에 의해 그리고 국제사회의 실정법에 의해

---

5) J. Bowyer Bell, *The Secret Army: A History of the IRA* (Cambridge, Massachusetts, 1974), pp. 161-62.

6) Gerold Frank, *The Deed* (New York, 1963), pp. 248-49

보호받고 있다. 즉 이들은 죽여서는 안 되는 사람이다. 법률가들이 암살에 난색을 표명했으며, 결코 합법적인 공격 대상이 아닌 비군사적 인물로 정치적 관료들이 분류됐다.7) 그러나 정치적 관료들에 대한 이 같은 분류는 우리의 일반적인 도덕적 판단을 부분적으로만 대변해주고 있다. 왜냐하면 우리는 희생자를 기준으로 암살범을 판단하기 때문이다. 희생자가 히틀러와 같은 인물인 경우 우리는 암살범을 군인으로 지칭하지는 않지만 암살범이 한 일을 칭송하는 경향이 있다. 두 번째 부류는 비교적 문제가 되지 않는다. 즉 정치적으로 해가 되는 행위에 관여하지 않는 평범한 시민, 부당하다고 생각되는 법을 관리 또는 이행하는 일에 종사하지 않는 평범한 시민은 이들 법을 지지하고 있는지와 무관하게 공격받을 수 없다. 따라서 러시아 귀족의 무릎에 앉아 있던 어린이, 코번트리의 보행자, 팔레스타인 지역에서의 영국의 제국주의와 관련이 없는 이집트 경찰관조차도 전시(戰時)의 민간인과 같다. 민간인이 군사적으로 무고한 것과 마찬가지로 이들은 정치적으로 무고하다. 그러나 오늘날의 테러분자들이 살해하고자 노력하는 사람은 정확히 이 같은 사람들이다.

구조적 측면에서 보면, 전쟁규약과 '정치적 규약'은 유사하다. 관료와 시민의 차이는 군인과 민간인의 차이와 유사하다. 이들 이면에 위치해 있으며, 이들이 그럴듯하도록 만들어주고 있는 부분은 겨냥(Aiming)과 비겨냥 또는 보다 정확히 말하면 한 일 또는 하고 있는 일로 인해 특정인을 겨냥하는 행위와 소속 요원들의 지위로 인해 전반적으로 집단 전체를 무분별하게 겨냥하는 행위 간의 도덕적 측면에서의 차이이다. 첫 번째 종류의 겨냥은 정권과 정책을 겨냥해 수행

7) James E. Bond, *The Rules of Riot: Internal Conflict and the Law of War* (Princeton, 1974), pp. 89-90.

되는 제한된 수준의 투쟁에 적합하다. 두 번째 종류의 겨냥은 모든 한계를 초월하는 형태다. 즉 이는 개개 구성원들(대부분이 무고한)이 매순간 격렬한 형태의 죽음에 조직적으로 노출되는 등 조직 전체를 위협하는 형태다. 길가의 모퉁이에 장착돼 있는 폭탄, 버스 정류장에 숨겨진 폭탄, 카페나 공공장소에 투척되는 폭탄은 희생자들 자신이 어찌할 수 없는 부분, 즉 집단 차원에서 동질성을 공유하고 있다는 점을 제외하면 맹목적인 살해를 염두에 두고 있다. 이들 희생자의 일부는 공격받아서는 안 되는 사람이다. 따라서 정치적 투사(鬪士)가 발사하는 화력을 지시 및 통제하는 모든 규약은 적어도 최소한의 호소력이 있을 것이다. 이는 테러분자들의 공격에서 목격되는 고의적인 무작위성과 비교해 크게 발전된 형태다. 국가가 자국의 '정치적 행위자(Political agent)'를 징집(徵集) 형태로 충원하는 경우는 거의 없다. 반면에 '군사적 행위자'는 징집 형태로 충원하고 있다. 이 같은 점에서 군인들을 살해할 때와 비교해 관료들을 살해할 때, 보다 편안한 마음을 견지하는 사람도 없지 않을 것이다. 소위 말해 군인과 달리 관료는 경력 차원에서 지위를 선택한 사람이다.

그러나 군인과 관료는 또 다른 측면에서 차이가 있다. 군인의 행위가 위협적이란 점은 '사실의 문제'다. 반면에 관료의 행위가 부당하거나 억압적인 형태란 점은 '정치적 판단의 문제'다. 이 같은 이유로 인해 '정치적 규약'은 전쟁규약의 입지에 결코 도달하지 못한다. '정치적 규약'의 원칙을 가장 철저히 준수하는 경우에서조차 암살자는 어떠한 권리도 주장할 수 없다. 억압 및 부당성과 관련해 판단을 달리하는 우리의 시각에서 보면 정치적 암살범은 평범한 시민을 살해한 사람과 마찬가지로 살인자다. 비전투원을 살해한 경우에만 살인자로 지칭되며, 정치적으로 결코 판단될 수 없는 군인의 경우는 다르다. 정치적 살해에 따른 위기는 전투에서 목격되는 위기와 전혀 다르다. 정치적 살해에 따른 위기의 성격은 정치적 투쟁 당시 '자애로운 격리', 예를 들면 포로수용소와 같은 것이 없다는 사실을 통해 가장 잘 알 수 있다. 따라서 러시아의 공작을 살해한 러시아의 젊은 혁명가는 심판을 받아 살인죄로 처형됐는데, 모인 경을 암살한 스턴갱(Stern Gang)의 경우도 상황은 마찬가지였다. 이들 세 명 모두는 평범한 시민의 사망과 관련해 책임져야만 했던 아일랜드공화국군대(IRA)의 투사와 동일한 방식으로 체포 및 처형됐다. 관련 요원들의 정치적 판단에 공감하고, 폭력에 호소한 이들 관련 요원의 태도에 동조하는 경우에서조차 내게 있어 이들의 처벌은 적합했던 듯 보인다. 한편 우리가 이들의 판단에 공감하지 않는 경우에서조차 이들은 테러분자들이 감히 넘볼 수 없는 형태의 도덕적 존경을 받을 자격이 있다. 이는 이들이 자신들의 행위를 제한했기 때문이다.

베트콩의 암살 전역(戰役)

비전투원들을 공격할 수 없는 경우에서 보듯이 정확한 한계의 정의(定意)는 쉽지 않다. 그러나 관료들이 대거 공격받은 게릴라전을 살펴봄으로써 한계의 정도를 보다 정확히 정의할 수 있을 것이다. 1950년대 후반 어느 시점 베트남의 민족해방전선(NLF)은 남부 베트남 지방의 정부 조직 파괴를 염두에 둔 전역을 전개했다. 1960년부터 1965년의 기간에는 베트콩들이 대략 7,500여 명의 마을 및 지방 관료를 암살했다. 베트콩을 연구하고 있는 미국의 한 학자는 이들 관료를 베트남 사회의 '국가지도자'로 묘사하고는 "정의(定意)와 무관하게 민족해방전선의 행위는……대량의 인종살상에 버금간다"[8])고 주장하고 있다. 여기서는 모든 베트남의 국가지도자가 베트남 정부의 관료라고 가정하고 있다. 따라서 국가 존립에 관료가 진정 필수적인 존재로 가정하고 있다. 이 가정은 터무니없는 형태다. 따라서 어떻게 정의를 내리는지와 무관하게 지도자를 살해하는 행위는 모든 국민을 파괴하는 행위와 다르다고 말해야 할 것이다. 테러가 대량학살을 예고해줄 수 있지만 암살은 그렇지 못하다.

또 다른 한편, 민족해방전선의 전역(戰役)에서는 내가 사용하고 있는 의미에서의 관계(官界)란 개념을 지나치게 확대해석했다. 민족해방전선은 공공보건 업무를 담당하고 있는 사람처럼 민족해방전선이 반대하고 있던 특정 정책들과 전혀 무관한 일을 수행하고 있는 경우에서조차 정부로부터 월급을 받고 있다는 점으로 인해 관료의 범주로 포함시키는 경향이 있었다.[9] 또한 베트남 정부를 위해 구체적인 방식으로 비정부 성격의 권한을 행사했던 승려 및 지주(地主)와 같은 사람도 관계(官界)의 인물로 포함시키는 경향이 있었다. 상대방이 승려 내지는 지주란 단순한 이유로 민족해방전선이 살해하지는 않았다. 암살을 염두에 둔 당시의 전역은 개개인의 상세 행위를 배려해 계획됐다. 또한 "이유 없이 살해하는 일이 없도록 할 목적에서"[10] 많은 노력이 경주됐다. 그럼에도 불구하고 살해될 가능성이 있는 사람들의 범주가 확대됐다.

전투 수행 여부와 무관하게 군인은 전쟁 관련 노력에 몸담고 있다. 마찬가지로 정의(定意) 측면에서 보면 모든 관료가 부당한 정권

---

8) Pike, *Viet Cong*, p. 248.

9) Race, *War Comes to Long An*, p. 83. 여기서는 반공주의자들의 리더가 될 가능성이 있다는 점으로 인해 최상의 보건소 관리, 교사 등이 공격을 받았음을 암시하고 있다.

10) Pike, p. 250.

의 정치적 노력에 몸담고 있다고 주장할 수도 있을 것이다. 그러나 오늘날 국가가 지원하고 월급을 주는 일은 놀라울 정도로 다양하다. 이들 모든 활동을 암살의 대상으로 간주하는 것은 과도하고 터무니없는 처사다. 베트남 정권이 억압적인 성격이었다고 가정하는 경우에서조차 단순히 관료가 아닌 억압적인 행동을 한 인물을 찾아내야 마땅할 것이다. 개개인과 관련해 말하면 이들은 전적으로 공격받지 않을 권리가 있는 듯 보인다. 물론 이들이 전통적인 형태의 정치 및 사회적 압박을 받을 수는 있다. 그러나 이들은 정치적 폭력의 대상이 될 수 없다. 이 경우는 민간인과 시민이 동일하다. 즉 베트남 정부 내지는 베트남전쟁을 지지했다는 사실이 살해의 이유가 된다면, 죽일 수 있는 사람과 죽일 수 없는 사람을 구분하는 선이 곧바로 사라질 것이다. 일반적으로 정치적 암살범들은 이 선이 사라지기를 원치 않는데, 이 점을 강조할 필요가 있다. 이들은 죽여야 할 사람을 신중히 겨냥하고 무분별한 살인을 피해야 할 나름의 이유가 있다. 어느 베트콩 게릴라가 자신을 생포한 미국인에게 다음과 같이 말했다. "싱가포르에서는 반군들이 특정일에 67번째로 지나가는 전차(電車)에 다이너마이트를 장착한다고 들었습니다. ……다음날에는 30번째 전차에 다이너마이트를 장착하는 식으로 일한다고 들었습니다. 이처럼 함으로 인해 싱가포르 국민들이 반군을 싫어하게 됐다고 합니다. 왜냐하면 너무나 많은 사람이 부질없이 죽었기 때문입니다."11)

대부분의 '정치적 투사'들은 자신을 암살자가 아니고 사형 집행인으로 간주하고 있다. 그런데 지금까지 나는 이 같은 사실을 의도적으로 주목하지 않았다. 이들은 자경단원(Vigilante)의 정의(正義)를 혁명

---

11) Pike, p. 251.

적인 방식으로 해석하고는 자경단원 역할을 해왔다. 또는 이들은 자신들이 이 같은 일을 하고 있다고 주장하고 있다. 이것이 이들이 오직 특정 관료만을 살해하는 또 다른 이유일 수 있다. 그러나 이는 전적으로 자기중심적인 묘사다. 일반적인 의미에서의 자경단원은 개략적인 방식이지만 범죄에 관한 전통적인 개념을 적용하고 있다. 혁명가들의 경우는 폭넓은 공감이 있을 것으로 생각되지 않는 새로운 개념을 옹호하고 있다. 이들은 "국민들에게 죄를 짓고 있다"는 이유로 관료가 살해돼도 마땅하다는 주장을 전개하고 있다. 이들 관료의 행위가 이처럼 묘사될 수 있는 형태란 단순한 이유로 인해 평범한 시민과 비교해 이들이 비난 및 공격받기 쉽다는 것이 보다 공정한 표현일 것이다. 관료에 의한 정치권력의 행사는 위험스런 일이다. 이처럼 말한다고 내가 암살을 옹호하는 것은 아니다. 자경단원의 정의가 종종 좋지 못한 형태의 법이행인 것과 마찬가지로 대부분의 암살은 사악한 형태의 정치다. 암살을 대행하는 사람은 통상 갱이며, 종종 정치적 모습을 띤 정신병자다. 그러나 '정당한 암살'이 적어도 가능하다. 이 같은 종류의 살해를 겨냥하고 여타의 모든 살해를 거부하는 사람들을 무작위로 살해하는 사람과 구분해 생각할 필요가 있다. 이들을 정의(正義)를 이행하는 사람으로 반드시 취급할 필요는 없을 것이다. 왜냐하면 이들이 하는 일에 혹자가 동의하지 않을 수 있기 때문이다. 그러나 이들을 '명예로운 혁명가'로 구분해 취급할 필요가 있다. 카뮈의 작품에 등장하는 인물이 말하고 있는 바처럼 이들은 이 같은 혁명을 모든 인류가 혐오하는 상황을 원치 않고 있다.

'정치적 규약'을 상세히 만든 정도와 무관하게, 테러는 이 같은 규약의 규범을 고의적으로 위배하는 형태다. 왜냐하면 테러로 인해 평범한 시민들이 살해되고, 이들이 개인적인 행위의 관점에서 죽어야 할 이유와 관련해 전혀 변호 받지 못하며, 변호 받을 수 없기 때문이다. 죽게 될 사람의 이름과 직업이 사전 공포되는 것도 아니다. 이들은 단순히 자신들과 같은 여타 사람들에게 공포(恐怖)를 전달할 목적으로 살해되고 있다. 여기서 전달하고자 하는 메시지는 무엇인가? 이는 모든 형태일 수 있다. 그러나 모든 국민 내지는 계층을 겨냥하고 있다는 점에서 테러를 통해 가장 극단적이고도 야만적인 의도가 전달되는 경향이 있다. 무엇보다도, 공격받고 있는 국민의 대량학살, 말살 내지는 포악한 억압을 전달하는 경향이 있다. 따라서 오늘날의 테러분자들에 의한 전역(戰役)은 국가의 존재가 극단적으로 평가 절하돼 있는 국민들, 즉 북아일랜드의 프로테스탄트, 이스라엘의 유대인 등에 가장 빈번히 초점을 맞추고 있다. 이 같은 전역에서는 이들 국민의 평가 절하를 선언하고 있다. 공격받고 있는 국민들의 경우 적과의 타협이 가능하다고 생각지 않는 경향이 있는데, 이는 이 같은 이유 때문이다. 전시(戰時) 테러는 무조건 항복의 요구와 연계돼 있다. 마찬가지로, 테러는 타협을 통한 타결을 배제하는 경향이 있다.

오늘날의 테러는 전체주의적 성격의 전쟁과 정치다. 테러로 인해 전쟁규약과 '정치적 규약'이 의미를 상실하게 된다. 테러는 더 이상의 한계가 가능치 않을 정도로 도덕적 한계를 무너뜨리고 있다. 왜냐하면 민간인과 시민이란 부류 내부에는 테러 공격으로부터 자유로워야 한다고 주장할 수 있는 더 이상의 소규모 집단(어린이는 예외다. 그러나 이들 어린이의 부모가 공격받아 살해되는 경우 이들 어린이가 공격으로부터 자유롭다고 말할 수 있을 것으로 생각되지 않는다)이 존재하지 않기 때문이다. 어떻든 테러분자들은 사람을 구분하지 않고 죽인다. 그럼에도 불구하고 테러분자 자신뿐만 아니라 이들을 위해 글을 쓰는 철학적 옹호자들이 테러를 변호하고 있다. 테러에 대한 정치적 변호는 군인들이 민간인을 공격할 때마다 제시되는 형태의 변호와 가장 유사하다. 이들 변호는 '군사적 필연성'에 기반을 둔 논거의 또 다른 해설과 다름이 없다.12) 예를 들면, 억압받고 있는 국민들을 해방시키려면 테러 행위 말고는 대안이 없다고 말하고 있다. 더욱이 예전에도 항상 이와 같았다고 말하고 있다. 즉 테러가 억압적인 정권을 파괴하고 새로운 국가를 설립하기 위한 유일하고도 평범한 수단이란 주장이다.13) 이미 살펴본 바에 따르면 이 주장은 거짓이다. 이처럼 주장하는 사람은 역사를 망각하고 있다. 이들은 고생해가며 도덕적 구분을 고안해낸 사람들뿐만 아니라 모든 도덕적 구분을 자신의 기억에서 삭제하는 등 사악한 형태의 망각(妄覺)으로 인해 고통받고 있는 사람들이다.

---

12) 정부 관리들 내부에서뿐만 아니라 혁명가들 내부에서 이 같은 논거가 종종 속박과 필연성에 관한 특정 사례들의 분석에서 벗어나 전쟁이 지옥이며, 전쟁에서는 모든 것을 할 수 있다는 일반적인 주장으로 변환되고 있다. 예를 들면, 알제리 민족해방전선의 테러를 변호한 이탈리아의 좌익인 프랑코 솔리나스(Franco Solinas)와 같은 사람은 셔먼(Sherman) 장군의 관점을 지지했다. "수세기 동안 알제리 민족해방전선은 결투와 마찬가지로 전쟁이 공정한 게임임을 입증하고자 노력했다. 그러나 전쟁은 공정한 게임이 아니다. 따라서 전쟁 수행과 관련해서는 모든 수단이 사용될 수 있다. ……전쟁은 도덕 내지는 공정한 게임의 문제가 아니다. 우리가 공격해야 할 대상은 전쟁뿐만 아니라 전쟁으로 인도해주는 상황이다."(*The Battle of Algiers*, edited and translated by PierNico Solinas, New York, 1973, pp. 195-96.) 히로시마에 원자폭탄을 투하한 행위를 변호하는 과정에서 미국의 관리들이 한 동일한 논거, 즉 이 책의 16장에 기술돼 있는 논거와 비교해보기 바란다.

13) 국가를 창건하는 사람과 개혁가들에게 필요한 폭력에 관한 그의 대부분의 묘사는 특정인, 즉 구시대의 지배 계급에 대한 살해와 관련이 있다. 그러나 이 논거는 마키아벨리로 거슬러 올라간다고 생각된다. 예를 들어 다음을 참조하라. *The Prince*, ch. VIII and *Discourses*, I:9.

폭력과 해방

사르트르와 알제리 전투

그러나 전시(戰時) 논쟁에서 즉각 비유될 수 있는 것은 아니지만 널리 알려져 있다는 점으로 인해 거론할 필요가 있는 또 다른 논거가 있다. 이는 알레지 민족해방전선의 테러를 정당화해주는 형태로서 사르트르가 제안한 것이다. 다음 문장은 사르트르의 주장을 요약해주는 형태의 것이다.14)

> 유럽인 한 명을 살해하는 것은 일석이조의 효과가 있습니다. 왜냐하면 이는 억압자 한 명과 피억압자 한 명을 동시에 해방시키는 행위이기 때문입니다. 이 같은 살해로 인해 한 명의 사자(死者)와 한 명의 자유인이 남게 됩니다.

어느 정도 헤겔 유형의 멜로드라마에 열광하고 있는 상태에서 사르트르는 '심리적 해방'을 염두에 둔 행위로 생각되는 부분을 독특한 방식으로 묘사하고 있다. 주인에 대항해 반기를 들고 주인을 살해한 경우에만 노예가 자유인으로서 자신을 창조하게 된다는 논거다. 주인은 죽고 노예가 다시 태어나게 된다는 논거다. 이는 테러주의자들의 행위와 관련해 생각될 수 있는 모습이다. 그러나 이 같은 논거는 설득력이 없다. 이 논거와 관련해 분명하고도 결정적인 두 개의 질문이 제기될 수 있다. 첫째, 여기서 말하는 노예와 주인이란 일대일

---

14) *The Wretched of the Earth*, trans. Constance Farrington (New York, n.d.), pp. 18-19.

관계가 필요한가? 한 명의 알제리 사람을 해방시키고자 하는 경우 한 명의 유럽인이 죽어야 하는가? 그렇다면 당시 알제리에는 충분히 많은 유럽인이 살고 있지 않았다. 사르트르가 말하는 방식으로 알제리 사람들을 해방시키려면 보다 많은 유럽인들을 알제리로 데리고 왔어야 했을 것이다. 그렇지 않은 경우 유럽인을 살해한 사람 말고 또 다른 사람이 해방될 수 있어야 하는데, ……그 방법은 무엇인가? 관찰을 통해서인가? 살인에 관한 신문기사를 읽음으로써 인가? 실존주의 철학자들이 묘사하고 있는 바처럼 개인적인 해방의 과정에서 간접 경험이 중요한 역할을 할 수 있을지 의문이다.

두 번째 질문으로 인해 다음과 같은 보다 친숙한 문제가 제기된다. 유럽인 중에 할 사람이 있을까? 어린이를 포함한 모든 유럽인이 억압자라고 생각하는 경우에만 사르트르는 유럽인 중에 할 사람이 있을 것으로 믿을 수 있었다. 억압자를 공격해 살해하는 행위가 오직 해방을 위한 것이라면 우리는 '정치적 규약'으로 되돌아가게 된다. 사르트르의 관점에서 보면 이는 옳지 않다. 왜냐하면 사르트르가 변호하고 있는 사람들이 '정치적 규약'을 노골적으로 거부했기 때문이다. 「알제리전투(*The Battle Of Algiers*)」란 영화의 매우 잘 알려진 장면에서 보듯이, 이들은 유럽인을 무작위로 살해했다. 영화에는 프랑스의 십대들이 음료수를 마시며 춤을 추고 있던 우유가게에서 폭탄이 터지는 장면이 등장하고 있다.15)

> 전축이 도로 한가운데로 날아갔다. 어린이들의 피, 살점, 물건들이 널려져 있었다. ……뿌연 연기와 아우성, 구슬피 우는 소리, 소녀들의

---

15) *Gillo Pontecorvo's The Battle of Algiers*, ed. Piernico Solinas (New York, 1973), pp. 79-80.

> 발악 소리가 목격됐다. 이들 중에는 팔이 절단된 상태에서 괴성을 지르며 이리 뛰고 저리 뛰는 사람도 있었다. 통제가 불가능했다. ……사이렌 소리가 들렸다. ……앰뷸런스가 도착했다…….

이 같은 사건은 주인과 노예 사이의 실존주의적 만남으로 쉽게 재구성되지 않는다.

분명히 말하지만, 인간의 자유를 위해 무장투쟁이 필요한 역사적 순간이 없지 않다. 그러나 존엄과 자존(自尊)을 쟁취하고자 하는 경우, 투쟁은 어린이들에 대한 테러분자들의 공격과 같은 형태가 될 수 없다. 이 같은 공격이 억압에 따른 필연적 결과라고 주장할 수도 있다. 어느 의미에서 보면, 이것도 옳다. 증오, 두려움 및 지배욕은 피억압자와 억압자 모두에게서 목격되는 심리적 징표다. 또한 이들의 행위 발산이 근본적으로 그처럼 할 수밖에 없는 형태라고 말할 수도 있을 것이다. 그러나 억압에 대항한 혁명투쟁의 징표는 이처럼 주변을 무기력하게 만드는 형태의 분노와 무작위적인 폭력이 아니고 절제와 자제다. 혁명가는 자신의 적과 직접 대적하고, 여타 사람들에 대한 공격을 자제하는 방식으로 자유를 얻는다. 마찬가지로 그는 자신의 자유를 외부에 과시하게 된다. 혁명 투사들이 관료와 평범한 시민을 구분한 것은 무고한 사람을 구원할 목적에서 뿐만 아니라 무고한 사람을 살해하는 등의 사악한 행위로부터 자신을 구원할 목적에서였다. 전략적 의미와 무관하게, 본질적으로 '정치적 규약'은 심리적 해방과 연계돼 있다. 피비린내 나는 투쟁에 몰두하고 있는 사람에게 '정치적 규약'은 자존(自尊)의 관건이다. 전쟁규약에 관해서도 동일하게 말할 수 있을 것이다. 즉 무시무시한 억압이 진행될 때 군인은 도덕적 법규를 준수하는 방식으로 자신의 자유를 가장 분명히 천명하게 된다.

|제13장|

보복

응보(應報)가 없는 억제

독일을 봉쇄한 1916년 영국은 보복(Reprisal) 차원에서 봉쇄했다고 말했다. 런던을 조직적으로 폭격하기 시작한 1940년 독일은 자신의 행위를 동일한 방식으로 변호했다. 전쟁규약(War convention) 중에서 보복 교리만큼 오용되는 부분은 없으며, 공공연히 오용되는 부분도 없다. 왜냐하면, 전쟁규약의 여타 부분과 관련해 보복이 허용된다고 생각되거나 생각되던 시절이 있었기 때문이다. 보복 교리는 적이 이전에 자행한 범죄 행위에 대응해 시도된 경우가 아니라면 범죄 행위였을 행위를 정당화해주고 있다. 전쟁규칙(Rule of war)에 관한 비폭력 성향의 비평가는 다음과 같이 기술하고 있다. "보복은 여타 사람이 먼저 잘못했다는 점을 구실삼아, 잘못이라고 생각되는 부분을 수행하는 것을 의미한다."[1] 계속해서 그는 다음과 같이 말하고 있다. "여타 사람이 항상 먼저 잘못했다고 주장하게 될 것이다." 따라서 보복으로 인해 잘못의 연쇄반응이 있게 되는데, 이 같은 연쇄반응의 마지막 부분에서 모든 관련자들이 상대방 행위자에게 "당신이 먼저 잘못했다"고 말할 수 있게 된다.

그러나 보복의 목적은 이 같은 연쇄 고리를 차단하고, 최종적인 행위를 통해 잘못을 중지시키는 것이다. 자주는 아니지만 종종 이처럼 보복에서 의도하는 목적이 실현되고 있다. 여기서 나는 이처럼 추구한 목적이 실현된 사례와 함께 시작하고자 하는데, 이는 수년 동안 보복에 관한 전통적인 개념이었던 부분을 적어도 감지할 수 있기 위함이다. 예를 들면, 19세기의 프랑스의 법률가는 다음과 같이 말한 바 있다. "보복은 전쟁이 전적으로 야만적인 형태가 되지 못하도록 하기 위한 수단이다."[2)]

안시에서의 FFI 포로들

1944년 여름에는 프랑스의 많은 지역에서 전투가 진행됐다. 연합군이 노르망디에서 전투를 수행하고 있었다. '프랑스 내부전력(FFI : French Forces of the Interior)'로 조직됐으며, 연합국 정부뿐만 아니라 알제리의 드골의 임시정부와 접촉하고 있던 빨치산 집단이 프랑스의 많은 지역에서 대규모 작전을 수행하고 있었다. 이들은 전투 기장(旗章)을 착용했으며, 다른 사람이 볼 수 있는 형태로 무기를 휴대했다. 1940년에 체결된 정전협정이 무력화됐으며, 군사적 투쟁이 재개됐다.

---

1) G. Lowes Dickinson, *War: Its Nature, Cause, and Cure* (London, 1923), p. 15.

2) H. Brocher, "Les principes naturels du droit de la guerre," 5 *Revue de droit international et de legislation compare* 349 (1973).

그럼에도 불구하고, 독일 당국은 체포한 빨치산들을 즉결 처형이 가능한 '전쟁 배반자' 내지는 '전쟁 반군'으로 취급했다. 예를 들면, 연합군이 노르망디에 상륙한 바로 그날에도 캉(Caen)에서 체포된 50여 명의 빨치산들이 곧바로 처형됐다.[3] 그 후 몇 달 동안에는 전투가 가속화되면서 지속적으로 독일군이 빨치산을 처형했다. 이들 처형과 관련해 '프랑스 내부전력'이 프랑스 임시정부에 불만을 토로했다. 그러자 임시정부는 독일에 항의할 목적의 공식 문서를 보냈다. 프랑스 임시정부를 인정하지 않았던 독일은 이 문서를 접수하지 않았다. 항의 문서에서 프랑스 임시정부는 체포된 빨치산들을 처형하면 독일군 포로들을 처형하는 방식으로 보복할 것이라고 위협했다. 그러나 빨치산들을 지속적으로 처형함에도 불구하고 프랑스 임시정부는 독일군 포로들을 처형하지 않았다. 아마도 이는 점령지 프랑스 영토 밖에서 충원돼 프랑스 임시정부에 소속돼 있던 부대원 중에서 체포된 자들에 대해 독일이 전쟁포로의 지위를 정기적으로 부여했기 때문일 것이다.

1944년 8월에는 남부 프랑스에 있던 많은 독일군 병사들이 빨치산 집단에 투항했다. 갑자기 '프랑스 내부전력' 지도자들이 프랑스 임시정부가 위협했던 부분을 이행해야 하는 입장, 즉 이들 포로를 처형해야 하는 입장이 됐다. "……독일이……80명의 프랑스인 포로들을 처형했으며, 추가 처형이 임박한 것으로 알려지자, 안시에 위치해 있던 '프랑스 내부전력' 사령부는 휘하에 있던 80명의 독일군 포로를 총살하기로 결심했다."[4] 이 순간 국제적십자사가 상황에 개입

---

3) Robert B. Asprey, *War in the Shadows: The Guerrilla in History* (New York, 1975), I, 478.

4) Frits Kalshoven, *Belligerent Reprisals* (Leyden, 1971), pp. 193-200.

해 이들 처형을 연기시켰다. 그 후 국제적십자사는 "이후에는 체포된 빨치산들을 전쟁포로로 취급한다"는 내용의 합의서를 독일군으로부터 받아내고자 노력했다. 6일 동안 기다렸지만 답변이 없자 '프랑스 내부전력'은 80명의 독일군 포로를 총살했다.5) 당시 보복의 효과는 판단이 쉽지 않다. 왜냐하면 독일군이 쫓기는 입장에 있었으며, 독일군의 결심에 여타의 많은 요인들이 개입했음이 분명하기 때문이다. 그러나 80명의 독일군 포로가 총살된 이후에는 더 이상 빨치산들이 처형되지 않았다.

어느 측면에서 보면, 이 경우는 판단이 용이하다. 프랑스가 서명했으며, '프랑스 내부전력'이 재확인한 1929년의 제네바협약(Geneva Convention)의 경우 전쟁포로에 대한 보복을 명백히 금지했다.6) 전쟁포로를 제외한 여타의 어떠한 무고한 사람도 공격받지 않을 권리를 누리지 못했다. 포로들을 특별 대우했던 것은 "포로들의 생명을 보호해주며, 이들에게 '자애로운 격리', 즉 수용소를 제공해야 한다"는 항복에 암시돼 있는 계약 때문이었다. 포로들의 학살은 전쟁에 관한 실정법(實定法)을 위배하는 행위일 뿐만 아니라 신뢰 파기와 다름이 없을 것이다. 그러나 나는 보복에 관한 일반적인 규칙 측면에서 예외적인 이 경우(포로학살 사례)에 초점을 맞추지 않을 생각이다. 왜냐하면 이처럼 초점을 맞춰도 무고한 사람을 고의적으로 살해하는 행위가 법적 또는 도덕적으로 정당하다고 천명해야 할 것인 지란 보다

5) 이 경우 죽을 것으로 발표된 사람들을 어디인가에 숨겨놓지 않는 이유를 결코 이해할 수 없다. 이들이 죽어야 하는 것은 무슨 이유 때문인가? 전쟁규약에서는 다양한 종류의 책략을 허용해주고 있다. 따라서 여기서도 이 같은 책략이 배제돼서는 안 될 것이다. 그러나 나는 이 같은 책략이 사용된 경우를 보지 못했다.

6) Kalshoven, pp. 78ff.

큰 문제가 해소되지 않기 때문이다. 이처럼 보다 큰 문제에 대한 답변으로 "일부 무고한 사람이 살해될 수 있는 반면 또 다른 무고한 사람들은 살해될 수 없다"고 사람들이 말하고 싶을 것으로는 생각되지 않는다. '프랑스 내부전력' 포로들의 사례는 보복에 관한 고전적인 경우란 점에서, 적어도 처음에는 사람들이 보복을 자행한 측, 즉 '프랑스 내부전력'을 심적으로 지지한 경우란 점에서 도움이 된다.

이 같은 종류의 보복은 전쟁규약의 이행을 그 목적으로 하고 있다. 로크(Locke)가 말하는 '자연의 상태(State of Nature)'7)에서와 마찬가지로 국제사회에서 모든 개개인은 '법 이행(Law enforcement)'의 권리를 주장하고 있다. 이 권리의 내용은 국내사회에서도 동일하다. 첫째, 이는 죄인을 처벌할 수 있는 권리, 즉 응징의 권리다. 둘째, 이는 범죄 행위로부터 자신과 여타 사람들을 보호할 수 있는 권리, 즉 억제의 권리다. 국내사회에서 이들 두 권리는 종종 병존하고 있다. 예를 들면, 죄인을 처벌하겠다고 위협하거나 처벌하는 경우 범죄 행위가 억제된다. 적어도 이는 일반적으로 수용되는 교리다. 그러나 국제사회에서, 특히 전시(戰時) 이들 두 권리는 동등한 수준에서의 이행이 불가능하다. 종종 죄인에게 접근할 수 없게 된다. 그러나 프랑스의 빨치산들이 한 바와 동일한 방식, 즉 "무고한 사람들을 징계하는 방식으로" 종종 더 이상의 범죄 행위를 방지할 수 있게 된다. 그 결과는 '응보(應報)가 없는 억제', 즉 일방적인 '법 이행'으로 묘사될 수 있을 것이다.

또한 보복은 너무 급진적이란 점에서 공리주의(公理主義) 철학자들

---

7) 끊임없이 권력을 추구하면서 인류가 상대방을 지속적으로 파괴하고자 하는 상황, 즉 만인에 대한 만인의 투쟁 상태를 의미한다. 출처 : 인터넷 자료.(옮긴이)

조차 그 존재를 부정하고자 했던 '급진적 공리주의'의 최상의 사례일 것이다. 그러나 보복은 전쟁의 실제뿐만 아니라 이론에서도 빈번히 목격되는 형태다. 공리주의와 관련해 가장 빈번히 제기되는 비난 중 하나는 공리주의의 계산법으로 인해 상황에 따라 당국자들이 무고한 사람을 징계해야 한다는 요구가 있을 수 있다는 점이다. 즉 징계란 미명 아래 살해하거나 감금해야 한다는 요구가 있을 수 있다는 점이다. 이에 대한 반응으로 색다를 뿐만 아니라 전통적으로 보다 수용 가능한 결과가 있을 수 있도록 그 계산법을 적절히 조정했다.[8] 그러나 국제법의 역사와 전시(戰時) 행동에 관한 논쟁 측면에서 보면, 이 같은 조정 노력은 대부분 사후약방문의 모습을 보였다. 전적으로 공리주의적 배경에 근거해 놀라울 정도로 솔직히, 사람들이 보복을 변호했다. 적어도 전투란 특수 상황에서의 공리주의적 계산법에서는 무고한 사람의 징계를 요구했다. 교전국들의 정치 또는 군사 지도자들이 적의 지나칠 정도의 범죄 행위를 견제하기 위한 또 다른 대안이 없다고 주장하면서 이 같은 요구, 즉 무고한 사람의 징계를 종종 요구했다. 일반적으로 편견이 없는 관찰자, 법학도, 고매한 박사들은 극단적인 경우에서의 가능한 논거로 무고한 사람에 대한 징계란 개념을 수용했다. 따라서 선도적인 권위자에 따르면 "이는 전쟁법의 원칙이다. 왜냐하면 모든 잘못에 대해 가능하다면 잘못한 사람을 징계해야 하지만, 어떻든 누군가를 징계해야 하기 때문이다."[9]

이는 매력적인 원칙은 아니다. 한편 전통적으로 사람들이 보복을 수용했다는 점을 이 원칙만을 거론해 설명하는 행위는 신중치 못할

---

8) H. J. McCloskey and T. L. S. Sprigge in *Contemporary Utilitarianism*, ed. Michael D. Bayles (Garden City, New York, 1968).
9) Spaight, *War Rights*, p. 120.

것이다. 결국 전시에는 전쟁 기간을 단축시키고, 인명을 구하는 등의 공리적(公利的) 이유로 종종 무고한 사람들이 공격을 받아 죽게 된다. 그러나 이 같은 공격은 보복과 동일한 위상의 것이 아니다. 일단 보복이 도움이 된다고 가정하자. 이 경우 공격과 비교해 보복을 색다르게 만들어주는 부분은 보복의 유용성이 아닌 또 다른 특성이다. 전쟁규약 가운데 가장 원시적인 형태인 고대시대의 동해(同害)복수법[10]으로 보복을 묘사하고 있는 일부 작가들은 보복의 이 같은 특성을 제대로 이해하지 못하고 있다.[11] 왜냐하면 동해복수법이란 악을 악으로 보답하는 것인데, 보복의 경우는 이 같은 악을 정확히 반복할 수는 있지만 악을 자행한 사람에게 되돌려줄 수 없기 때문이다. 이는 보복에서 매우 중요한 부분이다. 보복은 처음 잘못한 사람이 아닌 또 다른 사람을 대상으로 하게 된다. 유용성 측면에서 보면 이 같은 특정 대상의 선택은 매우 비정한 것이다. 이 같은 의미에서 보면, 보복은 비정할 정도로 현대적 성격의 것이다. 그러나 동해복수법의 일부가 오늘날에도 남아 있다. 즉 악을 자행한 사람에게 악을 되돌려 준다는 개념이 아니고, 악에 대해 반응한다는 개념이 오늘날에도 남아 있다. 보복에는 되돌아본 이후, 그리고 상대방의 행동이 있은 이후 행동한다는 측면이 있는데, 이는 전혀 행동할 의향이 없음을, 행동을 자제토록 하는 일부 요소를 준수할 의향이 있음을 의미한다. "당신이 먼저 잘못했다"는 문장에는 도덕적인 논거가 담겨져 있다. 이것이 매우 강력한 논거라고 생각되지 않는다. 그러나 이것이 여타 경우들, 즉 마찬가지로 공리적 측면에서 전쟁규약을 위배한 여

10) 성경의 레위기에 나오는 표현으로 피해자의 손해와 동일한 손해를 가해자에게 입히는 것을 의미한다.(옮긴이)
11) Spaight, p. 462.

타 경우들과 보복을 구분해주고 있다. 전쟁 기간을 단축시킬 목적으로 범죄를 자행할 권리는 없다. 그러나 상대방이 이전에 자행한 범죄 행위에 대응할 목적으로 죄(또는 또 다른 상황에서 죄로 지칭될 행위)를 범할 권리는 있다고, 한때 사람들은 생각한 바 있다.

보복에 회고적 측면이 있다는 점은 이들 보복을 억제해주는 요소인 비례성의 규칙에 의해 확인된다. 이 규칙은 예를 들면 이중효과 교리에 등장하는 것과 비교해 매우 색다르며 정교한 형태다. 80명의 프랑스인 학살에 대응해 80명의 독일인을 죽이기로 결심할 당시 안시의 빨치산 지휘관들은 비례성의 규칙 관련 조항을 철저히 준수했다. 보복은 보복 효과, 즉 보복에서 요망하는 효과 또는 보복이 억제하고자 하는 향후 범죄가 아니고 이전의 범죄 수준에 의해 그 수준이 결정된다. 공리주의적 사고를 견지하고 있는 작가들이 종종 이 점에 반박하고 있다. 따라서 맥두걸(McDougal)과 펠리치아노(Feliciano) 같은 사람들은 다음과 같은 독특한 방식으로 주장하고 있다. "허용 가능한 폭력의 종류와 수준은……범죄 행위를 반복 또는 지속하는 경우에서의 득실에 관한 적의 예상에 영향을 줘 이 같은 행위를 중지하도록 할 수 있는 형태여야 한다."[12] 이처럼 결정된 폭력의 정도가 적이 최초 가한 폭력과 비교해 클 수 있음을 이들은 인정하고 있다. 안시의 경우에서 보듯이 이것이 적을 수도 있다. 즉 40명, 20명 또는 10명의 독일군 포로를 총살한 경우에도 80명을 총살한 경우와 동일한 효과가 있을 수도 있었을 것이다. 그러나 이 같은 계산법이 효과적인지와 무관하게 이처럼 미래지향적 성격의 비례성의 규칙을 대부분의 전쟁 이론가들뿐만 아니라 평범한 실천가들이 수용하지 않았다. 분명히 말

12) McDougal and Feliciano, *Law and Minimum World Public Order*, p. 682.

하지만 제2차 세계대전 당시 독일은 사살된 독일군 1명에 대해 10명의 볼모를 총살하는 방식으로 점령지 유럽에서의 빨치산의 행위에 종종 반응했다.[13] 이 같은 비율이 독일인의 생명의 상대적 가치에 관한 독일 고유의 관념을 반영해 결정됐을 가능성도 있다. 또는 이것이 "상대방의 기대에 영향을 끼칠 목적에서 어느 정도 의도적인 것"일 수도 있다. 어떻든 보편적으로 사람들이 이 같은 관행을 비난했다.

이처럼 비난했던 것은 독일군 1명 살상에 10명의 프랑스인 볼모를 총살하는 행태가 지나칠 정도로 비례성의 원칙에 어긋난다는 점 때문만이 아니었다. 이들 빨치산의 행위가 많은 경우 전쟁규약을 위배하고 있다고 생각되지 않았기 때문이었다. 간단히 말해, 독일군의 반응은 '법 이행'이 아니고 공리주의적 차원의 억제 행위와 다름이 없었다. 보복은 범죄, 즉 전쟁에 관한 인정된 규칙을 위배한 행위들에 반응하는 형태가 돼야 하는데, 이는 보복이 회고적 성격의 것임을 보여주는 또 다른 부분이다. 더욱이 보복의 특성이 유지될 수 있으려면 전쟁규칙을 전쟁 당사국 모두가 동일하게 인지해야 한다. 영국군이 보복에 호소한 1812년 전쟁 당시, 보복을 야만스럽게 생각하고 있던 영국 하원의 반대파 의원은 생포한 인디언들의 머리 가죽을 벗기지 않은 이유 내지는 이들을 노예로 삼지 않은 이유에 관해 질문했다.[14] 여기에 대해 인디언의 경우 머리 가죽을 벗기는 행위 내지는 노예로 삼는 행위를 불법으로 생각하지 않았기 때문이라는 답변이 있었다. 따라서 이들 관행을 모방해 행동하는 경우 인디언들이 이것을 '법 이행'으로 생각하지 않았을 것이다. 결과적으로 이것이

---

13) 나치에 의한 가장 잔혹한 보복을 보려면 다음을 참조하라. Robert Katz, *Death in Rome* (New York, 1967)

14) Spaight, p. 463n.

억제 효과가 없었을 것이다. 이처럼 하면 전시 적정 행위에 관한 인디언들의 관념만 공고히 해주었을 것이다. 보복에 '응보(應報)가 없는 억제'란 개념이 수반될 수 있다. 그럼에도 불구하고 이는 반작용 성격의 억제가 돼야 한다. 또한 보복은 전쟁규약의 위배에 반응하는 형태여야 한다. 전쟁규약이 없다면 보복도 있을 수 없다.

통상 보복 차원에서 요구되는 행위들을 무조건 배제하고 있는 규약의 존재로 인해 보복과 관련해 우리는 불편한 심정이다. 무고한 사람의 살해가 잘못이라면 이들을 죽이는 보복 행위가 어떻게 정당화될 수 있는가? 국제법 관련 논문을 보면, 먼저 보복을 꺼려할 뿐만 아니라 우려하고 있음을 일대 과시하고는 해당 사례가 매우 극단적인 경우란 점을 언급하는 방식으로 보복을 정당화하고 있다.[15] 그러나 보복을 정당화해주는 마지막 부분, 즉 극단성의 정확한 의미가 쉽게 이해되지 않는다. 사실 전쟁규칙의 모든 위배는 비례성의 원칙에 근거한 반응을 정당화해줄 수 있을 정도로 극단적인 경우인 듯 보인다. 회고적 성격의 비례성은 진정한 의미에서 보복을 제한해주는 요소다. 예를 들면, 이 장(章)의 서두에서 거론한 두 보복을 회고적 성격의 비례성이 저지했을 것이다. 그러나 극단성은 보복을 제한해주는 요소가 전혀 아니다. 분명히 말하지만, 적이 자행한 범죄가 전반적으로 전쟁 관련 노력에 또는 전쟁 수행의 대의에 극단적으로 위협이 될 때에만 보복이 있는 것은 아니다. 왜냐하면 보복이 의도하는 바가 전쟁에서 승리하거나 추구하는 대의의 실패 방지가 아니고, 간단히 말해 전쟁규칙의 이행이기 때문이다. 극단적인 경우에만 보복한다는 것은 보복을 꺼린다는 의미와 같을 것이다. 이들 둘은

15) 그린스펀(Greenspan)이 전형적이다. "Only in exceedingly grave cases should there be resort to reprisals." *Modern Law of Land Warfare*, p. 411.

'최후 수단'으로서의 보복이란 개념을 암시해주고 있다. 재차 말하지만, 이 같은 '최후 수단'을 강구하기 이전에 요구되는 유일한 행위는 1944년 당시 프랑스가 독일에 천명한 바와 같은 공식적인 항의, 그리고 범죄 행위가 지속되는 경우 동일한 방식으로 반응할 것이란 위협일 것이다. 그러나 '법 이행' 방식과 군사적 행위 방식 모두란 측면에서 이것과 비교해 훨씬 많은 부분이 요구될 수도 있을 것이다. 예를 들면, '프랑스 내부전력(FFI)'의 경우 생포된 빨치산들의 처형에 가담한 독일군을 전범으로 취급할 것이라고 선언할 수도 있었을 것이다. 전범으로 기소된 사람들의 이름을 공포할 수도 있었을 것이다. 1944년 당시의 독일군의 군사적 상황을 고려해보면, 이 같은 선언이 지대한 효과가 있을 수 있다. 또는 자신의 동료들이 갇혀 있던 포로수용소를 기습하고자 노력할 수도 있었을 것이다. 생포한 독일군들을 총살시킬 때에는 전혀 목격할 수 없던 형태의 모험이 그 과정에서 수반되겠지만, 이 같은 기습이 불가능하지는 않았다.

'최후 수단'이란 개념을 진지하게 받아들였다면 보복이 획기적으로 제한됐을 것이다. 빨치산 처형에 가담했던 독일군들을 전범 처리하겠다고 선언한 상태에서 그리고 독일군의 빨치산 처형을 중지시키지 못한 채 빨치산들이 포로수용소를 기습 공격했다고 가정해보자. 이 경우 독일군 포로들을 총살하는 빨치산들의 행위가 정당화될 수 있었을까? "종종 무모한 적은 보복이란 야만적인 수단 외에 **또 다른 수단**을 적이 갖지 못하도록 한다."[16] 그러나 비교적 위험스럽지만 효과적인 또 다른 수단이 항상 있다. 독일군의 빨치산 처형에 항의하는 것이 빨치산들이 '최후 수단'이 없다는 의미는 아니다. 예를 들

---

16) Lieber, *Instructions*, Article 27(강조는 추가된 것이다).

면, 이는 군사적 기습이 강구할 수 있는 '최후 수단'임을 말하고 있는 것과 다름이 없다. 즉 처형을 중단하지 않으면 기습 공격할 것이라고 말하고 있는 것과 다름이 없다. 기습이 실패로 끝나는 경우 이들 기습을 재차 시도하면 될 것이다. 기습 외에 더 이상 수단은 없다. (종종 그렇듯이 보복 또한 실패로 끝날 수 있다. 실패로 끝나면 어떻게 할 것인가?) 이는 독일군 포로들의 지위와 성격에 관해 사고해보는 방식으로 내가 변호하기를 원하며 변호하고자 하는 결론이다.

이들 독일군 포로는 누군가? 한때 이들은 군인이었다. 이제 이들은 무장 해제된 무기력한 사람이다. 아마도 이들 중 일부는 전범일 것이다. 이들 중에는 생포된 빨치산들을 처형하는 일에 가담한 사람도 있을 것이다. 분명히 말하지만, 이 경우 이들은 즉결 처형이 아니고 심판을 받아야 마땅할 것이다. 증인들의 말을 듣고, 처벌받을 만한 사람만을 처벌해야 할 것이다. 심판만이 우리가 전쟁규칙을 준수하고 있음을 보여줄 수 있다. 범죄 성격의 결심을 내리지 않았을 뿐만 아니라 이 같은 결심을 이행하지도 않은 평범한 포로들만 있다고 가정해보자. 이들의 매일의 행위는 자신들의 적의 행위와 매우 흡사했을 것이다. 어떻게 이들을 즉결 처형하고, 범죄 의혹이 가는 사람들과 비교해 가혹하게 취급할 수 있는가? 정의(正義)의 이름으로 처형했음을 선언할 목적에서 이들 중 몇 명을 여타 사람들과 분리해 살해해야 한다면, 이는 언어도단인 듯 보인다. 이들을 죽이는 행위는 살인 행위일 것이다. 살인자가 됨으로 인해 모면하고자 하는 죄가 무엇인지 모르겠지만, 정확히 말해 이는 살인이다. 왜냐하면 이들은 자신들의 죽음을 통해 억제전략을 강구해낼 수 있는 단순한 소비재가 아니기 때문이다. 포로로서 이들은 나름의 권리가 있다.

일반적으로 오늘날의 국제법은 무고한 사람을 보복의 대상으로 삼는 행위를 비난하고 있다. 본질적으로 이는 내가 언급한 다음과 같은 이유 때문이다. 보복의 대상이 무기력하다는 점으로 인해 군사적 공격의 대상에서 배제된다. 범죄 행위에 가담한 적이 없다는 점으로 인해 응징 성격의 폭력의 대상에서 제외된다. 이미 살펴본 바처럼 1929년의 제네바협약에서는 포로들에게 공격받지 않을 권리를 부여했다. 1949년의 협약에서는 무장 전력 중에서 부상자, 병자 및 해상의 좌초된 요원들에게 그리고 점령지의 민간인들에게 공격받지 않을 권리를 부여했다.[17] 여기서 언급한 마지막 조항으로 인해 군사적 목적으로 무고한 사람을 이용하는 전형적인 사례인 볼모 학살이 효과적으로 억제되고 있다. 전쟁에 직접 개입하지 않은 사람 중에서 아직도 법적으로 보복이 정당화될 수 있는 유일한 대상은 적국의 민간인이다. 아측 정부와 군의 입장에서 바람직한 방식으로 행동하도록 할 목적에서 비록 원거리에서이지만 적국의 민간인은 아직도 볼모로 잡을 수 있다. "교전국이 통제하고 있거나 생포했다는 점으로 인해……상대방 전력의 기반으로 더 이상 유용하게 사용될 수 없는 사람은 폭력의 합법적인 대상이 될 수 없다"[18]는 일반 원칙이 있다. 앞에서 말한 형태의 보복에 대한 판단(심판)은 이 같은 일반 원칙을 논리적으로 확장해놓은 것과 다름이 없다고 사람들은 주장하고 있다. 그러나 이는 앞의 일반 원칙을 정확히 반영하는 형태가 아니다. 이 경우는 적의 민간인들에 대한 보복뿐만 아니라 선제공격을 허용하고 있다. 추구하는 바가 얼마나 평화적 성격인지와 무관하게, 결국 이 민간인들은 "자국 전력의 의미 있는 기지"로서 자국의 무장 전력을 정치 및 경제적으로 지원하게 된다. 어린이들조차도 이 같은 전

17) Kalshoven, pp. 263ff.
18) McDougal and Feliciano, p. 684.

력에 기여하게 된다. 예를 들면, 이들은 성장해 군인이 되고, 탄약 노무자가 될 것이다. 그러나 이들은 전쟁규약에 의해 보호받게 된다. 이들은 포로 및 부상병과 마찬가지로 무고한 집단에 포함된다. 국제법 분야의 최근의 발전이 추구하는 바는 이미 완벽히 확장돼 있는 이 같은 일반원칙의 확장이 아니고, 한때 보복이 정당화되고 있다고 생각되던 특정 상황에서 사람들이 이 원칙을 위배하지 않도록 하는 것이다. 한편 이처럼 할 충분한 이유가 있다면, 현재 그어진 대로 선을 그어야 할 이유는 없는 듯 보인다.19)

따라서 보복과 관련해 우리에게 필요한 판단을 다음과 같이 요약할 수 있다. 무고한 사람들이 교전국의 통제를 받고 있는지와 무관하게, 우리는 이들 무고한 사람을 보복의 대상으로 삼는 모든 행위를 비난해야 한다. 이는 한때 일반적으로 사람들이 옹호했던 관행을 급격히 제한하는 형태인데, 일시적이고도 논리에 맞지 않은 논거에 근거해 제한하는 형태는 아니다. 그러나 이전의 논거들이 전혀 의미가 없다고 주장할 생각은 없다. 이들 논거는 범죄와 이 같은 범죄에

---

19) 그러나 오늘날의 법적 상황을 설명하기가 어려운 것은 아니다. 적의 민간인들을 겨냥해 보복하겠다는 위협은 오늘날의 핵억제 체제에서 매우 중요한 부분이다. 정치가와 군인들은 이 같은 체제를 엄숙하게 비난할 자세가 돼 있지 않다. 더욱이 핵 억제가 위협에만 의존하고 있는 것이 사실이며, 위협받고 있는 행위가 도덕적인 사람들이 마지막 순간에 수행하지 않고자 하는 형태인 것은 사실이다. 그러나 어느 누구도 이들 금기 사항을 사전에 인정하고자 하지 않는다. 핵시대 이전의 미국의 법률가는 다음과 같이 기술했다. "무고한 사람들이 잔혹하다고 느끼는 행위 모두, 특히 비전투원이 전쟁의 긴박감을 느끼도록 만드는 행위 모두를 용감한 사람들은 자제하게 되는데, 이는 이 같은 행위를 위협해야 한다고 느끼고 있는 경우에서조차 그렇다."(T. D. Woolsey, *Introduction to the Study of International Law*, New York, 1908, p. 221) 그러나 이들 행위를 자제할 것이란 점을 사람들이 사전에 알고 있다면 이 같은 행위를 효과적으로 위협할 수 있을까? 17장에서는 핵억제의 문제를 거론하게 될 것이다.

대한 보복 차원의 반응 간의 몇몇 도덕적 차이를 올바로 보여주고 있다. 진정 초연한 입장에서 보면, 이들 둘(최초 범죄와 보복 차원의 반응)은 악순환을 형성하고 있는 듯 보인다. 즉 "폭력이 폭력을 낳는다"는 금언으로 완벽히 설명되는 형태의 악순환을 형성하고 있는 듯 보인다. 그러나 종종 이 금언은 옳지 않다. 보다 중요한 의미가 있지만, 이 금언의 경우는 반응적이고도 억제 성격의 폭력과 그렇지 못한 폭력을 구분하지 못하고 있다. 안시(Annecy)의 프랑스군 지휘관들 곁에 있으면 이 같은 악순환이 달리 보일 것이다. 여기서 독일군의 잘못은 프랑스군의 잘못과 비교해 막중한데, 이는 몇몇 군사적 이점을 목적으로 전통적인 규칙을 파기하는 등 독일군이 먼저 잘못했기 때문이다. 프랑스군은 전통적인 규칙을 재정립할 목적으로 규칙을 위배하는 등 독일군의 행위에 반응하는 형태로 행동했다. 이들 간의 차이를 어떻게 측정할 수 있을지 잘 모르겠다. 아마도 이들 간의 차이가 크지 않을 것이다. 그러나 이 범죄들을 동일하게 지칭하는 경우에서조차 이들 간에 차이가 있음을 강조할 필요가 있을 것이다.

전쟁규칙의 가장 중요한 부분과 관련해 말하면, '법 이행'을 목적으로 전쟁규칙을 위배할 수 없다. 따라서 보복 교리는 무고한 사람들의 인권이 문제시되지 않는 형태, 즉 전쟁규칙에서 비교적 덜 중요한 부분에만 적용된다. 예를 들면, 독가스의 사용 금지란 문제를 생각해보자. 제2차 세계대전 초반 영국의 윈스턴 처칠 수상은 독가스를 사용하면 연합국이 즉각 보복할 것이라고 독일 정부에 경고했는데, 이는 전적으로 정당한 경고였다.[20] 왜냐하면 상대방 군인을 살

---

20) Churchill, *The Grand Alliance* (New York, 1962), p. 359. 내가 여기서 변호하고 있는 유형의 구분을 웨스트레이크가 제안하고 있다. "전쟁법규는 사회계약이론에 근거해 논의될 수 없을 정도로 인간성과 도덕성에 깊이 뿌리를

해할 수 있다는 단일의 전쟁 권리를 제외하면 특정 무기에 의해서만 공격받는다는 등의 어떠한 기본권도 갖고 있지 않기 때문이다. 독가스에 관한 규칙은 법적으로 정립돼 있지만 도덕적으로는 필요치 않다. 따라서 이 같은 규칙을 위배하는 경우 해당 규칙의 재정립을 겨냥하는 한편, 보다 큰 군사적 목적을 겨냥하지 않는 유사하고도 비례적 성격의 규칙 위배가 도덕적으로 허용된다. 이들 위배가 허용되는 것은 위배의 대상이 이미 군사적으로 공격해도 좋은 합법적인 대상이기 때문이다. 전쟁의 범주와 격렬성 정도를 제한하고 있는 모든 비공식적인 협정뿐만 아니라 호혜적 성격의 협정의 경우도 상황은 마찬가지다. 여기서 보복하겠다는 위협이 '법 이행' 측면에서의 주요 수단이다. 따라서 보복의 위협 또는 이 같은 위협의 이행과 관련해 주저할 이유는 전혀 없다. 이 같은 종류의 억제 수단들을 위배하는 경우 이들 억제 수단이 간단히 소멸되며, 이 경우 비례성의 규칙을 준수하는 방식으로 위배의 정도를 제한할 이유가 없어진다는 주장이 제기될 수 있다. 그러나 이는 보복에도 불구하고 예전의 한계들, 즉 전쟁규칙이 복구될 수 없는 경우에만 사실이다. 먼저 우리는 예전의 한계들의 복구를 겨냥해야 한다. 이 같은 의미에서 보면 아직도 우리는 전쟁의 야만성을 제한하는 수단으로 보복을 사용하고 있다.

평시 보복의 문제

이들 모두에서 우리는 이미 평범한 형태의 전쟁이 진행되고 있다

두고 있다." *International Law*, II, 126.

고 가정했다. 여기서 문제가 되는 부분은 공격 방법 또는 수단이다. 그러나 평시 보복의 경우 문제의 부분은 공격 자체다. 이 같은 공격은 국경 너머로의 불시 습격 형태로 진행된다. 이처럼 습격 받은 국가의 경우 기습의 형태로 반응하게 되는데, 여기서의 습격은 전쟁규칙을 재확인할 목적이 아니고 깨진 평화를 바로 잡을 목적의 것이다. 여기서 습격 받은 국가가 재현하고 있는 범죄는 폭력 행위, 즉 주권의 침해란 부분이다. 이는 침략으로 지칭되며, 자위(自衛) 차원에서 정당화될 것이다. 즉 이는 '전쟁의 정당성(*Jus ad bellum*)'이란 언어를 사용해 정당화될 것이다. 그러나 '전쟁에서의 정당성(*Jus in bello*)' 이론에 의해 정립된 억제 수단들 중에서 보복 차원에서 적합한 것들을 사용하는 한 상대방의 습격에 대응하는 습격은 '전쟁에 못 미치는 형태의 군사적 방안'으로 남게 된다. 따라서 습격은 이들 억제 수단과 관련해 가장 잘 논의된다.[21]

키베 습격과 베이루트 침공

'평시 보복'이란 용어는 정확한 표현이 아니다. 법률 서적에서는 전쟁과 평화를 중심으로 내용을 전개하고 있다. 그러나 대부분의 역사는 전쟁 또는 평화란 단어가 적절히 묘사하지 못하는 어정쩡한 형태의 것이다. 보복은 이 같은 형태와 가장 많은 관계가 있다. 보복은 반란, 국경분쟁, 정전 및 휴전 시점에 적합한 유형의 행위다. 이들 시기에서 목격되는 특성이 있는데, 이는 모든 의미에서의 폭력 행위가 항상 국가 차원의 행위는 아니란 점이다. 종종 이들 폭력은 저명

---

21) Kalshoven on "non-belligerent reprisals," pp. 287ff.

한 관리(官吏)의 일이 아니며, 관리의 명령에 따라 움직이는 군인의 일도 아니다. 이는 게릴라 집단과 테러 조직들의 일인데, 이들 폭력은 관리들이 비호하고 묵인하겠지만 이들 관리에 직접 예속돼 있지 않을 것이다. 따라서 국가가 창건된 1948년 이후 이스라엘은 주변 아랍국들에 근거해 활동하는 한편 이들 국가의 군대와 공식 연계돼 있지 않은 팔레스타인의 게릴라 및 테러분자들에 의해 지속적으로 공격을 받았다. 이들 공격에 대응해 수년 동안 이스라엘 당국은 생각 가능한 거의 모든 유형의 반격을 시도했다. 소위 말해, 이스라엘은 보복의 정치와 도덕을 시험했다. 이스라엘의 역사는 보복에 관한 이론가가 원하고 있는 모든 사례를 제공하는 암담하고도 비정상적인 형태다. 이스라엘의 역사가 평시의 보복이 평화를 조장할 목적의 것임을 암시하는 형태가 아니라면 이는 또한 불법적인 공격에 대응하기 위한 또 다른 방안을 일러주는 형태도 아니다.

팔레스타인이 자행한 대부분의 습격은 게릴라들이 아닌 테러분자들의 작품이었다. 다시 말해, 이 책의 11장과 12장의 논거를 따르면 이 습격들은 민간인을 무작위로 겨냥했다. 즉 이 습격들은 국경 부근에서 일하고 있던 농부, 시골 거리의 버스, 마을의 학교와 가옥 등을 겨냥했다. 따라서 보다 규모가 큰 아랍-이스라엘 분쟁에 관해 어떻게 생각하고 있는지와 무관하게 이 습격들이 합법적이지 않은 형태란 점은 분명하다. 이스라엘이 나름의 방식으로 대응할 권리가 있다는 점 또한 분명하다. 상대방 국가의 국경 너머로의 모든 습격과 관련해 이처럼 대응할 권리가 있게 된다. 그러나 습격이 즉각적인 저항이 불가능한 민간인을 겨냥하고 있을 때 이 권리가 특히 분명해진다. 그럼에도 불구하고, 이스라엘의 구체적인 반응들이 문제시됐다. 왜냐하면 이들 개개 사례에서 가능한 반응이 무엇인지 알기가 매우 어렵기 때문이다. 공공연한 전쟁 상태에 있지 않은 주변국들이 은신처를 제공하고 있는 테러분자들은 쉽게 공격할 수 있는 표적이 아니다. 평시 보복의 특성인 일종의 비대칭성이 습격에 반응할 목적의 모든 군사적 대응에서 목격될 것이다. 즉 최초의 습격이 비공식적 성격인 반면, 반격은 상대방 국가의 주권에 도전하는 특정 주권 국가의 행위다. 이들 도전을 판단하기 위한 방안은 무엇인가? 평시의 보복을 통제해주는 규칙들은 무엇인가?

첫 번째 규칙은 우리에게 친숙한 형태다. 테러분자들의 습격이 민간인들을 겨냥하고 있지만 이들 습격에 대응하는 보복은 민간인을 겨냥하면 안 된다. 더욱이 보복을 감행하는 측은 자신들의 공격으로 인해 민간인들이 부수적 희생자가 되지 않도록 유의해야 한다. 그 수행과 관련해 말하면 평시의 보복은 전쟁 자체와 정확히 동일하다. 따라서 이들 보복에 대한 우리의 심판은 매우 분명하다. 예를 들면, 이스라엘의 키베(Khibye) 습격을 생각해보자.22)

> 로드(Lod) 비행장 부근의 마을에서 한 명의 여자와 두 명의 어린이가 살해되자 1953년 10월 14일 이스라엘은 요르단의 키베 마을을 야간 습격했다. ……요르단 군과의 전투를 통해 해당 마을로 진입해 들어간 이스라엘 군은 45채의 가옥을 폭파했다. 이들 가옥 모두에서 주민들이 사전 대피한 것은 아니었다. 결과적으로 45명 이상의 마을 사람이 잡석 아래에 매장됐다. ……당시 기습의 야만성을 보며 이스라엘과 외국에서 거센 항의가 제기됐다…….

22) Luttwak and Horowitz, *The Israeli Army*, p. 110.

이 살해들이 비의도적인 성격이라고 말할 수 없을 것이다. 분명히 말하지만, 마을 사람들이 살해되지 않도록 충분히 유의했다고 말할 수 없을 것이다. 따라서 당시의 항의는 정당했으며, 살해는 범죄적 성격의 것이었다. 그러나 요르단 정규군과의 총격전에서 민간인들이 죽지 않았거나 대부분의 이스라엘의 보복에서처럼 오직 몇몇 사람만 살해됐다면 어떻게 할 것인가? 이 같은 습격 자체에 관해, 이스라엘 민간인을 학살하는 과정에 관여하지 않은 반면 이스라엘의 습격 도중 사망한 요르단의 군인에 대해 그리고 파괴된 가옥에 대해 무어라고 말해야 할 것인가? 평시 보복에서 가장 빈번한 형태지만 이는 전형적인 군사작전이 아니다. 이것이 의도하는 바는 주변국의 관리들이 평화를 준수하고, 자국 국경 안에서 게릴라와 테러분자들의 행위를 억압하게 하는 등의 강압적인 성격이다. 그러나 이는 직접 또는 지속적인 강압의 형태는 아니다. 직접 또는 지속적으로 강압적인 성격이 되려면 전면 침공이 요구될 것이다. 보복은 경고의 형태를 띤다. 즉 우리 마을이 공격받는 경우 너희 마을도 공격받을 것이란 의미다. 따라서 보복은 이전의 습격에 반응하는 형태여야 한다. 또한 비전투원을 공격할 수 없다는 규칙이 출현한 이후 보복은 회고적 성격의 비례성의 규칙에 의해 통제된다. 인명과 인명을 비교할 수는 없지만 상대방의 습격에 대항한 습격은 성격과 범주 측면에서 상대방의 습격과 유사해야 한다.

이 두 가지 규제 사항을 수용한다면 나의 경우는 이 같은 종류의 반격을 변호하는 입장이다. 여기서의 변호가 극단성 내지는 '최후 수단'이란 개념에 의존하고 있지 않은데, 이 점을 강조해야 할 것이다. 평시 전쟁은 '최후 수단', 즉 정치, 경제, 정보 등 국력의 여타 수단이 효력이 없을 당시 마지막으로 생각할 수 있는 수단이다. 한편 테러분자들에 의한 일련의 기습을 종결시킬 수 있는 여타 수단이 있어 보이지 않을 당시에는 이들 기습으로 인해 전쟁이 정당화될 수도 있을 것이다. 보복은 외교가 효과적이지 않은 것으로 판명된 경우 생각할 수 있는 최초의 폭력이다. 재차 말하지만, 보복은 '전쟁에 못 미치는 형태의 군사적 수단', 즉 전쟁의 대안이다. 이 같은 묘사는 그것 자체로도 중요한 논거다. 그러나 민간인 공격 금지 및 비례성의 규칙이 사려 깊게 존중되는 여타의 역사적 사례를 살펴보면 알 수 있지만, 이 같은 논거의 일반화는 쉽지 않다.

1968년에는 팔레스타인 테러분자들의 관심이 이스라엘 자체에서 이스라엘 소속의 국영 항공사와 항공기의 승객으로 바뀌었다. 당년 12월 26일, 아테네 공항에서 이륙을 준비하고 있던 이스라엘 항공기를 두 명의 테러분자들이 공격했다.[23] 항공기에는 50여 명의 승객이 탑승해 있었고, 이들 중 한 명이 사망했다. 분명히 말하지만, 테러분자들의 경우 가능한 한 많은 승객을 죽일 의도였을 것이다. 이들은 좌석 높이에서 항공기의 창문에 총구를 겨냥했다. 아테네 경찰이 이들 두 명의 테러분자를 체포했다. 이들은 베이루트에 본부를 두고 있던 팔레스타인해방기구(PLO)란 조직의 요원이었다. 이들은 레바논 여권을 소지하고 있었다. 그 이전의 몇 달 동안 이스라엘은 팔레스타인해방기구와 같은 조직을 지원하는 경우 책임을 면치 못할 것이라고 레바논 정부에 반복해 경고했다. 당시 이스라엘은 극단적인 보복을 감행했다.

23) 습격에 관한 설명과 평가를 보려면 다음을 참조하라. Richard Falk, "The Beirut Raid and the International Law of Reprisal," 63 *American Journal of International Law* (1969) and Yehuda Blum, "The Beirut Raid and the International Double Standard: A Reply to Professor Falk," 64 *A.J.I.L.* (1970).

팔레스타인의 테러분자들이 아테네에서 이스라엘 여객기를 공격한 지 이틀이 지난 때, 이스라엘의 특공대들이 헬리콥터를 타고 베이루트 공항에 착륙해 레바논 소속의 민항기 13대를 파괴했다. 이스라엘의 보도에 따르면 이들 특공대는 "많은 위험에도 불구하고……민간인 살상을 방지할 목적에서 가장 철저히 유의했다. 항공기의 승객과 승무원을 항공기에서 내리도록 했으며, 주변 사람들을 안전한 곳으로 인도했다." 이들 특공대가 감수해야만 했던 모험이 매우 높은 수준이었음에도 불구하고, 그 과정에서 한 명도 죽지 않았다. 공격 도중 두 명의 이스라엘 병사들이 부상을 입었다고 그 후 레바논 당국은 주장했다. 군사적 관점에서 보면, 당시의 습격은 놀라울 정도로 성공적이었다. 도덕적 관점에서 또한 그렇다고 생각된다. 분명히 말하지만, 이는 아테네에서 발생한 사건에 대응하는 형태였다. 사용한 수단 측면에서 보면, 이는 유사하고도 비례적인 경우였다. 왜냐하면 인간의 생명 파괴에 대응해 많은 자산을 파괴할 수 있기 때문이다. 또한 이는 민간인 살상을 피하면서 수행됐다.

이들 모두에도 불구하고, 이스라엘의 베이루트 습격은 많은 비난을 받았다. 무엇보다도 레바논의 주권에 대한 심각한 공격이란 점으로 인해 비난을 받았다. 민간인이 사망하지 않았더라면 키베의 경우는 주권에 대한 공격이란 부분이 주목받았을 것이다. 이스라엘의 베이루트 습격은 이처럼 요르단의 주권을 공격한 경우로 생각할 수 있다. 민간인 살해는 인권 모독이다. 그러나 군사시설의 공격과 민간인 재산의 파괴는 보다 초점을 맞춰 해당 국가에 직접 도전하는 행위다. 진정 당시의 공격에서 의도했던 것은 이 부분이다. 한편 군인들의 취약성뿐만 아니라 항공기, 보트, 건물 등의 취약성은 해당 주권 국가의 취약성으로 치부된다. 국가가 취약한 경우 군인이 취약해진다.

왜냐하면 군인은 국가 권위의 가시적 상징이자 능동적인 대행자이기 때문이다. 한편 민간인의 재산이 공격에 취약한 것은 그 소유자의 무고성이 소유물이 아니고 개인으로 국한되기 때문이다. 특정 전쟁 수행 내지는 국가방위에 몸담고 있을 때에만 생명권이 몰수된다고 할 정도로 우리는 인간의 생명에 나름의 가치를 부여하고 있다. 그러나 재산을 보호해주는 국가 자신이 공격받는 순간마다 재산권을 몰수할 정도로 우리는 재산에 보다 적은 가치를 부여하고 있다. 합법적인 표적이 아닌 경우에도 우리는 개개인에게 부담을 줄 수 있다. 그러나 그 소유주가 표적이 아닌 경우에서조차 재산, 특정 종류의 재산이 합법적인 표적이 될 수도 있다.[24] 그러나 이 같은 논거는 국가의 책임과 관련이 있다. 한편 이는 아직도 논란이 있을 수 있는 사안이다.

이스라엘이 제기한 논거는 실정법의 유형 또는 적어도 유엔이 창설되기 이전의 실정법의 유형을 따랐다. 레바논 정부의 경우 자국의 영토가 테러분자들의 기지로 사용되지 않도록 할 책임이 있다고 이스라엘은 주장했다. 이 같은 책임이 실체를 어느 누구도 부정할 수 없는 듯 보인다. 그러나 베이루트에 있던 레바논 정부가 이 같은 책임을 준수할 능력이 없다고 레바논의 입장에서 일부 사람들이 주장했다. 1968년 이후의 사건들이 이 같은 주장을 입증해주는 것으로 보일 수도 있을 것이다. 이 같은 주장이 옳다면 이스라엘의 베이루

---

24) 보복과 관련해 민간인들을 국가와 동일시해야 한다고 주장할 때 법률가들이 염두에 두고 있는 부분은 아마도 이것일 것이다. 이 같은 동일시는 결코 총체적인 성격이 아니다. 이 같은 동일시로 인해 개인의 권리가 말살되는 것은 아니다. 또한 개인의 사택이 테러분자들의 기지로 사용되고 있지 않다면 그곳에 거주하고 있는 사람과 마찬가지로 죄가 없는 것으로 보이는 개인의 사택으로 보복이 확대된다고 생각되지 않는다.

트 공격은 변호가 어려울 것이다. 이유야 어떠하든 행동 방식을 바꿀 능력이 없는 사람으로 하여금 행동 방식을 바꾸도록 할 목적에서 무고한 사람의 재산을 파괴하는 행위는 분명히 말해 잘못이다. 그러나 우리는 레바논의 기존 정부의 능력을 즉각 부인해야 한다. 왜냐하면 일정 수준의 주권 상실은 정치적 무능력에 따른 법적 및 도덕적 결과이기 때문이다. 자신이 관장하고 있는 영토에 거주하고 있는 주민들을 진정 통제할 수 없거나 국경을 수비할 능력이 없는 정부가 있다면, 그리고 이 같은 무능력으로 인해 여타 국가들이 고통 받게 된다면, 분명히 말해 대리인에 의한 통제와 국경수비가 허용될 수 있을 것이다. 이들은 보복 성격의 습격에서 통상 수용되는 한계를 넘어서는 형태일 것이다. 이 순간 보복은 국내사회에서의 응징 성격의 처벌과 같아진다. 즉 처벌이 '도덕적 능력(Moral agency)'[25]을 가정하고 있는 것처럼 보복의 경우 정치적 책임을 가정하게 된다. 가능한 한 이들 가정은 견지할 만한 가치가 있다.

특정 주권국가가 여타 주권국가에게 의무 이행을 강요할 수 있을 것인지는 중요한 문제다. 전쟁규칙으로 인해 이처럼 해야 하는 경우에서조차 이 같은 종류의 '법 이행(Law enforcement)'은 불법이라는 것이 유엔의 공식 입장이다.[26] 이 같은 유엔의 입장은 실정법을 선언할 수 있는 권리뿐만 아니라 적어도 종종 이 같은 실정법을 이행할 준비와 능력이 있다는 유엔의 주장에 근거하고 있다. 그러나 분명히 말하지만, 1968년 당시 유엔은 이 같은 실정법을 이행할 준비

25) 도덕적으로 판단을 내리고, 도덕에 부응해 행동할 수 있는 개인의 능력을 의미한다. 참조 : 인터넷자료.(옮긴이)

26) Sydney D. Bailey, *Prohibitions and Restraints in War* (London, 1972), p. 55에 실린 안전보장이사회의 1964년 4월 9일의 비난 결의안을 보라.

가 돼 있지 않았거나 이행할 능력이 없었다. 그 후 어느 시점에도 유엔은 이처럼 할 준비가 돼 있지 않았을 뿐만 아니라 능력을 구비하지 않았다. 자국 국민들의 생명이 위험에 처해 있는 경우 유엔의 개개 구성원인 주권국가들이 보복을 포기할 준비가 돼 있음을 보여주는 증거도 없다. 분명히 말하지만, 보복은 국가들의 관행으로 인해 허용되는데, 이 같은 관행의 이면에 숨어 있는 도덕적 측면의 이유는 예전과 마찬가지로 강력한 듯 보인다. 유엔이 실제 한 부분뿐만 아니라 유엔의 영향력의 정도를 봐도 국제사회에서 법적 내지는 도덕적 권한이 유엔과 같은 기구로 중앙 집중화될 것으로는 보이지 않는다.27)

그러나 유엔의 주장이 전적으로 현실적이지 못하다 점으로 인해 평시 보복이 합법성이 있게 되는 것은 아니다. 『국제법의 원칙(*Principles of International Law*)』이란 켈젠(Kelsen)의 저서에서 로버트 터커(Robert Tucker)는 보복을 옹호하는 사람은 "대체로 국가가 독자적으

27) 이스라엘의 보복 행위를 유엔이 주기적으로 비난하고 있다는 점과 관련해 리처드 포크(Richard Falk)는 다음과 같이 기술하고 있다. "이 상황들에서의 이스라엘의 재량권을 제약하는 행위(비난)들의 공정성과 관련해 혹자가 이견을 제기할 수 있을 것이다. 그러나 유엔의 기구들이 구체적인 폭력의 사용을 인가하거나 금지할 '능력'이 있다는 점에서 보면, 이들 비난(행위)은 본질적으로 '법의 범위를 벗어난 형태의 호소(Extra-legal appeal)'다. 국제사회에서 불법적인 부분과 법적인 부분을 가장 분명히 구분해주는 부분은 이 같은 '능력'의 행사다." 또 다른 도움 수단을 제공해주지 않는 경우 국내 또는 국제사회의 법적 기구가 자조(自助)란 요소를 없앨 수 있을 것인지 확실치 않다. 그러나 이 문제는 법률가들에게 맡기고자 한다. 포크의 관점이 옳다고 가정하면, 유엔에 의한 법의 범위를 벗어난 호소는 이 같은 호소가 성공을 거두는 경우 새롭게 제정된 법의 효과가 저하될 가능성이 있으며, 분명히 저하돼야 마땅한 도덕적 성격의 호소란 점을 언급해야 할 것이다. "International Law and the US Role in Vietnam: A Response," in Falk, ed., *The Vietnam War and International Law*, Princeton, 1968, p. 493.

로 폭력을 행사하는 것이, 즉 보복 수단을 사용하는 것이 법이 추구하는 바에 도움이 된다……"[28])는 점을 입증해 보여야 한다고 주장했다. 이는 보복의 존재 이유를 유엔의 효용성에서 보복 자체의 유용성으로 전환하고는 그 결과가 보복을 감행하는 측에 결정적인 방식으로 도움이 되지 않을 역사적 조사를 촉구하는 형태다. 그러나 보복의 존재 이유는 전반적으로 보복이 효과가 있다는 점이 아니다. 이는 전시도 아니고 평시도 아닌 어려운 상황에서 특정 효과를 추구하기 위한 권리에 해당한다. 이 같은 상황이 존재하는 경우 이 같은 권리 또한 존재해야 한다. 이는 로크가 말하는 '자연의 상태(State of Nature)'에서처럼 이들 동일한 상황에도 불구하고 올바른 행위로 인해 전적으로 만족스런 결과가 없을 가능성이 있는 경우에서조차 그렇다. 분명히 말하지만, 보복이 실패로 끝날 것임이 분명한 경우 보복은 사용되면 안 된다. 그러나 어느 정도 성공 가능성이 있는 경우, 보복은 피해를 입은 국가가 합법적으로 호소할 수 있는 수단이다. 왜냐하면 자국 국민들이 공격받는 모습을 물끄러미 바라보고만 있으라고 어느 국가에게도 요구할 수 없기 때문이다.

보복은 전쟁규약으로부터 '평시 세계'로 이관된 관행이다. 왜냐하면 보복이 적절히 제한된 형태의 군사적 행위를 제공해주기 때문이다. 보복이란 관행을 파기하고자 노력하기보다는 보복의 한계(제한)를 고수하는 것이 좋을 것으로 생각된다. 보복 차원의 습격에 몸담고 있는 군인들은 국제사회의 국경선을 월경할 것이지만 곧바로 되돌아갈 것이다. 이들은 일정 수준에서만 파괴적으로 행동할 것이다. 이들이 주권을 위배할 것이지만, 주권을 존중하기도 할 것이다. 마지

28) Hans Kelsen, *Principles of International Law*, 2nd ed., rev. Robert W. Tucker (New York, 1967), p. 87.

막으로 이들은 무고한 사람의 인권을 존중하게 될 것이다. 항상 보복은 전쟁규칙 측면에서의 범죄, 소규모 차원의 평화 파괴 등과 같은 특정 위배에 대응한 제한된 수준의 반응이다. 종종 사용된 바 있지만, 보복은 민간인의 생명에 대한 공격을 위장하거나 침략 및 간섭을 위장할 목적으로 합법적으로 사용될 수 없다. 국가의 권리와 인권을 위배해야 마땅한 극단적이고도 위기의 순간이 있을 수도 있다. 그러나 이 같은 순간은 우리의 적이 자행한 특정 범죄로 인해 야기되지 않는다. 또한 여기서 말하는 위배를 보복으로 지칭해 도움이 되지 않을 것이다. 법률서적과 군 역사에서 지금까지 목격한 보복 관련 사례 중 진정 극단적인 경우는 없었다. 전쟁규약 또한 극단적인 사례를 제시하고 있지 않다. 소위 말해 극단성은 전통적인 법조문의 한계를 벗어나는 형태다. 이 책의 4부에서 필자는 극단성의 성격과 유래를 살펴볼 생각이다. 보복의 분석으로 인해 '전쟁의 평범한 수단'에 관한 논의가 종결되고 있다. 이제 추구하는 목표의 도덕적 긴박성으로 인해 종종 요구되고 있는 듯 보이는 '전쟁의 비범한 수단'들을 살펴보도록 하자.

제4부

전쟁의 딜레마

|제14장|

전승과 선전(善戰)

'우매한 사람의 도덕'

마오쩌뚱과 홍수 전투

중국 역사에서 춘추시대(春秋時代)로 알려져 있는 기원전 638년, 봉건국가인 초나라와 송나라가 중국의 중원(中原)에서 전투를 벌였다.[1] 양공(襄公)이 이끌던 송나라 군대는 홍수(泓水)의 북쪽 제방에 전투 대형을 편성했다. 초나라 군대는 홍수를 도강해야 하는 입장이었다. 초나라 군대가 절반 정도 도강했을 때, 한 재상이 다가와서 양공에게 다음과 같이 말했다. "이들은 병력이 많은 반면 우리는 그렇지 못합니다. 이들이 도강을 완료하기 이전에 공격하시지요." 양공은 이 같은 제안을 거절했다. 적군이 북쪽 제방에 도달했지만 아직도

1) *The Chinese Classics*, trans. and ed. James Legge, vol. V: *The Ch'un Ts'ew whith The Tso Chuen* (Oxford, 1893), p. 183.

전선(戰線)을 재구축하지 못한 때, 문제의 재상이 전투를 시작하게 해달라고 재차 요청했다. 그러자 양공은 재차 거절했다. 초나라의 군대가 적절히 정렬한 이후 양공은 공격을 지시했다. 당시의 전투에서 양공 또한 부상을 입었으며, 양공의 군대가 패배했다. 역사를 보면 당시의 패배와 관련해 자국 국민들이 자신을 비난하자 양공은 다음과 같이 말했다고 한다. "진정 훌륭한 사람은 상대방의 상처를 재차 건드리지 않으며, 늙은이를 포로로 잡지 않는다. 옛날 사람들은 적군이 종대(縱隊)를 구성하고 있을 때 공격하지 않았다. 쓰러진 제국의 보잘 것 없는 제왕이지만 나의 경우는 아직 형체도 갖추지 못한 무리들을 공격할 목적으로 명령을 내리지 않을 것이다."

이는 나름의 목적을 달성할 목적에서 마오쩌뚱이 역사책에서 끄집어내기 이전에는 무명의 전사(戰士)였던 한 봉건시대 전사의 규칙이다. 1938년에 발간된 『지연전(遲延戰)』 강연에서 마오쩌뚱은 다음과 같이 말했다. "우리는 송나라의 왕이 아닙니다. 그의 우둔한 도덕은 우리에게 필요치 않습니다."[2] 마오쩌뚱의 강연은 게릴라 전술에 관한 혁신적인 토론과 다름이 없었다. 그러나 송나라 왕에 반대하는 마오쩌뚱의 논거는 서구사회의 독자뿐만 아니라 중국의 독자들에게도 친숙한 형태였다. 이는 귀족적인 명예보다 전승이 중요한 의미가 있는 양공 휘하의 재상과 같은 실제적인 사람들이 공통적으로 주장해오고 있는 논거다. 그러나 이 같은 마오쩌뚱의 논거는 전승이 도덕적으로 중요해 보이는 순간, 즉 투쟁의 결과를 정당성의 관점에서 바라보는 순간에만 전쟁이론과 진정 관계가 있게 된다. 홍수 전투 이후 대략 200년이 지난 시점, 그리고 중국의 공산혁명이 있기 2,000

---

2) *Military Writings*, p. 240.

여 년 전, 마오쩌뚱의 관점을 묵자(墨子)는 완벽하게 설명했다.[3)]

> 통치자에 의해 핍박 및 억압받고 있는 국가가 있다고 가정해보자. 이 같은 해충과 같은 통치자를 제거할 목적에서……한 현인이 군대를 일으키고는 사악한 무리들을 처벌하기 시작했다고 가정하자. 공자(孔子)의 교리에 따라 행동하는 경우 승리를 거둔 이후 그는 다음과 같이 명령하게 될 것이다. "도망치는 적군을 추적하지 말며, 투구를 잃어버린 적군을 겨냥해 발사하지 말라. 적의 전차(戰車)가 전복되면 전차 안에 타고 있는 사람들을 도와 전차를 일으켜 세워야 한다." 이처럼 하면 난폭하고 거친 친구들이 목숨을 부지한 채 도망치게 될 것이며, 세상에서 해충과 같은 자들이 사라지지 않을 것이다.

묵자는 나름의 '정당한 전쟁' 교리를 신봉하고 있었다. '정당한 전쟁'에 관한 서구사회의 이론을 중국에 도입한 사람은 마오쩌뚱이다. 물론 '정당한 전쟁'에 관한 서구사회의 이론과 묵자가 신봉하고 있던 '정당한 전쟁' 교리에는 여기서 말할 수 없는 미묘한 차이가 있다. 그러나 이 개념들에 별다른 차이는 없다. 이들은 전승(戰勝)과 정당한 전투행위 간의 갈등을 유사한 방식으로 정립하고 있다. 묵자와 마오쩌뚱에게 이 교리들은 동일한 해결안을 제시해주고 있다. 즉 정당한 전투와 관련해 양공이란 봉건시대 통치자가 말한 규칙을 간단히 유린해야 한다는 해결안을 이들은 제시해주고 있다. 이들은 전승과 정당한 전투행위 간에 목격되는 갈등을 인지함과 동시에 간과하고 있다. 이는 교전규칙이 전혀 없다는 의미가 아니다. 나의 경우는

---

3) Arthur Waley, *Three Ways of Thought in Ancient China* (Garden City, New York, n.d.), p. 131.

고대시대 기사들의 규칙을 민주적 형태로 재차 구현하고 있는 마오쩌뚱의 '주목해야 할 여덟 항목'을 인용한 바 있다. 그러나 마오쩌뚱에게 있어 '주목해야 할 여덟 항목'은 게릴라전과 관련해 공리적(公利的) 차원에서 요구되는 부분과 다름이 없었다. 이들이 전승의 보다 높은 유용성에 방해될 수는 없었다. 아마도 마오쩌뚱은 미국의 윌슨 대통령의 이상주의(理想主義)와 마르크스주의자들의 종말론(終末論)을 결합해 전승의 보다 높은 유용성에 관해 다음과 같이 장황하게 설명할 가능성이 있다. "이 전쟁의 목적은 지구상에서 전쟁을 없애는 것이다. ……우리의 노력으로 인해 전쟁에 관한 인류의 세기가 종말을 고하게 될 것이다. 분명히 말하지만, 우리가 수행하는 전쟁은 이 같은 마지막 전투의 일부다."[4] 마오쩌뚱이 말한 '주목해야 할 여덟 항목'을 이 같은 최후의 전투에서 고집할 사람은 없을 것이다. 전투가 매우 중요한 의미가 있어 보일 때마다 예외를 쉽게 인정하게 될 것이다. 예를 들면, '주목해야 할 여덟 항목'에서 마지막 문구인 "포로들을 함부로 다루지 않는다"는 구절을 살펴보자. 마오쩌뚱은 이동 중에 있는 게릴라들의 경우 포로를 데리고 다니면 안 된다고 주장했다. 그는 "무기를 넘겨받은 후 포로들을 해산하거나 처형하는 것이 최선이다"[5]라고 말했다. 마오쩌뚱은 포로들을 권리가 있는 인간으로 생각하지 않았다. 따라서 마오쩌뚱에게 있어 포로들을 해산해야 할 것인지 아니면 처형해야 할 것인지는 순수 전술적 문제였다. 잘못 대우하면 안 된다는 의미의 이 규칙을 모든 경우에서 고집하면 아마도 '우매한 사람의 도덕'의 사례가 됐을 것이다.

양공이 말하는 규칙에서도 포로들의 권리가 문제시됐다고 생각되

---

4) *Military Writings*, pp. 81, 223-24.
5) *Basic Tactics* (New york, 1966), p. 98.

지 않는다. 양공은 부상당한 병사 또는 제대로 대오(隊伍)를 형성하지 못한 무리들은 공격할 가치가 없으며, 이들에 대한 공격이 품위를 떨어뜨리는 행동으로 생각했다. 그에게 있어 전투는 오직 동급 수준의 경쟁자들 간에 가능한 일이었다. 동급 수준의 경쟁자들 간의 경우가 아니라면 전쟁은 귀족적인 미덕을 과시해볼 수 있는 경우가 될 수 없었다. 도덕적 차원에서 긴급히 승리해야 한다고 확신하고 있는 사람의 경우 이 같은 개념을 묵과할 수 없을 것인데, 그 이유는 쉽게 이해된다. 세상을 폭력과 억압이 통치하고 있다면 송나라의 양공이 말하는 미덕이 무슨 의미가 있는가? 진정 군사적 승리와 비교해 양공의 미덕이 보다 중요한 의미가 있던 전쟁은 이 같은 사람에게 별로 중요치 않은 전쟁으로 보였을 것이다. 따라서 송나라 군대가 패배한 이후 양공 휘하의 재상(宰相)은 다음과 같은 논거를 제기할 수 있었을 것이다. "상대방의 상처를 재차 건드리기를 꺼려한다면 처음부터 상처를 입히지 않았어야 했을 것이다. 노인네를 봐준다면 적군에 항복하는 것이 보다 좋을 것이다."[6] 이는 온갖 전력을 다해 싸우거나 전혀 싸우지 말아야 한다는 논거다. 이 같은 논거는 미국의 사고(思考)에서 전형적으로 목격되는 형태라고 종종 사람들은 말하고 있다. 사실 이는 전쟁사에서 보편적으로 목격되는 형태다. 일단 교전하게 되면, 특히 '정당한 전쟁'에서 교전하게 되면, 군인들 내부에서 전쟁규약에 반하는 형태의 또는 전쟁규칙의 구체적인 위배를 옹호하는 형태의 압력이 점차 고조된다. 이 경우는 교전국들이 인정하고자 하는 것 이상으로 전쟁규칙이 위배된다. 이들 규칙이 '군사적 필연성'으로 인해서만 위배되는 것은 아니다. 이 같은 논거의

6) *The Chinese Classics*, V, 183.

경우는 지나칠 정도로 많은 부분을 정당화해주고 있는데, 전쟁 수행의 대의와 무관하게 이처럼 정당화해주고 있다. 이들 전쟁규칙은 전쟁의 대의를 위해 깨지게 된다. '전쟁의 정당성'을 옹호하는 형태의 이 같은 논거를 약간 변형하면 이 같은 위배를 변호할 수 있게 된다.

이 같은 관점에서 보면 싸울 가치가 있는 모든 전쟁에서 전쟁규칙은 전혀 장애 요소가 아니다. 기껏해야 전쟁규칙은 전승에 요구되는 부분과 대립되지 않는 경우에만 준수할 필요가 있는 일반적인 '명예구호'와 다름이 없다는 논거다. 그러나 이는 전쟁규약의 위상을 잘못 이해하고 있는 발언이다. 전사의 명예보다 공격받을 수 없다는 비전투원의 권리를, 게릴라전의 편의주의보다 인권 수호를 고려하는 경우, 다시 말해 전쟁규칙에서 진정 근본적인 부분을 고려하는 경우, 전승과 정당한 전투행위 간의 갈등은 그처럼 쉽게 해결되지 않는다. 예를 들면 '주목해야 할 여덟 항목'이 제공해주는 보호 장치가 도덕적으로 필요하며, 게릴라들로부터 강도 및 습격당한 사람들의 경우 분개하는 것이 정당하다는 점을 인정하는 경우는 마오쩌뚱이 언급한 '주목해야 할 여덟 항목'이란 규칙은 그가 부여했던 것과 비교해 훨씬 중요한 의미가 있게 된다. 이들 규칙을 간단히 묵과할 수 없을 것이다. 또한 공리적 관점에서 몇몇 요망 결과와 그 의미를 견줘 이들 항목을 적절히 조정할 수 없을 것이다. 왜냐하면 무고한 사람의 인권은 부당한 군인들과 관련해서 뿐만 아니라 정당한 군인들과 관련해서도 도덕적으로 동일한 효력이 있기 때문이다.

그러나 전쟁규칙을 깨고, 무고한 사람들의 인권을 위배하는 사례는 매우 빈번하며, 항상 사악하다고 말할 수 없는 군인과 정치가들이 그처럼 하는 경우가 너무나 많다. 이 점에서 우리는 이 같은 사례가 나름의 의미가 있다고 가정하지 않을 수 없는 상황이다. 어떻든 우리는 이 같은 사례가 의미하는 바를 너무나 잘 알고 있다. 종종 전쟁의 결과에 의해 너무나 많은 것들이 좌우된다는 점뿐만 아니라 전승이 매우 절박할 수 있음을 우리는 잘 알고 있다. 시몬느 베이유(Simon Weil)가 기술한 바처럼 "일단 패배하면 패배의 구렁텅이에서 벗어나지 못하는 사람들이 있기 때문이다."[7] 예를 들면, 이들이 소속돼 있는 공동체의 존립이 문제시될 수 있다. 이처럼 문제시되는 경우는 전투 수행을 염두에 둔 방책(方策)을 판단할 때 전투 결과를 고려하지 않을 수 없을 것이다. 이 순간에는 공리적 차원의 계산법을 규제하고 있는 사항들을 거둬들여야 할 것이다. 그러나 이 같은 규제 사항을 무시할 의향이 있는 경우에서조차 승리를 염두에 두어 위배하고 있는 권리들이 진정한 의미에서의 권리, 즉 그 근원이 깊으며, 원칙적으로 위배할 수 없는 형태의 권리란 점을 간과해서는 안 될 것이다. 이 원칙과 관련해 우매한 부분은 없다. 왜냐하면 이 원칙에 인간의 생명이 걸려 있기 때문이다. 따라서 완벽히 이해하는 경우 전쟁이론으로 인해 나름의 딜레마가 제기되는데, 이 같은 딜레마는 가능한 한 최상의 방식으로 모든 이론가들이 해결해야 하는 형태다. 한편 '전쟁의 정당성'과 '전쟁에서의 정당성'의 위력 모두를 인정하지 않는 어떠한 해결안도 의미가 없을 것이다.

슬라이딩 스케일과 극단성의 논거

여기서 '정당한 전쟁'을 수행하는 군인과 '부당한 전쟁'에 몸담고

7) *The Need for Roots*, trans. Arthur Wills (Boston, 1955), p. 159.

있는 군인들을 차별 대우해야 할 것인가란 사안이 즉각 제기된다. 물론 전투원이라고 모두 같은 것은 아니라고 말하며 차별 대우를 거론하는 사람은 자신이 첫 번째 부류에 속해 있다고 주장하는 사람일 것이다. 이 같은 거론은 성격상 특별한 형태이지만 일반적인 모습을 띠게 된다. 이 거론에는 내가 지금까지 옹호한 전투원의 대등성이란 부분이 단순히 관습적인 것이며, 전쟁 권리의 진실은 나름의 '슬라이딩 스케일(sliding scale)'[8]의 관점에서 가장 잘 표현된다는 주장이 암시돼 있다. 즉 정당성의 정도가 높을수록 보다 많은 권리가 있다는 주장이다. 다음과 같이 말할 때, 존 롤스(John Rawls)란 철학자는 이 같은 점을 염두에 두고 있었던 듯 보인다. "'정당한 전쟁'에서조차 몇몇 종류의 폭력은 용인될 수 없다. 즉 전쟁에서의 특정 국가의 권리가 의문시되거나 불확실한 경우는 해당 국가가 사용할 수 있는 수단을 보다 엄격히 규제해야 한다. 정당방위 차원의 전쟁에서 허용 가능한 행위는 보다 의문시되는 경우에도 필요하다면 이들 규제 대상에서 단호히 제외될 수 있다."[9] 일부 위배할 수 없는 규칙들이 있지만, 추구하는 대의의 정당성이 높을수록 해당 대의를 위해 보다 많은 규칙을 위배할 수 있다는 논거다. 결과의 관점에서 동일한 논거를 제기할 수 있다. 즉 일부 위배할 수 없는 규칙이 있지만, 패배로 인해 야기될 부당성의 정도가 클수록 패배를 모면할 목적에서 보다 많은 규칙을 위배할 수 있다는 논거다. 이 같은 논거는 나름의

8) 상황의 변화에 따라 척도가 달라진다는 개념. 예를 들면, 슬라이딩 스케일 개념에 근거해 세금을 부과하게 되면, 경제사정, 수입의 정도에 따라 세금 부과 비율이 달라진다.(옮긴이)

9) *A Theory of Justice* (Cambridge, Mass., 1971), p. 379. 비토리아(Vitoria)와 비교하라 : "전쟁 권리 측면에서 행해진 모든 것은 '정당한 전쟁'에 몰두하고 있는 사람들의 주장에 가장 우호적인 형태다." *On the Law of War*, p. 180.

가치가 없지 않은데, 침략에 저항하고 있는 군인들이 전승 측면에서 필요하다고 생각되는 부분을 할 수 있도록 나름의 길을 열어주는 한편, 일정 종류의 권리의 존재를 인정해주고 있다는 점이 바로 그것이다. 이 같은 논거로 인해 추구하는 대의의 정당성의 정도에 따라 싸우는 방식을 달리할 수 있게 된다. 그러나 어느 정도까지 차이를 둘 수 있을 것인지는 분명치 않다. 마찬가지로 정의가 승리하도록 할 목적에서 '전쟁의 지옥'으로 내몰린 사람들의 지위 또한 분명치 않다. 이 같은 논거의 효과는 논거를 주장하고 있는 사람이 기대하고 있는 것보다 훨씬 클 것이다. 나의 경우는 몇몇 역사적 사례를 살펴본 이후에나 이들 효과에 관해 말할 생각이다. 그러나 먼저 이 논거의 구조에 관해 몇 마디 언급해야 할 것으로 생각된다.

내가 설명한 바처럼 전쟁규약에 따르면, 합법적인 전투에서 시작해 허용될 수 없는 형태의 폭력에 이르는 일련의 활동들이 존재해 이들 활동을 따라 '슬라이딩 스케일'이 이동할 수 있는 활동은 없다. 이것과 완벽히 다른 것은 아니지만 합법적인 전투와 허용 불가능한 폭력을 단순 구분할 목적의 하나의 라인이 있을 뿐이다. 이 같은 관점에서 보면, 롤스의 논거는 전쟁 권리가 의문시되는 국가들을 중심으로 합법적인 전투와 불법적인 폭력의 경계(境界) 부분에 해당하는 사례들을 체계적으로 결정해야 함을 의미할 수 있을 것이다. 또는 이 같은 국가의 군사 및 정치 지도자들의 경우 전시(戰時)에 사용할 방법의 의문성으로 인해 추구하는 대의의 의문성이 배가되지 않도록 이들 경계 부분에서 훨씬 멀리 떨어져 있어야 함을 이것이 의미할 수도 있다. 여기서 마지막 부분은 신중에 신중을 기하기 위한 간언(諫言)인데, 이처럼 신중을 기하는 행위는 항상 옳다. 그러나 롤스가 의도하고 있는지는 알 수 없지만, 그의 논거로부터 도출될 수 있는 또 다른 의미가 있다. 이는 전적으로 수용 불가능한 행위들의 종류가 가능한 한 작아야 하며, 전쟁규칙 내부에 '슬라이딩 스케일'이 적용될 수 있는 공간을 만들어 놓아야 한다는 점이다. 이 같은 공간 내부의 특정 점 x로 눈금을 이동시킴에 따라 군사적 행위에 관한 규제사항 중에서 점 x 이전의 것들이 모두 제거되는 것이 아니고, 유용성과 비례성의 규제만 남게 된다는 점을 언급해야 할 것이다. 이 같은 '슬라이딩 스케일'로 인해 규칙과 권리가 금하고자 하는 공리주의적 차원의 계산법에 나름의 숨통이 트이게 된다. 일반적으로 수용 불가능한 행위이지만, 이것으로 인해 추구하는 대의가 정당한 군인 또는 정당하다고 믿고 있는 군인들이 조금씩 잠식해 들어갈 수 있는 새로운 종류의 행위들 내지는 준권리가 생겨나게 된다. 이것으로 인해 이들 군인이 끔찍한 일을 수행할 수 있으며, 자신의 양심에 비추어 동료와 추종 세력들에게 자신이 수행한 끔찍한 일을 변호할 수 있게 된다.

이제 '슬라이딩 스케일' 논거의 극단적인 유형이 있을 수 있는데, '정당한 전쟁'을 수행하는 군인들이 전투에 도움이 되는 모든 것을 할 수 있다는 주장이 바로 그것이다. 이것으로 인해 전쟁규약이 효과적으로 무력화되며, 전쟁규약이 보호해주고자 하는 권리가 거부 또는 중지된다. 정당한 측이 누리게 되는 전쟁 권리는 절대적 성격이 되며, 이들의 행위에 따른 비난은 상대방 지휘관이 뒤집어쓰게 된다. 이미 살펴본 바처럼 셔먼(Sherman) 장군은 이 같은 관점을 견지했다. 한편 나는 이것을 "전쟁은 지옥이다"라는 교리로 지칭한 바 있다. 이는 전승과 정당한 전투행위 간의 갈등 해소가 아니고 이 같은 갈등의 도덕적 의미를 부인하는 것과 다름이 없다. 여기서 유일하게 중요한 의미가 있는 정당성은 '전쟁의 정당성(*Jus ad bellum*)'이란 부분이다. 이것이 아닌 것 중에서 합리적인 사람들이 항상 관심을 기울여야 할 사항은 다음과 같은 것들뿐이다. 전승에 요구되고 있는 듯 보이는 경우 무고한 사람들을 기꺼이 죽일 것이지만, 무고한 사람들을 살해하는 일에 부질없이 노력을 낭비하지는 않을 것이다. 어떻든 이것이 '슬라이딩 스케일'을 옹호하는 사람들의 논거일 수 있다. 그러나 적어도 '슬라이딩 스케일'을 옹호하는 사람들은 규칙과 권리의 존재를 인지하고 있다고 주장하고 있다. 따라서 이들의 논거는 별도 해석이 요구된다.

'슬라이딩 스케일' 논거를 대체할 수 있는 유일한 논거가 도덕적 절대주의라고 종종 사람들은 말하고 있다. '슬라이딩 스케일'에 대항하려면 전쟁규칙이 절대적이고도 무조건적으로 준수해야 할 일련의 사항들과 다름이 없으며, 침략을 격퇴할 목적으로도 이들 사항을 정당한 방식으로 위배할 수 없다고 주장해야 한다.[10] 그러나 이는 고수하기 곤란한 노선인데, 침공이 놀라운 형태를 띠고 있는 오늘날의 시대에는 특히 그렇다. 제국(帝國)을 구할 목적으로도 전사(戰士)의 법규를 깨지 않은 송나라 양공은 아마도 옳았을 것이다. 그러나 국가 자체, 국가가 보호해주는 정치적 공동체 그리고 이 같은 공동체 구성원들의 생명과 자유가 걸려 있는 경우……하늘이 무너져 내리는 일이 있어도 정당하게 행동하라는 교리는 대부분의 사람에게 있어 도덕적 교리가 아닐 것이다.

이 같은 도덕적 절대주의에 약간 못 미치는 형태로서, 다음 장(章)들에서 변호해야 할 또 다른 교리가 있다. 이는 진정 하늘이 무너져

10) 이는 이미 인용된 다음과 같은 두 에세이에서 안스콤(G. E. M. Anscombe)이 견지하고 있는 입장인 듯 보인다. *Mr. Truman's Degree* and "War and Murder."

내리는 경우가 아니라면 정당하게 행동하라는 금언으로 요약될 수 있을 것이다. 이는 극단성에 입각한 공리주의다. 왜냐하면 '정당한 전쟁'에서조차 결코 당연지사는 아니지만 일부 특수한 경우, 군사적 행위에 가할 수 있는 유일한 규제 사항이 유용성과 비례성에 관한 것임을 이것이 인정하고 있기 때문이다. 전쟁규칙에 관해 논하면서 나의 경우 이 같은 관점에 저항했으며, 이것의 위력을 부인했다. 예를 들면, 극단적인 경우 포위 공격을 받고 있는 도시 내부에 민간인들을 가둬놓을 수 있다는 주장 내지는 무고한 사람들을 보복의 대상으로 삼을 수 있다는 주장에 반대해왔다. 왜냐하면 전쟁법규를 만드는 과정에 극단성이란 개념이 들어올 여지가 없기 때문이다. 또는 전투가 항상 극단적인 성격이라면 극단성이란 개념이 전쟁법규에 수용될 것이기 때문이다. 매일 발생하는 전쟁의 극단성을 고려해 전쟁규칙이 조정될 것이기 때문이다. 나름의 규칙이 있어야 한다면 그리고 무고한 사람들의 인권을 보살펴야 한다면 더 이상의 조정은 필요치 않을 것이기 때문이다. 그러나 여기서의 문제는 규칙을 만드는 문제가 아니고 규칙을 깨는 문제다. 우리는 도덕적 규칙의 형태와 실체에 관해 잘 알고 있다. 즉 절망적인 순간과 재앙이 다가오고 있다고 생각되는 순간 우리는 이 같은 규칙을 준수하며 살아야 할 것인지, 또는 죽어야 할 것인지를 결정해야 할 것이다.

'슬라이딩 스케일' 논거로 인해 전쟁규약이 조금씩 침식되고 있다. 따라서 인권을 위배할 수밖에 없는 입장에 있다고 생각하는 의사결정권자들이 '슬라이딩 스케일' 논거로 인해 숨을 쉴 수 있는 여유가 생겨나고 있다. 극단성의 논거로 인해 전쟁규약을 보다 갑자기 어길 수 있게 되는데, 침식에 대항해 오랫동안 버틴 이후에만 그럴 것이다. 이처럼 버텨야만 하는 이유는 문제의 권리의 성격뿐만 아니라 이들 권리가 있는 사람의 지위와 관련이 있다. 이들 권리의 경우 침식될 수 없을 뿐만 아니라 약화될 수 없다고 주장하고자 한다. 즉 어느 것도 이들 권리를 줄이지 못하며, 이들 권리는 유린되는 순간에도 당당히 버티고 있다고 주장하고자 한다. 이들 권리가 유린돼야만 하는 것은 이 같은 이유 때문[11]이라고 주장하고자 한다. 따라서 전쟁규칙의 파기는 항상 어려운 문제다. 이처럼 전쟁규칙을 깨는 정치가 또는 군인은 자신의 행위로 인해 야기되는 도덕적 결과와 죄의 부담을 수용할 준비가 돼 있어야 할 것이다. 한편 이 같은 사람이 전쟁규칙을 깰 수밖에 없는 상황에 있을 수도 있을 것이다. 즉 필연성이라고 지칭될 수 있는 부분에 처하게 될 수도 있다.

전쟁규칙과 침략이론 간의 갈등, '전쟁의 정당성'과 '전쟁에서의 정당성' 간의 갈등은 다음과 같은 네 가지 방식으로 다뤄질 수 있다.

1) 공리주의적 논거에 근거해 전쟁규약을 '우매한 사람의 도덕'으로 조롱하며 간단히 무시한다.

2) 추구하는 대의의 도덕적 절박성에 전쟁규약이 서서히 굴복한다. 정당한 측의 권리는 고양되는 반면 이들 적의 권리는 평가 절하된다.

3) 결과와 무관하게 전쟁규약을 고수하고 권리를 철저히 존중한다.

4) 곧바로 일대 재앙이 있는 경우에만 전쟁규약을 유린한다.

이들 중 두 번째와 네 번째 조항이 가장 흥미롭고도 중요한 의미가 있다. 정의(正義)에 관해 어느 정도 지각이 있을 뿐만 아니라 도덕

---

11) 도덕적 원칙의 무시(유린 : Override)의 의미를 알고자 하면 다음을 참조하라. Robert Nozick, "Moral Complications and Moral Structures," 13 *Natural Law Forum* 34-35 and notes (1968).

적으로 진지한 사람들이 어떻게 전쟁규칙을 위배하고 전쟁의 포악성을 고양시키며, '전쟁의 폭정'을 확대할 수 있는지를 이것들이 설명해주고 있다. 네 번째 조항은 올바른 논거로 보인다. 이것의 경우는 두 종류의 정당성을 가장 잘 설명해주고 있으며, 이들 개개의 위력을 가장 완벽히 인지하고 있다. 다음 장(章)들에서는 이것에 초점을 맞출 생각이다. 한편 '슬라이딩 스케일'의 부적합성과 위험성을 암시하고자 한다. 전쟁규약에서 가장 논란의 부분일 수 있는 중립의 관행과 관련된 일련의 사례들을 먼저 살펴보게 될 것이다. 비전투원을 공격할 수 없다는 원칙을 제정해주는 것이 '중립의 권리'란 점에서, 이들 '중립의 권리'를 먼저 살펴볼 수도 있었을 것이다. 그러나 이들이 야기한 논쟁으로 인해 전시 권리의 내용보다는 전시 권리의 위력과 항구성에 관한 질문이 제기되고 있다. 전쟁규칙을 깨기 이전에 어느 정도 참아야 하는가? 내가 옹호하고자 하는 답변은 마오쩌뚱의 금언을 180도 뒤집는 형태다. 즉 우리 자신의 규약과 관련해 말하면 그리고 최후의 순간까지 우리 모두는 송나라 양공과 같은 사람이다.

|제15장|

침략과 중립

중립이란 교리는 '권리의 언어(Language of Rights)'로 가장 잘 표현된다. 먼저 국가는 중립국이 될 수 있는 권리가 있다. 간단히 말해 이는 이들 국가의 주권 측면에서의 권리다. 모든 관점 내지는 두 나라 사이에 진행되는 분쟁 측면에서 보면, 국가는 '제3자의 상황'으로 지칭될 수 있는 부분을 자유롭게 선택할 수 있다. 이처럼 하는 경우 이들은 실정법 성격의 국제법에 구체적으로 언급돼 있는 '중립의 권리'를 갖게 된다. 일반적으로 전쟁규약의 경우와 마찬가지로, 교전국들의 도덕적 성격과 무관하게 또는 전쟁의 결과와 무관하게 초기 권리와 추후 권리들이 존재한다. 그러나 이들 교전국 중 한 측이 침략자라고 확신하는 정도에 비례해 또는 전쟁의 결과가 일대 재앙일 것으로 확신하는 정도에 비례해 우리가 상황 불간섭의 가능성을 부인하게 될 가능성이 높아진다. 주변국이 파멸로 치닫는 모습을 어떻게 수수방관하며 바라볼 수 있는가? '중립의 권리'를 위배함으로써 이 같은 파멸을 방지할 수 있는 경우 수수방관할 수 있다는 '중립의 권리'를 어떻게 존중할 수 있겠는가?

제2차 세계대전 이후 수년 동안에는 이들 질문이 특히 지속적으로 제기됐다. 그러나 이들 질문에 내재해 있는 논거는 오래된 형태다. 예를 들면, 1793년 당시의 영국의 다음과 같은 선언을 생각해보자. 프랑스 혁명정부의 정치 및 군사 정책은 "모든 주변국들이 위험에 처하도록 하는 형태일 뿐만 아니라……모든 법과 자산(資産)을 지속적으로 위배하는 형태의 악의 진전을 중지시킬 권리와 **의무를 이들 주변국에 부여하는** 형태다……."[1] 이 같은 정치 및 군사 정책의 결과는 자명하다. 국가가 자신의 의무를 다하지 않는 경우 국가는 이 같은 의무를 수행하지 않을 수 없는 상황에 놓이게 된다. '중립의 권리'가 위배될 수 있는 길을 열어놓을 목적으로 혹자는 중립국이 될 수 있는 권리를 침해 내지 거부하게 되며, 혹자는 투쟁의 절박성을 주장하게 된다. '중립의 역사'를 보면, 극단성의 논거에 입각해 또는 '슬라이딩 스케일'의 논거에 근거해 사람들이 중립을 위배한 많은 사례가 있음을 알게 된다. 중립을 위배할 당시의 이들의 변론을 분석해볼 목적에서 '중립의 역사'를 살펴봐야 할 것이다. 그러나 먼저 중립의 본질뿐만 아니라 전쟁규약에서의 중립의 위상에 관해 몇 마디 언급해야 할 것이다.

중립국이 될 권리

중립은 집단 및 자발적인 형태의 비전투 상황이다. 중립이 집단적

---

1) Philip C. Jessup, *Neutrality: Its history, Economics, and Law* (New York, 1936), IV, 80(강조는 추가된 것이다).

인 성격인 것은 개개인의 지위와 무관하게 중립의 이점이 정치적 공동체의 모든 구성원에게 적용되기 때문이다. 자국 정부가 전쟁에 가담하고 있지 않는 한 군인과 민간인 모두가 보호받기 때문이다. 비전투 상황에 따른 권리가 모든 국민에게 동등하게 분배되기 때문이다. 중립은 자발적 성격의 것이다. 왜냐하면 여타 국가들 간의 전쟁 또는 예상되는 전쟁과 관련해 모든 국가가 자신의 뜻대로 중립을 취할 수 있기 때문이다. 개개인은 징집이 가능하지만 국가는 징집될 수 없다. 국가의 경우 자국의 중립을 공식 인정해달라고 여타 국가들에게 요청할 수 있다. 그러나 중립의 조건은 일방적으로 취하게 되며, 인정이 필요치 않다. 벨기에를 침공한 1914년 당시 독일이 내팽개친 몇몇 문서의 존재로 인해 벨기에가 중립국이 된 것은 아니었다. 벨기에란 국가 자체가 그처럼 했다. 벨기에의 중립 보장을 공식적으로 파기한 이후에 또는 중립의 만기일을 기다렸다가 침공했다 할지라도 당시와 마찬가지로 지금도 독일의 벨기에 침공을 사람들이 범죄 행위로 지칭할 것이다. 벨기에가 중립국의 권리를 주장하고 있을 뿐만 아니라 중립국의 의무를 준수하고 있는 한 독일의 벨기에 침공은 범죄 행위일 것이다.

중립국의 의무란 주제에 관한 국제법이 정교하고 상세한 형태지만 중립국의 의무는 매우 간략히 요약될 수 있다. 즉 이 의무는 추구하는 대의의 정당성, 정서(情緖), 문화적 동질성 내지는 이념 차원의 동의와 무관하게 교전국들에 대해 엄격히 공정한 입장을 견지할 것을 요구하고 있다.2) 전쟁 당사국들 가운데 한 측의 입장을 지지하는 행위뿐만 아니라 모든 종류의 공적인 차별 행위가 금지된다. 이 법칙은

2) W. E. Hall, *The Rights and Duties of Neutrals* (London, 1874)는 중립의 법(laws of neutrality)에 대한 최고의 설명이다.

매우 엄격히 적용된다. 다시 말해 이것을 위배하게 되면 '중립의 권리'가 몰수되며, 이 같은 위배로 인해 피해를 입은 교전국으로부터 보복을 당하게 된다. 그러나 이 규칙은 국가의 행위에만 적용된다. 개개 국민들은 다양한 방식으로 특정 측에 가담하고, 정치적으로 유세하며, 자금을 모으고, 지원병을 모집하는 행위 모두를 자유롭게 할 수 있다. 물론 이들 지원병이 국경 너머로 기습 공격할 수는 없다. 보다 중요한 의미가 있는 부분이 있는데, 이는 교전국들 모두와 정상적으로 무역할 수 있다는 점이다. 따라서 국가가 중립을 유지함으로 인해 여타 국가와 비교해 특정 국가에 보다 많은 도움이 될 가능성이 있다. 전쟁 당사국들의 입장에서 보면, 중립은 동등한 이득의 문제가 결코 아니다. 왜냐하면 사적인 동정과 노력뿐만 아니라 무역의 정도가 이들 국가와 관련해 균등하지 않을 가능성이 있기 때문이다.[3] 그러나 여타 국가가 받고 있는 비공식적인 도움과 관련해 어느 국가도 불평할 수 없다. 비공식적인 도움은 어찌할 수 없는 형태의 것이다. 즉 이는 중립국의 존재, 지리, 경제, 언어, 종교 등에 기인하는 것으로서 해당 국가의 국민을 가장 혹독하게 억압함으로써만 차단될 수 있는 형태다. 그러나 중립을 유지할 목적으로 중립국이 자국 국민을 이처럼 억압해야 하는 것은 아니다. 분쟁 당사국 중 특정 측을 지원할 목적으로 적극 조치를 취하지 않는 한 중립국은 분쟁에 개입하지 않는다는 자신의 의무를 다하게 된다. 이 경우 중립국은 분쟁에 개입하지 않음에 따른 자국의 권리를 완벽히 누릴 자격이 있다.

---

3) 종종 중립국들이 교전국들과의 모든 무역을 금지하는 방식으로 보다 완벽한 중립을 추구하고 있다. 그러나 이는 그럴듯한 방안이 아닌 듯 보인다. 왜냐하면 정상적인 무역수지(貿易收支)가 특정 교전국에 유리한 경우 총체적인 무역 금지로 인해 또 다른 측이 도움을 받게 되기 때문이다. 전쟁 이전의 상태가 유일하게 합리적인 규범인 듯 보인다.

그러나 '중립의 권리'의 도덕적 근간은 전혀 분명치 않다. 이는 주로 국가 내부에서 '중립의 권리'에 비유될 수 있는 부분이 너무나 매력적이지 않기 때문이다. 정치 및 도덕적 측면 모두에서 중립을 견지하는 사람을 주변 사람들은 본능적으로 좋아하지 않는다. 그는 가능하다면 이웃 사람들의 싸움에 끼어들지 않을 권리가 있을 것이다. 그러나 이웃들이 처해 있는 곤궁은 어떻게 할 것인가? 다음과 같은 질문을 재차 제기해야 할 것이다. 이웃 사람들이 노상에서 공격받고 있는 모습을 수수방관하며 바라볼 수 있는가? 이 경우 이웃이 "당신은 내 편인가 아니면 상대방 편인가?"라고 질문할 수도 있을 것이다. 혁명적인 슬로건인 이 문장은 아마도 부당한 압력뿐만 아니라 보복 위협을 암시하고 있을 것이다. 여기서의 메시지는 보다 간단하고 분명하다. 분명히 말하지만, 노상에서의 철저한 중립 유지, 즉 피해자에 유리한 방향으로 행동하기를 거부하는 행위가 불안하고 이상할 것이다. 이웃은 어느 정도 떨어진 위치에서 상대방 이웃의 불행을 연구하는 단순한 방관자가 아니다. 공유하고 있는 사회생활로 인해 이들 이웃은 어느 정도 상호 관심을 표명하지 않을 수 없는 입장이다. 한편 도와줘야 하는 경우 서둘러 도와주면 안 될 수도 있다. 이것이 이웃을 위한 효과적인 방안이 아닐 수 있으며, 내게 치명적일 수도 있기 때문이다. 개개인 모두는 싸움에 개입함에 따른 위기를 평가해볼 권리가 있다. 그러나 이들 위기가 사소한 수준이라고 가정해보자. 즉 많은 사람이 싸움을 쳐다보고 있으며, 내가 주도하면 여타 사람들로부터 도움을 받을 수 있을 것으로 가정해보자. 또는 주변에 경찰관이 있어서 경찰관이 상황을 주도하도록 만들 수 있을 것으로 가정해보자. 이 경우는 중립을 유지할 권리가 없다. 나의 경우 도망치고자 하면, 변명하고자 하면, 모른 채 하고자 하면, 분명히 말해 사람들이 비난할 것이다.

그러나 중립에 관한 국가의 권리는 다른데, 이는 주변에 경찰관이 없다는 점 때문만은 아니다. 왜냐하면 공격받고 있는 국가, 즉 침략의 희생자로 생각되는 국가에 도움이 될 가능성이 있는 많은 국가와 가공할 수준의 전력이 있을 수 있기 때문이다. 전쟁규약과 '중립의 권리'만이 이 같은 전력을 동원하는 과정에서 방해 요인일 수 있다. 이 경우에서조차 '중립의 권리'는 효력이 있는데, 그 이유는 전시의 위기가 국가 내부에서의 싸움과 전혀 다르기 때문이다. 수년 전, 존 웨스트레이크(John Westlake)는 "전쟁에 개입하면 정당성이 촉진될 가능성이 있거나 중립국 자신이 많은 부분을 희생하지 않으면서 이처럼 할 수 있는 경우 중립은 도덕적으로 정당화될 수 없다"[4]고 주장했다. 재앙은 피해야 한다. 그러나 이것이 오직 국가들의 재앙만인가? 전쟁에 개입할 당시 국가는 분쟁의 성격, 동맹국의 전력 그리고 자군의 준비태세와 전투 능력에 따라 어느 정도 자국의 존립을 모험 걸게 된다. 이들 모험이 수용 가능한 수준인지와 무관하게 이처럼 모험을 걸게 된다. 한편 전쟁 개입으로 인해 국가는 무수히 많은 자국 국민들을 죽음으로 내몰게 된다. 분명히 말하지만, 자국 국민 가운데 죽게 될 사람이 누군지를 제대로 알지 못한 상태에서 이처럼 하게 된다. 그러나 전쟁 개입 관련 결심 자체는 취소될 수 없다. 즉 전투가 시작되면 군인들이 죽게 될 것임이 분명하다. 민간인 또한 죽게 될 것이다. '중립의 권리'는 이 같은 사실에 기인한다. 전쟁규약의 여타 조항과 마찬가지로 '중립의 권리'는 '전쟁의 강압성'을 제한하는 요인이다. 적어도 자신의 생명을 담보로 모험하고자 하지 않

---

4) Westlake, *International Law*, II, 162.

는 중립국 국민들은 이 같은 모험을 하지 않아도 될 것이다.

그러나 그처럼 많은 사람이 전투로 내몰리고 있을 당시 이들 중립국의 국민이 어떻게 공격받지 않을 권리를 누리며, 자유로울 수 있는가? 어떻게 이들이 중립을 누릴 수 있는가? 특정 국가의 전쟁 개입으로 인해 죽을 수 있는 사람의 숫자와 비교해 중립의 고수로 인해 보다 많은 사람이 죽을 것으로 생각되는 상황을 가정해보자. 이 경우 이 같은 질문이 특히 중요한 의미가 있게 된다. 왜냐하면 이처럼 특정 국가의 군대가 전쟁에 참전함으로 인해 전세(戰勢)가 뒤바뀔 수도 있으며, 전투 기간이 수주 또는 수개월 단축될 수도 있기 때문이다. 그러나 이 같은 국가의 리더들은 모든 인간의 생명이 모든 의사결정권자에게 있어, 모든 순간에 도덕적으로 동일한 의미가 있다고 계산할 필요는 없다. 이들 국가의 국민은 여타 국가의 국민이 직면하고 있는 위기의 균형을 유지하거나 여타 국가 국민의 인명 손실을 줄일 목적으로 전쟁에서 나누어 사용할 수 있는 국제사회의 자산(資産)이 아니다. 이들은 무고한 생명이다. 해당 중립국의 군인들과 관련해 말하면, 이는 이들이 아직 공격받지 않았으며, 전투를 수행해야 할 입장이 아니란 의미와 다름이 없다. 아직도 이들의 경우 전투와 관련해 초연한 입장인데, 어느 누구도 이처럼 전투와 초연해 있을 수 있다는 이들의 권리에 도전할 수 없다. 이 같은 전투이탈(戰鬪離脫)이 행운 때문일 수 있다. 즉 성공적인 중립의 경우에서 보듯이 이것이 종종 지리적 위치 때문일 수 있다. 그러나 자국의 지리적 위치와 관련해 국가가 나름의 권리가 있다는 점에서 보면, 중립국의 국민은 이 같은 행운을 누릴 권리가 있다.[5]

5) 그러나 이 논거는 시민의 생명이 아니고 재산 및 번영과 관련해 제대로 기능하지 않는 듯 보인다. 자국이 입는 손실이 엄청난 수준임에도 불구하고 특정

따라서 중립국 국민들의 경우 공격받지 않을 권리가 있다. 즉 '전쟁의 강압성'은 관련 국가들의 군사 조직뿐만 아니라 분쟁의 실질적인 대의에 의해 고정돼 있는 한계를 벗어나 제멋대로 확장될 수 없다. 중립국의 지도자들은 이처럼 자국의 민간인들이 공격받지 않을 권리를 유지할 자격이 있다. 공격받지 않을 권리를 상실한 경우 자국 국민이 받을 고통을 고려해보면 이들이 이 같은 권리를 유지해야만 할 수도 있을 것이다. 자국 내부에서의 이웃 사람들의 싸움에 수수방관하게 되면 도덕적으로 문제가 있다고 생각되는데, 이는 이것이 국가 내부의 공동체의 결속력에 위배되는 행동이기 때문이다. 한편 이 같은 국가 내부의 공동체의 결속력으로 인해 국제사회에서는 여타 국가의 일에 대한 불간섭이 의무 사항이 될 수도 있다. 즉 중립국 국민의 경우 먼저 자신의 생명을 구해야 할 것이다. 여타 국가의 국민들이 자신들을 공격하지 않는 한 이들은 여타 국가의 국민들을 죽이는 방식으로 자신들을 구할 수 없다. 그러나 '중립의 규칙'은 자기 자신이 죽기보다는 여타 국가의 국민들이 죽도록 함으로써 이들이 이처럼 할 수 있음을 암시하고 있다. 이들 중립국의 국민이 집단안보 차원에서 일부 국가의 국민들에 대한 책임을 떠맡았다면 이들은 여타 국가의 국민들이 죽도록 방치할 수 없을 것이다. 이처럼

국가가 침략자에 대항해 경제적으로 차별 대우할 능력이 있는 반면 이처럼 차별 대우한 결과로 인해 전투에 휩싸이지 않는다면 이처럼 할 것으로 보인다. 물론 침략국가의 경우는 필요하다면 무력을 이용해 이 같은 차별 대우에 대응할 권리가 있다. 그러나 이들이 항상 대응할 수 있는 입장에 있지 않을 것이다. 이처럼 대응할 입장에 있지 않다면 이들 차별 대우가 도덕적으로 요구될 수도 있을 것이다. 1936년의 에티오피아 전쟁 당시 국제연맹은 이탈리아에 대항한 경제 제재를 호소했다. 당시 국제연맹은 이 같은 요구를 법적인 것으로 만들었다. 그러나 에티오피아의 호소만 있었던 반면, 국제연맹의 결의가 없었더라면 이 같은 도덕적 책임이 적용됐을 것으로 생각해야 할 것이다. 어떻든 이 사례는 전쟁이론에서 재산권의 상대적 위상을 암시해주고 있다.

일부 국가의 국민들에 대한 책임을 떠맡은 상황이 아니라면 중립의 선언이 비열해 보일 수는 있지만 '중립의 권리'는 유지된다.

그러나 이 같은 '중립의 권리'가 부인될 수 있는 경우가 있다. 특정 강대국이 특정 국가를 겨냥하는 것이 아니고 보다 큰 이념 내지는 제국(帝國) 차원의 목표를 겨냥해 정복 전쟁을 시도한 경우를 생각해보자. 이 같은 경우를 쉽게 생각해볼 수 있을 것이다. 초기 저항이 실패로 끝나는 경우 보다 많은 국가가 위협받을 수 있는 상황에서 이 같은 전쟁의 최초 희생자들만이 전쟁에 맞서 싸워야 할 이유는 있는가? 또는 침략으로 인해 모든 사람이 위협받게 된다는 일반적인 논거를 생각해보자. 침략은 범죄와 같은 속성이 있다는 논거를 생각해보자. 이 같은 논거에 따르면 발본색원하지 않는 경우 침략은 전파된다. 그렇다면 침략의 최초 희생자들만이 싸워야 할 이유는 없다. 이들의 경우 향후 있게 될 희생자들을 대신해 싸우고 있는 것이다. 다시 말해 여타의 모든 국가를 위해 싸우고 있는 것이며, 여타 국가의 경우는 이들의 전투와 죽음에 따른 이득을 챙기고 있는 것이다. 그렇다면 어떻게 이들 국가가 침략에 수수방관할 수 있는가? 다음에서 보듯이 1917년 4월 2일에 발표된 전쟁 관련 메시지에서 미국의 윌슨 대통령은 이 같은 입장을 견지했다. "국제사회의 평화뿐만 아니라 세계시민의 자유가 경각에 달려 있는 상황에서 중립은 더 이상 바람직하지 않으며, 가능하지도 없습니다."6) 여기서 윌슨은 도덕적 측면을 언급하고 있었던 듯 보인다. 왜냐하면 전쟁의 실제적 대안, 즉 지속 가능한 중립이 분명히 존재해 있었기 때문이다. 이 같은 지속 가능한 중립에 대항하는 논거는 다음과 같이 전개돼야 할 것이

6) 이 연설은 다음의 책에 실려 있다. *The Theory and Practice of Neutrality in the Twentieth Century*, ed. Roderick Ogley (New York, 1970), p. 83.

다. 특정 침략국이 도처에서 승리를 거두거나, 특정 승리의 결과로 인해 침략이 급격히 확산되는 경우 평화와 자유가 진정 위험에 처해 있다고 말해야 할 것이다. 도덕적 측면에서 보면, 이 경우는 중립을 지속적으로 유지할 수 없게 된다. 왜냐하면 특정 중립국이 여타 국가의 국민들로 하여금 자신들을 위해 싸우는 과정에서 죽도록 내버려둘 권리는 있을지 모르지만 자국을 대신해 죽도록 내버려둘 수는 없기 때문이다. 국제사회의 모든 국가가 공유하고 있는 위험은 그 형태와 무관하게 도덕적으로 강압성이 있는데, 모든 국가의 입장에서 실질적으로 위험이 상존하지 않은 경우에서조차 그렇다.

그러나 이 논거는 일반적으로 사람들이 동의하고 있지 않으며, 종종 애처로울 정도로 가능성이 없어 보이는 상상(想像)에 불안한 형태로 의존하고 있다. 제1차 세계대전에서 생각 가능했던 모든 결과가 인류 평화와 자유에 위협이 되는 것으로 또는 실제 결과와 비교해 훨씬 더 위협적인 것으로 생각될 수 있었는데, 오늘날의 입장에서 보면 이는 매우 이상한 현상일 것이다. 제1차 세계대전이 단일의 침략 행위 내지는 일련의 침략 행위로 인해 시작됐음을 인정하는 경우에서조차 그렇다. 가능한 결과에 관한 어느 정도의 염세주의적 관점이 없었다면 또는 제1차 세계대전의 경우처럼 지나칠 정도의 터무니없는 관점이 없었다면, 단일 범죄 성격의 공격을 인지했다고 중립국 지도자들이 미국의 윌슨 대통령이 내린 결론을 내릴 필요는 없을 것이다. 자국뿐만 아니라 지구 전체가 진정 위험에 처해 있지 않다고 생각하면 이들의 경우 윌슨 대통령이 내린 것과 같은 결론을 항상 거부할 수 있는 입장일 것이다. 분명히 말하지만 이는 당시 상황에 관한 일방적인 관점이다. 내가 종종 논쟁을 벌이고 싶은 것처럼 혹자가 이 같은 관점을 제시하고 있는 리더들과 논쟁을 벌일 수도 있을 것이다. 그러나 이들과 이들의 국민은 이 같은 관점에 근거해 행동할 권리가 있다. 이는 진정 '중립의 권리'다.

필연성의 본질(2)

여기서 도덕적으로 중요한 결심을 내려야 하는 측이 중립국이 아닐 수 있다. 교전국들 또한 '중립의 권리'를 존중해야 할 것인지를 결정해야 하는 입장이다. 자신과 다퉈왔던 국가들을 겨냥한 무력행사와 비교해 그렇지 않았던 국가들을 겨냥한 무력행사가 보다 나쁘다는 원칙에 따르면, 이들 '중립의 권리' 위배는 특히 좋지 못한 유형의 침략으로 통상 간주된다. 그러나 폭력에 처음 호소한 측이 누군가란 문제에 어느 정도 관대한 관점을 견지하지 않는 경우, 이는 의문스런 원칙으로 보인다. 한편 전쟁 자체에 대한 책임은 판단이 어려울 수 있지만 중립국에 대한 공격은 명백한 침략이다. 엄격히 공평성을 유지해온 국가의 국경을 월경하는 경우 우리는 이 같은 월경이 범죄 행위란 점을 어렵지 않게 인지할 수 있다. 무장 공격에 미치지 못하는 형태의 위배는 인지(認知)가 보다 어렵지만 거의 마찬가지로 비난의 대상이다. 왜냐하면 이들 위배로 인해 상대방이 군사적으로 반응하게 되고 이 같은 반응이 정당화되기 때문이다. 중립이 깨지고 전쟁이 새로운 영토와 국민으로 확대되는 경우는 두 번째로 위배한 측이 비례성의 원칙에 입각해 반응했다고 가정하면 첫 번째로 위배한 측이 전쟁과 관련해 죄가 있다.

그러나 침략의 격파와 국가의 존립을 위해, 우리가 알고 있는 문명을 목적으로 또는 세계 평화 및 자유와 같은 좋은 이유로 '중립의 권리'를 위배하는 경우는 어떠한가? 이는 '전쟁의 정당성'과 '전쟁에서의 정당성'이 갈등을 보이는 가장 예증적인 경우다. 교전국의 경우 '정당한 전쟁'의 절박성으로 인해 전쟁을 수행하지 않을 수 없는 입장이라고 믿게 되는 반면, 중립국은 여타 국가의 절박한 상황으로 인해 자국 국민이 희생되면 안 된다며 '중립의 권리'를 고수하게 된다. 교전국은 자신이 추구하는 목표가 매우 중요한 의미가 있음을 언급하는 반면, 중립국은 전쟁규칙에 호소하게 된다. 구체적인 사례와 관련해 말하면, 이들 입장 중 하나를 택일해야 할 것이지만 이들 중 어느 측도 전적으로 설득력이 있는 것은 아니다. 나의 경우는 '중립의 권리'를 가장 강력히 변호하고자 노력해왔다. '중립의 권리'를 위배하면 무고한 사람들이 죽게 될 것임이 거의 확실하다. 따라서 추구하는 목표가 중요한 의미가 있는 경우에서조차 '중립의 권리' 위배는 무심코 웃어넘길 사안이 아니다. 훌륭한 목표를 위해 투쟁하면서도 '중립의 권리' 침해를 꺼려하며, 자국 국민들로 하여금 강압적으로 전투를 수행하도록 하는 행위를 꺼려하는 훌륭한 사람이 있을 수 있다. '중립의 권리'가 잘못된 방식으로 위배된 다음의 두 사례를 보면 이들 꺼려하는 행위의 가치가 분명해질 것이다. 첫 번째 사례는 필연성을 구실로, 두 번째 사례는 "보다 정당성이 있는 경우보다 많은 권리가 있다"는 논거에 근거해 '중립의 권리'를 위배한 경우다. 첫 번째 사례는 아테네가 멜로스(Melos)를 침공한 이후 '중립의 권리' 위배와 관련해 가장 유명한 경우다.

독일의 벨기에 침공

벨기에를 침공한 1914년 8월 독일은 이 침공이 '중립의 권리'를 위배한 사례란 점을 솔직히 인정했다. 이 점에서 보면, 당시의 침공은 예외적인 경우다. 그 해 8월 4일 독일제국의회(Reichstag)[7]에서 행한 홀베크(Bethmann Hollweg) 수상의 연설은 상기할 만하다.[8]

> 신사 여러분, 지금 이 순간 우리는 필연적인 상황, 즉 어찌할 수 없는 상황에 처해 있습니다. 이 같은 상황에 처한 경우 법은 의미가 없습니다. 우리의 군대가 이미 벨기에 영토로 진입해 들어갔습니다.
>
> 신사 여러분, 이는 국제법의 위배입니다. 자신의 적국들이 존중하는 한 자신 또한 벨기에의 중립을 존중할 것이라고 프랑스 정부가 천명한 것은 사실입니다. 그러나 프랑스가 침략 준비가 돼 있음을 우리는 잘 알고 있습니다. 프랑스는 시간적인 여유가 있지만 우리는 그렇지 못합니다. 라인 하류(Lower Rhine)[9] 지역에서 프랑스가 우리의 측방을 공격해오면 치명적일 수 있습니다. 따라서 벨기에 정부의 정당한 주장을 무시할 수밖에 없었습니다. 솔직히 말하면, 그 과정에서 우리가 자행하게 될 잘못은 군사적 목적이 달성되는 즉시 시정될 것입니다.
>
> 우리처럼 위협받고 있는 국가, '지고(至高)의 가치'를 염두에 두어 투쟁하는 국가는 난관을 타개하기 위한 방법만을 고려할 수밖에 없습니다.

멜로스에서 아테네의 장군들이 보여준 수준은 아니지만 이는 매우 솔직한 발언이다. 왜냐하면 독일의 벨기에 침공을 변호하면서 홀베

---

7) 독일 제국의 의회(1871~1918).(옮긴이)
8) *Theory and Practice of Neutrality*, p. 74.
9) 독일의 본에서 시작해 북해에 이르는 라인강의 일부를 지칭한다.(옮긴이)

크 수상이 '도덕의 세계'에서 벗어나지 않았기 때문이다. 그는 잘못을 인정했으며, 전투 종료 이후 이 같은 잘못을 시정할 것이라고 약속했다. 벨기에 사람들은 이 같은 약속을 진지하게 받아들이지 않았다. 자국의 중립을 위배하고 국경을 월경한 독일의 침략자들로부터 더 이상 좋은 것을 기대할 이유는 없었다. 또한 벨기에 국민은 자국의 독립이 존중될 것으로 생각지 않았다. 이들은 독일의 침략에 대항하기로 결심했다. 벨기에 병사들이 전투에서 사망하자, 독일이 자신의 잘못을 어떻게 시정할 수 있을 것인지가 보다 불분명해졌다.

홀베크 수상의 논거의 위력은 잘못의 시정을 약속했다는 점이 아니고 필연성을 구실로 삼고 있다는 점이다. 그의 논거는 이 같은 구실의 의미를 재차 고려해볼 수 있는 유용한 사례일 것이다. 또한 이는 일반적으로 군 역사에서와 마찬가지로, 보기와 달리 이 같은 구실이 훨씬 의미가 없음을 암시해주는 유용한 사례일 것이다. 홀베크 수상의 연설에서 우리는 그의 논거가 전략 및 도덕이란 두 수준에서 문제가 있음을 알 수 있다. 첫째 그의 논거는 전략적 측면에서 문제가 있었다. 독일이 패배를 모면하려면 벨기에 침공이 필연적이었다고 그는 주장하고 있다. 그러나 이는 있을 법한 논거가 아니다. 독일군의 벨기에 침공은 동부전선(東部戰線)에서 러시아와 전면 대적하기 이전에 프랑스에 일격을 가해 서부전선에서 신속히 승리를 거두고자 하는 경우 가장 좋은 방안으로 독일군 일반참모들이 구상했던 것이었다.[10] 그러나 독일군의 벨기에 침공은 독일 영토를 방어하기 위한 유일한 방안이 결코 아니었다. 결국 라인 하류 지역을 따른 프랑스의 침공 전력은 훨씬 북부지역에서의, 즉 벨기에 전선에서의 행위를

10) Liddell Hart, *The Real War*, pp. 46-47.

염두에 두어 독일군이 동원된 경우에만 독일군을 우회할 수 있었다. 벨기에 사람들을 희생시키면 승리의 가능성이 높아지고 독일군의 인명 손실을 줄일 수 있다는 것이 홀베크 수상의 실제 계산이었다. 그러나 결과적으로 잘못된 것으로 판명된 이 같은 기대는 당시 그가 주장한 필연성과 관련이 없었다.

둘째, 그의 논거는 도덕적 측면에서 문제가 있었다. 그는 독일이 '지고(至高)의 가치'를 염두에 두어 싸우고 있기 때문에 벨기에 침공이 전승 측면에서 필요할 뿐 아니라 전승 자체가 필요하다고 주장했다. 홀베크가 생각한 '지고의 가치'가 무엇인지 잘 모르겠다. 아마도 그는 자국의 적들과 싸워 승리함으로써만이 고양될 수 있던 군사적 영광 내지는 명예란 개념을 염두에 두고 있었을 것이다, 그러나 명예와 영광은 필연성의 영역이 아니고 자유의 영역에 속한다. 자국 국민의 생명 내지는 독립국가로서 자국의 생존이 위험에 처해 있을 당시에만 우리는 독일의 승리가 도덕적으로 필요했다고 생각하게 된다. 당시 독일이 추구했던 대의를 가장 좋게 봐도, 이는 사실이 아니었다. 당시 문제가 됐던 부분은 알자스-로렌 지방, 아프리카에 있던 독일의 식민지 등이었다. 따라서 홀베크 수상의 논거는 전략 및 도덕, 모든 측면에서 타당성이 없다. 변호가 가능하려면, 독일군의 벨기에 침공은 전략 및 도덕적 측면에서 타당성이 있어야 할 것이다.

홀베크 수상은 진정 극한 상황에서나 적합한 형태의 논거를 제시하고 있다. 그는 모든 종류의 가식을 배격하고 있다. 그는 벨기에 인들이 공정성에 관한 의무를 준수하지 않았다고 말하지 않았다. 그는 이미 프랑스가 벨기에의 중립을 위배했거나 위배를 위협하고 있다고 주장하지 않았다. 프랑스가 독일을 침공하는 경우 벨기에가 중립을 유지할 수 없을 것이라고 주장하지 않았다. 전쟁법규와 '중립의 권리'의 위력을 인지했지만 그는 '중립의 권리'를 유린하기 위한 논리를 전개했다. 그러나 그는 '최후 순간'이 아니고 처음부터 '중립의 권리'를 유린하고자 했다. 독일의 생존이 위험에 처해 있던 시점이 아니고 독일이 직면하고 있던 위험이 매우 평범한 수준일 때, 그처럼 하고자 했다. 따라서 그의 논거는 있을 법한 경우가 아니다. 즉 논거의 구조는 올바른 형태이지만 내용은 그렇지 못하다. 당시에도 그의 논거는 있을 법한 것으로 생각되지 않았다. 거의 모든 사람이 독일의 벨기에 침공을 비난했다. 많은 독일인들 또한 이것을 비난했다. 제1차 세계대전에 영국이 단호하고도 사기충천한 가운데 참전했으며, 연합국이 추구한 대의가 미국을 포함한 여타 중립국 내부에서 많은 동정을 받을 수 있었던 것은 주로 이 같은 이유 때문이었다.[11] 제1차 세계대전 당시 좌익들의 투쟁을 주도했던 레닌(Lenin)조차도 벨기에의 방어를 투쟁의 이유로 생각했다. "국제사회의 협정 준수에 관심이 있는 모든 국가가 벨기에의 자유와 벨기에에 대한 배상을 요구하며 독일을 겨냥해 전쟁을 선포했다고 가정하자. 이 경우 사회주의 국가들은 독일과 대적하고 있는 국가들을 옹호할 것이다."[12] 그러나 계속해서 레닌은 제1차 세계대전의 본질은 이것이 아니라고 말했는데, 이는 옳았다. 전반적으로 제1차 세계대전은 정당성과 부당성의 관점에서 쉽게 묘사될 수 없지만 독일의 벨기에 침공은 정당성과 부당성의 관점에서 묘사될 수 있다고 그는 말했다. 이제 보다 난해한 사례로 방향을 돌려, 보다 심도 깊게 논의해보자.

11) James M. Beck, *The Evidence in the Case: A Discussion of the Moral Responsibility for the War of 1914* (New York, 1915), esp. ch. IX.

12) *Socialism and War*, p. 15.

슬라이딩 스케일

윈스턴 처칠과 노르웨이의 중립

1939년 독일에 대항해 영국과 프랑스가 선전포고했다. 이처럼 선전포고한 다음날 하콘(Haakon) 7세가 노르웨이의 중립을 공식 천명했다. 하콘 왕과 노르웨이 정부의 중립 정책은 정치 또는 이념적 측면에서의 무분별 때문이 아니었다. "우리는 노르웨이의 중립을 고려해본 적이 없었다. 나의 경우 이것을 결코 원치 않았다"라고 노르웨이의 외무장관은 기술했다. 노르웨이는 정치 및 문화적으로 연합국과 연계돼 있었다. 당시의 역사가들이 견지하고 있던 다음의 관점에 의문을 제기할 이유는 없는 듯 보인다. "노르웨이인들은 민주주의, 개인의 자유 그리고 국제사회의 정의란 높은 이상(理想)을 굳게 신봉하고 있었다."[13] 그러나 이들은 이들 이상을 위해 투쟁할 준비가 돼 있지 않았다. 제2차 세계대전은 유럽의 강대국들 간의 투쟁이었다. 노르웨이는 약소국이었으며, 전통적으로 유럽의 권력정치에 관해 초연한 입장을 견지하고 있었다. 뿐만 아니라 노르웨이는 거의 무장하고 있지 않았다. 제2차 세계대전에서 각국이 추구한 대의의 도덕적 의미와 무관하게, 노르웨이 정부는 상황에 결정적인 방식으로 간섭할 수 있는 입장이 못 됐다. 또한 간섭하는 경우 많은 모험이 따를 수 있었다. 노르웨이의 첫 번째 과업은 노르웨이란 국가를 완벽히 유지하고, 국민의 생명을 보존하는 것이었다.

이 같은 점을 염두에 둔 상태에서, 노르웨이 정부는 '행위의 중립'

---

13) Nils Oervik, *The Decline of Neutrality: 1914-1941* (Oslo, 1953), p. 241.

이란 엄격한 정책을 채택했다. 노르웨이는 연합국, 특히 영국과 주로 무역하고 있었다. 그러나 전반적으로 보면 노르웨이의 중립 정책은 독일에 유리한 형태였다. 왜냐하면 독일이 자국의 대부분 철광석을 노르웨이에 의존하고 있었기 때문이다. 이들 철광석은 북부 스웨덴의 갈리바르(Gallivare)에서 채광됐다. 여름 몇 달 동안에는 철광석을 적재한 상선이 발트해에 위치한 스웨덴의 룰레오(Lulea)에서 출항했다. 그러나 발트해가 결빙되는 겨울에는 철도를 이용해 이들 철광석을 노르웨이 해안을 따라 나르빅(Narvik)으로 운반했는데, 나르빅은 결빙되지 않는 최북단 항구였다. 이곳에서 독일의 선박들이 남쪽 지역으로 철광석을 운송했다. 영국 해군과 마주치지 않을 목적으로 이들 선박은 노르웨이의 영해(領海)를 따라 운항했다. 결과적으로 보면, 노르웨이와 스웨덴의 중립 선언으로 인해 독일이 철광석을 안정적으로 공급받을 수 있게 됐다. 히틀러가 처음 작성한 전략계획에는 노르웨이 침공이 포함돼 있지 않았는데, 이는 이 같은 이유 때문이었다. "히틀러는 스칸디나비아반도의 여타 국가들과 마찬가지로 노르웨이가 취할 수 있는 가장 바람직한 태도가 완벽한 중립이란 점을 반복해 강조했다."[14)]

영국의 관점은 전혀 달랐다. 가짜전쟁(Phony War)[15)]이 진행되고 있던 몇 달 동안, 스칸디나비아반도 국가들의 중립이란 문제가 영국 내각에서 지속적으로 논의됐다. 해군장관이던 윈스턴 처칠은 독일의 철광석 운송을 차단하기 위한 몇몇 계획을 제안했다. 철광석 운송의 차단이야말로 독일에 신속한 일격을 가하기 위한 유일한 방안이라고 처칠은 주장했다. 독일이 프랑스와 베네룩스3국을 공격하는 순간까

---

14) Oervik, p. 223.
15) 말로만 전쟁상태에 있지 교전 행위가 없는 전쟁을 말한다.(옮긴이)

지 기다리는 것이 아니라, 독일의 철광석 운송을 공격할 필요가 있다고 처칠은 주장했다. 이처럼 하면 영국 해군이 가장 효과적으로 운용될 수 있는 장소에서 독일군이 싸우도록 만들 수 있다고 처칠은 주장했다.[16] 자국의 철광석이 제대로 운송되도록 할 목적에서 독일이 싸울 것이란 점을 처칠은 전혀 의심치 않았다. 프랑스 또한 독일이 자국 영토를 공격하는 순간까지 기다리고 싶지 않았다. "군사 문제와 관련해 자신이 견지하고 있는 관점은 프랑스로부터 가능한 한 멀리 떨어진 지역에서 전쟁 관련 작전이 수행되도록 하는 것과 다름이 없다"[17]고 달라디에(Daladier) 수상에게 에드워드 스피어(Edward Spears) 경은 말했다. 노르웨이의 수상(首相) 또한 유사하게 생각하고 있었음이 분명하다. 그러나 다음과 같은 차이가 있었다. 노르웨이가 프랑스 영토에서 수행되기를 희망한 반면 프랑스가 노르웨이 영토에서 수행할 준비가 돼 있던 전쟁은 노르웨이의 전쟁이 아니고 프랑스의 전쟁이었다. 처칠 또한 동일한 난관에 빠졌다. 노르웨이의 중립 선포가 처칠이 구상하고 있던 모든 계획에 걸림돌이 됐다. 그러나 이는 도덕 및 법적 측면에서만 걸림돌이었을 것이다. 왜냐하면 자국의 중립을 보존할 목적으로 노르웨이가 열심히 투쟁할 것으로 생각되지 않았기 때문이다. 그러나 국제법과 정의(正義)를 존중하는 방식으로 영국이 적국과 차별화할 생각이었다는 점에서 보면, 이는 중요한 의미가 있던 걸림돌이었다. 영국의 제국참모총장(Chief of Imperial General Staff)인 아이언사이드(Ironside) 대장은 자신의 일기에서 다음과 같이 고백했다. "이들 중립국과 관련해 강구할 수 있는 모든 대안이 우리에게 불리한 형태다. 자신에게 유리하다고 생각되는 경우

16) Churchill, *The Gathering Storm* (New York, 1961), Bk. II, ch. 9.
17) *Assignment to Catastrophe* (New York, 1954), I, 71-72.

독일은 이 국가들의 중립을 존중하지 않을 것이다. 그러나 우리는 이 국가들의 중립을 존중해야 하는 입장이다."[18] 당시는 특히 어려웠는데, 노르웨이의 '중립의 권리'를 존중해주면 독일에 도움이 됐던 반면 영국에 해가 됐기 때문이다.

러시아와 핀란드 간의 전쟁으로 인해 연합국의 전략가와 도덕가들 입장에서 새로운 가능성이 열렸다. 독일의 폴란드 침공과 관련해 일언반구도 언급하지 않았던 국제연맹이 침략전쟁을 수행하고 있다며 러시아를 비난했다. 핀란드의 생각에 전적으로 공감하고 있던 처칠은 국제연맹 규약에 따른 영국의 책임 이행 차원에서 핀란드 파병을 제안했다. 그는 나르빅, 갈리바르 및 룰레오를 통한 파병을 제안했다. 영국의 일반참모들이 작성한 계획에서는 3개 사단이 독일의 철광석 운송을 차단할 뿐만 아니라 원산지에서 철광석을 압류하고, 독일의 춘계(春季) 공세에 대비해 진지를 구축하는 등의 활동을 통해 노르웨이와 스웨덴을 연결하는 병참선을 보호하는 반면, 오직 1개 대개가 핀란드에 도착하는 것으로 돼 있었다.[19] 이는 독일이 스웨덴과 노르웨이를 침공하고, 이들 국가에서 대규모 군사작전을 전개하게 만들 것이 거의 확실한 대담한 계획이었다. "독일이 노르웨이를 공격하면 우리는 잃을 것보다 얻을 것이 많다"고 처칠은 주장했다. 독일이 침공해오면 노르웨이가 잃을 것보다 얻을 것이 많았는지 혹자는 즉각 묻고 싶을 것이다. 분명히 말하지만, 영국군이 자유롭게 통과할 수 있도록 해달라는 반복되는 요구를 거절했다는 점에서 보듯이 노르웨이 사람들은 이처럼 생각하지 않았다. 어떻든 영국 내각

18) *Time Unguarded: The Ironside Diaries 1937-1940*, ed. Roderick Macleod and Denis Kelly (New York, 1962), p. 211.
19) *Ironside Diaries*, p. 185.

은 원정(遠程) 성격의 계획을 지지하기로 결심했다. 그러나 원정전력 지휘관을 염두에 둬 준비된 훈령에서는 '명목상의 반대'가 있는 경우에만, 즉 별다른 반대가 없는 경우에만 지속적으로 나아가도록 허용하고 있었다. 아이언사이드는 임무의 성공에 필요한 정치적 의지의 결여를 다음과 같이 우려했다. "우리는 독일의 철광석 운송을 차단하는 일을 제외하면 모든 것에 매우 냉소적일 수밖에 없는 실정이다."[20] 영국 내각은 핀란드의 엄호와 관련해 냉소적이었던 듯 보인다. 결과적으로 보면, 핀란드의 엄호가 없는 경우 영국의 내각은 핀란드로 원정 전력을 보낼 의사가 없었다. 핀란드가 화평을 요청한 1940년 3월, 이 계획은 무산됐다.

이제 처칠은 보다 온건한 제안을 추진했다. 그는 노르웨이 영해에 기뢰를 부설해 독일의 상선을 대서양으로 몰아내, 이들 상선을 영국 해군이 나포 또는 격침시킬 수 있도록 하자고 말했다. 이는 제1차 세계대전이 시작된 직후 제안했으며, 자신의 보다 거대한 계획이 난관에 처해 있다고 생각되는 순간마다 처칠이 제안한 것이었다. 그러나 이처럼 "별로 호전성이 엿보이지 않는 원만한 계획"도 반대에 부딪혔다. 처칠이 이 계획을 처음 제안한 1939년 9월 영국 내각은 우호적인 듯 보였다. 그러나 "중립에 관한 외무성의 논거가 설득력이 있었다. 나의 경우 상대방을 설득시킬 수 없었다. 온갖 수단을 동원해 모든 경우에서 나의 관점을……밀어붙이고자 노력했다"고 처칠은 말했다. 리델 하트가 주목하고 있는 바처럼, 1918년에 유사한 계획이 제시됐지만, 해군참모총장인 비티(Beatty)가 거부한 바 있었다. "해역(海域)은 비좁지만 사기충천해 있는 국민들에게 막강 전력으로 신속

20) *Ironside Diaries*, p. 216.

히 다가가 이들을 억압하는 것은 영국 해군 장교들의 비위를 가장 상하게 하는 행위일 것입니다. 노르웨이의 저항이 예상되는데, 이처럼 노르웨이가 저항해오면 피를 흘려야 할 것입니다. 이는 독일이 지구상 도처에서 자행한 것들만큼이나 사악한 범죄일 것입니다"[21]라고 비티는 말했다. 이 말은 어느 정도 고전적인 형태의 것이었다. 또한 1939~1940년에 재차 반복된 이 말의 마지막 구절은 사실이 아니었다. 그러나 많은 영국인들이 아직도 비슷한 유형의 혐오감을 견지하고 있었다. 이들은 민간의 정치가보다는 전문 외교관과 군인이 될 가능성이 많은 사람이었다. 예를 들면, 외견상으로 냉소주의자인 체했지만 항상 그런 것은 아니었던 아이언사이드는 자신의 일기에 다음과 같이 기록했다. "독일이 중립국 선박들을 다룬 방식에 대한 보복으로 묘사될 수도 있지만, 노르웨이 해안에 기뢰를 부설하면…… 일정 유형의 총력전이 발발할 수도 있다."[22]

독일의 정치적 성향을 고려할 때, 영국이 이 같은 종류의 전쟁을 수행하게 될 것으로 처칠은 믿고 있었던 듯 보인다. 처칠은 장기 목표들에 초점을 맞추고 있는 도덕적 논거와 나치 정권의 성격에 근거해 자신의 제안을 변호했다. 기뢰 부설과 관련해 비티가 견지하고 있던 혐오감에 공감하지 않은 것만이 아니었다. 이 같은 혐오감을 견지하는 경우 영국뿐만 아니라 유럽 전체가 일대 재앙에 직면하게 될 것이라고 처칠은 말했다.[23]

우리는 '법의 지배'를 재정립하고 약소국들의 자유를 보호할 목적

---

21) *History of the Second World War* (New York, 1971), p. 53.
22) *Ironside Diaries*, p. 238.
23) *The Gathering Storm*, p. 488.

으로 싸우고 있다. 우리가 패배하면 야만스런 '폭력의 시대'가 도래할 것이다. 또한 패배는 우리 자신뿐만 아니라 유럽의 모든 약소국의 독립적인 생활에 치명적일 것이다. 국제연맹 규약뿐만 아니라 국제연맹의 '가상의 위임통치국(Virtual mandatory)'이란 점 그리고 국제연맹이 표방하고 있는 모든 것을 걸고 말하면, 우리는 우리가 강화 및 재확인하고자 노력하고 있는 바로 그 법에 관한 일부 규약들을 파기할 권리뿐만 아니라 파기해야 할 의무가 있다. 자신들의 권리와 자유를 위해 투쟁하고 있는 우리의 손발을 약소국들이 묶으려 해서는 안 될 것이다. 이 법은 '최고 수준의 비상사태(Supreme emergency)'에 처해 있을 때, 이 법을 보호 및 이행할 책임이 있는 사람들의 행동을 방해해서는 안 된다. 모든 법을 파기하는 방식으로 침략 세력이 나름의 이점을 확보하고, 본질적으로 상대방이 법을 존중하고 있다는 점으로 인해 또 다른 이점을 확보하도록 하는 것은 옳지 않을 뿐만 아니라 합리적이지도 않다. 합법성보다는 인류애가 우리를 인도해주는 지침이 돼야 한다.

수사법(修辭法) 측면에서 일부 잘못이 없지 않지만 이는 강력한 형태의 논거다. 이것의 경우 세심한 검토가 요구된다. 영국이 법치(法治)를 수호하는 국가란 처칠의 관점을 수용하는 방식으로 검토를 시작해보자. 영국은 처칠이 제안한 내용을 수개월 동안 채택하지 않았는데, 이는 영국이 법치국가임을 보여주는 부분이다. '가상의 위임통치국'이 실제 위임통치국이 아니란 의미라면 영국을 국제연맹의 '가상의 위임통치국'으로 언급하는 것이 옳을 수 있을 것이다. 예를 들면, 노르웨이의 영해를 침범하겠다는 영국의 결심은 제2차 세계대전에 개입하지 않겠다는 노르웨이의 결심과 마찬가지로 일방적인 형태였다. 영국이 추구하고 있던 대의의 정당성에 기인한다고 처칠이 믿고 있던 결과가 문제였다.

처칠은 '슬라이딩 스케일' 유형의 논거를 제시했다. "즉 추구하는 대의의 정당성이 클수록 전투에서 보다 많은 권리가 있다"24)는 유형의 논거를 제시했다. 그러나 처칠은 이들 권리가 독일에 대항하는 형태인 것처럼 말했다. 영국의 경우 독일이 자신의 몸을 숨길 수 있도록 해주는 법적 규약을 위배할 권리가 있다고 처칠은 말했다. 그러나 법적 규약의 경우는 도덕적 측면에서 나름의 이유가 있었다. '중립의 법(Laws of neutrality)'이 추구하는 바는 교전국의 보호가 아니고 중립국 국민들의 생명의 구원이다. '중립의 법'에 의해 보호받고 있던 사람은 실제로는 노르웨이 사람들이었다. 독일인은 '중립의 법'의 두 번째 수혜자에 불과했다. 이처럼 '중립의 법'의 수혜자들의 순서가 '슬라이딩 스케일'과 관련된 주요 난관을 암시하고 있다. 추구하는 대의의 정당성으로 인해 영국의 권리가 신장되는 정도와 무관하게, 노르웨이인들의 권리를 어느 정도 축소시키지 않고는 영국은 노르웨이인들을 죽일 수 없었으며, 노르웨이인들을 위험에 처하게 할 수 없었다. 처칠이 제기한 '슬라이딩 스케일' 논거의 경우는 어느 정도 이 같은 좌우 균형(영국의 권리 신장과 노르웨이인들의 권리

---

24) 일반적으로 이 같은 유형의 '슬라이딩 스케일'을 옹호하고 있는 그로티우스(Hugo Grotius)는 중립의 문제와 관련해 특히 분명한 입장을 견지하고 있다. "지금까지 그가 말한 바로부터 우리는 '정당한 전쟁'을 수행하고 있는 국가가 적대 상태에 있지 않은 국가의 특정 장소를 어떻게 점령할 수 있게 되는지를 이해할 수 있다." 그는 세 가지 조건을 제시하고 있는데, 이들 중 첫째 조건은 노르웨이의 사례에 부합되지 않는다. 이는 "적이 해당 장소를 점령해 회복 불가능한 피해를 야기할 실제적인 위협이 존재해 있다"는 조건이다. 그러나 독일이 노력도 하지 않은 채 점령에 따른 모든 이점을 향유했다고 처칠이 주장할 수도 있었을 것이다. *Of the Law of War and Peace*, Book II, Chapter ii, Section x를 참조하라.

축소)을 가정하고 있을 뿐만 아니라 요구하고 있다. 그러나 나의 경우는 이 같은 좌우 균형이 어떻게 생성될 수 있을지 잘 모르겠다. 정당한 측이 보다 많은 것을 할 수 있다는 주장으로는 충분치 않다. 이 같은 군사적 행위의 주체와 객체에 관해 무언가 말해야 할 것이다. 여기서 객체는 마지못해 끌려들어가고 있는 제2차 세계대전과 관련해 결코 책임이 없는 노르웨이 국민이다. 이들은 법치 또는 유럽의 평화에 도전하지 않았다. 이들이 어떻게 공격받을 수 있는 입장이 됐는가?

처칠의 내각 비망록에 이 같은 질문에 대한 답변이 암시돼 있다. 분명히 말하지만, 처칠은 독일에 대항한 전쟁에 노르웨이 사람들이 참전해야 한다고 믿고 있었다. 그가 이처럼 생각했던 것은 노르웨이의 참전이 영국에 도움이 되기 때문만은 아니었다. 이는 영국과 프랑스가 패배하는 경우 노르웨이인들이 다음번 희생자에 포함될 것이 분명하기 때문이었다. 한편에서 침략과 불법적인 폭력에, 또 다른 한편에서 합법적인 저항에 직면하는 경우 '중립의 권리'가 소멸된다고 처칠은 주장했다. 또는 적어도 침략자가 약소국들의 독립과 법치를 위협하는 경우 이 권리가 소멸된다고 처칠은 생각했다. 영국이 독일의 미래의 희생자들을 대신해 싸우고 있다는 점에서 이 같은 투쟁에 훼방 놓는 것이 아니고 이들 미래의 희생자들이 중립과 관련된 자신의 권리를 포기해야 한다고 그는 생각했다. 1939~40년 상황에서의 도덕적 훈계라고 생각하면, 이는 전적으로 정당한 듯 보인다. 그러나 노르웨이 또는 영국이 독일의 위협을 인지하고 있다는 점에서 보면 이처럼 '중립의 권리'를 포기할 필요가 있는지 의문이 남게 된다. 처칠은 "중립은 도덕적으로 가능치 않다"는 1917년 당시의 윌슨 대통령의 논거를 반복해 말하고 있었다. 그러나 중립국의 리더가 아니고 교전국의 리더가 주장하는 경우 이는 위험한 논거다, 이는 '중립의 권리'를 자발적으로 포기하는 문제가 아니고 '일시적인 파기'의 문제였다. 그러나 '일시적인 파기'란 문구조차도 완곡어법이었다. 인간의 생명이 걸려 있다는 점에서 보면, 처칠이 전쟁이 끝난 후 죽은 자들을 되살릴 계획이 없는 한 '중립의 권리' 파기는 일시적이지 않았다.

대부분의 전쟁에서는 한 측이 정당한 방식으로 전투를 수행하거나 다른 측과 비교해 보다 정당한 방식으로 싸우고 있다고 말할 수 있을 것이다. 또한 모든 경우에서 이 같은 측과 대적하고 있는 적이 일반적으로 위협을 제기하고 있을 가능성이 있다. 중립국이 될 수 있는 제3자의 권리는 도덕적으로 이 같은 위협을 인지하거나 인지하지 않을 자격이 있음을 의미한다. 자신과 관련해 위협을 인지하는 경우 이들 제3자가 싸워야 할 수도 있다. 그러나 이 같은 위협을 인지하지 못하는 경우 이들이 정당한 방식으로 싸우도록 만들 수는 없다. 이들이 도덕적으로 색맹이거나, 둔감하거나 이기적일 수 있다. 그러나 이 같은 점으로 인해 정당한 측이 이들을 적절히 이용할 수 있는 것은 아니다. 그러나 처칠의 논거는 정확히 이 같은 효과가 있었다. 즉 '슬라이딩 스케일'은 '정당한 전쟁'을 수행하고 있거나, 있다고 생각되는 국가의 국민과 군인들에게 '제3자의 권리'를 이관하기 위한 방안과 다름이 없다.

그러나 처칠의 내각 비망록에는 '슬라이딩 스케일' 적용이 필요치 않은 또 다른 논거가 있다. 이것을 분명히 보여주는 문구는 '최고 수준의 비상사태'란 부분이다. 비상사태에서는 '중립의 권리'가 유린될 수 있다. 또한 이들 권리를 유린할 당시 우리는 이들 권리가 축소됐거나 약화됐다고 또는 상실됐다고 말하지 않는다. 이미 언급한 바처럼 이들 권리는 인류에 필요한 일대 승리에 장애 요소란 점으로 인해 유린돼야 한다. 영국의 전략가들은 노르웨이의 중립을 이 같은 장애물로 생각했다. 독일의 철광석 운송을 차단하는 방식으로 전쟁과 관련된 독일의 노력에 자신들이 끼칠 수 있는 효과를 이들 전략가가 지나치게 과장했던 듯 보인다. 그러나 이들의 판단은 공정한 형태였다. 다음에서 보듯이 히틀러 또한 이처럼 판단했다. "어떠한 경우에도 스웨덴의 철광석을 잃을 수 없소. 철광석을 잃는 경우 곧바로 나무막대기로 전쟁을 수행해야 할 것이오"[25]라고 1940년 2월 히틀러는 팔켄허스트(Falkenhurst) 장군에게 말했다. 이 같은 매력적인 전망이 영국의 내각을 압박했음이 틀림없다. 이들은 노르웨이의 '중립의 권리'를 위배하기 위한 공리주의적 논거를 갖고 있었는데, 이 논거는 정당성의 이론에 의해 지원받고 있었다. 즉 이 같은 권리의 위배가 나치 독일을 격파하는 과정에서 군사적으로 필요하며, 나치 독일의 격파가 도덕적으로 중요한 의미가 있다는 이론에 의해 지원받고 있었다.

여기서도 두 수준의 논거가 목격된다. 다음 장에서 그 이유를 설명하겠지만, 처칠의 논거는 나치즘의 격파가 도덕적으로 필수적이란 두 번째 수준 측면에서 위력적이다. 벨기에에 관한 홀베크의 주장과 비교해 처칠의 주장에 우리가 훨씬 공감하게 되는 것은 이 같은 이유 때문이다. 그러나 벨기에에 관한 홀베크의 논거와 마찬가지로 노르웨이에 대한 처칠의 논거는 전략적 측면에서 문제가 있었다. 연합군은 단일 전투도 수행하지 못한 상태였으며, 서구는 독일의 전격전(電擊戰) 전력을 전혀 감지하지 못하고 있었다. 또한 항공기의 군사적 의미를 이해하지 못하고 있었다. 아직도 영국은 영국 해군을 전적으

25) Oervik, p. 237.

로 신뢰하고 있었다. 분명히 말하지만, 해군장관인 처칠은 해군을 신뢰했다. 노르웨이에 관한 처칠의 모든 계획은 해군력에 의존하고 있었다. 1940년 초반의 상황을 '최고 수준의 비상사태'로 지칭한 바 있는 처칠만이 향후 6개월 뒤에 있을 영국의 위험을 묘사할 수 있었다. "해역(海域)은 비좁지만 사기충천해 있는 국민들에게 막강 전력으로 신속히 다가가 이들을 억압하기로 최종 결심"했을 당시, 영국은 패배의 모면이 아니고 1914년 당시의 독일처럼 신속한 승리를 염두에 두고 있었다.

따라서 영국의 이동은 최후의 순간이 아니고 최초의 순간에 '중립의 권리'를 유린한 또 다른 사례다. 독일의 벨기에 침공과 비교해 이것을 우리는 혹독하게 심판하지 않고 있는데, 이는 나치 정권의 성격에 관해 우리가 알고 있는 부분 때문만이 아니라 영국을 국가적 재앙으로 신속히 몰아넣은, 6개월 뒤에 발발한 사건들을 우리가 잘 알고 있기 때문이다. 그러나 처칠이 이 같은 재앙을 예견하지 못했음을 강조해야 할 것이다. 처칠이 옹호한 행위의 의미를 이해 및 평가하려면 제2차 세계대전 발발 처음 몇 달 동안 처칠 곁에서 처칠이 사고한 바대로 생각하고자 노력해야 할 것이다. 이 경우 다음과 같은 질문이 제기된다. 나치를 격파할 목적으로 무고한 사람의 인권을 위배하는 등 우리가 모든 것을 할 수 있을까? 진정 필요한 부분은 할 수 있지만 노르웨이의 중립을 위배한 행위는 1940년 4월에 필요치 않았다고 주장하고자 한다. 소위 말해, 이는 편의주의와 다름이 없었다. 그러면 무고한 노르웨이인들을 희생시켜가면서 나치 독일과의 전투에 따른 위기를 줄일 수 있을까? 분명히 말하지만, 투쟁의 정당성 정도와 무관하게 이처럼 할 수 없다. 처칠의 논거는 당시의 실상과 위기의 극단성에 의존하고 있었다. 그러나 처칠 또한 이 같은 위기가 없다고 생각했다. 당시의 가짜전쟁(Phony War)은 '최고 수준의 비상사태'가 아니었다. 통상 그렇듯이 당시의 비상사태는 예기치 못한 방식으로 도래했다. 비상사태에 따른 위험이 최초 목격된 것은 노르웨이에서의 전투 당시였다.

영국의 최종 결심이 3월 말에 있었으며, 리드(Leads) 해역에 기뢰가 부설된 것은 4월 8일이었다. 다음날 독일군이 노르웨이를 침공했다. 영국 해군과의 접촉을 피하면서 이들은 노르웨이 해안을 따라 부대를 상륙시켰는데, 나르빅과 같은 북부지역까지 이들 부대가 배치됐다. 독일이 이처럼 반응하게 된 것은 영국이 기뢰를 부설했다는 점 때문이 아니고 수개월 동안 영국 의회가 주도한 계획, 논쟁 및 주저(躊躇)의 결과였다. 이 모두를 히틀러의 첩자와 전략 분석가들이 완벽히 파악하고 있었다. 지나칠 정도로 조기에 기습적으로 도래한 것은 사실이지만, 이는 또한 처칠이 기대하고 희망했던 바였다. 노르웨이 군은 짧은 순간 동안 용감히 싸웠다. 영국은 자신들이 취약해지도록 만든 노르웨이를 방어할 준비가 전혀 돼 있지 않았다. 독일군의 상륙에 대항해 영국 육군이 노르웨이 해안에 상륙했다. 이들이 나르빅을 점령해 한동안 유지했다. 그러나 독일 공군에 대항해 영국 해군은 무용지물이나 다름이 없었다. 해군장관으로 재직하고 있던 처칠이 일련의 모욕적인 철수를 중재했다.[26] 노르웨이의 중립을 존중해주었더라면 그러했을 것처럼, 제2차 세계대전 내내 독일은 노르웨이로부터 철광석을 안정적으로 공급받을 수 있었다. 노르웨이는 파시스트들의 정권이 들어선 피(被) 점령 국가였다. 많은 노르웨이

---

26) 이 전역에 관해 알고자 하면 다음을 참조하라. J. L. Moulton, *A Study of Warfare in Tree Dimensions: The Norwegian Campaign of 1940* (Athens, Ohio, 1967).

군인들이 전사했으며, 가짜전쟁(Phony War)이 종료됐다.

1945년의 뉘른베르크에서 독일의 지도자들은 노르웨이에 대항한 침략전쟁을 계획 및 시행했다는 비난을 받았다. "영국 및 프랑스 정부가 어떻게 이 같은 비난에 동조할 면목이 있는지 이해하기 어렵다"[27]고 리델 하트는 생각했다. 리델 하트가 분개했던 것은 부당한 교전국의 주장뿐만 아니라 정당한 교전국의 주장에도 '중립의 권리'가 취약하지 않다는 자신의 확신 때문이었다. 즉 '중립의 권리'를 위배할 수 없다는 확신 때문이었다. 리드 해역에 대한 기뢰 부설이 국제법에 저촉되는 행위였으며, 노르웨이를 침공해 점령할 권리는 아니지만 적어도 몇몇 군사적 방식으로 독일이 대응할 권리가 있었음을 제2차 세계대전 이후 영국이 인정했더라면 보다 좋았을 것이다. 자신이 시작한 정복 전쟁을 히틀러 당시의 독일이 수행할 권리가 있었다는 논거가 해괴망측한 형태란 점을 부인하고가 하는 것이 아니다. 그러나 독일의 권리는 노르웨이의 권리를 경유해 다가왔다. 노르웨이의 '중립의 권리'를 인정하는 한 이들 독일의 권리를 유린하기 위한 방법은 없었다. 진정 '최고 수준의 비상사태'가 진행되고 있을 당시에는 "수단과 방법을 가리지 않고 앞으로 헤쳐 나갈 필요가 있을 수 있다." 그러나 지나치게 열정적으로 또는 지나치게 조급하게 이처럼 하면 좋지 않다. 왜냐하면 이 경우 헤쳐 나가야 할 대상이 상대방 군대가 아니고 완벽한 권리가 있는 반면 생명이 위태로운 무고한 사람들이기 때문이다.

---

27) *History of the Second World War*, p. 59. 아이언사이드 장군의 1940년 2월 14일자 일기를 참조하라. "독일이 스칸디나비아 국가들을 침범하게 만들어 영국이 나르빅으로 들어갈 수 있도록 하기 위한 유일한 방안은 중립국인 노르웨이 영해에 기뢰를 부설하는 것이라고 처칠은 말하고 있다." *The Ironside Diaries*, p. 222.

|제16장|

최고 수준의 비상사태

필연성의 본질(3)

모든 사람의 근심으로 인해 위기가 조성된다. 비상사태와 위기는 잔혹한 행위와 관련해 우리의 마음을 준비시킬 목적의 용어다. 그러나 인간의 삶뿐만 아니라 국가의 역사에는 매우 중요한 순간이 있다. 분명히 말하지만, 전쟁은 이 같은 순간이다. 모든 전쟁은 비상사태이며, 모든 전투는 나름의 전환점이다. 전투에는 두려움과 히스테리가 내재해 있다. 전투 당시에는 종종 이들이 목격된다. 이들로 인해 우리는 가공한 수단을 사용하고, 범죄 행위를 하게 된다. 전쟁규약은 이 같은 수단이 사용되지 않도록 하는 제동장치인데, 이것이 항상 효과적인 것은 아니다. 이미 살펴본 바처럼, 적어도 원칙적으로는 전쟁규약은 군의 생활에서 목격되는 일반적인 위기를 규제하는 형태다. 1939년 당시 영국이 처해 있던 난국을 처칠은 '최고 수준의 비상사태(Supreme emergency)'로 묘사했다. 그런데 이는 이 같은 규제를 무력화시킬 목적의 표현이었다. 즉 전쟁규약을 어느 정도 유린하며 행동하겠다는 의도의 표현이었다, 그러나 이 문구에는 전쟁에 관한 일반적인 공포 이상의 공포뿐만 아니라, 이 같은 공포에 해당하는 위험이 상존한다는 논거가 담겨져 있다. 또한 여기에는 이 같은 공포와 위험으로 인해 전쟁규약에서 금지하고 있는 수단들이 요구될 수 있다는 논거가 담겨 있다. 이 같은 수단을 채택해야만 하는 사람뿐만 아니라 이들 수단의 희생자들 측면에서 보면, 이들 수단에 의해 많은 것들이 좌우된다. 따라서 우리는 '최고 수준의 비상사태'란 문구에 암시돼 있는 논거에 유의해야 한다.

'최고 수준의 비상사태'란 문구가 종종 이념적으로 사용되지만, 이 문구의 의미는 상식적인 형태다. 이 문구의 의미는 두 가지 기준에 의해 정의되는데, 이 기준들은 필연성이란 개념과 관련이 있다. 첫 번째 기준이 위험의 임박성과 관계가 있는 반면 두 번째는 위험의 본질과 관련이 있다. '최고 수준의 비상사태'와 관련해 말하면, 이들 기준 모두가 적용돼야 한다. 이들 중 어느 하나도 '최고 수준의 비상사태'란 극단성을 설명해주는 요소로 또는 극단성이란 개념이 요구하고 있다고 생각되는 특단의 조치를 변호해주는 요소로 충분치 않다. 임박한 반면 심각하지 않거나, 심각한 반면 임박하지 않은 경우가 있을 수 있는데, 이들 중 어느 것도 '최고 수준의 비상사태'를 조장하는 상황이 아니다. 전쟁 중에 있는 사람들은 자신들이 직면하고 있는 위험의 심각성에 동의하는 경우가 거의 없다. 이 같은 점에서 임박성이란 개념이 종종 '최고 수준의 비상사태'를 정의할 목적으로 사용된다. 이 경우 우리는 배수진(背水陣)의 논거로 가장 잘 지칭될 수 있는 것을 갖게 된다. 즉 전통적인 저항 수단이 효력이 없거나 진부한 수준인 경우 전승에 필요한 모든 것을 사용할 수 있다는 논거를 갖게 된다. 따라서 독일군에 의한 테러폭격의 위험과 관련해 1932년 당시 영국 수상 볼드윈(Stanley Baldwin)은 다음과 같이 기술했다.1)

> 규약,· 협정, 동의 등을 통한 폭격 금지가 전시에 효과가 있다고 생각하는가? 솔직히 말해 회의적이다. 이처럼 의문을 제기하면서 이들이 효과적일 수 있다는 영국 또는 여타 국가의 훌륭한 신념을 비난하고자 하는 것은 아니다. 특정인이 무기로 사용될 수 있는 것을 보유하고 있는 반면, 배수진의 상황에 빠지게 되면 무기의 종류와 무관하게, 그 결과와 무관하게 해당 무기를 사용하게 될 것이다.

이 발언과 관련해 언급할 필요가 있는 첫 번째 사실은 이 같은 영국 내부의 비유가 문자 그대로 적용될 것으로 볼드윈이 생각하지 않았다는 점이다. 군인과 정치가들은 군사적 패배가 임박한 듯 보일 때마다 배수진의 형국이라고 말하곤 한다. 볼드윈은 극단성에 관한 이 같은 관점에 동의하고 있다. 배수진의 비유는 본국의 생존에서 시작해 국제사회에서의 승리에 이르기까지 적용 가능한 형태다. 여기서 볼드윈은 죽음 또는 군사적 패배를 모면할 목적에서 필요한 경우 이 같은 극단적인 수단을 필히 사용하지 않을 수 없다고 주장하고 있다. 그러나 이 논거는 죽음 또는 군사적 패배 모면이란 두 가지 목적 모두에서 잘못이다. 사람들이 스스로 위기를 수용하기보다 항상 무고한 사람들을 공격하는 것은 아니다. 종종 우리는 위기를 수용해 죽는 것이 자신의 의무라고 말하기조차 한다. 우리는 이 같

1) George Quester, *Deterrence Before Hiroshima* (New York, 1966), p. 67.

은 기대에 부응해 살 수 있음을 알고 있는 상태에서 사람들에게 이처럼 요구하게 된다. 자신을 위해서가 아니고 국민을 위해 일하라며 정치 지도자들에게 동일한 요구를 할 수 있는가? 이는 이들의 국민이 처해 있는 위험의 정도에 따라 달라질 것이다. 패배의 결과는 무엇인가? 이것이 어느 정도의 영토 조정, 정치가들의 체면 손상, 막대한 전쟁 배상금 지급, 특정 종류의 정치적 개조, 독립국가의 포기 또는 수백만의 국민이 추방되거나 살해되는 것을 의미하는가? 이 경우 우리는 배수진의 상황에 있다. 그러나 사람들이 직면하게 되는 위험이 매우 다른 형태를 띠게 되며, 다른 형태로 인해 패배의 결과에 차이가 있게 된다.

극단적인 수단을 채택하거나 채택을 변호할 수 있으려면, 위험이 유별나고 가공할 수준이어야 할 것이다. 유별나고 가공할 수준이란 묘사는 전시에 매우 보편적인 형태다. 사람들은 자신의 적이 유별나고 가공할 수준이라고 종종 생각하고 있다.[2)] 자국뿐만 아니라 가족의 생존을 위해 싸우고 있으며, 자신의 가족, 자유, 정의 및 문화가 위기에 처해 있다고 믿는 경우 군인들은 격렬히 싸워야 한다고 생각하게 된다. 그러나 객관적으로 보면, 이 같은 상황은 흔치 않다. 이 같은 상황의 주장이 선전책동 성격의 것이란 점을 이해하고 있는 사람이 적지 않다. 한 측의 승리가 여타 사람들의 입장에서 인간적인 재앙이 되는 것은 아니다. 즉 전쟁이 항상 궁극적인 가치를 놓고 벌어지는 투쟁인 것은 아니다. 이 같은 문제와 관련해 의문을 제기하고, 전시의 수사법에 신중한 의혹을 제기하는 태도를 조성하며, 극단의 논거를 판단하기 위한 몇몇 시금석을 탐구할 필요가 있을 것이다.

---

2) J. Glenn Gray, *The Warriors: Reflections on Men in Battle* (New York, p 1967), ch. 5: "Images of the Enemy."

인간의 위기에 관한 지도를 작성하고는 자포자기와 재앙이 진행되고 있는 지역을 구분할 필요가 있을 것이다. 진정한 의미에서 보면, 이들 지역만이 필연성의 영역에 해당한다. 적어도 이 같은 지도의 개략적인 모습을 제시할 목적에서, 제2차 세계대전 당시의 유럽에서의 경험을 재차 이용할 생각이다. 왜냐하면 우리가 공포와 두려움 속에서 일치단결해 있을 가능성이 높은 시점과 지점, 즉 긴급사태의 외곽 경계에 나치주의가 위치해 있기 때문이다.

어떻든 당시뿐만 아니라 이 순간에도 나치주의가 인간의 삶의 고귀한 부분 모두를 궁극적으로 위협하는 형태이며, 전쟁에서 생존할 가능성이 있는 사람들에게조차 지나칠 정도로 흉악하고 자존심을 손상케 하는 형태의 지배 이념과 실천이라고 믿고 있는 모든 사람들을 대신해 이처럼 가정하고자 한다. 나치주의가 승리하는 경우 진정한 의미에서 계산 불가능할 정도의 무시무시한 결과가 있게 된다고 생각했을 뿐만 아니라 생각하고 있는 사람들을 대신해 이처럼 가정하고자 한다. 우리는 나치주의를 지구상에서 구체화된 악(惡), 너무나 강력하고 분명하다는 점에서 대항해 싸우는 것 외에 별다른 도리가 없을 정도로 구체화돼 있는 악으로 인식하고 있다. 분명히 말하지만, 여기서는 나치주의를 설명할 여유가 없다. 이 같은 설명은 거의 필요치 않을 것이다. 나치의 지배에 관한 역사적 경험을 잠시 언급하는 것만으로도 충분할 것이다. 나치주의는 '최고 수준의 비상사태' 선포가 성립될 수 있을 정도로 그 긴박성이 인간의 가치를 근본적으로 위협하는 형태였다. 나치주의의 사례는 이것과 비교해 강도가 떨어지는 위협이 그렇지 않을 수 있음을 이해하는 과정에서 도움이 될 것이다.

그러나 올바른 지도(地圖)를 갖고자 하는 경우 우리는 나치가 실제 제기했던 위험과 어느 정도 다른 형태인 나치 유형(Nazi-like)의 위험을 상상해야 한다. “제2차 세계대전에서의 독일의 승리는 영국뿐만 아니라 유럽의 모든 약소국의 독립적인 삶에 치명적일 것”이라고 처칠은 말한 바 있다. 당시 그는 진실을 말하고 있었다. 나치가 제기하고 있던 위협은 특정 부위에 국한되지 않는 일반적인 형태였다. 그러나 나치가 제기한 위협이 영국 입장에서만 존재했다고 가정해보자. 단일 국가를 겨냥하고 있는 인종말살 위협 내지는 식민지화 위협과 같은 특정 위협으로 인해 ‘최고 수준의 비상사태’ 선포가 성립될 수 있을 것인가? 자신의 정치적 공동체를 위해 무고한 사람의 인권을 군인과 정치가들이 유린할 수 있을까? 어느 정도 주저 및 우려해야 할 부분이 없지 않지만, 이 질문에 긍정적으로 답변하고 싶어진다. 이들이 생각할 수 있는 대안은 무엇인가? 도덕적 차원의 법을 고양시킬 목적으로 이들이 자신을 희생시킬 수도 있을 것이다. 그러나 이들은 자국 국민을 희생시킬 수 없다. 근본적인 공포에 처해 있으며, 강구할 수 있는 대안이 쇠진된 경우 이들은 자국 국민을 구할 목적으로 반드시 해야 할 부분을 하게 될 것이다. 이것이 이들의 판단이 필연적인 형태라고 말하는 것은 아니다. 필연성의 여부를 알 수 있는 방법은 없다. 그러나 이 순간 이들이 느낄 수 있는 도덕적 긴박감과 의무감의 정도는 또 다른 결과를 거의 생각할 수 없을 정도로 압도적인 수준일 것이다.

앞에서 언급한 ‘국내법 유추’가 암시해주고 있는 바처럼, 아직도 이는 어려운 문제다. 볼드윈에도 불구하고, 자위(自衛)와 관련된 ‘최고 수준의 비상사태’에서조차 국가 내부의 특정인이 도덕성을 상실하지 않으면서 무고한 국민들을 공격하게 될 것으로 또는 공격할 수 있을 것으로는 통상 생각되지 않는다.3) 이들은 자신을 공격한 자들만을 공격할 수 있다. 그러나 비상사태에 있는 공동체의 경우는 다른 형태의 보다 많은 특권이 있는 듯 보인다. 공동체 생활에 일종의 초월적인 부분이 있다고 가정하지 않는 한 이 같은 차이를 제대로 설명할 수 없을 것으로 생각된다. 그러나 나는 공동체 생활에 이 같은 초월적인 부분이 있다고 믿는 사람이 아니다. 아마도 이는 산술(算術)의 문제와 다름이 없을 것이다. 예를 들면, 사람은 자신을 구할 목적으로 여타 사람을 살해할 수 없다. 그러나 국가를 구할 목적으로 일부 사람들과 관련된 법을 위배할 수 있을 것이다. 이 경우 대국과 소국들이 누릴 수 있는 권리가 달라질 것이다. 그러나 나는 이것이 사실이라고는 거의 생각지 않는다. 종종 일개인이 살해되는 사회에서 살게 될 가능성은 있지만, 모든 국민이 노예 상태에 있거나 대량학살되는 세계는 진정 감내할 수 없는 형태라고 말하는 것이 보다 좋을 것이다. 왜냐하면 조상들로부터 물려받았으며, 자손들에게 물려줘야 할 나름의 생활을 그 구성원이 공유하고 있는 정치적 공동체의 존립과 자유가 국제사회에서 최고의 가치이기 때문이다. 나치주의의 경우는 이 가치들에 거대한 규모로 도전했다. 그러니 그 유형이 동일한 반면, 보다 작은 규모의 도전 또한 도덕적으로 동일한 결과를 야기하게 된다. 이들 도전으로 인해 우리는 '필연성의 지배' 하에 있게 된다. 필연적이라고 생각되면 모든 규칙이 의미를 상실하게 된다.

이 같은 위협의 단순한 인지 자체가 강압성이 있는 것이 아니란 점을 재차 강조하고자 한다. 또 다른 전투 수단과 전승의 수단이 존재해 있는 동안에는 이처럼 인지했다는 사실로 인해 무고한 사람들

---

3) 그러나 무고한 사람을 살해할 수 없다는 이 같은 주장은 강압과 동의에 관한 질문들(문제)로부터 유추된다. 이 책의 10장에 인용돼 있는 사례들 참조.

을 공격할 수밖에 없는 것이 아니며, 공격이 허용되는 것도 아니다. 위험의 정도가 이 같은 논거의 절반을 가능케 해주는 요소인 반면 위험의 절박성은 나머지 절반을 가능케 해주는 요소다. 이제 이들 절반 모두가 동시에 존재해 있는 순간을 생각해보자. 예를 들면, 히틀러의 군대가 도처에서 전승(戰勝)을 구가했던 1940년 여름부터 1942년 여름까지의 기간, 즉 프랑스의 패배 이후의 무시무시했던 2년의 기간을 생각해보자.

전쟁규칙의 유린

독일의 도시를 겨냥한 폭격

전사(戰史)를 통해보면 독일의 도시를 겨냥한 폭격에 관한 결심보다 중요한 결심은 거의 없다. 영국의 지도자들이 테러폭격 정책을 채택함에 따라 30여 만에 달하는 독일인이 사망하고, 78만에 달하는 독일인이 심각한 부상을 입었는데, 이들의 대부분은 민간인이었다. 나치가 대량학살한 사람의 숫자와 비교해보면 이들 수치는 미미한 수준일 것이다. 그러나 이는 나치가 표방하고 있던 모든 부분을 증오했으며, 나치가 야기한 효과를 모방할 것으로 생각되지 않던 사람들, 즉 나치에 대항해 싸우고 있던 사람들의 작품이었다. 또한 독일의 도시를 폭격한다는 영국의 정책으로 인해 또 다른 결과가 있었다. 예를 들면, 독일의 도시를 겨냥한 폭격은 도쿄를 포함한 일본의 여타 도시에 대한 소이탄 공격뿐만 아니라 히로시마와 나가사키에 핵폭탄을 투하해야 한다는 투르만 대통령의 결심과 관련해 중요한 의미가 있던 나름의 전례(前例)였다. 제2차 세계대전 당시의 연합군의 테러 폭격에 따른, 즉 핵무기를 이용한 폭격에 따른 민간인 사망자는 50만이 넘을 것이다. 이처럼 가공할 수준의 무기를 사용한 사실을 어떻게 변호할 수 있을 것인가?

이것에 관한 역사는 매우 복잡하다. 이미 몇몇 사람들이 전공 수준의 논문에서 이것을 분석한 바 있다.[4] 나의 경우는 처칠과 영국의 여타 지도자들이 제시한 논거에 특히 유념하며, 당시의 상황을 상기하면서 이것을 간략히 검토할 수 있을 뿐이다. 1940년 후반, 영국의 지도자들은 독일의 도시를 폭격해야 한다고 결심했다. 그 해 6월에 발령된 지령에서는 "표적을 식별해 정확히 겨냥해야 한다고 구체적으로 언급하고 있었다. 무차별적인 폭격은 금지돼 있었다." 독일이 코번트리(Coventry)를 공습한 이후인 11월, "영국의 폭격기사령부는 도시의 중심 부위를 폭격하라는 지시를 받았다." 한때 무차별적인 폭격으로 지칭됐으며 비난받았던, 도시의 중심 부위에 대한 폭격이 요구되는 상황이 됐다. 다음에서 보듯이, 1942년 초반까지만 해도 군사적 표적 내지는 산업 표적은 겨냥할 수 없었다. "겨냥 가능한 지역은 조선소 또는 항공기 공장과 같은 곳이 아니고 건물이 빽빽이 들어서 있는 지역이어야 한다."[5] 영국의 지도자들은 공습에서 추구하는 바가 민간인의 사기(士氣) 파괴라고 천명했다. 처웰(Cherwell) 경의 유명한 각서가 출현한 1942년 이후에는 상대방 국민의 사기를 저

4) Quester, Deterrence and F. M. Sallagar, *The Road to Total War: Escalation in World War II* (Rand Corporation Report, 1969); 또한 다음의 공식적인 역사를 보라. Sir Charles Webster and Noble Frankland, *The Strategic Air Offensive Against Germany* (London, 1961).

5) Noble Frankland, *Bomber Offensive: The Devastation of Europe* (New York, 1970), p. 41.

하시킬 목적의 수단이 구체적으로 명시됐다. 즉 산업 노동자들의 거주지(居住地)가 주요 표적이 됐다. 1943년경까지 독일 국민의 3분의 1 정도가 집이 없도록 만들 수 있다고 처웰은 생각했다.[6)]

독일의 도시를 폭격해야만 하는 과학적 이유를 처웰이 제시하기 이전에도 이처럼 폭격해야 할 몇몇 이유가 이미 제시돼 있었다. 처음부터 영국인들은 이 폭격을 독일의 런던 공습에 대한 보복 차원에서 변호했다. 이미 살펴본 바처럼, 보복 교리가 난해한 형태란 점을 고려하지 않는 경우에서조차 이는 문제의 소지가 있는 변호다. 일부 학자가 주장한 바처럼, 비행장과 같은 영국 공군의 시설에 독일이 가하고 있던 압박을 줄일 목적에서 처칠이 베를린 공습을 통해 독일의 런던 공습을 고의적으로 자극했을 가능성이 있는 듯 보인다. 영국 공군의 베를린 폭격 이전에는 영국 공군의 시설(施設)이 독일 공군의 주요 표적이었다.[7)] 독일의 런던 공습이 시작된 이후, 처칠은 런던 공습을 억제하거나 이 같은 공습을 상호 자제하는 형태의 정책을 수립하기 위한 노력을 전개하지 않았다.[8)]

> 우리는 적으로부터 어떠한 호의도 바라지 않는다. 양심의 가책도 바라지 않는다. 그와는 달리, 오늘밤 런던 주민에게 독일의 모든 도시를 겨냥한 폭격을 중지하기 위한 규약을 정립할 것인지의 여부를 묻는 투표를 요청하면, 대부분의 사람들은 "이 같은 규약이 필요 없다. 적이 우리에게 가한 것 이상으로 우리도 독일에 보복할 것이다"라고 외쳐 될 것이다.

---

6) 처웰 각서는 C. P. Snow, *Science and Government* (New York, 1962)에서 냉정하게 다뤄지고 있다.
7) Quester, pp. 117-18.
8) Quester, p. 141.

말할 나위 없이, 처칠은 이 같은 규약의 정립 여부를 묻는 투표를 런던 시민에게 요구하지 않았다. 독일의 도시를 겨냥한 폭격이 런던 시민의 사기 유지에 필요하며, 영국 공군이 "인류를 겨냥해 독일이 퍼부은 불행과 비교해 훨씬 혹독한 수준의 불행을 독일 국민들이 매 순간 맛보게 하고 있다"[9]는 사실을 런던 시민들이 듣고 싶어 한다고 처칠은 생각했다. 이 같은 논거를 많은 역사학자들이 수용했다. 이 역사학자들 중 한 사람은 "이 같은 보복에 대한 대중의 열망이 매우 높았으며, 자국 국민 내부에서 지속적으로 전투정신을 유지시키려면 이 같은 열망을 처칠이 충족시켜야만 했다"고 기술하고 있다. 1941년의 여론조사에 따르면, "보복 차원의 공습을 가장 단호하게 요구한 사람은 독일의 영국 공습 도중 거의 피해를 입지 않았던 컴벌랜드(Cumberland), 웨스트모어랜드(Westmoreland) 및 요크셔의 노스라이딩(North Riding of Yorkshire) 지역 주민이었다. 이들 지역 주민의 75% 정도가 이 같은 보복을 원했던 반면 런던 중심가의 경우는 주민의 45%만 보복 공습을 원했다."[10] 이는 매우 흥미로운 부분이다. 테러 폭격을 경험해보지 않은 사람보다 경험한 사람들이 처칠의 정책을 지지하지 않는 경향이 있었는데, 이는 고무적인 현상이다. 이는 도덕관(또는 틀에 박힌 도덕관)으로 인해 영국 국민이 처칠의 정치적 리더십과 다른 유형의 리더십을 고려할 수 있음을 암시하는 부분이다. 분명히 말하지만, 독일이 폭격 받고 있다는 사실은 영국 국민들에게

---

9) Angus Calder, *The People's War: 1939-1945* (New York, 1969), p. 491.
10) Calder, p. 229; 같은 여론조사가 다음에도 실려 있다. Vera Brittain, a courageous opponent of British bombing policy: *Humiliation with Honer* (New York, 1943), p. 91.

희소식이었다. 그러나 또 다른 여론조사에 따르면 1944년 후반에도, 대부분의 영국인은 영국 공군의 독일 공습이 군사적 표적만을 겨냥하고 있다고 믿고 있었다. 아마도 이는 이들이 믿고 싶어 했던 부분일 것이다. 당시 그렇지 않았음을 보여주는 증거가 일부 없지 않았다. 그러나 재차 말하지만, 이것이 영국인의 도덕관에 관해 몇몇 사실을 말해주고 있다. 주로 반전론자들이 테러폭격에 반대하는 활동을 전개했는데, 이 같은 활동이 대중의 지지를 거의 받지 못했음을 또한 언급해야 할 것이다.

보복은 좋은 논거가 아니었다. 이제 우리는 언론매체를 통해 언급한 부분과 달리 처칠의 마음을 주도하고 있었음이 분명한 테러폭격의 군사적 정당성 여부에 초점을 맞춰야 할 것이다. 나는 이들 폭격의 정당성을 일반적인 방식으로만 논의할 수 있는 입장이다. 당시는 테러폭격의 군사적 정당성과 관련해 많은 논쟁이 있었다. 이들 논쟁의 일부는 기술적 성격이었던 반면 일부는 도덕적 성격의 것이었다. 예를 들면, 일군(一群)의 과학자들이 처웰 각서의 계산법을 신랄히 공격했다. 내가 알고 있는 한, 자신들의 논거를 도덕적인 관점에서 기술하지 않았지만 이들 과학자가 테러를 반대했던 것은 도덕적인 이유 때문이었을 것이다.[11] 의사결정과정에 참여했던 '전문 군인', 즉 장교들이 도덕적 측면에서 노골적으로 이견을 제기했는데, 이는 가장 중요한 부분이다. 다음에서 보듯이 영국의 확전(擴戰)을 연구한 전략분석가와 역사학자들의 경우는 이들 이견을 나름의 독특한 방식

11) "우리를 가장 걱정시키는 부분은 처웰의 잔혹성이 아니고 처웰의 계산 방식입니다." Snow, *Science and Government*, p. 48. 엄밀하게 전략적 용어로 쓰인 블래킷의 전후(戰後) 분석과 비교하라. M. S. Blackett, *Fear, War, and the Bomb* (New York, 1949), ch. 2.

으로 묘사하고 있다. “민간인을 겨냥한 전쟁 수행에 도덕적 측면에서 반대했던 사람들이 표출한 감정, 즉 보복 논거와 관련해 한 측이 표출한 감정으로 인해 논쟁이 모호한 형태가 됐다.”12) 이 반대의 초점은 이중효과 교리를 약간 변형시켜 놓은 형태였던 듯 보인다. 독일의 런던 공습이 절정에 달한 시점에도 영국의 많은 장교들은 항공력을 이용한 공격이 군사적 표적만을 겨냥해야 하며, 민간인 살상을 최소화할 목적의 명확한 노력이 있어야 한다고 느끼고 있었다. 이들은 히틀러를 닮고 싶지 않았으며, 히틀러와 차별화하고자 노력했다. 민간인 살상을 바람직한 현상이라고 생각했던 장교들조차도 전문가로서의 명예를 지키고자 노력했다. 이들은 “민간인 살상은 군사적 표적의 공격이란 주요 의도의 부산물인 경우에만 바람직하다……”13) 고 주장했다. 나름의 의도적인 논거임이 틀림없지만, 이는 도시를 겨냥한 영국의 공세(攻勢)를 대거 제한하는 형태의 것이었다. 그러나 이들 모든 제안은 폭격기와 관련된 당시의 과학기술의 작전적 한계와 상충되는 형태였다.

제2차 세계대전 초반에는 영국의 폭격기들이 야간에만 효과적으로 비행할 수 있다는 것이 분명해졌다. 폭격기에 장착돼 있던 항법장비를 고려하면 이들 폭격기가 대도시 규모의 표적만을 의미 있는 수준으로 겨냥할 수 있다는 것 또한 분명했다. 1941년의 한 연구에 따르면 표적의 공격에 성공한 폭격기들 가운데 3분의 1 정도만이 표적 반경 5마일 이내에 폭탄을 투하했다고 한다.14) 이 같은 사실을 모두가 알고 있는 상황에서 의도한 표적이 특정 항공기공장이었다는 발

12) Sallagar, p. 127.
13) Sallagar, p. 128.
14) Frankland, *Bomber Offensive*, pp. 38-39.

언은 정직하지 않았다. 또한 항공기생산을 중지시킬 목적의 정당한 노력에서 공장 주변의 무분별한 파괴가 예견은 됐지만 의도하지 않은 결과였다는 주장은 솔직하지 않은 것으로 보였을 것이다. 진정 의도하지 않은 반면 예견 가능한 현상이 있었는데, 이는 공격하고자 노력한 적의 항공기공장이 피해를 입지 않을 것이란 점이었다. 지속적으로 전략폭격 공세를 유지할 수 있으려면, 파괴하고자 하는 부분을 계획해야 할 것이다. 처웰 경의 각서는 이 같은 계획수립을 겨냥한 노력과 다름이 없었다. 전쟁이 진행되면서 항법장비들이 신속히 개선됐으며, 군사적 표적의 폭격이 종종 우선순위가 높았다. 뿐만 아니라 도시폭격에 배정돼 있던 자산에서 많은 부분을 차지할 정도로 군사적 표적의 폭격은 영국의 전반적인 항공공세에서 중요한 부분이었다. 항공력을 이용해 독일의 정유공장과 같은 표적을 보다 집중적으로 공격했더라면 제2차 세계대전을 보다 신속히 종료시킬 수 있었을 것이라고 오늘날의 많은 전문가들은 믿고 있다.15) 그러나 승리가 눈에 보이지 않은 반면 '패배의 유령'이 상존해 있을 당시 영국의 지도자들은 독일에 대한 도시폭격을 결심했다. 또한 나치 독일을 겨냥한 공세를 전개해야 한 반면 가능한 또 다른 대안이 없다고 생각되던 순간 영국은 도시폭격을 결심했다.

암울했던 당시, 폭격기사령부는 영국이 보유하고 있던 유일한 공세적 수단이었다. 존재해 있었다는 단순한 이유로 인해 폭격기사령부를 이용하게 됐다는 견해가 있는데, 이것이 어느 정도 사실일 것이다. 1942년 초반부터 제2차 세계대전이 종료되는 시점까지 폭격기사령부의 사령관을 역임한 아서 해리스(Arthur Harris)는 다음과 같이

---

15) Frankland, *Bomber Offensive*, p. 134.

기술했다. "폭격기사령부는 서구국가가 보유하고 있던 전력 중에서 독일을 겨냥해 공세 행위를 전개할 수 있던 유일한 전력이었다. 이는 독일 영토에 피해를 입힐 수 있던 유일한 수단이었다."16) 보다 적절한 순간으로 폭격기를 이용한 공세 행위가 연기될 수도 있었을 것이다. 이 같은 공세 행위의 연기는 전쟁규약이 요구했던 부분이었다. 또한 이처럼 연기해야 할 것이란 의미의 엄청난 수준의 군사적 압력이 있었다. 아직도 독일군이 도처에서 진격하고 있었다는 점으로 인해 전술항공지원에 대한 요구가 지속적으로 있었는데, 이들 지원은 주로 방어적 성격의 지상군 행위와 상호 조정되는 형태의 것이었다. 이처럼 지속되는 전술항공지원 요구에 맞서 폭격기사령부를 유지해야 하는 등 해리스는 매우 어려운 상황에 있었다. 회고록에서 그는 자신이 수행한 기능과 직분을 관료적 차원에서 방어하고 있는 듯 보이는 논리를 종종 전개하고 있다. 그러나 분명히 말하지만, 그는 또한 제2차 세계대전을 최상의 방식으로 수행하기 위한 특정 개념을 변호하고 있었다. 그는 폭격기사령부가 보유하고 있던 무기들을 반드시 사용해야 한다고는 생각하지 않았다. 그는 전술 목적으로 폭격기를 이용하게 되면 히틀러의 진격을 저지할 수 없으며, 도시폭격만이 이처럼 할 수 있다고 생각했다. 제2차 세계대전 후반 그는 도시폭격만이 전쟁을 신속히 종료시킬 수 있다고 주장했다. 이들 논거를 세심히 조사해볼 필요가 있다. 다음에서 보듯이 이 같은 논거를 처칠이 수용했다. 이미 1940년 9월 처칠은 "폭격기만이 전승(戰勝)을 가능케 하는 수단"17)이라고 말했다.

"폭격기만이 전승을 가능케 하는 수단"이라는 발언은 당시 영국이

---

16) Sir Arthur Harris, *Bomber Offensive* (London, 1947), p. 74.
17) Calder, p. 229.

처해 있던 문제의 본질을 매우 완곡히 표현해주고 있다. 반면에 내가 언급한 바 있는 전략에 관한 논쟁을 고려해보면 아마도 이는 잘못된 발언일 것이다. 어느 누구도 단정적으로 말할 권리가 없는데, 처칠의 발언은 단정적인 형태의 것이다. 그러나 어느 정도의 회의주의를 수용하고, 우리들 가운데 도덕적으로 가장 세련된 사람조차도 도덕적으로 중요한 의미가 있는 다음과 같은 공상에 심취하도록 할 목적에서 당시 영국이 처해 있던 이들 주요 문제를 제시할 수도 있을 것이다. 자신이 권좌(權座)에 앉아 있으며, 도시를 겨냥해 조직적이고도 효과적으로 사용 가능한 유일한 방식으로 폭격기사령부를 사용해야 할 것인지의 문제를 결심해야 하는 입장이라고 가정해보자. 더욱이 이 같은 방식으로 폭격기를 사용하지 않으면, 독일을 패배시킬 가능성이 급격히 줄어든다고 가정해보자. 여기서 이 같은 패배 가능성의 수치화는 의미가 없다. 즉 이 가능성에 관해 나의 경우 분명히 알 수 없는 입장이다. 현재의 지식을 고려해보면, 이 가능성을 계산하기 위한 방법조차 알 수 없는 실정이다. 또한 이 가능성이 전적으로 다르지 않다면 이 상이한 가능성이 도시폭격에 관한 도덕적 논거에 어떻게 영향을 미칠 수 있을 것인지 확신할 수 없는 입장이다. 그러나 폭격기를 이용한 공세를 전개하지 않는 경우 독일의 승리가 보다 확실해 보일수록, 이 같은 공세를 전개해야 한다는 결심이 보다 정당성이 있었던 듯 보인다. 폭격기를 이용한 공세가 정당성이 있었던 것은 독일의 승리가 공포를 자아내는 형태였다는 점뿐만 아니라 이 같은 승리가 매우 임박한 듯 보였다는 점 때문이었다. 폭격기를 이용한 공세가 정당했던 것은 독일의 승리가 임박했기 때문만이 아니고 공포를 자아내는 형태였기 때문이었다. 당시 자유세계는 무고한 사람들의 인권유린과 전쟁규약의 파기가 요구될 수 있을 정도의 '최고 수준의 비상사태'에 있었다.

나치주의에 관한 나의 관점을 고려해보면, 영국이 처해 있던 문제의 본질은 다음과 같은 형태를 띠게 된다. 나치 독일의 승리란 말로 표현할 수 없는 악(惡)에 대항할 목적에서 무고한 사람의 살해란 구체적인 범죄를 자행해야만 하는가? 나치 독일의 승리란 악을 모면하기 위한 또 다른 방안이 있거나 이 같은 방안이 어느 정도 성공 가능성이 있다면, 색다른 방식으로 또는 또 다른 곳에서 모험을 걸어야만 할 것이다. 그러나 이처럼 확실한 방안을 기대할 수 없을 것이다. 즉 모험은 재현이 가능한 실험이 아니다. 모험을 걸어 승리하는 경우에도 잘못될 가능성이 있으며, 무고한 민간인의 살해란 범죄가 전승에 불필요했을 수도 있다. 그러나 문제를 가능한 한 자세히 연구했으며, 가능한 최상의 조언을 받았을 뿐만 아니라 가용한 모든 대안을 추구했다고 나의 경우 주장할 수 있을 것이다. 이들 모두가 사실이라면 그리고 임박한 위험과 악에 관한 나의 지각(知覺)이 광적인 히스테리성이거나 자기중심적인 것이 아니라면, 분명히 말하지만 나의 경우 이 같은 도박을 해야 할 것이다. 또 다른 대안은 없다. 소위 말해, 이처럼 도박하지 않을 경우 있을 수 있는 위기가 너무나 크다. 물론 나 자신의 행위는 그에 따른 직접적인 결과와 관련해서만 구체적인 반면 이 같은 행위를 금지시키고 있는 규칙은 모든 당면 고려사항들을 초월하는 형태의 권리란 개념에 근거하고 있다. 이 같은 규칙이 인류 역사에 기인하며, 우리의 모든 미래를 보장해주는 관건인 것은 분명하다. 그러나 범죄 행위(예를 들면, 독일의 도시를 겨냥한 영국의 폭격)에 따른 부담을 즉각 수용하지 않는다면 우리의 역사가 의미를 상실하게 되고, 우리의 미래가 저주받을 것이라고 감히 말하고자 한다.

이는 쉽게 제기할 수 있는 논거가 아니다. 우리는 이 같은 논거를 보다 쉽게 제기하고자 하는 모든 노력을 배격해야 한다. 폭격 받고 있는 도시가 독일의 도시이며, 폭격의 희생자에 나치가 포함돼 있다는 점에서 많은 사람들이 위안을 얻었음이 분명하다. 도시폭격에 따른 희생자들이 느끼는 공포를 부인하거나 줄일 목적에서 사실상 이들은 '슬라이딩 스케일' 논거를 적용했으며, 독일 민간인들의 권리를 부인하거나 축소시켰다. 점령지 프랑스에 대한 폭격을 재차 고려하는 경우 가장 분명히 알 수 있듯이, 이는 유혹적인 절차다. 연합군의 많은 조종사들이 많은 프랑스인들을 살해했다. 그러나 이들은 군사적 표적 내지는 군사적 표적으로 생각되던 부분을 폭격할 때 이처럼 살해했다. 이들이 프랑스의 인구 밀집지역을 고의적으로 겨냥한 것은 아니었다. 이 같은 정책이 제안됐다고 가정해보자. 일부 특이 상황들이 결합되면서 이 같은 정책을 수행하는 과정에서 프랑스인들에 대한 고의적인 살육이 요구됐다면, 분명히 말하지만 도시폭격이란 모험의 수행과 변호가 보다 어려워졌을 것이다. 왜냐하면 우리는 프랑스인들에 대해 각별한 책임이 있었기 때문이다. 즉 우리는 이들을 위해 싸우고 있었다. 종종 프랑스의 조종사들이 연합국의 폭격기를 이용해 독일의 도시를 폭격하고 있었다. 그러나 이들 두 사례 모두에서 민간인의 지위에는 변함이 없다. 전투원과 비전투원을 구분해주는 이론의 경우 적국의 비전투원과 연합국의 비전투원을 구분해 생각하고 있지 않은데, 적어도 이들의 살해란 문제와 관련해 그렇다. 나치주의가 자행한 악과 관련해 책임이 있던 사람이 프랑스의 도시보다는 독일의 도시에 많이 살고 있었다고 말하는 것이 타당성이 있을 것이다. 또한 우리의 경우 이들 나치주의자에게 민간인이 누리는 권리 모두를 부여할 생각이 없는데, 이것이 당연할 수 있을 것이다.

그러나 이처럼 권리 부여를 주저하는 태도가 정당화되는 경우에서조차, 민간인으로서의 권리를 부여하지 말아야 할 사람들을 폭격기들이 정확히 구분해낼 수 있는 방법은 없다. 이처럼 나치주의자가 아닌 모든 사람에게 있어, 도시폭격이란 테러는 나치주의자들이 이미 정립한 포악한 행위의 재현과 다름이 없다. 이 같은 테러에서는 평범한 사람과 이들의 정부(政府)가 진정 하나인 것처럼 평범한 사람을 정부에 동화시키고는 이들을 총체적으로 심판하고 있다. 도시를 폭격해야 한다면 무고한 민간인들 또한 살해하지 않을 수 없음을 인정함이 최상인 듯 보인다.

그러나 재차 말하지만 나는 도시폭격이 필연적이었다는 생각을 크게 제한하고자 한다. 왜냐하면 영국의 도시폭격이 절정에 달하기 이전에 독일의 위협에 따른 '최고 수준의 비상사태'가 이미 사라졌기 때문이다. 테러폭격으로 인해 숨진 독일의 많은 민간인들은 도덕적 측면에서뿐만 아니라 군사적 측면에서도 이유 없이 살해됐을 것이다. 1942년 7월 처칠은 다음과 같이 말했다.[18]

> 우리가 혼자 싸울 당시에는 "제2차 세계대전에서 어떻게 승리를 거둘 것인가?"란 질문에 "폭격을 통해 독일을 분쇄할 것이다"라고 답변했습니다. 그 후 러시아가 독일군과 독일의 인력에 많은 피해를 입혔으며, 미국의 인력과 화력이 추가되면서 또 다른 가능성이 제기됐습니다.

분명히 말하지만, 당시는 독일의 도시에 대한 폭격을 중지하고 전술

---

18) *The Hinge of Fate*, p. 770.

및 전략적 측면에서 합법적인 군사적 표적만을 겨냥해야 할 시점이었다. 그러나 다음에서 보듯이 이는 처칠의 생각이 아니었다. "수준을 지속적으로 높여 혹독하고 무자비하게 폭격하면 독일의 전쟁 관련 노력이 무력화될 뿐만 아니라……많은 독일 국민이 견딜 수 없는 상황이 된다. ……우리의 초심을 잠시라도 잊으면 안 된다." 따라서 연합군의 독일 공습이 지속돼 제2차 세계대전에서 거의 승리를 거둔 시점인 1945년 봄에 그 절정에 달했다. 당시는 드레스덴(Dresden)이란 도시에 대한 야만적인 공격으로 인해 10여 만 명의 주민이 사망했다.[19] 이 순간이 돼서야 처칠은 생각을 바꾸었다. "오직 공포를 증대시킬 목적으로 독일의 도시를 폭격하는 문제를 재검토해야 할 시점이 됐다고 보인다. ……드레스덴이란 도시의 파괴는 연합군의 폭격에 의문이 제기되도록 한 심각한 부분이다."[20] 드레스덴, 함부르크 및 베를린을 포함해 공포 조성만을 목적으로 공격한 모든 도시의 파괴가 진정 그러했다.

테러폭격을 변호할 목적으로 1942년부터 1945년까지 사용된 논거는 공리주의적 성격이었다. 즉 여기서는 전승이 아니고 전승의 시점과 전승에 소요되는 대가(代價)를 강조하고 있었다. 해리스(Harris)와 같은 사람은 독일의 도시를 공습하면 그렇지 않은 경우와 비교해 전쟁을 조속히 종료시킬 수 있으며, 폭격 과정에서 많은 민간인이 살상됨에도 불구하고 보다 적은 인명 손실로 그처럼 할 수 있다고 주장했다. 그럼에도 불구하고 이는 독일의 도시에 대한 영국의 폭격을 정당화하기에는 충분치 않다. 유용성만을 계산(고려)하는 경우에서조

---

19) 이 같은 공격에 관한 상세 설명을 보려면 다음을 참조하라. David Irving, *The Destruction of Dresden* (New York, 1963).

20) Quester, p. 156.

차 이는 충분치 않다고 생각된다. 왜냐하면 이 같은 계산의 경우 인명 보존에만 신경 쓸 필요가 없기 때문이다. 우리가 보존을 원할 가능성이 있는 또 다른 부분이 있는데, 예를 들면, 인간의 삶의 질, 문화 및 도덕관, 일부 목적에 도움이 된다고 보이는 경우에서조차 살인에 대한 일반적인 혐오감이 바로 그것이다. 이 경우 여타 사람의 인명을 구할 수 있다는 단순한 이유로 무고한 사람을 고의적으로 살해하는 행위가 정당화될 수 없을 것이다. 공리주의적 시각에서 앞의 마지막 주장이 문제의 소지가 있는 상황, 즉 관련 요원의 숫자가 많지 않으며, 비례성이 있을 뿐만 아니라 일반 대중이 사건을 제대로 알지 못하는 상황을 가정할 수 있을 것이다. 철학자들의 경우는 우리의 도덕적 교리를 검증할 목적에서 이 같은 사례를 강구하고자 노력하고 있다. 그러나 이들이 고안한 사례는 제2차 세계대전 당시 필요했던 수치의 규모로 인해 어느 정도 간과되고 있다. 분명히 알 수는 없지만 아마도 보다 많은 민간인과 군인의 죽음을 피할 목적으로 278,966명의 민간인을 살해했다는 점은 분명히 말해 광적이고, 무시무시하며 잔혹한 사실일 것이다.[21]

---

21) 독일의 도시를 겨냥한 연합국의 폭격과 관련해 조지 오웰(George Orwell)은 또 다른 유형의 공리주의적 이유를 제시했다. 좌익지인 『트리뷴(*Tribune*)』에 기고한 1944년의 칼럼에서 그는 전쟁의 효과를 결코 느끼지 못했다는 점으로 인해 전쟁을 지지했으며 즐기기조차 한 사람들이 오늘날 전투의 진정한 특성을 독일의 도시를 겨냥한 연합국의 폭격이 실감하도록 해주었다고 주장했다. 이 같은 폭격으로 인해 "전쟁을 가능케 한 요소 중 하나인 민간인에 대한 공격 금지란 개념이 무산됐으며, 미래에는 전쟁 가능성이 보다 줄어들었다." *The Collected Essays, Journalism and Letters of George Orwell*, ed. Sonia Orwell and Ian Angus, New York, 1968, Vol, 3, pp. 151-152. 오웰은 예전에 민간인들이 진정 공격받지 않을 권리를 누렸다고 가정했는데, 이는 거짓이다. 어떻든 그의 논거로 인해 혹자가 도시폭격을 시작할 것인지 의문이다. 이는 설득력이 있는 논거라기보다는 사후약방문 성격의 것이다.

나는 공리주의적 이유로 인해 이 같은 행위가 불가능해질 수 있을 것이라고 말한 바 있다. 그러나 시지윅(Sidgwick) 자신이 이해하고 있으며, 통상 말하는 공리주의가 이 행위가 가능해지도록 하는 이상한 계산을 조장하고 있는 것도 사실이다. 이 행위를 수행하면서 파괴하는 인명의 가치와 인간성을 인정하는 순간에만 희생자가 느끼는 공포를 제대로 인지할 수 있을 것이다. 이 같은 계산법을 중지시키고, 목적과 무관하게 무고한 사람들을 파괴하는 행위가 인간의 가장 심오한 도덕적 약속에 위배되는 형태, 즉 신을 모독하는 형태란 점을 인지하게 하는 부분은 인권의 인정이다. 어찌할 수 없는 '최고 수준의 비상사태'에서조차 이는 사실이다. 그러나 내 논거를 결론짓기 이전에 또 다른 사례를 하나 더 살펴보자. 그런데 이는 공리주의적 차원의 계산이 너무나 명확하다는 점으로 인해 무고한 사람을 공격하는 것 외에 별다른 대안이 없다고 의사결정권자들이 생각하게 하는 형태의 것이다.

계산의 한계

히로시마

1945년 8월 드와이트 맥도널드(Dwight Macdonald)는 "이들 모두가 부여된 일을 선뜻 수용해 핵무기를 만들었다"고 핵과학자들과 관련해 기술했다. 그는 "그 이유는 무엇인가?"란 중요한 질문을 제기하고는 잘못된 방식으로 답변했다. "왜냐하면 이들이 자신을 전인(全人, complete man)이 아니고 과학자와 기술자로 생각했기 때문이다."[22] 사실

이들은 부여된 과업을 단순히 수용한 차원이 아니고 나치 독일이 수행하고 있던 일에 부응하는 미국의 노력이 매우 중요한 의미가 있음을 루스벨트 대통령에게 촉구하는 등 일을 적극 찾아 나섰다. 이처럼 했던 것은 이들 중 많은 사람이 유럽의 난민 출신으로서 나치의 승리가 자신의 모국뿐만 아니라 모든 인류에 의미하는 바를 정확히 알고 있던 전인이기 때문이었다. 이들은 과학적인 매력이 아니고 심오한 도덕적 우려로 인해 이처럼 행동했다. 분명히 말하지만, 이들은 시키는 대로 움직이는 단순한 기술자가 아니었다. 또 다른 한편에서 보면 이들은 정치 세력 또는 추종자가 없는 사람이었다. 자신이 해야 할 부분이 완료되자, 이들은 핵무기의 사용을 통제할 수 있는 입장이 아니었다. 1944년 11월에는 독일의 과학자들이 핵무기 개발과 관련해 거의 진전을 이루지 못하고 있음이 분명해졌다. 결과적으로 '최고 수준의 비상사태'가 종료됐다. 그러나 추진 과정에서 이들이 도움을 준 핵무기 개발 프로그램은 중단되지 않았다. "독일이 핵무기 개발에 성공하지 못할 것임을 알았더라면, 미국의 핵무기 개발과 관련해 나의 경우 전혀 노력하지 않았을 것이다"[23]라고 아인슈타인 박사는 말했다. 그러나 그가 이 같은 사실을 알았을 당시에는 자신들에게 부여된 과업의 대부분을 과학자들이 완료한 상태에 있었으며, 핵무기 개발이 기술자들의 손으로 넘어가 있었다. 한편 정치가들이 이들 기술자를 관장하고 있었다. 결국 핵무기는 아인슈타인과 같은 사람이 염두에 두었던 독일의 핵무기 사용을 억제할 목적으로 사용된 것이 아니고

22) *Memoirs of a Revolutionist* (New York, 1957), p. 178.

23) Robert C. Batchelder, *The Irreversible Decision: 1939-1950* (New York, 1965), p. 38. 일본을 겨냥한 핵무기 투하 결심에 관한 최상의 역사적 설명은 배첼더(Batchelder)에 의한 것이다. 이는 핵무기 투하의 도덕적인 문제를 체계적으로 다룬 유일한 설명이다.

나치 수준으로 인류의 평화와 자유를 위협한 국가가 아닌 일본을 겨냥해 사용됐다.24)

투르만 대통령과 그의 보좌관들은 일본이 침략전쟁을 수행하고 있으며, 더욱이 이 같은 전쟁을 부당한 방식으로 수행하고 있다고 믿고 있었는데, 이는 핵무기의 사용과 관련된 결심에서 중요한 부분이다. 따라서 1945년 8월 12일 투르만 대통령은 미국 국민들에게 다음과 같이 말했다.

> 사전 경고도 없이 진주만에서 우리를 공격한 자들을 겨냥해 핵무기를 사용했습니다. 미국의 전쟁포로들을 굶겨죽이고 구타했을 뿐만 아니라 처형한 자들을 겨냥해, 전쟁에 관한 국제법을 준수할 의향이 전혀 없어 보이는 자들을 겨냥해 사용했습니다. 전쟁의 고통을 줄일 목적으로 핵무기를 사용했습니다…….

여기서도 재차 공리주의적 계산을 위한 길을 열어놓을 목적으로 '슬라이딩 스케일'이 사용되고 있다. 일본인들의 경우 일부 권리를 상실했다. 따라서 핵폭탄에 의한 파괴로 인해 전쟁의 고통을 줄이거나 어느 정도 줄일 수 있는 한 일본인들은 히로시마와 관련해 불만을

---

24) 『새로운 사람(*The New Men*)』이란 제목의 자신의 소설에서 스노(C. P. Snow)는 핵무기의 사용 여부와 관련해 핵 과학자들 간에 있었던 토론을 묘사하고 있다. 그는 수십만의 무고한 인명을 살해할 목적으로 핵무기를 사용하게 되면 과학뿐만 아니라 과학의 근간인 문명이 재차 죄에서 벗어나지 못하게 될 것이란 생각에서 '절대 불가'라고 이들 과학자 중 일부가 말하도록 하고 있다. 그러나 보다 일반적인 관점은 내가 변호하고 있는 형태였다. 즉 대다수가 거의 동일한 이유로 '조건부 불가'로 답변했다. 히틀러에 대항한 전쟁에서 승리하기 위한 또 다른 방안이 없다면 이들은 핵무기를 사용할 의향이 있었다. *The New Men*, New York, 1954, p. 177.

토로할 수 있는 입장이 아니다. 그러나 일본이 미국의 도시 상공에서 핵폭탄을 작열시켜 수십만의 인명을 살상케 하는 방식으로 전쟁의 고통을 줄이고자 했더라면 이 같은 행위는 투르만이 고려할 또 다른 범죄 행위였을 것이다. 그러나 이 같은 구분은 일본의 지도자뿐만 아니라 히로시마의 평범한 시민들을 나름의 방식으로 심판하는 반면, 샌프란시스코 및 덴버의 주민들에 대해서는 유사하게 심판할 수 없다고 주장하는 경우에만 그럴듯할 것이다. 이미 언급한 바처럼 나의 경우는 이 같은 논리를 변호하기 위한 방안을 아직 발견하지 못했다. 어떻게 히로시마의 주민들이 인권을 상실하게 됐는가? 아마도 이들이 납부한 세금이 진주만 공격 당시 사용된 함정과 항공기를 구입할 목적으로 사용됐을 수 있다. 아마도 이들의 경우 전승을 기원하며 자신의 아들을 일본 해군과 육군에 보냈을 것이다. 임박한 미국의 위협에 대항해 일본이 일대 승리를 거두었음을 알고는 진정 축하했을 수도 있다. 여기에는 이들 국민이 직접 공격받아야만 하도록 하는 부분이 전혀 없다. 히로시마에 원자폭탄을 투하키로 한 결심에 대한 판단과 관련이 있는 것은 아니지만, 진주만 공습이 전적으로 해군과 육군의 시설을 겨냥하고 있었으며, 방향을 잘못 잡은 일부 폭탄만이 호놀룰루 시에 떨어졌음을 주목할 필요가 있다.25)

1945년 8월 12일의 투르만의 논거가 설득력이 없는 형태라면 논거의 이면은 보다 형편이 없었다. 투르만은 '슬라이딩 스케일' 논거를 정확히 적용할 의도가 없었다. 왜냐하면 일본의 침략을 고려할 때, 전쟁에서 승리하고 전쟁의 고통을 줄일 목적에서 미국이 모든 것을 할 수 있다고 믿고 있었던 듯 보이기 때문이다. 그의 대부분의 보좌

---

25) A. Russell Buchanan, *The United States and World War II* (New York, 1964), I, 75.

관들과 마찬가지로 투르만은 "전쟁은 지옥이다"라는 교리를 수용했다. 히로시마에 원자폭탄을 투하키로 한 결심을 변호할 때, 이 같은 교리가 지속적으로 언급됐다. 따라서 헨리 스팀슨(Henry Stimson)[26]은 다음과 같이 말했다.

> 육군장관으로 재직했던 5년의 기간을 회고해보면, 다수의 혹독하고도 고무적인 결심이 있었습니다. 결과적으로 나는 전쟁이 전쟁 본연의 모습 자체가 아닌 것처럼 행동할 수 없었습니다. 전쟁의 모습은 죽음의 모습입니다. 전시 지도자가 내리는 모든 명령에서 죽음은 필연적인 부분입니다.

투르만 대통령의 친구이자 국무장관이던 제임스 번스(James Byrnes)[27]는 다음과 같이 기술했다.

> ……전쟁은 셔먼 장군이 말한 바와 동일하다.

투르만 행정부의 과학보좌관이던 아서 콤프턴(Arthur Compton)은 다음과 같이 말했다.[28]

> 말을 타고 있는 칭기즈칸의 궁사들을 생각해보면……30년 전쟁을 생각해보면……일본의 침략으로 인해 사망한 수백만의 중국인들을

---

26) "The Decision to use the Atomic Bomb," *Harpers Magazine* (February, 1947), repr. *In The Atomic Bomb: The Great Decision*, ed. Paul R. Baker (New York, 1968), p. 21.
27) *Speaking Frankly* (New York, 1947), p. 261.
28) *Atomic Quest* (New York, 1956), p. 247.

생각해보면……서부 러시아의 거대한 파괴를 생각해보면……그 수행 방식과 무관하게 전쟁이 셔먼 장군이 묘사한 바와 동일하다는 점을 인지하게 된다.

투르만 자신도 다음과 같이 말했다.[29)]

지나칠 정도로 무기에 집착해 전쟁 자체가 진정 악당이란 점을 망각하는 결과가 초래되지 않도록 하자.

전쟁을 정당한 방식으로 수행하는 사람은 자신의 의지와 무관하게 '전쟁의 지옥'에 단순히 참여하고 있는 반면……전쟁 자체뿐만 아니라 전쟁을 시작한 사람은 비난받아야 마땅할 것이다. 한편 전쟁을 정당한 방식으로 수행하는 사람들과 관련해 말하면, 이들이 책임질 만한 도덕적 차원의 결심은 없다. 이것이 부도덕한 교리는 아니다. 그러나 이는 전적으로 일방적인 형태다. 이것의 경우는 '전쟁의 정당성'과 '전쟁에서의 정당성' 간의 갈등을 외면하고 있다. 이것의 경우는 혹독한 심판의 필요성을 약화시키고 있다. 이것의 경우는 우리의 도덕적 자제심을 약화시키고 있다. 핵무기로 공격해야 할 표적을 선정할 당시 일본의 도시 중에서 "전쟁 물자 생산에 전념하고 있는 곳은 어디인가?"[30)]라고 스팀슨에게 질문했다고 투르만은 말했다. 투르만은 전쟁규칙을 위배하고 싶지 않았다. 그러나 이는 진지한 수준이 아니었다. 미국의 도시 중에서 전쟁물자 생산에 전념하고 있는 곳은

---

29) *Mr. Citizen* (New York, 1960), p. 267. 이 인용들과 관련해서 나는 제럴드 맥엘로이(Gerald McElroy)의 도움을 받았다.

30) Batchelder, p. 159.

어디였는가란 질문은 질문에 대한 답변이 별다른 의미가 없는 순간에만 가능하다. 수행 방식과 무관하게 지옥이라면, 전쟁 수행 방식의 차이가 무슨 의미가 있는가? 전쟁 자체가 악당이라면 전쟁과 관련해 결심할 당시 감수하게 될 모험은 무엇인가? 제2차 세계대전을 시작한 일본의 경우 제2차 세계대전을 종료시킬 수도 있다. 오직 일본만이 제2차 세계대전을 종료시킬 수 있으며, 우리가 할 수 있는 것은 투르만이 말하듯이 "전쟁에서 목격되는 쓰라린 비극"을 감내하며 싸우는 것뿐이다. 나는 이것이 진정 투르만의 관점이었음을 전혀 의심하지 않는다. 투르만이 편의상 이처럼 표현한 것이 아니라 전쟁이 이처럼 쓰라린 비극이라고 확신하고 있었다고 생각된다. 그러나 이는 편견이다. 여기서는 성격상 특별하며 정확한 정의가 가능한 "전쟁은 지옥이다"란 개념을 종교적 신화(神話)에서 목격되는 무제한적인 고통으로 오인하고 있다. '전쟁의 고통'은 투르만이 한 바처럼 우리와 여타 사람들이 설정한 한계를 넘어서는 경우에만 무한하다. 이처럼 종종 한계를 넘어야 할 것이지만 항상 그러한 것은 아니다. 이제 우리는 1945년 당시 이처럼 할 필요가 있었는지를 질문해볼 필요가 있다.

원자폭탄을 사용한 히로시마 폭격과 관련해 생각 가능한 유일한 변호는 전쟁규칙과 일본의 민간인들의 인권을 절대적으로 유린할 필요가 있었다는 주장과 무제한적인 공리주의적 계산, 즉 계산의 한계를 초월한 형태의 계산이었다. 가능한 한 강력히 이 논거를 언급해 보고자 한다. 1945년 당시의 미국의 정책은 일본에 대한 무조건 항복으로 고착돼 있었다. 당시 일본은 태평양전쟁에서 패배하고 있었다. 그러나 일본인들은 무조건 항복을 수용할 준비가 돼 있지 않았다. 일본군 지도자들은 연합군의 일본 본토 침공을 예견하고는 최후의 결전을 준비하고 있었다. 이들은 본토 방위를 목적으로 200만 이상의 병력을 준비해놓고 있었다. 협상을 통한 평화에 동의해야 할 정도로 본토를 침공해오는 미국에 많은 대가를 지불하게 할 수 있다고 이들은 믿고 있었다. 공식 기록에 따르면 투르만의 보좌관들은 투르만 대통령에게 협상을 권고하지 않았다. 그럼에도 불구하고 이들 또한 일본 본토를 침공하는 과정에서 많은 대가를 지불해야 할 것으로 생각했다. 이들은 1946년 후반까지 전쟁이 지속될 가능성이 있으며, 추가적으로 100만 이상의 미군이 살상될 것으로 생각했다. 일본군의 손실은 훨씬 많을 것으로 생각됐다. 1945년 4월부터 6월까지 지속된 전투를 통해 오키나와를 점령하는 과정에서 근 8만의 미군이 살상된 반면 12만에 달하는 일본군 수비대의 대부분이 사살됐다.[31] 동일한 열정으로 일본 본토를 방어하는 경우 수십만, 아마도 수백만의 일본군이 전사할 상황이었다. 러시아의 공격이 예정돼 있던 만주뿐만 아니라 중국에서도 이 같은 전투가 진행될 상황이었다. 한편 일본에 대한 폭격이 지속적으로 격화되면서, 핵공격에서 예견되던 수준의 인명이 살상될 상황이었다. 왜냐하면 독일에 대항해 영국이 사용한 테러 정책을 미국이 일본에 대항해 사용하기로 결심했기 때문이다. 1945년 3월에는 소이탄으로 도쿄를 공습하자 화재 폭풍이 야기되면서 10만 명 정도가 살해됐다. 미국의 의사결정권자들은 이들 모두와 핵폭탄에 따른 충격을 비교해보았다. 핵폭발의 경우보다 많은 물리적 피해를 야기하지 않는 반면 심리적으로 보다 가공할 수준의 피해를 야기하며, 태평양전쟁을 조속히 종료시킬 가능성이 있었다. "몇 발의 폭탄으로 무한한 살육을 모면할 수 있다는 사

31) Batchelder, p. 149.

실은 놀라워 보입니다"[32]라고 말하며 처칠은 핵무기의 사용과 관련된 투르만 대통령의 결심을 지지했다.

수백만의 인명이 사망할 가능성이 있음을 의미하는 '무제한 살육'은 분명히 말해 일대 죄악이다. 임박한 이 같은 죄악을 모면할 목적으로 특단의 조치를 강구할 수 있다고 타당성 있게 주장할 수도 있을 것이다. 육군장관이던 스팀슨은 태평양전쟁을 내가 이미 묘사한 경우, 즉 별다른 대안이 없다는 점에서 일대 도박을 벌여야 하는 경우로 생각했다. "내가 감당하고 있는 수준의 책임을 감당하고 있는 반면 핵무기를 보유하고 있다면, 이들 인명을 구할 목적으로 핵무기를 사용하지 않을 사람은 없을 것이다."[33] 이것이 이해할 수 없는 논거 내지는 언어도단의 논거는 결코 아니다. 그러나 이는 1940년 당시의 영국의 사례에서 내가 암시한 논거와 다르다. 이는 다음과 같은 형태가 아니었다. 즉 x(도시폭격)를 하지 않으면, 상대방이 y(전쟁에서 승리해 포악한 규칙을 제정하고는 자신의 적들을 살해)를 할 것이란 형태가 아니었다. 스팀슨이 주장한 부분은 매우 색다른 형태다. 미국 정부의 정책을 고려해보면 이는 다음과 같이 요약될 수 있다. 우리는 x를 하지 않으면 y를 할 것이다. "두 발의 핵폭탄으로 인해 많은 인명이 살상됐지만, 일본의 도시에 미국의 항공력이 지속적으로 소이탄을 투하한 경우 있을 수 있던 만큼은 죽지 않았다"[34]라고 제임스 번스는 말했다. 당시 미국이 추구한 바는 여타 사람들이 위협하고 있던 학살을 피하는 것이 아니고, 미국이 위협했으며, 시작한 학살을 피하는 것이었다. 얼마나 대단한 죄악을 저질렀기에, 어떠한

---

32) *Triumph and Tragedy* (New York, 1962), p. 639.
33) "The Decision to use the Bomb," p. 21.
34) *Speaking Frankly*, p. 264.

유형의 '최고 수준의 비상사태'가 벌어졌기에 일본의 도시에 대한 소이탄 공격이 정당화될 수 있었는가?

전쟁규약을 철저히 준수해 전투를 수행하고 있었다고 할지라도, 태평양전쟁을 지속적으로 수행하는 문제는 미국에 강요된 그 무엇은 아니었다. 즉 태평양전쟁은 미국의 의지와 무관하게 지속할 수밖에 없는 형태가 아니었다. 이는 미국의 전쟁목표와 관련이 있었다. 당시 사상자 수에 관한 군사적 판단은 일본의 경우 마지막 한 사람까지 싸울 것이란 생각과 미국의 경우 무조건 항복만을 수용할 것이란 가정에 근거하고 있었다. 미국 정부가 추구한 전쟁목표로 인해 많은 미군과 일본군뿐만 아니라 민간인이 손실되는 가운데 일본 본토를 침공하거나 핵폭탄을 사용할 필요가 있게 됐다. 가능하다면 이 전쟁목표를 재고할 수도 있었을 것이다. 군국주의란 일본 정부의 성격으로 인해 무조건 항복 요구가 도덕적으로 바람직하다고 가정하는 경우에서조차 그 과정에서 있게 될 인명손실로 인해 무조건 항복의 요구가 도덕적으로 바람직하지 않을 가능성도 없지 않을 것이다. 나의 경우는 이것과 비교해 보다 강력한 다음의 논거를 제시하고자 한다. 무조건 항복을 요구해서는 안 됐을 정도로 일본의 사례는 독일의 사례와 다르다. 일본의 통치자들은 보다 일반적인 형태의 군사적 팽창을 추구하고 있었다. 도덕적 측면에서 보면, 이들을 정복해 완벽히 전복시키는 것이 아니고 격파할 필요가 있었다. 이들의 전쟁 수행능력을 어느 정도 정당히 규제할 수도 있을 것이다. 그러나 국가 내부 지도자의 성격은 일본 국민의 문제였다. 일본을 정복 및 전복하는 과정에서 군사적으로 수백만 내지 수십만의 인명을 살상할 필요가 있었다면 이들을 죽이지 않을 목적에서 무조건 항복 이하의 수준에서 타협하는 것이 도덕적으로 필요했다. 나의 경우는 이 책의 7장에서 이 같은 논거를 제시했다. 태평양전쟁은 이 같은 논거를 실제 적용할 수 있는 사례다. 자신의 의지와 무관하게 수행되는 전쟁에서 싸우지 않아도 될 권리가 있다면, 전쟁이 정당한 방식으로 종결될 수 있는 시점 이상으로 전투를 지속하지 않을 권리 또한 있을 것이다. 이 같은 시점을 넘어서면 '최고 수준의 비상사태'도, '군사적 필연성'에 관한 논거도, 인명 측면에서의 대가 계산도 있을 수 없다. 이 같은 순간 이상으로 전쟁을 몰고 가는 행위는 침략의 범죄를 재차 자행하는 것과 다름이 없다. 1945년 여름, 승승장구하고 있던 미국은 일본 국민에게 협상의 기회를 제공했어야 마땅했을 것이다. 이 같은 협상을 시도하지 않은 채 민간인들을 살해 및 공포의 도가니로 몰아넣을 목적으로 핵폭탄을 사용했는데, 이는 이중범죄다.[35)]

이들은 '필연성의 영역'의 한계다. 단순한 패배가 아니고 정치적 공동체에 재앙을 안겨줄 가능성이 있는 수준의 패배에 처해 있는 순간에만 우리는 공리적 계산에 근거해 전쟁규칙을 위배할 수 있다. 그러나 문제시되는 부분이 승리의 속도와 범주뿐일 때에는 이 계산은 의미가 없다. 이 계산은 전투 자체의 내적인 문제가 아니고 전승과 정당한 전투행위 간의 갈등에만 적용된다. 이 같은 갈등이 부재하는 모든 순간에서 전쟁법칙과 이 법칙이 보호해주기로 돼 있는 권리로 인해 공리적 계산이 중단된다. 이 권리에 직면하는 경우 우리는 결과와 상대적 모험의 정도뿐만 아니라 가능한 사상자의 정도를 계산해서는 안 되며 간단히 멈추고는 방향을 전환해야 할 것이다.

---

35) 일본보다는 러시아를 염두에 둔 상태에서 군사적 이유가 아니고 정치적 이유로 인해 핵무기를 사용했더라면 보다 상황이 좋지 않았을 것이다. 이 점에 관해서는 다음을 참조하라. Martin J. Sherwin, *A World Destroyed: The Atomic Bomb and the Grand Alliance* (New York, 1975).

|제17장|

핵억제

비도덕적 위협의 문제

무제한적인 공포를 조장하고 있는 듯 보였던 태평양전쟁을 종료시킬 목적으로 투르먼 대통령은 핵폭탄을 사용했다. 1945년 8월의 몇 분 또는 몇 시간 동안 히로시마의 주민들은 진정 무제한적인 공포를 조장하는 형태의 전쟁을 체험했다. “제2차 세계대전의 최후의 위대한 행위에서 우리는 전쟁이 죽음임을 보여주는 ‘마지막 증거’를 목격했다”1)고 스팀슨(Stimson)은 기술했다. ‘마지막 증거’란 표현은 잘못된 문구다. 왜냐하면 그 이전에는 전쟁이 죽음 자체인 경우가 결코 없었기 때문이다. 히로시마에서는 새로운 유형의 전쟁이 출현했다. 당시 우리가 목격한 것은 이 같은 새로운 전쟁의 치명성이란 부분이었다. 도쿄를 겨냥한 소이탄 공습과 비교해보면, 보다 적은 숫자

1) “The Decision to Use the Bomb,” in *The Atomic Bomb*, ed. Baker, p. 21.

의 사람이 죽었지만 이들은 놀라울 정도로 안락하게 사망했다. 도쿄를 공습했던 350여 대의 폭격기에 각각 1발의 핵폭탄을 장착하는 경우 대부분의 일본인을 말살시킬 수 있었을 것이다. 핵전쟁은 진정 죽음이었으며, 무차별적이고도 총체적 성격이었다. 히로시마에서 핵무기가 사용된 이후 전 세계 정치 지도자들의 최우선적인 과업은 핵전쟁의 재현을 방지하는 일이 됐다.

이들이 채택한 수단은 핵무기를 이용한 보복의 가능성이었다. 비도덕적인 핵공격의 위협에 대항해 이들은 비도덕적인 핵반응을 위협했다. 이는 핵억제의 기본 유형이다. 국내사회에서 뿐만 아니라 국제사회에서 억제는 인간의 고통에 관한 극적인 이미지를 연상시키는 방식으로 기능한다. 죄와 벌에 관한 이론가인 에드먼드 버크(Edmond Burke)는 "학교 숲의 모든 가로수 끝 부분에서 교수대만을 목격하고 있다"[2]고 기술했다. 이는 교수대를 찬양하는 형태의 글이 아니다. 왜냐하면 버크는 국가 내부의 평화가 교수대가 아닌 여타의 또 다른 방법에 의존해야 한다고 믿고 있던 사람이기 때문이다. 그러나 교수대와 관련해서는 할 말이 없지 않다. 적어도 원칙적으로는 죄 있는 사람만이 교수대와 연상되는 죽음을 두려워한다. 그러나 억제 이론가들과 관련해서도 다음과 같이 말해야 할 것이다. "학교 숲의 모든 가로수 끝 부분에서 버섯구름만을 목격하고 있다." 여기서 버섯구름은 히로시마에서 목격된 대규모 수준의 무차별적인 학살과 무고한 사람의 살해를 상징한다. 이 같은 학살을 위협하고 있다는 점으로 인해 핵공격은 전적으로 바람직하지 않은 정책이 되고 있다. 핵능력을 구비한 적들이 등장하면서 '공포의 균형(Balance of Terror)'란 개념

---

2) *Reflections on the Revolution in France* (Everyman's Library, London, 1910), p. 75.

이 출현했다. 핵보유 국가들이 가공할 수준의 공포에 떨고 있다는 점으로 인해 더 이상의 테러가 필요치 않은 상황이 됐다. 그러나 이 같은 위협이 도덕적으로 허용 가능한 것인가?

이는 답변이 어려운 질문이다. 이 질문으로 인해 히로시마에 원자폭탄이 투하된 이후 수년 동안 핵억제와 '정당한 전쟁'의 관계를 탐구하는 많은 문헌이 출현했다.[3] 주로 신학자와 철학자들이 이 관계를 연구했다. 그러나 몇몇 억제 전략가들 또한 여기에 가담했다. 정규전 유형의 군인들이 살해 행위에 관해 고민하고 있는 바처럼 이들은 테러 행위에 관해 고민했다. 여기서 나는 이들 문헌을 별다른 어려움 없이 거론할 수는 있지만 검토할 수 있는 입장은 아니다. 핵억제에 반대하는 논거는 매우 친숙한 형태다. 전투원과 비전투원의 구분을 강조하고 있는 사람들은 핵억제 이론과 연상되는 파괴의 정도를 보며 공포에 떨지 않을 수 없을 것이다. 존 베넷(John Bennett)은 다음과 같이 질문했다. "최악의 사태에 대항해 최악의 방식으로 반응하는 경우 상대방 국가의 2천만의 어린이를 죽일 수 있음을 알고 있는 상태에서 어떻게 국가가 양심적으로 생활할 수 있는가?"[4] 그러나 우리는 이 같은 사실을 알고 있는 상태에서도 어느 정도 안심하며 수십 년 동안 생활해왔다. 어떻게 이처럼 할 수 있었는가? 우리가 핵억제란 개념을 수용한 것은 살상의 준비와 위협조차도 살상과 다르기 때문이라고 대부분의 사람은 말할 것이다. 사실 이것들은 다

---

3) *Nuclear Weapons and Christian Conscience*, ed. Stein; *Nuclear Weapons and the Conflict of Conscience*, ed. John C. Bennett (New York, 1962); *The Moral Dilemma of Nuclear Weapons*, ed. William Clancy (New York, 1961); *Morality and Modern Warfare*, ed. William J. Nagle (Baltimore, 1960).

4) "Moral Urgencies in the Nuclear Context," in *Nuclear Weapons and the Conflict of Conscience*, p. 101.

르다. 그러나 이것들은 놀라울 정도로 상호 근접해 있다. 이처럼 근접해 있지 않다면 핵억제는 효력이 없었을 것이다. 이 같은 근접성의 본질에 핵억제와 관련된 도덕의 문제가 놓여 있다.

폴 램지(Paul Ramsey)가 처음 제안했으며 그 후 빈번히 인용되고 있는 다음의 비유에서 보듯이 핵억제에 관한 도덕의 문제를 사람들이 종종 잘못 알고 있다.[5]

> 어느 노동절, 고속도로에서 죽거나 불구가 된 사람이 한 명도 없었다고 가정해보자. 또한 분별력이 없는 자동차 운전사들이 이처럼 놀라울 정도의 자제력을 발휘하게 된 것이 자동차 앞면의 범퍼에 어린이가 매달려 있는 상태에서 운전하고 있기 때문이라고 가정해보자. 이처럼 하면 교통을 완벽히 통제할 수 있는 경우에서조차 이는 교통을 통제하기 위한 방안이 아닐 것이다. 왜냐하면 이 같은 시스템의 경우 무고한 인명을 직접적인 공격의 대상으로 만들고 있으며, 자동차 운전사의 행동을 규제하기 위한 수단으로 이들 인명을 이용하고 있기 때문이다.

핵억제 전략의 경우 거의 이견이 없는 가운데 채택된 반면 이 같은 교묘한 방식으로 교통을 통제하자고 제안한 사람은 단 한 명도 없었다. 이 같은 대조적인 현상을 보며 우리는 램지의 비유에서 문제가 있는 부분을 주목하게 된다. 핵억제로 인해 미국과 러시아의 민간인들이 핵전쟁을 예방하기 위한 수단으로 전락했다. 그러나 핵억제는 우리들 인간을 전혀 규제하지 않으면서 이처럼 하고 있다. 램지는

---

5) *The Just War: Force and Political Responsibility* (New York, 1968), p. 171.

상대방의 파괴 행위를 억제할 목적으로 군용열차에 민간인들을 강제 탑승시킨 보불전쟁 당시 독일군 장교들의 전략을 재현하고 있다. 그러나 이들 민간인과 비교해보면, 우리는 평범한 삶을 영위하고 있는 인질로 비유될 수 있다. 새로운 과학기술의 특성으로 인해 우리는 볼모로 잡혀 있지 않은 상태에서 위협받을 수 있게 됐다. 원칙적으로는 가공할 성격인 핵억제의 한가운데에서 쉽게 생활할 수 있는 것은 이 같은 이유 때문이다. 핵억제의 경우는 억제의 볼모에 해당하는 사람들에게 행하고 있는 부분과 관련해 전혀 비난 받을 수 없을 것이다. 핵억제의 경우는 사람들에게 상처를 입히거나 사람들을 감금하지 않고 있다. 그 정도로 핵억제는 이들 인명의 살상과 거리가 멀다. 핵억제의 경우는 이들의 권리를 직접 위배하거나 물리적으로 위배하는 일이 없다. 핵억제를 비평하는 사람들은 심리적 상처를 상상해야만 했다. 따라서 1960년 에리히 프롬(Erich Fromme)은 다음과 같이 기술했다. "지속적인 파괴의 위협 아래 일정 기간 동안 생활하게 되면 대부분의 사람 내부에 특정 종류의 심리적 효과, 예를 들면, 두려움, 적대감정, 냉소 등이 생성된다. ……결과적으로 자신이 소중히 여기고 있는 모든 가치에 인간들이 무관심해진다. 이 같은 상황으로 인해 인간이 야만인으로 변환될 것이다……."6) 이 같은 주장 내지는 예언을 입증해주는 어떠한 증거도 발견하지 못했다. 분명히 말하지만, 1945년 당시의 인류와 비교해 오늘날의 인류가 보다 야만스럽지 않은 것은 아니다. 대부분의 사람에게 핵 파괴의 위협은 항시 상존하고 있는 반면 눈에 보이지 않을 뿐더러 주목할 수 없는 현상이다. 램지가 언급한 글에 등장하는 어린이가 결코 할 수 없었으

6) "Explorations into the Unilateral Disarmament Position," in *Nuclear Weapons and the Conflict of Conscience*, p. 130.

며, 정규전의 인질들이 결코 한 바 없지만 우리는 무의식적으로 파괴의 위협 가운데 생활하고 있다.

핵억제가 보다 고통스런 형태라면 핵전쟁을 모면하기 위한 또 다른 수단을 강구했을 가능성도 없지 않다. 또는 핵전쟁을 피하고자 하지 않았을 수도 있다. '공포의 균형'을 유지할 목적에서 수백만의 인명을 속박해야만 하거나 우리의 적에게 핵억제의 신빙성을 확신시킬 목적에서 수백만의 인명을 살해해야만 한다면, 핵억제는 오랫동안 수용되지 않았을 것이다.[7] 핵억제 전략이 효력이 있는 것은 이것의 용이성 때문이다. 진정 이는 두 가지 의미에서 용이한데, 핵억제 과정에서 여타 사람에게 전혀 피해를 주지 않을 뿐만 아니라 어떠한 피해도 입힐 것으로 생각되지 않는다는 점이 바로 그것이다. 핵억제에는 나름의 비밀이 있는데, 이는 이것이 일종의 허세란 점이다. 아마도 우리는 불안하고도 한시적인 균형에 따른 진정한 공포를 인정하지 않으면서 자신에게 허세를 부리고 있을 것이다. 핵억제에 관한 설명 중에서, 가공한 잠재력이 있음에도 불구하고 지금까지 핵억제가 피 흘리지 않는 전략이었음을 인지하지 못하는 설명은 결코 정확한 것이 못된다.

그 결과와 관련해 말하면, 억제와 대량살상은 거리가 멀다. 이들은 도덕적인 자세와 의도 측면에서만 유사할 뿐이다. 재차 말하지만 램지의 유추는 이 점을 간과하고 있다. 램지의 글에 등장하는 어린이는 진정한 의미에서 '직접 공격의 대상'이 아니다. 왜냐하면 노동절에 발생한 일과 무관하게, 어느 누구도 이 어린이들을 고의적으로 죽이려 하지 않을 것이기 때문이다. 그러나 억제는 정확히 이처럼

---

7) 가능한 시나리오로서 『안전장치(*Fail-Safe*)』(New York, 1962)란 제목의 유진 버딕(Eugene Burdick)과 하비 휠러(Harvey Wheeler)의 소설을 참조하라.

할 의향에 의존하는 개념이다. 억제는 모든 살인자의 가족과 친구를 살해하겠다고 위협하는 방식으로 국가가 살인을 방지하고자 노력하는 경우와 동일하다. 이처럼 위협하는 방식으로 살인을 방지하고자 하는 노력은 대량보복 정책의 국내판이다. 분명히 말하지만 이 같은 노력은 혐오스런 정책일 것이다. 실제로 어느 누구도 죽이지 않는 경우에서조차 우리는 이 같은 정책을 구상한 경찰 간부 내지는 정책의 이행을 약속한 경찰관을 찬양하지 않을 것이다. 이 같은 사람이 반드시 야만인으로 전락할 것이라고는 말하고 싶지 않다. 이들이 살인의 사악성에 관해, 살인을 피해야 한다는 점에 관해 높은 수준의 의식이 있을 수도 있다. 자신들이 하기로 약속한 부분을 혐오할 수 있으며, 이 같은 부분을 할 필요가 없게 되기를 진정 바라고 있을 수도 있다. 그럼에도 불구하고, 이 같은 정책은 비도덕적이다. 이 같은 정책이 비도덕적인 것은 정책으로 인해 현재 또는 미래에 있을 수 있는 결과가 아니라 정책이 위협적인 형태란 점 때문이다. 핵억제의 경우도 상황은 마찬가지다. 실제로는 핵억제 정책에 따른 희생자는 없을 것이다. 따라서 우리 자신의 의도뿐만 아니라 이들 의도에 따른 잠재 희생자를 우리는 걱정해야 할 것이다. 한편 이것과 관련해서는 램지가 매우 잘 표현하고 있다. "그 형태와 무관하게 하면 잘못인 것들을 위협하면[8] 잘못일 것인데, 이는 위협이 '할 의도가 있음'을 의미하는 경우 그렇다. ……국민을 겨냥한 전쟁이 살인이라면, 국민을 겨냥한 억제위협은 살인적 성격일 것이다."[9] 분명히 말

8) 예를 들면, 핵전쟁은 하면 안 되는 형태다. 핵전쟁을 위협하면 잘못일 것이다.(옮긴이)

9) Paul Ramsey, "A Political Ethics Context for Strategic Thinking," in *Strategic Thinking and Its Moral Implications*, ed. Morton A. Kaplan (Chicago, 1973), pp. 134-35.

하지만, 무고한 사람 수백만을 죽이겠다고 위협하는 행위와 비교해 이들 수백만을 죽이는 행위는 훨씬 나쁘다. 어느 누구도 이들 수백만을 죽이기를 원치 않고 있음이 사실이며, 어느 누구도 이처럼 할 것으로 생각되지 않는다는 것도 사실일 것이다. 그럼에도 불구하고, 몇몇 상황에서 우리는 이 같은 살해를 생각하게 된다. 이는 미국 정부의 공식 정책이다. 예를 들면, 대량파괴 전법에 관해 훈련받았으며 즉각적인 복종에 길들어져 있는 수천의 사람들이 이것을 수행할 준비가 돼 있는 실정이다. 한편 도덕적 관점에서 보면 이 같은 준비태세가 가장 중요한 의미가 있다. 미국은 이 같은 준비태세를 위협 수준으로 전환할 수 있으며, 무고한 사람들에게 강요하고 있는 이 같은 위기와 관련해 걱정할 수 있을 것이다. 그러나 이들 위기는 준비태세에 따라 달라지는 문제일 것이다. '국내법 유추'에 등장하는 경찰의 경우와 마찬가지로 미국 정부와 관련해 우리는 이들의 살인 서약을 비난하고 있다.[10)]

그러나 이 같은 유추와 관련해서도 의문이 제기될 수 있다. 이처럼 이상하고 비인간적인 방식으로 교통을 통제할 수 없는 바와 마찬

---

10) 이 같은 서약이 기계적으로 고정돼 있다면 차이가 있을 것인가? 적의 모든 공격에 미사일을 발사하는 방식으로 자동 대응하는 컴퓨터를 설치해 놓았다고 가정해보자. 이는 적이 우리의 도시를 공격하면 자신의 도시도 공격받을 것이란 점을 가상의 적에게 알려주는 효과가 있을 것이다. 한편 적의 공격과 아측의 반격 사이에 우리의 입장에서 정치적 결심도, 의지적 행위도 없을 것이기 때문이 적이 공격과 반격 모두와 관련해 책임이 있다고 말할 수도 있을 것이다. 이 같은 배열의 가능한 효과에 관해 논평하고 싶은 마음은 없다. 그러나 이처럼 해도 도덕적인 문제가 해결되지 않을 것임을 강조할 필요가 있을 것이다. 앞의 컴퓨터 프로그램을 구상한 사람 내지는 이들에게 이처럼 하도록 명령을 내린 정치 지도자의 경우 두 번째 공격과 관련해 책임이 있을 것이다. 왜냐하면 특정 상황에서 2차 공격이 가능하도록 이들이 프로그램을 설계하고 조직했으며 의도했기 때문이다.

가지로 살인을 방지할 수 없을 것이다. 그러나 미국은 이처럼 이상하고 비인간적인 방식으로 핵무기 측면에서의 미국의 적을 억제하고 있거나 억제하고자 노력하고 있다. 아마도 억제는 억제를 옹호하는 사람들이 모면하고자 노력하고 있다고 주장하고 있는 위험으로 인해 이 같은 유추의 경우와 차이가 있을 것이다. 교통사고로 사망하는 사람과 간혹 발생하는 살인 사건은 애도할 수는 있지만 우리의 전반적인 자유 내지는 공동체의 생존을 위협하는 요소는 아닐 것이다. 따라서 핵억제의 경우 2중의 위험으로부터 우리를 보호해주고 있다는 말을 듣게 되는데, 핵무기를 이용한 협박과 외국의 지배로부터의 보호가 그 첫 번째이고, 핵 파괴로부터의 보호가 두 번째이다. 핵무기를 이용한 상대방의 공갈협박을 두려워했더라면 유화정책을 채택하거나 굴복해 핵무기에 의한 파괴를 피할 수 있었을 것이다. 따라서 앞에서 언급한 2중 위험은 상호 공존하는 형태다. 억제이론은 미소(美蘇) 간의 냉전이 절정에 달한 시점에 고안됐다. 한편 이 이론을 고안해낸 사람들은 무엇보다도 폭력의 정치적 이용에 관심이 있었다. 그런데 폭력의 정치적 이용은 교통 또는 경찰 관련 '국내법 유추'와 관련이 없다. 핵억제에 관한 미국의 교리의 저변에는 "적화(赤化)보다는 죽음이 좋다"는 슬로건이 숨어 있는 듯 보인다. 소련의 경우 이 같은 슬로건에 상응하는 것이 무엇인지 잘 모르겠다. 오늘날 이는 믿을 만한 슬로건이 아니다. 소련의 팽창과 비교해 사람들이 핵폭발에 의한 파괴를 보다 선호했다는 사실은 믿기 어렵다. 핵억제란 개념이 매력적이도록 만든 부분이 있는데, 이는 핵억제가 이 모두를 모면하도록 할 능력이 있어 보인다는 점이었다.

이 같은 논거의 의미를 이해할 목적으로 소련 정권의 성격에 관해 깊이 생각해볼 필요는 없을 것이다. 테러폭격에 관한 나의 논거가 나치주의의 사악성에 관한 주장에 의존하고 있지 않은 바와 마찬가지로 핵억제 이론은 일대 악으로서의 스탈린주의에 관한 관점에 의존하지 않는다. 핵억제 이론의 경우는 유화정책을 추구하거나 항복하는 경우 독립국가로서의 우리의 생존에 매우 중요한 의미가 있는 가치가 손상될 것임을 인지하는 것으로도 충분하다. 왜냐하면 핵무기에 내재해 있는 죽음을 이용해 자신의 권위를 외부로 확장하려 하거나 지구를 위협할 의향이 있는 강대국의 손에 의해 우리 국가의 운명 또는 모든 국가의 운명이 좌우돼야 한다는 점은 결코 참을 수 없는 현상이기 때문이다. 이는 전쟁규약을 준수함으로 인해 상대방과 비교해 불리해질 가능성이 있는 전쟁에서 통상 있는 현상과는 전혀 다르다. 왜냐하면 이 같은 종류의 불리(不利)는 부분적이고도 상대적이기 때문이다. 즉 다양한 형태의 대응 및 보상 방안이 항상 있기 때문이다. 그러나 핵무기의 경우는 이 같은 불리가 절대적 성격을 띠게 된다. 핵무기를 실제 사용할 의향이 있는 적에 대항해서는 자위(自衛)는 불가능한 개념이다. 따라서 유일한 보완 방안은 비도덕적이지만 핵무기로 대응한다는 위협이다. 이처럼 위협할 능력이 있는 국가 중에서 위협을 포기한 국가는 없는 듯 보인다. 묵과할 수 없는 부분을 묵과하고자 하는 국가는 없을 것이다. 따라서 핵무기 측면에서 적과 대적하고 있으며, 핵무기를 개발할 능력이 있는 모든 국가는 핵무기를 개발해 '공포의 균형'에서 안식처를 찾고자 노력하는 경향이 있다.11) 분명히 말하지만 핵무기의 상호 무장해제가 바람

11) 분명히 말하지만 이는 핵확산의 암울한 논리다. 동일한 방식으로 정당화되는지와 무관하게 도덕적인 문제에 관한 한, 핵확산으로 인해 조성된 새로운 유형의 '공포의 균형(Balance of terror)'는 첫 번째 경우와 정확히 동일할 것이다. 그러나 지역 차원의 균형의 출현이 열강들의 '공포의 균형'에 많은 효과를 야기해 내가 이곳에서 거론할 수 없는 새로운 유형의 도덕적 고려사항을

직한 대안일 것이다. 그러나 상호 무장해제는 상호 공조해 일하고 있는 두 국가만 사용할 수 있는 대안이다. 반면에 핵억제는 이들 중 한 측만 선호하는 방안일 것이다. 이들의 경우 상대방의 공격 태세를 우려할 것이다. 이들은 자신들의 저항의지가 단호할 것으로 가정할 것이다. 이 같은 대결에서 생각 가능한 최대 위험이 한 측의 패배가 아니고 양측의 총체적인 파괴 그리고 아마도 모두의 총체적인 파괴일 것임을 이들이 인지할 것이다. 이는 1945년 이후 인류가 직면해온 위험이다. 그 범주와 긴박성의 관점에서 우리는 핵억제를 이해해야 한다. 핵무기의 등장으로 인해 '최고 수준의 비상사태'가 항구적인 상황이 됐다. 핵억제는 이 같은 상황에 대처하기 위한 나름의 방안이다. 좋지 못한 방안일지 모르지만, 주권(主權)과 의구심을 견지하고 있는 국가들의 세계에서 실용성 있는 또 다른 대안이 없을 수도 있을 것이다. 우리는 악(惡)을 행하지 않을 목적에서 악을 위협하고 있다. 한편 핵무기란 악의 이행은 도덕적 측면에서의 악의 위협이 변호될 수 있을 정도로 가공한 수준일 것이다.

제한 핵전쟁

핵무기의 사용은 핵억제의 실패를 의미한다. 대량보복의 위협과 관련해서는 합리적인 목적이 있거나 있을 수 있지만 대량보복의 이행에는 이 같은 목적이 있을 수 없는데, 이는 대량보복에서 목격되는 특징이다. 대량보복할 것이라는 허세로 인해 갑자기 인구 밀집지역이

출현시킬 것이다.

공격받는 경우 벌어지는 전쟁에서 우리는 통상적인 의미의 승리를 거둘 수 없을 것이다. 우리가 먼저 깊은 수렁으로 빠진 이후 적을 이 같은 수렁으로 빠지게만 할 수 있을 것이다. 우리의 핵억제 능력 사용은 순수 파괴적 행위일 것이다. 진정 생각할 수 없는 것은 아니지만 이 같은 이유로 인해 대량보복은 실행 불가능한 방안으로 인식돼 왔다. 이는 군사 전략가들에게 엄청날 정도의 불안 요인이었다. 상대방이 진정 대량보복(억제) 위협을 이행할 것으로 서로가 믿고 있는 경우에만 억제가 효력이 있다고 이들은 주장하고 있다. 그러나 우리가 대량보복 위협을 이행할 것인가? 조지 케난(George Kennan)은 도덕적 반응과 다름이 없는 다음과 같은 관점을 제시했다.[12)]

> 미국이 특정 종류의 핵무기로 공격을 받아 수백만의 인명이 살상됐다고 가정하자. 또한 우리를 공격한 바로 그 국가의 도시의 중심부들을 겨냥해 보복할 능력이 우리에게 있다고 가정해보자. 여러분이라면 이처럼 보복하겠는가? 나의 경우 보복하지 않을 것이다. ……핵공격과 관련해 눈에는 눈으로 보복해야 한다고 요구하는 사람의 의견에 공감할 수 없다.

지속적으로 '공포의 균형'이 유지되려면 이는 귀엣말로 속삭일 수는 있지만 외부로 발표해서는 안 되는 인도주의 차원의 주장이다. 그러나 최초 공격 내지는 이 같은 공격에 대응한 반응이 도시와 사람을 피해 이뤄지는 경우는 이 같은 논거가 달리 보일 수도 있을 것이다. 제한 핵전쟁이 가능한 개념이라면 이 같은 핵전쟁을 이행할 수 있지

12) George Urban, "A Conversation with George F. Kennan," 47 *Encounter* 3:37 (September, 1976).

않을까? 이 경우 부도덕하지 않을 뿐만 아니라 설득력이 떨어지지 않는 이 같은 위협에 근거해 '공포의 균형'이 재차 정립될 가능성도 없지 않을 것이다.

1950년대 후반에서 1960년대 초반에 이르는 짧은 기간 동안에는 이 질문에 사람들이 엄청날 정도의 전략적 논거와 추정을 동원해 답변했다. 그런데 이 논거와 추정들은 이전에 내가 기술한 도덕적 성격의 문헌들과 중요한 방식으로 중첩됐다.[13] 왜냐하면 이 전략가들의 논쟁의 경우 핵무기가 전쟁규약의 틀과 조화를 이루도록 하기 위한 노력에 초점을 모았기 때문이다. 또한 핵전쟁이 정당성의 논거가 적용되는 분야인 듯 정당성의 논거를 적용하기 위한 노력에 초점을 모았기 때문이다. 첫째 이 같은 노력은 억제 과정에서의 그리고 억제가 실패로 끝나는 경우 재래식 공격 내지는 소규모 핵공격에 대항하는 과정에서의 전술 핵무기의 사용을 변호하는 일과 관련이 있었다. 둘째, 이 같은 노력은 적의 군사시설뿐만 아니라 경제적으로 중요한 의미가 있는 표적들을 겨냥한 '대항군 전략(Counter-force strategy)'의 개발과 관련이 있었다. 그런데 이 노력들은 목적 측면에서 유사했다. 제한전의 가능성을 제시함으로써 이 노력들로 인해 이 같은 전쟁의 수행뿐만 아니라 이 같은 전쟁에서의 승리를 생각할 수 있게 됐다. 따라서 이 노력들로 인해 억제위협의 이면에 숨겨져 있는 의도가 강화됐다. 이 노력들로 인해 억제위협이란 허세가 그럴듯한 대안으로 전환됐다.

1950년대 후반까지만 해도 대부분의 사람들은 핵무기뿐만 아니라

---

13) 이 문헌에 관한 리뷰와 비평을 보려면 다음을 참조하라. Philip Green, *Deadly Logic: The Theory of Nuclear Deterrence* (Ohio State University Press, 1966)

그 후 출현한 수소폭탄을 사용 불가능한 무기로 간주했다. 사용 불가능하다는 점이 법적으로 정립돼 있지는 않았지만 이 무기들은 독가스와 유사한 방식으로 취급됐다. 핵폭탄과 수소폭탄의 사용금지가 모든 사람의 정책이었다. 간단히 말해 핵억제는 이 같은 사용금지 정책을 이행하기 위한 실용적인 방안이었다. 그러나 당시 전략가들은 핵전쟁의 이론과 실제 측면에서의 주요 구분은 사용 불가능한 무기와 사용 가능한 무기의 구분이 아니고 금지된 표적과 수용 가능한 표적의 구분이라고 암시했는데, 이는 정당한 것이었다. 히로시마를 그 모델로 하고 있다는 점에서 대량보복은 생각조차 고통스럽고 어려운 방안이었다. 즉 상대방 국가를 위협할 때 우리의 지도자들이 염두에 두었던 핵무기에 관해 우리가 모르고 있는 바처럼 우리가 죽이고자 한 사람들은 우리를 위협할 때 자신의 지도자들이 염두에 두었던 핵무기에 관해 전혀 알고 있지 못했다. 뿐만 아니라 이들은 이 무기들과 군사적으로 전혀 관련이 없는 무고한 사람이었다. 그러나 제한된 수준의 도덕적으로 수용 가능한 파괴를 위협하는 방식으로 우리의 적의 행위를 억제할 수 있다면 대량보복에 대한 반대는 사라질 것이다. 이 같은 반대가 완벽히 사라져, 미국의 경우 핵억제 전략을 포기하고는 도움이 된다고 보이는 모든 곳에서 핵 파괴를 시도할 가능성도 없지 않았다. 대부분의 전략적 논거는 분명히 말해 이 같은 경향을 보였으며, 몇몇 저자들의 경우 제한 핵전쟁에 관한 어느 정도 매력적인 모습을 도시했다. 헨리 키신저(Henry Kissinger)는 제한 핵전쟁을 해전(海戰)에 비유했다. 바다에 사람이 살고 있지 않다는 점에서 보면 해전은 최상의 전쟁이었다. "여기서 생각할 수 있는 적정 비유는……전통적인 지상전이 아니고 자생 능력이 있으며, 고도의 기동성을 구비한 부대가 영토를 점령하지 않으면서, 전선(戰線)을 설정하지 않은 상태에서 엄청난 수준의 화력(火力)을 이용해 점차 적을 격파하는 방식으로 주도권을 잡는 해상 전략이다."14) 여기서의 유일한 난제는 키신저가 유럽에서의 전쟁과 유사한 전쟁을 상상했다는 점이다.15)

전술 전쟁과 '대항군 전쟁'의 경우는 '전쟁에서의 정당성'에서 공식적으로 요구하는 부분을 충족시키고 있다. 또한 이 같은 전쟁을 일부 도덕 이론가들이 열정적으로 이용했다. 이는 이 같은 전쟁이 도덕적으로 타당성이 있다는 의미가 아니다. 핵이란 새로운 유형의 과학기술이 전쟁과 관련된 예전의 제한사항과 어울리지 않으며 어울리도록 할 수 없을 가능성이 아직도 있었다. 이 같은 전제(前提)를 다음과 같은 두 개의 색다른 방식으로 변호할 수 있을 것이다. 첫째, 정당하게 사용하는 경우에서조차 핵무기의 사용으로 인해 있을 수 있는 부수적 피해가 '정당한 전쟁' 이론에서 설정한 비례성의 한계를 초월할 정도로 지대할 것이다. 즉 이 같은 전쟁에서 사망하는 사람의 숫자가 방대하다는 점으로 인해 전쟁에서 추구하는 목표는 타당성이 없어질 것이다. 이 같은 전쟁이 방호하고자 했던 대부분의 사람은 아니지만 많은 사람이 사망자 명단에 포함된다는 점에서 특히 그럴 것이다. 또한 직접 공격한 군사적 표적 개개의 가치와 개개

14) *Nuclear Weapons and Foreign Policy* (New York, 1957), p. 180.

15) 그 후 키신저는 이 관점에서 벗어났다. 이 관점은 전략적 토론에서 거의 모두 배제됐다. 그러나 제한 핵전쟁에 관한 이 같은 모습이 『영원한 전쟁(*The Forever War*)』이란 제목의 조 홀드먼(Joe Haldeman)의 소설에서 매우 상세히 묘사됐다. 그런데 소설에서는 해상이 아니고 외계에서 진행되는 핵전쟁을 가정하고 있다. 1950년대 및 1960년대의 전략적 추정의 많은 부분은 과학소설의 경우처럼 종료됐다. 이것이 전략가들이 지나칠 정도로 상상력이 있었음을 의미하는가? 아니면 과학소설 저자들이 지나칠 정도로 상상력이 없음을 의미하는가?

행위에서 사망한 사람의 숫자가 비례적이지 않은 경우 그럴 것이다. 유럽에서의 제한 핵전쟁을 생각하면서 레이몽 아롱(Raymond Aron)은 "이 같은 적대행위에 소요되는 비용과 이들 행위로 인해 얻을 수 있는 결과가 어마어마할 정도로 비례적이지 않을 것이다"[16)]라고 기술했다. 표적 선정에 관한 공식적인 제한사항을 준수하는 경우에서조차 이들 간의 불균형은 어마어마한 수준일 것이다. 그러나 제한 핵전쟁을 반대하는 두 번째 논거는 이들 제한사항이 준수되지 않을 것임이 거의 확실하다는 점일 것이다.

이 순간 우리는 이 같은 전투의 모습과 진로를 추정만 할 수 있을 것이다. 이 같은 전투의 경우는 연구해야 할 역사가 없다. 도덕가들뿐만 아니라 전략가들이 참조할 수 있는 사례가 없다. 결과적으로 이들의 경우 허망한 시나리오를 구상하게 된다. 이들은 이처럼 텅 비어 있는 무대(舞臺)를 다양한 방식으로 치장할 수 있을 것이다. 전투에서 핵무기가 사용된 이후에서조차 제한사항들이 유지될 수 있다고 생각하는 경우도 없지 않을 것이다. 이 제한사항들을 유지한 상태에서 이 같은 전쟁이 일정 기간 동안 지속될 수 있다는 전망은 전쟁이 자국 영토에서 수행될 가능성이 있는 국가들에게는 너무나 무시무시한 사실이다. 결과적으로 이 국가들은 제한 핵전쟁 전략에 반대하고는 일반적으로 대량보복 위협을 고집했다. 따라서 앙드레 보프레(Andre Beaufre)와 같은 사람은 다음과 같이 기술했다. "유럽인들의 경우는 유럽이 제한 핵전쟁의 작전전구(Theater of Operations)가 되기보다는 전쟁을 전적으로 모면할 목적에서 전면 핵전쟁의 모험을 걸고자 할 것이다."[17)] 그러나 제한의 종류와 무관하게 확전에 따른

16) *On War*, trans. Terence Kilmartin (New York, 1968), p 138.
17) "Conduct of Warfare" in the *Encyclopaedia Britannica* (15thed., Chicago,

모험이 클 것인데, 이는 여기서 사용되는 무기의 파괴력이 엄청난 수준이란 단순한 이유 때문이다. 또는 다음과 같은 두 가지 가능성이 있다. 재래식 무기의 폭발력과 비교해 핵무기의 폭발력이 별다른 차이가 없거나 군사적 유용성 측면에서 결코 크지 않은 수준으로 핵무기가 유지될 것인데, 이 경우 핵무기를 사용할 이유가 전혀 없을 것이다. 또는 핵무기 사용으로 인해 표적들의 구분이 무의미해질 것이다. 군사적 표적을 겨냥하고 있는 폭탄이 부수적 효과로 인해 도시를 파괴할 수 있다면, 핵억제의 논리로 인해(진지성과 신빙성을 위해) 상대방 국가의 경우 도시를 겨냥해야 할 것이다. 모든 전쟁이 총력전으로 비화되는 것은 아니지만 확전에 따른 위험이 매우 크다는 점으로 인해 자멸을 희망하고 있는 사람을 제외하면 핵무기를 먼저 사용할 수 없을 것이다. 레이몽 아롱은 다음과 같이 질문했다. "비참한 최후를 고집하는 사람이 아니라면 이 같은 적대행위를 시도할 수 있는 사람은 도대체 누군가?"[18] 그러나 자국 국민의 안전을 책임지고 있는 정치지도자는 말할 것 없고 올바로 정신이 박혀 있는 사람이라면 핵무기의 사용을 결심할 수 없을 것이다. 국가적으로 이는 자살행위와 다름이 없을 것이다.

제한 핵전쟁에서조차 파괴의 수준이 작지 않다는 점과 확전의 위험이란 두 요인으로 인해 강대국들 간의 핵전쟁이 불가능해지고 있는 듯 보인다. 이들 강대국의 경우는 1950년대와 1960년대 당시 전략가들이 가장 많이 우려했던 사항인 서유럽에 대한 러시아의 침공과 같은 특정 종류의 정규전을 포함한 대규모 수준의 정규전을 배제하고 있을 것이다. "자국을 겨냥해 핵무기가 사용되지 않을 것이란

1975), *Macropaedia*, Vol. 19, p. 509.
18) *On War*, p. 138.

희망**과 기대** 속에 방대한 규모의 소련군이 서유럽을 침공해오는 모습은 재고의 가치가 없는 듯 보인다…….”[19] 이 같은 침공에 따른 모험이 총체적 성격이란 점이 이 같은 침공을 방지해주는 요소임을 강조할 필요가 있다. 즉 공격의 범주를 고려해 대응 수위를 적절히 조절한다는 소위 말하는 유연반응(Flexible response)이 아니고 이 같은 조절이 실패로 끝나는 경우 궁극적으로 있게 되는 공포에 관한 비참한 현실이 이 같은 침공을 방지해주는 요소란 점을 강조할 필요가 있다. 몇몇 용이한 단계를 통해 이 같은 최종 순간에 도달할 수 있도록 해줌으로써 유연반응전략으로 인해 상대방 국민들을 겨냥한 핵억제의 가치가 고양됐을 가능성도 없지 않다. 그러나 확전의 최종 순간에서 생각 가능한 무시무시한 부분들로 인해 우리의 경우 단계별로 결코 확전을 시작한 적이 없으며, 시작할 가능성이 없음이 또한 사실인데, 이는 보다 중요한 의미가 있는 부분이다. 따라서 상대방 국민을 겨냥한 핵억제가 지속되고 있으며, 1960년대 중반에 소멸된 전략적 논쟁은 거의 종료됐다. 방대한 규모의 핵무기가 존재해 있다는 점, 이들이 비교적 공격에 취약하지 않다는 점을 고려하면 그리고 과학기술 측면에서 일대 진전이 없다면, 생각 가능한 모든 전략은 강대국들 간의 주요 전쟁의 억제에 관한 것일 것이다. 이 같은 점을 이해하는 과정에서 이들 전략가가 도움이 됐다. 그러나 이 같은 점을 이해하자 이 전략들을 채택할 필요가 없게 됐거나 적어도 이들 중 특정 전략을 채택할 필요가 없어졌다. 향후에도 우리는 이 같은 논쟁 이전에 존재해 있던 역설(逆說)과 함께 지속적으로 생활하게 될 것이다. 즉 몇몇 궁극적인 방식으로 그럴듯하게 사용을 위협

19) Bernard Brodie, *War and Politics* (New York, 1973), p. 404(강조는 브로디의 것이다).

할 수 있기 때문에, 그리고 할 수 있는 동안에만 핵무기는 정치 및 군사적으로 사용 불가능할 것이다. 한편 이 같은 종류의 위협은 도덕적이지 못할 것이다.

폴 램지의 논거

이 같은 역설과 함께 생활하기로 또는 생활하지 않기로 결심하기 이전에 프로테스탄트 신학자인 폴 램지가 한 일을 어느 정도 상세히 살펴보고자 한다. 수년 동안 램지는 정당화될 수 있는 억제전략이 존재한다는 주장을 전개해왔다. 이 같은 억제전략의 도덕 및 전략적 논쟁이 시작된 이후 램지는 '도시를 겨냥한 억제(Counter-city deterrent)'를 옹호하고 있던 사람들뿐만 아니라 이것을 유일한 형태의 억제로 생각해 핵무기의 무장해제를 선호했던 '도시를 겨냥한 억제'의 비판자들 모두를 강력히 비판했다. 그는 전부가 아니면 아예 포기하는 유형의 사고(思考)를 견지하고 있는 사람들이라고 이들 두 집단을 비난했다. 즉 일종의 반전론자들에게서 목격되는 무기력 내지는 총체적이고도 부도덕한 파괴와 다름이 없다고 이들을 비난했다. 그는 전면 분쟁이란 점에서 가능한 한 항상 피해야 할 분쟁에 관한 미국의 전통적인 관점과 이들 두 시각이 상응하는 형태라고 주장했다. 램지는 색다른 전통을 견지하고 있던 프로테스탄트 정신의 인물이었다. 그는 핵무기를 이용해, 오랫동안 지속되는 분쟁에 미국이 준비돼 있기를 바랐다.[20]

---

20) 램지의 논문 등은 『정당한 전쟁(*The just war*)』이란 제목의 책에 많이 언급돼 있다. 또한 그의 이전 저작인 다음을 참조하라. *War and the Christian Conscience: How Shall Modern War Be Justly Conducted?* (Durham, 1961).

정당한 형태의 억제전략이 존재하려면, 핵전쟁의 정당한 유형이 존재해야 한다며, 램지는 핵전쟁이 오늘날의 시대에 '정당한 전쟁'이 될 수 있는 사례라고 끊임없이 주장했다. 해박한 지식을 가진 그는 핵전쟁에 관한 전략적 논쟁에 적극 관심을 보였다. 그는 침공해오는 적군에 대항한 전술 핵무기의 사용을 그리고 핵 시설, 재래식 군사 기지뿐만 아니라 몇몇 경제적 목표들을 겨냥한 전략무기의 사용을 수차례에 걸쳐 변호했다. 개개 경우에서 비례성의 규칙이 적용돼야 할 것이란 점에서, 램지의 경우 이 같은 기준이 항상 충족될 것으로 생각하지 않았다는 점에서 보면, 이들 표적조차도 조건부로만 허용 가능했다. 이들 문제에 관해 집필한 모든 사람 또는 거의 모든 사람과 마찬가지로 그는 핵전쟁을 열망하지 않았다. 그의 주요 관심사항은 억제였다. 그러나 부도덕한 방식으로 위협하지 않으면서 억제 태세를 유지하려면 합법적인 전쟁으로서의 핵전쟁의 가능성이 적어도 필요하다고 그는 생각했다. 이것이 그가 의도한 핵심 목적이었다. 이 같은 목적을 달성하려고 그는 핵전략의 문제에 '정당한 전쟁' 이론을 매우 정교한 방식으로 적용시켰다. 정확히 말해, 그는 자신의 세계에 몰두해 있었다. 그러나 억제전략에 관한 그의 세계는 해결 불가능한 형태였다. 이들 세계와 관련해 그가 사용한 방안은 너무나 복잡하고 우회적이란 점에서 우리의 도덕적 판단을 그럴 듯하게 설명해주지 못했다. 나름의 주전원(周轉圓)[21)]을 갖고 있던 천동설(天動說) 학파처럼 그는 자신의 특성을 배가시키고는 안스콤(G. E. M. Anscombe)이 "이중효과에 관한 이중사고(Double think about double effect)"[22)]로 지칭한 부분에 근접했다. 그러나 그가 한 일은 중요한 의

---

21) 그 중심이 다른 큰 원의 둘레 위를 회전하는 작은 원을 말한다.(옮긴이)
22) "War and Murder," p. 57.

미가 있다. 그가 한 일은 '정당한 전쟁'의 외적인 한계를 암시해주고 있을 뿐만 아니라 이들 한계를 확장하고자 하는 노력의 위험을 암시해주고 있다.

램지의 핵심 주장은 적의 공격에 대항한 도시폭격을 위협하지 않고도 핵공격을 예방할 수 있다는 것이었다. "대항군 전쟁(Counter-force warfare)에 따른 부수적 성격의 민간인 피해"가 가상의 적의 행위를 억제할 수 있을 정도로 충분할 것으로 램지는 믿고 있었다.23) 이 같은 전쟁에서 사망하게 될 민간인은 합법적인 군사적 공격 도중 우연히 발행하는 희생자일 것이기 때문에 '대항군 전쟁'의 위협과 더불어 부수적 피해가 현재의 억제 논리와 비교해 도덕적으로 또한 우수하다는 주장이었다. 이들 부수적 성격의 민간인 피해는 특정 상황에서 우리가 살해하고자 노력하는 인질이 아니며, 우리가 이들의 사망을 계획하고 있는 것도 아니었다. 우리의 경우 정당한 방식으로 수행하는 전쟁에서조차 피할 수 없는 결과들이 있음을 가상의 적들에게 보여주고 있을 따름이다. 솔직히 말해 램지의 제안을 채택하는 경우 '대항군 전쟁'은 미국이 싸울 준비가 돼 있던 유일한 전쟁일 것이다. 간단히 말해 부수적 피해는 핵전쟁에서 목격되는 다행스런 부분이었다. 이것은 어떠한 군사적 목적에도 도움이 되지 않는다. 또한 아예 없는 것이 좋은 일이지만, 우리는 가능하다면 부수적 피해를 피하고자 할 것이다. 부수적 피해는 정당한 형태일 것으로 예상된다. 이 같은 점에서 부수적 피해의 억제 효과를 고려해 부수적 피해의 가능성을 상기하는 일 또한 정당화될 것이다.

그러나 이 같은 논거에는 두 가지 문제가 있다. 첫째, 부수적 피해

---

23) *The Just War*, p. 252; p. 320.

의 위협은 예견되는 부수적 피해가 전쟁목표 내지는 군사적 표적의 가치와 근본적으로 불균형한 관계가 아닌 경우, 즉 이 가치와 비교해 부수적 피해가 엄청날 정도로 크지 않은 경우 억제로서 기능하지 못할 가능성이 높다. 따라서 램지는 "불균형한 그 무엇의 위협이 항상 불균형한 위협인 것은 아니다"[24]라고 주장할 수밖에 없었다. 이것의 의미는 전투 측면에서의 비례성은 특정 미사일 기지(基地)의 가치와 비교해 측정되는 반면 억제 측면에서의 비례성은 지구 평화의 의미와 비교해 측정된다는 것이다. 따라서 이중효과 교리에 따르면 부수적 피해가 정당화될 수 없는 반면 이 같은 부수적 피해의 위협이 아직도 도덕적으로 허용될 수 있었다. 아마도 이 논거는 옳을 것이다. 그러나 이 논거로 인해 비례성의 규칙이 의미를 상실하게 됐다. 직접 겨냥이 아니고 부수적으로 죽일 수 있는 한 죽이겠다고 위협할 수 있는 사람의 숫자에 제한이 없어졌다. 이미 살펴본 바처럼 비례성이란 개념은 일단 영향 받게 되면 퇴색되는 경향이 있다. 이 경우 램지의 논거는 간접 살해란 개념에 전적으로 의존하게 된다. 이는 재래식 전쟁의 허용 및 규제와 관련해 매우 중요한 개념이다. 그러나 의도하지 않은 죽음에 지나칠 정도로 의존하고 있다는 점에서 램지의 논거의 위상이 저하되고 있다. 여타의 억제 이론가들과 마찬가지로 램지는 무고한 사람들을 매우 많이 죽이겠다고 위협하는 방식으로 핵공격을 예방하고자 했다. 그러나 여타의 억제 이론가들과 달리 그는 이들 무고한 사람을 겨냥하지 않은 채 살해할 것으로 기대하고 있다. 이것은 도덕적으로 어느 정도 의미가 있을 수 있다. 그러나 이는 정당한 억제책의 초석으로 기능하기에는 충분치 않은

24) *The Just War*, p. 303.

듯 보인다. 부수적 효과가 없거나 적은 수준의 통제 가능한 효과만 있다면 '대항군 전쟁'의 경우 램지의 전략에서 거의 역할을 할 수 없을 것이다. 나름의 효과가 있다는 점, 매우 중요한 역할을 수행하고 있다는 점으로 인해 '부수적'이란 용어의 의미가 크게 퇴색된 듯 보인다. 분명히 말하지만 이 같은 전략을 구상하는 사람은 램지가 그처럼 근본적으로 의존하고 있는 부수적 피해의 효과와 관련해 도덕적 책임을 감당해야 할 것이다.

그러나 우리는 아직도 램지의 구상의 완벽한 형태를 보지 못했다. 왜냐하면 그의 경우 다음과 같은 가장 어려운 질문들이 의미가 없도록 만들지 못했기 때문이다. 정당한 핵전쟁에서 있을 수 있는 부수적 피해가 가상의 침략자들의 행동을 억제할 수 있을 정도가 아닌 경우 어떻게 할 것인가? 가상의 침략자가 '도시를 겨냥한 공격'을 위협해오는 경우 어떻게 할 것인가? 항복은 견딜 수 없는 현상일 것이다. 그러나 적의 공격에 대응해 우리 자신이 대량살상을 위협할 수는 없을 것이다. 다행히도 우리의 경우 이처럼 할 필요는 없다. 버나드 브로디(Bernard Brodie)는 다음과 같이 기술했다. "공격해올 경우 핵무기를 사용할 것이란 점을 위협할 필요는 없다. 어느 것도 위협할 필요가 없다. 핵무기가 존재한다는 점으로 충분하다."25) 램지에 따르면 '도시를 겨냥한 공격'의 경우도 마찬가지다. 즉 핵무기를 보유하고 있다는 사실 자체가 어느 누구도 실제로 할 필요가 없는 암시적인 위협이 되고 있다. 부수적 피해의 비도덕성이 이 같은 위협의 언급에 있다면 비록 그 해결 방안이 용이하지는 않겠지만 이 같은 비도덕성을 피할 수도 있을 것이다. 핵무기에는 본질적으로 애매

---

25) *War and Politics*, p. 404.

모호한 측면이 있다고 램지는 기술하고 있다. "핵무기는 전략 군에 대항해 또는 인구 중심지를 겨냥해 사용될 수 있을 것이다. 이는 **핵무기의 사용 의도를 제외하면** 핵무기의 능력을 핵무기와 분리해 생각할 수 없음을 의미한다. ……의도하고 있는 표적이 적군이라고 얼마나 자주 진지하게 천명하고 있는지와 무관하게, 전쟁의 안개와 격노 속에서 자국의 도시가 격파되지 않을 것이라고 장담할 수 있는 사람은 없을 것이다."[26] 램지가 암시하고 있는 바와 동일한 방식으로 재래식 무기의 보유는 무고(순수)할 뿐만 아니라 애매모호한 측면이 있다. 칼 또는 총이 무고한 사람에게 매우 효과가 있는 것은 사실이지만 이들 무기의 소유 자체가 무고한 사람들을 겨냥해 이들 무기가 사용될 것이란 의미는 아닐 것이다. 재래식 무기의 경우는 램지가 핵무기에서 발견한 '이중 사용(Dual use)'의 측면이 있다. 그러나 핵무기는 재래식 무기와 다르다. 앙드레 보프레가 말하고 있는 바처럼 어느 의미에서 보면 핵무기는 전혀 전쟁을 염두에 두어 설계된 것이 아니다.[27] 이는 모든 사람을 죽일 목적으로 설계돼 있다. 핵무기에 의한 살인이 직접 또는 간접적인 성격인지와 무관하게 핵무기의 억제 가치는 핵무기가 모든 사람을 죽일 목적으로 설계돼 있다는 사실에 근거하고 있다. 핵무기에서 목격되는 암묵적인 위협 덕분에 핵무기는 전쟁 예방이란 목적에 기여하고 있다. 한편 우리는 전쟁 예방을 목적으로 핵무기를 보유하고 있다. 비록 핵무기의 위협을 소리 높여 말하고 있지는 않지만 사람들은 이들 위협과 관련해 책임이 있다.

계속해서 램지는 다음과 같이 말했다. 아마도 핵무기의 보유 자체

26) *The Just War*, p. 253(강조는 램지의 것이다); p. 328.
27) "Warfare," p. 568.

는 무모한 몇몇 침략자들의 행동의 억제란 측면에서 충분치 않을 것이다. 우리는 "핵무기를 이용해 상대방 국가의 도시를 상호 공격할 의향이 있다는 점과 있어 보인다는 점을 구분할 필요가 있다. …… 이 경우 오직 있어 보인다는 점만을 개발해야 할 것이다"[28]라고 램지는 제안했다. 나의 경우 그 의미를 정확히 알 수 없으며, 램지 또한 그 의미를 말할 의향이 없는 듯 보인다. 그러나 이 같은 제안으로 인해 대량보복을 실제 계획하지 않거나 이행할 의향이 없는 상태에서 대량보복의 가능성을 암시할 수 있게 된 듯 보인다. 따라서 우리는 네 개의 점이 표시돼 있으며 도덕적 위험의 정도가 증대되는 연속선을 갖게 되는데, 여기서 말하는 네 개의 점은 부수적이고도 불균형한 민간인 살상의 구체적인 가능성, '도시를 겨냥한 공격'의 암시적 위협, '도시를 겨냥한 공격' 의지가 확고한 듯한 모습 그리고 실제 공격 의지를 의미한다. 이들 개개 점에 초점을 맞추고 있는 정책들을 상상해볼 수 있으며, 이 정책들이 다른 형태일 것이란 의미에서 이 점들은 구분 가능할 것이다. 그러나 이들 간의 차이가 의미가 있다고는 생각지 않는다. 도덕적인 이유로 인해 처음 세 점은 허용하는 반면 마지막 점을 배제하면 우리의 도덕적인 이유에 관해 사람들이 냉소만을 자아낼 것이다. 전쟁과 정복의 예방을 위해 필요하다고 생각되는 정책들을 금지하지 않으면서 램지는 우리의 의도를 해명하고자 노력하고 있다. 그러나 이 모든 정책이 궁극적으로 비도덕적인 위협에 의존하고 있는데, 이는 피할 수 없는 사실이다. 핵억제를 포기하지 않는다면 이 같은 비도덕적인 위협을 포기할 수 없을 것이다. 그리고 우리가 하고 있는 부분이 무엇인지를 즉각 시인하는

---

28) *The Just War*, p. 254; pp. 333ff.

것이 최상일 것이다.

핵억제의 애매성은 우리 자신을 포함한 어느 누구도 자신이 위협하고 있는 부분을 시행할 것으로 확신할 수 없다는 점에 있다. 어느 의미에서 보면, 우리가 하는 모든 일은 "시행할 것이란 모습"의 개발이다. 우리는 시행의 신빙성 조성을 위해 노력하고 있다. 그러나 우리가 계획 및 의도하고 있다고 알려져 있는 부분의 신빙성이 아직도 떨어진다. 이미 암시한 바처럼 이 같은 점이 심리적으로 억제를 감수할 수 있도록 도와주며, 도덕적 관점에서 억제 태세를 약간 더 좋게 만들어주고 있을 것이다. 그러나 핵억제와 관련해 우리가 주저하고 의혹을 제기하고 있는 것은 우리의 정책에서 목격되는 엄청날 정도의 비도덕성, '전쟁에서의 정당성'에 관한 우리의 이해(理解)와 일치시킬 수 없을 것으로 생각되는 비도덕성 때문이다. 핵무기로 인해 '정당한 전쟁' 이론이 타파됐다. 핵무기는 우리에게 친숙한 도덕적 세계 내부에 포함될 수 없는 인류 최초의 과학기술 혁신이다. 또는 '전쟁에서의 정당성'이란 친숙한 개념으로 인해 우리는 이들 핵무기를 사용하겠다고 위협하는 행위조차 비난할 필요가 있다. 그러나 자위(自衛)의 권리뿐만 아니라 적의 침략과 관련이 있는 친숙한 개념으로서 핵무기의 사용 위협을 정확히 요구하고 있는 듯 보이는 또 다른 개념들이 아직도 있다. 따라서 우리는 정당성과 평화를 위해 정당성의 한계를 넘어 불안하게 이동하고 있다.

램지에 따르면 이는 위험한 이동이다. 왜냐하면 "억제의 문제와 관련해 몇몇 사항이 사악하다고 확신하고 있는 반면 실제로는 사악하지 않다"면, 사악성을 모면하기 위한 방안이 있어 보이지 않는다는 점에서 우리가 "사악성에 제한을 두지 않을 것이기 때문이다"29) 라고 램지는 기술하고 있다. 재차 말하지만 이 논거는 정규전과 관련해 정확히 옳다. 이 논거는 "전쟁은 지옥이다"라는 교리의 가장 중심적인 오류를 간파하고 있다. 그러나 그럴듯하고 도덕적으로 의미 있는 제한사항을 묘사할 수 있을 때에만 이 논거는 핵전쟁과 관련해 설득력이 있다. 그런데 램지가 이것을 하지 못했으며, 유연반응 전략가들 또한 하지 못했다. 이들의 모든 논거는 '도시를 겨냥한 공격'의 궁극적인 사악성에 의존하고 있다. 이것이 사실이 아닌 것처럼 행동하면 나름의 위험이 따른다. 도덕적 내용이 거의 남아 있지 않을 당시 의미 없는 선(線)을 도시하고, 이중효과, 부수적 피해, 비전투원에 대한 공격 금지 원칙 등에 관한 공식적인 범주를 유지하면 전반적으로 정당성의 논거가 오염되고, 당연히 관련이 있는 군 생활의 영역에서조차 정당성의 논거가 의문시된다. 그런데 이들 영역은 매우 넓다. 핵억제의 경우는 자신의 외곽 한계를 설정해 우리로 하여금 결코 수행할 수 없는 전쟁들을 생각하도록 만들어주고 있다. 이 같은 한계 내부에는 수행될 수 있으며, 수행될 뿐만 아니라 수행돼야 하며, 예전의 규칙들이 완벽히 적용되는 전쟁들이 위치해 있다. 핵전쟁에 따른 일대 재앙 가능성으로 인해 우리는 정규전, 즉 재래식 전쟁에서 또한 사악한 방식으로 행동할 수 없다. 핵무기는 정규전에서 또한 억제 효과가 있다. 특정 핵 강국이 여타 핵 강국을 겨냥해 제2차 세계대전 당시의 드레스덴과 도쿄에 대한 연합국의 공습과 같은 공습을 재현하기는 어려울 것이다. 왜냐하면 이 같은 수준의 파괴가 있는 경우 핵무기를 이용한 반응뿐만 아니라 분쟁이 신속하고도 수용될 수 없는 수준으로 확전될 것이기 때문이다.

현재도 그렇지만 미래에도 핵전쟁은 도덕적으로 수용될 수 없을

---

29) *The Just War*, p. 364. 램지는 안스콤의 평화주의에 대한 비판을 되풀이하고 있다: "War and Murder," p. 56.

것이다. 핵전쟁이 복귀될 수 있는 사례는 없다. 수용 불가능한 형태란 점에서 우리는 핵전쟁을 예방하기 위한 방안을 강구해야 한다. 또한 핵억제가 좋지 못한 형태란 점에서 우리는 여타 방안을 강구해야 한다. 이 같은 방안의 가능한 모습을 암시하는 일은 여기서 내가 추구하는 바가 아니다. 나의 경우는 모든 범죄성에도 불구하고 억제 자체가 당분간 필연성의 모범 사례에 속하거나 속할 수 있음을 인정하는 일에 보다 관심이 있다. 그러나 제2차 세계대전 당시의 런던공습 또는 베를린 공습과 같은 테러폭격에서뿐만 아니라 핵무기를 이용한 테러 위협에서도 '최고 수준의 비상사태'는 결코 안정된 상태가 아니다. 필연성의 영역이 오늘날 변하고 있다. 즉 이들 '최고 수준의 비상사태'에 항상 필연성이 수반되는 것은 아니다. 우리는 탈출의 기회를 포착할 책임이 있으며, 이 같은 기회를 목적으로 모험할 책임조차 있는데, 이는 보다 중요한 사실이다. 따라서 평화를 겨냥한 다양한 방안들이 발견될 수 있는 순간, 살인하지 않고자 하는 준비뿐만 아니라 살인을 위협하지 않고자 하는 준비와 살인 준비가 균형을 유지하거나 유지하도록 해야 할 것이다.

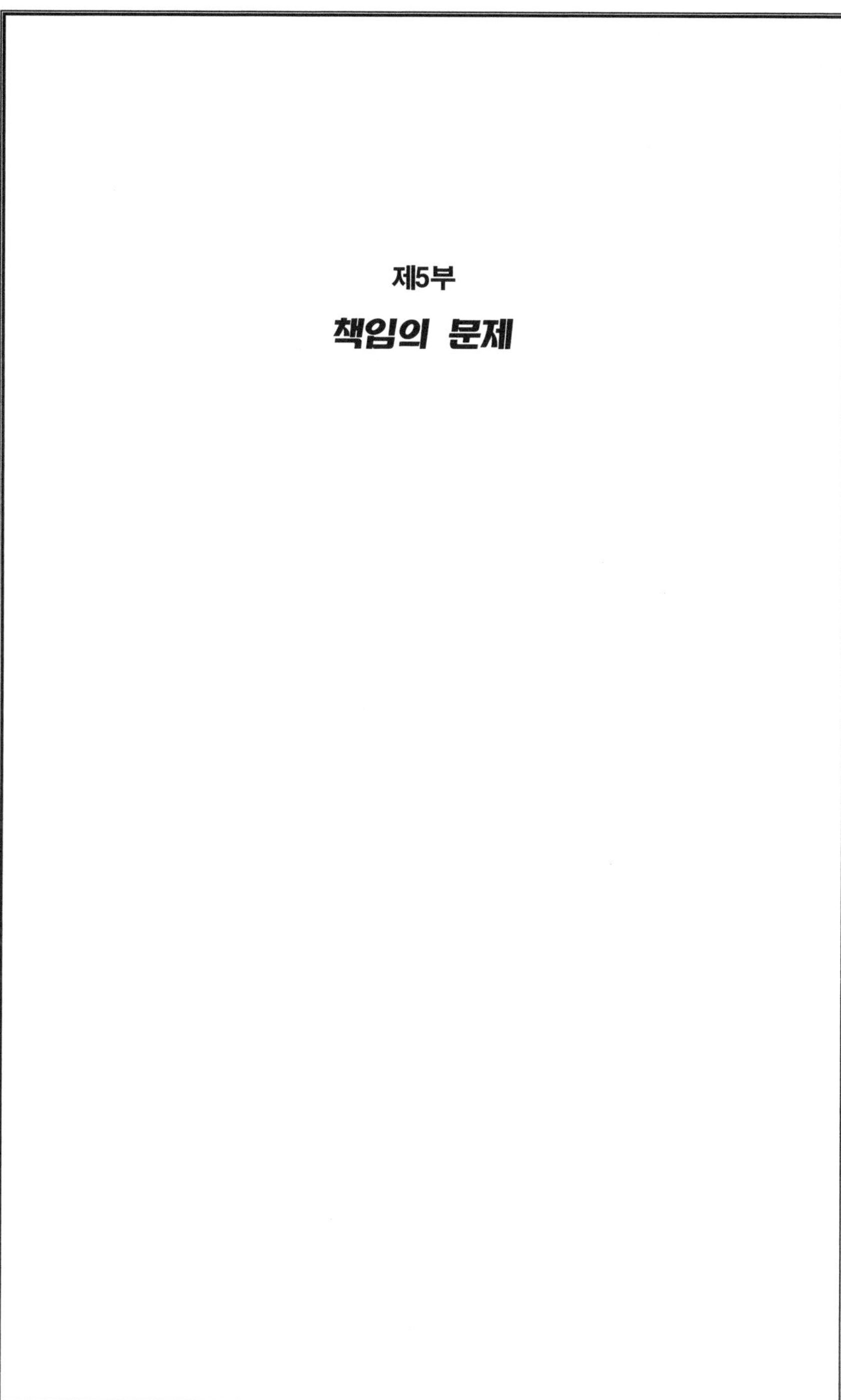

제5부

책임의 문제

❙제18장❙

침략의 범죄 : 정치 지도자와 민간인

책임이 있는 자를 올바로 색출하는 문제는 정당성의 논거에서 매우 중요한 부분이다. 왜냐하면 전쟁이 필연성이 아니고 대부분 자유의지에 따라 수행된다면 군인과 정치가들이 종종 도덕적 선택을 해야 할 것이기 때문이다. 이처럼 군인과 정치가들이 도덕적 의미가 있는 선택을 해야 하는 경우는 칭찬과 비난을 목적으로 이들 중 몇몇 사람을 선별해낼 수 있어야 할 것이다. 인지(認知) 가능한 전쟁범죄가 있다면 인지 가능한 전범이 있어야 할 것이다. 침략이 있다면 침략자가 있어야 할 것이다. 전시의 인권 위배와 관련해 항상 죄 있는 사람 내지는 집단을 지칭할 수 있는 것은 아니다. 전쟁 상황으로 인해 두려움, 강압, 무지(無知), 발광과 같은 다양한 이유가 제시될 수 있을 것이다. 그러나 '정당한 전쟁' 이론의 경우 정당하게 책임을 물을 수 있는 사람을 일러줘야 한다. 이것은 이들의 변명을 심판할 수 있게 해주고 통제해야 한다. 물론 '정당한 전쟁' 이론은 이들의 이름이 아니고 이들의 직책과 이들이 처해 있던 상황을 일러주게 된다. 도덕 및 군사적 행위의 상세 부분에 유의하며 개개 사례와 관련해 열심히 일할 때에만 이들의 이름을 알게 될 것이다. 책임져야 할 사람을 올바로 지명하거나 전쟁에서 목격되는 고통을 고려해 책임자를 지명하고 심판하면, '정당한 전쟁'의 논거가 획기적으로 강화된다. 궁극적으로 책임질 사람이 없다면 '전쟁에서의 정당성'은 불가능한 개념이다.

여기서의 문제는 도덕적 책임이다. 우리는 법적인 무죄 또는 유죄가 아니고 도덕적 측면에서의 비난 가능성에 관심이 있다. 그러나 침략 및 전쟁 범죄에 관한 지금까지의 논쟁의 대부분은 도덕적 측면에서의 비난 가능성이 아니고 법적인 무죄 또는 유죄에 초점이 모아졌다. 이들에 관한 논거를 숙독하거나 경청하면 종종 다음과 같은 관점을 확인하게 된다. 특정 행위와 관련해 또는 특정 사항을 간과했다는 점과 관련해 법적인 책임이 없는 반면, 단순히 비도덕적인 경우는 특정인의 죄와 관련해 많은 것을 말해도 도움이 되지 않을 것이다. 왜냐하면 법적인 책임은 구체적인 규칙과 잘 알려져 있는 절차 그리고 권위 있는 심판의 문제인 반면, 도덕적 책임은 모든 논자가 자신의 관점이 옳다고 주장할 수 있는 등 끊임없이 논쟁이 벌어질 수 있는 영역이기 때문이다. 예를 들어 다음과 같은 단서를 수용하면 전쟁범죄의 문제를 매우 분명하고 간단하게 제시할 수 있다고 믿고 있는 오늘날의 법학교수의 관점을 생각해보자. "나의 경우는 비도덕적인 부분을 거론하지 않을 생각이다. 이는 도덕이 중요치 않기 때문이 아니고 도덕에 관한 나의 관점이 영화배우인 제인 폰다(Jane Fonda) 또는 리처드 닉슨(Richard M. Nixon) 대통령의 경우 또는 여러분의 경우와 비교해 결코 권위가 없기 때문이다."[1] 물론 모든 관점의 권위가 대등한 수준이라면 도덕은 중요한 문제가 아니다. 왜냐하면 이 경우 특정 관점이 나름의 위력이 없을 것이기 때문이다. 분명히 말하지만, 도덕적 권위는 법적인 권위와 다르다. 도덕적 권위는 법적 권위와 다른 방식으로 얻어진다. 그러나 도덕적 권위가 존재하지 않는다고 생각하고 있는 비숍(Bishop) 교수의 관점은 잘못이다. 도덕적 권위는 일반적으로 수용되고 있는 원칙을 설득력 있는 방식으로 환기시키고는 이들 원칙을 특정 사례에 적용하는 능력과 관련이 있다. 권위 있는 견해를 듣고자 노력하지 않으면서, 몇몇 설득력 있는 부분을 주장하지 않으면서 '전쟁의 정당성'과 전쟁에 관한 논거를 전개할 수 있는 사람은 없을 것이다.

전시 도덕적 논거는 특히 중요한 의미가 있는데, 이는 이미 내가 언급한 바처럼 그리고 비숍 교수의 금언이 분명히 해주고 있는 바처럼 전쟁법이 근본적으로 불완전한 형태이기 때문이다. 심판의 문제와 관련해 권위 있는 재판관을 초청하는 경우는 거의 없다. 이들을 초청하지 않는 나름의 이유가 종종 없지 않다. 왜냐하면 올바른 사법적 판단조차도 국제사회 역사의 특정 순간에서 잔혹성과 보복의 행위로만 이해되는 경향이 있기 때문이다. 제2차 세계대전 이후 진행된 뉘른베르크 재판을 보면, 재판의 결과가 변호 가능할 뿐만 아니라 필연적이었던 듯 보인다. 인간의 심오한 도덕적 가치가 무자비하게 공격받을 때는 법이 어느 정도 도움이 돼야 한다. 그러나 이 같은 재판에서 모든 사항을 고려해 심판하는 것은 결코 아니다. 이들 문제와 관련해 우리의 경우 해야 할 일이 많이 있다. 여기서 나는 이 같은 일을 하고자 한다. 즉 전시 행위의 전반에 걸쳐 죄인과 죄인이 될 가능성이 있는 사람을 다루기 위한 방법을 거의 암시하지

---

1) Joseph W. Bishop, Jr., "The Question of War Crimes," 54 *Commentary* 6:85 (December, 1972).

않을 것이지만 이들 죄인과 죄인이 될 가능성이 있는 사람을 지적할 것이다.[2] 중요한 점은 이들을 지적할 수 있다는 사실이다. 찾고자 하는 경우 우리는 이들을 찾아야 할 장소를 잘 알고 있다.

관리들의 세계

여기서 나는 전쟁범죄 자체가 요구하고 있는 전범의 지명 및 심판과 함께 시작할 생각이다. 이는 전투보다는 정치, 군인보다는 민간인과 함께 시작해야 함을 의미한다. 왜냐하면 무엇보다도 침략은 정치 지도자의 작품이기 때문이다. 고풍이 넘치는 대사관의 우아한 식탁에 앉아 있거나 불법적인 공격, 정복 및 간섭에 관한 내용이 도시돼 있는 오늘날의 지휘소에 앉아 있는 정치 지도자의 모습을 상상해야 할 것이다. 최근의 역사가 범죄 성격의 직접적이고도 노골적인 기획(企劃)을 많이 보여주고 있는 것은 사실이다. 그러나 항상 그러한 것은 아니다. 1870년 당시의 비스마르크처럼 정치가들은 전쟁을 오직 간접적인 방식으로 지시하고, 자신의 노력에 관해 매우 복잡한 형태의 관점을 견지하는 등 보다 교활한 사람이다. 항상 침략자를 구분할 수 있다는 가정과 함께 시작해야 할 것으로 생각되지만, 이 경우 이 같은 구분이 쉽지 않을 것이다. 자국 국민을 전쟁으로 몰아넣는 사람들은 우리에게 뿐만 아니라 자국 국민에게 나름의 책임을 져야 한다. 왜냐하면 부상자들이 흘린 모든 핏방울뿐만 아니라 모든 전사자(戰死者)들이

---

2) Sanford Levinson, "Responsibility for Crimes of War," 2 *Philosophy and Public Affairs* 270ff. (1973).

오판해 전쟁을 일으킨 사람들을 겨냥해 쓰라린 불만을 토로하고 있기 때문이다.

정치 지도자들의 변명과 거짓뿐만 아니라 참된 설명을 들으며 우리는 전투의 이면에 숨겨져 있으며 전투의 도덕적 원인인 잘못된 부분을 찾게 된다.

법률가들이 이 같은 탐구를 항상 장려한 것은 아니다. 최근까지만 해도 이들은 국가의 행위와 관련해 특정인에게 책임을 물을 수 없다고 주장했다. 이처럼 국가의 행위와 관련해 개인에게 죄를 물을 수 없는 법적인 이유는 주권에 관한 이론과 관련이 있다. 정의(定意)에 따르면 주권 국가의 경우 자신보다 높은 주체가 없으며, 외적인 심판을 받을 수 없는 입장이라고 사람들은 주장했다. 즉 국가가 한 것으로 알려져 있는 행위, 다시 말해 인정된 권위 부서가 공적인 의무를 수행하는 과정에서 한 행위의 범법(犯法) 여부를 입증할 길이 없다는 주장이다.[3] 그러나 이 논거는 도덕적으로 효력이 없다. 왜냐하면 이 같은 관점에서 보면 국가는 도덕적 측면에서가 아니고 법적 측면에서만 주권이 있기 때문이다. 우리들 모두는 정치 지도자의 행위를 심판할 능력이 있으며 종종 심판하고 있다. 또한 법적 측면에서의 주권은 외부의 심판으로부터 더 이상 보호해줄 수 있는 형태가 아니다. 여기서도 뉘른베르크 재판이 결정적인 전례다.

그러나 '국가의 행위'에 관한 교리 중에서 해당 국가의 정치적 공

3) 이 교리에 관한 유용한 설명을 보려면 다음을 참조하라. Stanley Paulson, "Classical Legal Positivism at Nuremberg," 4 *Philosophy and Public Affairs* 132-58 (1975).

동체의 주권이 아니고 이 공동체의 지도자의 대표성과 관련이 있는 보다 비공식적인 형태의 것이 있다. 결국 자신을 위해서 또는 사적인 이유로 행동하고 있지 않다는 점에서 정치가들의 행위를 비난해서는 안 되며, 지나칠 정도로 성급하게 비난해서는 안 된다는 말을 우리는 종종 듣게 된다. 베트남전쟁 당시의 미국의 지도자들에 관해 타운센드 훕스(Townsend Hoopes)가 기술한 것처럼 이들은 "나름의 관점에서 포괄적인 국익에 기여할 목적으로……양심적으로 투쟁하고 있다."[4] 이들이 여타 사람을 위해 자신의 명예를 걸고 행동하고 있다는 주장이다. 자행한 범죄가 감정적이거나 이기적인 성격이 아니라면 군의 장교들과 관련해서도 동일한 주장을 전개할 수 있을 것이다. 대의를 위해 무고한 사람을 살해하는 혁명군에 대해서도 동일한 주장을 전개할 수 있을 것인데, 이는 추구하는 대의가 국익과 공적인 관계가 없는 반면 나름의 관계가 있다고 알려져 있는 경우에서조차 그럴 것이다. 이들 또한 지도자다. 이들은 보다 전통적인 관료들이 채택한 것과 별로 다르지 않은 방식으로 현재의 직책에 올라갔을 수 있다. 혁명 활동 또한 국가의 행위처럼 대표성이 있다고 종종 말할 수 있을 것이다. 정치가 및 장교들과 관련해 이 같은 논거를 수용할 수 있다면 혁명가와 관련해 이 같은 논거를 거부할 이유는 없다고 생각된다. 그러나 이 모든 경우에서 이는 잘못된 논거다. 왜냐하면 대표 기능에 도덕적으로 모험이 따르지 않는다는 암시가 잘못이기 때문이다. 이 기능에는 특히 모험이 따르는데, 정치가, 장교 및 혁명가들이 여타 사람을 위해 그리고 다양한 효과를 염두에 두어 행동하고 있다는 바로 그 점 때문이다. 종종 이들은 자신들이 대변하

4) Noam Chomsky, *At War With Asia*, p. 310.

고 있는 사람들을 위험으로 몰아넣을 목적으로, 여타 사람들을 위험으로 몰아넣을 목적으로 행동하고 있다. 즉 도덕적으로 심판받는다고 해도 이들의 경우 거의 불만을 늘어놓을 수 없는 입장이다.

정치권력은 대부분의 사람이 추구하는 부분이다. 사람들은 직책을 열망하고, 통제와 리더십을 묵인하고 있을 뿐만 아니라 좋고 나쁜 부분을 수행할 수 있는 직책을 놓고 상호 경쟁하고 있다. 자신이 하고 있는 좋은 부분과 관련해 칭찬받고 싶다면 자신이 잘못한 부분과 관련해 비난을 피할 수 없을 것이다. 아직도 사람들은 비난받는 경우 분개할 것인데, 비난받을 만하다고 생각되는 경우에서조차 그럴 것이다. 따라서 비난받아야 할 이유를 언급하고자 노력하는 것이 중요한 의미가 있다. 여기서 도덕적 측면에서의 비판이 지대한 영향을 끼치게 된다. 도덕적 측면의 비판으로 인해 지도자의 훌륭한 신념뿐만 아니라 사적인 정직성에 의문이 제기된다. 자신이 한 일과 관련해 냉소적인 시각을 견지하고 있는 정치 지도자는 거의 없으며, 냉소적인 듯 보일 수 있는 지도자도 거의 없다. 따라서 이들은 이 같은 비판을 민감하게 받아들일 뿐만 아니라 매우 싫어한다. 민주적 지도자들은 이견은 수용할 수 있지만 죄를 범했다는 비난은 수용할 수 없을 것이다. 이들은 도덕적 측면에서의 모든 비판을 정치적 논쟁에 관한 정당치 못한 환치(換置)로 취급하는 경향이 있다. 이들은 종종 도덕이 정치를 가리는 가면 역할을 한다고 인지하고 있는데, 여기에는 타당성이 있다. 법의 경우도 상황은 마찬가지다. 즉 법적인 비난이 매우 강력한 형태의 정치적 공격일 수 있다. 법적인 비난이 종종 이 같은 방식으로 사용되고 있으며, 이처럼 사용되면서 법적인 비난의 품격이 저하되고 있는 것도 사실이다. 그러나 정치 지도자들의 경우 법규에 의해 구속받으며, 범법 행위와 관련해 정당한 방식으로 기소돼 처벌될 수 있다. 도덕적 법규의 경우도 상황은 마찬가지다. 즉 비난과 칭찬에 관한 용어가 보편적으로 가용하며, 종종 오용되고 있지만 도덕적 법규는 아직도 구속력이 있다. 또한 도덕적 측면에서의 칭찬과 비난이 종종 효력이 있는 실정이다. 전시에는 법과 도덕의 오용이 보편적인 현상이다. 따라서 우리는 자신들이 수행하고 있는 전쟁과 관련해 정치 지도자들을 처벌하는 과정에서 뿐만 아니라 도덕적으로 이들의 명예를 실추시키는 과정에서 유의해야 한다. 여타 사람의 권리를 위배하고 휘하 군인들로 하여금 강제로 싸우도록 만들 때, 정치 지도자들은 침략의 오명(汚名)을 피할 수 있다고 주장할 수 있는 입장이 아니다.

또한 국가의 행위는 특정 인간들의 행위다. 이 행위가 침략전쟁의 모습을 띠면 형사적으로 특정 인간들에게 책임이 있다. 이처럼 책임 있는 사람이 누구이고, 얼마나 많은 사람이 책임이 있는지가 항상 분명한 것은 아니다. 그러나 정부를 통제하고 있으며, 주요 결심을 내리는 국가의 최고 지도자와 그의 측근을 중심으로 책임자를 물색하는 것이 타당성이 있을 것이다. 채택한 전략 및 전술과 관련해 군 지휘관이 책임이 있는 것과 마찬가지로 이들 국가의 최고 지도자가 책임이 있음은 분명하다. 왜냐하면 이들은 고급 명령을 수신하는 사람이기보다 만들어내는 사람이기 때문이다. 자신을 변호하면서 이들은 정치적 상하 관계가 아니고 전선(戰線) 너머를 바라보게 된다. 즉 이들은 싸우지 않을 수 없도록 만들었다며 자신의 적을 비난하게 된다. 이들은 전쟁 이전에 있었던 다수의 복잡한 사항들, 적이 제기한 엄청날 정도의 요구사항뿐만 아니라 상대방의 비위를 상하게 하는 행위들을 지적하게 된다. 다음에서 보듯이 이들은 할 말이 많은 입장이다.5)

누가 먼저 공격했는가? 누가 부당한 대우를 받았는가? 이들 문제와 관련해 훈련받은 교활한 첩자들이 침략을 곧바로 부인하고, 침략을 받은 자들에게 침략의 책임을 뒤집어씌우게 된다. 짜증으로 인해 칼날을 세울 수 있게 되는데, 실제로도 그렇다. 우리의 경우 일촉즉발의 상황에서 생활하게 된다.

이들 주장과 대응 주장을 열심히 검토하려면 이 책의 제2부에 제시된 이론이 필요할 것이다. 종종 교활한 첩자들에도 불구하고 이 이론은 쉽게 적용된다. 매우 분명한 몇몇 침략 사례를 언급할 필요가 있다. 이 사례들에는 1914년 당시의 독일군의 벨기에 침공, 이탈리아의 에티오피아 정복, 일본의 중국 침공, 독일과 이탈리아의 스페인 간섭, 러시아의 핀란드 침공, 나치의 체코, 폴란드, 덴마크, 벨기에 및 화란 정복, 러시아의 헝가리 및 체코 침공, 1967년 당시의 이집트의 이스라엘 침공 등이 있다. 20세기와 관련해서 이처럼 쉽게 목록을 정리할 수 있다. 미국의 베트남전쟁도 이 부류에 속한다고 생각된다. 종종 이들 분쟁의 진행 과정이 보다 불분명한 것은 사실이다. 예를 들면, 정치 지도자들이 자국의 도발을 항상 통제하고 있는 것이 아니며, 누가 기획한 것도 아닌 상태에서, 특정인의 권리를 위배할 의도가 있는 것도 아닌 상태에서 전쟁이 발발하고 있다. 그러나 침략을 인지할 수 있는 경우 별다른 어려움 없이 국가의 최고 지도자를 비난할 수 있을 것이다. 그러나 침략의 책임을 특정 정치체계 내부에서 분배할 때 어렵고도 흥미로운 문제가 제기된다.

5) Stanley Kunitz, "Foreign Affairs," in *Selected Poems: 1928-1959* (Boston, 1958), p. 23.

뉘른베르크 법정에서는 침략의 범죄가 "침략 전쟁을 염두에 둔 계획수립, 준비, 시작 및 수행"의 문제와 관련이 있었다고 한다. 이 네 행위는 특정 군사적 전역(戰役)의 계획수립 및 준비뿐만 아니라 전쟁의 실제 진행과 구분됐다. 한편 전역계획(戰役計劃 : Campaign plan)의 수립 및 준비뿐만 아니라 전쟁의 실제 진행과 관련해서는 성격상 침략의 죄를 물을 수 없는데, 이는 당연한 현상이다. 침략 전쟁을 염두에 둔 "계획수립, 준비, 시작 및 수행"이 많은 사람의 작품인 듯 보일 것이다. 그러나 뉘른베르크의 법정은 히틀러의 주요 보좌관들 내지는 정책 수립 및 시행 과정에서 주요 역할을 수행한 관리들에게만 죄를 물을 수 있도록 책임의 범주를 제한시켰다.[6] 기여한 부분이 누적돼 나름의 의미가 있었음에도 불구하고 하부 관료들에게는 개인적으로 책임을 묻지 않았다. 그러나 어디에다 선(線)을 그어야 할 것인지 분명치 않으며, 법적 책임을 묻는 경우와 동일한 방식으로 도덕적으로 비난해야 할 것인지도 분명치 않다. 이들 문제를 다루기 위한 최선의 방안은 주요 사례를 살펴보는 것일 것이다.

뉘른베르크 : 장관들의 사례

전쟁범죄의 책임에 관한 중요한 논문에서 스탠포드 레빈슨(Stanford Levinson)은 뉘른베르크의 판결을 분석했다. 그 과정에서 그는 1938년부터 1943년까지 나치의 외무장관을 역임했으며, 나치의 핵심 요원 중 한 사람이었던 에른스트 폰 바이체커(Ernst von Weizsaecker)에

6) Trials of War Criminals Before the Nuremberg Military Tribunals, vol. 11 (1950), pp. 488-89; 앞의 레빈슨의 논문을 보라. pp. 253ff. 또한 그린스펀(Greenspan)도 참조하라. *Modern Law of Land Warfare*, pp. 449-50.

관한 공판에 초점을 맞추었다. 나는 레빈슨의 설명을 준수해 나름의 결론을 도출할 생각이다. 바이체커는 인류평화에 역행했다는 죄로 고발돼 맨 처음 유죄 판결을 받았다. 그러나 재심 과정에서 판결이 번복됐다. 그의 변호사는 다음과 같은 두 가지 사실을 강조했다. 첫째는 그가 실제로는 정책 기획에 참여하지 않았다는 점이며, 둘째는 히틀러 정권에 저항하고 있던 지하 조직에 미미한 수준이나마 참여했다는 점이었다. 그의 범법 여부를 검토하고 있던 뉘른베르크의 법정은 이 같은 변호를 수용했는데, 그 과정에서 변호의 두 번째 부분을 강조했다. 즉 "외무부 내부에서 히틀러의 정책을 비판하지 않았더라면, 보다 적극적으로 활동하고 있던 외부 저항 집단에 정보를 제공해주지 않았더라면, 독일의 전쟁계획에 도움을 주고 공모한 바이체커의 외교적 행위가 너무나 중요한 사안이란 점에서 그에게 불리하게 작용했을 것"이라는 점이 강조됐다. 따라서 바이체커와 같은 관리들을 포함하는 형태로 '책임의 선'이 그어졌다. 그러나 침략전쟁을 준비하는 과정에서 나름의 역할을 한 것이 분명하지만 이 같은 침략전쟁에 반대했다는 점으로 인해 바이체커의 경우 사면됐다.

나치 정권의 침략계획에 관해 잘 알고 있었다는 점에서 보면, 침략전쟁에 대한 그의 반대는 충분한 수준이 아니었다고 검찰은 주장했다. 가상의 적국에게 이 같은 침략계획을 적극 알려줄 책임이 있었다고 검찰은 말했다. 그러나 그 과정에서 있을 수 있는 모험으로 인해서 뿐만 아니라 전장(戰場)에서 보다 많은 독일군이 사망할 수도 있다는 점으로 인해 뉘른베르크의 법정은 이 같은 검찰의 논거를 기각했다.7)

---

7) *Trials of War Criminals*, vol. 14 (n.d.), p. 383; 레빈슨의 논문을 보라. p. 263.

> 폭력과 암살에 대항해 그리고 자국의 패망을 의미하는 계획을 구상하고 있는 독재자에 대항해 혹자가 싸울 수도 있습니다. 그러나 자국 국민이 일대 재앙에 빠지고 자국의 젊은이들이 손실되는 현상을 사람들이 즐거운 마음으로 바라볼 수 있는 시점은 아직 도래하지 않았습니다. 또 다른 행동 기준을 적용하면, 적절하다고 아직 제안된 적이 없으며, 우리가 현명하거나 좋은 것으로 수용할 준비가 돼 있지 않은 부분을 테스트하는 것과 다름이 없습니다.

이는 지나칠 정도로 강력한 형태로 생각된다. 왜냐하면 이는 자국 국민의 전투 손실을 만족스럽게 바라보는 문제가 아니기 때문이다. 이들 손실을 보며 매우 의기소침해지는 한편, 아직도 상대방 국가의 무고한 국민들을 보호해주는 것이 도덕적으로 정당하다고 느끼는 사람도 있을 것이다. 히틀러에 저항하고 있던 독일인이 네덜란드, 벨기에 또는 러시아 사람들에게 향후 있게 될 독일군의 침공에 관해 사전 경고해주었더라면, 이것을 우리는 현명하고도 훌륭한 행동으로, 진정 영웅적인 행동으로 생각할 것이다. 그러나 이처럼 행동해야 할 법적인 책임 또는 도덕적인 책임은 없을 것이다. 이 같은 순간에 본인이 느낄 수 있는 내적인 고통 내지는 모험은 우리가 요구하고 있는 수준 이상일 것이다. 또 다른 한편에서 보면, 바이체커의 또 다른 행위들이 뉘른베르크의 판사들을 만족시켜 주었을지는 모르지만 우리가 요구하고 있는 바와 비교해 낮은 수준일 것이다. 왜냐하면 그의 경우 사임하지 않은 채, 자신이 인정하지 않는 정책을 고수하고 있던 나치 정권에서 지속적으로 근무했기 때문이다.

바이체커가 인류에 반하는 범죄를 자행했다는 주장과 관련해 사임 문제가 보다 직접 거론됐는데, 인류에 반하는 범죄는 유대인 학살과 관련이 있었다. 이것과 관련해서 또한 그는 “당시 진행되고 있던 부분에 반대했다는 사실로 인해 이 같은 최소한의 참여가 무효화돼야 한다”고 주장했다. 그러나 이 경우는 외무부 내부에서의 그의 저항이 충분한 수준이었다고 생각되지 않았다. 대(對) 유대인 정책과 관련해 히틀러의 개인경호대(SS)는 독일 외무부의 관점을 공식 요청했다. 또한 이 같은 정책의 의미를 잘 알고 있었음에도 불구하고 바이체커는 전혀 반대의 목소리를 내지 않았다. 외무장관으로 재직해 있으려면 그처럼 침묵해야 한다고 그가 생각했음이 분명하다. 평화협상을 주도하거나 평화협상 과정에서 도움을 주고, 히틀러에 대항하고 있던 지하 세력에게 지속적으로 정보를 전달해줄 수 있도록 외무장관 직책을 원했다고 그는 말했다. 그러나 뉘른베르크 법정은 다음과 같이 주장했다. “살인 명령에 동조함으로써 궁극적으로 주요 살인자를 사회에서 추방할 수 있을 것으로 희망해……살인 명령에 동조할 수 있는 것은 아니나.” 외무장관 직책에서 사임하지 않았다는 점이 범법 행위라고 뉘른베르크 법정은 생각지 않았다. “고상한 사람이라면 이 같은 종류의 야만적인 행위를……대거 수행하고 있는 정권 아래서 직책을 고수할 수 없을 것”임이 사실일 수 있다. 그러나 추잡한 행위는 범죄가 아니지만 직책을 유지하면서 침묵을 지킨 것은 처벌받을 만한 잘못이다. 결과적으로 바이체커는 7년 구류를 선고받았다.[8]

‘의미 있는 수준의 기여’란 기준 내지는 ‘의미 있는 수준의 저항’의 가능성이 심판 및 처벌과 관련해 결심할 당시 매우 적절한 표현

---

8) *Trials of War Criminals*, vol. 14, p. 472; 레빈슨의 논문을 보라. p. 264.

인 듯 보인다. 그러나 비난의 기준은 훨씬 더 엄격하다. 예를 들면, 우리는 추잡한 행위와 관련해 보다 더 말할 필요가 있다. 나치의 행위에 저항해 바이체커가 직책에서 사임해야만 했다면 나치의 행위에 관해 유사한 지식이 있었던 보다 낮은 수준의 관리들이 사임하지 않아도 되는 이유는 무엇인가? 베트남전쟁 당시 미국에서는 외무성 관리 중에서 극소수만 사임했는데, 이들 대부분은 낮은 직책에 있었다. 그러나 주변 사람들에게 귀감이 됐다는 점에서 보면, 이들의 사임은 도덕적으로 고무적인 현상이었다.[9] 적어도 이들의 사임 이유에 관해 잘 알고 있던 우리들에게 이는 적지 않은 귀감이 됐다. 제2차 세계대전 이후 30여 년 뒤에 미국에서 요구됐던 것과 비교해보면, 1930년대 후반 또는 1940년대 초반의 독일에서 사임과 관련해 요구된 용기는 훨씬 높은 수준이었다. 미국의 경우를 보면 베트남전쟁에 대한 반대가 공공연하고도 소란스럽게 진행되고 있었다. 그러나 독일에서 필요한 용기 또한 죽음을 불사하는 형태가 아니고 평범한 사람들이 수행할 수 있는 수준이었다. 직책에서 사임하지 못한 많은 관리들이 그처럼 하지 못한 변명을 제기했다. 이는 희미하게나마 이들이 사임의 정당성을 인지하고 있었음을 암시해주는 부분이다. 이들 변명은 대부분 바이체커의 경우와 유사한 것으로서 먼 훗날의 선(善)에 초점을 맞추고 있었다. 그러나 종종 개인적으로 많은 모험을 감수하면서 구체적이고도 직접적인 자선 행위 내지는 사보타지 행위에 가담할 목적으로 사임하지 않은 채 직책을 고수한 사람도 있었다. 이들 중 두드러진 사례는 히틀러의 개인경호대 소속의 중위인 쿠르트 게어슈타인(Kurt Gerstein)이다. 그의 사례를 솔 프래드랜더(Saul Friedlander)가

9) 베트남의 사례에 관한 논의를 보려면 다음을 참조하라. Edward Weisband and Thomas M. Franck, *Resignation in Protest* (New York, 1976).

꼼꼼히 기록했다.10)

게어슈타인은 강인한 신념으로 인해 내면적으로 나치 정권을 인정하지 않았을 뿐만 아니라 증오한 대표적인 인물이었다. 그러나 그는 내부에서 나치 정권에 대항해 투쟁하고 보다 좋지 못한 상황이 벌어지지 않도록 할 목적에서 나치와 협조한 대표적인 인물이었다.

여기서 프래드랜더에 관한 이야기를 재차 언급할 수 있는 입장은 아니다. 궁극적으로 자살하는 등 거의 어느 누구에게도 요구할 수 없을 정도로 개인적으로 고통이 적지 않았지만 히틀러의 개인경호대 내부에서조차 도덕적인 삶의 영위가 가능함을 그의 경우는 보여주고 있다. 이것과 비교해보면 사임은 훨씬 쉬운 일이다. 종종 사임은 도덕적 정결을 보여주는 최소의 표시다.

바이체커의 사례는 또 다른 문제를 놓고 고민하게 한다. 외무장관은 상급자의 지시 아래 외국과 협상을 벌이는 외교관이다. 그러나 그는 또한 이들 상급자를 보좌하는 사람이었다. 종종 상급자들이 그의 관점을 요구했다. 법적 및 도덕적 판단과 관련해 당시 보좌관은 독특한 위치에 있었다. 이들은 통치자에게 종종 구두 형태로 가장 중요한 조언을 했다. 서면 작성한 부분은 행정서식에 맞춰야 한다는 점에서 완벽하지 않을 수 있었다. 우리는 구두 전달된 부분의 뉘앙스 및 제한사항뿐만 아니라 미묘한 형태의 의혹의 표시, 강조점 및 의문점에 관해 잘 알지 못한다. 충분할 정도의 문서가 있다면 이 문서들을 종합해 나름의 판단을 내릴 수도 있을 것이다. 당시의 결심

10) *Kurt Gerstein: The Ambiguity of Good*, trans. Charles Fullman (New York, 1969).

과 관련해 참모부서가 아니고 야전부서의 관리들만 책임이 있었던 것은 아니다. 그러나 통치자의 귀에 속삭이며 말한 부분, 즉 참모부서 요원들이 한 부분을 확실히 알 수가 없다.

바이체커가 히틀러에게 조언한 부분은 충분치 않았을 것이다. 왜냐하면 그의 설명에 따르면 그가 독일의 패배 가능성만을 주장했기 때문이다. 히틀러의 정책에 관한 그의 반대는 항상 정략적(政略的)인 용어로 표현됐다.[11] 아마도 이들은 당시의 독일에서 효력이 있던 유일한 용어였을 것이다. 이는 또 다른 사례, 즉 정복 계획에 보다 노골적으로 전념하지 않는 정부와 관련해서조차 사실일 것이다. 그러나 종종 도덕적인 용어를 사용하는 것이 중요한 의미가 있는데, 이는 자신들이 수행하고 있는 범죄의 정도와 성격에 관해 관리들이 자신을 포함한 모두에게 숨기고자 할 때 사용하는 침묵과 완곡어법을 타파할 목적에서도 그렇다. 승인해달라고 요청받은 정책의 정확한 이름의 거명이 종종 보좌관들이 이 정책들에 부동의(不同意)를 표명하기 위한 최상의 방안이 되고 있다. 이 같은 점은 셰익스피어의 작품인 『존 왕(*King John*)』의 발언에 우아하게 묘사돼 있다. 힌트와 간접화법을 이용해 존은 자신의 조카인 아서(Arthur)의 살해를 명령했다. 그 후 그는 살인을 명령했다는 점을 후회하고는 살인을 집행한 자신의 조신(朝臣)인 허버트 드 버그(Hubert de Burgh)를 나무랐다.[12]

> 의도하고 있던 바를 비밀리에 말했을 때 자네가 거절의 표시로 고개를 가로젓거나 잠시 숨을 돌렸더라면 또는 내게 의혹의 눈초리를 보내주었더라면 좋았을 것을. 솔직히 말해 깊은 수치가 엄습해 오면

---

11) *Trials of War Criminals*, vol. 14, p. 346.
12) *King John* 4:2, ll. 231-41.

서 갑자기 말문이 막혔네. 그러나 자네는 나의 조짐을 보고 나의 의도를 간파했어. 지체 없이 심적으로 동의하고는 행동에 착수했지. 우리의 입이 거론하기조차 부끄러운 행동을 했어.

이 연설은 위선적인 형태다. 그러나 이는 관료 사회의 묵낙(默諾)에서 목격되는 공통적인 특징을 묘사하고 있다. 이 경우는 기회가 있을 때마다 보좌관들이 우리 모두가 잘 알고 있는 도덕적 용어를 이용해 솔직한 심정을 토로해야 한다는 점을 강력히 암시하고 있다. 이처럼 자신의 솔직한 심정을 토로하면 지나칠 정도로 완고하거나 고집이 세다는 비난을 받을 수도 있을 것이다. 그러나 진정 말로 표현할 수 없는 정책을 이행할 수 있을 정도로 강경해지려면 매우 겁쟁이가 되든가 매우 사악한 사람이 돼야 할 것이다.

민주적 책임

우리가 침략전쟁에 몸담고 있는 국가의 국민이라면 어떠한가? 집단 책임은 어려운 개념이지만, 집단 처벌의 경우 보다 문제될 것이 없음을 즉각 강조할 필요가 있다. 침략에 대한 저항은 침략 국가를 응징하는 형태인데, 종종 이 같은 용어로 묘사된다. 이미 내가 주장한 바처럼 실제 전투와 관련해 말하면, 전쟁 당사국 모두의 민간인은 무고하며, 동일하게 무고하다. 이들은 결코 합법적인 군사적 표적이 될 수 없다. 그러나 전쟁이 종료된 이후 이들은 정치 및 경제적 표적이 된다. 다시 말해 이들은 군사적 점령과 정치적 개조의 희생자일 뿐만 아니라 전쟁 배상비 징수의 희생자가 된다. 전쟁 배상비

징수의 희생자란 부분을 집단 처벌을 보여주는 가장 분명하고도 간단한 경우로 간주할 수 있을 것이다. 분명히 말하지만, 전쟁 배상비는 침략전쟁의 희생자가 지불하게 된다. 이 배상비를 패전국 국민 중에서 침략을 적극 지원했던 사람들로부터만 거둬들일 수 없을 것이다. 패전국의 세금 체계를 통해, 일반적으로 경제 체제를 통해 이 같은 배상비가 모든 국민에게 분배되는데, 해당 전쟁과 전혀 관련이 없는 후세들에게로 징수 기간이 종종 확대되고 있다.[13] 이 같은 의미에서 보면 국가의 국민은 공동 운명체다. 정치적 난민이 되는 경우를 제외하면 어느 누구도 불량 정권, 야욕이 많은 지도자, 광적인 지도자 또는 지나친 민족주의의 영향을 피할 수 없을 것이다. 이 같은 운명을 수용해야 한다면 종종 떳떳한 마음으로 이처럼 할 수 있을 것이다. 왜냐하면 운명을 수용한다고 해서 그 결과와 관련해 개개인이 책임이 있는 것은 아니기 때문이다. 대가의 분배는 죄의 분배가 아니다.

정치적 운명이 일종의 죄라고 주장하는 작가도 없지 않다. 그는 실존적이고도 불가피하며 가공할 수준의 죄라고 주장했다. 왜냐하면 전쟁 중에 있는 국가의 군인 또는 민간인의 경우 '야비하고, 저속하며, 경솔하고, 과격한' 공동체의 일원이기 때문이다. 좋든 싫든 "어떠한 대가를 지불해서라도 승리하고자 노력하는" 집단의 구성원이기 때문이다. 그의 경우는 이 같은 집단과 관계를 끊을 수 없을 것[14]이라고 제2차 세계대전에 관한 철학적 성격의 회고록에서 글렌 그레이(J. Glenn Gray)는 기술하고 있다.

---

13) 전쟁배상금에 관한 오늘날의 법을 보려면 다음을 참조하라. Greenspan, pp. 309-10, 592-93.

14) *The Warriors*, 196-97.

> 그는 국가가 자신에게 안식처와 먹을 것뿐만 아니라 모든 교육과 재산을 제공해주었다고 생각하지 않을 수 없는 입장이다. 어디를 가든지, 자신의 유산을 바꾸고자 얼마나 노력하는지와 무관하게 어느 의미에서 그는 국가에 속해 있으며 항상 속해 있을 것이다. 따라서 자국 또는 자국의 일부가 자행하는 범죄와 결코 무관할 수 없을 것이다. 그는 국가 내지는 군대의 의미 있는 산물과 행위를 보며 만족해 하듯이 이들의 잘못을 공유하게 된다. 자신이 이들 잘못을 의식적으로 자행한 것이 아니며, 이들 잘못을 방지할 능력이 없음에도 불구하고 그는 집단 차원의 행위에 따른 책임으로부터 전적으로 자유로울 수 없을 것이다.

그럴 수도 있을 것이다. 그러나 그레이가 우아하게 표현한 바 있는 '죄의 아픔'에서 책임에 관한 어려운 대화로의 이동이 결코 쉽지 않을 것이다. 자국 정부 또는 군대가 수행하고 있는 잔혹한 부분을 목격한 충성스런 시민과 관련해 말하면, 이들이 이들 일과 관련해 책임을 느끼기보다 수치심을 느끼고 있거나 느껴야 한다고 말해야 할 것이다. 이들이 참여 내지는 묵낙(默諾)으로 인해 실제 책임이 있는 경우가 아니라면 그럴 것이다. 그레이가 묘사하고 있는 이 같은 유산과 관련해 우리는 수치스럽게 생각하게 된다. "독일군과 경찰이 자행한 잔혹한 행위와 독일 정부의 행위에 관한 고도의 수치심은 제2차 세계대전이 종료될 당시 양식 있는 독일인을 보여주는 징표였다." 이는 정확히 옳은 표현이다. 그러나 우리는 이처럼 양식 있는 독일인을 비난하지 않으며, 책임이 있다고 말하지도 않는다. 이 같은 잔혹한 행위에 맞서 해야만 했거나 할 수 있는 그 무엇이 없는 경우 이들 양식 있는 독일인이 자신을 비난할 필요는 없을 것이다.

이 같은 사람과 관련해 우리는 실제 한 부분과 비교해 보다 많은 것을 할 수 있었을 것이라고 말할 수 있을 것이다. 양식 있는 사람들이라면 자신과 관련해 이처럼 생각할 가능성이 높다. 이는 이들이 양식 있는 사람임을 보여주는 징표다.[15)]

> 공공연히 발언해야 했을 때 그는 침묵을 지켰다. 영향력을 행사할 수도 있었던 크고 작은 집단 내부에서 그는 자신의 모든 역량을 발휘하지 않았다. 그가 적시에 저항할 목적으로 시민으로서의 용기를 분출시켰더라면 몇몇 부당한 행위를 피할 수도 있었을 것이다.

이 같은 회상은 우리를 끊임없이 낙담시킨다. 이러한 회상들로 인해 그레이는 집단책임의 이면에 선(善)에 관한 우리의 비전뿐만 아니라 잠재 능력에 따라 생활하지 못하고 있음에 기인하는 형이상학적인 죄가 도사리고 있다고 주장했다. 그러나 분명히 말하지만, 여타 사람과 비교해 우리들 가운데 몇몇 사람이 보다 비참하게 이처럼 생활하지 못하고 있다. 겸허한 자세로 개개 실패를 측정해볼 수 있는 나름의 기준들을 선정할 필요가 있을 것이다. 그레이는 나름의 기준을 제시하고는 우리의 경우 이것을 자기 자신을 제외한 어느 누구에게도 적용할 수 없다고 즉각 주장하고 있다. 그레이는 올바른 기준을 제시하고 있다. 그러나 이 같은 종류의 자존심은 정치와 도덕에서는 가능치 않다. 자신을 심판하면서 우리는 우리와 공동체 생활을 영위하고 있는 여타 사람들을 심판하지 않을 수 없을 것이다. 열광적인

15) *The Warriors*, p. 198.

추종자들을 비평 및 비난하지 않으면서 우리의 지도자를 어떻게 비평 및 비난할 수 있겠는가? 책임은 항상 개인적이고 특수한 형태다. 그러나 도덕적 생활은 항상 집단적인 성격이다.

다음은 내가 수용해 상술하고자 하는 그레이의 원칙이다. "공공영역에서 행위를 자유롭게 할 수 있을수록 모두의 이름으로 행한 사악한 행위와 관련해 죄의 정도가 커진다."[16] 이 원칙으로 인해 우리는 권위주의 정권보다는 민주주의 정권에 관심을 집중시키게 된다. 최악의 권위주의 정권에서조차 자유로운 행위가 불가능한 것은 아니다. 적어도 사임하거나, 도망칠 수 있을 것이다. 그러나 민주 사회에서는 적극적으로 반응할 수 있는 기회가 있다. 사악한 행위를 자행할 때 이처럼 적극 반응할 기회가 있다는 점으로 인해 우리의 책임이 어느 정도까지 확정되고 있는지를 질문해볼 필요가 있다.

미국 국민과 베트남전쟁

제6장과 제11장의 논거가 올바른 형태라면 미국의 베트남전쟁은 우선 정당하지 않은 형태의 간섭이었다. 또한 처음에는 변호 가능했는지 모르지만 베트남전쟁은 특정 측면에서가 아니고 일반적으로 비난받아야 할 정도로 야만적인 방식으로 수행됐다. 이 부분과 관련해 재차 논쟁을 벌일 생각은 없다. 민주주의 국가의 국민들의 책임의 문제, 특히 민주주의 국가의 국민의 특정 부류인 우리와 같은 사람들의 책임의 문제를 보다 자세히 살펴볼 수 있도록 이 같은 점을 단순히 가정하고자 한다.[17]

---

16) *The Warriors*, p. 199.
17) 이 주제에 관련해서 나는 다음 에세이에서 많은 도움을 받았다. Joel Feinberg,

군주제가 책임의 분배를 거부하는 형태라면 민주주의는 책임 분배에 관한 것이다. 그러나 민주주의가 책임 분배에 관한 것이란 사실이 침략전쟁과 관련해 제기되는 비난을 모든 성인(成人)이 동일하게 받게 된다는 의미는 아니다. 민주적 질서의 성격, 해당 질서 내부에서의 특정인의 위상뿐만 아니라 정치적 활동의 유형에 따라 비난의 배분이 달라질 것이다. 모든 사람에게 정당히 해명을 요구할 수 있는 것은 사실이지만 완벽한 민주주의 국가에서조차 모든 국민이 국가의 모든 정책 수립에 직접 참여하는 것은 아니다. 예를 들면, 공공의 일에 관해 국가의 모든 시민이 정확히 알고 있으며, 공동 관심사에 참여하고, 투표할 뿐만 아니라 교대로 공공 직책을 수행하는 조그만 공동체를 생각해보자. 이제 이 같은 공동체가 몇몇 경제적 이득을 위해 또는 자국의 정치체제를 전파할 목적으로 주변국에 대항해 부당한 형태의 전쟁을 시도해 수행하고 있다고 가정해보자. 이는 결코 자위(自衛) 차원의 문제가 아닐 것이다. 즉 어느 누구도 이 국가를 공격한 바 없으며, 공격하고자 하지 않았다. 그러면 이 전쟁과 관련해 누가 책임져야 하는가? 분명히 말하지만, 전쟁에 찬성한 사람뿐만 아니라 전쟁을 기획하고, 시작하며, 수행하는 과정에서 협조한 모든 사람에게 책임이 있을 것이다. 전투를 수행하고 있는 군인들은 군인으로서 책임이 없다. 그러나 전투 관련 결심에 참여할 수 있을 정도의 나이가 됐다면 국가의 국민으로서 군인들이 책임이 있다.[18]

Doing and Deserving.

18) 군인으로서 이들이 책임이 없는 것은 무슨 이유 때문인가? 이 군인들이 도덕적으로 전쟁에 반대할 책임이 있다면, 전투 수행을 거부할 책임은 왜 없는가? 여기에 대한 답변은 이들이 전쟁에 반대할 것인지의 여부를 개인 자격으로 판단하고 있지만 정치적 공동체의 구성원으로서 싸우고 있다는 점이다. 이미 3장에서 기술한 모든 도덕 및 물질적 압박을 받으며 집단 차원의 결심이 있게 된다. 전투를 거부하는 경우 이들은 매우 잘 행동하고 있을 것이다.

이들 모두는 정확히 침략의 죄를 짓고 있다. 이 경우 우리는 지체 없이 이들을 공공연히 비난할 것이다. 이들의 전쟁 동기가 자신들에게 전적으로 공정해 보였던 경제적 이익 내지는 정치적 열망인 경우에도 별다른 차이는 없을 것이다. 이들 모든 경우에서 이들 전쟁의 희생자가 흘린 피가 이들에게 불만을 토로할 것이다.

침략전쟁에 반대한 사람 내지는 침략전쟁의 수행과 관련해 협조하지 않은 사람들은 비난할 수 없을 것이다. 그러면 반대도 찬성도 하지 않은 민간인 집단은 어떻게 할 것인가? 투표에 참여했더라면 침략전쟁을 피할 수도 있었을 것인데, 게을러서, 관심이 없어서, 논란의 사안과 관련해 특정 측을 지지하기가 두려워서 이들이 투표에 참여하지 않았다고 가정해보자. 전쟁 수행 여부를 결정짓는 투표일이 임시 공휴일이었는데, 이들이 자신의 정원에서 시간을 보냈다고 가정해보자. 침략전쟁과 관련해 죄가 없는 경우에서조차 이들은 도덕적으로 비난받아야 할 것이다. 투표를 통해 전쟁에 반대했던 동료 시민들이 무관심과 나태를 놓고 이들을 비난할 수 있을 것이다. 그레이는 "자유 국가의 어느 누구도 전쟁 예방 또는 범죄 예방 차원에서 해야 할 일을 하지 않았다는 점과 관련해 이웃 사람들을 비방하

한편 자신의 동료들에 대항할 정도의 확신과 용기가 있다면 이들을 존경해야 마땅할 것이다. 민주주의 국가의 경우 이 같은 사람들을 존경해야 할 것이라고, 이들의 전쟁 거부를 용인해야 할 것이라고 나의 경우 도처에서 주장한 바 있다(*Obligations*의 "Conscientious Objection"라는 나의 에세이 참조). 그러나 이것이 전쟁에 참여하고 있는 여타 사람들을 죄인으로 지칭할 수 있음을 의미하는 것은 아니다. '최후의 수단'으로 악당들이 이처럼 전쟁에 참여할 수도 있다. 그러나 평범한 사람들 또한 일상적으로 전쟁에 참여하게 된다. 전쟁 참여와 관련해서는 새로운 종류의 관용이 요구된다. 그러나 전쟁에 반대하는 사람들의 경우 자신의 동료들과 함께 전쟁 위기를 공유할 수밖에 없다고 느끼는 경우에서조차 장교 내지는 관료가 되지 않으려 할 것으로 기대해야 할 것이다.

는 것은 정당치 못하다. ……그러나 개개인은……자신을 비난할 수 있다……"[19]고 주장했다. 앞의 사례는 이 같은 그레이의 주장에 반대되는 경우다. 완벽한 민주주의 국가의 경우는 개개인이 여타 사람들의 의무에 관해 매우 잘 알고 있으며, 정당한 비난이 불가능한 일이 아닐 것이다.

전쟁 수행 여부와 관련이 있는 투표에 단순히 참여하는 것이 아니고 투표장 밖에서 집회를 열고, 시위를 벌이며, 재투표를 목적으로 조직적으로 행동했더라면 패전국 시민의 일부가 전쟁을 방지할 수 있었을 것으로 생각해보자. 이들 행위 중 어느 것도 지나칠 정도로 위험한 형태가 아니었던 반면 전쟁에 대한 이들의 반대 정도가 강력하지 않았다는 점에서 이들이 이 같은 조치를 취하지 않았다고 가정해보자. 즉 전쟁이 부당한 형태인 반면 이들이 전쟁의 결과를 두려워하지 않았으며, 신속한 승리를 희망하고 있었다는 등의 경우를 가정해보자. 투표장에 가지 않을 정도로 게으른 시민과 비교해 보면, 그 정도는 낮지만 이들 또한 비난받아 마땅할 것이다.

마지막의 두 사례는 "별다른 대가를 지불하지 않으면서 훌륭한 일을 할 수 있으면 마땅히 훌륭한 일을 해야 한다"고 우리가 통상 말하는 국가 내부에서의 '선량한 사마리아인'의 경우와 유사하다. 그러나 문제의 사안이 전쟁인 경우 책임이 보다 막중해진다. 왜냐하면 이는 훌륭한 일을 수행하는 문제가 아니고 심각한 해악, 자신의 정치적 공동체의 이름으로 수행될 가능성이 있는 해악을 예방하는 문제이기 때문이다. 어느 의미에서 보면, 자신의 이름으로 수행될 해악을 예방하는 문제이기 때문이다. 아직도 해당 공동체가 완벽한 민주

19) *The Warriors*, p. 199.

주의 체제라고 가정하면, 자신의 이름을 국가의 명부에서 지워버릴 때에만 비난받지 않을 것으로 보인다. 이것이 시민권 내지는 충성심을 포기하고 혁명가 또는 망명자가 돼야 한다는 의미는 아니다. 그러나 전쟁을 예방 또는 중지시킬 목적에서 무시무시한 모험을 수용하기 바로 직전까지 자신이 할 수 있는 모든 것을 해야 할 것이다. 모든 공공 행위와 관련해 반드시 그런 것은 아니지만 전쟁 정책과 관련해 자신의 이름을 철회해야 할 것이다. 왜냐하면 그의 경우는 자신과 동료 시민들이 쟁취한 민주주의를 아직도 존중할 가능성이 있기 때문이다. 이는 "능력이 있을수록 보다 많이 일해야 한다"는 그레이의 금언이 의미하는 바이다.

이제 완벽한 민주주의 국가에서 말하는 신화(神話)를 배제하고, 보다 현실적인 모습을 그려볼 수 있을 것이다. 전쟁에 돌입하는 국가가 평범한 국민들과 어느 정도 동떨어져 있는 강력하고도 오만한 관리들이 통제하고 있는 미국과 같은 거대한 국가일 수 있다. 이들 관리 또는 이들 중 선도적인 인물의 경우는 민주적 선거를 통해 선발된다. 그러나 선거 당시 우리는 이들의 계획과 공약에 관해 거의 알고 있지 못한 실정이다. 국민들이 종종 정치에 참여하고는 있지만, 참여에 따른 효과는 제한적이다. 또한 국민들의 정치적 참여가 이들 동떨어져 있는 관리들이 부분적으로 통제하고 있는 언론매체에 의해 어느 정도 조정되고 있다. 어떻든 뉴스로 인해 엄청날 정도의 왜곡이 있을 수 있는 실정이다. 정치적 공동체가 일정 수준에 도달한 순간 우리가 바랄 수 있는 최상의 정치가 이 같은 형태일 수도 있다. 완벽한 형태의 민주주의 국가에서와 달리 여기서는 책임의 강요가 더 이상 용이치 않다. 이들 동떨어져 있는 관리를 제왕처럼 생각하고 싶은 사람은 없을 것이다. 그러나 국가의 특정 행위, 비밀리에 준비됐거나 갑자기 시도된 행위와 관련해 이들은 제왕의 책임을 감당하게 된다.

이 같은 국가가 침략을 염두에 둔 전역(戰役)에 착수한 경우 베트남전쟁 당시의 미국인처럼 전쟁이 정당성을 확보하게 될 것이라고 주장하면서 국민들이 국가의 정책에 동참할 가능성이 높다. 즉 '전쟁의 정당성' 여부를 확신할 수 있는 입장이 아니며, 국가의 지도자들이 상황을 가장 잘 알고 있는 상태에서 그럴듯한 내용을 자신들에게 일러주고 있을 뿐만 아니라 자신이 할 수 있는 것 중에서 별다른 차이를 야기할 수 있는 부분이 없다고 주장하며 이들 국민이 국가의 정책에 동조할 가능성이 있다. 자국 사회를 올바로 반영하고 있지는 않지만 이 논거들은 결코 비도덕적인 형태는 아니다. 전쟁과 관련해 홀로 사고하는 경우 있을 수 있는 난관을 피하고자 노력하는 시민이라면 이 같은 논거를 신속히 제기할 수 있을 것이다. 이들은 침략전쟁과 관련해서가 아니고 시민으로서 올바른 신념을 견지하고 있지 못하다는 이유로 비난받거나, 비난받을 가능성이 있다. 그러나 이는 비난하기 어려운 부분이다. 왜냐하면 이들의 매일의 생활에서 시민권이 이처럼 작은 역할을 하고 있기 때문이다. "정부의 심각한 규제뿐만 아니라 실질적인 억압이 없다"는 공적인 의미에서만, 이 같은 국가의 국민의 경우 '공공 영역(Communal sphere)에서의 자유로운 행위'가 가능해질 것이다. 아마도 '공공 영역'이 존재하지 않는다고 말해야 할 것이다. 왜냐하면 이 같은 '공공 영역'을 조성하고 이것에 의미를 부여하고 있는 부분은 매일의 책임 감당뿐이기 때문이다. 이들 국민 내부에서의 애국적인 열정과 '전쟁 열기'조차도 상황을 잘못 알고 있다는 점에 의해 조장될 가능성이 있는 반사적이고도 처절한 일체화와 다름이 없을 것이다. 이들뿐만 아니라 전투에 참여하고 있는 군인들이 전쟁과 관련해 비난받을 수 없다고 혹자는 말할 수 있을 것이다. 왜냐하면 이는 이들의 전쟁이 아니기 때문이다.[20)]

그러나 이 같은 국가에서조차 모든 시민을 이처럼 설명함은 분명히 말해 잘못일 것이다. 왜냐하면 정치학자들이 대외정책 엘리트로 지칭하고 있는 집단의 구성원이며, 국가의 지휘부와 그다지 동떨어져 있지 않은 보다 박식한 부류가 존재하기 때문이다. 또한 이들과 접촉하고 있는 여타 사람들과 함께 이들 가운데 일부 집단이 반대세력을 구성하거나 반전(反戰) 운동을 전개할 가능성이 있기 때문이다. 전쟁이 침략적 성격인 반면 이 같은 반대 집단에 합류하지 않은 경우 모든 지식인 집단을 비난 받아야 할 집단으로 간주할 수도 있을 것이다.[21)] 이처럼 말할 수 있으려면 이들이 지식이 있을 뿐만 아니라 정치적 가능성에 관해 감각이 있는 것으로 가정해야 할 것이다. 그러나 1960년대 후반과 1970년대 초반의 미국처럼 불완전한 민주주의의 사례를 보면, 이 같은 가정이 전혀 터무니없는 것이 아닌 듯 보인다. 분명히 말하지만, 국가의 엘리트, 정당의 지도자, 종교단체, 특히 이들 단체의 지적인 지도자 및 대변인 내부에는 이 같은 지식

20) 『안네의 일기』의 다음의 부분을 보라. "정부와 자본주의자들만이 침략의 죄를 범할 수 있다고 생각지 않는다. 진정 아니다. 평범한 사람들조차 침략을 매우 좋아한다. 그렇지 않았다면 이미 오래전에 세상 사람들이 침략에 대항해 봉기했을 것이기 때문이다." 평범한 사람들조차 침략을 좋아한다는 안네의 말이 옳다고 생각된다. 나는 이 점과 관련해 관용을 베풀 마음은 없다. 그러나 이들 모두에도 불구하고 이들 평범한 사람을 우리는 전범으로 지칭하지 않는다. 나는 우리가 이들을 전범으로 지칭하지 않는 이유를 설명하고자 노력하고 있다.(*The Diary of a Young Girl*, trans, B. M. Mooyaart-Doubleday, New York, 1993, p. 201.)

21) Richard A. Falk, "The Circle of Responsibility," in *Crimes of War*, ed. Falk, G. Kolko, and R. J. Lifton (New York, 1971), p. 230: "책임의 범주는 해당 전쟁의 불법성과 부도덕성에 관해 알고 있거나 알아야 할 사람을 중심으로 그리게 된다."

과 기회가 충분히 있었다. 오늘날의 정부에서 수행하고 있는 역할을 찬양한다는 의미에서 노암 촘스키(Noam Chomsky)는 이들을 '새로운 만다린'으로 지칭했다.22) 미국의 베트남 침공과 관련해 말하면, 이들 중 많은 사람이 도덕적으로 공범(共犯)인 것은 분명하다. 이들 중 많은 사람이 베트남전쟁에 관한 자신들의 판단에 잘못이 있었으며, 특정 사실을 제대로 알지 못했을 뿐만 아니라 사실이 아닌데 사실로 생각했거나 결코 실현될 수 없는 결과를 희망했다고 말한 바 있다. 이들에 대해 우리 또한 이처럼 말할 수 있을 것이다. 일반적으로 도덕적 생활에서 우리는 잘못된 신념, 오보(誤報)뿐만 아니라 정직한 실수를 참작해주고 있다. 그러나 침략 및 잔혹 행위에 관한 이야기에는 더 이상 이처럼 참작해줄 수 없는 시점이 있다. 이 같은 시점을 여기서 지정할 수 없으며, 특정인의 책임을 거론할 생각도 없다. 또한 이처럼 할 수 있다고도 생각하지 않는다. 도덕적 결산이 어렵고 정확치 않은 불완전한 민주적 상황에서도 책임져야 할 사람이 존재한다는 점을 주장하고자 할 따름이다.

베트남전쟁과 관련해 도덕적 측면에서 부담을 감당한 사람은 나름의 지식으로 인해 반전운동을 전개했던 일부 사람들이었다. 이들은 베트남전쟁을 종료시킬 목적에서 충분히 노력했는지 여부, 충분한 시간과 열정을 투여했는지 여부, 가능한 한 효과적으로 일했는지 여부와 관련해 서로를 나무랄 가능성이 많은 사람들이었다. 이들을 제외한 대부분의 미국인들은 베트남전쟁을 바람직하지 않은 전쟁으로, 또는 마지못해 합류하기 이전에는 흥미로운 정경으로 생각했다. 미국 정부와 견해를 달리하고 있던 사람들의 입장에서 보면 베트남전

22) *American Power and the New Mandarins* (New York, 1969).

쟁은 일종의 도덕적 고문과 다름이 없었다. 그레이가 묘사하고 있듯이 해야 할 일과 관련해 처절한 논쟁을 벌이며 서로를 몹시 괴롭혔지만 이는 자학(自虐) 행위와 다름이 없었다. 이 같은 자학 행위로 인해 여타 사람과 비교해 자신들이 정당하다는 관념이 조성됐다. 침략전쟁에서 그리고 대중이 암묵적으로 동의하는 상황에서 충분히 이해되는 현상이지만, 이는 좌파(左派) 특유의 오류다. 그러나 이처럼 자신들의 정당성을 주장하는 행위는 전쟁에 관해 심사숙고해보라고, 반전 시위에 동참하라고 동료 시민들에게 요구할 때에는 유용한 방안이 아니다. 베트남전쟁과 관련해서도 이는 유용한 방안이 아니었다. 이 같은 목적에 도움이 될 수 있는 방책이 무엇인지는 쉽게 알 수 없다. 이 순간 정치가 어려운 문제가 된다. 그러나 비교적 어렵지 않은 반면, 해야 할 지적(知的)인 작업이 없지 않다. 즉 가능한 한 실감나게 '전쟁의 도덕적 실상'을 묘사하고, 국민들에게 강제로 전투를 수행토록 하는 것의 의미와 관련해 토론을 벌여야 할 것이다. 뿐만 아니라 민주적 책임의 본질을 분석해야 할 것이다. 적어도 이들은 달성 가능한 과업이다. 이들은 이들 과업과 관련해 훈련받은 사람들에게 도덕적으로 요구되는 부분이다. 원정(遠征) 형태로 전쟁을 수행하고 있는 미국과 같은 민주주의 국가의 경우는 이들 과업의 수행이 결코 위험한 일이 아니다. 이 같은 국가의 국민들의 경우는 시간적으로 경청 및 사고할 수 있는 여유가 있다. 이들은 긴박한 위험 상태에 있지 않다. 마지막으로, 무장한 사람, 즉 군인들의 도덕적 생활을 고려할 때 알게 되겠지만, 이들이 감당해야 할 부담과 비교해보면, 전쟁은 보다 혹독한 부담을 강요하고 있다.

|제19장|

전쟁범죄 : 병사와 장교

이제 우리는 전쟁의 전반적인 정당성이 아니고 전쟁 수행에 관심이 있다.[1] 왜냐하면 이미 내가 주장한 바처럼 병사들의 경우 자신들이 싸우고 있는 전쟁의 전반적인 정당성과 관련해 책임이 없기 때문이다. 이들의 책임은 자신들의 행위와 권한의 범주에 의해 제한받게 된다. 그러니 이 같은 범주 안에서 이들의 책임이 충분히 현실적이며, 종종 문제가 되고 있다. '6일 전쟁'에 참전했던 이스라엘의 한 장교는 다음과 같이 말하고 있다. "특정 단계에서 도덕적 결심을 내리고, 나름의 선택을 하지 않는 병사는 단 한 명도 없다. ……전쟁이 신속히 종료됐을 뿐만 아니라 현대화됐음에도 불구하고 병사들이 단순한 기술자로 전락된 것은 아니다. 병사의 경우는 진정 의미 있는 결심을 내려야 했다."[2] 이 같은 종류의 결심을 내려야 하는 경우 병

1) '전쟁의 정당성'이 아니고 '전쟁에서의 정당성'에 관심이 있다는 의미다.(옮긴이)

2) *The Seventh Day: Soldiers Talk About the Six Day War* (London, 1970), p. 126.

사들은 분명히 책임이 있다. 이들은 자신이 살상하겠다고 위협하고 있는 사람들의 기본적인 인권과 대립하기 직전까지 유용성과 비례성의 기준을 적용해야 한다. 그러나 유용성과 비례성 관련 판단은 야전의 병사들에게 매우 어려운 문제다. 군사적 행위를 가장 효과적으로 제한하는 요소는 권리에 관한 교리다. 그 이유는 권리에 관한 교리의 경우 계산을 허용치 않으며, 엄격하고도 신속히 기준들을 설정하기 때문이다. 따라서 최초 사례로서 권리의 위배에 관한 구체적인 사례들과 이 위배들과 관련해 병사들이 통상 제기하는 항변에 초점을 맞추고자 한다. 병사들의 항변에는 기본적으로 두 가지 종류가 있다. 첫 번째 종류는 '전투의 열기(熱氣)'와 이 같은 열기에 따른 열정 내지는 광기에 관한 것이다. 두 번째 종류는 군기(軍紀) 체계와 이것이 요구하는 복종에 관한 것이다. 이것들은 진정 의미 있는 항변이다. 그러나 이 항변들은 전시 자아(自我)의 상실을 암시하고 있다. 또한 대부분의 경우 자신들이 감내하고 있는 전투와 기강을 대부분의 병사들이 직접 선택하지 않고 있음을 상기시켜주고 있다. 그러면 병사들의 자유와 책임이 위치해 있는 곳은 어디인가?

그러나 전쟁의 강압 및 히스테리와 자유의 영역을 구분하고자 노력하기 전에 고려해야 할 사안이 있다. 전쟁규약에서는 무고한 사람을 살해하기보다는 스스로 모험을 감수하라고 병사들에게 요구하고 있다. 이 같은 요구는 전투 상황에 따라 달라진다. 이들 서로 다른 형태의 요구사항들을 나는 상세히 논의한 바 있다. 이제 나의 관심은 이 같은 요구사항 자체다. 여기서의 규칙은 엄격한데, 이는 적과 대적할 때 자신을 보호해야 한다는 점이 전쟁규칙을 위배하기 위한 명분이 될 수 없다는 점이다. 즉 자신을 보호할 목적으로 전쟁규칙을 위배할 수 없다는 점이다. 여객선의 승무원과 고객의 관계는 군인과 민간인의 관계와 동일하다. 여객선의 승무원이 고객을 위해 목숨 바쳐야 하는 것과 마찬가지로 군인은 민간인을 위해 자신의 목숨을 바쳐야 한다. 분명히 말하지만, 이처럼 말하기는 쉽지만 행동하기는 쉽지 않다. 그러나 이 같은 규칙이 절대적인 형태라면 이 모험의 정도는 그렇지 않다. 즉 이는 정도의 문제다. 여기서의 요지는 군인들의 경우 무고한 사람을 희생해가며 자신의 안전을 고양시킬 수 없다는 점이다.3) 이것을 직업으로서 군인의 길을 선택한 것에 따른 책임이라고 말할 수 있을 것이다. 대부분의 병사들이 그렇듯이 마지못해 직책을 수행하고 있는 사람들이 이 같은 책임을 감당할 수 있을 것인지 의문이다. 납치된 선원들이 관리하고 있는 여객선을 상상해

3) 법률 서적에서 종종 논의되고 있는 가설적인 사례를 인용해 텔포드 테일러(Telford Taylor)는 이 규칙의 예외적인 경우를 제안하고 있다. 특수 임무를 수행하고 있거나 주력 부대로부터 고립돼 있는 소부대가 "포로 경계 목적의 요원도 할당할 수 없는 상황에서……포로를 데리고 다니면 임무의 성공 내지는 부대의 안녕이 지대한 영향을 받는 상황"에서 포로를 데리고 있다고 가정해 보자. 이들 포로가 '군사적 필연성'의 원칙에 따라 사살될 가능성이 있다고 테일러는 말하고 있다.(*Nuremberg and Vietnam*, 1970, p. 36.) 그러나 임무가 완수돼 부대의 안녕만이 문제가 되고 있다면, 이들 포로를 살해할 때 호소할 수 있는 명목은 '자기 보호'일 것이다. 이 경우와 관련해서는 필연성에 근거한 논거를 법학자들이 수용하지 않았다. 즉 '자기 보호'에 따른 논거가 보다 많은 지지를 받았다. 예를 들면, 북군의 '군의 규약(Military code)'에서 프랜시스 리버(Francis Lieber)는 다음과 같이 기술하고 있다. "부대의 안녕으로 인해 포로에 신경 쓸 여유가 없는 경우……지휘관은 이들 포로에 신경 쓰지 말라고 부하들에게 지시할 수 있다."(Taylor, p. 35n) 그러나 이 경우 포로를 무장 해제시킨 후 풀어줘야 할 것이다. 포로를 데리고 다닐 수 없는 경우에서조차 이들을 풀어주는 것이 불가능하지는 않을 것이다. 이처럼 풀어주면 나름의 모험이 따를 수도 있을 것이다. 그러나 이 모험은 군인들이 수용해야만 하는 형태다. 부상자들을 방치하는 것에 따른 모험과 이는 동일한 형태다. 그러나 이 모험이 이들을 살해해야 할 충분한 이유는 되지 못한다. 이 문제들에 관한 유용한 논의를 보려면 다음을 참조하라. Marshall Cohen, "Morality and the Laws of War," in Held, Morgenbesser, and Nagel, eds., *Philosophy, Morality, and International Affairs*, New York, 1974, pp. 76-78.

보자. 배가 침몰할 때 선원들이 자신의 안전을 돌보기 전에 승객들의 안전을 돌봐야 할 의무가 있다고 말할 수 있는가?

이 같은 질문에 어떻게 답변해야 할지 잘 모르겠다. 그러나 강압으로 인해 마지못해 일하는 선원과 징집된 병사는 중요한 차이가 있다. 이 여객선 승무원의 경우 상대방의 선박을 침몰시키고자 노력하지 않는 반면 징집된 병사들은 이처럼 노력하게 된다. 징집된 병사들의 경우는 무고한 사람들에게 위기를 강요하게 된다. 즉 이들은 위기를 야기하는 원천일 뿐만 아니라 원인이다. 따라서 징집된 군인들이 강요하는 위기는 자신을 살리고 무고한 사람의 죽음을 방치하는 문제가 아니고, 승리의 가능성을 높일 목적으로 무고한 사람을 죽이는 문제다. 그런데 어느 누구도 이처럼 할 수 없다는 점에서 병사들의 경우 이처럼 할 수 없을 것이다. 실제로는 군인의 책임이 군인의 직책에 의해 조정되지 않는다. 군인의 책임은 자발성 여부와 무관하게 군인들이 하는 행위에 기인한다. 또는 적어도 우리가 군인들을 '도덕적 행위자(Moral agent)'[4]로 간주하고 있는 한 군인의 책임은 이 같은 행위에 기인한다. 이는 이들을 강압적으로 움직이는 '도덕적 행위자'로 간주하는 경우에도 마찬가지다.[5] 군인은 단순한 도

4) 도덕적 행위자는 결심 또는 행동과 관련해 책임을 지울 수 있는 대상을 의미한다. 권리와 책임이 있는 대상이 도덕적 행위자다. 왜냐하면 도덕적 행위자는 선택하도록 할 수 있으며, 선택할 능력이 있는 대상이기 때문이다. 특정인 또는 특정 대상이 비난받아야 된다고 생각하지 않는 경우, 도덕적 행위뿐만 아니라 권리 및 책임을 부인하고 있는 것과 다름이 없다. 도덕적 행위자가 됐다는 것은 도덕적 결심을 성공적으로 하고 있거나, 지적(知的)이거나 올바른 사람이란 의미가 아니다. 이는 비난받을 수 있는 대상에 속해 있다는 것을 의미한다. 나를 구타하고 있는 사람이 도덕적 행위자가 아닌 경우, 나는 그가 하는 행위와 관련해 그를 비난할 수 없다. 누구를 비난하고 있다는 것은 그를 도덕적 행위자로 취급하고 있다는 의미다. 참조 : 인터넷 자료.(옮긴이)

5) 이 점은 댄 리틀(Dan Little)에 기인하고 있다.

구가 아니다. 무기와 군인의 관계와 군인과 군의 관계는 다르다. 즉 무기는 군인의 단순한 도구인 반면 군인은 군의 단순한 도구가 아니다. 살상 여부를 선택하고, 상대방에게 위기를 강요할 것인지 아니면 스스로 위기를 감수할 것인지를 선택하고 있다는 점에서 우리는 군인들에게 특정 방식으로 선택하라고 요구하게 된다. 이 같은 요구로 인해 전투에서의 이들의 권리 및 의무의 전반적인 유형이 영향 받게 된다. 한편 이 같은 유형을 벗어나는 경우 이들은 전반적으로 이 같은 요구 자체를 부인하지 않는데, 이는 중요한 의미가 있다. 그와는 달리 이들은 자신들이 요구사항을 충족시킬 수 없는 입장이었다고 주장하게 된다. 즉 죄를 범할 당시 자신들이 '도덕적 행위자'가 아니었다고 주장하게 된다.

전투의 열기 속에서

포로학살에 관한 두 사례

제1차 세계대전에 관한 훌륭한 자서전에서 그레이 채프먼(Gray Chapman)은 다음과 같은 이야기를 전해주고 있다. 피비린내 나는 전투를 통해 참호의 특정 선(線)에서 다음번 선으로 진격한 채프먼은 동료 장교를 만났다. 동료 장교는 "생기가 없고 수척한 모습이었지만 피곤했기 때문은 아니었다." 채프먼은 그 이유를 물었다.[6]

6) Guy Chapman, *A Passionate Prodigality* (New York, 1966), pp. 99-100.

"나도 모르겠어. 아무것도 아니야. ……적어도……이봐, 어제 아침에 이 참호들에서 많은 포로를 생포했어. 이 참호들에 도달했을 때 참호에서 한 장교가 뛰쳐나왔어. 그 장교는 한 손을 머리에 올린 채 다른 한 손에 망원경을 들고 있었지. 망원경을 하사관에게 건네주며 장교가 이렇게 말했어. '하사관, 항복하세.' 그러자 하사관은 '감사합니다' 하고 말했어. 왼손으로 망원경을 받아든 하사관은 총기를 팔꿈치 아래로 내리더니 장교의 머리를 겨냥해 발사했어. 어떻게 하면 좋을지 모르겠어."

나는 다음과 같이 대답했다. "자네가 무엇을 할 수 있다고 생각되지 않아. 또한 문제의 하사관을 비난해야 한다고 생각되지 않아. 참호에 도달했을 때 그는 너무나 흥분한 나머지 반은 미쳐 있었음에 틀림이 없어. 그가 제정신에서 행동했다고 생각되지 않아. 일단 시동이 걸리면, 자동차 엔진의 경우와 달리 '살인의 시동'은 쉽게 끌 수 없지. 그 하사관은 좋은 친구야. 아마도 그는 제정신이 아니었을 거야."

"그 하사관만 그처럼 한 건 아니야. 같은 일을 한 또 다른 사람이 있어."

"어떻든 이제 무엇을 할 수 있기에는 너무나 늦었잖아. 그 하사관과 장교를 즉각 사살했어야만 했다고 생각돼. 이제 최선의 방안은 잊는 거야."

전시에는 종종 이 같은 일이 발생한다. 한편 이는 통상 용서된다. 채프먼의 논거는 어느 정도 타당성이 있다. 이는 일시적인 광기에 대한 변명이나 다름이 없다. 이는 전투에서 시작돼 살인으로 종료되는 일종의 '살인 열기'를 암시하고 있다. 그런데 전투와 살인의 경계선을 군인들은 종종 망각하고 있다. 또는 자신이 더 이상 위험한 상태에 있지 않다는 점을 인지하지 못할 정도의 '공포의 열기'를 이것은 암시해주고 있다. 진정 군인은 마음먹은 대로 시동을 걸었다고 끌 수 있는 기계가 아니다. 군인의 이 같은 어려운 사정을 동정어린 눈초리로 바라보지 않는다면, 올바를 수는 있지만 비인간적일 것이다. 항복 도중 적군이 종종 살해되고 있는 것이 사실이라면, 일부 군인들이 '불필요한 살인'을 자행하고 있다는 것도 사실이다. 전투 당시의 심적인 상태와 무관하게, 대부분의 군인들은 가능한 한 조속히 살인을 중지할 준비가 돼 있는 듯 보인다. 이 같은 사실은 도덕적 측면에서 중요한 의미가 있다. 왜냐하면 이것이 대부분의 사람들이 '항복의 권리'를 인정하고 있음을 암시해주고 있기 때문이다. 또한 종종 그렇듯이 이 같은 권리가 전투의 와중에도 인정되고 있음을 이것이 입증해주고 있다. 최근 한 철학자는 "전쟁으로 인해……중요한 의미에서 군인들 모두가 정신병자가 되고 있다"[7]고 기술한 바 있다. 간단히 말해 이는 사실이 아니다. 이 철학자는 이처럼 하는 것이 아니라 일부 군인을 대상으로 논거를 전개해야 할 것이다. 개개 병사들이 '전투의 열기' 속에서 수행한 부분들을 참작해주는 것은 이 병사들과 여타 병사를 구분해주는 그 무엇 또는 이들이 처해 있던 상황과 일반적인 상황을 구분해주는 그 무엇에 관해 우리가 어느 정도 알고 있기 때문이다. 아마도 자신을 체포하는 사람을 살해할 목적으로 위장 항복한 적군과 이들이 조우한 적이 있을 수도 있다. 이 경우는 이 적군의 전시 권리가 문제시된다. 왜냐하면 이 경우 '불필요한 살인'의 순간이 언제인지 잘 알 수 없기 때문이다. 또한 이들이 어느 정도 긴장해 있거나, 지나치게 오랫동안 전투를 수행했다는 점

---

7) Richard Wasserstrom, "The Responsibility of the Individual for War Crimes," in *Philosophy, Morality, and International Affairs*, p. 62.

으로 인해 신경쇠약에 근접해 있을 수도 있을 것이다. 그러나 개개 병사의 행위를 참작하도록 해주는 일반적인 규칙은 없다. 적어도 종종, 군인들은 전시의 살상과 관련해 전투 이후 비난받거나 처벌받아야 할 것이다. 물론 살상 현장에서의 '즉결 심판'은 최상의 방식은 아닐 것이다. 분명히 말하지만, 전투에 열중하다 보니 전혀 자제할 수 없었다고 말하는 방식으로 이 같은 자제 부재가 용서받을 수 있다고 이들이 믿게 해서는 안 될 것이다.

그러나 동정심 때문이 아니라 나름의 계산에 근거해, '전투의 열기' 때문이 아니고 전투 중에 있는 병사들의 열기를 높일 목적에서 이 같은 믿음을 조장하는 장교들이 있다. 제2차 세계대전에서의 정글 전투를 가장 잘 묘사하고 있는 책 중 하나인 『씬 레드 라인(*The Thin Red Line*)』이란 책에서 제임스 존스(James Johns)는 '불필요한 살인'에 관한 또 다른 사례를 말해주고 있다.[8] 그는 구성원들이 피를 흘려본 경험이 없으며, 전투력을 자신하지 못하고 있던 육군 신생 부대의 부대원들에 관해 설명하고 있다. 정글 속으로 고된 행군을 하고 있던 이들은 일본군 진지(陣地)와 마주쳤다. 단기간 동안 격렬한 전투가 벌어졌다. 어느 순간 일본군 병사들이 항복하기 시작했다. 그러나 몇몇 미군은 사살을 멈출 수 없었으며, 멈추려 하지 않았다.[9] 총격전이 종료된 이후에도 일종의 도취감에 빠져있던 몇몇 미군이 자제력을 상실한 채 항복한 일본군을 야만적으로 다뤘다. 이 같은 모습을 지켜보고 있던 미군 지휘관은 아무런 조치도 취하지 않았다. "그는 이곳에서의 승리 이후 이들 미군에게 다가온 강인한 정신을

8) *The Thin Red Line* (New York, 1964), pp. 271-78.
9) 오늘날의 전투 와중에서 항복의 어려움에 관해 알고자 하면 다음을 참조하라. John Keegan, *The Face of Battle*, p. 322.

희생시키고 싶지 않았다. 몇몇 일본군을 때리거나 살해하는 것과 비교해 이 같은 정신의 유지가 보다 중요한 의미가 있었다."

플라톤의 가디언(Guardian)10)과 마찬가지로 군인은 '용기 있는 사람'이 돼야 한다. 그러나 존스의 글에 등장하는 대령은 용기의 본질을 잘못 이해하고 있었다. 제대로 기강이 정립돼 있으며, 자신을 가장 잘 통제하고 있을 뿐만 아니라 직분에 적합한 방식으로 자제력을 발휘하는 순간 군인들이 가장 잘 싸운다는 점은 거의 분명한 사실이다. '불필요한 살인'은 강인성이 아니라 히스테리를 보여주는 표시다. 히스테리는 잘못된 형태의 용기다. 그러나 존스의 글에 등장하는 대령의 계산이 옳은 경우에서조차 가능하다면 대령은 병사들의 살인을 중지시켰어야 했을 것이다. 왜냐하면 포로를 희생시켜가며 부하들을 훈련시키고 강인하게 만들 수 없기 때문이다. 그는 향후에 이 같은 살인이 없도록 할 목적에서 나름의 방식으로 행동할 책임이 있다. 소위 말하는 지휘책임에서 이는 가장 중요한 부분이다. 지휘책임과 관련해서는 추후 상세히 다룰 예정이다. 하지만 여기서 지휘책임이 매우 막중한 책임이란 점은 강조할 필요가 있다 왜냐하면 장교의 매일의 행위로 인해 조성되는 분위기뿐만 아니라 장교 자신을 통해 표현되는 군의 일반적인 정책이 '전쟁의 열기'와 비교해 '불필요한 살인'과 보다 많은 관계가 있기 때문이다. 그러나 이것이 이처럼 '불필요한 살인'을 자행한 병사들을 용서해야 한다는 의미는 아니다. 재차 말하지만 이는 '전쟁의 열기'가 아니라 '살인 광기'가 문제의 사안임을 암시해주고 있다. 군이 나름의 기강이 잡혀 있는 조직이란 점에서 보면 이 같은 '살인 광기'와 관련해 개개 병사가 전적으로 책

---

10) 사회를 통치하는 직업계층으로, 군인과 통치자를 의미한다. 인터넷 자료 참조.(옮긴이)

임이 있는 것은 아닐 것이다. 이처럼 전적으로 책임이 없는 경우에서조차 병사들은 자신의 '살인 광기'와 관련해 항상 책임이 있다.

'형사적 책임'은 나누지 않고도 물을 수 있다는 특징이 있다. 다시 말해, 우리는 비난을 나누지 않고도 특정 행위와 관련해 한 명 이상의 사람을 비난할 수 있다.[11] 항복하려 하는 군인을 사살한 경우는 특별한 사정이 없다면 발사한 사람에게 전적으로 책임이 있다. 한편 살인 행위를 방지할 권한이 있었다면 이 같은 살인을 묵인하고 조장한 장교가 전적으로 책임이 있다. 아마도 우리는 냉혈한이라며 장교를 보다 많이 비난할 것이다. 그러나 나는 이 같은 문제와 관련해 전투에 참여하고 있는 병사들 또한 높은 수준을 유지해야 한다는 점을 언급하고자 노력했다. 이 병사들 또한 상대방 병사가 높은 수준을 유지하고 있기를 바랄 것이다. 그러나 전투원들이 포로를 데리고 다니지 말라는 명령을 받았거나 데리고 다니는 포로를 학살하라는 명령을 받은 경우 또는 적의 민간인을 사살하라는 명령을 받은 경우는 상황이 크게 달라질 수 있다. 여기서 이 문제가 되는 것은 전투원의 흉악성이 아니고 장교들의 흉악성이다. 이 전투원들은 장교의 명령에 불복종하는 방식으로만 도덕적으로 행동할 수 있게 된다. 이 경우 우리는 책임을 분배할 뿐만 아니라 나누는 경향이 있다. 즉 우리는 명령에 따라 움직이는 병사들의 행위가 전적으로 이들의 행위인 것은 아니라고 생각하게 된다. 또한 이들의 책임이 어느 정도 경감된다고 생각하게 된다.

---

11) 이 같은 점에 관한 다음의 토론을 참조하라. Samuel David Resnick, *Moral Responsibility and Democratic Theory*, unpublished Ph.D. dissertation (Harvard University, 1972).

상관의 명령

미라이 학살

'미라이 학살'은 명예롭지 못한 경우로서 재론이 필요치 않을 것이다. 미국의 한 중대원들이 적과 조우할 것으로 예견되던 베트남의 마을인 미라이로 진입했다. 그곳에는 민간인, 노인, 아녀자들만 있었다. 미군들이 이들 베트남인을 죽이기 시작했다. 이들은 집단으로 또는 개인별로 사살했다. 이들은 살려달라고 애원하는 4백 명 내지 5백 명의 베트남인을 거침없이 살해했다. '전투의 열기'가 아니라 야만적인 전쟁 상황으로 인해 이처럼 행동하게 됐다고 몇몇 사람들이 이 병사들을 변호했다. 진정 베트남 국민을 겨냥한 당시의 전쟁은 공식적으로 언급하지 않았을 뿐, 전반적으로 이 같은 측면이 있었다. 베트남전쟁에서는 별다른 구분 없이 사살하라는 말을 병사들이 들었으며, 장교들이 이 같은 행위를 독려했을 뿐만 아니라 민간인 속으로 몸을 숨기는 적군으로 인해 이처럼 하지 않을 수 없었다[12]고 이들의 행위를 변호하는 논거가 있었다. 이들 논거는 사실이거나 부분적으로 사실이다. 그러나 민간인의 대량학살은 게릴라전과 전혀 다르다. 이는 야만적인 방식으로 수행된 게릴라전과도 다르다. 한편 미라이에 있던 미군들이 이 차이를 알고 있었음을 보여주는 증거가 많이 있다. 왜냐하면 이들 중 일부가 살인자의 대열에 기꺼이 합류한

---

12) Seymour Hersh, *My Lai 4: A Report on the Massacre and its Aftermath* (New York, 1970); David Cooper, "Responsibility and the System", in *Individual and Collective Responsibility: The Massacre at My Lai*, ed. Peter French (Cambridge, Mass., 1972), pp. 83-100.

반면, 사살을 거부한 몇몇 사람이 있었으며, 수차례 명령을 들은 이후에나 사살하고자 한 사람이 있었기 때문이다. 또한 몇몇 사람들은 현장을 이탈했다. 현장에서 이탈할 목적으로 자신의 발등에 총기를 난사한 병사도 있었다. 베트남인들과 몇몇 미군 사이에 서서 이 같은 대량학살을 막고자 영웅적으로 노력한 초급 장교도 있었다. 이들 중 많은 미군이 그 후 죄책감으로 인해 고통 받고 있는 것으로 우리는 알고 있다. 이는 두려움과 열광 속에서 진행된 전투에서가 아니고, 자유로운 가운데 조직적으로 자행된 학살이었다. 당시의 학살에 동참했던 사람들은 전쟁으로 인해 어쩔 수 없었다고 말할 수 없을 것이다. 그러나 이들은 명령에 따라 행동했으며, 미국 육군의 틀 안에서 움직였다고 말할 수 있을 것이다.

당시 중대장이었던 메디나(Medina) 대위의 명령은 모호한 형태였다. 적어도 명령을 들은 사람들은 미라이의 주민을 죽이라는 의미인지와 관련해 그 후 의견을 일치시킬 수 없었다. 뒤에 아무것도 남기지 말며, 포로를 데리고 다니지 말라고 메디나가 명령했다고 사람들은 말했다. "이들 모두가 베트콩이니 가서 죽여라." 그러나 그는 또한 적만을 사살하라고 명령했다고 한다. "적이 누군가?"란 질문을 받자 "도망치는 사람, 몸을 숨기는 사람 또는 적으로 보이는 사람 모두가 적이다. 도망치는 남자가 있으면 사살하라. 종종 총기를 소지하고 있는 여자가 도망칠 수 있는데, 이 같은 여자를 사살하라"13)며 적에 관해 정의를 내렸다고 한다. 이는 매우 잘못된 정의다. 그러나 이것이 도덕적으로 정신이상자의 정의는 아니다. 반목과 증오의 대상에 대한 느슨한 해석을 금지한다면, 적에 대한 이 같은 정의로 인

13) Hersh, p. 42.

해 미라이에서 살해된 대부분의 베트남인들이 죽지 않았을 것이다. 미라이 마을에 들어간 요원들을 인솔했던 칼리(Calley) 중위는 총기를 휴대하고 있는 사람은 말할 것 없고, 도망치지도, 몸을 숨기지도 않는 힘없는 민간인을 살해하라고 지시하는 등 보다 구체적으로 명령했다. 머뭇거리며 자신의 명령에 따르지 않자 그는 반복해 명령했다.[14] 칼리 중위는 메디나가 자신에게 명령한 바를 단순히 이행했다고 주장했다. 그러나 육군의 사법부는 비난과 처벌의 대상으로 칼리 중위를 지정했다. 칼리 중위의 명령에 따라 행동한 병사들은 처벌받지 않았다.

명령에 따라 행동한다는 사실은 커다란 위안이 돼야 한다. "군인이 된다는 것은 자신의 그림자로부터 도망치는 것과 같다"고 글렌 그레이(J. Glenn Gray)는 기술했다. '전쟁의 세계'는 무시무시하며, 전쟁에서의 결심은 매우 어려운 형태다. 책임을 떨쳐버리고 지시받은 바를 행하는 것이 나름의 위안이 된다. 이 같은 특수한 종류의 자유를 고집하고 있는 군인들에 관해 그레이는 말하고 있다. "오른손을 들어 선서할 때 나는 내가 한 행위의 결과로부터 자유로워집니다. 상관이 지시한 바를 이행할 것이며, 어느 누구도 나를 비난할 수 없을 것입니다."[15] 군인은 합법적이지 않은 명령을 거부해야 한다는

---

14) 이 같은 시점에 내려야 할 명령의 종류를 언급함이 도움이 될 것이다. 6일 전쟁 당시 나블루스(Nablus)에 들어간 이스라엘 부대에 관한 다음과 같은 이야기가 있다. "대대의 CO가 야전 전화로 내가 소속돼 있던 중대에 전화해서는 '민간인을 건드리지 마라, 공격받는 순간까지……사격하지 마라, 민간인들을 건드리지 마라, 민간인들의 피 한 방울이 여러분의 생명보다 더 중요하다고 경고한 바 있다.' 해당 중대 소속의 병사들은 그 후에도 지속적으로 이 단어들을 이용해 이 사건에 관해 언급했다. ……이들은 이 말을 반복해 언급했다. ……'민간인의 피 한 방울이 여러분의 생명보다 중요하다.'" *The Seventh Day: Soldiers Talk About the Six Day Eat*, London, 1970, p. 132.

15) *The Warriors*, p. 181.

말을 듣고 있다. 그러나 육군의 훈련에서는 앞의 관점을 장려하고 있다. 일상적인 복종이 없는 상태에서는 어떠한 군사력도 효과적으로 기능할 수 없을 것이다. 군에서는 일상적인 복종이 강조된다. 군인들은 사소하고 우매한 명령조차도 따라야 한다고 교육받고 있다. 군의 교육과정은 개인의 생각, 저항, 적대감정뿐만 아니라 변덕을 타파할 목적의 끊임없는 반복 행위로 구성돼 있다. 그러나 깰 수 없는 몇몇 인간적인 요소가 있는데, 이것의 소멸을 우리는 수용하지 않을 것이다. 「강구한 수단(*The Measure Taken*)」이란 제목의 연극에서 베르톨트 브레히트(Bertolt Brecht)는 호전적인 공산주의자들을 "공산주의 혁명이 지령을 기술해내려 갈 수 있는 백지장"16)으로 묘사하고 있다. 이처럼 백지 상태를 꿈꾸고 있는 많은 훈련 조교들이 있다. 그러나 이 같은 묘사는 잘못이며, 이 같은 꿈은 환상이다. 군인들이 도덕적으로 백지장이기 때문에 종종 명령에 따르지 않는 것은 아니다. 우리들은 자신이 한 부분과 관련해 군인들에게 책임을 묻게 되는데, 이 점이 중요한 의미가 있다. 이들의 선서에도 불구하고, 우리는 불법적이거나 비도덕적인 복종에 따른 범죄와 관련해 군인들을 비난하게 된다.

결코 군인은 전쟁의 단순한 도구가 될 수 없다. 방아쇠는 총기의 일부이지, 총기를 소지하고 있는 사람의 일부가 아니다. 군인은 원하는 순간에 끌 수 있는 기계가 아닐 뿐만 아니라 마음대로 시동 걸 수 있는 기계도 아니다. "주저하지 말고" 따르라고 훈련받고 있음에도 불구하고 군인은 아직도 주저할 능력이 있다. 미라이 학살과 관련해 우리는 거부, 지연(遲延), 의심 및 고통의 사례를 인용했다. 거

16) *The Measures Taken*, in *The Jewish Wife and Other Short Plays*, trans. Eric Bentley (New York, 1965), p. 82.

부, 지연 등은 외적인 판단을 내적으로 확인하는 모습이다. 전혀 의문을 제기하지 않으면서, 전투의 잔혹성과 군기(軍紀)에 신경 쓰지 않으면서 우리가 이들 판단을 신속히 내릴 수 있음은 분명하다. 그러나 군인들을 전혀 판단이 불가능한 기계처럼 행동하는 존재로 취급하는 것은 잘못이다. 그와는 달리 우리는 이들이 처해 있는 상황을 면밀히 살펴보고, 이들 상황에서 군사적 명령을 수용 또는 거부한다는 것의 의미가 무엇인지를 이해하고자 노력해야 할 것이다.

군인들은 자신의 잘못과 관련해 상관의 명령 때문이라고 자신의 행동을 변호하고 있는데, 이들 변호는 자신들이 상황을 잘 모르고 있었다는 주장과 군기(軍紀) 체계로 인해 어찌할 수 없었다는 주장으로 양분된다. 이들 주장은 전형적인 법적 및 도덕적 측면의 주장이다. 이들 주장은 국내 사회에서와 동일한 방식으로 전시에 기능하고 있는 듯 보인다.[17] 군인들을 심판할 때 군 기강의 필연성, 즉 상관의 명령에 즉각 복종해야 한다는 점과 인도적 요구사항, 즉 무고한 사람을 보호해야 한다는 점을 견줘야 한다는 주장이 종종 제기되고 있는데, 이는 사실이 아니다.[18] 그와는 달리, 군의 기강, 즉 군기를 우리는 전시 행위의 조건들 중에 하나로 보고 있으며, 개인의 책임 여부를 결정하는 과정에서 기강의 특정 부분들을 고려하게 된다. 우리는 군의 기강을 유지하거나 강화할 목적으로 개개인의 잘못을 적당히 눈감아주지 않는다. 이 같은 목적으로 군이 병사들의 잘못을 감싸주거나 잘못에 따른 책임을 제한하고자 노력할 수 있을 것이다.

17) 오늘날의 법적 상황에 관한 최상의 설명은 요람 딘스타인(Yoram Dinstein)에 의한 것이다. *The Defense of Obedience to Superior Orders in International Law* (Leiden, 1965).

18) McDougal and Feliciano, *Law and Minimum World Public Order*, p. 690.

그러나 이 같은 노력은 정당성이란 개념을 반영하는 형태가 아니다. 무엇보다도 정당성이 요구하고 있는 부분이 있는데, 이는 권리의 변호에 전념해야 한다는 점과 권리를 위배했다고 기소된 사람에 대한 변호와 관련해 각별히 신경 써야 한다는 점이다.

무지(無知)는 평범한 병사들에게서 공통적으로 목격되는 현상이다. 유용성과 비례성의 계산이 요구되는 경우는 특히 무지가 이유가 될 수 있다. 자신이 가담하고 있는 전역(戰役)이 전승에 진정 요구되는 부분인지, 뜻하지 않은 민간인 살상이 수용 가능한 수준인지에 관해 자신이 알고 있지 못하며, 알 수 없는 상황이라고 병사들은 그럴듯하게 말할 수 있다. 포위공격의 수행 내지는 대(對) 게릴라 전역(戰役)의 전략에서 보듯이, 개개 병사의 좁고도 제한된 시각에서는 인권위배가 보이지 않을 수 있다. 또한 개개 병사가 정보를 찾아 나서야 할 책임이 있는 것도 아니다. 전투병의 도덕적 생활은 연구의 대상이 아니다. 병사들은 전쟁과 관련해 책임이 없는 것처럼 전역과 관련해서도 책임이 없다. 그는 전쟁 및 전역의 전반적인 정당성과 관련해 책임이 없다. 원거리에서 전쟁을 수행하는 경우 그는 자신이 직접 죽이고 있는 무고한 사람들과 관련해서도 책임이 없을 수 있다. 포병과 조종사들의 경우는 종종 자신이 직접 공격하는 표적에 관해 모르고 있다. 질문하게 되면, 해당 표적이 합법적인 형태의 군사적 목표라고 통상 관련 요원들이 말해주게 된다. 아마도 이들은 표적의 정당성에 관해 항상 의문을 품어야 할 것이다. 그러나 상관이 확신시켜준 부분을 수용해 행동한 경우 이들을 비난해야 한다고 생각되지 않는다. 이들이 아니고 우리는 보다 멀리 볼 수 있는 지휘관들을 비난하게 된다. 그러나 미라이의 사례가 암시해주듯이, 평범한 병사들의 무지에도 나름의 한계가 있다. 미라이란 마을에 있던 병사들은 살해 대상이던 베트남인들이 무고하다는 점에 거의 의문을 제기할 수 없었을 것이다. 우리가 군인들이 명령에 복종하지 않았으면 하고 바라는 것은 이 같은 상황에서다. 즉 칼리의 공판에서 육군의 판사가 말한 바처럼, 평범한 상식과 이해력이 있는 사람이 해당 상황에서 불법이라고 알고 있는 명령을 받은 경우[19] 군인들이 명령에 복종하지 않기를 우리는 바라고 있다.

이는 해당 상황뿐만 아니라 관련이 있는 법을 이해하고 있음을 의미한다. 뉘른베르크에서 주장된 바 있으며, 그 후 주장되고 있는 부분이 있는데, 이는 너무나 막연하고, 불확실하며, 일관성이 없다는 점으로 인해 전쟁법의 경우 군인들이 전쟁법을 위배했다고 말할 수 있는 입장이 거의 아니란 점이다.[20] 전쟁에 관한 실정법은 좋은 상태에 있지 않은데, 전투란 긴급 상황과 관련해 특히 그렇다. 그러나 대량학살을 금지해야 한다는 사실은 분명하다. 무고한 사람임을 알고 있는 상태에서 살해한 경우에만 평범한 군인들이 기소되고 유죄를 선고받는다고 말하는 것이 옳을 것이다. 즉 좌초된 선박에서 살아남아 바다에서 사투를 벌이고 있는 사람, 전쟁 포로 내지는 힘없는 민간인처럼 무고한 사람임을 잘 알고 있는 사람들을 살해한 경우에만 유죄를 선고받았다. 그런데 이는 법의 문제만은 아니다. 왜냐하면 1944년에 발간된 영국의 야전교범에 언급돼 있듯이 "이 살해들이 전쟁에 관한 불멸의 규칙에 위배되는 행위일 뿐만 아니라 인간애에 관한 일반적인 정서를 자극하는 행위이기 때문이다."[21] 일반적인 도

19) 칼리의 공판에 대한 커트 바이어(Kurt Baier)의 분석에 인용돼 있다. Kurt Baier, "Guilt and Responsibility," *Individual and Collective Responsibility*, p. 42.

20) Wasserstrom, "The Responsibility of the Individual."

21) Telford Taylor, *Nuremberg and Vietnam*, p. 49.

덕심과 이해심이 있다면 미라이에서와 같은 살상은 불가능한 일이다. 당시 미라이에 있던 미군 병사 중에는 이 민간인 학살과 나치의 유대인 학살이 다를 바가 없다고 생각한 사람도 있었다. 이 같은 판단은 정확히 옳다. 우리의 전통적인 도덕관에는 이 같은 판단에 의문이 제기되도록 하는 부분이 전혀 없다.

그러나 명령에 따르지 않으면 처형하겠다고 위협하며 살인을 명령하면 미라이와 같은 경우에서조차 하급자로서 어쩔 수 없었다는 항변이 적용된다. 전쟁규칙을 위배하며 전투를 수행하고 있는 군인이 자기 보존을 호소할 수 없다고 나는 주장했다. 즉 자신을 보호할 목적으로 전쟁규칙을 위배할 수 없다고 나는 주장한 바 있다. 왜냐하면 적의 화력에 의한 위험이 간단히 말해 자신이 몸담고 있는 행위들에 따른 모험이란 점에서, 이들 행위와 무관한 사람들을 희생해가며 이들 모험을 줄일 권한이 군인들에게 없기 때문이다. 그러나 일반적인 군인이 아니고 특정 군인을 겨냥하고 있는 살인 위협, 변호사들이 말하는 "곧바로 있으며, 실제적일 뿐만 아니라 필연적인 위협"이 있는 경우는 상황이 달라진다. 이는 따르지 않으면 즉각 죽일 것이라고 위협하며 특정인에게 제3자를 죽이도록 하는 국가 내부의 범죄와 같다. 분명히 말하지만 이는 살인 행위다. 그러나 중간에 있는 사람이 살인자가 아니라고 우리가 생각할 가능성이 높다. 그를 살인자로 생각하는 경우 우리는 속박으로 인해 어쩔 수 없었다는 그의 항변을 수용하게 될 가능성이 높다. 분명히 말하지만, 이 같은 순간 살인을 거부하고 자신의 목숨을 바치는 사람은 단순히 자신의 의무를 수행하고 있는 것이 아니라 영웅적으로 행동하고 있다고 말해야 할 것이다. 이것을 보여주는 예증적인 사례를 그레이가 제시해주고 있다.22)

> 네덜란드에서 사형집행분대 소속의 한 독일군 병사가 무고한 인질을 총살하라는 명령을 받았다. 갑자기 병사는 대열에서 뛰쳐나와 사형집행을 거부했다. 사형집행을 책임지고 있던 장교가 반역죄로 고발하고는 그를 인질들과 함께 세웠다. 그곳에서 그는 자신의 동료에 의해 즉각 처형됐다.

문제의 독일군 병사는 놀라울 정도로 고매한 인격의 인물이다. 그러나 그의 예전 동료들에 대해 어떻게 생각해야 할 것인가? 발사했을 당시 이들은 살인을 자행하고 있었다. 그러나 자행한 살인과 관련해 이들이 책임이 없다고 말해야 할 것이다. 살인을 관장하고 있던 장교가 책임이 있으며, 인질의 살인 정책에 관해 결심을 내린 상관들이 책임이 있을 것이다. 사형집행분대원의 상관들에게 책임이 전가되는데, 이는 분대원들의 선서 또는 상관의 명령 때문이 아니고, 사형집행분대원들이 인질들을 겨냥해 발사하지 않을 수 없도록 만든 직접적인 위협이란 부분 때문이다.

전쟁은 속박의 세계, 위협과 대응 위협의 세계다. 따라서 우리는 속박이 없는 가운데 했더라면 비난받아야 마땅할 행위를 변호해주는 부분으로 속박이 중요한 의미가 있는 경우와 없는 경우를 분명히 해야 한다. 병사들은 징집돼 싸우지 않을 수 없는 입장에 있다. 그러나 징집 자체로 인해 병사들이 무고한 사람을 죽여야만 하는 것은 아니다. 공격받는 경우 군인들은 싸워야 할 것이다. 그러나 적의 침략도, 적의 공격도 이들이 무고한 사람을 살해해야 할 이유는 되지 못한다.

---

22) *The Warriors*, pp. 185-86.

징집과 적의 공격으로 인해 병사들이 심각한 모험과 어려운 선택에 직면하게 된다. 그러나 처해 있는 상황이 제한적이고도 공포를 자아내는 형태인 것은 사실이지만, 자신이 하는 부분을 자유롭게 선택하며, 이 부분과 관련해 병사들이 책임이 있다고 우리는 아직도 말하고 있다. 시키는 대로 행동하지 않으면 목숨을 잃게 되는 사람만이 자신의 행위와 관련해 책임이 없을 것이다.

그러나 상관의 명령이 항상 총구에서 이행되는 것은 아니다. 전시에는 사격분대의 사례가 암시하고 있는 것과 비교해 훨씬 제멋대로 군의 기강이 유지된다. 그레이는 "죽음의 위험이 있는 곳에서는 감독이 엄격하지 않다는 점에서 불복종이 종종 가능하다. ……이 점은 전선의 진지(陣地)에서 대단히 은혜로운 일"23)이라고 기술하고 있다. 한편 전선뿐만 아니라 후방 지역에서도 명령에 절대 복종한다고 말할 수 없는 방식, 즉 명령 이행 지연, 회피, 고의적인 오해, 느슨한 해석, 문구에 충실한 해석 등의 형태로 명령에 반응할 수 있다. 비도덕적인 명령에 대해 우리는 이 같은 명령을 무시하거나 명령에 의문을 제기하고 항의하는 방식으로 대응할 수 있다. 종종 공공연한 명령 거부에도 불구하고 질책, 강등 또는 구류만이 있게 된다. 즉 죽을 위험은 없다. 가능성이 있을 때마다 도덕적인 인간들은 이들 가능성을 포착하게 될 것이다. 법 또한 이 같은 가능성을 포착하라고 요구하고 있는 듯 보인다. 왜냐하면 자신이 위협받고 있는 손상과 끼치는 손상이 균형을 이루는 경우에만 속박으로 인해 이처럼 손상을 끼치지 않을 수 없었다는 변명이 수용될 수 있다는 것이 '법의 원칙'이기 때문이다.24) 강등될 것이란 위협 때문에 무고한 사람을 살해한

23) *The Warriors*, p. 189.
24) McDougal and Feliciano, pp. 693-94 and notes.

행위는 용서받지 못한다.

그러나 사병과 비교해 장교는 위험의 평가란 측면에서 훨씬 많은 능력이 있다. 남북전쟁 당시 펜실베이니아 주의 체임버즈버그(Chambersburg)란 도시를 방화하라는 명령을 거부한 남군의 윌리엄 피터스(William Peters) 대령의 경우를 텔포드 테일러(Telford Taylor) 대령이 묘사했다.[25] 피터스는 직위 해제돼 구금됐지만 군법회의에 회부되지 않았다. 그의 용기를 찬양할 수도 있을 것이다. 그러나 상관이 자신을 심판하지 않을 것으로 예견했다면 그는 결심이 비교적 쉬웠을 것이다. 야전에서 즉결 심판을 받을 수 있으며, 비교적 멀리 떨어져 있는 상관의 기질에 관해 거의 모르고 있는 평범한 병사들은 결심이 훨씬 어려운 실정이다. 미라이에서 베트남인들을 살해하라는 명령을 거부했던 군인들은 이 같은 거부에도 불구하고 거의 불이익을 받지 않았다. 이들이 불이익을 받을 것으로 예상하지 않았음이 분명하다. 이 같은 점에서 보면 살해 명령에 순종했던 여타 군인들이 비난받아야 할 것이다. 보다 애매한 경우에는 상관의 명령에 따른 속박이 긴박하고, 현실적이며 필연적인 것이 아닐 뿐만 아니라 변호 요인으로 기능할 수 없을 것이다. 그러나 통상 이 같은 속박이 죄를 경감해주는 요인으로 생각되고 있다. 이는 올바른 태도로 보인다. 그러나 이 같은 태도를 취할 때 우리가 군기의 필요성에 굴복하고 있는 것이 아니라 평범한 군인이 처해 있는 곤궁을 단순히 인지하고 있는 것이란 점을 재차 강조하고자 한다.

법률 서적에는 언급돼 있지 않지만 불복종에 관한 도덕적 설명에서 부각되고 있는 죄의 탕감에 관한 또 다른 이유가 있다. 올바른

---

25) *Nuremberg and Vietnam*, p. 55n.

길이라고 내가 명시한 길은 종종 매우 고독한 길이다. 동료 사형 집행관 집단에서 이탈해 이 동료들에 의해 곧바로 처형된 독일군 병사의 사례는 진기하고도 극단적인 경우다. 그러나 군인의 의문사항과 근심사항을 많은 사람이 공감하고 있는 경우에서조차, 이들은 아직도 대중 논의의 주제가 아니고 개인적으로 숙고해야 할 사항이다. 행동으로 옮길 때 군인은 동료들이 자신을 지지해줄 것인지를 확신하지 못한 상태에서 홀로 행동하게 된다. 통상 '가치관의 공동체'에서 시민 투쟁과 불복종이 나오게 된다. 그러나 군은 공동체가 아니고 조직이다. 또한 평범한 병사들의 친교는 개인적인 열정이 아니고 해당 조직의 성격과 목적에 의해 조성된다. 이들의 친교는 공동의 적을 상대하고 있으며, 동일한 기강을 감내하고 있는 사람들의 결속을 의미한다. 전쟁 당사국 모두에게 있어 일치(一致)는 의도적이거나 사전 조정된 형태가 아니고 반사적인 형태다. 불복종은 일치란 기본적인 조화를 파기하고, 도덕적 분리 또는 도덕적 우위를 주장하며 자신의 동료에게 도전하고, 자신이 처해 있는 위험을 격화시키기까지 하는 행위다. "동료들과 절교한다는 점, 홀로 독백하는 상태가 된다는 점, '이해할 수 없는 대상'이 된다는 점이 가장 어려운 부분"26) 이라고 알제리에서 전투를 거부한 프랑스 군인은 기술했다.

'이해할 수 없는 대상'은 너무나 강력한 문구인 듯 보인다. 왜냐하면 이 순간 사람들이 공통의 도덕적 기준에 호소하기 때문이다. 그러나 군 조직에서는 이 같은 호소에 귀를 기울이지 않는 경우가 종종 있을 것이다. 따라서 이 같은 호소에는 처벌과 비교해 훨씬 커다란 모험이 내포돼 있다. 즉 심각한 도덕적 고립에 따른 모험이 내포

26) Jean Le Meur, "The Story of a Responsible Act," in *Political Man and Social Man*, ed. Robert Paul Wolff (New York, 1964), p. 204.

돼 있다. 이는 함께 할 목적으로 사람들이 대량학살에 동참할 수 있다는 의미가 아니다. 그러나 이는 군기(軍紀)로 인해 지장 받거나 일시 중단되는 일종의 교제(交際)에 도덕적 생활이 근거하고 있음을 암시하고 있다. 한편 심판을 내리는 과정에서 이 같은 사실이 고려돼야 할 것이다. 특히 평범한 병사들의 경우 이 점이 고려돼야 할 것이다. 왜냐하면 장교들의 경우 보다 자유롭게 교제하고 정치 및 전략에 관한 토론에 보다 많이 참여하고 있기 때문이다. 장교들은 자신이 관장하고 있는 조직의 모양 및 성격과 관련해 발언권이 있다. 따라서 재차 말하지만 지휘책임이 대단히 중요한 의미가 있다.

지휘책임

장교가 되는 것은 평범한 병사가 되는 것과 다르다. 장교의 계급은 경합의 대상이자 열망의 대상일 뿐만 아니라 그 안에서 영광을 느끼는 대상이다. 따라서 징집돼 군에 입대한 경우에서조차 의무에 충실하도록 장교들을 엄격히 감시할 필요가 없게 된다. 왜냐하면 군에서 복무해야 하는 경우에서조차 이 장교들을 진급시키지 않을 수 있기 때문이다. 초급 장교들의 전사(戰死) 비율은 매우 높다. 그러나 아직도 장교가 되기를 원하는 병사들이 있다. 이는 지휘에 나름의 즐거움이 따르기 때문이다. 민간의 생활에는 군의 지휘와 같은 것이 없다. 적어도 나는 이처럼 들었다. 장교가 될 때의 즐거움에 또 다른 측면이 있는데, 이는 책임이란 부분이다. 민간의 어느 분야에서도 볼 수 없을 정도의 막중한 책임을 장교는 감당하게 된다. 왜냐하면 이들은 살상 및 파괴 수단을 통제하고 있기 때문이다. 계급이 높아질 수록 지휘의 범주가 넓어지며, 책임이 보다 막중해진다. 장교들은 전역계획(戰役計劃)을 수립 및 조직하게 된다. 이들은 전략과 전술을 결정하고, 싸울 장소를 선택하게 된다. 이들은 부하에게 전투 돌입을 명령하게 된다. 항상 장교는 전승을 염두에 두어야 하며, 부하들이 필요로 하는 사항에 유념해야 한다. 한편 장교에게는 보다 숭고한 의무가 따른다. 예를 들면, 일본군 대장인 야마시타에게 사형을 언도할 당시 맥아더 장군은 다음과 같이 말했다. "피아와 무관하게 군인은 무장하지 않은 나약한 사람들을 보호할 의무가 있습니다. 군인이 존재해야 할 이유와 군인의 본질은 바로 이것입니다……."[27] 총기를 휴대하고 있으며, 대포와 폭격기에 사격을 요청할 수 있다는 점에서 군인은 무장하지 않은 힘없는 사람들에게 위협적인 존재다. 이 같은 점에서 군인은 이들을 보호하기 위한 방안을 강구해야 한다. 군인은 스스로 모험을 감수하고, 자제력을 발휘하며 싸워야 한다. 군인은 무고한 사람의 인권을 항상 염두에 두어야 한다.

분명히 말하지만, 이는 군인이 대량학살을 명령할 수 없음을 의미한다. 또한 폭격의 방식으로 민간인을 공포의 도가니로 몰아넣거나 '자유사격지대(Free-fire zone)'를 조성할 목적으로 지역 주민을 이주시키고, 포로들을 겨냥해 보복하며, 인질 학살을 위협하는 등의 행동을 할 수 없음을 의미한다. 그러나 이는 그 이상의 의미가 있다. 군의 지휘관은 도덕적으로 매우 중요한 의미가 있는 두 가지 책임이 있다. 첫째, 전역계획 수립 시 지휘관은 민간인의 부수적 살상을 제한하기 위한 조치를 적극 강구해야 한다. 또한 지휘관은 살상된 적군의 숫자가 예견되는 군사적 이점과 비교해 불균형한 형태가 되지 않도록

27) A. J. Barker, *Yamashita* (New York, 1973), pp. 157-58.

해야 한다. 여기서 전쟁규칙은 별로 도움이 되지 않는다. 예를 들면, 대량학살한 경우가 아니라면 지나치게 많은 사람을 죽였다고 범법 행위를 자행했다는 비난을 받는 장교는 없다. 그러나 도덕적 책임은 분명하다. 도덕적 책임을 물을 수 있는 대상은 정확히 지휘관이다. 전역(戰役)은 평범한 전투원들의 몫이 아니고 지휘관의 몫이다. 지휘관은 모든 가용한 정보를 받아볼 뿐만 아니라 보다 많은 정보를 생성하기 위한 수단을 보유하고 있다. 지휘관은 자신이 명령 및 희망하고 있는 행위와 효과의 합산 결과를 개관할 수 있어야 하며, 개관하게 된다. 이중효과 교리를 충족시키지 못하는 경우 우리는 그처럼 하지 못했다는 점과 관련해 지체 없이 지휘관에게 책임을 물어야 한다. 둘째, 휘하 군사력을 조직하면서 군의 지휘관들은 전쟁규약을 이행하기 위한 조치를 적극 강구해야 하며, 자신이 지휘하는 부하들이 나름의 수준을 유지하도록 해야 한다. 이 같은 점에서 지휘관은 부하들의 훈련에 신경 쓰고, 명확한 명령을 하달하며, 감찰 절차를 정립하고, 무고한 사람들을 살상한 장교와 사병들이 처벌받도록 해야 한다. 많은 사람이 죽거나 부상당한 경우 지휘관에게 책임이 있다. 왜냐하면 지휘관의 경우 이 같은 살상을 방지할 능력이 있다고 생각되기 때문이다. 전시에 발생하는 것들을 고려해보면 군의 지휘관들은 책임져야 할 부분이 매우 많다.

브래들리 장군과 생 로(St. Lô) 폭격

1944년 7월, 노르망디에서 미군을 지휘하고 있던 오마르 브래들리(Omar Bradley) 장군은 침투 목적으로 수개월 전에 설치된 상륙 교두보로부터 포위 돌파하기 위한 계획에 몰두해 있었다. 코브라(COBRA)

란 암호명의 그의 계획을 몽고메리 대장과 아이젠하워 대장이 승인해주었다. 이 계획에서는 생 로란 도시 외곽에 있는 페리에(Perier) 도로를 따라 폭 3.5마일, 길이 1.5마일 정도의 지역에 대한 융단폭격을 염두에 두고 있었다. "항공기를 이용해 융단 폭격하면 해당 지역의 적군을 격파하거나 적군의 간담을 서늘케 할 수 있다고 판단됐다." 결과적으로 신속히 진격할 수 있게 된다는 논리였다. 그러나 이것으로 인해 브래들리가 자신의 자서전에서 논의하고 있는 도덕적인 문제가 야기됐다. 7월 20일 브래들리는 향후 있게 될 공격을 미국의 몇몇 기자들에게 설명했다.[28)]

> 융단폭격을 설명할 당시 특파원들은 학처럼 목을 앞으로 내밀고는 계획의 개관을 조용히 들었다. ……이들은 우리에게 할당돼 있는 항공력을 대조해보았다. 브리핑이 종료될 때, 이들 중 한 명이 융단폭격이 예정돼 있는 지역의 프랑스인들에게 사전 경고해줄 것인지를 질문했다. 답변할 필요도 없는 듯, 나는 고개를 저었다. 프랑스인들에게 노출시키면 계획이 독일인들에게도 노출되지 않을 수 없을 것이다. ……코브라 계획의 성공 여부는 전적으로 기습에 달려 있었다. 기습 도중 무고한 사람들이 대량 살상되는 경우에서조차 기습은 중요한 의미가 있었다.

전투 부대를 근접 지원할 목적의 폭격과 전투선을 따른 이 같은 종류의 폭격은 국제법에서 허용된다. 전투 지역 내부에서는 무차별적인 화력 또한 허용된다.[29)] 전투가 인접 지역에서 진행되고 있다는

28) Omar N. Bradley, *A Soldier's Story* (New York, 1964), pp. 343-44.
29) 관련이 있는 법을 보려면 다음을 참조하라. Greenspan, *Modern Law of Land*

점에서 민간인들의 경우 사전 경고 받은 것으로 생각된다. 그러나 특파원들의 질문이 암시하고 있는 바처럼 이것으로 인해 폭격에 따른 도덕적인 문제가 해결되는 것은 아니다. 무고한 사람들의 대량살상을 피하거나 피해를 줄일 목적으로 강구될 수도 있었던 적극적인 대책에 관해 우리는 아직도 알고 싶은 심정이다. 이 사례가 보여주고 있는 바처럼 비례성의 규칙은 종종 억제 효과가 없다. 따라서 이 같은 대책이 중요한 의미가 있다. 생 로 부근의 5평방 마일 이내에 많은 민간인이 살고 있으며, 이들 모두가 사망할 가능성이 있는 경우에서조차 제2차 세계대전의 종결을 암시할 가능성이 있는 포위 돌파와 비교해보면 이는 많은 희생이 아닌 듯 보일 것이다. 그러나 이것이 무고한 생명을 마음대로 죽일 수 있다는 의미는 아니다. 왜냐하면 공격을 포기하지 않으면서도 이들을 구하기 위한 나름의 방안이 있을 수 있기 때문이다. 특정 구역에서의 기습을 포기하지 않으면서도 해당 전선 부근에 있던 모든 민간인에게 사전 경고해줄 수도 있었을 것이다. 공격에 참가하는 군인들 스스로가 보다 많은 위험을 감수하는 한이 있더라도 인구 밀도가 보다 낮은 지역을 통해 공격할 수도 있었을 것이다. 저고도 비행하고 있던 항공기들이 적의 특정 표적들을 겨냥할 수도 있었을 것이다. 또는 당시 항공기를 이용한 폭격과 비교해 대포가 표적을 보다 정확히 겨냥할 수 있었음을 고려해 항공 폭격이 아니고 대포를 이용할 수도 있었을 것이다. 또는 주요 공격 이전에 진지(陣地)를 점령할 목적에서 공수부대 요원들을 낙하시키거나 초계병들을 사전 배치할 수도 있었을 것이다. 이들 중 마지막 몇몇 방안은 군사적 관점에서조차 보다 바람직할 수 있었을

Warfare, pp. 332ff.

것이다. 그러나 나의 경우는 이들 방책 중 어느 것도 추천할 수 있는 입장이 아니다. 이처럼 바람직할 수 있었다고 말하는 것은 당시의 융단폭격이 의도한 지역에 대한 융단폭격이 되지 못하고 엉뚱한 지역을 폭격한 결과로 인해 수백 명의 미군이 전사하거나 부상을 입었기 때문이다. 얼마나 많은 프랑스의 민간인들이 살상됐는지에 관해 브래들리는 자신의 자서전에서 전혀 언급하지 않았다.

당시의 융단폭격으로 인해 얼마나 많은 민간인이 사망했는지 모르겠지만 이 민간인들을 의도적으로 살해했다고는 말할 수 없을 것이다. 내가 열거한 다양한 방안을 놓고 고민하지 않았다면 브래들리 장군이 이들을 고의적으로 죽이지는 않았다고 말할 수도 없을 것이다. 이처럼 포로들을 학살하지 않을 것이라는 등의 긍정적인 의도가 군인에게 요구돼야 하는 이유를 내가 이미 설명한 바 있다. 이는 국가 내부에서 법률가들이 '적당한 조심(Due care)'로 지칭하고 있는 것과 대등한 형태다. 소규모의 군사적 행위와 관련해 이처럼 조심할 필요가 있는 사람은 평범한 병사와 이들의 직속상관이다. 코브라 전역(戰役)의 경우 관련이 있는 사람들은 지휘계층의 보다 높은 곳에 위치해 있는 고급 장교들이다. 따라서 브래들리 장군과 그의 상관에 초점을 맞춰야 할 것이다. 재차 말하지만 '적당한 조심'에 관한 요구사항이 충족되는 지점을 구체적으로 지정할 수 없다. 얼마나 많은 주의가 요구되는가? 얼마나 많은 모험을 감수해야 하는가? 이 지점을 구분해주는 선(線)은 분명치 않다.[30] 그러나 이 같은 선 이하에서 대부분 전역(戰役)이 계획 및 이행된다는 점은 분명한 사실이다. 최대한의 노력에 따른 결과가 무엇인지 정확히 알 수 없지만 최소한의

30) Fried, *Anatomy of Values*, pp. 194-99.

노력을 경주하지 않은 지휘관들을 비난할 수 있을 것이다.

야마시타 대장 사건

휘하 부하들의 행위와 관련해 지휘관의 책임을 고려할 때에는 기준의 구체화란 문제가 재차 부각된다. 이미 언급한 바처럼 지휘관은 전쟁규약을 이행해야 한다. 그러나 전쟁규약의 이행을 염두에 둔 최상의 체계조차도 구체적인 위배를 방지해주지 못한다. 여타 사람들의 위배를 억제할 목적에서 위배 사실을 체계적으로 포착해 위배한 사람들을 처벌하는 체계가 최상의 체계다. 이 같은 기강 체계가 대거 붕괴된 경우에만 우리는 이 체계를 관장하고 있는 장교에게 책임을 묻게 된다. 1945년의 필리핀 전역(戰役)이 종료된 이후 미군 위원회가 야마시타 대장에게 공식적으로 요구한 것은 이 부분이었다.[31] 무장하지 않은 민간인과 전쟁 포로들에게 가한 다수의 폭력 및 살인 행위와 관련해 야마시다 대장이 책임이 있다는 의견이 개진됐다. 이 행위들을 일본군이 자행했다는 점에 어느 누구도 이의를 제기하지 않았다. 또 다른 한편에서 보면, 이 폭력과 살인들을 야마시타가 명령했음을 보여주는 증거뿐만 아니라 이 행위들에 관해 알고 있었음을 보여주는 증거는 제시되지 않았다. 그의 책임은 "휘하 부하들의 작전을 통제해야 한다는 지휘관으로서의 의무를 제대로 이행하지 못해 부하들이 야만적인 행위를 자행하게 됐다는 점에 있었다……." 자신을 변호하면서 야마시타는 휘하 부대를 통제할 수 있는 입장이 전혀 아니었다고 주장했다. 즉 미군의 성공적인 침공으로 인해 통신 및 지휘 구조가

31) 프랭크 릴(A. Frank Reel)의 설명을 따를 것이다. *The Case of General Yamashita* (Chicago, 1949).

와해되면서 퇴각 당시 북부 루손의 산악지역으로 인솔해간 일부 부대에 대해서만 효과적으로 통제할 수 있었는데, 이들의 경우 잔혹한 행위를 전혀 자행하지 않았다고 그는 주장했다. 미군 위원회는 그의 이 같은 변호를 받아들이지 않았으며, 야마시타에게 사형을 언도했다. 야마시타는 미국 대법원에 상소했다. 머피(Murphy) 판사와 러틀레지(Rutledge) 판사의 기념비적인 이견에도 불구하고 대법원은 그에 대한 재심을 거부했다.

미국 대법원의 대부분 사람들과 미군 위원회가 야마시타에게 적용한 기준은 두 가지로 설명된다. 야마시타의 변호사들은 야마시타에게 적용된 기준이 '엄격한 책임(Strict liability)'에 관한 것인데, 이는 형사 재판의 경우 전혀 적합지 않다고 주장했다. 다시 말해, 야마시타는 자신이 자행한 행위와 무관하게 또는 자신이 피하고자 했던 부분과 무관하게 고소를 당한 상황이 됐다. 직책에 내재해 있다는 의무로 인해 고소됐다는 주장이다. 이들 의무를 이행할 수 없는 상황에 있었음에도 불구하고 야마시타가 이처럼 고소됐다는 주장이었다. 머피 판사는 여기서 한 걸음 더 나아갔다. 미군이 조성한 상황으로 인해 이들 의무는 이행이 불가능한 상황이었다는 것이다.[32)]

> ……1944년 10월 9일 이후 필리핀에서 있었던 군사적 사건들을 고려해보면, 야마시타 대장에 대한 고소는 다음과 같이 요약될 수 있습니다. 승승장구하고 있던 미군이 야마시타 대장의 병참선, 지휘통신, 전쟁 수행 능력을 파괴하고 와해시킬 목적에서 가능한 모든 것을 다 했습니다. 이들 관점에서 보면 미국은 성공적이었습니다. ……이제

32) Reel. P. 280: 이 책의 부록에 대법원의 판결이 실려 있다.

미국이 매우 효과적으로 야마시타 대장의 군사력을 포위해 제거했으며, 지휘통제 능력을 차단하고 있던 당시 부대를 효율적으로 통제하지 못했다며 미국은 야마시타 대장을 고소 및 비난하고 있습니다.

이는 사실일 것이다. 야마시타의 경우는 지휘관이 반드시 해야 할 일을 수행할 수 없었을 뿐만 아니라 이 일들의 수행이 불가능해지도록 한 상황을 조성한 사람이 결코 아니었다. 그러나 여타의 판사들은 자신들이 '엄격한 책임'의 원칙을 강요하고 있다고 생각하지 않았으며, 인정하지도 않았다. 재판장인 스톤(Stone)에 따르면, 당시의 문제는 "휘하 부대를 통제할 목적으로 사용 가능한 적정 수단을 강구해야 할 의무를 전쟁법이 군의 지휘관들에게 부여해주고 있는지……"에 관한 것이었다. 이 같은 질문에 긍정적으로 답변하기가 쉬울 것이다. 그러나 전투의 혼란, 조직 와해 및 패배란 어려운 상황에서 적정 수단이 무엇인지에 관해서는 쉽게 말할 수 없을 것이다.

혹자는 이 같은 기준을 매우 높이 설정하고 싶을 것이다. 한편 '엄격한 책임'을 옹호하는 논거는 공리주의적 성격이다. 즉 이는 전쟁규칙의 위배와 관련해 장교들에게 자동 책임을 묻는 경우 전쟁규칙을 위배하지 않을 목적에서 할 수 있는 모든 것을 이 장교들이 하지 않을 수 없게 된다는 논거다. 이처럼 책임을 묻게 되면 이들이 해야 할 일에 관해 우리가 상세히 언급할 필요가 없게 된다는 논거다.[33)]그러나 여기에는 두 가지 문제가 있다. 먼저 우리는 할 수 있는 모든 것을 지휘관이 하는 경우를 진정 원치 않는다. 왜냐하면 이처럼 요구하게 되면 이들이 다른 일을 할 시간이 거의 없기 때문이다. 이

33) 엄격한 책임(Strict liability)에 관해 알려면 다음을 보라. Feinberg, *Doing and Deserving*, pp. 223ff.

점은 정치 지도자와 국내 범죄의 경우 가장 실감이 난다. 예를 들면, 우리는 강도와 살인 방지를 목적으로 할 수 있는 모든 것이 아니고 적정 수단만을 강구하라고 우리의 정치 지도자들에게 요구하게 된다. 왜냐하면 이들이 해야 할 또 다른 일이 있기 때문이다. 그러나 우리의 정치 지도자가 강도와 살인을 자행하는 사람을 무장 및 훈련시키는 것은 아닐 것이다. 따라서 강도와 살인을 자행하는 사람들은 이들 지도자의 직접적인 책임 소관이 아니다. 군 지휘관의 경우는 다르다. 따라서 우리는 야전에 배치하는 군인들의 기강 및 통제와 관련해 이들 지휘관이 많은 시간을 투자할 것으로 기대해야 한다. 그러나 아직도 이들은 자신의 모든 시간과 관심뿐만 아니라 모든 자원을 투입하는 것이 아니다.

형사적 사례에서의 '엄격한 책임'에 대항한 두 번째 논거는 보다 친숙한 형태다. 모든 것을 한다는 것이 모든 것을 성공적으로 한다는 의미는 아니다. 우리는 특정 종류의 진지한 노력만을 요구할 수 있다. 전승이 가능한 방향으로 항상 전황(戰況)이 진행되는 것이 아니란 점에서 우리는 승리를 요구할 수 없을 것이다. 승리(성공)를 요구할 수 없다는 점이 패배를 변명해주는 요인으로 작용하게 된다. 진지하게 노력한 경우에는 승리를 요구할 수 없다는 점이 패배를 매우 만족스럽게 변명해주게 된다. 이 같은 변명을 수용하지 않음은 피고인 또는 피고 측 변호인을 '도덕적 행위자(Moral agent)'로 인정하지 않으려는 것과 다름이 없다. 왜냐하면 최상의 노력에도 불구하고 종종 실패하는 것이 '도덕적 행위자' 또는 인간의 본질이기 때문이다. 이 같은 변명을 수용하지 않음은 여타 사람들을 고무시킬 목적으로 피고인의 인간성을 무시하는 것과 다름에 없는데, 우리는 어느 누구에게도 이처럼 할 권리가 없다.

이 두 논거는 올바른 듯 보인다. 이 논거들은 야마시타 대장이 무죄임을 보여주고 있다. 그러나 이 논거들 또한 우리에게 분명한 기준을 제공해주지 못하고 있다. 사실 이 같은 기준의 설정에 관한 철학 또는 이론적 방법은 없다. 군사적 전역(戰役)의 계획수립 및 조직과 관련해서도 이는 사실이다. 브래들리 장군의 행동을 평가해보기 위한 분명한 규칙은 없다. 제9장과 10장에서 언급한 이중효과에 관한 논의는 이들 문제에 관해 심판할 당시 관련이 있는 고려사항들을 매우 개략적인 방식으로 보여주고 있다. 적정 기준은 결의론적(決疑論的)인 추론이란 오랫동안 지속되는 과정을 통해서만 출현할 수 있을 것이다. 다시 말해 도덕 내지는 법적인 사례들을 지속적으로 취급함으로써만 출현할 수 있을 것이다. 야마시타 대장의 사례를 공정히 다루지 못했다는 점은 제외하더라도, 1945년 당시의 군 위원회와 미국 대법원의 주요 실수는 이 같은 결의론적인 추론 과정에 거의 기여하지 못했다는 점이다. 이들은 야마시타가 강구할 수도 있었던 방안들을 구체적으로 명시하지 않았다. 어느 정도의 조직 와해가 지휘책임을 제한해주는 요소로 기능할 것인지를 이들은 제안하지 않았다. 이처럼 반복적으로 구체화함으로써만 전쟁규약이 요구하는 선을 그릴 수 있을 것으로 생각된다.

미라이 사건을 간략히 되돌아보면 이것 이상으로 많은 것을 말할 수 있을 것이다. 칼리 중위의 공판에 제시된 증거뿐만 아니라 나름의 방식으로 미라이 사건을 조사하고 있던 언론인들이 수집한 자료는 칼리 중위와 메디나 대위의 상관들이 당시의 사건과 관련해 책임이 있음을 분명히 보여주고 있다. 이미 내가 주장한 바처럼 베트남 전쟁에서의 미국의 전략은 민간인들을 지나치게 위험에 빠지게 하는 경향이 있었다. 평범한 병사들의 경우 이 같은 전략의 의미를 결코 무시할 수 없었다. 미라이는 항공기와 대포를 이용해 주기적으로 공격 가능했던 자유사격지대(Free-fire zone)였다. "매일 밤 이곳을 겨냥해 대포를 발사할 수 있다면……어떻게 이곳 주민들의 목숨이 그처럼 가치가 있을 수 있는가?"[34]라고 한 병사는 질문했다. 당시 미군은 베트남 민간인의 목숨은 별로 가치가 없다고 배웠다. 전쟁규칙에 공식적이고도 형식적으로 언급돼 있는 문구를 제외하면 이 같은 교육에 반하는 형태의 노력은 거의 없었던 듯 보인다. 당시의 대량학살과 관련해 책임을 물어야 한다면, 비난해야 할 많은 장교들이 있을 것이다. 그러나 이들 장교의 명부를 여기서 종합 정리할 수는 없을 것이다. 미라이 사건은 야마시타 사건이란 전례를 적용할 수 있으며, 이 같은 전례를 개선할 수 있던 유용한 경우였을 것이다. 이 장교들 모두가 법적으로 고소돼 재판에 회부됐어야 했을 것으로는 생각되지 않는다. 그러나 도덕적으로 많은 장교들이 비난받을 수 있는 입장이었던 것은 확실해 보인다. 실제 미라이 주민들을 살해했던 사람들과 비교해 이 장교들이 보다 적게 비난받을 수 있는 것은 아니다. 이 장교들과 당시 미라이 주민들을 직접 살해했던 사람들 간에는 다음과 같은 차이가 있다. 평범한 병사들의 경우는 우리가 이들의 잘못 여부를 입증해야 한다. 즉 모든 살인 사례에서와 마찬가지로 이들이 알고서 참여했는지 여부와 고의적인 참여 여부를 우리가 입증해야 한다. 그러나 장교들은 죄가 있다고 가정하게 된다. 무죄를 입증하고자 하는 경우 장교는 자신이 입증해야 한다. 이처럼 죄의 입증에 관한 부담을 부여하는 방법을 찾은 이후에나 전쟁의 무고한 희생자인 "힘없고 무장하지 않은" 사람들의 방어와 관련해 할

---

34) Hersh, p. 11.

수 있는 것 모두를 했다고 말할 수 있을 것이다.

필연성의 본질(4)

나는 가장 어려운 질문을 마지막으로 남겨놓았다. '최고 수준의 비상사태'에서 전쟁규칙을 유린하고 무고한 사람을 살해한 군의 지휘관들에 대해 무엇이라고 말해야 할 것인가? 분명히 말하지만 이 순간 우리는 해야 할 부분, 즉 필요한 부분을 할 준비가 돼 있는 사람에 의해 지휘 통솔받기를 원하게 된다. 왜냐하면 '최고 수준의 비상사태'에서만 진정한 의미에서 필연성이 전쟁이론에 영향을 주기 때문이다. 또 다른 한편에서 보면, 우리는 이들 지휘관이 하고 있는 부분을 간과하거나 무시할 수 없을 것이다. 무고한 사람을 고의적으로 살해하는 행위는 살인이다. 내가 이미 정의하고자 노력한 극한 상황에서, 종종 지휘관들이 살인을 자행하거나 여타 사람들에게 살인 명령을 내려야 할 것이다. 추구하는 대의의 훌륭한 정도와 무관하게 이 경우 이들은 살인자다. 국가 내부의 사회에서, 특히 혁명적인 정치 상황에서 우리는 이 같은 사람을 '더러운 손(Dirty hands)'이라고 말하게 된다. 제대로 행동했으며, 자신의 직책으로 인해 그처럼 한 경우에도 자신의 손을 더럽힌 사람들의 경우 책임과 죄의 부담을 감당해야 할 것이라고 수차례에 걸쳐 내가 주장한 바 있다.[35] 이들은 정당성 자체를 위해 부당하게 살인했다고 말할 수 있다. 그러나 정당성 자체는 부당한 살인이 비난받아 마땅하다고 말하고 있다. 물

35) "Political Action: The Problem of Dirty Hands," 2 *Philosophy and Public Affairs* (1973), pp. 160-80.

론 여기서는 법적 처벌의 문제는 없지만, 비난을 할당 및 이행하기 위한 몇몇 방안의 문제는 있다. 그러나 그 방안이 무엇인지 전혀 분명치 않다. 생각 가능한 답변이 우리들 모두를 불안하게 만들 가능성이 있다. 이 같은 불안의 본질은 제2차 세계대전 당시의 영국의 테러폭격 사례를 재차 살펴보는 경우 분명해질 것이다.

해리스의 굴욕

"아서 해리스(Arthur Harris)는 '지도자들 가운데 지도자'로 역사에 기록될 것이다. 시련을 극복할 수 있는 용기를 폭격기사령부에 불어넣어준 사람은 해리스였다……." 1942년 2월부터 제2차 세계대전이 종료되는 시점까지 독일에 대항한 전략폭격을 지시했던 해리스에 관해 역사학자인 노블 프랭크랜드(Noble Frankland)는 이처럼 기술하고 있다.36) 우리가 알고 있는 바처럼 해리스는 테러폭격이 아닌 여타 목적으로 항공기를 사용하고자 한 모든 노력을 배격했다. 그는 테러폭격 목적으로만 항공기를 이용해야 한다고 적극 주장한 사람이었다. 오늘날 테러폭격은 범죄 행위다. 히틀러 휘하 독일군의 초기 승리에 따른 위협이 사라진 이후 테러폭격은 전적으로 변호할 수 없는 행위였다. 따라서 진정한 의미에서 해리스의 경우는 '더러운 손'의 문제에 관한 사례는 아니다. 궁극적으로 군사 정책에 책임이 있던 처칠뿐만 아니라 해리스는 도덕적으로 어떠한 딜레마에도 빠져 있지 않았다. 즉 이들은 당시의 폭격전역(爆擊戰役)을 간단히 중단했어야 마땅했을 것이다. 그러나 우리는 이것을 '더러운 손'의 사례로 간주

36) Frankland, *Bomber Offensive*, p. 159.

할 수 있을 것이다. 왜냐하면 영국의 지도자들이 내심 그처럼 생각했으며, 결국에는 처칠 또한 그처럼 생각했기 때문이다. 형사적으로 고발한 것은 아니지만 제2차 세계대전 이후 영국 정부가 해리스를 '지도자 중의 지도자'로 대접하지 않은 것은 이 같은 이유 때문이다.

해리스는 영국 정부가 필요하다고 생각한 것을 했다. 그러나 그가 한 일은 사악한 형태의 것이었다. 폭격기사령부의 업적을 찬양하지 않기로 했을 뿐만 아니라 이곳의 지도자인 해리스를 존경하지 않기로 영국 정부가 결심했던 듯 보인다. 앵거스 콜더(Angus Calder)는 다음과 같이 기술하고 있다. "폭격기사령부가 수행한 일과 관련해 처칠과 처칠의 동료들이 마침내 등을 돌렸다. 전략항공 공세가 공식적으로 종료된 1945년 4월 중순 이후 폭격기사령부는 영국 내부에서 홀대를 받았으며, 무시당했다. 여타의 저명한 지휘관들과 달리 해리스에게는 귀족 칭호가 부여되지 않았다." 이 같은 상황에서 귀족에 임명되지 못하면 굴욕을 당한 것과 다름이 없었다. 당시 영국 정부가 취한 조치, 즉 자신의 이름을 귀족 명단에 포함하지 않은 행위를 해리스는 이처럼 생각했다.[37] 기대했던 보상을 받지 못하게 되자 분개한 해리스는 영국을 떠나 자신의 모국인 로디지아로 갔다. 개인적으로 무시당하지는 않았지만 해리스가 지휘 통솔하던 사람들 또한 유사한 대우를 받았다. 웨스트민스터사원에는 제2차 세계대전 당시 전사한 전투기사령부 소속의 조종사들을 기념하는 명판이 부착돼 있다. 이 명판에는 이 전투기조종사들의 이름이 명시돼 있다. 그러나 훨씬 많은 인명이 손실됐음에도 불구하고 폭격기조종사들을 기념하는 명판은 없다. 즉 이 조종사들의 이름은 기록돼 있지 않다. 이는

37) Calder, *The People's War*, p. 565; Irving, *Destruction of Dresden*, pp. 250-57.

롤프 호흐후트(Rolf Hochhuth)의 다음과 같은 질문을 영국인들이 명심했기 때문인 듯 보인다.[38)]

> 명령에 따라 인구 밀집지역을 폭격한 조종사를 아직도 군인이라고 부를 수 있는가?

지나칠 정도로 간접적이고도 애매한 형태로 표현하고 있다는 점에서 도덕적으로 거북한 모습만을 주목할 수밖에 없지만, 이 문구는 의도하는 바를 멋지게 달성하고 있다. 해리스와 그의 부하들은 나름의 불만이 있는데, 이 불만은 정당한 형태다. 이들은 영국 정부가 지시한 부분을 그리고 자신의 지도자들이 필요할 뿐만 아니라 옳다고 생각했던 부분을 수행했다. 그러나 이들은 이 같은 일을 했다는 점으로 인해 불명예를 받았다. 필요하고 옳았던 부분을 사람들이 갑자기 잘못된 것이라고 말했다. 해리스는 자신이 속죄양이 됐다고 생각했다. 테러폭격과 관련해 비난받아야 한다면, 처칠이 전적으로 비난받아야 할 것이다. 처칠은 테러폭격 정책과 자신을 성공적으로 분리시킬 수 있었는데, 이는 중요한 부분이 아니다. 중요한 부분은 테러폭격과 분리하고자 한 처칠의 노력이 국가적 차원의 노력의 일환이었다는 점이다. 즉 이것이 도덕적 의미와 가치가 있는 영국 정부의 고의적인 정책이란 점이다.

그러나 이 정책은 가혹한 듯 보인다. 일반적인 용어로 표현하면, 이는 다음과 같다. 절망적인 순간, 즉 국가의 생존이 위험에 처해 있을 당시 '정당한 전쟁'을 수행하는 국가는 비양심적이거나 도덕적으

---

38) *Soldiers: An Obituary for Geneva*, trans. Robert David MacDonald (New York, 1968), p. 192.

로 무지한 군인들을 이용해야 한다. 유용성이 없어지면 이들과 관계를 끊어야 한다. 다음에서 보듯이 나는 이것을 또 다른 방식으로 표현하고자 한다. 전시에는 곤궁한 입장에 처해 있는 고상한 사람들이 종종 무시무시한 일을 해야 한다. 그 후 이들은 자신들이 뒤집은 가치관을 재확인할 목적의 몇몇 방안을 강구해야 할 것이다. 그러나 첫 번째 문장이 보다 현실적일 것이다. 왜냐하면 『논고(*Discourse*)』란 제목의 자신의 저서에서 마키아벨리가 기술한 바처럼 "도덕적으로 요구되는 경우에서조차 훌륭한 사람이 사악한 수단을 사용하고자 하는 경우가 매우 드물기 때문이다."[39] 이것이 사실이라면 우리는 훌륭하지 않은 사람을 찾아 이용해먹고는 이들의 이름을 더럽혀야 할 것이다. 처칠이 선택한 방안과 비교해 이처럼 하기 위한 어느 정도 좋은 방안이 있다. 국가 생존에 따른 도덕적 부담을 처칠이 영국 국민에게 설명했더라면 보다 좋았을 것이다. 또한 폭격기사령부 소속의 조종사들이 한 부분을 자랑스럽게 여길 수 없다고 주장하는 동안에서조차 이들 조종사의 용기와 인내를 찬양했더라면 보다 좋았을 것이다. 그러나 처칠은 그처럼 하지 않았다. 처칠은 테러폭격이 잘못이란 점을 결코 인정하지 않았다. 이처럼 인정하지 않은 채 처칠은 해리스를 존경하지 않기로 결심했다. 적어도 그의 결심은 전쟁규칙과 이 전쟁규칙이 보호하고자 하는 인권에 대한 공약을 어느 정도 재정립하는 형태였다. 자행한 죄에 대한 책임 할당의 가장 심오한 의미는 바로 이것이다.

39) The Discourses, Bk. I, ch. XVIII.

결론

'필연성의 세계'는 집단 생존과 인권 간의 갈등으로 인해 생성된다. 우리가 생각하고 있는 것과 비교해 우리는 이 같은 세계에 많이 있지 않으며, 우리가 말하고 있는 것과 비교해서는 분명히 말해 많이 있지 않다. 그러나 이 같은 세계에 있을 때마다 우리는 '전쟁의 폭정(Tyranny of war)'과 전쟁이론의 비일관성을 경험하게 된다. '전쟁과 대량학살(War and Massacre)'이란 제목의 문제의 에세이에서 토머스 나겔(Thomas Nagel)은 이 같은 시점에서의 우리의 상황을 공리주의적 사고와 절대주의적 사고 간의 갈등의 관점에서 설명했다. 우리는 어떠한 대가를 지불해서라도 피해야 할 몇몇 결과가 있음을 알고 있다. 또한 정당한 방식으로 결코 지불할 수 없는 몇몇 대가가 있음을 알고 있다. "이 두 유형의 도덕적 직관이 단일의 일관성 있는 도덕체계로 모아질 수 없다는 가능성뿐만 아니라, '필연성의 세계'로 인해 인간이 취할 수 있는 명예롭거나 도덕적인 방책이 없을 가능성, 악의 자행에 따른 책임과 죄로부터 자유로운 방책이 존재해 있지 않을 가능성을 직시해야 한다"[40]고 나겔은 주장했다. 나는 정치 지도자들의 경우 이 같은 딜레마에서 공리주의적 입장을 견지하지 않을 수 없을 것이라고 암시했다. 이 같은 방식으로 나는 나겔의 묘사에서 목격되는 불확정성을 모면해보자 노력했다. 정치지도자들이 정치에 입문한 것은 이처럼 공리주의적 입장을 견지할 목적에서다. 이들은 집단 생존을 택하고, 집단 생존에 장애가 되는 권리들을 유린해야 한다. 나겔과 마찬가지로 나는 이처럼 할 때 이들이 죄로부터 자

40) 1 *Philosophy and Public Affairs* (1972), p. 143.

유롭다고 말하고 싶지 않은 심정이다. 의사결정에 죄가 내포돼 있지 않다면 이들이 내리는 의사결정은 비교적 괴로운 형태가 아닐 것이다. 의사결정에 따른 책임을 수용하고, 고통을 감수하는 방식으로만 이들이 자신의 명예를 입증할 수 있을 것이다. 이들의 생활을 보다 용이하게 만들어주었거나 나머지 우리들이 이들의 딜레마를 보지 못하게 해준 도덕 이론의 경우 보다 일관성이 있게 될 수도 있을 것이다. 그러나 도덕 이론의 경우는 '전쟁의 실상'을 간과하거나 억압하고자 했다.

이 같은 딜레마를 감추어야 한다고, 즉 처칠이 하고자 노력한 바처럼 군인과 정치가들이 피할 수 없는 죄를 우리가 감추어야 한다고 종종 사람들은 말하고 있다. 또는 우리의 무고함과 도덕적 확신을 위해 우리의 눈을 다른 곳으로 돌려야 한다고 사람들은 말하고 있다. 그러나 이는 위험한 일이다. 보지 않으려고 눈을 다른 곳으로 돌린 경우 재차 봐야 할 시점을 어떻게 알 수 있겠는가? 얼마 지나지 않아 우리는 전쟁과 전투에서 벌어지는 것 모두를 보지 않으려고 우리의 눈을 다른 곳으로 돌리게 될 것이다. 즉 일본의 동상(銅像)에 등장하는 아무 것도 보지 못하는 원숭이처럼 악을 비난하지 못하게 될 것이다. 그러나 아직도 봐야 할 대상이 많이 있을 것이다. 군인과 정치가들은 집단 생존이란 위기의 이 부분에서 대부분 생활하고 있다. 즉 이들이 자행하는 죄의 보다 많은 부분이 변호될 수도 그리고 변명될 수도 없다. 간단히 말해 이들은 범죄자다. 어느 누눈가가 이들의 죄를 분명히 보고 '명확한 단어'로 표현하고자 노력해야 할 것이다. 필연적이라고 지칭되는 살인조차도 유사한 방식으로 묘사돼야 할 것이다. 직시하고자 하지 않으면 죄가 가중될 것이다. 왜냐하면 이 경우 우리가 '필연성의 한계'를 고정시키지 못하게 되거나, 살인의 희생자를 기억하지 못하게 되거나, 우리의 이름으로 살인하는 사람을 올바로 심판할 수 없게 되기 때문이다.

대부분 도덕은 군사적 갈등에서 목격되는 평범한 압박에 의해서만 시험된다. 용이치 않은 경우에서조차 정당성 측면에서 요구되는 부분들을 준수하며 생활함이 대부분 가능하다. 군인과 정치가들이 하는 것들에 대한 우리의 대부분 심판은 고유하고 분명한 형태다. 즉 주저 정도와 무관하게 우리는 옳거나 틀리다고 말하게 된다. 그러나 '최고 수준의 비상사태'에서는 우리의 판단이 애매해지는데, 이는 전쟁이론의 이중성(Dualism)뿐만 아니라 우리의 도덕적 리얼리즘의 보다 심오한 복잡성 때문이다. 즉 우리는 옳다고 말하면서 동시에 잘못됐다고 말하게 된다. 이 같은 이중성으로 인해 우리의 심기가 불편해진다. '전쟁의 세계'는 도덕적으로 만족스런 곳은 고사하고 완벽히 이해될 수 있는 곳이 아니다. 그러나 국가와 국민의 존재가 결코 위협받지 않는 '보편적인 질서(Universal order)'에 못 미치는 상태인 전쟁은 피할 수 없을 것이다. 이 같은 '보편적인 질서'를 위해 일해야 할 이유는 충분히 있다. 문제는 종종 우리가 이 같은 질서를 위해 투쟁하는 것 외에 별다른 도리가 없다는 점이다.

| 후기 |

비폭력주의와 전쟁이론

전쟁을 종료시킬 목적의 전쟁에 관한 꿈, 마지막 전투란 아마겟돈의 신화(神話), 사자와 양이 함께 누워있는 비전 모두는 매우 평화로운 시대, 즉 무장 투쟁과 체계적인 살인이 존재하지 않는 미지의 먼 훗날의 시대를 지칭하고 있다. 악의 세력이 결정적으로 격파되고, 인류가 정복욕과 지배욕으로부터 영원히 자유로워진 순간이 돼서야 이 같은 시대는 도래 할 것이다. 그럴 것이라고 우리는 듣고 있다. 인간의 신화와 비전에 등장하는 전쟁의 종말은 세속적인 역사의 종말을 의미할 것이다. 왜냐하면 세속적인 역사는 전쟁으로 점철돼 있기 때문이다. 이 같은 역사에 갇혀 있다는 점에서 역사의 끝을 보지 못하고 있는 우리와 같은 사람들은 또 다른 방어 수단을 찾지 못하는 한, 또는 이 같은 방어 수단을 발견하게 되는 순간까지 우리의 가치관들을 변호하면서 지속적으로 투쟁할 수밖에 없다. 여기서 생각할 수 있는 유일한 또 다른 방어 수단은 비폭력적인 방어다. 즉 우리의 꿈을 현실에 적응시키고자 노력하고 있는 비폭력 옹호주의자들이 지칭하고 있는 바처럼, 이는 '무기를 사용하지 않는 전쟁'이다. 이들은 전투와 살상이 없는 가운데에서도 우리가 공동생활의 가치와 자유를 고양시킬 수 있다고 주장하고 있다. 한편 이 같은 주장으로 인해 전쟁이론과 정당성의 논거에 관한 중요한 질문, 즉 세속적이고도 실제적인 질문들이 제기되고 있다. 이들 질문을 제대로 다루려면 또 다른 책이 필요할 것이다. 따라서 나의 경우는 비폭력이 침략의 교리와 연계되는 방식에 더불어 비폭력이 전쟁규칙과 연계되는 방식에 관한 간략한 에세이만을, 즉 부분적이고도 시험적인 분석만을 제시할 수 있는 입장이다.

비폭력적인 방어에서는 방어하고자 하는 국가를 상대방이 유린하도록 내버려두고 있다는 점에서 전통적인 전략과 다르다. 여기서는 군사적 진격을 저지하거나 군사적 점령을 예방할 목적의 장애물을 설치하지 않고 있다. 진 샤프(Gene Sharp)는 다음과 같이 기술하고 있다. "외국군의 침입에 대항한 일부 지연 행위와 보조 행위들이 가능할 수도 있지만 민간인의 방위……에서는 이 같은 침입을 중지시키기 위한 노력을 전개하지 않으며, 성공적으로 이처럼 할 수도 없다."1) 이는 근본적인 인정이다. 이 같은 점을 기꺼이 인정하고자 한 정부가 있었다고는 생각되지 않는다. 지금까지 비폭력은 폭력 또는 폭력의 위협이 실패로 끝난 이후에나 침략에 대항해 시행됐다. 승리한 군대가 승리의 열매를 거두지 못하도록 할 목적에서, 비폭력을 옹호하는 사람들은 민간인들의 저항과 비협조에 관한 체계적인 정책이란 방식으로 노력하고 있다. 즉 이들은 피정복 국민들에게 통치 불가능한 대

---

1) *Exploring Nonviolent Alternatives* (Boston, 1971), p. 93; cf. Anders Boserup and Andrew Mack, *War Without Weapons: Non-Violence in National Defense* (New York, 1975), p. 135.

상이 되라고 촉구하고 있다. 비폭력적인 저항을 자극하거나 이 같은 저항이 필요해지려면 상대방 국가가 아측의 영토를 점령해야 한다. 적어도 전쟁은 이 같은 점령을 모면할 가능성을 암시하고 있다. 이 같은 점에서 전쟁이 아니고 민간의 저항이 통상 의존할 수 있는 '최후 수단'으로 간주되고 있는데, 이 점을 강조하고자 한다. 그러나 군사적 행위가 상대방 국가의 점령을 막아줄 수 있는 정도만큼이나 비폭력 저항이 훨씬 적은 수준의 인명 손실로 점령을 종료시킬 수 있다고 결심해야 한다면 전쟁과 비폭력 저항의 순서가 바뀌어야 할 가능성도 없지 않다. 그러나 이 같은 주장이 사실임을 보여주는 증거는 없다. 즉 "민방위로 인해 침략자가 철수한……사례는 없다."[2] 그러나 사전에 그 방법을 훈련받았으며, 전시 군인처럼 그 대가를 수용할 준비가 돼 있는 사람들에 의해 비폭력 투쟁이 시도된 적은 결코 없다. 따라서 앞의 주장이 사실일 가능성도 없지 않다. 이 같은 주장이 사실이라면, 우리는 오늘날 우리가 생각하고 있는 방식과 매우 색다른 방식으로 침략을 생각해야 할 것이다.

침략자들은 군사적으로 대응하려 하지 않는다는 점으로 인해 비폭력이 전쟁을 소멸시키고 있다고 말할 수도 있을 것이다. 피아 살상을 하지 않으면서도 자국을 방어할 수 있다고 믿고 있는 사람들의 입장에서 보면, 침략은 이 책의 4장에서 묘사한 방식 측면에서 말하는 도덕적으로 강압적인 성격이 아니다. 침략에 대항해 싸우지 않을 수 없는 입장이 되도록 만들 수 없을 것이다. 적어도 부분적으로만 효과적일지라도 진정 또 다른 방안이 존재한다면, 침략자는 상대방 국민들이 싸우지 않을 수 없도록 만들었다는 비난은 받지 않을 것이

2) Sharp, 52.

다. 비폭력으로 인해 분쟁 확산이 방지되고, 분쟁의 범죄성이 줄어든다. 불복종, 비협조, 보이콧뿐만 아니라 총파업이란 방식을 적용해 피(被) 침략 국가의 국민들이 침략전쟁을 정치적 투쟁으로 전환시키고 있다. 이들은 침략자를 국가 내부의 독재자 내지는 찬탈자로 취급하며, 자국의 군인들을 경찰로 변환시키고 있다. 침략자가 이 같은 역할을 수용하고, 비폭력적인 저항에 통행금지, 벌금 및 투옥 이외의 방식으로 대응하지 않는 경우 오랫동안 지속되는 투쟁의 길이 열리게 된다. 민간인들의 입장에서 나름의 어려움과 고통이 없지 않겠지만, 이 같은 투쟁의 경우는 단기전과 비교해 그 파괴 정도가 훨씬 적으며, 동일한 민간인들이 승리를 거둘 가능성이 있을 것이다. 이 같은 투쟁에 동맹국들이 군사적으로 간섭할 이유는 없을 것이다. 비폭력 방위에 전념하는 경우 동맹국들 또한 간섭 수단을 보유하고 있지 않을 것이란 점에서 이는 바람직한 현상이다. 그러나 이들은 침략자들에게 영향을 끼칠 목적에서 도덕적인 압력뿐만 아니라 경제적 압력을 동원할 수 있을 것이다.

이 경우 침략자들의 입지는 다음과 같을 것이다. 이들은 자신이 공격한 국가를 점령하고, 자신이 원하는 곳 모두에 군사기지를 설치하고는 이들 기지가 제공해줄 수 있는 모든 전략적 이점을 향유할 수 있을 것이다. 그러나 병참 문제가 심각해질 것이다. 왜냐하면 관련 요원을 데려오지 않는 경우 이들이 지역의 운송체계 또는 통신체계를 이용할 수 없기 때문이다. 또한 필요한 모든 인력을 거의 데리고 올 수 없다는 점에서 이들은 자신이 침입한 국가의 천연자원과 산업생산 능력을 이용하는 과정에서 많은 어려움을 겪을 것이다. 따라서 점령에 따른 경제적 부담이 매우 높아질 것이다. 정치적 비용이 보다 높아질 가능성이 있다. 도처에서 침략군들이 무뚝뚝하고 분개할 뿐만 아니라 비협조적인 시민과 마주치게 될 것이다. 무장 저항을 하지는 않지만 이들 시민이 집회를 개최하고, 시위 또는 파업을 벌이게 될 것이다. 자신을 방어할 목적으로 독재 정권이 이용하는 '증오의 도구'가 그렇듯이 군인들이 강압적인 방식으로 대응해야 할 것이다. 공개된 장소에서의 싸움을 경험할 수 없는 오랫동안 지속되는 투쟁에 따른 긴장뿐만 아니라 민간인들이 표명하는 적개심으로 인해 군인들의 열정이 사라지고 사기가 저하될 가능성이 있을 것이다. 결과적으로 지속적인 점령이 불가능해질 것이며, 침략자들이 그곳을 떠나게 될 것이다. 이들은 전투에서 승리하고는 '무기를 사용하지 않는 전쟁'에서 패배할 것이다.

천 년에 한 번 볼 수 있을 정도로 희귀한 모습은 아니지만 이는 매력적인 모습일 것이다. 진정 이것이 매력적인 것은 천 년에 한 번 볼 수 있는 모습이기 때문이 아니고 우리가 알고 있는 세상에서 생각할 수 있는 형태이기 때문이다. 그러나 이는 오직 생각할 수 있을 뿐이다. 왜냐하면 내가 기술한 형태의 승리는 침략자들이 전쟁규약에 충실할 때에만 가능하기 때문이다. 그런데 이들 침략자가 항상 전쟁규약을 고수하는 것은 아닐 것이다. 비폭력 자체가 침략전쟁을 정치적 투쟁으로 전환시켜주고 있지만, 비폭력 자체가 투쟁 수단을 결정해줄 수는 없다. 침략군의 경우는 국가 내부의 독재자들이 일반적으로 사용하는 방안인 통행금지, 벌금 및 구류 이상의 것을 사용할 수 있을 것이다. 군인임에도 불구하고 침략군의 지도자들이 신속한 승리를 목적으로 이처럼 하고자 할 유혹이 생길 수 있을 것이다. 물론 국가 내부의 독재자들의 경우는 자국의 도시를 포위 공격하거나 폭격하지 않을 것이다. 무장 저항에 처해 있지 않은 침략군 또한 이처럼 하지 않을 것이다.[3] 그러나 자신이 통제하고 있는 국가의 주민들을 공포의 도가니로 몰아넣고, 이들의 저항을 분쇄하기 위한 보다 효율적인 방안이 있을 것이다. '간디에 관한 회상(Reflections on Gandhi)'란 제목의 글에서 조지 오웰(George Orwell)은 비폭력 운동에서 모범적인 리더십과 폭넓은 명성의 중요성을 지적하고 있다. 한편 그는 이 같은 운동이 독재국가에서 가능할 것인지 의문을 제기하고 있다. "정권에 대항해 싸우고 있는 자들이 한밤중에 갑자기 사라져 이들에 관해 재차 듣지 못하게 되는 국가에서 간디가 적용한 방법이 어떻게 적용될 수 있을 것인지 의문이다."[4] 민간인 지도자를 살해할 목적으로 분대를 파견하고, 수상한 사람들을 체포해 고문하며, 강제수용소를 설치하고, 강력한 저항이 예상되는 지역에서 많은 사람들을 멀리 떨어진 황량한 곳으로 추방하는 침략자들에 대항해 민간의 저항이 제대로 기능할 수 있을 것인지도 의문이다. 비폭력 방위는 이 같은 수단을 사용할 준비가 돼 있는 독재자 또는 정복자에 대항해서는 거의 효력이 없을 것이다. 독일의 유대인들에게 간디는 "나치 독일에 대항해 싸우기보다 자살해야 할 것이다"[5]라는 심술궂은 조언을 한 바 있다. 이 같은 조언을 통해 간디가 이 같은 점을 널시 과시했다고 생각된다. 극한 상황에서 비폭력은 자신을 죽이고자 하는 자를 겨냥한 폭력이 아니고 자신을 겨냥한 폭력으로 전락된다. 한편 나의 경우는 비폭력이 이 같은 방향을 취해야 하는 이유를 이해할 수 없는 입장이다.

---

3) 그러나 적국이 침공보다 폭격을 위협할 수도 있다. 이 같은 가능성에 관해 알고자 하는 경우는 다음을 참조하라. Adam Roberts, "Civilian Defense Strategy," in *Civilian Resistance as a National Defense*, ed. Roberts (Hammondsworth, 1969), pp. 268-72.

4) *Collected Essays, Journalism, and Letters*, vol. 4, p. 469.

5) Louis Fischer, *Gandhi and Stalin*, Orwell's "Reflections," p. 468.

나치와 같은 적과 대적하는 경우, 무장 저항이 불능해지는 경우, 피(被) 점령 국가의 국민들이 새로운 정복자에 굴복하고는 이들의 명령을 준수할 것이 거의 확실하다. 국가 전체가 잠잠해질 것이다. 저항이 개개인 또는 소규모 집단의 영웅심의 문제가 되며, 집단 투쟁의 문제가 아닐 것이다.

비폭력 저항이 성공을 거두려면 민간인의 인내가 소멸되기 이전의 어느 시점에 병사, 장교 또는 정치 지도자들이 테러 정책의 이행 또는 지지를 거부해야 할 것이다. 게릴라전에서와 마찬가지로 여기서의 전략은 침략군으로 하여금 민간인 살상에 따른 부담을 감당하도록 하는 것이다. 민간인들이 공모할 가능성이 있는 무장 저항이 없도록 함으로써 침략군의 부담이 분명하고도 감당할 수 없는 수준이 되도록 할 필요가 있다. 분명히 말하지만 이들 민간인이 적개심을 견지할 것이다. 그러나 이들 민간인에 의해서 뿐만 아니라 이들이 은밀히 지원하고 있는 빨치산에 의해서도 살해되는 병사는 없을 것이다. 그러나 이들의 저항을 결정적이고도 신속히 분쇄하려면 병사들이 민간인들을 살해할 준비가 돼 있어야 할 것이다. 병사가 항상 이처럼 준비돼 있는 것이 아니거나 장교가 병사들에게 살해하라고 항상 반복적으로 말하는 것이 아니란 점에서 민간 차원의 방어가 제한적인 수준이지만 어느 정도 효과가 있게 된다. 침략군을 추방시킨다는 의미에서가 아니라 이들 침략군의 지도자들이 설정한 특정 목표가 달성되지 못하도록 한다는 측면에서 효과가 있을 것이다. 그러나 리델 하트가 주장한 바처럼, 이 효과는 다음과 같은 적을 겨냥해서만 가능해진다.[6]

---

6) "Lessons from Resistance Movements-Guerrilla and Non-Violent," in *Civilian Resistance*, p. 240.

> 도덕적 규약이 민간의 방위 요원들의 것과 근본적으로 유사하며, 이 같은 점에서 잔혹성 정도가 제한되는 적에 대항해 효과가 있다. 과거의 타타르 정복자에 대항해 또는 보다 최근의 스탈린에 대항해 비폭력 저항이 효과가 있었을 것인지는 의문이다. 보다 좋은 도덕적 규약 아래 성장한 스탈린 휘하의 많은 장군들이 이 같은 비폭력 저항을 보며 당혹해했음을 보여주는 증거가 있다. 그러나 스탈린은 경멸할 정도로 연약해 보이는 이 같은 비폭력 저항을 보며, 짓밟고 싶은 충동만 느꼈을 것이다…….

이처럼 보다 우수한 도덕적 규약에 의존할 수 있으며, 비폭력적인 방식으로 특정 의지에 대항해 여타 의지를, 즉 군사적 기강에 대항해 민간의 단합 정도를 시험해볼 수 있다면, 싸워야 할 이유가 없을 것이다. 즉 정치적 투쟁을 통한 승리가 불확실한 순간에서조차 정치적 투쟁이 전투보다 좋을 것이다. 왜냐하면 전승 또한 불확실하기 때문이다. 전쟁에서는 승리해야 할 자격이 있는 측이 항상 승리를 거두는 것은 아니다. 그러나 정치적 투쟁에서는 승리해야 할 자격이 있다면 피(被) 점령 국가의 국민들이 승리할 것이라고 말할 수도 있을 것이다. 독재자에 대항한 국가 내부의 투쟁에서와 마찬가지로 우리는 이들 시민의 자조(自助) 능력에 근거해, 다시 말해 자유 수호에 관한 이들 시민의 집단 의지에 근거해 이들을 판단하게 된다.

우리가 도덕적 규약에 의존할 수 없는 경우 비폭력은 군사적 패배 이후 항복의 위장된 형태이거나 공동 가치를 유지하기 위한 최소한의 방안일 것이다. 공동의 가치를 유지하기 위한 최소한의 방안이란 점을 과소평가할 생각은 없다. 민간의 저항으로 인해 침략군 내부에서 도덕의식이 촉진되지는 않을 것이다. 그러나 이 같은 저항이 아직도 중요한 의미가 있을 수 있다. 민간의 저항은 공동체의 생존 의지의 표명과 다름이 없다. 1968년의 체코에서 보듯이 이 같은 표명이 잠시 동안 진행되는 형태일 수도 있다. 그러나 이 같은 저항이 오랜 기간 동안 기억될 가능성이 있을 것이다.[7] 군인들의 경우와 비교해 보면, 민간인들의 영웅적인 행동은 훨씬 고무적인 현상이다. 또 다른 한편에서 보면, 우리는 테러분자 내지는 가상의 테러분자와 대적하고 있는 민간인들로부터 단기적인 저항 내지는 산발적인 저항 이상을 기대해서는 안 된다. "비폭력은 겁쟁이들이 택하는 방책이 아니다. 이것의 경우는 고통과 무관하게 비폭력 전투를 지속적으로 유지할 수 있는 능력과 결심이 요구된다……"[8]고 말하기는 쉬울 것이다. 그러나 최후의 한 사람까지 싸우라고 부하들에게 말하는 장군의 훈계가 그러한 것처럼 이 같은 종류의 훈계는 결코 매력적이지 않다. 나의 경우는 장군의 훈계를 보다 더 좋아한다. 왜냐하면 그는 모든 국민이 아니고 적어도 몇몇 제한된 사람들에게 말하고 있기 때문이다. 민간의 저항과 비교해 이 같은 이점이 있는 게릴라전의 경우도 상황은 마찬가지다. 게릴라들에 대항해 싸우는 군이 전쟁규약에 따라 전투를 수행하지 않으면 여타 사람들 또한 고통 받게 될 것이다. 그러나 게릴라전은 비교적 소수 사람들에게만 전투 지속이 요구되는 형태의 군사적 상황이다.

비폭력 저항을 게릴라전과 보다 많이 비교할 필요가 있을 것이다.

---

7) 체코의 저항에 관해 알고자 하는 경우는 다음을 참조하라. Boserup and Mack, pp. 102-16.

8) Sharp, p. 66; 그러나 그는 정규전에서와 비교해 고통의 범주와 정도가 훨씬 작을 것으로 생각하고 있다.(p. 65.)

무장 봉기의 경우를 보면, 적군이 민간인을 강압 및 살해하면 결과적으로 여타 민간인들이 반란군 집단에 합류하게 된다. 즉 이들 반란군의 적이 자행하는 무차별적인 폭력이 게릴라 전력을 보강해주는 요소로 작용하게 된다. 또 다른 한편에서 보면, 비폭력 저항은 민간인이 이미 동원돼 있으며 함께 행동할 준비가 돼 있는 경우에만 의미가 있을 수 있다. 비폭력 저항의 경우는 노상에서 직접적인 방식으로 또는 경제적 태업과 정치적 부동(不動)을 통한 간접적인 방식으로 동원하고 있다. 민간인을 억압 및 살해하면 비폭력 저항의 결속력이 깨지고, 국가 전반에 걸쳐 공포가 확산되면서 국민들이 점령군의 정책에 묵시적으로 동의하게 될 가능성이 있다. 한편 이 같은 억압과 살해로 인해 이처럼 억압 및 살해하는 군인들의 사기가 저하될 가능성이 있다. 이 같은 억압과 살해로 인해 이들 군인의 친구 및 친지 내부에서 점령에 대한 지지도가 저하될 수도 있다. 게릴라전으로 인해 유사한 형태의 사기 저하가 있을 수 있다. 게릴라전을 수행할 당시 군인들은 상대방 국민 내부에서 싸울 수밖에 없다. 게릴라전의 경우는 이들 상대방 국민의 적개심에 직면할 당시 군인들이 느끼는 두려움에 의해 사기가 영향 받는 등 상황이 복잡해질 수 있다. 비폭력 방어의 경우 군인들은 이 같은 두려움을 느끼지 않을 것이다. 오직 혐오감과 수치심만을 느낄 것이다. 비폭력 방어의 성공 여부는 적군의 도덕적 신념과 감수성에 전적으로 의존하게 된다.

비폭력 방어는 비전투원에 대한 공격 금지란 개념에 의존하게 된다. 이 같은 이유로 전쟁규칙을 조롱하는 행위 내지는 톨스토이가 그런 바처럼 "폭력에는 항상 그리고 필연적으로 제한이 없다"고 주장하는 행위는 비폭력이 추구하는 대의에 도움이 되지 않는다. '무기를 사용하지 않는 전쟁'을 수행할 때 우리는 무기를 보유하고 있는 사람의 자제력에 호소하게 된다. 군사적 기강을 준수해야 하는 군인들이 비폭력의 교리를 준수하게 될 가능성은 높지 않을 것이다. '무기를 사용하지 않는 전쟁'에서의 승리를 위해 군인들이 비폭력 교리를 준수하는 사람으로 반드시 변환돼야 하는 것은 아니다. 이들이 견지하고 있다고 생각되는 기준을 견지하도록 하는 것으로도 충분할 것이다. 이들에 대해 우리가 호소할 수 있는 부분은 다음과 같은 형태일 것이다. "여러분을 겨냥해 발사하지 않으며, 발사하지 않을 것이란 점에서 여러분도 나를 겨냥해 발사할 수 없습니다. 여러분이 나의 국가를 점령하고 있는 동안에만 나는 여러분의 적이며, 적으로 남아 있을 것입니다. 그러나 나는 비전투원 성격의 적입니다. 가능하다면 폭력을 사용하지 않으면서 나를 강압하고 통제해야 합니다." 이 호소는 전쟁규약의 저변을 형성하고 있으며, 전쟁규약의 실체를 제공해주는 민간인의 권리와 군인들의 의무를 재차 언급하고 있는 형태다. 이는 전쟁이 정치적 투쟁으로 전환되려면 군사적 투쟁으로서의 전쟁을 사전 규제해야 함을 암시해주고 있다. 마땅히 그래야 할 것이지만, 전쟁을 정치적 투쟁으로 변환시키고자 하는 경우는 자신들이 설정한 규범을 군인들이 엄격히 준수토록 해야 할 뿐만 아니라 우리의 경우 전쟁규칙을 고집해야 할 것이다. 전쟁의 규제는 평화의 시작과 다름이 없다.

역자 소개

• 권영근

공군사관학교 졸업 공군대령(공사 26기)
서울대학교 계산통계학과 졸업
연세대학교 전자공학과 대학원 졸업(전자공학 석사)
미국 오리건주립대학 전산학과 졸업(전산학 박사)
공군사관학교 전산학과 교수
국방과학연구소 데이터통신 실장
국방개혁위원회(군사혁신기획단)
국방대학 합동참모대학 교리발전부 책임연구원(2000년 2월 이후)

번역 및 저술활동

『합동성 강화 : 전시 작전통제권 전환의 본질』(연경문화사, 2006년) 외 34권의 군사서적 번역 및 편저
「단일군에서 합동군으로 : 캐나다 군의 사례」(공군군사발전연구지, 2007년) 외 40여 편 논문 발표
합동정보작전(교리, 2003년), 합동정보(교리, 2004년) 책임
「미래 합동작전 수행개념 고찰」(합참, 2004년) 외 5편의 연구보고서 책임

• 김덕현

육군사관학교 졸업 예비역 육군대령(육사 29기)
미 클레어몬트 대학원 경영학 석사(MBA)
2사단 31연대장
합참 대북전략 과장 및 전력기획 과장
서울대학군단장
국방대학교 합동참모대학 교리발전부 기준교리실장

번역 및 저술활동

『전쟁원칙의 신사고』(국방대학교 안보총서 105호, 2006년) 번역
『합동작전의 역사』(국방대학교 합동군사총서 제9권, 2001년) 번역
「북한개방유도방향 연구」(국방대 '93 안보과정)
「후발사회의 정보화 촉진을 위한 시대정신 고찰」(서울대 행정대학원 정책과정)

• 이석구

육군사관학교 졸업 육군대령(진) (육사 41기)
미국 보병고등군사반 졸업
경남대 정치외교학 박사과정 수료
서울대 ASP과정 수료
육군대학 전략학처 교관
동티모르 유엔평화유지군 CMA과장
대통령비서실 안보정책 과장
국방부장관 군사보좌관실 정책협력T/F장(2006년 12월 이후)

번역 및 저술활동

"후방지역작전", "합동작전술", "국방운영의 리엔지니어링" 등에 관한 연구실적 다수